조상의
숨결을
찾아서

조상의 숨결을 찾아서

내가 답사한 문화유산

국보 · 보물 편

사진과 글 **김영철**

체온
365

함께 하는 글

내가 박물관에 근무를 시작한 것이 1973년으로 40년 이상을 우리나라 문화재와 함께하면서 지내왔다. 돌아보면 1970~80년대까지만 하더라도 문화재는 일반인들에게 관심의 대상이 아니었다. 그러한 때에 문화재 답사를 취미활동으로 해왔다는 것은 박물관 맨인 나에게조차 생소한 느낌으로 다가온다.

김영철 선생은 내가 박물관 근무를 시작하던 같은 해에 교직을 시작하여, 두 번째 학교에서 우연한 기회에 선배와 함께 문화재 답사를 시작한 것을 계기로 어느덧 38년째이다. 그동안 우리나라 문화재 3분의 2 이상을 직접 답사하고, 사진으로 촬영하여 자료로 제작해 왔다. 한 개인이 우리나라 곳곳에 산재해 있는 수많은 문화재를 직접 답사했다고는 믿기지 않을 정도로 그의 문화재에 대한 열정과 사랑이 크게 돋보인다. 특히 평소에는 볼 수 없는 괘불을 보기 위해 석가탄신일에는 사찰로 답사를 가고, 개인이 소장하거나 박물관 자체의 소장품이지만 평소에 전시하지 않는 문화재가 특별전에 나올 때면 이를 보기 위해 전국의 박물관을 순례하며 모은 자료들이다.

그가 촬영한 사진을 보면 사진 전문가가 촬영한 작품성에는 다소 못 미치더라도, 대상 문화재가 지닌 특징이나 특성을 찾고자 하는 노력과 그의 문화재에 대한 사랑의 마음이 깊이 배어있음을 느끼게 한다. 그뿐만 아니라 그동안 문화재 답사를 해오면서 우리 문화재에 무관심한 학생들과 문화재에 대해 잘못된 지식을 전달하는 사람들을 보면서 겪은 많은 경험을 토대로 학생과 교사들에게 문화재 교육을 해왔고, 우리 문화재를 널리 알리기 위한 나름대로의 노력을 기울여 온 전문가이다.

"답사를 하면서 어려움도 많았지만, 답사지에서 만난 많은 분들의 친절함과 배려는 참으로 따뜻함을 느끼게 합니다. 역시 우리나라 사람들은 참으로 정이 많은 민족이에요."라고 하는 그의 말 속에서 문화재 답사만이 목적이 아닌, 우리의 삶과 문화를 발견해 가는 긴 여정이었다는 생각이 든다.

답사의 결실로 최근 간행한 『조상의 숨결을 찾아서 : 내가 답사한 문화유산 사적 · 천연기념물 · 명승 · 중요민속문화재 편』에 이어, 국보와 보물 편을 출간하는 것에 대해 진심으로 축하와 찬사를 보낸다.

한마디로 이 책은 실로 그가 발로 뛴 긴 세월의 자취를 옮겨놓은 것이다.

2016년 12월
한국박물관협회 회장 김쾌정

책을 내면서

'민족문화는 한 민족의 발자취며

과거와 현재, 그리고 미래를 연결하는 정신적 유산일 뿐 아니라,

조상의 숨결이며 역사의 증거다.

나는 대한민국의 문화재를 찾아 조국의 산야를 누비며,

자라나는 어린이들에게 민족의 문화를 가르치는데

전력을 다한다.'

이 글은 내가 손 글씨로 문화재 목록을 만든 후 그 속표지에 써 놓은 글로 그 당시 내 나름대로의 각오였다. 1980년대 쓴 이 글을 읽으면 지금도 입가에 미소가 지어지지만 그때의 각오가 지금까지 내가 문화재와 함께 동고동락할 수 있는 계기를 만들어 주었다는 것에 대해 한 편으로 뿌듯한 마음 그지없다.

1978년 여름방학 때 무심코 선배를 따라나섰던 문화재 답사라는 생소한 여행이 나의 평생 취미가 되고 삶의 무궁한 활력소가 되었다. 내 생애의 첫 답사 때 만났던 우리 문화유산에 대해 무지하고 무관심했던 아이들이 병아리 교사였던 나를 문화재 공부에 몰입하게 만드는 계기를 마련해 주었고, 김천 직지사에서 아들에게 들려주는 아버지의 잘못된 문화재에 대한 설명을 듣고 학생들에게 문화재에 대해 보다 정확한 안내를 해야 되겠다는 생각을 더욱 굳히게 만들었다. 문화재 답사를 시작한 지 20여 년이 지난 다음부터는 학생은 물론 교사와 학부모에게도 강의할 수 있는 기회를 얻어 우리 문화재에 대해 조금이라도 관심을 갖도록 노력해 왔다. 정년퇴직을 한 이제는 평생 공부해온 우리 문화유산에 대한 재능 기부를 통해 더 많은 사람들에게 우리 문화유산을 알릴 계획을 준비하고 있다.

여기에 소개되는 사진들은 지난 38년 동안 우리나라의 산과 들을, 도시의 골목길을, 각 지역의 박물관들을 발로 뛰어온 자취요, 나의 역사이기도 하다. 그러나 남들이 보기에 꽤 고상한 취미로 치부하면서 답사의 흔적들을 그동안 사진 자료로만 정리하고 보관하며, 학생을 가르치는 교수 · 학습 자료, 또는 강의에 필요한 자료로 활용하는 데 그쳤다. 내가 촬영한 12만 장이 넘는 우리 문화재 사진들을 강의 이외에 다른 방법으로 활용하여 많은 사람들에게 우리 문화재를 알리는 방법은 없을까 궁리한 끝에 2004년 처음으로 문화재 사진을 활용하여 1주일 단위로 사용할 수 있는 다이어리를 만들어 함께 근무하는 동료들과 나누어 쓰기 시작하였다. 이후 다이어리의 주제는 고건축, 천연기념물, 근대건축, 도자기, 탑, 전통 가옥, 불상, 부도 등으로 매년 달리하여 만들어 동료뿐 아니라 친지들과 나누어 사용하면서, 보다 적극적인 방법으로 우리 문화유산을 소개하기 위해 2013년 『조상의 숨결을 찾아서 : 내가 답사한 문화유산 국보 · 보물 편』을 2015년 『조상의 숨결을 찾아서 : 내가 답사한 문화유산 사적 · 천연기념물 · 명승 · 중요민속문화재 편』을 간행하였다.

이 책은 우리나라 국보와 보물 가운데 내가 직접 답사한 문화재만을 대상으로 소개한 것이다. 책에 수록된 사진은 뛰어난 사진은 아니며, 작품 사진은 더더욱 아니다. 박물관에서 촬영한 문화재는 유리의 반사되는 불빛과 반사된 모습들이 그대로 드러나 있고, 안개가 자욱한 날 촬영한 사진은 윤곽이 흐릿한 상태 그대로이며, 해 질 녘 촬영한 사진은 붉게 물들어 있다. 그러나 사진 한 장 한 장마다 사연과 추억이 담겨 있다. 특히 개인이나 기관, 사찰, 촬영을 불허하는 개인박물관에서 소장하고 있는 문화재는 특별전을 통해 한장 한장 촬영하여 모은 사진들이다. 옛날 교과서에 실려 있던 간송미술관 소장품인 〈청자 상감 운학문 매병〉, 사진 촬영을 불허하는 리움 미술관의 〈흥왕사명 청동 은입사 향완〉, 사찰과 개인, 여러 박물관이 소장하고 있던 많은 불서(佛書) 등을 직접 감상하고 촬영할 수 있었던 것 역시 특별전을 통해서만 누릴 수 있는 호사였다.

그동안 답사에서 수없이 많은 사람들과 만남에서 지역은 달라도 그들과 나눈 이야기 속에서 공통적인 한국인의 정서를 느낄 수 있었다. 내가 느꼈던 공통적인 정서는 바로 친절과 배려였다. 경남 사천에서 갑자기 쏟아지는 폭우 속에서 온통 비에 젖은 우리를 보며 자기 집으로 데려가 옷이라도 말리라며 불을 피우고 감자를 쪄서 내온 일, 포항 대성사에서는 주지스님께서 금고를 열어 금동불을 친견시켜주시고 차를 대접받은 일 등 따뜻함을 느낄 수 있는 답사의 추억들은 수없이 많다. 그러나 나의 문화재 답사 여정이 꼭 즐거움만 간직한 것은 아니다. 사찰에서 부처님을 사진 찍다 비구니에게 혼난 적도 있고, 봉화 경체정을 담장 옆 돌 위에 올라가 촬영하다 내려오며 풀에 걸려 1.6m나 되는 연못 바닥에 떨어진 적도 있으며, 강릉 오봉서원에서는 말벌에 쏘여 며칠 고생한 적도 있다. 사진 속에는 이 모든 사연들이 담겨 있다.

아직도 문화재 답사는 나에게 큰 기쁨이요 설레임이다.

나를 문화재 답사의 길로 이끌어 주시고 안내자였던 강승남 형님과 답사 동지인 김동현, 신명철, 최태규, 임규식 선생님께 감사드리며, 함께 생활하며 묵묵히 답사를 지원하고 때론 답삿길을 함께한 아내 박선자와 답사쟁이 아빠를 자랑스럽게 생각하는 딸 서경이와 함께 『조상의 숨결을 찾아서 : 내가 답사한 문화유산 국보·보물 편』 개정판 출간의 기쁨을 나누고 싶다.

2016년 12월
김영철

일러두기

1. 이 책은 2013년 비매품으로 출간되었던 『조상의 숨결을 찾아서 : 내가 답사한 문화유산 국보 · 보물 편』의 개정판입니다.
2. 해설 내용의 대부분은 문화재청(www.cha.go.kr) 자료에 근거하였으며, 각 시 · 군, 국립박물관, 각 대학박물관, 사찰의 성보박물관 등의 홈페이지 해설 자료를 참고하였습니다.

목차

국보 國寶

역사적 · 학술적 · 예술적 · 기술적인 가치가 큰 문화재로서 문화재위원
회의 심의를 거쳐 지정한 문화재. 보물로 지정될 가치가 있는 것 중에 제
작연대가 오래되고 시대를 대표하거나, 유례가 드물고 우수하며 특이하
거나, 역사적 인물과 관련이 있는 것을 지정한다.

국보 제1호 **서울 숭례문 [서울 崇禮門]**

서울 중구 세종대로 40

서울 숭례문
화재 이전의 모습

조선시대 서울도성을 둘러싸고 있던 성곽의 남쪽 정문으로 숭례문이며, 남대문이라고도 불렸다. 태조 4년(1395)에 짓기 시작하여 태조 7년(1398)에 완성하였다. 세종 29년(1447)에 고쳐 지었으나, 1961~1963년 해체·수리 때 성종 10년(1479)에도 큰 공사가 있었다는 사실이 밝혀졌다. 돌을 쌓아 만든 석축 가운데에 홍예문을 두고, 그 위에 정면 5칸·측면 2칸 크기로 지은 누각형 2층 건물이며, 지붕은 우진각지붕, 공포는 다포양식이다. 2008년 방화사건으로 석축을 제외한 건물이 소실되었으나 해체 복원하여 2013년 4월 복구하면서 좌우 성곽도 함께 복원하였다.

국보 제2호 **서울 원각사지 십층석탑 [서울 圓覺寺址 十層石塔]**

서울 종로구 종로 99 탑골공원

조선시대의 석탑으로는 유일한 형태로, 고려시대 만든 경천사지 10층석탑과 비슷하며 높이는 약 12m이다. 재료는 대리석이며, 탑의 기단은 3단으로 아[亞]자 모양이다. 기단의 각 층 옆면에는 용, 사자, 연꽃무늬 등이 화려하게 표현되었다. 탑신부는 10층으로 이루어져 있으며, 3층까지는 기단과 같은 아[亞]자 모양을 하고 있고 4층부터는 정사각형의 평면을 이루고 있다. 각 층마다 목조 건축을 모방하여 지붕, 공포, 기둥 등을 세부적으로 잘 표현하였다. 제작연대는 탑의 상층부에 남아 있는 기록으로 보아 세조 13년(1467) 조성되었음을 알 수 있다.

서울 원각사지 십층석탑
1 보호막을 씌우기 전의 모습 (1980년)
2 1층의 옥신과 옥개석
3 기단부
4 1층 옥신의 문양

국보 제3호 서울 북한산 신라 진흥왕 순수비 [서울 北漢山 新羅 眞興王 巡狩碑]

서울 용산구 서빙고로 137 국립중앙박물관

김정희가 판독 후 새긴 명문

진흥왕이 세운 순수척경비의 하나이다. 현재 남아 있는 비신의 크기는 높이 1.54m, 너비 69cm이며, 비에 쓰여 있는 글은 모두 12행으로 행마다 32자가 해서체로 새겨져 있다. 비의 내용은 대부분이 진흥왕의 영토 확장을 찬양하는 내용이다.

비의 건립 연대는 비문에 새겨진 연호가 닳아 없어져 확실하지 않으나, 창녕 신라 진흥왕 척경비가 건립된 진흥왕 22년(561)과 황초령비가 세워진 진흥왕 29년(568) 사이에 세워졌거나 그 이후로 추정하고 있다.

순조 16년(1816) 추사 김정희가 발견하고 판독하여 세상에 알려졌으며, 비 측면에는 김정희가 판독했음을 새겨두었다.

국보 제4호 여주 고달사지 승탑 [驪州 高達寺址 僧塔]

경기 여주군 북내면 상교리 411-1

고달사지 승탑
1 기단의 중대석 조각
2 옥개석 하단의 헌화비천상

여주 고달사지 승탑은 팔각형을 기본으로 조성하였는데 기단은 상·중·하 세 부분으로 갖추어져 있다. 특히 원형에 가까운 중대석에는 용의 머리를 한 거북을 입체적으로 새겼으며, 거북의 좌우에 각각 2마리의 용을 새기고 구름으로 채웠다. 탑신에는 문 모양과 자물쇠, 사천왕상이 새겨져 있다. 지붕돌의 아래 면에는 비천상 등을 새겼으며, 꼭대기에는 둥그런 돌 위로 지붕을 축소한 듯한 보개가 얹혀져 있다. 각 부분의 조각들에서 고려 특유의 기법을 풍기며, 고려시대 전기인 10세기 즈음에 세워졌을 것으로 추정된다.

국보 제5호 보은 법주사 쌍사자 석등 [報恩 法住寺 雙獅子 石燈]
충북 보은군 속리산면 법주사로 379 법주사

통일신라시대의 석등으로, 당시 석등이 8각 기둥을 주로 사용하던 것에 비해 두 마리의 사자가 이를 대신하고 있다. 사자를 조각한 유물 가운데 가장 오래되었으며 매우 특수한 형태를 하고 있다. 8각의 바닥돌 위에 올려진 사자 조각은 두 마리가 서로 가슴을 맞대고 서서 앞발과 주둥이로는 윗돌을 받치고 있는 모습이다. 아랫돌과 윗돌에는 각각 연꽃을 새겼다. 화사석은 8각으로 4면에 화창을 내고, 지붕돌은 꾸밈없이 조성하였다. 석등을 세운 시기는 성덕왕 19년(720)으로 추정된다.

국보 제6호 충주 탑평리 칠층석탑 [忠州 塔坪里 七層石塔]
충북 충주시 가금면 탑평리 11

통일신라시대의 석탑으로, 당시에 세워진 석탑 중 가장 규모가 크며, 중앙탑이라고도 부른다. 2단의 기단 위에 7층의 탑신을 올렸다. 기단의 각 면과 탑신부의 각 층의 몸돌에는 기둥을 모각하였다. 지붕돌의 옥개받침은 각각 5단으로 조성하였다. 상륜부는 이중으로 포개어진 같은 모양의 받침돌이 머리장식을 받쳐주고 있다. 1917년 탑을 보수할 때 6층 몸돌과 기단에서 사리장치와 유물이 발견되었다. 유물 중 고려시대 거울이 발견되어 탑 조성 이후 고려시대에 2차 봉안이 있었던 것으로 보인다. 조성 연대는 8세기 후반으로 추정된다.

국보 제7호 천안 봉선홍경사 갈기비 [天安 奉先弘慶寺 碣記碑]
충남 천안시 서북구 성환읍 대흥3길 77-48

갈비[碣碑]는 일반적으로 이수나 옥개석을 따로 얹지 않고 비몸의 끝부분을 둥글게 처리하는 것이 보통이다. 하지만 이 비는 귀부와 이수를 모두 갖추고 있어 석비의 형식과 다르지 않다. 귀부는 양식상의 변화로 머리가 용의 머리로 바뀌었고, 물고기의 지느러미 같은 날개를 머리 양쪽에 새겨 생동감을 더하고 있다. 비신에는 '봉선홍경사갈기'라는 비의 제목이 가로로 새겨져 있다.

비의 내용은 절의 창건에 관한 기록이며, 조성 시기는 고려 현종 17년(1026)이다. 비문은 최충이 짓고 백현례가 썼으며, 서체는 해서이다.

천안 봉선홍경사 갈기비
1 비신의 명문
2 비신 측면의 문양
3 이수
4 귀부

국보 제8호 보령 성주사지 낭혜화상탑비 [保寧 聖住寺址 郎慧和尚塔碑]
충남 보령시 성주면 성주리 80-4

이 비는 성주사터에 남아 있는 통일신라시대의 승려 낭혜화상 무염의 탑비로 최치원의 사산비 중 하나이다. 낭혜화상은 무열왕의 8세손으로, 애장왕 2년 태어나 13세에 출가하여, 헌덕왕 13년 당나라로 유학, 문성왕 7년 귀국하여 오합사의 주지가 되었다. 이후 성주사에 머무르면서 제자를 양성하다 진성여왕 2년(888) 89세로 이 절에서 입적하자 왕은 시호를 '낭혜', 탑명을 '백월보광'이라 내렸다.

비문을 통해 신라골품제도의 변화를 알 수 있다. 최치원이 글을 짓고 그의 사촌인 최인곤이 글씨를 썼다. 서체는 해서체이다. 조성 연대는 진성여왕 4년(890)으로 추정된다.

보령 성주사지 낭혜화상탑지
1 비신
2 이수
3 귀부

국보 제9호 부여 정림사지 오층석탑 [扶餘 定林寺址 五層石塔]
충남 부여군 부여읍 동남리 254

부여 정림사터에 세워져 있는 석탑으로, 좁고 낮은 1단의 기단 위에 5층의 탑신을 세웠다. 한때 '평제탑'이라고 잘못 알려지기도 했다. 기단은 각 면의 가운데와 모서리에 기둥돌을 끼워 놓았고, 탑신부의 각 층 몸돌에는 모서리마다 기둥을 세워놓았는데, 위아래가 좁고 가운데를 볼록하게 표현하는 목조건물의 배흘림 기법을 이용하였다. 얇고 넓은 지붕돌은 처마의 네 귀퉁이에서 부드럽게 들려져 단아한 자태를 보여준다.

익산 미륵사지 석탑(국보 제11호)과 함께 백제시대에 조성된 유일한 탑이다.

국보 제10호 남원 실상사 백장암 삼층석탑 [南原 實相寺 百丈庵 三層石塔]
전북 남원시 산내면 대정리 975 백장암

백장암 삼층석탑
1 옥개받침과 탑신부의 조각
2 초층 탑신부의 조각

낮은 기단 위에 3층의 탑신을 올렸다. 당시 조성된 다른 탑들과는 달리 보기 드물게 각 부의 구조와 조각이 특이한 양식과 수법을 보이고 있다. 탑의 너비가 거의 일정하며, 지붕돌 하단에 옥개받침을 두지 않고 두툼하게 한 단으로 표현하여 1, 2층에는 여꽃무양을 새기고 3층에는 삼존상을 새겼다.

탑 전체에 조각이 가득한데, 기단과 탑신 괴임에는 난간 모양을 새기고, 탑신 1층에는 보살상과 신장상을, 2층에는 주악천인상을, 3층에는 천인좌상을 새겼다. 이 탑은 당시의 격식에 얽매이지 않는 자유로운 구조를 보이며, 조성 시기는 통일신라 후기로 추정된다.

국보 제11호 익산 미륵사지 석탑 [益山 彌勒寺址 石塔]
전북 익산시 금마면 기양리 97

백제 최대의 절이었던 익산 미륵사터에 있는 탑으로, 기단은 목탑과 같이 낮은 1단을 이루었다. 탑신은 1층 몸돌에 각 면마다 3칸씩을 나누고 가운데 칸에 문을 만들어서 사방으로 내부가 통하게 만들었으며, 내부 중앙에는 거대한 사각형 기둥을 세웠다. 1층 몸돌의 네 면에는 모서리 기둥을 세웠는데, 목조건축의 배흘림 기법을 따르고 있다. 지붕돌은 얇고 넓다. 목탑에서 석탑으로 이행하는 과정을 보여주며, 탑이 세워진 시기는 백제 말 무왕(재위 600~641)대로 보는 견해가 유력하다. 현재 해체, 복원 과정에 있다.

익산 미륵사지 석탑

1 해체 이전의 미륵사지 석탑
2 시멘트로 보강한 측면의 모습
3 석탑의 심주석에서 발견된 사리장엄구 중 금동제 사리 외호와 내호
4 복원과정 [2016년 2월]

국보 제12호 구례 화엄사 각황전 앞 석등 [求禮 華嚴寺 覺皇殿 앞 石燈]
전남 구례군 마산면 화엄사로 539 화엄사

화엄사 각황전 앞에 세워진 이 석등은 전체 높이 6.4m로 커다란 규모이다. 8각 바닥돌 위의 아래받침돌에는 복련을 조각하고, 그 위로는 고복형(장고 모양)의 간주석을 세웠다. 통일신라시대 후기에 유행했던 고복형의 전형적인 형태를 보이고 있다. 화사석은 8각형으로 4면에 화창을 두었다. 큼직한 귀꽃이 눈에 띄는 8각의 지붕돌 위로는 머리 장식이 온전하게 남아있어 전체적인 완성미를 더해준다. 석등의 조성 연대는 통일신라 헌안왕 4년(860)에서 경문왕 13년(873) 사이에 세워졌을 것으로 추정된다.

국보 제13호 강진 무위사 극락보전 [康津 無爲寺 極樂寶殿]
전남 강진군 성전면 무위사로 308 무위사

강진 무위사 극락보전
1 극락보전의 천장
2 공포 배치

무위사에서 가장 오래된 건물인 극락보전은 세종 12년(1430)에 지었으며, 정면 3칸, 측면 3칸 규모이다. 지붕은 맞배지붕이며, 공포는 주심포 양식이다. 극락보전 안에는 아미타삼존불(보물 제1312호)과 29점의 벽화(보물 제1315호: 28점은 전시관에 보관), 백의관음도(보물 제1314호), 아미타 후불벽화(국보 제313호)가 전해지고 있다. 이 건물은 곡선재료를 많이 쓰던 고려 후기의 건축에 비해, 직선재료를 사용하여 간결하면서 짜임새의 균형을 잘 이루고 있는 조선 초기의 건물이다.

국보 제14호 영천 은해사 거조암 영산전 [永川 銀海寺 居祖庵 靈山殿]
경북 영천시 청통면 거조길 400 거조암

영천 은해사 거조암 영산전
1 영산전의 공포 배치
2 영산전 내부의 석조 나한상

거조사는 은해사보다 먼저 지었지만, 근래에 와서 은해사에 속하는 암자가 되어 거조암이라 부르게 되었다. 돌계단을 오르는 비교적 높은 기단 위에 소박하고 간결하게 지은 영산전은 거조암의 중심 건물로 정면 7칸, 측면 3칸 크기의 규모로 사찰의 건물로서는 규모가 큰 편에 속하는 건물이다.

지붕은 맞배지붕이며, 공포는 주심포 양식이다. 영산전 내부에는 석가모니불상과 526분의 석조나한상을 모시고 있다. 조성 연대는 고려 우왕 원년(1375)에 처음 지었으나, 지금 건물은 조선시대에 다시 지은 것이다.

국보 제15호 안동 봉정사 극락전 [安東 鳳停寺 極樂殿]
경북 안동시 서후면 봉정사길 222 봉정사

안동 봉정사 극락전
1 불단
2 천장

봉정사 극락전은 1972년 보수공사 때 고려 공민왕 12년(1363)에 지붕을 크게 수리하였다는 기록이 담긴 상량문을 발견하였는데, 우리 전통 목조건물은 신축 후 지붕을 크게 수리하기까지 통상적으로 100~150년이 지나야 하므로 건립연대를 1200년대 초로 추정할 수 있어 우리나라에서 가장 오래된 목조 건물로 보고 있다. 또한, 통일신라시대 건축양식을 본받고 있다.

정면 3칸, 측면 4칸 규모로 지붕은 맞배지붕, 공포는 주심포 양식이다. 앞면 가운데 칸에는 문을 내고, 양 옆 칸에는 창문을 내었다.

국보 제16호 안동 법흥사지 칠층전탑 [安東 法興寺址 七層塼塔]
경북 안동시 법흥동 8-1

탑은 1단의 기단 위로 7층의 탑신을 쌓아 올렸다. 기단의 각 면에는 화강암으로 조각된 팔부중상과 사천왕상을 세워놓았고, 기단 남쪽 면에는 계단을 설치하여 1층 몸돌에 만들어진 감실을 향하도록 하였다. 진한 회색의 무늬 없는 벽돌로 쌓아 올린 탑신은 1층 몸돌에 감실을 마련하였다. 지붕돌은 위아래 모두 계단 모양의 층단을 이루는 일반적인 전탑 양식과는 달리, 윗면에 남아 있는 기와를 얹었던 흔적으로 보아 목탑을 모방한 전탑으로 평가되고 있다. 높이 17m, 기단너비 7.75m의 거대한 탑임에도 매우 안정된 자태를 유지하고 있다. 조성 연대는 통일신라시대로 추정된다.

안동 법흥사지 칠층전탑
1 2층과 3층의 기와
2 기단의 팔부중상과 사천왕상

국보 제17호 영주 부석사 무량수전 앞 석등 [榮州 浮石寺 無量壽殿 앞 石燈]
경북 영주시 부석면 부석사로 345 부석사

4각 바닥돌은 옆면에 안상을 새기고, 그 위의 아래 받침돌은 연꽃 조각을 얹어 8각형의 간주석을 받치고 있다. 간주석 위로는 연꽃무늬를 조각해 놓은 윗 받침돌을 얹어놓았다. 8각의 화사석은 4개의 화창을 조성하고 나머지 4면에는 세련된 모습의 보살상을 새겨놓았다. 지붕돌 모서리 끝이 가볍게 들려있어 경쾌해 보인다. 꼭대기에는 머리장식을 얹었던 받침돌만이 남아있다.

통일신라시대를 대표하는 화려하면서도 단아한 멋을 지닌 아름다운 석등이다.

영주 부석사 무량수전 앞 석등 화사석에 조각된 보살상

국보 제18호 영주 부석사 무량수전 [榮州 浮石寺 無量壽殿]
경북 영주시 부석면 부석사로 345 부석사

영주 부석사 무량수전 공포 배치

무량수전은 부석사의 중심 건물로 극락정토를 상징하는 아미타여래불상을 모시고 있다. 신라 문무왕(재위 661~681) 때 짓고 고려 현종(재위 1009~1031) 때 고쳐 지었으나, 공민왕 7년(1358)에 소실되었다. 지금 있는 건물은 고려 우왕 2년(1376)에 다시 짓고 광해군 때 새로 단청한 것으로, 1916년에 해체 · 수리 공사를 하였다.

정면 5칸, 측면 3칸 규모이며, 지붕은 팔작지붕, 공포는 주심포 양식이다. 특히 주심포 양식의 기본 수법을 가장 잘 남기고 있는 대표적인 건물로 봉정사 극락전과 더불어 가장 오래된 목조 건축물이다.

국보 제19호 영주 부석사 조사당 [榮州 浮石寺 祖師堂]

경북 영주시 부석면 부석사로 345 부석사

영주 부석사 조사당
1 공포 배치
2 선비화

조사당은 의상대사의 초상을 모시고 있는 곳으로 고려 우왕 3년(1377)에 세웠고, 조선 성종 21년(1490)과 성종 24년(1493)에 다시 고 쳤다. 정면 3칸, 측면 1칸 규모로, 지붕은 맞배지붕, 공포는 주심포 양식이다. 건물 자체가 작은 크기이기 때문에 세부양식이 경내에 있는 무량수전(국보 제18호)보다 간결하다. 앞면 가운데 칸에는 출입문을 두었고 좌우로는 햇빛이 들도록 창을 설치하였다. 건물 안쪽의 좌 우에 있던 사천왕상·보살상 등 고려 후기에 그려진 벽화는 떼어서 따로 보관하고 있다. 조사당 앞 동쪽 처마 아래에서 선비화가 자라고 있다.

국보 제20호 경주 불국사 다보탑 [慶州 佛國寺 多寶塔]

경북 경주시 불국로 385 불국사

경주 불국사 다보탑의 1구 남은 석사자

십[十]자 모양 평면의 기단에는 사방에 돌계단을 마련하고, 탑신을 올렸다. 목조 건축의 복잡한 구조를 참신한 발상을 통 해 산만하지 않게 표현한 뛰어난 작품으 로, 4각, 8각, 원을 한 탑에서 짜임새 있게 구성한 점, 각 부분의 길이·너비·두께 를 일정하게 통일시킨 점 등은 8세기 통 일신라 미술의 정수를 보여주고 있다.

탑이 건립된 시기는 경덕왕 10년(751) 으로 추측된다. 1925년경에 일본인들이 탑을 해체, 보수하였으나 기록이 남아 있 지 않으며, 4면에 있던 석사자 중 3구를 일제에 의해 약탈당한 아픔을 담고 있는 유물이다.

국보 제21호 경주 불국사 삼층석탑 [慶州 佛國寺 三層石塔]
경북 경주시 불국로 385 불국사

석가탑은 불국사가 창건된 통일신라 경덕왕 10년(751)에 조성된 것으로 추측되며, 2단의 기단 위에 3층의 탑신을 세운 석탑으로, 백제계 양식과 신라계 양식의 조성 방식이 결합한 통일신라시대 전형의 탑으로 이후 통일신라 탑은 대부분 이 양식을 따르고 있다.

1966년 9월에는 도굴꾼들에 의해 탑이 손상되는 일이 있었으며, 그 해 12월 탑을 수리하면서 세계 최고[最古]의 목판 인쇄물인 '무구정광 대다라니경'과 사리장치가 발견되었다.

또한, 이 탑은 '무영탑[無影塔]이라고도 불리는데, 백제 석공 아사달과 아내 아사녀의 슬픈 전설을 담고 있다.

경주 불국사 삼층석탑 무구정광대다라니경

국보 제22호 경주 불국사 연화교 및 칠보교 [慶州 佛國寺 蓮華橋 및 七寶橋]
경북 경주시 불국로 385 불국사

연화교와 칠보교는 극락전으로 향하는 안양문과 연결된 다리이다. 전체 18계단으로, 밑에는 10단의 연화교가 있고 위에는 8단의 칠보교가 놓여있다. 특히 연화교의 층계마다 연꽃잎을 도드라지게 새겨놓았는데 오랜 세월이 지나면서 조각이 희미해져 지금은 통행을 금지하고 있다.

통일신라 경덕왕 10년(751)에 세워진 것으로 보이며, 동쪽의 청운교와 백운교가 웅장한 멋을 보여주는 데 비해, 섬세한 아름다움을 보이고 있다.

국보 제23호 경주 불국사 청운교 및 백운교 [慶州 佛國寺 靑雲橋 및 白雲橋]
경북 경주시 불국로 385 불국사

청운교와 백운교는 대웅전을 향하는 자하문과 연결된 다리로, 다리 아래 일반인의 세계와 다리 위의 부처의 세계를 이어주는 상징적인 의미를 지닌다. 밑에는 18단의 청운교가 있고 위로는 16단의 백운교가 놓여 있다. 통일신라 경덕왕 10년(751)에 세워진 것으로 보이며, 신라시대의 다리로는 유일하게 완전한 형태로 남아있다. 또한, 무지개 모양으로 이루어진 다리 아랫부분은 우리나라 석교나 성문에서 보이는 반원 아치 모양인 홍예교의 시작점을 보여주고 있어 중요한 자료가 되고 있다.

경주 불국사 청운교 및 백운교
홍예 부분

국보 제24호 경주 석굴암 석굴 [慶州 石窟庵 石窟]
경북 경주시 불국로 873-243 석굴암

토함산 중턱에 화강암을 이용하여 인위적으로 석굴을 만들고, 내부 공간에 본존불인 석가여래불상을 중심으로 그 주위 벽면에 보살상 및 제자상과 역사상, 천왕상 등 총 40구의 불상을 조각했으나 지금은 38구만이 남아있다. 석굴암 석굴의 구조는 입구인 직사각형의 전실과 원형의 주실이 복도 역할을 하는 통로로 연결되어 있다. 원형 주실의 천장을 360여 개의 넓적한 돌로 교묘하게 구축한 건축 기법은 세계에 유례가 없는 뛰어난 기술이다. 석굴암은 1995년 12월 불국사와 함께 유네스코 세계문화유산으로 공동 등재되었다.

국보 제25호 경주 태종무열왕릉비 [慶州 太宗武烈王陵碑]
경북 경주시 서악동 844-1

신라 제29대 왕인 태종무열왕의 능 앞에 세워진 석비이다. 태종무열왕은 김유신과 함께 당나라를 후원 세력으로 삼아 삼국통일의 기반을 다진 인물이다. 비는 현재 비신이 없어진 채 귀부와 이수만 남아 있다. 거북은 목을 높이 쳐들고 발을 기운차게 뻗으며 앞으로 나아가고 있는 모습이다. 이수 좌우에는 6마리의 용이 3마리씩 뒤엉켜 여의주를 받들고 있으며, 앞면 중앙에 '태종무열대왕지비'라고 새겨져 있다.

통일신라 문무왕 원년(661)에 건립되었으며, 명필로 유명했던 무열왕의 둘째 아들 김인문의 글씨로 비문을 새겼다.

국보 제26호 경주 불국사 금동 비로자나불좌상 [慶州 佛國寺 金銅 毘盧遮那佛坐像]

경북 경주시 불국로 385 불국사

불국사 비로전에 모셔져 있는 높이 1.77m의 이 불상은 진리의 세계를 두루 통솔한다는 의미를 지닌 비로자나불을 형상화한 것이다. 머리의 머리칼을 나발로 표현하였으며, 얼굴은 위엄이 있으면서도 자비로운 인상을 풍기고 있다. 왼쪽 어깨에만 걸쳐 입은 옷은 매우 얇게 표현되어 있다. 자연스럽게 흘러내리고 있는 옷주름의 표현은 매우 사실적이다. 손 모양은 오른손 검지를 왼손으로 감싸고 있어 비로자나불이 취하는 일반적인 손 모양과는 반대로 표현되었다. 조성 시기는 통일신라 시대이다.

국보 제27호 경주 불국사 금동 아미타여래좌상 [慶州 佛國寺 金銅 阿彌陀如來坐像]

경북 경주시 불국로 385 불국사

불국사 극락전에 모셔진 높이 1.66m의 불상이다. 머리칼은 나발로 표현하였으며, 정수리 부근에는 상투 모양의 육계가 큼직하게 솟아 있다. 원만하고 자비스러운 얼굴은 정면을 향하고 있으며, 눈썹은 반원형이고 콧날은 오뚝하다. 신체 표현이 장중하여 건장한 남성의 체구를 연상시킨다. 두 무릎은 넓게 퍼져서 매우 안정된 느낌을 준다. 어깨높이로 들어 약간 오므린 왼손은 손바닥을 보이며, 오른손은 무릎에 올려놓고 엄지와 가운뎃손가락을 약간 구부리고 있다. 조성 시기는 통일신라 시대이다.

국보 제28호 경주 백률사 금동 약사여래입상 [慶州 栢栗寺 金銅 藥師如來立像]
경북 경주시 일정로 186 국립경주박물관

백률사에 있던 것을 1930년에 국립경주박물관으로 옮겨 놓았다. 전체 높이 1.77m의 서 있는 불상으로 모든 중생의 질병을 고쳐준다는 약사불을 형상화한 것이다. 머리는 신체에 비해 크지 않은 편이나 우아한 인상을 풍기고 있다. 다소 평면적인 느낌을 주지만 신체의 적절한 비례와 조형기법이 우수하다. 두 손은 없어졌으나 손목의 위치와 방향으로 보아 오른손은 위로 들어 손바닥을 보이고, 왼손에는 약그릇이나 구슬을 들고 있었던 것으로 보인다. 조성 시기는 통일신라시대이다.

국보 제29호 성덕대왕신종 [聖德大王神鍾]
경북 경주시 일정로 186 국립경주박물관

성덕대왕신종의 비천상

우리나라에 남아있는 가장 큰 종으로 높이 3.75m, 입지름 2.27m, 두께 11.25cm이며, 무게는 18.9톤이다. 종의 맨 위에는 소리의 울림을 도와주는 음통이 있는데, 이것은 우리나라 동종에서만 찾아볼 수 있는 독특한 구조이다. 용뉴는 용머리 모양으로 조각되어 있다. 통일신라 예술이 전성기를 이룰 때 만들어진 종으로 화려한 문양과 조각수법은 시대를 대표할 만하다.

또한, 몸통에 1,000여 자의 명문은 문장뿐 아니라 새긴 수법도 뛰어나다. 조성 연대는 경덕왕의 뒤를 이은 혜공왕 771년이다.

국보 제30호 경주 분황사 모전석탑 [慶州 芬皇寺 模塼石塔]

경북 경주시 분황로 94 분황사

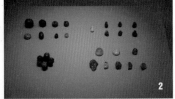

현재 남아있는 신라 석탑 가운데 가장 오래된 탑으로, 안산암을 벽돌 모양으로 다듬어 쌓아 올린 모전석탑이다. 원래 9층이었다는 기록이 있으나 지금은 3층만 남아있다. 탑은 널찍한 1단의 기단 위에 탑신을 쌓아 올렸다. 기단은 자연석으로 이루어져 있고, 네 모퉁이마다 화강암으로 조각된 사자상이 한 마리씩 앉아있다. 또한, 1층 몸돌에는 네 면마다 문을 만들고, 그 양쪽에 불교의 법을 수호하는 인왕상을 조각해 놓았다.

선덕여왕 3년(634) 분황사의 창건과 함께 건립된 것으로 추정된다.

경주 분황사 모전석탑
1 1층 몸돌의 인왕상
2 3 사리장엄구에서 발견된 유물들

국보 제31호 경주 첨성대 [慶州 瞻星臺]

경북 경주시 인왕동 839-1

천체의 움직임을 관찰하던 신라시대의 천문관측대로, 받침대 역할을 하는 기단부 위에 술병 모양의 원통부를 올리고 맨 위에 정[井]자형의 정상부를 얹은 모습이다. 높이는 9.17m이다. 원통부는 부채꼴 모양의 돌로 27단을 쌓아 올렸으며, 매끄럽게 잘 다듬어진 외부에 비해 내부는 돌의 뒷뿌리가 삐죽삐죽 나와 벽면이 고르지 않다. 남동쪽으로 난 창 바깥쪽에 사다리를 놓고 안으로 들어간 후 꼭대기까지 올라가 하늘을 관찰했던 것으로 보인다.

선덕여왕 때 건립된 것으로 추정되며, 동양에서 가장 오래된 천문대로 그 가치가 높다.

합천 해인사 대장경판 [陜川 海印寺 大藏經板]
경남 합천군 가야면 해인사길 122 해인사

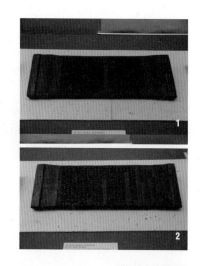

합천 해인사 대장경판
1 가섭부불반열반경
2 성지세다라니경

이 대장경은 고려 고종 24~35년(1237~1248)에 걸쳐 간행되었다. 만들게 된 동기는 고려 현종 때 새긴 초조대장경이 고종 19년(1232) 몽고의 침입으로 불타 없어지자 몽고군의 침입을 불교의 힘으로 막아보고자 하는 뜻으로 국가적인 차원에서 조성한 것이다. 한 글자의 오자 탈자가 없는 완벽한 경전이다.

현재 법보전과 수다라장에 보관된 판수는 81,258장이며, 크기는 가로 70cm 내외, 세로 24cm 내외이고 두께는 2.6cm~4cm, 무게는 3kg~4kg이다. 구성은 모두 1,496종 6,568권으로 되어있다. 2007년 세계기록유산에 등재되었다.

국보 제33호 창녕 신라 진흥왕 척경비 [昌寧 新羅 眞興王 拓境碑]
경남 창녕군 창녕읍 교상리 28-1

빛벌가야(지금의 창녕)를 신라 영토로 편입한 진흥왕이 이곳을 순수하며 민심을 살핀 후 그 기념으로 세운 비이다. 비는 목마산성 기슭에 있던 것을 1924년 지금의 자리로 옮기고 비각을 세웠다. 비는 자연석의 앞면을 평평하게 다듬어 비문을 새기고, 그 둘레에 선으로 윤곽을 돌려 놓은 모습이다.

마멸이 심해 판독하기 어려우나, 후반부에 당시 왕을 수행하던 신하들의 명단이 직관, 직위, 소속의 순서대로 나열되어 있어 당시 지방행정조직, 신분제 및 사회조직을 파악하는 데 많은 도움이 되고 있다. 비의 조성 시기는 진흥왕 22년(561)이다.

국보 제34호 창녕 술정리 동 삼층석탑 [昌寧 述亭里 東 三層石塔]
경남 창녕군 창녕읍 시장2길 37

창녕 술정리 동 삼층석탑 사리장엄구

2단의 기단에 3층의 탑신을 올린 형태로, 통일신라 석탑의 일반적인 모습이다. 기단부와 탑신부의 몸돌에는 기둥을 모각하였고, 지붕돌은 수평을 이루던 처마가 네 귀퉁이에서 살짝 치켜 올라간 간결한 모습이며, 옥개받침은 5단이다. 1965년 탑을 해체, 복원할 당시 3층 몸돌에서 뚜껑 달린 청동잔형사리용기 등의 유물들이 발견되었고, 바닥돌 주위에 돌림돌을 놓았던 구조도 밝혀졌다.

외형이나 세부적인 수법이 경주 불국사 삼층석탑(국보 제21호)과 비슷하다. 조성 연대는 8세기 중엽인 통일신라시대로 추정된다.

국보 제35호 구례 화엄사 사사자 삼층석탑 [求禮 華嚴寺 四獅子 三層石塔]
전남 구례군 마산면 화엄사로 539

화엄사 사사자 삼층석탑
1 몸돌에 새긴 보살상과 사천왕상
2 이층 기단의 석사자와 스님상

차를 공양하는 연기조사 석등

2단의 기단에 3층의 탑신을 올렸다. 아래층 기단의 각 면에는 천인상을 양각하였는데, 악기와 꽃을 받치고 춤추며 찬미하는 등의 다양한 모습이 새겨져 있다. 가장 주목되는 위층 기단은 암수 네 마리의 사자를 각 모퉁이에 기둥 삼아 세워 놓은 구조이며, 중앙에는 합장한 스님상이 있는데 이는 연기조사의 어머니라고 전한다. 탑 앞에는 석등이 있는데, 이는 탑을 향해 꿇어앉아 석등을 이고 어머니께 차를 공양하는 연기조사의 지극한 효성을 표현해 놓은 것이라 한다. 조성 연대는 8세기 중엽으로 추정된다.

국보 제36호 상원사 동종 [上院寺 銅鍾]
강원 평창군 진부면 오대산로 1211 상원사

종의 맨 위에는 용뉴가 고리를 이루고 있고, 음통은 연꽃과 덩굴무늬로 장식되어 있다. 유곽은 구슬 장식으로 테두리를 하고 그 안쪽에 덩굴을 새긴 다음 드문드문 1~4구의 악기를 연주하는 주악상을 두었다. 네 곳의 유곽 안에는 연꽃 모양의 유두를 9개씩 두었다. 그 밑으로 마주 보는 두 곳에 구름 위에서 무릎 꿇고 하늘을 날며 악기를 연주하는 비천상을 새겼다. 성덕대왕신종과 더불어 우리나라에 남아있는 완형의 통일신라시대 범종 3구 중 하나이며, 크기는 높이 167cm, 입지름 91cm이다. 신라 성덕왕 24년(725)에 만들었다.

상원사 동종
1 음통과 용뉴
2 주악비천상

국보 제37호 경주 황복사지 삼층석탑 [慶州 皇福寺址 三層石塔]
경북 경주시 구황동 103

경주 황복사지 삼층석탑 사리구

신라 신문왕이 돌아가신 후 그 아들인 효소왕이 아버지의 명복을 빌고자 세운 탑으로, 2단의 기단 위에 3층의 탑신을 올렸다. 기단은 각 면에 기둥을 모각한 것 이외에 다른 장식은 없다. 탑신부는 여러 개의 돌로 짜맞추는 대신 몸돌과 지붕돌이 각각 하나의 돌이다. 지붕돌은 윗면이 평평하고 네 귀퉁이가 살짝 올라가 경쾌하며, 옥개 받침은 5단이다. 탑의 꼭대기에는 노반만이 남아있다.

1943년 탑을 해체, 수리할 때 2층 지붕돌 안에서 금동 사리함과 금동 불상 2구(국보 제79호, 국보 제80호 참조)를 비롯하여 많은 유물이 발견되었다. 효소왕 1년(692)에 건립하였다.

국보 제38호 경주 고선사지 삼층석탑 [慶州 高仙寺址 三層石塔]
경북 경주시 일정로 186 국립경주박물관

원효대사가 주지로 있었던 고선사 옛 터에 세워져 있던 탑으로, 덕동댐 건설로 1975년 지금의 자리인 국립경주박물관으로 옮겨 세워 놓았다. 탑은 2단의 기단 위에 3층의 탑신을 쌓았다. 기단과 탑신도 여러 개의 돌을 조립식으로 짜 맞추었으나, 3층 몸돌만은 하나의 돌로 이루어져 있다. 이는 사리장치를 넣어둘 공간을 마련하기 위한 배려로, 석탑을 해체하여 복원하면서 밝혀졌다.

통일신라시대 전기인 7세기 후반에 세워졌을 것으로 추정되며, 전형적인 통일신라 석탑양식으로 정착되어가는 초기과정을 잘 보여주고 있다.

국보 제39호 경주 나원리 오층석탑 [慶州 羅原里 五層石塔]
경북 경주시 현곡면 나원리 676

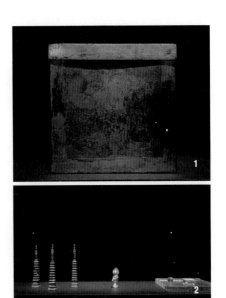

경주 나원리 오층석탑
1 사리장엄구 금동 사각 외함
2 금동제 구층소탑, 여래입상 등

나원리 마을의 절터에 남아 있는 석탑으로, 경주에 있는 석탑 가운데 경주 감은사지 동·서 삼층석탑과 경주 고선사지 삼층석탑과 비교되는 거대한 규모이다. 2층 기단에 5층의 탑신을 쌓았다. 기단과 1층 탑신의 몸돌, 1·2층의 지붕돌을 제외한 나머지가 모두 하나의 돌로 이루어져 있다. 기단의 각 면에는 기능을 모각하였다. 납신부는 각 층 몸돌에 기둥을 모각하고 장식적인 요소는 없다. 옥개 받침은 5단이다. 상륜부에는 부서진 노반과 잘려나간 찰주가 남아있다. 통일신라시대인 8세기경에 세웠을 것으로 추정된다.

국보 제40호 경주 정혜사지 십삼층석탑 [慶州 淨惠寺址 十三層石塔]

경북 경주시 안강읍 옥산리 1654

경주 정혜사터에 있는 탑으로, 흙으로
쌓은 1단의 기단 위에 13층의 탑신을 올
렸다. 통일신라시대에서는 그 비슷한 예
를 찾아볼 수 없는 독특한 모습이다. 1층
탑 몸돌이 거대한 데 비해 2층부터는 몸
돌과 지붕돌 모두가 급격히 작아져서 2층
이상은 마치 1층 위에 덧붙여진 머리 장
식처럼 보인다. 1층 몸돌은 네 모서리에
사각형의 돌기둥을 세우고, 그 안에 다시
보조 기둥을 붙여 세워 문을 만들어 놓았
다. 지붕돌은 밑면의 받침을 별개의 다른
돌로 만들고, 꼭대기에는 노반만 남아있
다. 통일신라시대 9세기에 조성된 것으로
추정된다.

국보 제41호 청주 용두사지 철당간 [清州 龍頭寺址 鐵幢竿]

충북 청주시 상당구 남문로2가 48-19

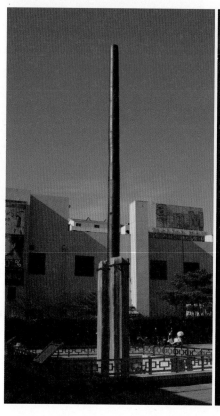 

용두사는 고려 광종 13년(962)에 창건
되었으나 고려말의 잦은 전쟁과 난으로
폐사되었다. 이 당간은 밑받침돌과 이를
버티고 있는 두 기둥이 온전히 남아있다.
당간지주는 바깥면 중앙에 세로로 선을
양각하여 단조로운 표면에 변화를 주었
다. 그 사이로 원통 모양의 철통 20개를
연결하여 당간을 이루게 하였다. 특히 세
번째 철통 표면에는 철당간을 세우게 된
동기와 과정 등이 기록되어 있는데, 원래
는 30개의 철통으로 구성되어 있었다고
한다.

당간을 세운 시기는 고려 광종 13년
(962)이다.

청주 용두사지 철당간의 명문

국보 제43호 혜심고신제서[복제] [惠諶告身制書]
전남 순천시 송광면 송광사안길 100 송광사

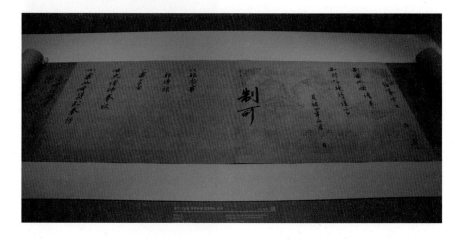

이 문서는 고려 고종 3년(1216)에 조계산 제2세 진각국사 혜심에게 대선사의 호를 하사한 제서이다.

능형화문의 무늬가 있는 홍, 황, 백색 등의 비단 7장을 이어서 만든 두루마리에 묵서한 것으로, 크기는 가로 3.6m, 세로 33cm이다. 혜심고신제서는 고려시대 승려에게 하사한 제서 중 몇 점 되지 않는 귀중한 자료이다.

국보 제44호 장흥 보림사 남 · 북 삼층석탑 및 석등 [長興 寶林寺 南 · 北 三層石塔 및 石燈]
전남 장흥군 유치면 봉덕리 45 보림사

남북으로 세워진 두 탑은 구조와 크기가 같으며, 2단으로 쌓은 기단 위에 3층의 탑신을 쌓은 통일신라의 전형적인 석탑이다. 탑신부는 몸돌과 지붕돌을 각각 하나의 돌로 만들어 쌓았다. 지붕돌의 옥개 받침은 5단이다. 상륜부에는 여러 개의 머리 장식들을 차례대로 가지런히 올려놓았는데, 이처럼 온전하게 남아 있는 예가 드물어 귀중한 자료가 되고 있다.

석등은 신라의 전형적인 모습으로, 바닥돌 위에 연꽃무늬를 새긴 8각의 위아래 받침돌 사이에 팔각기둥을 세운 후, 그 위에 4면에 화창을 낸 화사석을 받쳐주도록 하였다. 조성 시기는 석탑과 석등 모두 통일신라 경문왕 10년(870)이다.

장흥 보림사 남 · 북 삼층석탑 및 석등

1 보림사 삼층석탑 사리청동합
2 보림사 삼층석탑 사리호
3 보림사 삼층석탑 탑지석(왼쪽: 남 삼층석탑 / 오른쪽: 북 삼층석탑)

국보 제45호 영주 부석사 소조여래좌상 [榮州 浮石寺 塑造如來坐像]
경북 영주시 부석면 부석사로 345 부석사

　부석사 무량수전에 모시고 있는 소조불상으로 높이 2.78m이다. 소조여래좌상은 우리나라 소조불상 가운데 가장 크고 오래된 작품으로 그 가치가 매우 크다. 얼굴의 두꺼운 입술과 날카로운 코 등에서 근엄한 인상을 풍기고 있다. 손 모양은 석가모니불이 취하는 항마촉지인인데, 불상을 모신 장소가 무량수전이며, 부석사에 있는 원융국사탑비 비문에 아미타불을 만들어 모셨다는 기록이 있는 점으로 보아 이 불상은 아미타불임이 확실하다.

　현재 손 모양은 조선시대에 불상의 파손된 부분을 고치면서 바뀐 것으로 보인다. 조성 시기는 고려 초기로 추정된다.

국보 제47호 하동 쌍계사 진감선사탑비 [河東 雙磎寺 眞鑑禪師塔碑]
경남 하동군 화개면 쌍계사길 59 쌍계사

　통일신라 후기의 유명한 승려인 진감선사의 탑비이다. 진감선사(774~850)는 불교 음악인 범패를 도입하여 널리 대중화시킨 인물로, 애장왕 5년(804)에 당나라에 유학하여 승려가 되었으며, 흥덕왕 5년(830)에 귀국하여 높은 도덕과 법력으로 당시 왕들의 우러름을 받다가 77세의 나이로 이곳 쌍계사에서 입적하였다. 비는 몸돌에 손상을 입긴 하였으나, 귀부와 이수를 갖추고 있는 완벽한 비의 모습이다.

　진성여왕 원년(887)에 세워진 것으로, 최치원이 비문을 짓고 쓴 사산비의 하나이다.

국보 제48호 **평창 월정사 팔각구층석탑 [平昌 月精寺 八角九層石塔]**
강원 평창군 진부면 오대산로 374 월정사

탑은 8각 모양의 2단 기단 위에 9층 탑신을 올린 뒤, 머리 장식을 얹어 마무리한 모습이다. 아래층 기단에는 안상을 새겨 놓았고, 아래·위층 기단 윗부분에는 받침돌을 마련하여 윗돌을 괴어주도록 하였다. 탑신부는 일반적인 석탑이 위층으로 올라갈수록 줄어드는 모습과 달리 2층 탑신부터 거의 같은 높이를 유지하고 있으며, 1층 탑신 4면에 작은 규모의 감실을 마련해 두었다. 지붕돌은 가볍게 들려 있는 여덟 곳의 귀퉁이마다 풍경을 달았다. 상륜부는 완벽하게 남아 있다.

고려 초기 조성된 다각다층석탑을 대표하는 탑이다.

국보 제49호 **예산 수덕사 대웅전 [禮山 修德寺 大雄殿]**
충남 예산군 덕산면 사천2길 79 수덕사

예산 수덕사 대웅전
1 측면 가구 구조
2 내부 가구 구조

대웅전은 고려 충렬왕 34년(1308)에 지은 건물로, 지은 시기를 정확하게 알 수 있는 우리나라에서 오래된 목조 건물의 하나이다. 정면 3칸, 측면 4칸 크기이며, 지붕은 맞배지붕, 공포는 주심포 양식이다. 앞면 3칸에는 모두 3짝 빗살문을 달았고 뒷면에는 양쪽에 창을, 가운데에는 널문을 두었다. 대웅전은 백제 계통의 목조건축 양식을 이은 고려시대 건물로 특히 건물 옆면의 장식적인 요소가 매우 아름답다.

또한, 건립연대가 분명하고 형태미가 뛰어나 한국 목조건축사에서 매우 중요한 문화재로 평가받고 있다.

영암 도갑사에서 가장 오래된 해탈문은 모든 번뇌를 벗어버린다는 뜻으로, 절의 입구에 서 있다. 정면 3칸, 측면 2칸 크기이며, 지붕은 맞배지붕이다. 좌우 1칸에는 절 문을 지키는 금강역사상이 서 있고, 뒤쪽 1칸 좌우에는 목조문수 · 보현동자상(보물 제1134호)이 놓여 있었다. 가운데 1칸은 통로로 사용하고 있다. 건물 위쪽에는 도갑사의 정문임을 알리는 '월출산도갑사'라는 현판이 걸려 있으며, 반대편에는 '해탈문'이라는 현판이 걸려 있다(해체 보수 후 앞뒤 현판을 바꾸어 달았다). 영암 도갑사 해탈문은 우리나라에서 흔하게 볼 수 없는 산문[山門] 건축으로, 춘천 청평사 회전문(보물 제164호)과 비교되는 중요한 건물이다.

영암 도갑사 해탈문

1 해체 복원 이후 모습
2 2004년의 모습 [현판 배치]
3 천장의 가구 배치
4 계단의 소맷돌

국보 제51호 강릉 임영관 삼문 [江陵 臨瀛館 三門]
강원 강릉시 임영로131번길 6

강릉 임영관 삼문 측면 가구 구조

　고려시대에 지은 강릉 객사의 정문으로, 현재 객사 건물은 없어지고 이 문만 남아 있다. 이 객사는 고려 태조 19년(936)에 총 83칸의 건물을 짓고 임영관이라 하였는데, 문루에 걸려 있는 '임영관'이란 현판은 공민왕이 직접 쓴 것이라고 한다. 몇 차례의 보수가 있었으며, 현재 임영관의 일부를 복원하였다. 남산의 오성정, 금산의 월화정, 경포의 방해정은 객사 일부를 옮겨 지은 것이다. 문은 정면 3칸, 측면 2칸 크기이며, 지붕은 맞배지붕, 공포는 주심포 양식이다. 고려시대 건축양식의 특징을 잘 보여주고 있다.

국보 제52호 합천 해인사 장경판전 [陜川 海印寺 藏經板殿]
경남 합천군 가야면 해인사길 122 해인사

합천 해인사 장경판전
1 통풍을 위한 남쪽의 창문
2 통풍을 위한 북쪽의 창문

　장경판전은 고려시대에 만들어진 8만여 장의 대장경판을 보관하고 있는 건물로, 초창 연대는 알 수 없으나 조선 세조 3년(1457)에 크게 지었다고 전한다. 장식 요소는 두지 않았으며, 통풍을 위하여 창의 크기를 남쪽과 북쪽을 서로 다르게 하고 칸마다 창을 내었다. 또한, 안쪽 흙바닥 속에 숯과 횟가루, 소금을 모래와 함께 차례로 넣음으로써 습도를 조절하도록 하였다. 정면 15칸, 측면 2칸 크기의 두 건물을 나란히 배치하고 '수다라장''법보전'이라 이름 붙였다. 서쪽과 동쪽에는 정면 2칸, 측면 1칸 규모의 작은 서고가 있으며, 1995년 12월 유네스코 세계문화유산으로 등재되었다.

국보 제53호 구례 연곡사 동 승탑 [求禮 鷰谷寺 東 僧塔]
전남 구례군 토지면 피아골로 806 연곡사

구례 연곡사 동 승탑
1 상륜부의 장식
2 기단부 하대석의 문양

이 승탑은 팔각원당형 양식으로 통일신라 후기 작품이다. 기단은 3층으로 아래 받침돌은 2단인데, 구름에 휩싸인 용과 사자 모양을, 가운데받침돌에는 둥근 테두리를 두르고, 팔부중상을, 윗받침돌은 두 단으로 나뉘어 두 겹의 연꽃잎과 기둥을 양각하고 그사이에 극락조인 가릉빈가를 새겼다. 탑신은 몸돌의 각 면에 테두리를 두르고, 그 속에 향로와 불법을 수호하는 방위신인 사천왕상을 양각하였다. 지붕돌에는 서까래와 기와의 골을 새겼고 막새기와를 표현하였다. 머리 장식은 날개를 활짝 편 봉황과 연꽃무늬를 새겨 아래위로 쌓아 놓았다.

국보 제54호 구례 연곡사 북 승탑 [求禮 鷰谷寺 北 僧塔]
전남 구례군 토지면 피아골로 806 연곡사

구례 연곡사 북 승탑
1 기단부 상대석의 가릉빈가
2 탑신부 몸돌의 사천왕상

이 승탑은 팔각원당형 양식으로 동 승탑을 본떠 건립한 것으로 보이는 고려 전기의 탑이다. 기단은 3층으로 아래 받침돌은 2단인데, 아래에는 구름무늬를, 위에는 두 겹 연꽃무늬를 각각 새겼다. 윗받침돌 역시 두 단으로 나누어 연꽃과 돌난간을 꾸미고 그사이에 극락조인 가릉빈가를 새겼다. 탑신에는 각 면에 향로와 사천왕상 등을 조각하였다. 지붕돌에는 서까래와 기와의 골, 막새기와를 표현하였다. 머리 장식은 날개를 활짝 편 네 마리의 봉황과 연꽃무늬를 새긴 돌이 온전하게 남아있다.

충북 보은군 속리산면 법주사로 379 법주사

보은 법주사 팔상전
1 내부
2 팔상전에 모신 팔상도

　법주사 팔상전은 우리나라에 남아 있는 유일한 5층 목조탑으로 지금의 건물은 임진왜란 이후에 다시 짓고 1968년에 해체·수리하였다. 벽면에 부처의 일생을 여덟 장면으로 구분하여 그린 팔상도가 그려져 있다. 1층과 2층은 정면·측면 5칸, 3·4층은 정면·측면 3칸, 5층은 정면·측면 2칸씩으로 되어 있고, 4면에는 돌계단이 있는데 낮은 기단 위에 서 있어 크기에 비해 안정감을 준다.

　지붕은 꼭대기 꼭짓점을 중심으로 4개의 지붕면을 가진 사모지붕으로 만들었으며, 지붕 위쪽으로 탑 형식의 머리 장식이 달려 있다.

국보 제56호 **순천 송광사 국사전** [順天 松廣寺 國師殿]
전남 순천시 송광면 송광사안길 100 송광사

　송광사 국사전은 나라를 빛낸 큰 스님 16분의 영정을 모시고 그 덕을 기리기 위해 세운 건물로, 옛날에는 참선을 하던 곳이었다. 고려 공민왕 18년(1369)에 처음 지었고, 그 뒤 두 차례에 걸쳐 보수하였다. 정면 4칸, 측면 3칸 크기이며 지붕은 맞배지붕, 공포는 주심포 양식이다. 건물 안의 천장은 우물천장으로 꾸미고 연꽃무늬로 장식하였는데, 천장의 연꽃무늬와 대들보의 용무늬는 건물을 지을 당시의 모습을 그대로 보존하고 있는 것으로 보인다. 건축 구조상 조선 초기 양식을 지니고 있다.

국보 제57호 화순 쌍봉사 철감선사탑 [和順 雙峯寺 澈鑒禪師塔]

전남 화순군 이양면 증리 195 쌍봉사

화순 쌍봉사 철감선사탑
1 탑신부 몸돌의 비천상(중앙)과 사천왕상(좌우)
2 기단부 하대석의 조각

탑은 팔각원당형으로 상륜부만 없어진 상태이다. 탑의 기단은 세 부분으로, 아래 돌은 구름을 조각하고 그 위에 여덟 마리의 사자를, 윗돌 역시 2단으로 아래는 연꽃무늬를, 윗단에는 극락조인 가릉빈가가 악기를 연주하는 모습을 새겼다. 탑신은 몸돌의 여덟 모서리마다 둥근 기둥 모양을 새기고, 각 면마다 문짝 모양, 사천왕상, 비천상 등을 조각하였다. 지붕돌의 낙수면에는 기왓골이 깊게 패여 있고, 각 기와의 끝에는 막새기와가 표현되어 있다.

탑을 만든 시기는 철감선사가 입적한 해인 통일신라 경문왕 8년(868) 이후일 것으로 추정된다.

국보 제58호 청양 장곡사 철조약사여래좌상 및 석조 대좌 [靑陽 長谷寺 鐵造藥師如來坐像 및 石造臺座]

충남 청양군 대치면 장곡리 14 장곡사

이 철불은 장곡사 상대웅전 안에 모셔져 있는 불상으로, 나무로 된 광배를 배경으로 거대한 사각형의 돌로 만든 대좌 위에 높직하게 앉아 있다. 광배는 원래 돌로 되었을 것이나 파손되어 조선시대에 나무 광배로 대체한 것 같다. 광배 중심부에는 꽃무늬, 주변에는 불꽃무늬를 새기고 있어 신라말과 고려 초에 유행하던 광배를 모방하여 만든 것으로 여겨진다.

이 불상은 특이한 탑 모양의 대좌와 감실형의 구조, 그리고 단아한 철불 양식을 보여주는 9세기 말 양식을 계승한 10세기 초의 뛰어난 불상으로 평가된다.

국보 제59호 원주 법천사지 지광국사탑비 [原州 法泉寺址 智光國師塔碑]
강원 원주시 부론면 법천리 산70

비신 측면의 용 문양

법천사터에 세워져 있는 지광국사(984~1070)의 탑비로, 국사가 고려 문종 24년(1070)에 이 절에서 입적하자 그 공적을 추모하기 위해 지광국사탑과 함께 이 비를 세워놓았다. 지광국사탑은 현재 고궁박물관 옆에 위치한다. 비는 거북받침돌 위로 비신을 세우고 왕관 모양의 이수를 올린 모습이다. 지광국사가 불교에 입문해서 목숨을 다할 때까지의 행장과 공적을 추모하는 글을 새겨 고려 선종 2년(1085)에 세웠다. 비문은 정유산이 짓고, 글씨는 안민후가 중국의 구양순체를 기본으로 삼아 부드러운 필체로 썼다.

국보 제60호 청자 사자형개 향로 [靑磁 獅子形蓋 香爐]
서울 용산구 서빙고로 137 국립중앙박물관

고려청자의 전성기인 12세기경에 만들어진 청자향로로, 높이 21.2cm, 지름 16.3cm이다. 향을 피우는 부분인 몸체와 사자 모양의 뚜껑으로 구성되어 있다.

몸체는 3개의 짐승 모양을 한 다리가 떠받치고 있는데, 전면에 구름무늬가 가늘게 새겨져 있다. 몸체 윗면 가장자리에도 세 곳에 구름무늬를 배치하였다. 유약의 색은 엷은 녹청색으로 광택이 은은하다. 구조적으로 보면 몸체에서 피워진 향의 연기가 사자의 몸을 통하여 벌려진 입으로 내뿜게 되어있는데, 아름답고 단정하여 이 시기 청자향로의 높은 수준을 보여주고 있다.

국보 제61호 청자 어룡형 주자 [靑磁 魚龍形 注子]
서울 용산구 서빙고로 137 국립중앙박물관

고려청자의 전성기인 12세기경에 만들어신 청사 주전자로 높이 24.4cm, 밑지름 10.3cm이다. 용의 머리와 물고기의 몸을 가진 특이한 형태의 동물을 형상화한 상형의 청자 주전자이다. 물을 따르는 부리는 용의 머리 모양이고, 이빨과 지느러미, 꼬리 끝에는 백토를 발랐다. 얼굴의 털이나 지느러미들을 매우 섬세하게 표현하였다. 주전자 몸체에는 비늘이 도드라지게 표현되었으며, 손잡이는 연꽃줄기 모양으로 뚜껑은 물고기의 꼬리 부분을 본떠서 만들었다. 상형청자 중에서도 매우 기발함을 보여주는 작품이다.

국보 제62호 김제 금산사 미륵전 [金堤 金山寺 彌勒殿]
전북 김제시 금산면 모악15길 1 금산사

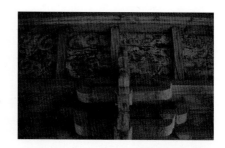

김제 금산사 미륵전
내부 공포와 그림 장식

　미륵전은 정유재란 때 불탄 것을 조선 인조 13년(1635)에 다시 지은 뒤 여러 차례의 수리를 거쳐 오늘에 이르고 있다. 거대한 미륵존불을 모신 법당이다. 1층에는 '대자보전[大慈寶殿]', 2층에는 '용화지회[龍華之會]', 3층에는 '미륵전[彌勒殿]'이라는 현판이 걸려있다. 1층과 2층은 정면 5칸, 측면 4칸이고, 3층은 정면 3칸, 측면 2칸 크기로, 지붕은 팔작지붕, 공포는 다포 양식이다. 지붕 네 모서리 끝에는 층마다 모두 활주가 지붕 무게를 받치고 있다. 건물은 3층 전체가 하나로 터진 통층이며, 우리나라에 하나밖에 없는 3층 목조 건물이다.

국보 제63호 철원 도피안사 철조비로자나불 좌상 [鐵原 到彼岸寺 鐵造毘盧遮那佛 坐像]
강원 철원군 동송읍 도피동길 23

철원 도피안사 철조비로자나불 좌상
불상 뒷면의 명문

　신라말에서 고려초에는 철로 만든 불상이 크게 유행했는데, 이 작품은 그 대표적인 예로, 불상을 받치고 있는 대좌까지도 철로 만든 보기 드문 작품이다. 머리는 나발이며, 갸름한 얼굴은 인자하고 온화한 인상이다. 평판적인 신체에는 굴곡의 표현이 없고, 양어깨를 감싼 옷에는 평행한 옷주름이 형식적으로 표현되었다. 수인은 비로자나불의 수인인 지권인이다. 대좌는 이 시기에 가장 유행한 형태로, 상대와 하대에는 연꽃무늬를 새겼다. 불상 뒷면에 신라 경문왕 5년(865)에 만들었다는 명문이 있어 조성 연대를 확실하게 알 수 있다.

국보 제64호 보은 법주사 석련지 [報恩 法住寺 石蓮池]
충북 보은군 속리산면 법주사로 405 법주사

석련지는 8각의 받침돌 위에 버섯 모양의 구름무늬를 새긴 사잇돌을 끼워서 큼지막한 몸돌을 떠받치고 있는 모습이다. 몸돌은 커다란 돌의 내부를 깎아 만들었는데, 반쯤 피어난 연꽃 모양을 하고 있어 외부의 곡선과도 아름다운 조화를 이룬다. 표면에는 밑으로 작은 연꽃잎을 돌려 소박하게 장식하였고, 윗부분에는 큼지막한 연꽃잎을 두 겹으로 돌린 후 그 안으로 화사한 꽃무늬를 새겨두었다. 입구 가장자리에는 낮은 기둥을 세워 둥글게 난간을 이루었다.

8세기경에 제작된 통일신라시대의 작품이다.

국보 제66호 청자 상감 연지원앙문 정병 [青磁 象嵌 蓮池鴛鴦文 淨瓶]
서울 성북구 성북로 102 간송미술관

고려시대의 청자 정병으로 높이 37.0cm, 밑지름 8.9cm의 크기이다. 원래 정병은 불교에서 모든 악을 씻어 버리는 의식에서 사용하던 용기의 하나로 중국을 거쳐 전해진 서방 양식이었으나, 고려에 와서 가장 세련되게 나타나게 되었다. 이 작품은 이러한 유물 중에서도 뛰어난 걸작으로 청아한 담녹색 계통의 비취색 유약에 백토 상감만으로 새겨진 버드나무와 갈대, 연꽃, 원앙새 1쌍을 회화적으로 배치해 놓고 있다.

이 정병은 이른 시기의 상감청자로 매우 정제되고 세련된 양식을 보여주고 있다.

청자 상감 연지원앙문 정병
정병의 원앙 문양

국보 제67호 구례 화엄사 각황전 [求禮 華嚴寺 覺皇殿]
전남 구례군 마산면 화엄사로 539 화엄사

원래 각황전터에는 3층의 장육전이 있었고 사방의 벽에 화엄경이 새겨져 있었다고 하나, 임진왜란 때 파괴되어 만여 점이 넘는 조각들만 절에서 보관하고 있다. 조선 숙종 28년(1702)에 장륙전 건물을 다시 지었으며, '각황전'이란 이름은 숙종이 지어 현판을 내린 것이다. 이 건물은 신라시대에 쌓은 것으로 보이는 돌기단 위에 정면 7칸, 측면 5칸 규모로 중층이며, 지붕은 팔작지붕, 공포는 다포 양식이다.

건물 안쪽은 통층이다. 각황전은 매우 웅장하며 건축기법도 뛰어난 우수한 건축 문화재이다.

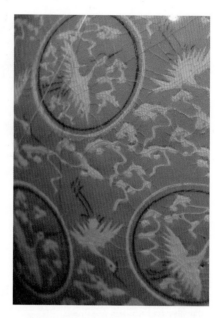

　12세기경에 제작된 매병의 크기는 높이 42.1㎝, 입지름 6.2㎝, 밑지름 17㎝로 구연부는 작고 낮으며 밖으로 살짝 벌어져 있다. 어깨는 넓고 당당한 모습을 보여준다. 구연부의 아랫부분에는 꽃무늬를 둘렀으며 굽 위로는 연꽃무늬를 둘렀다. 몸통 전면에는 구름과 학을 새겨 넣었는데, 흑백상감한 원 안에는 하늘을 향해 날아가는 학과 구름무늬를, 원 밖에는 아래쪽을 향해 내려가는 학과 구름무늬를 새겼다. 학의 진행방향을 다르게 표현한 것은 도자기 표면이라는 일정한 제약을 넘어 사방으로 공간을 확산시켜 짜여진 구획으로부터의 자유로움을 추구한 듯하다.

국보 제70호 **훈민정음[영인본] [訓民正音]**
서울 성북구 성북로 102 간송미술관

　새로 창제된 훈민정음을 왕의 명령으로 정인지 등 집현전 학사들이 중심이 되어 세종 28년(1446)에 만든 해설서로 한글의 제자 원리를 확실히 알 수 있는 책이다. 책 이름은 '훈민정음' 해례가 붙어 있어서 '훈민정음 해례본'이라고도 한다. 전권 33장 1책의 목판본이다. 구성은 3부로 나누어, 제1부는 훈민정음의 본문, 제2부는 훈민정음 해례, 제3부는 정인지의 서문을 싣고 있다. 끝에는 '정통 11년' (1446)이라 명시하여 제작 연도를 밝히고 있다.

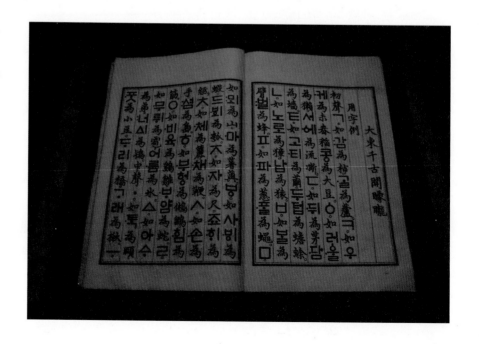

국보 제72호 금동 계미명 삼존불입상 [金銅 癸未銘 三尊佛立像]
서울 성북구 성북로 102 간송미술관

커다란 하나의 광배를 배경으로 중앙에 본존불과 양옆에 협시보살을 배치하고 있는 삼존불이다. 불과 보살상은 물론 광배와 대좌까지 완벽하게 남아 있는 일광삼존불이다. 불상의 옷자락 표현 등이 연가 7년명 금동 여래입상과 비슷하며, 금동 신묘명 삼존불(국보 제85호)의 양식과 비슷한 점이 많다. 또한, 중국 남북조시대의 불상 양식을 따르고 있다.

광배 뒷면의 명문에서 연호를 사용하지 않고 간지만 표현된 것은 백제의 특징으로, 새겨진 글의 내용으로 보아 백제 위덕왕 10년(563)에 만든 것으로 추정된다.

국보 제75호 표충사 청동은입사향완 [表忠寺 靑銅銀入絲香埦]
경남 밀양시 단장면 구천리 산31 표충사

향완이란 절에서 마음의 때를 씻어준다는 향을 피우는 데 사용하는 도구로서 향로라고도 부른다. 밀양 표충사에 있는 청동향완은 높이 27.5cm, 아가리 지름 26.1cm의 크기이다. 향완에 무늬를 새기고 그 틈에 은실을 박아서 장식한 은입사 기술이 매우 세련된 작품이다. 넓은 전의 안쪽 면에는 57자의 은입사로 된 글자가 있는데 내용으로 미루어 고려 명종 7년(1177)에 제작된 것임을 알 수 있다. 이는 국내에 남아있는 향완으로는 가장 오래된 것이다.

국보 제76호 이순신 난중일기 및 서간첩 임진장초 [李舜臣 亂中日記 및 書簡帖 壬辰狀草]
충남 아산시 염치읍 현충사길 48 현충사

임진왜란(1592~1598) 때에 이순신(1545~1598)이 친필로 작성한 일기로 연도별로 7권이다. 일기는 순서대로 임진일기, 계사일기, 갑오일기, 병신일기, 정유일기, 정유일기속, 무술일기로 구성되어 있다. 7년의 난 동안 왜적과 싸우면서 틈틈이 쓴 것으로, 후손들이 390여 년을 간직해 온 것이다.

이것은 '충무공전서'에 수록된 난중일기의 초본으로, 내용 중에는 수군통제에 관한 군사비책과 전황을 보고한 장계의 초안 등이 상세히 수록되어 있어 당시 군사제도에 대해 연구 가치가 매우 높은 자료이다.

국보 제77호 의성 탑리리 오층석탑 [義城 塔里里 五層石塔]
경북 의성군 금성면 오층석탑길 5-3

탑리리 마을에 세워져 있는 통일신라 시대의 5층 석탑이다. 낮은 1단의 기단 위에 5층의 탑신을 세운 모습으로, 돌을 벽돌 모양으로 다듬어 쌓아 올린 모전석탑 양식과 목조건축의 수법을 동시에 보여주는 특이한 구조로 되어 있다. 기단은 여러 개의 돌로 바닥을 깐 뒤, 목조건축을 본떠 가운데 기둥과 모서리 기둥 모두를 각각 다른 돌로 구성하였다. 탑신은 1층이 높으며 2층부터는 높이가 급격히 줄어든다. 1층 몸돌에는 불상을 모시는 방인 감실을 설치하였다. 통일신라 전기에 조성된 것으로 추정된다.

국보 제78호 금동미륵보살반가사유상 [金銅彌勒菩薩半跏思惟像]
서울 용산구 서빙고로 137 국립중앙박물관

의자 위에 앉아 오른발을 왼쪽 다리 위에 올려놓고, 오른쪽 팔꿈치를 무릎 위에 올린 채 손가락을 뺨에 댄 모습의 보살상으로 높이는 80cm이다. 1912년에 일본인이 입수하여 조선총독부에 기증했던 것으로 현재는 국립중앙박물관에서 전시하고 있다. 머리에는 화려한 관을 쓰고 있는데, 여기에서 나온 두가닥의 장식은 좌우로 어깨까지 늘어져 있다. 왼발을 올려놓은 타원형의 대좌에는 연꽃무늬가 새겨져 있으며, 광배는 없어졌다.

미소 띤 얼굴이 아름다운 불상으로 6세기 중엽이나 그 직후의 작품으로 추정된다.

1934년 경주 황복사지 삼층석탑(국보 제37호)을 해체 · 복원할 때 나온 사리함에서 경주 구황동 금제여래입상(국보 제80호)과 함께 발견되었다. 사리함에 새겨진 글에 의하면 효소왕 1년(692) 탑이 조성된 이후 성덕왕 5년(706)에 이 불상을 추가로 납입한 것으로 보인다. 그러나 사리함의 기록과는 크기에서 다소 차이가 있다. 광배와 불신, 연꽃무늬 대좌의 3부분으로 되어 있으며, 각 부분은 분리되도록 만들었다. 미소 띤 얼굴에 뚜렷한 이목구비와 균형 잡힌 몸매를 지녀 더욱 위엄 있게 보인다.

조성 시기는 8세기 초로 추정된다.

경주 구황동 금제여래좌상(국보 제79호)과 함께 경주 황복사지 삼층석탑(국보 제37호)에 안치된 사리함 속에서 발견된 불상이다. 전체 높이 14cm의 순금으로 만든 불상이며 대좌와 광배를 모두 갖추고 있다. 머리와 신체의 적당한 비례, 옷주름의 형태 등을 볼 때, 삼국시대 후기의 불상에서 좀 더 발전한 통일신라 초기 새로운 양식의 불상으로 보인다.

사리함에 새겨진 글을 통해 692년에 탑을 건립할 때 넣은 것으로 추정되는 이 불상은 만든 연대가 거의 확실하여 통일신라시대 불상 연구에 있어 중요한 기준이 되고 있다.

국보 제81호 경주 감산사 석조미륵보살입상 [慶州 甘山寺 石造彌勒菩薩立像]
서울 용산구 서빙고로 137 국립중앙박물관

신라 성덕왕 18년(719)에 김지성이 어머니를 위해 조성했다고 전한다. 석조미륵보살입상은 머리에 화려하게 장식된 관을 쓰고 있으며, 얼굴은 볼이 통통하여 원만한 인상이다. 목에는 두 줄의 화려한 목걸이가 새겨져 있고, 목에서 시작된 구슬 장식 하나가 다리까지 길게 늘어져 있다.

광배는 화염문이 새겨진 주형이며, 광배 뒷면에는 신라 성덕왕 18년(719)에 불상을 조각하였다는 기록이 새겨져 있는데, 이 글을 통해서 만들어진 시기와 유래를 알 수 있다. 돌로 만들었음에도 풍만한 신체를 사실적으로 능숙하게 표현하고 있다.

국보 제82호 경주 감산사 석조아미타여래입상 [慶州 甘山寺 石造阿彌陀如來立像]
서울 용산구 서빙고로 137 국립중앙박물관

신라 성덕왕 18년(719)에 김지성이 아버지를 위해 조성했다고 전한다. 석조아미타불입상은 전체적으로 균형과 조화를 이루고 있으며, 인체 비례에 가까운 사실적 표현을 하는 작품이다. 불상의 얼굴은 풍만하고 눈·코·입의 세부표현도 세련되어 신라적인 얼굴을 사실적으로 묘사하고 있다. 신체는 비교적 두꺼운 옷 속에 싸여 있어서 두드러진 표현은 없지만, 당당하고 위엄이 넘쳐 부처님의 모습을 인간적으로 표현하고자 한 의도를 엿볼 수 있다.

광배 뒤의 기록에 의해 만든 시기와 만든 사람을 분명하게 알 수 있는 불상이다.

국보 제83호 금동미륵보살반가사유상 [金銅彌勒菩薩半跏思惟像]

서울 용산구 서빙고로 137 국립중앙박물관

　국보 제78호인 금동미륵보살반가사유상과 함께 국내에서는 가장 큰 금동반가사유상으로 높이가 93.5㎝이다. 머리에 3면이 둥근 산 모양의 관을 쓰고 있다. 단순하면서도 균형 잡힌 신체 표현과 자연스러우면서도 입체적으로 처리된 옷주름, 분명하게 조각된 눈·코·입의 표현은 정교한 조각품으로서의 완벽한 주조 기술을 보여준다. 잔잔한 미소에서 느껴지는 반가상의 자비로움은 우수한 종교 조각으로서의 숭고미를 더해준다. 국보 제78호인 금동미륵보살반가사유상보다 연대가 내려와 삼국시대 후기에 만든 것으로 추정된다.

국보 제84호 서산 용현리 마애여래삼존상 [瑞山 龍賢里 磨崖如來三尊像]

충남 서산시 운산면 용현리 2-10

1 과거불: 제화갈라보살　2 현재불: 석가모니불　3 미래불: 미륵보살

　흔히 '백제의 미소'로 널리 알려진 이 마애불은 여래입상을 중심으로 오른쪽에는 보살입상, 왼쪽에는 반가사유상이 조각되어 있다. 반가상이 조각된 이례적인 이 삼존상은 '법화경'에 나오는 석가와 미륵, 제화갈라보살을 표현한 것으로 추정된다. 본존불의 묵직하면서 당당한 체구와 보살상의 세련된 조형 감각, 그리고 공통적으로 나타나 있는 표정 등에서 6세기 말이나 7세기 초에 만든 것으로 보인다.

　특히 이곳은 백제 때 중국으로 통하는 교통로로 당시 활발했던 중국과의 문화 교류를 엿볼 수 있다.

국보 제85호 금동 신묘명 삼존불입상 [金銅 辛卯銘 三尊佛立像]

서울 용산구 이태원로55길 60 삼성미술관 리움

1930년 황해도 곡산군 화촌면 봉산리에서 출토된 불상으로 높이 15.5cm이다. 하나의 커다란 광배에 본존불과 좌우보살상을 배치한 삼존불이다. 좌우의 보살상은 본존불보다 훨씬 작게 만들어 본존불을 한결 돋보이게 하는 효과를 내고 있다. 본존불의 가슴과 광배의 오른쪽 끝에 약간의 흠집이 있을 뿐, 전체적으로 보존상태가 좋은 편이다. 광배 뒷면에는 다섯 사람이 모여 그들의 스승과 부모를 위해 이 불상을 만들었다는 내용의 글이 새겨져 있다.

글에 나타난 사람 이름이나 불상의 양식으로 보아 고구려 불상으로 보이며, 글에 나타난 '신묘[辛卯]'는 고구려 평원왕 13년(571)으로 추정된다.

국보 제86호 개성 경천사지 십층석탑 [開城 敬天寺址 十層石塔]

서울 용산구 서빙고로 137 국립중앙박물관

경천사지 십층석탑은 일본 강점기에 일본으로 무단으로 반출되었다가 당시 되돌려 받은 대리석 석탑이다. 3단으로 된 기단은 아[亞]자 모양이고, 그 위로 올려진 10층의 높은 탑신 역시 3층까지는 기단과 같은 아[亞]자 모양이며, 4층에 이르러 정사각형의 평면을 이루고 있다. 기단과 탑신에는 부처, 보살, 풀꽃 무늬 등의 조각이 화려하다. 4층부터는 각 몸돌마다 난간을 돌리고, 지붕돌은 팔작지붕 형태의 기왓골을 표현해 놓는 등 목조 건축을 연상케 한다.

탑의 1층 몸돌에 고려 충목왕 4년(1348)에 세웠다는 기록이 있다.

경천사지 십층석탑
1 경복궁에 복원했을 때 모습
2 국립중앙박물관에 복원한 현재의 모습
3 기단부
4 탑신부 지붕돌
5 탑신부 몸돌의 조각

국보 제87호 금관총 금관 및 금제관식 [金冠塚 金冠 및 金製冠飾]

경북 경주시 일정로 186 국립경주박물관

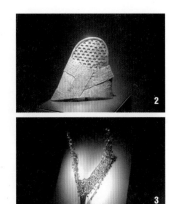

금관총 금관 및 금제관식
1 외관
2 내관
3 새 날개 모양의 관모 장식

경주시 노서동에 있는 금관총에서 발견된 신라의 금관으로, 높이 44.4cm, 머리띠 지름 19cm이다.

금관은 내관[內冠]과 외관[外冠]으로 구성되어 있다. 원형의 머리띠 정면에 3단으로 '출[出]'자 모양의 장식 3개를 두고, 뒤쪽 좌우에 2개의 사슴뿔 모양 장식이 세워져 있으며, 많은 비취색 옥과 구슬 모양의 장식들이 규칙적으로 금실에 매달려 있다. 내관으로 생각되는 관모[冠帽]는 관 밖에서 발견되었다.

관모는 얇은 금판을 오려서 만든 세모꼴 모자로 위에 두 갈래로 된 긴 새 날개 모양 장식을 꽂아 놓았다. 새 날개 모양을 관모의 장식으로 꽂은 것은 삼국시대 사람들의 신앙을 반영한 것으로 샤머니즘과 관계가 있을 것으로 생각된다.

국보 제88호 금관총 금제과대 [金冠塚 金製銙帶]

경북 경주시 일정로 186 국립경주박물관

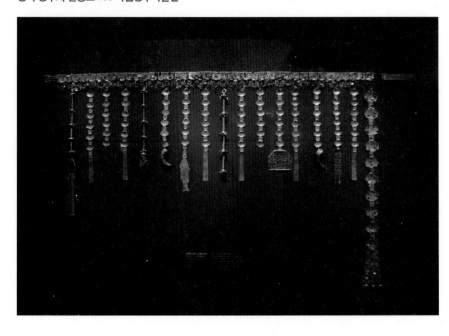

경북 경주시 노서동 소재 금관총에서 출토된 신라시대 금제 과대 및 요패는 과대 길이 109cm, 요패 길이 54.4cm이다. 과대는 39개의 순금제 판으로 이루어져 있고, 양 끝에 허리띠를 연결해 주는 고리인 교구를 달았으며, 과판에는 금실을 이용하여 원형장식을 달았다. 과대에 늘어뜨린 장식인 요패는 17줄로 길게 늘어뜨리고 끝에 여러 가지 장식물을 달았다. 장식물의 길이가 일정하지 않지만, 크고 긴 것을 가장자리에 달았다. 금관총 과대 및 요패는 무늬를 뚫어서 조각한 수법이 매우 정교한 우수한 작품으로 평가된다.

국보 제89호 평양 석암리 금제교구 [平壤 石巖里 金製鉸具]
서울 용산구 서빙고로 137 국립중앙박물관

평량 석암리 금제교구의 뒷부분

    평안남도 대동군 석암리 9호분에서 출토된 금제교구로, 길이 9.4㎝, 너비 6.4㎝이며, 허리띠를 연결해주는 금제 장식이다. 머리 쪽이 넓고 둥글게 되어 있으며, 안쪽에 이와 평행하게 휘어진 구멍을 만들었고 걸 수 있는 고리를 만들어 허리띠를 매게 하였다. 또한, 틀을 만들어 그 위에 금판을 놓고 두드려 용의 윤곽을 만들고 금실과 금 알갱이로 큰 용 한 마리와 작은 용 여섯 마리를 만들었다. 가장자리는 금실을 꼬아서 돌렸고, 용과 용 사이에는 꽃잎 모양의 윤곽을 만들어 그 속에 비취옥을 끼워 넣었는데 현재 7개만 남아 있다. 제작 연대는 삼한시대로 추청된다.

국보 제90호 경주 부부총 금제이식 [慶州 夫婦塚 金製耳飾]
서울 용산구 서빙고로 137 국립중앙박물관

    경주 보문동의 부부총에서 출토된 신라시대 한 쌍의 금귀걸이로, 길이 8.7㎝이다. 귀걸이의 몸체가 되는 커다랗고 둥근 고리에 타원형의 중간 고리가 연결되었으며, 그 아래에는 나뭇잎 모양의 화려한 장식들이 매달려 있다. 커다란 둥근 고리에는 거북등무늬와 같이 육각형으로 나누어 그 안에 4엽 혹은 3엽의 꽃을 표현하였는데, 꽃 하나하나에 금실과 금 알갱이로 장식한 누금세공법을 이용하는 세심함을 보여주고 있다. 밑 부분의 작은 나뭇잎 모양 장식들은 금실을 꼬아서 달고 장식 끝에 커다란 하트 모양을 달았다.

국보 제91호 도기 기마인물형 명기 [陶器 騎馬人物形 明器]
서울 용산구 서빙고로 137 국립중앙박물관

도기 기마인물형 명기
1 주인상
2 하인상

경주시 금령총에서 출토된 한 쌍의 토
기로 말을 타고 있는 사람의 모습을 하고
있다. 주인상은 높이 23.4cm, 길이 29.4cm
이고, 하인상은 높이 21.3cm, 길이 26.8cm
이다. 인물상은 두꺼운 직사각형 판위에
다리가 짧은 조랑말을 탄 사람이 올라 앉
아 있는 모습이다. 말 엉덩이 위에는 등잔
이 있고, 앞가슴에는 물을 따르는 긴 부리
가 돌출되어 있다. 말 장식이 화려한 주인
상의 경우 고깔 형태의 띠와 장식이 있는
삼각모를 쓰고 다리 위에 갑옷으로 보이
는 것을 늘어뜨렸고, 하인상은 수건을 동
여맨 상투머리에 웃옷을 벗은 맨몸으로
등에 짐을 메고 오른손에 방울 같은 것을
들어 길 안내를 하는 듯하다.

이 인물상은 신라인의 영혼관과 당시의
복식, 무기, 말갖춤 상태, 공예의장 등 연
구에 큰 도움을 주는 유물이다.

국보 제92호 청동 은입사 포류수금문 정병 [靑銅 銀入絲 蒲柳水禽文 淨瓶]
서울 용산구 서빙고로 137 국립중앙박물관

고려시대 대표적인 금속 공예품의 하나로 높이 37.5cm의 정병
이다.

어깨와 굽 위에 꽃무늬를 돌리고, 그 사이에 갈대가 우거지고 수양
버들이 늘어진 언덕이 있으며, 주위로 오리를 비롯하여 물새들이 헤
엄치거나 날아오르는 서정적인 풍경을 묘사하였다. 먼 산에는 줄지
어 철새가 날고 있고, 물 위에는 사공이 조각배를 젓고 있다. 이들은
모두 청동 바탕에 은을 박아 장식한 은입사 기법을 썼으며, 현존하
는 고려시대 은입사 정병 가운데 가장 잘 조화된 우아한 모습을 보
이는 뛰어난 작품이다.

국보 제93호 백자 철화 포도원문 호 [白磁 鐵畵 葡萄猿文 壺]
서울 용산구 서빙고로 137 국립중앙박물관

조선 후기 백자 항아리로 적당한 높이의 아가리에 어깨 부분이 불룩하고 아래로 갈수록 서서히 좁아지는 모양이다. 크기는 높이 30.8 cm, 입지름 15cm, 밑지름 16.4cm이다. 직각으로 올라선 아가리 둘레에도 무늬를 두르고 몸통에는 능숙한 솜씨로 포도 덩굴과 원숭이를 그려 넣었다. 검은색 안료를 사용하여 그린 포도 덩굴의 잎과 줄기의 생생한 표현으로 보아 도공이 아닌 전문 화가들이 그린 회화성이 짙은 그림임을 알 수 있다.

국보 제94호 청자 과형 병 [靑磁 瓜形 瓶]
서울 용산구 서빙고로 137 국립중앙박물관

경기도 장단군에 있는 고려 인종의 릉에서 '황통[皇統] 6년(1146)'이란 연도가 표기된 책과 함께 발견된 화병으로, 높이 22.8cm, 구연의 지름 8.8cm, 밑지름 8.8cm 크기이다. 참외 모양의 몸체에 꽃을 주둥이로 삼아 표현한 매우 귀족적인 작품으로 긴 목에 치마주름 모양의 높은 굽이 받치고 있는 단정하고 세련된 화병이다. 담녹색이 감도는 맑은 비색 유약이 얇고 고르게 발라져 있다.

고려청자 전성기인 12세기 전기에 만들어진 것으로 우아하고 단정한 모습이 돋보이는 과형병 중 가장 아름다운 작품으로 평가된다.

국보 제95호 청자 투각 칠보문개 향로 [靑磁 透刻 七寶文蓋 香爐]
서울 용산구 서빙고로 137 국립중앙박물관

고려 전기의 청자 향로로, 높이 15.3cm, 대좌지름 11.2cm의 크기이며 뚜껑과 몸통 두 부분으로 구성되어 있다. 뚜껑은 향이 피어올라 퍼지도록 뚫어서 장식한 구형 부분과 그 밑에 받침 부분으로 되어 있다. 구형 부분 교차 지점에는 흰 점이 하나씩 장식되어 있다. 몸통은 두 부분으로 윗부분은 둥근 화로 형태이며, 몇 겹의 국화잎으로 싸여있다. 아랫부분은 향로 몸체를 받치고 있는 대좌로, 세 마리의 토끼가 등으로 떠받들고 있다.

이 작품은 고려청자에서는 드물게 다양한 기교를 부린 작품이다.

국보 제96호 청자 구룡형 주자 [靑磁 龜龍形 注子]
서울 용산구 서빙고로 137 국립중앙박물관

고려청자의 전성기인 12세기경에 만들어진 청자 주전자로, 높이 17cm, 밑지름 10.3cm, 굽지름 9.9cm의 크기이다. 연꽃 위에 앉아있는 거북을 형상화했는데 물을 넣는 수구, 물을 따르는 부리, 몸통, 손잡이로 구성되어 있다.

얼굴은 용에 가까우며, 이마 위의 뿔과 수염, 갈기, 눈, 이빨, 비늘 등이 모두 정교하면서도 숙련된 솜씨로 만들어졌다. 등에는 거북등 모양을 새겨 그 안에 왕[王]자를 써넣었고, 등 뒤로 꼬아 붙인 연꽃 줄기는 그대로 손잡이가 되도록 만들었다. 상형청자의 아름다움을 보여주는 좋은 작품이다.

국보 제97호 청자 음각 연화당초문 매병 [靑磁 陰刻 蓮花唐草文 梅瓶]
서울 용산구 서빙고로 137 국립중앙박물관

고려시대 만들어진 청자매병으로, 높이 43.9cm, 아가리지름 7.2cm, 밑지름 15.8cm이다. 이 매병은 작고 야트막한 아가리와 풍만한 어깨와 몸통, 잘록한 허리, 그리고 아랫 부분이 밖으로 약간 벌어진 곡선에서 전형적인 고려자기임을 알 수 있다. 아가리는 일반적인 매병 양식으로 각이 져 있다. 맑고 투명한 담녹의 회청색 청자유가 전면에 고르게 씌워져 있으며, 표면에 그물 모양의 빙렬[氷裂]이 있다.

전라남도 강진군 대구면 사당리 가마에서 구워냈을 것으로 추정되며, 12세기 고려 순청자 전성기의 작품으로 보인다.

국보 제98호 청자 상감 모란문 호 [靑磁 象嵌 牡丹文 壺]
서울 용산구 서빙고로 137 국립중앙박물관

청자 상감 모란문 호 손잡이 부분의 장식

고려시대 만들어진 청자 항아리로 크기는 높이 20.1㎝, 아가리지름 20.7㎝, 밑지름 14.8㎝이다. 몸통에는 앞뒤로 모란이 한 줄기씩 장식되어 있다. 모란꽃은 잎맥까지도 세세하게 묘사되어 있는데, 몸체의 한 면마다 가득히 큼직한 문양을 넣어 인상적이고 시원한 느낌을 준다. 특히 꽃은 흰색으로 잎은 검은색으로 상감하였는데, 꽃을 중심으로 잎을 좌·우·상·하로 대칭되게 배열하였다. 유약은 맑은 녹색이 감도는 회청색으로 매우 얇고 고르게 칠해져 있다.

면상감 기법을 효과적으로 사용한 12세기경의 작품으로 보인다.

국보 제99호 김천 갈항사지 동·서 삼층석탑 [金泉 葛項寺址 東·西 三層石塔]
서울 용산구 서빙고로 137 국립중앙박물관

갈항사터(경북 김천시)에 동·서로 세워져 있던 두 탑으로, 일본 강점기에 일본으로 반출될 위기에 처하자 1916년 경복궁으로 옮겨졌으며, 현재는 국립중앙박물관에 옮겨 놓았다. 2층 기단 위에 3층의 탑신을 올린 일반적인 모습이며, 서로 규모와 구조가 같다. 기단부와 탑신부의 몸돌에는 기둥을 모각하였다. 지붕돌의 옥개받침은 5단이며 상륜부는 결실되었다.

동탑의 기단에 통일신라 경덕왕 17년(758)에 언적법사 3남매가 건립하였다는 내용이 새겨져 있어 만든 연대를 정확히 알 수 있으며, 이두문을 사용하고 있어 더욱 특기할 만하다.

국보 제IOO호 **개성 남계원지 칠층석탑 [開城 南溪院址 七層石塔]**
서울 용산구 서빙고로 137 국립중앙박물관

경기도 개성 부근의 남계원터에 남아 있던 탑으로, 탑신부만 경복궁으로 이전하였다. 이후 원위치에 대한 조사 결과 2층으로 구성된 기단이 출토되어 추가 이전해 석탑 옆에 놓았다가 다시 복원해 현재 국립중앙박물관에 옮겨 세워져 있다. 탑은 2단의 기단에 7층의 탑신을 세운 모습으로 고려 중기 이전에 세워졌을 것으로 추정되고 있다. 1915년 탑을 옮겨 세울 때, 탑신부에서 두루마리 7개의 『감지은니묘법연화경』이 발견되었는데, 이는 고려 충렬왕 9년(1283)에 탑 속에 넣은 불교 경전으로, 이때 탑을 보수했음을 알 수 있다.

국보 제IOI호 **원주 법천사지 지광국사탑 [原州 法泉寺址 智光國師塔]**
서울 종로구 세종로 1 경복궁

원주 법천사지 지광국사탑
1 탑신부 몸돌의 조각
2 기단부의 조각

고려시대의 승려 지광국사 해린을 기리기 위해 조성하였다. 원래 법천사터에 있던 것인데 일본 강점기에 일본의 오사카로 몰래 빼돌려졌다가 반환되었으며, 현재는 국립고궁박물관 옆에 위치하고 있다. 일반적으로 통일신라 이후의 승탑이 8각을 기본형으로 삼은 것에 비해 이 승탑은 전체적으로 4각의 평면을 기본으로 하는 새로운 양식을 보여준다. 탑 전체에 여러 가지 꾸밈을 두는 등 자유로운 양식에 따라 만들어졌는데도, 장식이 정교하며 혼란스럽지 않다. 조성 연대는 국사의 입적 직후인 1070~1085년에 세워진 것으로 추정된다.

국보 제102호 충주 정토사지 홍법국사탑 [忠州 淨土寺址 弘法國師塔]
서울 용산구 서빙고로 137 국립중앙박물관

　고려 목종 때의 승려인 홍법국사의 탑으로, 기단은 네모난 바닥돌을 깐 후에 8각의 아래받침돌을 놓고, 그 위로 엎어놓은 연꽃무늬가 새겨진 높직한 괴임을 두었으며, 구름을 타고 있는 용이 섬세하게 조각된 중대석 위에 연꽃 문양을 새긴 윗받침돌을 얹어 놓았다. 탑신의 몸돌이 둥근 공 모양을 하는 것이 이 탑에서 가장 특징적인 것이다. 몸돌에는 공을 가로·세로로 묶은 듯한 십[十]자형의 무늬가 조각되고 그 교차점에는 꽃무늬를 두어 장식하고 있다.

　새로운 시도를 보여준 작품으로, 제작 연대는 고려 현종 8년(1017)이다.

국보 제103호 광양 중흥산성 쌍사자 석등 [光陽 中興山城 雙獅子 石燈]
광주 북구 하서로 110 국립광주박물관

　이 석등은 큼직한 연꽃이 둘린 아래받침돌 위로 간주석을 쌍사자로 조각하였다. 두 마리의 사자는 뒷발로 버티고 서서 가슴을 맞대어 위를 받치고 있는 모습으로, 사실적이면서 자연스럽게 표현되어 있다. 8각의 화사석에는 4개의 창이 뚫려 있고, 지붕돌은 여덟 귀퉁이에서의 추켜올림이 아름답게 표현되었다. 장식이 번잡하지 않아 간결하면서도 사실적인 수법이 돋보이는 통일신라시대의 작품이다. 일본인이 무단으로 반출하려 하여 경복궁으로 옮겨 놓았다가 지금은 국립광주박물관에 전시하고 있다.

국보 제104호 전 원주 흥법사지 염거화상탑 [傳 原州 興法寺址 廉居和尚塔]
서울 용산구 서빙고로 137 국립중앙박물관

　통일신라 말의 승려 염거화상의 사리탑이다. 탑은 아래위 각 부분이 8각의 평면을 기본으로 삼고 있다. 기단은 세 부분으로 이루어져 있는데, 사자, 안상 내부에 향로, 연꽃 등을 조각하였다. 탑신의 몸돌은 면마다 문짝 모양, 사천왕상을 번갈아 가며 배치하였는데, 입체감을 잘 살려 사실적으로 표현하였다. 꼭대기에 있는 머리 장식은 탑을 옮기기 전까지 남아 있었으나, 지금은 모두 없어졌다. 지붕돌은 당시의 목조 건축 양식을 특히 잘 따르고 있다. 탑지(보물 제1871호 참조)의 기록으로 문성왕 6년(844)에 이 탑을 세웠음을 알 수 있다.

국보 제105호 산청 범학리 삼층석탑 [山淸 泛鶴里 三層石塔]

서울 용산구 서빙고로 137 국립중앙박물관

국보 제106호 계유명 전씨 아미타불 비상 [癸酉銘 全氏 阿彌陀佛 碑像]

충북 청주시 상당구 명암로 143 국립청주박물관

범허사라고 전하는 경상남도 산청의 옛 절터에 무너져 있던 것을 1941년경 대구의 일본인 골동상이 구입하여 공장에 세워 놓았다가, 1947년 경복궁으로 이전되었으며 현재는 국립중앙박물관에 있다. 탑은 2단의 기단 위에 3층의 탑신을 올린 일반적인 모습이다. 2층 기단에는 기둥으로 나누어진 각 면에 팔부중상을 새기고, 탑신부의 1층 몸돌에는 보살상의 모습을 1구씩 조각하였다. 지붕돌의 옥개받침은 4단씩이며, 상륜부는 결실되었다.

통일신라 후기 석탑의 특징을 잘 나타내주는 우수한 작품이다.

충청남도 연기군(현재 세종특별자치시로 편입) 비암사에서 발견된 이 삼존석상은 4각의 긴 돌 각 면에 불상과 글씨를 조각한 비상[碑像] 형태이다. 정면은 가장자리를 따라 테두리를 새기고, 그 안쪽을 한 단 낮게 하여 아미타삼존상을 조각하였다. 커다란 연꽃 위의 사각형 대좌에 앉아 있는 본존불과 좌우에 서 있는 협시보살을 새겼다. 협시보살상의 양옆에는 인왕상이 서 있다. 불상 위로는 불꽃무늬가 새겨진 광배가 이중으로 있으며, 안쪽의 광배에는 5구의 작은 부처가 새겨져 있다. 조성 연대는 삼국통일 직후인 문무왕 13년(673)으로 추정된다.

계유명 전씨 아미타불 비상
1 비상의 전면
2 비상의 측면
3 비상의 후면

산청 범학리 삼층석탑
2층 기단 면석의 팔부중상

국보 제107호 백자 철화 포도문 호 [白磁 鐵畵 葡萄文 壺]

서울 서대문구 이화여대길 52 이화여자대학교박물관

조선시대 철화 안료를 사용해 포도 무 늬를 그린 백자항아리로, 높이 53.3cm, 아 가리지름 19.4cm, 밑지름 18.6cm이다. 항 아리의 크기로 보나 형식으로 보나 조선 중기 항아리의 전형으로 뛰어난 작품이 라고 할 수 있다. 아가리는 알맞게 올라왔 으며, 아가리에서 어깨까지 둥글게 팽창 되는 모습이 당당함과 대담함을 느끼게 한다. 몸체에는 포도 덩굴무늬를 그려 넣 었는데, 그 사실성 및 농담과 강약의 적절 한 구사에서 18세기 백자의 높은 회화성 을 볼 수 있는 작품이다.

국보 제108호 계유명 삼존천불 비상 [癸酉銘 三尊千佛 碑像]

충남 공주시 관광단지길 34 국립공주박물관

충청남도 연기군 조치원(현재 세종특 별자치시 조치원읍)에서 조금 떨어진 곳 에 있는 서광암에서 발견된 것으로, 비석 모양의 돌에 불상과 글을 새겨 놓은 것이 다. 사각형의 돌 전체에 불상을 새겼는데, 앞면의 삼존불을 중심으로 좌우에는 글 이 새겨져 있고, 그 나머지 면에는 작은 불상을 가득 새겨 놓았다.

이 작품은 삼존불 좌우에 새겨져 있는 글을 통해 볼 때 신라 문무왕 13년(673) 에 만든 것으로 추정되며, 백제 유민들이 망국의 한과 선조들의 명복을 빌기 위해 만든 작품이란 점에서 역사적 의의를 찾 을 수 있다.

국보 제109호 군위 아미타여래삼존 석굴 [軍威 阿彌陀如來三尊 石窟]

경북 군위군 부계면 남산리 1477

국보 제110호 이제현 초상 [李齊賢 肖像]

서울 용산구 서빙고로 137 국립중앙박물관

경상북도 군위군 팔공산 절벽의 자연동굴에 만들어진 통일신라 초기의 석굴사원으로, 인공적으로 만들어진 경주 석굴암 석굴(국보 제24호)보다 연대가 앞선다. 이 석굴에는 700년경에 만들어진 삼존석불이 모셔져 있는데, 본존불은 2.18m, 왼쪽 보살상은 1.8m, 오른쪽 보살상은 1.92m이다.

이 작품은 삼국시대 조각이 통일신라시대로 옮겨가는 과정에서 만들어진 것으로 높은 문화사적 가치를 지니고 있으며, 자연 암벽을 뚫고 그 속에 불상을 배치한 본격적인 석굴 사원이라는 점에서 불교 미술사에 중요한 위치를 차지하고 있다.

군위 아미타여래삼존 석굴

1 우협시 보살
2 본존불
3 좌협시 보살

고려 후기 문신이자 학자인 익재 이제현(1287~1367)의 초상화이다. 이제현의 호는 익재 · 역옹으로, '국사''역옹패설' 등을 남겼다. 가로 93cm, 세로 177.3cm로 의자에 앉은 모습을 비단에 채색하여 그렸다. 그림 위쪽에는 원나라 문장가인 탕병룡이 쓴 찬과 잃어버린 줄 알았던 이 그림을 33년 만에 다시 보고 감회를 적은 익재의 글이 있다.

이 그림은 충숙왕 6년(1319) 이제현이 왕과 함께 원나라에 갔을 때 당시 최고의 화가인 진감여가 그린 그림이다. 현재 같은 양식의 이제현 초상화 4점 중 가장 뛰어난 작품이다.

국보 제111호 **안향 초상 [安珦 肖像]**
경북 영주시 순흥면 소백로 2740 소수박물관

국보 제112호 **경주 감은사지 동 · 서 삼층석탑 [慶州 感恩寺址 東 · 西 三層石塔]**
경북 경주시 양북면 용당리 55-3

감은사터에 나란히 서 있는 쌍탑이다. 2단의 기단 위에 3층 탑신을 올린 모습으로, 서로 같은 규모와 양식을 하고 있으며, 옛 신라의 1탑 중심에서 삼국 통일 직후 쌍탑가람으로 가는 최초의 배치를 보인다. 이 탑의 특징은, 각 부분이 하나의 통 돌로 이루어진 것이 아니라 수십 개에 이르는 부분 석재로 조립되었다는 것이다. 1960년 탑을 해체 수리할 때 서쪽 탑 3층 몸돌에서 금동 사리기(보물 제366호)가 발견되었고, 1996년 동탑을 해체 수리하면서 금동 사리기(보물 제1359호)가 발견되었다. 탑을 세운 시기는 신문왕 2년(682)이다.

안향 초상
1 원본 (소수서원 촬영)
2 복제본 (소수박물관 촬영)

경주 감은사지 동 서 삼층석탑
1 동 삼층석탑 사리장엄구 (보물 제1359호)
2 사리기의 부분
3 서 삼층석탑 사리장엄구 (보물 제366호)
4 서 삼층석탑 사리장엄구 (사리기)

고려 중기 문신인 회헌 안향(1243~1306) 선생의 초상화로 가로 29cm, 세로 37cm의 반신상이다.

그림의 화면은 상하로 2등분 되어 위에는 글이 쓰여 있고 아래에는 선생의 인물상이 그려져 있다. 머리에 수건을 두르고 왼쪽을 바라보며 붉은 선으로 얼굴의 윤곽을 나타내었다. 소수서원에 있는 이 초상화는 선생이 세상을 떠난 지 12년 후인 고려 충숙왕 5년(1318) 공자의 사당에 그의 초상화를 함께 모실 때, 1본을 더 옮겨 그려 향교에 모셨다가 조선 중기 백운동 서원을 건립하면서 이곳에 옮겨놓은 것이다. 선생의 초상화는 현재 전해지는 초상화 가운데 가장 오래된 초상화이다.

국보 제113호 청자 철화 양류문 통형 병 [靑磁 鐵畵 楊柳文 筒形 瓶]
서울 용산구 서빙고로 137 국립중앙박물관

고려시대에 제작된 높이 31.6cm의 철회청자병으로 긴 통 모양의 병 앞뒤에 한 그루씩의 버드나무를 붉은 흙으로 그려 넣은 소박한 병이다. 전체적으로 선의 변화가 거의 없는 직선이고 단순한 형태를 하고 있는데, 어깨 부분은 적당하게 모깎기를 하고 아가리가 밖으로 벌어진 모양을 하고 있어 단조로움을 덜어주고 있다.

몸통의 양면에 있는 버드나무를 제외하고 특별한 장식이 없으며, 대담하게 단순화시킨 버드나무의 간결한 표현에서 운치 있고 세련된 감각이 엿보인다.

국보 제114호 청자 상감 모란국화문 과형 병 [靑磁 象嵌 牡丹菊花文 瓜形 瓶]
서울 용산구 서빙고로 137 국립중앙박물관

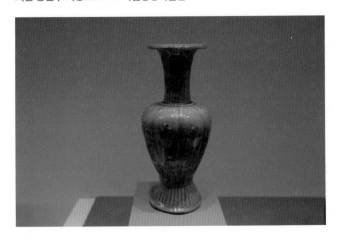

고려청자의 전성기에 만들어진 참외 모양의 화병으로, 높이 25.6cm, 아가리지름 9.1cm, 밑지름 9.4cm이다. 긴 목 위의 아가리가 나팔처럼 벌어진 것이 참외꽃 모양이고, 목의 중간부에는 두 줄의 가로줄이 백토로 상감 되어 있다. 목과 몸통의 연결 부위는 볼록한 선으로 둘러 확실한 경계를 이룬다. 목의 바로 아래에는 8개의 꽃봉오리 띠가 백상감 되어 있고, 몸통에는 여덟 개의 면에 모란문과 국화문을 번갈아 가며 장식하였다.

이 병은 전라북도 부안군 보안면 유천리 가마터에서 만들어졌을 것으로 추정된다.

국보 제115호 청자 상감 당초문 완 [靑磁 象嵌 唐草文 碗]
서울 용산구 서빙고로 137 국립중앙박물관

고려청자의 전성기에 만들어진 청자대접으로 높이 6.05cm, 입지름 16.8cm, 밑지름 4.4cm이다. 고려 의종 13년(1159)에 죽은 문공유의 묘지와 함께 경기도 개풍군에서 출토된 것인데, 연대를 알 수 있는 상감청자 가운데 가장 오래된 것이다. 안쪽 면이 모두 백상감 된 단색인 데 비해 바깥면의 호화스러운 국화꽃 무늬가 잘 조화되어 전성기 청자 상감에서도 드물게 보이는 장식 효과를 나타내는 작품이다.

이 대접은 12세기 중엽 고려청자의 상감기법이 발달하는 과정과 수준을 잘 보여주고 있다.

국보 제116호 청자 상감 모란문 표형 주자 [靑磁 象嵌 牡丹文 瓢形 注子]
서울 용산구 서빙고로 137 국립중앙박물관

12세기 중엽의 고려시대 청자 주전자로 고려자기 중에서 종종 확인되는 표주박 모양을 하고 있다.

물을 따르는 부리와 손잡이를 갖추고 있으며, 크기는 높이 34.4cm, 아가리지름 2cm, 배지름 16cm, 밑지름 9.7cm이다. 세련된 유선형의 모양에 완벽한 비례의 아름다움까지 곁들여 조화시킨 이 작품은 목의 윗부분에 흑백 상감으로 구름과 학 무늬를 그려 넣었다. 그릇 형태나 유약색으로 볼 때 선이 매우 우아하면서도 안정감을 주며 은근한 빛을 머금고 있어 고려인의 조형성을 유감없이 보여주고 있다.

국보 제117호 장흥 보림사 철조비로자나불좌상 [長興 寶林寺 鐵造毘盧遮那佛坐像]
전남 장흥군 유치면 봉덕리 45 보림사

보림사의 대적광전에 모셔진 철로 만든 불상으로, 현재 대좌와 광배를 잃고 불신만 남아 있는 상태이다. 불상의 왼팔 뒷면에 신라 헌안왕 2년(858) 무주장사(지금의 광주와 장흥)의 부관이었던 김수종이 시주하여 불상을 만들었다는 내용의 글이 적혀 있어서 정확한 조성연대를 알 수 있는 작품이다.

이 작품은 만든 연대가 확실하여 당시 유사한 비로자나불상의 계보를 확인하는 데 중요한 자료가 되며, 신라말부터 고려초에 걸쳐 유행한 철로 만든 불상의 첫 번째 예라는 점에서 그 가치가 크다.

국보 제118호 금동미륵보살반가사유상 [金銅彌勒菩薩半跏思惟像]
서울 용산구 이태원로55길 60 삼성미술관 리움

1944년 평양시 평천리에서 공사하던 중 출토된 작은 보살상으로 높이 17.5cm이다.

머리에는 산 모양의 삼산관을 쓰고 있으며 고개를 약간 숙여 생각에 잠겨 있는 모습이다. 연꽃무늬 대좌 위에 왼발을 내려놓고 오른발은 왼쪽 무릎 위에 얹은 채 왼손으로 발목을 잡고 있다. 오른쪽 팔꿈치를 오른쪽 무릎에 대고 있는데 팔과 손이 결실되어 원래의 모습은 알 수 없으나 손으로 턱을 괴고 있는 모습이었을 것으로 짐작된다.

조성 연대는 6세기 후반으로 추정되며, 출토지가 확실한 고구려의 반가사유상으로 주목되는 작품이다

국보 제119호 **금동 연가7년명 여래입상 [金銅 延嘉七年銘 如來立像]**
서울 용산구 서빙고로 137 국립중앙박물관

고구려와 관련된 글이 새겨져 있는 불상으로, 옛 신라 지역인 경상남도 의령지방에서 발견되었다는 점이 주목된다. 광배 뒷면에 남아있는 글에 따르면 평양 동사의 승려들이 천불을 만들어 세상에 널리 퍼뜨리고자 만들었던 불상 가운데 29번째 것으로, 전체 높이는 16.2cm이다.

광배의 일부분이 손상되었으나 도금까지도 완전히 남아 있는 희귀한 불상으로, 광배 뒷면에 남아있는 글과 강렬한 느낌을 주는 표현 방법 등으로 볼 때 6세기 후반의 대표적인 고구려 불상이다.

국보 제120호 **용주사 동종 [龍珠寺 銅鐘]**
경기 화성시 용주로 136 용주사

용주사 동종
1 몸통에 새겨진 명문
2 음통과 용뉴

신라 종 양식을 보이는 고려시대 초기에 만들어진 거대한 범종으로, 높이 1.44m, 입지름 0.87m, 무게 1.5톤이다. 종 맨 위에는 음통과 용뉴가 배치되어 있다. 4곳의 유곽 안에는 9개의 돌출된 연꽃 모양의 유두가 있는데, 남아 있는 것은 한 곳뿐이다. 종의 몸체 앞뒤에는 비천상을, 좌우에는 삼존상을 두었다.

종 몸체에 통일신라 문성왕 16년(854)에 조성된 것이라는 후대에 새긴 글이 있으나, 종의 형태와 문양이 그 시대와 일치되지 않아 학계에서는 고려 전기의 종으로 추정하고 있다.

국보 제122호 양양 진전사지 삼층석탑 [襄陽 陳田寺址 三層石塔]
강원 양양군 강현면 둔전리 100-2

양양 진전사지 삼층석탑
1 1층 몸돌의 여래좌상
2 상층 기단 면석의 팔부중상

　진전사의 옛터에 서 있는 3층 석탑이다. 절터 주변에서 '진전[陳田]'이라 새겨진 기와 조각이 발견되어 절의 이름이 밝혀졌다. 탑은 통일신라의 일반적인 모습으로, 2단의 기단 위에 3층의 탑신을 올려놓은 모습이다. 아래층 기단에는 천인상을, 위층 기단에는 팔부중상을 양각하였다. 탑신의 몸돌과 지붕돌은 각각 하나의 돌로 만들어졌는데, 1층 몸돌에는 각기 다양한 모습의 불상 조각들이 있다. 상륜부는 받침돌만 남아있을 뿐 머리 장식은 모두 없어졌다. 이 탑은 통일신라시대의 대표적인 석탑 가운데 하나이다.

국보 제123호 익산 왕궁리 오층석탑 사리장엄구 [益山 王宮里 五層石塔 舍利莊嚴具]
전북 전주시 완산구 쑥고개로 249 국립전주박물관

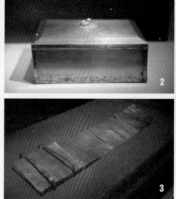

익산 왕궁리 오층석탑 사리장엄구
1 유리 사리기와 함
2 금강경판 함
3 순금 금강경판
4 청동여래입상

　마한의 왕궁이 있던 자리로 알려진 터에 있는 익산 왕궁리 오층석탑(국보 제289호)을 보수하기 위해, 1965년 해체하면서 탑을 받치고 있던 기단부와 1층 지붕돌 윗면에서 발견된 유물들이다.

　기단부에서는 청동여래입상 1구, 청동요령 1개, 향류[香類]가 발견되었고, 1층 지붕돌 윗면 중앙에 뚫려있는 2개의 구멍에서는 각각 연꽃 봉오리 모양의 마개가 덮여 있는 녹색의 유리 사리병과 금강경의 내용을 19장의 금판에 새긴 다음 접어서 2개의 금줄로 묶은 순금 금강경판이 발굴되었다.

국보 제124호 강릉 한송사지 석조보살좌상 [江陵 寒松寺址 石造菩薩坐像]

강원 춘천시 우석로 70 국립춘천박물관

원래 강원도 강릉시 한송사 절터에 있던 보살상으로 1912년 일본으로 옮겨졌다가, 1965년 조인된 '한일협정'에 따라 되돌려 받았다. 잘린 머리 부분을 붙일 때의 흔적과 이마 부분의 백호가 떨어져 나가면서 입은 손상이 남아 있을 뿐 거의 완전한 형태를 갖추고 있다. 한국 석불상의 재료가 거의 화강암인 데 비하여 이 보살상은 흰 대리석으로 만든 점이 특이하다. 조각 수법과 아울러 재료에서 오는 질감이 좀 더 우아하고 온화한 기품을 느끼게 해준다. 만든 시기는 고려 초인 10세기로 추정된다.

국보 제125호 녹유골호 부 석제 외함 [綠釉骨壺 附 石製 外函]

서울 용산구 서빙고로 137 국립중앙박물관

녹유골호

골호란 불교에서 시신을 화장한 후 유골을 매장하는 데 사용된 뼈 항아리로, 삼국시대 후기부터 고려시대까지 성행하였다. 뚜껑에 둥근 꼭지가 달리고 꽃잎 모양으로 각이진 화강암으로 된 외함 속에서 발견된 이 골호는 몸체와 뚜껑에 녹색유약을 입힌 높이 16cm, 입지름 15.3cm의 통일신라시대 뼈 항아리이다. 몸체에는 도장을 찍듯 점선과 꽃무늬를 찍어서 가득 채웠다. 골호 중에는 이것처럼 무늬를 찍어서 장식하고 유약을 바른 시유골호가 몇 점 전해지는데, 이 골호는 시유골호 중 가장 뛰어난 작품이다.

국보 제126호 불국사 삼층석탑 사리장엄구 [佛國寺 三層石塔 舍利莊嚴具]
서울 종로구 우정국로 55 불교중앙박물관

무구정광대다라니경 [복제본]

1966년 10월 경주 불국사의 석탑을 보수하기 위해 해체했을 때 탑 내부에 사리봉안을 위한 공간에서 발견된 유물들이다. 중심부에 놓였던 사리외함과 함께 안에는 알형으로 생긴 은제의 사리 내·외합과 금동사리합, 무구정광대다라니경, 각종 구슬과 함께 있었다.

사리함의 주위에는 청동제 비천상과 동경, 목탑, 경옥제곡옥, 구슬, 향목 등이 놓여있었다. 사리함의 바깥 기단부 바닥에서는 비단에 쌓인 종이 뭉치가 발견되었는데, 종이가 한데 뭉쳐져 글의 내용은 알 수 없다.

세계 최고의 목판인쇄본인 『무구정광대다라니경』은 8세기 중엽에 간행된 것으로, 너비 약 8cm, 전체 길이 약 620cm이다. 1행 8~9자의 다라니경문을 두루마리 형식으로 인쇄한 것이다. 발견 당시 부식되고 산화되어 결실된 부분이 있었는데 20여 년 사이 더욱 심해져 1988년에서 1989년 사이 대대적으로 수리 보강하였다.

석가탑이 751년 불국사가 창건할 때 조성된 것으로 보아 이 경은 그 무렵 간행된 것으로 보인다. 또한, 본문 가운데 당나라 측천무후의 집권 당시만 썼던 글자들이 발견되어, 간행 연대를 추정할 수 있게 해준다.

국보 제127호 서울 삼양동 금동관음보살입상 [서울 三陽洞 金銅觀音菩薩立像]
서울 용산구 서빙고로 137 국립중앙박물관

1967년 서울시 도봉구 삼양동에서 발견된 높이 20.7cm의 보살상으로, 현재는 국립중앙박물관에서 전시하고 있다. 발목 윗부분에 금이 가고 왼쪽 옷자락이 약간 떨어져 나간 상태이다. 이 보살상은 삼각형 모양의 관에 작은 부처 하나를 새기고 있는 점과 오른손에 정병을 들고 있는 점으로 볼 때 관음보살이 분명하며, 삼국시대 후기에 크게 유행했던 관음신앙의 단면을 보여주는 귀중한 자료이다. 살찐 얼굴과 신체, U자형으로 늘어진 옷 등으로 보아 만든 시기는 7세기 전반으로 추정된다.

국보 제129호 금동보살입상 [金銅菩薩立像]
서울 용산구 이태원로55길 60 삼성미술관 리움

　높이가 54.5cm인 금동보살입상으로, 통일신라시대에 유행하던 보살상의 양식과 특징을 잘 보여주고 있다. 현재는 보살이 서 있던 대좌와 머리에 쓰고 있던 관이 없으며, 왼손은 팔뚝에서 떨어져 나간 상태이다. 몸에 비하여 머리가 약간 큰 편이고, 머리 위에는 상투 모양의 머리묶음이 큼직하게 자리 잡고 있다. 통일신라시대의 불상들 가운데서 흔히 이런 양식의 보살상을 찾아볼 수 있다.

　전체적으로 균형이 잘 맞고 몸의 형태도 유연한 편이지만 얼굴이나 신체의 표현에서 다소 경직된 느낌을 주는 8세기 후반의 작품으로 추정된다.

국보 제130호 구미 죽장리 오층석탑 [龜尾 竹杖里 五層石塔]
경북 구미시 선산읍 죽장2길 90

　죽장사터에 있는 석탑으로, 바닥돌에서 머리 장식에 이르기까지 100여 개가 넘는 석재로 짜여 있다. 전탑형의 오층탑으로는 국내에서 가장 높은 탑으로, 높이가 10m에 이른다. 탑은 2단의 기단 위에 5층 탑신을 올렸다. 탑신부 1층 몸돌 남쪽 면에는 불상을 모셨던 것으로 보이는 감실이 마련되어 있으며, 그 주위로 문을 달았던 흔적이 남아 있다.

　통일신라시대 전형적인 양식인 2단의 기단을 형성하고 있지만, 기둥 조각을 새기지 않은 탑신의 몸돌이나 지붕돌의 모습은 전탑의 양식을 모방하고 있다. 조성 연대는 통일신라시대이다.

국보 제131호 고려말 화령부 호적관련 고문서 [高麗末 和寧府 戸籍關聯 古文書]
서울 용산구 서빙고로 137 국립중앙박물관

　이 호적은 고려 공양왕 2년(1390)에 조선을 건국한 태조 이성계의 본향인 영흥에서 작성한 것이다. 원래 고려시대 양반은 3년에 한 번씩 호적을 작성하는데 이때 2부를 작성하여 1부는 관아에, 다른 1부는 자신이 가지고 있었다. 이것은 이성계 자신이 보관하고 있었던 것으로 보인다. 문서의 내용에 이성계의 관직, 식봉이 명기되어 있으며, 호주 이성계를 중심으로 자식, 형제, 사위와 노비를 기록하고 있다.

　이 문서는 이성계가 조선을 건국하기 전의 기록으로 당시의 호적제도를 연구하는 아주 귀중한 자료이다.

국보 제132호 징비록 [懲毖錄]
경북 안동시 퇴계로 1997 한국국학진흥원

징비록은 조선 중기의 문신인 서애 유성룡(1542~1607)이 임진왜란 때의 상황을 기록한 것이다. 징비란 미리 징계하여 후환을 경계한다는 뜻이다.

서애가 징비록을 저술한 시기는 자세히 알 수는 없으나 유성룡이 조정에서 물러나 향리에서 지낼 때 전란 중의 득실을 기록한 것이다. 내용은 임진왜란 이전에 일본과의 관계, 명나라의 구원병 파견 및 제해권의 장악에 대한 전황 등이 가장 정확하게 기록되어 있다.

징비록은 임진왜란 전후의 상황을 연구하는데 귀중한 자료로 난중일기와 함께 높이 평가되고 있다.

국보 제135호 신윤복 필 풍속도 화첩 [申潤福 筆 風俗圖 畵帖]
서울 성북구 성북로 102-11 간송미술관

조선 후기의 화가인 혜원 신윤복(1758~?)이 그린 풍속화 30여 점이 들어 있는 화첩으로 각 면 가로 28cm, 세로 35cm이다(사진의 그림은 '주사거배'와 '홍루대주'이다).

신윤복필 풍속도 화첩은 주로 한량과 기녀를 중심으로 한 남녀 간의 애정과 낭만, 양반사회의 풍류를 다루었다. 섬세한 부드러운 필선과 아름다운 색채가 세련되고 낭만적인 분위기를 효과적으로 나타내고 있다. 이 화첩은 일본으로 유출되었던 것을 1930년 전형필 선생이 구입한 것이다.

국보 제138호 전 고령 금관 및 장신구 일괄[복제] [傳 高靈 金冠 및 裝身具 一括]
서울 용산구 이태원로55길 60 삼성미술관 리움

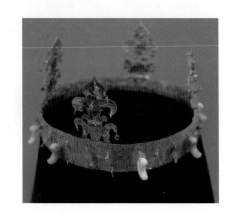

고령에서 출토되었다고 전해지는 가야의 금관이다. 금관은 높이 11.5cm, 밑지름 20.7cm로 머리에 두르는 넓은 띠 위에 4개의 풀꽃 모양 장식이 꽂혀 있는 모습이다. 넓은 띠에는 아래위에 점을 찍었으며, 원형 금판을 달아 장식하였다. 드문드문 굽은 옥이 달려 있으나 출토된 뒤에 단 것이라고 한다. 풀꽃 모양 장식은 대칭되는 네 곳에 금실로 고정시켰는데 드문드문 원형 금판을 달았다. 금관의 풀꽃 모양 장식은 나주 옹관묘 출토의 백제 금동관과 같은 형식이지만, 경주에서 출토되는 금관과는 다른 형식이라 흥미롭다.

국보 제141호 정문경 [精文鏡]

서울 동작구 상도로 369 숭실대학교 한국기독교박물관

정문경은 초기철기시대에 나타난 청동으로 된 거울로 다뉴세문경 또는 잔무늬거울이라고 한다.

숭실대에서 소장하고 있는 다뉴세문경은 지름 21.2cm로 뉴가 2개이며 내구, 중구, 외구로 3등분 되어있다. 각 구마다 작은 삼각형 무늬를 교차하는 방식으로 세밀하게 장식하였다. 외구에는 동심원 무늬가 2개씩 짝을 지어 8개를 배치하였는데 주석이 많이 들어가 빛이 잘 반사되게 만들었다.

현존하는 잔무늬거울 가운데 가장 크며, 가장 정교하게 무늬를 새긴 것으로 우리나라 초기철기시대를 대표하는 유물이라 할 수 있다.

국보 제143호 화순 대곡리 청동기 일괄 [和順 大谷里 靑銅器 一括]

광주 북구 하서로 110 국립광주박물관

화순 대곡리 청동기 일괄
1 청동쌍령구(상) 청동팔령구(하)
2 한국식 동검
3 정문경
4 청동도끼(좌) 청동손칼(우)

전라남도 화순군 대곡리 영산강 구릉에서 발견된 청동기시대의 무덤 유적에서 출토된 유물이다. 출토된 청동기 유물 중 세형동검(청동검) 3점, 청동팔령구 2점, 청동쌍령구 2점, 청동손칼(청동삭구) 1점, 청동도끼(청동공부) 1점, 잔무늬거울(청동세문경) 2점이 국보로 지정되었다.

대곡리에서 출토된 청동 유물들은 종류가 다양하고 제작 기법이 뛰어나 우리나라의 청동기시대를 연구하는 데 큰 도움을 준다.

국보 제144호 영암 월출산 마애여래좌상 [靈巖 月出山 磨崖如來坐像]
전남 영암군 영암읍 회문리 산26-8

전라남도 영암군 월출산 구정봉의 서북쪽 암벽을 깊게 파서 불상이 들어앉을 자리를 만들고, 그 안에 높이 8.6m의 거대한 불상을 만들었다. 불상의 오른쪽 무릎 옆에는 부처님을 향하여 예배하는 모습을 한 높이 86cm의 동자상을 조각하였다. 이 불상은 신체 각부의 비례가 부자연스럽고 조각 수법이 딱딱하여 고려시대의 지방적 석불 양식을 보여 주고 있지만, 높이가 8m나 되는 거불로 웅장하고 패기 찬 불상의 모습을 잘 나타내 주고 있어서 당대의 걸작으로 높이 평가되고 있다.

가까이에서 본 **마애여래좌상**

국보 제145호 **귀면 청동로** [鬼面 靑銅爐]
서울 용산구 서빙고로 137 국립중앙박물관

귀면 청동로는 높이 12.9cm로 솥 모양의 몸체를 받침부가 받치고 있는 모습이며, 몸체에 도깨비 얼굴을 형상화했다. 몸체의 윗부분인 입구는 3개의 삼각형 모양이 솟아 있고, 몸체 양 측면에는 각각 2개의 고리가 붙어 있다. 그 고리에 손잡이 장식을 달았던 것으로 보이는데, 지금은 남아 있지 않다. 아랫부분은 잘록해지면서 받침부와 붙어 있는데 잘록한 부분에는 도깨비 얼굴을 크게 새기고, 입을 뚫어서 바람이 안으로 들어갈 수 있도록 만들었다. 모양은 향로와 비슷하지만, 통풍구를 뚫은 것이 풍로나 다로[茶爐]로 사용된 듯하다.

귀면 청동로 다리 부분의 문양

국보 제147호 울주 천전리 각석 [蔚州 川前里 刻石]

울산 울주군 두동면 천전리 산210

태화강 물줄기인 내곡천 중류의 기슭 암벽에 새겨진 그림과 글씨이다. 아래위 2단으로 나누어 서로 다른 내용이 다른 기법으로 표현되어 있으며, 전체적으로 조각이 가득하다. 표현이 소박하면서도 상징성을 가진 듯한 이 그림들은 청동기시대에 제작된 것으로 보인다.

오랜 시간에 걸쳐 여러 사람이 이루어 놓은 작품으로, 선사시대부터 신라시대까지의 생활, 사상 등을 생생하게 그리고 있다. 어느 특정 시대를 대표한다기보다 여러 시대의 모습을 담고 있어 더욱 의미가 깊은 유적이다.

국보 제151호 조선왕조실록 [朝鮮王朝實錄]

서울 관악구 관악로 1 서울대학교 규장각한국학연구원

  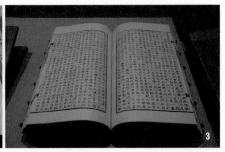

조선왕조실록은 조선 태조에서부터 조선 철종 때까지 25대 472년간(1392~1863)의 역사를 편년체로 기록한 책이다. 조선왕조실록은 조선시대 사회, 경제, 문화, 정치 등 다방면에 걸쳐 기록되어 있으며, 역사적 진실성과 신빙성이 매우 높다. 실록을 편찬하는 작업은 다음 왕이 즉위한 후 실록청을 열고 관계된 관리를 배치하여 펴냈으며, 사초는 임금이라 해도 함부로 열어볼 수 없도록 비밀을 보장하였다.

현재 정족산본 1,181책, 태백산본 848책, 오대산본 74책, 기타 산엽본 21책 총 2,077책이 유네스코 세계기록유산으로 등재되었다.

조선왕조실록
1 태조실록
2 세종실록
3 정조실록

국보 제153호 일성록 [日省錄]

서울 관악구 관악로 1,103 서울대학교 규장각한국학연구원

영조 36년(1760) 1월부터 융희 4년(1910) 8월까지 조선 후기 151년간의 국정에 관한 제반 사항들이 기록되어 있는 일기체의 연대기이다. 일성록의 모태가 된 것은 정조가 세손 시절부터 직접 자신의 언행과 학문을 기록한 일기인 '존현각일기'였다. 1776년 즉위 후에도 직접 일기를 작성하던 정조는 직접 처결할 국정 업무가 점차 늘어나 일기 작성이 어려워지자 1783년부터 규장각 관원들이 시정[施政]에 관한 내용을 중심으로 일기를 작성하고, 작성된 일기를 5일마다 왕에게 올려 재가를 받도록 하였다. 이로써 일성록은 국왕의 개인 일기에서 공식적인 국정 일기로 전환되었다. 2011년 세계기록유산으로 등재되었다.

국보 제154호 무령왕 금제관식 [武寧王 金製冠飾]

충남 공주시 관광단지길 34 국립공주박물관

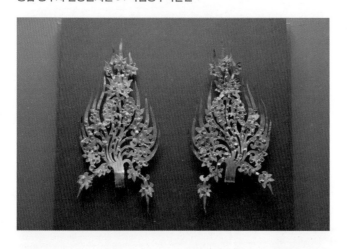

공주시 무령왕릉에서 출토된 백제의 금으로 만든 왕관 꾸미개 한 쌍이다. 높이는 각각 30.7㎝, 29.2㎝이고, 너비는 각각 14㎝, 13.6㎝이다. 1971년 무령왕릉이 발견·조사되었을 때, 왕의 관 안쪽 머리 부근에서 포개진 상태로 발견되었다. 금판을 뚫어서 덩굴무늬를 장식했으며, 밑으로는 줄기가 있는데 아래위로 2~3개의 작은 구멍이 있어 무엇인가에 부착할 수 있도록 해 놓았다. 좌우로 벌어진 줄기 중간에는 꽃무늬를 배치하고, 줄기가 길게 연장되면서 마치 불꽃이 타오르는 듯한 모양새를 보여준다.

국보 제155호 무령왕비 금제관식 [武寧王妃 金製冠飾]

충남 공주시 관광단지길 34 국립공주박물관

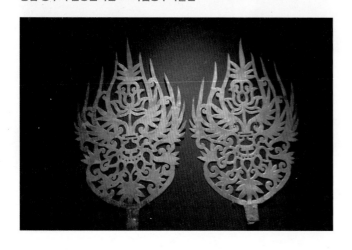

공주시 무령왕릉에서 출토된 백제의 금으로 만든 관 장식으로, 모양과 크기가 같은 한 쌍으로 되어 있다. 높이 22.6㎝, 너비는 13.4㎝로 1971년 무령왕릉이 발견·조사되었을 때, 왕비의 관 안쪽 머리 부근에서 포개진 상태로 발견되었다.

금판에 무늬를 뚫어서 장식하고 밑에 줄기를 달았다. 예리한 도구로 도려내어 무늬를 만들었는데 좌우가 대칭으로 정돈되어 매우 정연한 느낌을 준다. 중심부의 연꽃 받침 위에 놓인 병을 중심으로 주위에 덩굴무늬, 가장자리에는 불꽃무늬가 표현되어 있다.

국보 제156호 **무령왕 금제이식 [武寧王 金製耳飾]**
충남 공주시 관광단지길 34 국립공주박물관

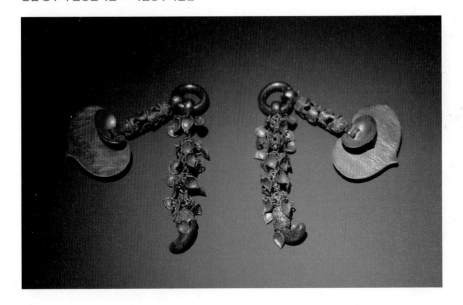

공주시 무령왕릉에서 출토된 백제시대의 금귀걸이 한 쌍으로 길이는 8.3cm이다. 왕의 관안 머리 부근에서 발견되었으며, 호화로운 장식이 달려있다. 굵은 고리를 중심으로 2가닥의 장식을 길게 늘어뜨렸다. 하나는 속이 빈 원통형의 중간 장식 끝에 금판으로 된 커다란 나뭇잎 모양의 장식을 달았다. 다른 한 가닥은 여러 개의 작은 고리로 이루어진 구슬 모양의 장식에 나뭇잎 모양의 장식을 연결하고, 끝에는 금모자를 씌운 푸른색 곱은 옥을 매달아 금색과 조화를 이루게 하였다.

국보 제157호 **무령왕비 금제이식 [武寧王妃 金製耳飾]**
충남 공주시 관광단지길 34 국립공주박물관

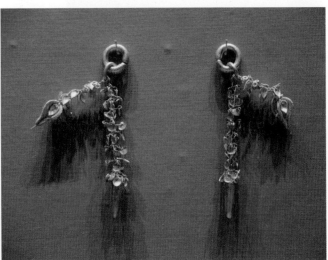

공주시 무령왕릉에서 출토된 백제 왕비의 귀걸이 두 쌍으로 길이는 11.8cm, 8.8cm이다. 굵은 고리를 중심으로 작은 장식들을 연결하여 만들었다. 한 쌍은 복잡한 형식으로 길고 짧은 2줄의 장식이 달려 있고, 다른 한 쌍은 1줄로만 되어있다.

앞의 귀고리 중 긴 가닥은 금 철사를 꼬아서 만든 사슬에 둥근 장식을 많이 연결하였으며, 맨 밑에는 작은 고리를 연결하여 8개의 둥근 장식을 달고 그 아래 탄환 모양의 장식을 달았다. 짧은 줄의 수식은 다른 한 쌍의 것과 거의 같은 수법이나 잎사귀 모양의 장식을 달았다.

국보 제158호 무령왕비 금제경식 [武寧王妃 金製頸飾]
충남 공주시 관광단지길 34 국립공주박물관

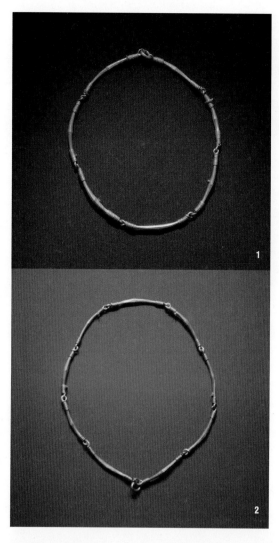

무령왕비 금제경식
1 7마디 금제경식
2 9마디 금제경식
3 연결 부분의 모양

공주시 무령왕릉에서 발견된 백제 무령왕비의 목걸이로, 길이는 각각 14cm, 16cm이다. 9마디로 된 것과 7마디로 된 것 2종류가 있는데, 발굴 당시 7마디 목걸이가 9마디 목걸이 밑에 겹쳐져 있는 상태로 발견되었다. 활 모양으로 약간 휘어진 육각의 금 막대를 끝으로 갈수록 가늘게 하여 고리를 만들고 다른 것과 연결시켰다. 고리를 만들고 남은 부분을 짧은 목걸이의 경우 10~11회, 긴 목걸이는 6~8회 감아서 풀리지 않게 하였다. 일정한 간격으로 연결된 금 막대마다 고리를 만들고 마무리를 한 솜씨가 매우 뛰어나다.

3

국보 제159호 무령왕 금제채 [武寧王 金製釵]
충남 공주시 관광단지길 34 국립공주박물관

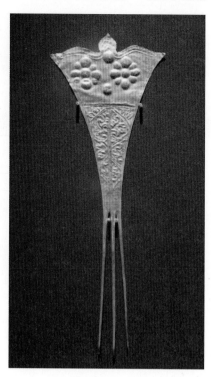

공주시 무령왕릉에서 발견된 백제 때 금으로 만든 뒤꽂이 일종의 머리 장신구이다. 무령왕릉 나무널(목관) 안 왕의 머리에서 발견되었으며, 길이는 18.4cm, 상단의 폭은 6.8cm이다. 위가 넓고 아래가 좁은 역삼각형 모양이며, 밑은 세 가닥의 핀 모양을 이루고 있어 머리에 꽂았던 것으로 보인다. 새의 머리와 날개 부분의 테두리는 끌 끝으로 찍은 작은 점들이 열지어 있다. 여기서 사용된 문양은 모두 뒤에서 두들겨 솟아 나오게 한 타출법을 사용하였고, 세부 표현에는 선으로 새기는 방법을 사용하기도 하였다.

국보 제160호 **무령왕비 은제천 [武寧王妃 銀製釧]**
충남 공주시 관광단지길 34 국립공주박물관

공주시 무령왕릉 왕비의 나무널(목관) 내 왼쪽 팔 부근에서 발견된 한 쌍의 은제 팔찌로, 바깥지름 8cm, 고리지름 1.1cm 이다. 팔목이 닿는 안쪽에는 톱니 모양을 촘촘히 새겼고, 둥근 바깥 면에는 발이 셋 달린 2마리의 용을 새겼다. 용의 조각은 세밀하지는 않으나 힘이 있어, 묵직한 팔찌와 잘 어울리고 있다. 한 개의 팔찌 안쪽에 새긴 글(왼쪽 사진)로 보아 왕비가 죽기 6년 전에 만들어진 것으로 보이며, 만든 사람의 이름과 무게가 쓰여 있다. 만든 시기와 작가, 작품과 직접 관계된 글이 있는 예로, 고대 미술 연구에 귀중한 자료가 되고 있다.

국보 제161호 **무령왕릉 동경 일괄 [武寧王陵 銅鏡 一括]**
충남 공주시 관광단지길 34 국립공주박물관

사진 왼쪽부터 **신수문경, 의자손명 수대문경, 수대문경**

공주시 무령왕릉에서 발견된 청동거울로 신수문경, 의자손명 수대문경, 수대문경 3점이다. 신수문경은 '방격규구문경'이라는 중국 후한의 거울을 모방하여 만든 것이다. 거울 내부에는 반나체 인물상과 글이 새겨져 있는데 이는 한나라의 거울에서 흔히 볼 수 있다. 의자손명 수대문경은 중국 한대의 수대문경을 본떠 만든 복제품이다. 거울 중앙의 꼭지를 중심으로 9개의 돌기가 있고, 안에는 크고 작은 원과 7개의 돌기가 솟아있다. 수대문경 역시 한나라 때 동물 문양을 새겨 넣은 수대문경을 본받아 만들어진 것이다.

국보 제162호 무령왕릉 석수 [武寧王陵 石獸]
충남 공주시 관광단지길 34 국립공주박물관

공주시 무령왕릉에서 발견된 백제 때 만들어진 석수이다. 무령왕릉 석수는 높이 30.8cm, 길이 49cm, 너비 22cm로 통로 중앙에서 밖을 향하여 놓여 있었다. 입은 뭉뚝하며 입술에 붉게 칠한 흔적이 있고, 콧구멍 없는 큰 코에 눈과 귀가 있다. 머리 위에는 나뭇가지 형태의 철제 뿔이 붙어 있다. 몸통 좌우, 앞·뒤 다리에는 불꽃무늬가 조각되어 있는데 이는 날개를 나타낸 것으로 보인다.

무덤 수호의 관념에서 만들어진 것으로 우리나라에서는 처음 발견된 것이다.

국보 제163호 무령왕릉 지석 [武寧王陵 誌石]
충남 공주시 관광단지길 34 국립공주박물관

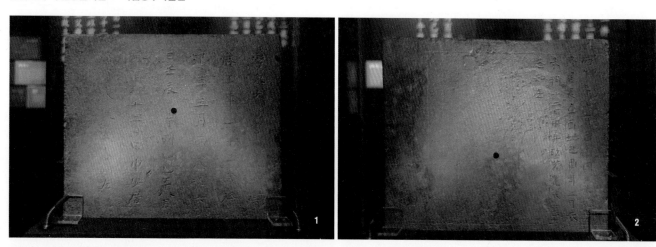

이 지석은 백제 25대 왕인 무령왕과 왕비의 지석으로 2매이다. 이 2매의 지석은 왕과 왕비의 장례를 지낼 때 땅의 신에게 묘소로 쓸 땅을 사들인다는 문서를 작성하여 그것을 돌에 새겨 넣은 매지권으로, 1971년 무령왕릉이 발견될 때 함께 출토되었다. 왕의 지석은 가로 41.5cm, 세로 35cm이며, 표면에 5~6cm의 선을 만들고 그 안에 6행에 걸쳐 새겼다. 왕의 기록은 '삼국사기'의 기록과 일치하고 있다. 뒷면에는 주위에 네모나게 구획선을 긋고 그 선을 따라 12방위를 표시하였는데, 무슨 이유인지는 알 수 없으나 서쪽 부분은 표시하지 않았다. 왕비의 지석은 가로 41.5cm, 세로 35cm이며, 2.5~2.8cm 폭으로 선을 긋고 4행에 걸쳐 새겼다. 선을 그은 부분은 13행이지만 나머지 부분은 공백으로 그대로 남겨 두었다. 뒷면에는 매지문을 새겼다. 원래 매지권은 무령왕을 장사지낼 때 만들어진 것인데 그 후 왕비를 합장하였을 때 이 매지권의 뒷면을 이용하여 왕비에 관한 묘지문을 새겼던 것이다. 이 지석은 삼국시대의 능에서 발견된 유일한 매지권으로서 무덤의 주인을 알 수 있다. 당시 백제인들의 매장 풍습이 담겨 있어 매우 귀중한 자료로 평가되고 있다.

무령왕릉 지석
1 무령왕의 지석
2 무령왕비의 지석

국보 제164호 무령왕비 두침 [武寧王妃 頭枕]
충남 공주시 관광단지길 34 국립공주박물관

공주시 무령왕릉 목관 안에서 발견된 왕비의 머리를 받치기 위한 장의용 나무 베개로, 위가 넓은 사다리꼴의 나무토막 가운데를 U자형으로 파내어 머리를 받치도록 하였다. 표면에는 붉은색 칠을 하고 금박을 붙여 거북등무늬를 만든 다음, 칸마다 흑색·백색·적색 금선을 사용하여 비천상과 날개를 펴고 날아가는 봉황·어룡·연꽃·덩굴무늬를 그려 넣었다.

베개의 양옆 윗면에는 암수 한 쌍으로 보이는 목제 봉황 머리가 놓여 있는데, 발굴 당시에는 두침 앞에 떨어져 있었다고 한다.

국보 제165호 무령왕 족좌[복제] [武寧王 足座]
충남 공주시 관광단지길 34 국립공주박물관

공주시 무령왕릉 목관 안에서 발견된 장의용 나무 발 받침으로 왕의 발 받침대이다. 윗부분이 넓고 아랫부분이 좁은 사다리꼴 통나무의 중앙을 W자로 깊게 파서 양 발을 올려놓게 하였다. 전면에 검은색 옻칠을 하고 폭 0.7㎝ 정도의 금판을 오려 거북등무늬를 만들었으나 일부는 떨어져 없어졌다.

6잎의 금꽃을 거북등무늬 모서리와 중앙에 장식하고, 꽃판 가운데에 옛날 부인의 머리 장식의 하나인 보요[步搖]를 매달아 화려함을 더해주고 있다.

국보 제166호 백자 철화 매죽문 호 [白磁 鐵畵 梅竹文 壺]
서울 용산구 서빙고로 137 국립중앙박물관

매화 문양

조선시대 백자 항아리로 높이 41.3㎝, 입지름 19㎝, 밑지름 21.5㎝의 크기이다. 농담이 들어간 검은 안료로 목과 어깨 부분에 구름무늬와 꽃잎무늬를 돌렸고 아랫부분에는 연속된 파도 무늬를 장식했다. 몸체의 한 면에는 대나무를, 다른 한 면에는 매화등걸을 각각 그려 넣었다. 유약은 푸르름이 감도는 유백색으로, 전면에 고르게 씌워져 은은한 광택이 난다. 이 항아리는 철화백자 항아리로서는 초기의 것으로 16세기 후반경 경기도 광주군 일대의 관음리 가마에서 만들어진 것으로 추정된다.

국보 제167호 청자 인물형 주자 [靑磁 人物形 注子]
서울 용산구 서빙고로 137 국립중앙박물관

고려시대에 만들어진 상형청자로 높이 28.0cm, 밑지름 11.6cm 의 주전자이다. 머리에 관을 쓰고 도포를 입은 사람이 복숭아를 얹은 그릇을 들고 있는 모습이다. 모자 앞부분에 구멍을 뚫어 물을 넣을 수 있게 하였고, 받쳐 든 복숭아 앞부분에 또 다른 구멍을 내어 물을 따를 수 있도록 만들었다. 사람의 등 뒤에 손잡이를 붙였다. 모자에 새 모양을 장식했고 모자, 옷깃, 옷고름, 복숭아에 흰색 점을 찍어 장식 효과를 냈다. 1971년 대구의 한 과수원에서 발견되었으며, 13세기 전반의 작품이다.

국보 제170호 백자 청화 매조죽문 유개호 [白磁 靑畵 梅鳥竹文 有蓋壺]
서울 용산구 서빙고로 137 국립중앙박물관

조선시대 만들어진 높이 16.8cm, 입지름 6.1cm, 밑지름 8.8cm의 뚜껑 있는 백자 항아리이다. 뚜껑의 손잡이는 연꽃봉오리 모양이며, 굽의 접지면 바깥둘레는 약간 경사지게 깎아내렸다. 뚜껑의 손잡이에 꽃잎 4장을 그리고 그 주위에 매화와 대나무를 그린 것이, 조선 전기 회화에서 보이는 수지법과 비슷하다. 몸체의 한 면에는 한 쌍의 새가 앉아 있는 매화와 들국화를, 다른 한 면에는 대나무를 그렸다.

이 항아리는 조선 초기의 고분에서 출토되었다고 전해지며 이 무렵 백자 항아리의 형태와 문양 연구에 중요한 자료이다.

국보 제173호 청자 퇴화 점문 나한좌상 [靑磁 堆花 點文 羅漢坐像]
서울 강남구

1950년대 강화도 국화리에서 발견되었는데, 당시에 여섯 조각으로 부서져 있던 것을 복원시켜 놓은 것이다. 바위 모양의 대좌 위에 팔짱을 낀 채 작은 책상에 의지하여 오른쪽 무릎을 반쯤 일으켜 세우고 앉아 고개를 약간 숙이고 있다. 눈은 반쯤 뜨고 있는데, 눈썹과 눈이 수려하고 코는 오뚝하다. 머리와 옷주름 일부, 눈썹, 눈동자, 바위 대좌 등에는 철분이 함유된 검은색 안료를 군데군데 칠하였으며, 옷의 주름 가에는 백토를 사용하여 도드라진 점을 찍었다.

이 작품은 고려시대 공예 조각을 대표할 수 있는 걸작이라고 할 만하다.

국보 제175호 백자 상감 연화당초문 대접 [白磁 象嵌 蓮花唐草文 大楪]
서울 용산구 서빙고로 137 국립중앙박물관

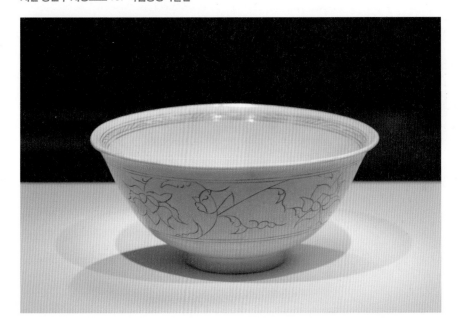

고려 백자의 전통을 이은 조선 전기의 백자로, 높이 7.6cm, 입지름 17.5cm, 밑지름 6.2cm인 대접이다. 바탕흙은 석고와 같은 질감으로, 벽이 얇은 그릇이다. 아가리 부분이 밖으로 살짝 벌어지고 안쪽 윗부분에는 단순화된 덩굴무늬가 둘러져 있다. 바깥 면에는 그릇의 위와 아랫부분에 두 줄의 띠를 두르고, 그 안에 연꽃 덩굴무늬를 상감기법으로 표현하였다.

이러한 백자 상감류는 조선시대 15세기 중반경에 주로 만들어진 것으로 대체로 경상도와 일부 지방 가마에서 고려의 수법을 계승하였다.

국보 제176호 백자 청화 '홍치이년' 명 송죽문 입호 [白磁 靑畵 '弘治二年' 銘 松竹文 立壺]
서울 중구 필동로 1길 동국대학교박물관

조선 성종 20년(1489)에 만들어진 청화백자 항아리로 소나무와 대나무를 그렸다. 크기는 높이 48.7cm, 입지름 13.1cm, 밑지름 17.8cm이다. 아가리가 작고 풍만한 어깨의 선은 고려시대 매병을 연상케 한다. 어깨로부터 점차 좁아져 잘록해진 허리는 굽 부분에서 급히 벌어져 내려오는 형태를 하고 있다. 이 항아리는 오랫동안 지리산 화엄사에 전해져 왔던 유물인데 두 번이나 도난당했던 것을 찾아 동국대학교 박물관에 옮겨놓았다. 주둥이 안쪽에 '홍치'라는 명문이 있어 만든 시기가 분명한 자료이다.

국보 제177호 분청사기 인화 국화문 태호 [粉靑沙器 印花 菊花文 胎壺]

서울 성북구 안암로 145 고려대학교박물관

외호

내호

분청사기로 만든 태[胎] 항아리로, 1970년 고려대학교 구내에서 건축 공사를 하던 중에 발견되었다. 내·외 항아리 각각에 뚜껑이 있으며, 높이 26.5cm, 입지름 9cm, 바닥지름 9.5cm인 내항아리와 높이 42.8cm, 입지름 26.5cm, 밑지름 27.6cm인 외항아리로 되어 있다. 외항아리 안에는 흙이 3분의 2쯤 차 있고, 내항아리는 짚 망태기에 넣어져 외항아리에 담겨 있었다. 내항아리 안에는 태와 태를 썼던 것으로 짐작되는 것이 썩어 변질한 채로 남아 있으며, 엽전 2닢이 들어 있었다. 제작 시기는 15세기 중엽으로 추정된다.

국보 제178호 분청사기 음각 어문 편병 [粉靑沙器 陰刻 魚文 扁瓶]

서울 용산구 서빙고로 137 국립중앙박물관

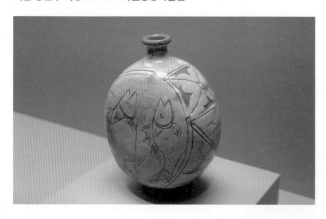

조선시대 전기에 제작된 분청사기 편병으로, 크기는 높이 22.6cm, 입지름 4.5cm, 밑지름 8.7cm이다. 백토를 두껍게 입히고 조화수법으로 무늬를 그린 위에 연한 청색의 투명한 유약을 칠하였다. 앞·뒷면과 옆면에 서로 다른 무늬와 위로 향한 두 마리의 물고기를 생동감이 넘치는 선으로 나타냈다. 물고기 무늬는 분청사기 조화수법의 특징을 충분히 표현하고 있다. 양 옆면은 세 부분으로 나누어 위와 중간에 4엽 모란무늬를 새기고, 배경을 긁어냈으며 아랫부분에는 파초를 넣었다.

국보 제179호 분청사기 박지 연화어문 편병 [粉靑沙器 剝地 蓮花魚文 扁瓶]

서울 관악구 남부순환로152길 53 호림박물관

조선 전기의 분청사기 편병으로 높이 22.5cm, 아가리 지름 5.2cm, 바닥 지름 8.6cm의 크기이다. 몸통은 둥글고 양면이 납작하며 아가리가 작다. 회갈색의 바탕흙 위에 백토로 분장하고 투명한 연갈색 유약을 두껍게 칠하였다. 아가리 밑의 어깨에는 도식화된 연꽃무늬 띠가 있고, 정면의 편평한 곳에는 연잎, 연꽃, 물고기 무늬로 장식하였다. 특히 앞면에 자연스럽게 묘사된 연잎과 여러 개의 연꽃봉오리 사이에 있는 물고기무늬는 박지기법의 특징을 잘 보여주는 대표적 작품의 하나이다.

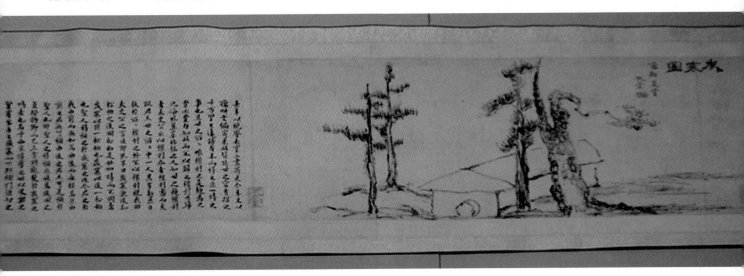

이 작품은 김정희의 대표작으로 가로 69.2cm, 세로 23cm의 크기이다. 이 그림은 그가 1844년 제주도에서 귀양살이를 하고 있을 때 그린 것으로 그림의 끝부분에는 자신이 직접 쓴 글이 있다. 이 글에서는 사제간의 의리를 잊지 않고 북경으로부터 귀한 책들을 구해다 준 제자 이상적의 인품을 소나무와 잣나무에 비유하며 답례로 그려 준 것임을 밝히고 있다. 인위적인 기술과 허식적인 기교주의에 반발하는 극도의 절제와 생략을 통해 문인화의 특징을 엿볼 수 있는 조선 후기 대표적인 문인화로 평가되고 있다.

이 문서는 고려 희종 원년(1205)에 진사시에 급제한 장양수에게 내린 교지이다. 크기는 가로 93.5cm, 세로 45.2cm로 황색 마지 두루마리에 쓰여 있다. 조선시대 과거에 급제한 사람들에게 내린 홍패, 백패와 같은 성격의 교지이다. 앞부분이 없어져 완전한 내용을 파악할 수 없으나, 고시에 관여했던 사람의 관직과 성이 기록되어 있다. 문서의 형식은 중국 송나라 제도에서 받아들인 듯하며, 지금까지 전해지는 패지 가운데 가장 오래된 것으로, 고려시대 과거제도를 연구하는데 귀중한 자료이다.

국보 제182호 구미 선산읍 금동여래입상 [龜尾 善山邑 金銅如來立像]
대구 수성구 청호로 321 국립대구박물관

1976년 경상북도 선산군 고아면(현재 구미시 선산읍)에서 공사를 하던 중 금동관음보살입상 2구(국보 제183, 184호)와 함께 출토되었다. 현재는 왼손과 왼발 일부가 없어지고, 얼굴과 가슴에 약간의 녹이 있으나 도금 상태는 좋은 편이다. 몸의 형태나 세부 표현이 부드럽고 단순하며, 옷주름이 정리되어서 단정한 인상을 주고 있는 이 불상은 통일신라시대 불상의 생동적인 모습을 잘 보여주고 있다.

뒷면에 작은 틀잡이 구멍이 있는 중공식 주조법 등으로 보아 7세기 후반에서 8세기 초반에 조성된 작품으로 추정된다.

국보 제183호 구미 선산읍 금동보살입상 [龜尾 善山邑 金銅菩薩立像]
대구 수성구 청호로 321 국립대구박물관

경상북도 선산군 고아면(현재 구미시 선산읍)에서 공사를 하던 중 출토되었다. 보살상은 연꽃무늬가 새겨진 대좌 위에 오른쪽 무릎을 약간 구부린 채 자연스럽고 유연한 자세로 서 있다. 머리에는 꽃장식의 관을 썼는데, 관의 정면에는 작은 부처가 새겨져 있다. 눈·코·입의 표현이 분명한 얼굴은 둥근 편으로 전면에 미소를 머금고 있다.

도금 상태는 비교적 좋은 편으로, 전체적인 균형과 조각 수법이 뛰어난 이 보살상은 삼국시대 후기 금동보살상의 전형적인 양식을 보여주며 7세기 중엽에 만들어진 것으로 추정된다.

국보 제184호 구미 선산읍 금동보살입상 [龜尾 善山邑 金銅菩薩立像]
대구 수성구 청호로 321 국립대구박물관

경상북도 선산군 고아면(현재 구미시 선산읍)에서 공사를 하던 중 출토되었다. 정면을 향해 꼿꼿이 선 보살상은 머리에 꽃으로 장식된 관을 쓰고 있으며, 관의 가운데에는 둥근 테두리 안에 작은 부처가 새겨져 있다. 약간 길고 네모진 얼굴은 엄숙한 표정을 띠며, 중국적인 요소가 강한 복잡하고 화려한 장신구의 표현이 매우 특이하다.

현재 광배와 대좌는 없어진 상태인데, 머리 뒤에는 광배 꼭지가 남아 있으며 발 아래에는 대좌에 꽂기 위한 기둥 모양의 촉이 높게 달려 있다. 7세기 전반에 만들어진 것으로 추정된다.

국보 제185호 상지 은니 묘법연화경 [橡紙 銀泥 妙法蓮華經]
서울 용산구 서빙고로 137 국립중앙박물관

묘법연화경은 우리나라 천태종의 근본경전으로 부처가 되는 길이 누구에게나 열려 있음을 기본 사상으로 하고 있다. 화엄경과 함께 우리 나라 불교 사상의 확립에 가장 큰 영향을 끼쳤으며, 삼국시대 이래 가장 많이 유통된 불교 경전이다. 이 책은 후진의 구마라습이 번역한 묘법연화경 7권을 고려 공민왕 22년(1373)에 은색 글씨로 옮겨 쓴 것이다. 크기는 세로 31.4㎝, 가로 11.7㎝이다. 책 끝의 기록에 봉상대부 허칠청의 시주로 간행하였음을 알 수 있다. 보존이 잘 된 편이며, 일본으로 유출되었다가 최근에 되찾아온 것이다.

국보 제186호 양평 신화리 금동여래입상 [楊平 新花里 金銅如來立像]
서울 용산구 서빙고로 137 국립중앙박물관

1976년 경기도 양평군 신화리에서 농지를 정리하던 중에 우연히 발견된 높이 30㎝의 불상이다. 대좌와 광배를 잃었으나, 보존 상태가 매우 좋고 도금이 거의 완전하게 남아 있다. 얼굴이 길고 둥글어 풍만한 느낌을 주며, 목은 매우 길고 굵게 표현되어 있다. 얼굴에 비해 몸이 매우 길어 비현실적인 모습이다. 옷은 양어깨에 걸쳐 입고 있는데, 가슴과 배를 많이 드러내면서 U자형의 주름을 만들고 있다. 양 손가락이 없어진 상태여서 정확한 손 모양은 알 수 없다. 한강 유역에서 출토되었으므로 신라시대의 작품으로 추정된다.

국보 제187호 영양 산해리 오층모전석탑 [英陽 山海里 五層模塼石塔]
경북 영양군 입암면 산해리 391-6

이 탑은 1단의 기단 위에 5층의 탑신을 올렸다. 기단은 흙과 돌을 섞어 낮게 바닥을 깔고, 10여 개의 길고 큰 돌을 짜서 쌓았다. 그 위의 탑신은 몸돌과 지붕돌 모두 벽돌 모양의 돌로 쌓았다.

1층 몸돌에는 불상을 모시는 방인 감실을 두었는데, 감실 양쪽에 둔 2개의 화강암 기둥과 이맛돌의 섬세한 조각이 장식적인 효과를 더해주고 있다. 전체적인 균형과 정연한 축조방식을 갖추고 있으며, 돌을 다듬은 솜씨, 감실의 장식 등으로 미루어 보아 통일신라시대에 세워진 것으로 추정된다.

국보 제188호 천마총 금관 [天馬塚 金冠]
경북 경주시 일정로 186 국립경주박물관

이 금관은 천마총에서 출토된 높이 32.5cm의 전형적인 신라 금관으로 묻힌 사람에게 쓴 채로 발견되었다. 머리 위에 두르는 넓은 띠 앞면 위에는 산[山]자 형 모양이 3줄, 뒷면에는 사슴뿔 모양이 2줄로 있는 형태이다. 산[山]자 형은 4단을 이루며 끝은 모두 꽃봉오리 모양으로 되어있다. 금관 전체에는 원형 금판과 굽은 옥을 달아 장식하였고, 금실을 꼬아 늘어뜨리고 금판 장식을 촘촘히 연결하였다. 밑으로는 나뭇잎 모양의 늘어진 드리개 두 가닥이 달려있다.

국보 제189호 천마총 금제관모 [天馬塚 金製冠帽]
경북 경주시 일정로 186 국립경주박물관

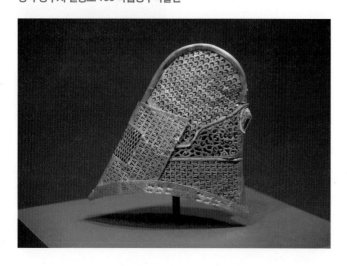

천마총에서 발견된 금모는 관 안에 쓰는 모자의 일종이다. 높이 16cm, 너비 19cm인 이 금모는 관[棺] 바깥 머리 쪽에 있던 부장품 구덩이와 널 사이에서 발견되었다. 각각 모양이 다른 금판 4매를 연결하여 만들었는데, 위에는 반원형이며 밑으로 내려갈수록 넓어진다. 아랫단은 활처럼 휘어진 모양으로 양 끝이 처진 상태이다.

윗단에 눈썹 모양의 곡선을 촘촘히 뚫어 장식하고 사이사이 작고 둥근 구멍을 뚫었으며, 남은 부분에 점을 찍어 금관 2장을 맞붙인 다음 굵은 테를 돌렸다. 그 밑에는 구름무늬를 뚫어 장식하였다.

국보 제190호 천마총 금제 과대 [天馬塚 金製 銙帶]
경북 경주시 일정로 186 국립경주박물관

천마총에서 발견된 신라 때 허리띠(과대)이다. 과대란 직물로 된 띠의 표면에 사각형의 금속판을 붙인 허리띠로 길이 125cm, 띠드리개(요패)의 길이는 73.5cm이다. 과대는 뚫은 장식이 있는 44개의 판을 연결하였고, 주변에 9개의 구멍이 있어 가죽에 고정하게 되어있으며 양 끝에 허리띠고리(교구)를 달았다. 과대에서 늘어뜨린 장식은 13줄로 타원형 금판과 사각형 금판으로 연결하였다.

이 허리띠와 띠드리개는 널 안에서 허리에 착용한 상태로 발견되었다.

국보 제191호 황남대총 북분 금관 [皇南大塚 北墳 金冠]
서울 용산구 서빙고로 137 국립중앙박물관

황남대총에서 발견된 금관이다. 신라 금관을 대표하는 것으로 높이 27.5㎝, 아래로 늘어뜨린 드리개 길이는 13~30.3㎝이다. 이마에 닿는 머리띠 앞쪽에는 산[山]자 형을 연속해서 3단으로 쌓아 올린 장식을 세 곳에 두었고, 뒤쪽 양 끝에는 사슴뿔 모양의 장식을 두 곳에 세웠다. 푸른 빛을 내는 굽은 옥을 산자 형에는 16개, 사슴뿔 모양에는 9개, 머리띠 부분에 11개를 달았다.

이 금관은 신라 금관의 전형적인 형태를 갖추고 있으며, 굽에 옥을 많이 달아 화려함이 돋보이고 있다.

국보 제192호 황남대총 북분 금제 과대 [皇南大塚 北墳 金製 銙帶]
서울 용산구 서빙고로 137 국립중앙박물관

황남대총의 북쪽 무덤에서 발견된 금 허리띠(과대)와 띠드리개(요패)이다. 과대는 직물로 된 띠의 표면에 사각형의 금 속판을 붙인 허리띠로서 길이 120㎝, 띠드리개 길이 22.5~77.5㎝이다. 28장의 판으로 만들어진 이 허리띠는 주위에 있는 작은 구멍들로 미루어 가죽 같은 것에 꿰매었던 것으로 짐작된다.

허리띠 아래에 매달려 있는 13개의 띠드리개는 경첩으로 허리띠와 연결하였다. 출토 당시 상태가 좋아서, 착용법과 띠드리개의 배치순서를 아는 데 중요한 자료가 되고 있다.

경주시 황남동 미추왕릉 지구에 있는 삼국시대 신라 무덤인 황남대총에서 발견된 병 1점과 잔 3점의 유리제품이다. 병은 높이 25cm, 배지름 9.5cm이고, 잔① 높이 12.5cm, 아가리 지름 10cm 잔② 높이 10.5cm, 아가리 지름 9.5cm 잔③ 높이 8cm, 아가리 지름 10.5cm의 크기를 하고 있다. 모두 파손이 심한 상태로 발굴되었으나 다행히 원형을 알아볼 수 있게 복원되었다. 유리의 질과 그릇의 형태 색깔로 미루어 서역에서 수입된 것으로 보이며, 그 당시 서역과의 문화 교류를 알게 해 주는 자료가 된다.

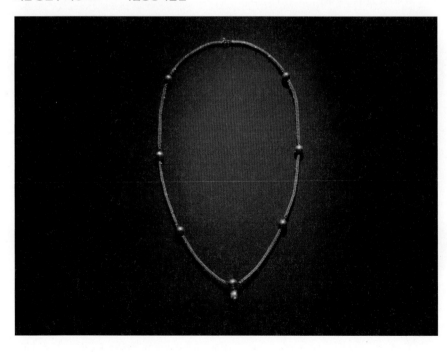

경주시 황남동 미추왕릉 지구에 있는 삼국시대 신라 무덤인 황남대총에서 발견된 길이 33.2cm의 금목걸이이다. 좌우로 금실을 꼬아서 만든 금 사슬과 속이 빈 금 구슬을 교대로 연결하고, 늘어지는 곳에는 금으로 만든 굽은 옥을 달았다. 경주지역 신라의 무덤에서 발견되는 대부분 목걸이가 푸른빛의 옥을 사용한 데 반하여 전체를 금으로 만든 특이한 목걸이이다. 금 사슬, 금 구슬, 굽은 옥의 비례와 전체적인 크기가 조화를 이루고 있어, 우아하고 세련된 멋을 풍기고 있다.

노동동 11호 북쪽 무덤 출토 목항아리는 크기가 높이 40.5cm, 아가리 지름 25.5cm이다. 아가리는 밖으로 약간 벌어진 채 직립이 되다가 끝부분에서 안으로 꺾어졌다. 목 부분은 돌출선에 의해 2부분으로 나뉘는데, 각각 한번에 5개의 선을 이용한 물결무늬를 겹치게 새겼고, 그 사이사이에 원을 찍었다. 몸체에도 역시 5선을 이용한 물결무늬를 새겼다. 토우는 계림로 30호와 같은 형태이나 목 부분에만 있고 그 수도 적은 편이다. 토우들은 소박함 속에 뛰어난 예술성을 인정받고 있고, 시대적인 신앙과 풍부한 감정 표현을 보여준다.

미추왕릉지구 계림로 30호 무덤 출토 목항아리는 밑이 둥글고 아가리는 밖으로 약간 벌어진 채 직립 되어 있고, 4개의 돌출선을 목 부분에 돌렸다. 크기는 높이 34cm, 아가리 지름 22.4cm이다. 위에서 아래로 한번에 5개의 선을 그었고, 그 선 사이에 동심원을 새기고 개구리 · 새 · 거북이 · 사람 등의 토우를 장식했다. 몸체 부분은 2등분 하였고, 윗부분은 목 부분과 같이 한 번에 5개의 선을 긋고, 그 사이에 동심원을 새겼다. 어깨와 목이 만나는 곳에 남녀가 성교하는 모양과 토끼와 뱀 및 배부른 임산부가 가야금을 타는 모양의 토우를 장식했다.

국보 제196호 신라 백지 묵서 대방광불화엄경 주본 [新羅 白紙 墨書 大方廣佛華嚴經 周本]

서울 용산구 이태원로55길 삼성미술관 리움

변상도

대방광불화엄경은 부처와 중생은 둘이 아니라 하나라는 것을 기본사상으로 하고 있다. 화엄종의 근본 경전으로 법화경과 함께 한국 불교사상 확립에 크게 영향을 끼친 불교 경전 가운데 하나이다. 이 책은 우리나라에서 가장 오래된 사경으로 두루마리 형태이며 크기는 세로 29cm, 가로 1390.6cm이다. 신라 경덕왕 13년(754)에 연기법사가 간행을 시작하여 다음 해인 755년에 완성한 것이다. 이두식 표현의 문장 역시 이 사경의 특색이다. 신라시대 문헌으로는 유일한 것이며, 불교뿐 아니라 서지학 · 미술사 등에서도 자료적 가치가 크다.

국보 제197호 충주 청룡사지 보각국사탑 [忠州 靑龍寺址 普覺國師塔]

충북 충주시 소태면 오량리 산32-2

청계산 중턱의 청룡사에 자리한 탑으로, 보각국사의 사리를 모셔놓았다. 보각국사(1320~1392)는 고려 후기의 승려로, 12세에 어머니의 권유로 출가하여 승려가 되었으며, 이후 불교의 경전을 두루 연구하여 높은 명성을 떨쳤다. 특히 계율을 굳게 지키고 도를 지킴에 조심하였으며, 문장과 글씨에도 능하였다. 조선 태조 원년(1392)에 73세의 나이로 목숨을 다하자, 왕은 시호를 '보각' 탑명을 '정혜원릉'이라 내리어 탑을 세우도록 하였다. 태조 3년(1394)에 완성된 조선시대 전기 조형 미술의 표본이 되는 귀중한 유물이다.

충주 청룡사지 보각국사탑

1 탑신부 몸돌의 조각
2 기단부의 조각

국보 제198호 단양 신라 적성비 [丹陽 新羅 赤城碑]
충북 단양군 단성면 하방리 산3-1

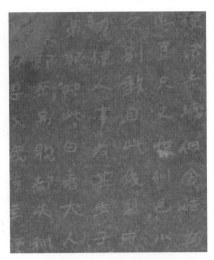

단양 신라 적성비의 비문(부분)

성재산 적성산성 내에 있는 신라시대의 비로, 신라가 고구려의 영토인 이 곳 적성을 점령한 후에 민심을 안정시키기 위해 세워놓은 것이다. 1978년에 30cm 정도가 땅속에 묻힌 채로 발견되었는데, 비면이 깨끗하고 글자가 뚜렷하다. 전체의 글자 수는 440자 정도로 추정되는데, 지금 남아있는 글자는 288자로 거의 판독할 수 있다.

글씨는 각 행마다 가로줄과 세로줄을 잘 맞추고 있으며, 예서[隸書]에서 해서[楷書]로 옮겨가는 과정의 율동적인 필법을 보여주고 있어 서예 연구에도 좋은 자료가 되고 있다.

국보 제199호 경주 단석산 신선사 마애불상군 [慶州 斷石山 神仙寺 磨崖佛像群]
경북 경주시 건천읍 단석산길 175-143

단석산 중턱의 거대한 암벽 바위 면에는 10구의 불상과 보살상이 새겨져 있다. 동북쪽의 독립된 바위 면에는 도드라지게 새긴 높이 8.2m의 여래입상이 1구 서 있다. 동쪽 면에는 높이 6m의 보살상이, 마멸이 심해서 분명하지는 않지만 남쪽 면에도 광배가 없는 보살상 1구를 새겨서 앞의 두 불상과 함께 삼존상을 이루고 있다.

이 보살상의 동쪽 면에는 400여 자의 글이 새겨져 있는데, 신선사에 미륵석상 1구와 삼장보살 2구를 조각하였다'는 내용이다. 7세기 전반기의 불상 양식을 보여주고 있다.

국보 제200호 금동보살입상 [金銅菩薩立像]

부산 남구 유엔평화로 63 부산시립박물관

부산시립박물관에 소장된 이 불상은 정면을 향해 가슴을 펴고 당당하게 서 있는 금동보살상으로, 대좌와 광배는 없어졌지만 비교적 잘 보존된 작품이다. 신체는 탄력성 있게 묘사되었으며, 풍만한 가슴에서 가는 허리로 이어지는 곡선이 아름답다. 상체는 옷자락이 양어깨에 걸쳐 발 아래까지 늘어져 있는데 왼쪽 일부가 끊어져 없고, 하체의 옷은 U자형 주름을 좌우 대칭으로 표현하였다. 당당한 신체 표현에 품위와 자비를 갖추고 있는 이 불상은 통일신라 초기의 아름다운 작품이다.

국보 제201호 봉화 북지리 마애여래좌상 [奉化 北枝里 磨崖如來坐像]

경북 봉화군 물야면 북지리 산108-2

이 마애불은 자연암벽을 파서 불상이 들어앉을 거대한 방 모양의 공간을 만들고, 그 안에 높이 4.3m의 마애불을 도드라지게 새긴 것이다. 넓고 큼직한 얼굴은 양감이 풍부하며 전면에 미소를 머금고 있으며, 체구는 당당한 편이다. 손 모양은 오른손을 가슴에 들고 왼손은 무릎에 내리고 있는 모습으로 큼직하게 표현되어 불상의 장중한 멋을 더해준다. 불상 뒤편의 광배는 머리광배와 몸광배로 구분하고 작은 부처를 표현하였다.

불상을 만든 시기는 얼굴이나 신체에 표현된 부드러운 모습 등을 고려할 때 7세기 후반으로 추정된다.

국보 제205호 충주 고구려비 [忠州 高句麗碑]
충북 충주시 가금면 용전리 입석부락 280-11

국내에 유일하게 남아 있는 고구려 석비로, 장수왕이 남한강 유역의 여러 성을 공략하여 개척한 후 세운 기념비로 추정된다. 1979년 입석마을에서 발견되었는데, 오랜 세월이 흐른 탓에 발견 당시 비면이 심하게 마모되어 있었다. 석비는 자연석을 이용하여 4면에 모두 글을 새겼는데, 그 형태가 만주에 있는 광개토대왕비와 비슷하다. 비문은 심하게 닳아 앞면과 왼쪽 측면 일부만 읽을 수 있는 상태이다.

3국의 관계를 밝혀주는 귀중한 자료로서, 우리나라에 남아있는 유일한 고구려비라는 점에서 큰 역사적 가치를 지닌다.

국보 제206호 합천 해인사 고려목판 [陜川 海印寺 高麗木板]
경남 합천군 가야면 해인사길 122 해인사

고려목판

화엄경 변상도 주본

고려시대의 불교 경전, 고승의 저술, 시문집 등이 새겨진 목판이다. 이 목판은 국가기관인 대장도감에서 새긴 합천 해인사 대장경판(국보 제32호)과는 달리, 지방관청이나 절에서 새긴 것이다. 현재 해인사 대장경판전 사이에 있는 동·서 사간판전에 보관하고 있다. 후박나무를 짠물에 담가 지방기를 빼고 나뭇결을 삭혀 잘 말린 다음 판각하였기 때문에 원형 그대로 잘 보존되었다. 고려시대 판화 및 판각기술은 물론이고, 한국 불교사상 및 문화사 연구에 중요한 자료로 평가된다.

국보 제207호 **경주 천마총 장니 천마도 [慶州 天馬塚 障泥 天馬圖]**
경북 경주시 일정로 186 국립경주박물관

경주 천마총 장니 천마도는 말의 안장 양쪽에 달아 늘어뜨리는 장니에 그려진 말(천마) 그림이다. 가로 75㎝, 세로 53㎝, 두께는 약 6㎜로 1973년 경주 황남동 고분 155호분(천마총)에서 발견되었다. 천마도가 그려져 있는 채화판은 자작나무껍질을 여러겹 겹치고 맨 위에 고운 껍질로 누빈 후, 가장자리에 가죽을 대어 만든 것이다. 5~6세기의 신라시대에 그려진 천마도의 천마의 모습 및 테두리의 덩굴무늬는 고구려 무용총이나 고분벽화의 무늬와 같은 양식으로, 신라 회화가 고구려의 영향을 받았음을 알 수 있는 그림이다.

국보 제208호 **도리사 세존사리탑 금동사리기 [桃李寺 世尊舍利塔 金銅舍利器]**
경북 김천시 대항면 북암길 89 직지사

경상북도 구미시 도리사에 있는 석종형 세존사리탑 안에서 발견된 육각의 사리함이다. 사리함은 높이 17㎝로 기단, 탑몸, 지붕으로 구성되어 있고, 표면에 도금이 잘 남아 있다. 평면 육각형으로 각 면의 기단에 안상을 뚫었다. 2면의 탑몸에는 불자와 금강저를 든 불교의 수호신인 천부상을 선과 점으로 새겼다. 남은 4면에는 사천왕상을 선으로 새겼다.

통일신라시대에 만들어진 것으로 보이며, 8각이 유행하던 시기에 6각형의 사리함이 나타났다는 점과 시대를 달리하는 석종형 부도에 안치되었던 것도 특이한 점이다.

서울 중구 필동로 1길 30 동국대학교박물관

보협인석탑
1 석가 일대기
2 전생 설화

보협인석탑이란 '보협인다라니경'을 그 안에 안치하고 있어서 붙여진 이름이다. 원래는 천안시 북면 대평리 탑골계곡의 절터에 무너져 있던 것을 이곳으로 옮겨 세운 것이다. 복원된 탑의 현재 모습은 5개의 돌만 남아 있어 완전한 형태는 아니다. 우리나라 석탑의 일반 형식과는 전혀 달라서 기단과 탑신의 구분이 뚜렷하지 않고 완전한 형태를 짐작하기도 어렵다.

각 면에는 불상, 부처님의 전생 설화, 맨 윗돌에는 석가의 일대기가 새겨져 있다. 고려시대 건립된 것으로 보이며, 우리나라에서 유일한 보협인석탑이다.

국보 제210호 **감지 은니 불공견삭신변진언경 권13 [紺紙 銀泥 不空羂索紳變眞言經 卷十三]**
서울 용산구 이태원로55길 60-16, 리움미술관

이 책은 감지에 은가루를 사용해서 직접 불경의 내용을 옮겨 적은 것으로, 권축의 형태이다. 전체 30권 중 권13에 해당하는 것으로 크기는 세로 30.4cm, 가로 905cm이며, 일본으로 유출되었던 것을 되찾아온 것이다.

책 앞의 제목 끝에는 천자문의 한 글자인 '모[慕]'자가 표시되어 있어 천자함을 사용했음을 알 수 있으며, 책의 첫머리에는 신장상을 금색의 가는 선으로 그렸다. 책 끝에는 고려 충렬왕 1년(1275) 왕의 주도하에 제작된 경전이며, 삼중대사 안체[安諦]가 글씨를 썼다는 기록이 남아있다.

국보 제211호 백지 묵서 묘법연화경 [白紙 墨書 妙法蓮華經]

서울 관악구 남부순환로152길 호림박물관

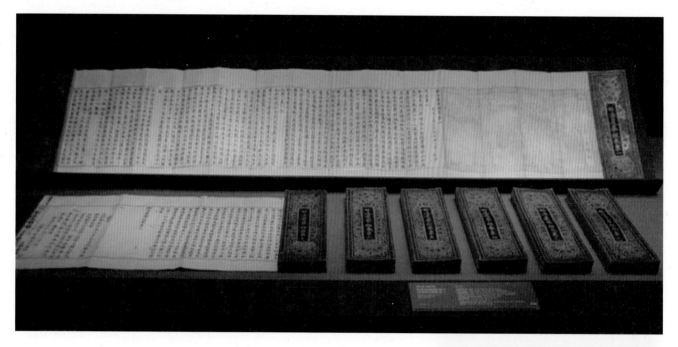

이 책은 후진의 구마라습이 번역한 법화경 7권을, 고려 우왕 3년(1377)에 하덕란이 죽은 어머니의 명복과 아버지의 장수를 빌기 위해 정성 들여 옮겨 쓴 것이다. 하얀 닥종이에 먹으로 썼으며, 각 권은 병풍처럼 펼쳐서 볼 수 있는 절첩장으로 되어 있다. 접었을 때의 크기는 세로 31.8cm, 가로 10.9cm이다.

각 권의 표지에는 금·은색의 화려한 꽃무늬가 장식되었고, 금색으로 제목이 쓰여 있다. 또한, 각 권의 첫머리에는 내용을 요약한 변상도가 금색으로 세밀하게 그려져 있다. 일본에서 되찾아온 문화유산이다.

변상도

국보 제212호 대불정여래밀인수증료의제보살만행수능엄경(언해) [大佛頂如來密因修證了義諸菩薩萬行首楞嚴經(諺解)]

서울 중구 필동로1길 30 동국대학교박물관

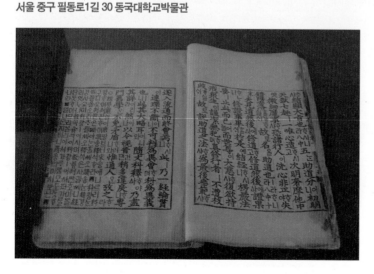

이 책은 당나라의 반자밀제[般刺密帝]가 번역하고 계환[戒環]이 해설한 것을 세조 8년(1462)에 10권 10책으로 간행한 것이다. 목판에 새겨 찍어낸 것으로, 크기는 가로 35.7cm, 세로 22cm이다. 이 책은 세조 7년(1461) 불경을 한글로 풀이하여 간행하기 위해 간경도감을 설치한 다음 해에 만든 책으로, 당시 찍어낸 판본이 모두 완전하게 남아 전해지는 유일한 예이다.

간경도감에서 최초로 간행한 한글 해석판으로 편찬 체제와 글씨를 대자·중자·소자로 구분하여 쓰는 방법 등은 뒤에 간행되는 국역판의 길잡이가 된다는 점에서 가치가 크다.

국보 제214호 흥왕사명 청동 은입사 향완 [興王寺銘 靑銅 銀入絲 香垸]

서울 용산구 이태원로55길 삼성미술관 리움

이 향로는 높이 40.1㎝, 입 지름 30㎝의 크기로 받침, 몸체, 입 3부분으로 되어있다. 입은 수평으로 넓게 퍼진 테를 가진 전이 있으며, 그 전을 구슬 무늬로 장식하고 연꽃과 덩굴무늬를 새기고 은을 입혔다. 몸체에는 대칭되는 위치에 꽃으로 창을 만들고 그 안에 용과 봉황을 세밀하게 은입사 하였다.

은입사 문양은 모두 뛰어난 솜씨를 보여줄 뿐 아니라 회화적 가치도 아주 높다. 받침 굽에는 34자의 글씨가 남아 있어, 이 향로가 충렬왕 15년(1289)에 제작되어 개풍군 흥왕사에 있었던 것임을 알려준다.

흥왕사명 청동 은입사 향완
1 봉황 문양
2 용 문양

국보 제221호 평창 상원사 목조문수동자좌상 [平昌 上院寺 木造文殊童子坐像]

강원 평창군 진부면 오대산로 1211 상원사

상원사의 문수동자상은 예배의 대상으로서 만들어진 국내 유일의 동자상이다. 고개는 약간 숙인 상태이며 신체는 균형이 잡혀 있다. 머리는 양쪽으로 묶어 올린 동자 머리를 하고 있으며, 얼굴은 볼을 도톰하게 하여 어린아이 같은 천진스러움을 잘 나타내주고 있다.

최근에 이 동자상 안에서 발견된 유물에 '조선 세조의 둘째 딸 의숙공주 부부가 세조 12년(1466)에 이 문수동자상을 만들어 모셨다'는 내용이 적혀 있어, 작품이 만들어진 시대와 유래가 확실하다는 점에서 조선 전기 불상 연구에 귀중한 자료가 되고 있다.

백자 청화 매죽문 유개입호 [白磁 靑畵 梅竹文 有蓋立壺]
서울 관악구 남부순환로152길 호림박물관

조선 전기에 만들어진 뚜껑이 있는 청화백자 항아리로 높이 29.2cm, 아가리지름 10.7cm, 밑지름 14cm이다. 항아리의 어깨와 몸통 아랫부분에는 간략화된 연꽃무늬 띠가 둘려 있다. 주된 문양은 백자의 면 중앙에 새겼는데, 한 그루의 매화나무 등걸과 대나무를 적절한 농담의 표현으로 그렸다.

이 항아리의 특징은 문양들을 과감하게 간략화시키면서 공간의 여백을 살려 주된 문양을 표현한 점이다. 형태와 문양으로 볼 때 국가에서 관리하는 가마에서 만든 것으로 추측된다.

국보 제223호 **경복궁 근정전 [景福宮 勤政殿]**
서울 종로구 사직로 161 경복궁

경복궁 근정전
월대의 석물

경복궁 근정전은 조선시대 법궁인 경복궁의 중심 건물로, 태조 4년(1395)에 지었으며, 정종과 세종을 비롯한 조선 전기의 여러 왕이 이곳에서 즉위식을 하기도 하였다. 지금 있는 건물은 임진왜란 때 불탄 것을 고종 4년(1867) 다시 지은 것이다. 정면 5칸, 측면 5칸 크기의 2층 건물로 지붕은 팔작지붕, 공포는 다포 양식이다. 건물의 기단인 월대의 귀퉁이나 계단 주위 난간 기둥에 훌륭한 솜씨로 12지신상을 비롯한 동물상들을 조각해 놓았다.

근정전은 조선 후기 고종 때 중건한 왕궁의 위엄을 갖춘 웅장한 궁궐 건축이다.

국보 제224호 경복궁 경회루 [景福宮 慶會樓]
서울 종로구 사직로 161 경복궁

경복궁 근정전 서북쪽 연못 안에 세운 경회루는, 나라에 경사가 있거나 사신이 왔을 때 연회를 베풀던 곳이다. 임진왜란으로 불에 타 돌기둥만 남은 상태로 유지되어 오다가 270여 년이 지난 고종 4년(1867) 경복궁을 다시 지으면서 경회루도 다시 지었다. 정면 7칸, 측면 5칸의 2층 건물로, 지붕은 팔작지붕, 공포는 누각 건물에서 많이 보이는 간결한 형태로 꾸몄다.

경회루는 우리나라에서 단일 평면으로는 규모가 가장 큰 누각으로, 간결하면서도 호화롭게 장식한 조선 후기 누각 건축물이다.

국보 제225호 창덕궁 인정전 [昌德宮 仁政殿]
서울 종로구 율곡로 99 창덕궁

인정전은 창덕궁의 정전이며, 법전의 역할을 했다. 법전은 왕의 즉위식을 비롯하여 결혼식, 세자책봉식 그리고 문무백관의 하례식 등 공식적인 국가 행사가 치뤄지는 중요한 건물이다. 광해군 때 중건된 이후 순조 3년(1803)에 일어난 화재로 인한 재건, 그리고 철종 8년(1857)에 보수 공사 이후 지금에 이르고 있다. 구한말 외국과의 수교 후 다양한 외래 문물이 들어오고, 1907년 순종이 덕수궁에서 창덕궁으로 이어한 후에 인정전의 실내 바닥이 전돌에서 마루로 바뀌고, 전구가 설치되는 등 부분적인 변화가 일어났다.

국보 제226호 창경궁 명정전 [昌慶宮 明政殿]
서울 종로구 창경궁로 185 창경궁

명정전은 창경궁의 정전으로 신하들이 임금에게 새해 인사를 드리거나 국가의 큰 행사를 치르던 장소로 사용하였으며, 외국 사신을 맞이하던 장소로도 이용하였다. 조선 성종 15년(1484)에 지었는데, 임진왜란 때 불에 탄 것을 광해군 8년(1616) 다시 지었다. 정면 5칸, 측면 3칸 규모의 1층 건물로, 지붕은 팔작지붕, 공포는 다포 양식이다. 명정전은 임진왜란 이후에 다시 지은 건물이지만, 조선 전기 건축 양식의 특징을 잘 계승하고 있는 건물이다.

일본 강점기에 창경원으로 격하된 것을 1983년부터 복원하고 창경궁으로 환원하였다.

국보 제227호 종묘 정전 [宗廟 正殿]
서울 종로구 종로 157 종묘

　종묘는 조선왕조 역대 임금의 신위를 모신 곳으로, 현재 정전에는 서쪽 제1실에서부터 19분 왕과 왕비의 신주를 각 칸을 1실로 하여 모두 19개의 방에 모시고 있다. 이 건물은 칸마다 아무런 장식을 하지 않은 매우 단순한 구조이지만, 19칸이 옆으로 길게 이어져 우리나라 단일 건물로는 가장 긴 건물이다. 홑처마에 지붕은 맞배지붕이다. 종묘 정전은 선왕에게 제사 지내는 최고의 격식과 검소함을 건축 공간으로 구현한, 조선시대 건축가들의 뛰어난 공간 창조 예술성을 찾아볼 수 있는 건물이다.

국보 제228호 천상열차분야지도 각석 [天象列次分野之圖 刻石]
서울 종로구 효자로 12 국립고궁박물관

별자리 (부분)

　직육면체의 돌에 천체의 형상을 새겨 놓은 것으로, 조선을 건국한 태조 이성계가 왕조의 권위를 드러내고자 권근, 유방택 등 11명의 천문학자에게 명을 내려 만들도록 한 것이다. 고구려의 천문도를 표본으로 삼아 그 오차를 고쳐 완성하였다. 내용은 두 부분으로 윗부분에는 짧은 설명과 함께 별자리 그림이 새겨져 있고, 아랫부분에는 천문도의 이름, 작성 배경과 과정, 만든 사람의 이름 및 만든 때가 적혀 있다.

　태조 4년(1395)에 제작된 이 석각천문도는 중국 남송의 순우천문도에 이어 세계에서 두 번째로 오래된 것이다.

물시계는 물의 증가량 또는 감소량으로 시간을 측정하는 장치로서, 삼국시대부터 나라의 표준 시계로 사용하였다. 조선 세종 16년 (1434) 장영실에 의해 정해진 시간에 종과 징·북이 저절로 울리도록 한 물시계가 처음 제작되었으나, 오래 사용되지는 못하였고, 중종 31년(1536)에 다시 제작한 자격루 일부가 현재 남아 있다. 청동으로 된 큰 물그릇은 지름 93.5cm, 높이 70.0cm이며, 작은 물그릇은 지름 46.0cm, 높이 40.5cm이다. 작은 물그릇이 놓였던 돌 받침대는 지금 창경궁 명정전 뒤에 2개가 남아 있다.

국보 제230호 **혼천의 및 혼천시계 [渾天儀 및 渾天時計]**
서울 성북구 안암로 145 고려대학교박물관

조선 현종 10년(1669) 천문학 교수였던 송이영이 만든 천문시계로, 홍문관에 설치하여 시간 측정과 천문학 교습용으로 쓰였던 것이다. 조선시대에 만든 천문시계 중에서 유일하게 남아있는 유물로, 조선시대의 전통적인 모델이었던 물레바퀴의 원리를 동력으로 삼은 시계 장치와 서양식 기계 시계인 자명종의 원리를 조화시켜 전혀 새로운 천문시계의 모델을 만들어냈다는 점에서, 세계 시계 제작기술의 역사상 독창적인 천문시계로 높이 평가되고 있다.

국보 제231호 전 영암 용범 일괄 [傳 靈巖 鎔范 一括]
서울 동작구 상도로 369 숭실대학교 한국기독교박물관

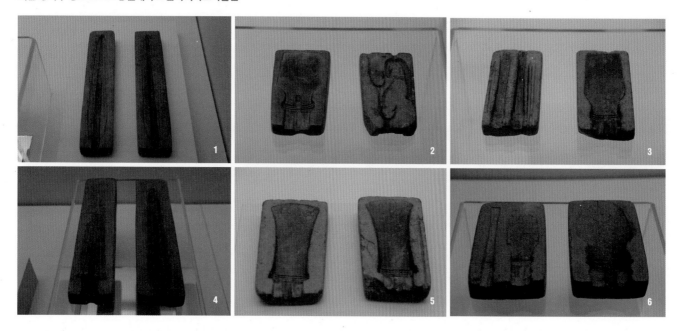

용범은 동으로 된 도구를 만들기 위해 필요한 틀로서 거푸집, 주형이라고 한다. 우리나라에서는 돌로 된 거푸집이 주로 사용되었다. 숭실대학교에 소장되어 있는 이 거푸집은 활석으로 만든 것으로 광복 후 전라남도 영암군에서 발굴된 것으로 전해지고 있다.

용범은 모두 8종류로 세형동검 용범 일조, 세형동검·동과 용범 일조, 동부·동착 용범 일조, 동부·낚시바늘 용범, 동부 용범, 동부·동착 용범, 동모·동검 용범, 동사·동검 용범이다.

전 영암 용범 일괄
1 세형동검 용범   2 동부, 낚시바늘 용범   3 동착, 동부 용범
4 동과, 세형동검 용범   5 동부 용범   6 동착, 동부 용범

국보 제232호 이화 개국공신록권[복제본] [李和 開國功臣錄券]
전북 정읍시 [개인 소장]

이 문서는 조선 태조 1년(1392)에 조선 개국에 공을 세운 이화에게 내린 녹권이다. 이성계의 아버지 환조[桓祖]는 서자 2명이 있었는데 그 중 둘째 아들이 바로 이화이다.

크기는 세로 35.3㎝의 닥나무종이 9장을 붙여 전체 길이가 604.9㎝에 이르며, 장정의 형태는 권자장이다.

내용은 녹권을 받는 사람의 성명에 이어 공신들의 공신 사례, 공신 및 그 부모, 처자 등에 대한 표상과 특전이 묵서로 기록되어 있다. 녹권의 첫머리와 접지 부분에 '이조지인'이라는 도장을 찍었다. 이 문서는 조선왕조에서 처음으로 발급된 녹권이며, 개국공신녹권으로는 최초로 발견된 것으로, 조선 태조의 건국이유와 그 주역들의 공적을 파악하는데 귀중한 자료이다.

국보 제233-1호 산청 석남암사지 석조비로자나불좌상 [山清 石南巖寺址 石造毘盧遮那佛坐像]
경남 산청군 삼장면 대하내원로 256 내원사

마멸이 심해 세부표현은 명확하지 않고, 머리 위에 있는 육계는 높고 큼직한 편이나 약간 파손되었다. 수인은 왼손 검지를 오른손으로 감싸 쥐고 있는 모습의 지권인이다. 불상 대좌의 상대와 하대에는 연꽃무늬를 새겼다. 광배에는 연꽃무늬와 불꽃무늬가 새겨져 있는데, 손상이 심하다.

대좌의 기록에는 신라 혜공왕 2년(766)에 비로자나불상을 조성하여 석남암사에 모신다는 내용이 있다. 이는 비로자나불상의 전래 시기를 9세기 중엽에서 8세기 중엽으로 끌어 올린 가장 빠른 조성의 예이다.

2016년 1월 7일 국보로 승격되었다.

국보 제233-2호 산청 석남암사지 석조비로자나불좌상 납석사리호 [山清 石南巖寺址 石造毘盧遮那佛坐像 蠟石舍利壺]
부산 남구 유엔평화로 63 부산시립박물관

경남 지리산 암자터에서 불상이 없는 대좌의 가운데 받침돌 안에서 발견된 통일신라 때의 납석으로 만들어진 항아리이다. 총 높이 14.5cm, 병 높이 12cm, 아가리지름 9cm, 밑지름 8cm이다. 항아리 표면에는 15행으로 돌아가며 비로자나불의 조성 기록과 함께 영태 2년〈신라 혜공왕 2년(766)〉이라는 기록이 남아있어, 신라 비로자나불 좌상의 제작 연대를 8세기로 끌어올렸다. 새겨진 글자는 크기가 일정하지 않고 불규칙하여 판독이 애매한 곳도 있으나, 죽은 자의 혼령을 위로하고 중생을 구제하길 바라는 글로 되어 있다.

국보 제234호 감지 은니 묘법연화경 [紺紙 銀泥 妙法蓮華經]

서울 용산구 이태원로55길 삼성미술관 리움

이 책은 후진의 구마라습[鳩摩羅什]이 번역한 것을 고려 충숙왕 17년(1330)에 이신기가 옮겨 쓴 것이다. 장정은 절첩장이며, 접었을 때의 크기는 세로 28.3cm, 가로 10.1cm이다. 표지에는 제목이 금색 글씨로 쓰여 있고, 주위에 4개의 화려한 꽃무늬가 금·은색으로 그려져 있다. 본문은 검푸른 색 종이 위에 은색 글씨로 썼으며, 곳곳에 손상을 입은 흔적이 보이기는 하지만 전반적으로 보존 상태가 양호하다.

7권의 끝부분에 나오는 기록을 통해 이신기가 살아 계신 아버지의 장수와 돌아가신 어머니의 명복을 빌기 위해 만들었다는 것을 알 수 있다.

국보 제236호 경주 장항리 서 오층석탑 [慶州 獐項里 西 五層石塔]

경북 경주시 양북면 장항리 1083

경주 장항리 서 오층석탑
초층 몸돌의 문비와 인왕상

서탑은 2단의 기단 위에 5층의 탑신을 갖추고 있는 모습이다. 기단부는 비교적 넓게 만들어져 안정감이 있으며, 각 면에 기둥을 모각하였다. 탑신부는 몸돌과 지붕돌이 각각 하나의 돌로 이루어져 있으며, 옥개받침은 5단으로 조성하였다. 상륜부는 노반만 남아 있다. 탑의 1층 몸돌 각 면에 한 쌍의 인왕상을 정교하게 조각해 놓은 것이 특이한데, 이러한 현상은 8세기 전반기에 처음 나타나는 것으로 이 탑의 독특한 특징이다. 전체 비례가 아름답고 조각수법도 우수한 8세기의 걸작품으로 평가되고 있다.

국보 제239호 송시열 초상 [宋時烈 肖像]
서울 용산구 서빙고로 137 국립중앙박물관

조선 중기 유학자인 우암 송시열(1607 ~1689) 선생의 초상화이다. 이 초상화는 가로 56.5cm, 세로 97cm로 비단 바탕에 채색하여 그린 반신상이다. 머리에는 검은색 건을 쓰고 유학자들이 평상시에 입는 옷인 창의를 걸치고 오른쪽을 바라보고 있다. 이 그림 오른쪽에는 그가 45세 때 쓴 글이 있고, 위쪽에는 정조가 쓴 칭찬의 글인 찬문이 남아있다.

화공의 솜씨가 뛰어나며 명암을 전혀 사용하지 않고 표현한 강한 눈매와 숱 많은 눈썹, 붉은 입술 등에서 그의 성품이 보이며 옷의 흑과 백의 대조는 유학자로서의 기품을 더해주고 있다.

국보 제240호 윤두서 자화상 [尹斗緒 自畵像]
전남 해남군 해남읍 연동리 82

윤두서의 자화상으로 크기는 가로 20.5 cm, 세로 38.5cm이다. 윤두서(1668~1715)는 고산 윤선도의 증손자이자 정약용의 외증조로 조선 후기 문인이며 화가이다. 종이에 옅게 채색하여 그린 이 그림은 화폭 전체에 얼굴만이 그려지고 몸은 생략된 형태로 시선은 정면을 바라보고 있다. 윗부분을 생략한 탕건을 쓰고 눈은 마치 자신과 대결하듯 앞면을 보고 있으며 두툼한 입술에 수염은 터럭 한 올 한 올까지 섬세하게 표현하였다. 윤두서의 자화상은 표현 형식이나 기법에서 특이한 양식을 보이는 뛰어난 작품으로 평가된다.

울진 봉평리 신라비 [蔚珍 鳳坪里 新羅碑]
경북 울진군 죽변면 봉평리 521

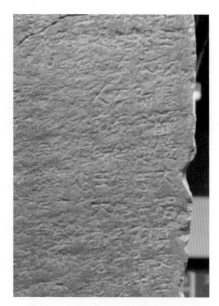

 삼국시대 신라의 비석으로, 오랜 세월 동안 땅속에 묻혀 있어 마멸이 심하여 판독이 어렵고, 전형적인 한문이 아니라 신라식의 독특한
한문체를 사용하여 파악이 어렵다. 비의 개략적 내용은 울진 지방이 신라의 영토로 들어감에 따라 주민들의 항쟁이 일어나자, 신라에서
는 육부회의를 열고 대인을 보내어 벌을 주고, 다시 대항하지 않게 하도록 비를 세웠다는 내용이다.

 법흥왕 11년(524)에 세워진 것으로 추정되며 신라 사회 전반에 걸치는 여러 면을 새롭게 검토해 볼 수 있는 중요한 역사적 자료이다.

초조본 현양성교론 권11 [初雕本 顯揚聖敎論 卷十一]
서울 용산구 이태원로55길 삼성미술관 리움

 인도 무착보살이 지은 글을 당나라 현장이 번역하여 천자문의 순서대로 20권을 수록한 책으로, 고려대장경 가운데 처음 만든 본의 하
나이다. '현양성교론'은 줄여서 '현양론' 또는 '광포중의론'이라고도 하는데 법상종의 논[論] 가운데 하나로 '유가사지론'에서 중요한 내
용을 드러내기 위해 쓰인 것이다. 권11은 그 가운데 척[尺]자의 함에 들어 있는 것이 전래한 것으로, 가로 46.5㎝, 세로 28.6㎝ 종이를 이
어 붙였으며, 종이질은 닥나무종이이다. 처음 새겨진 이 본은 11세기에 간행하여 인출된 것이다.

국보 제244호 초조본 유가사지론 권17 [初雕本 瑜伽師地論 卷十七]
경기 용인시 처인구 명지로 명지대학교박물관

유가사지론은 인도의 미륵보살이 지은 글을 당나라의 현장 (602~664)이 번역하여 천자문의 순서대로 100권을 수록한 것으로, 11세기에 간행한 초조대장경 가운데 하나이다. 이 가운데 권17은 습[習]자의 함에 들어있는 것으로, 종이질은 닥나무종이이며, 가로 45cm, 세로 28.5cm 종이를 27장 이어 붙여 제작하였다. 처음 새긴 본으로 현양성교론 권11(국보 제243호)과 같이 11세기에 새겨 인출[印出]한 것으로 보인다.

판각기술은 처음 새긴 이 본이 다시 새긴 본보다 나은 편이며, 지금까지 전해지는 초조대장경 가운데 보존 상태가 좋은 것에 속한다.

국보 제245호 초조본 신찬일체경원품차록 권20 [初雕本 新纘一切經源品次綠 卷二十]
서울 용산구 서빙고로 137 국립중앙박물관

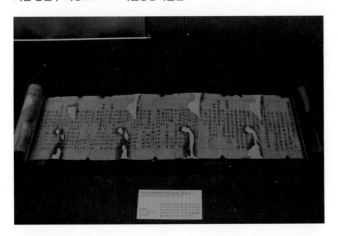

일체경원품차록은 당나라 종범이 『정원석교대장록』에 따라 여러 경권[經卷]을 대조하여 정리하고, 경명[經名], 번역한 사람, 총 지면수와 권질 그리고 각 경의 차례를 권별로 시작하는 본문에 이어 종이수, 행수를 자세히 차례대로 적어 30권으로 편입시킨 것이다.

이 유물은 그 가운데 권20에 해당한다. 초조본에서만 볼 수 있는 매우 귀중한 자료이다.

국보 제246호 초조본 대보적경 권59 [初雕本 大寶積經 卷五十九]
서울 용산구 서빙고로 137 국립중앙박물관

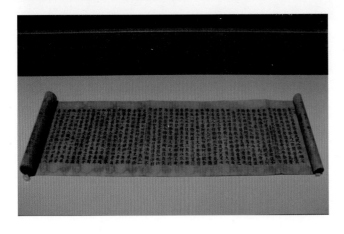

이 책은 고려 현종 때 부처님의 힘으로 거란의 침입을 극복하고자 만든 초조대장경 가운데 하나로, 당나라 보리유지[菩提流志] 등 17인이 번역한 120권 가운데 권59이다. 닥종이에 찍은 목판본으로 세로 30cm, 가로 47cm의 종이를 23장 이어붙여 권자장 형태로 장정하였다.

이 책도 장수를 표시하는데 있어 '장[丈]'자를 사용하며, '경 [竟]'자의 마지막 한 획이 생략되는 등 초조대장경의 특징이 나타나고 종이질과 인쇄 상태로 볼 때 11세기경에 찍어낸 것으로 추정된다.

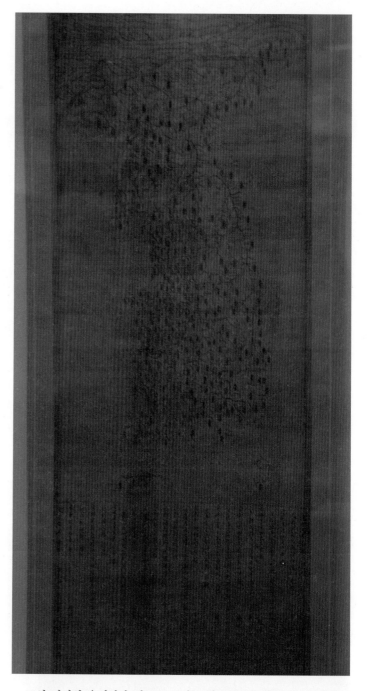

1974년 충청남도 공주시 의당면 송정리의 한 절터에서 출토된 보살상으로, 높이는 25cm이며, 현재 국립공주박물관에 소장되어 있다. 머리에는 삼면보관을 쓰고 있는데, 가운데에 작은 부처가 표현되어 있어 관음보살을 형상화한 것임을 알 수 있다. 튀어나온 부분의 도금이 일부 벗겨졌을 뿐 금색이 우수하고 출토된 곳이 확실한 보살상으로 안정된 표현 기법과 배꼽 부분에서 교차된 구슬 장식, 둥근 연꽃무늬 대좌 양식 등에서 7세기 백제 때의 작품으로 추정된다.

조선 전기의 우리나라 지도로 크기는 가로 61cm, 세로 132cm이다. 3단 형식으로 되어 있는데, 맨 윗부분은 '조선방역지도'라는 제목을, 중간 부분에는 지도가, 맨 아랫 부분에는 지도 제작에 관련된 사람들의 관직·성명 등이 기록되어 있다. 지도의 형태는 북쪽으로는 만주지역과 남쪽으로는 제주도, 대마도까지 표시하였다. 동쪽의 울릉도의 모습은 보이지 않으나 만주와 대마도를 우리 영토로 표기한 것에서 조선 전기 영토 의식을 엿볼 수 있다. 이 지도는 명종 12년(1557)~명종 13년(1558)경에 제작된 것으로 추정된다.

서울 성북구 안암로 145 고려대학교박물관 / 부산 서구 부민동2가 동아대학교 석당박물관

동궐도 복제본
고려대학교 박물관 소장
[고려대학교 박물관 촬영]

동궐도 복제본
동아대학교 박물관 소장
[국립중앙박물관 촬영]

　창덕궁과 창경궁을 그린 것으로 동궐도[東闕圖]라는 제목이 붙어있는 궁궐그림 2점이다. 크기는 가로 576㎝, 세로 273㎝로 16첩 병풍으로 꾸며져 있다. 오른쪽 위에서 비껴 내려 보는 시각으로 산과 언덕에 둘러싸인 두 궁의 전각과 다리, 담장은 물론 연꽃과 괴석 등 조경까지 실제와 같은 모습으로 선명하고 세밀하게 묘사하고 있다.

　이 그림은 회화적 가치보다는 궁궐 건물 연구에 더 큰 의미를 지닌다. 순조 30년(1830) 이전에 도화서 화원들이 그린 것으로 추정된다.

국보 제253호 청자 양각 연화당초상감모란문 은구발 [靑磁 陽刻 蓮花唐草象嵌牡丹文 銀釦鉢]
서울 용산구 서빙고로 137 국립중앙박물관

　고려시대에 만든 청자대접으로 아가리 언저리에 은테두리가 있으며, 크기는 높이 7.7㎝, 아가리지름 18.7㎝, 밑지름 6.3㎝이다. 안쪽 면에는 연꽃 덩굴무늬를 도드라지게 찍고, 바깥 면에는 모란을 간략하게 상감하여 서로 다른 기법으로 내·외면에 문양을 장식하는 방식을 취했다. 이 대접은 안쪽과 바깥 면에 서로 다른 기법으로 새기는 방식을 보여 주고 있는데, 이것은 상감청자가 본격적으로 유행하기 전에 한 면에만 상감기법을 사용한 순청자 양식과 상감청자와의 혼합양식을 보여주는 유일한 유물로 가치가 있다.

국보 제256호 초조본 대방광불화엄경 주본 권1 [初雕本 大方廣佛華嚴經 周本 卷一]
경기 용인시 기흥구 상갈로 6 경기도박물관

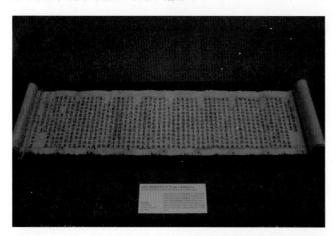

　고려 현종 때 부처님의 힘으로 거란의 침입을 극복하고자 만든 초조대장경 가운데 하나로, 당나라의 실차난타[實叉難陀]가 번역한 '화엄경'주본 80권 중 권 제1이다. 닥종이에 찍은 목판본으로 전체 크기는 세로 28.5㎝, 가로 1223.5㎝이다. 이 책에서도 '경[敬]'자의 한 획이 빠져있는 점, 각 장의 글자수가 23행 14자로 해인사대장경의 24행 17자와 다른 점, 책의 장수 표시로 '장[丈]'자를 쓰고 있는 점, 간행기록이 없는 점 등을 통해서 초조대장경의 특징을 살필 수 있다. 11세기경에 찍어낸 것이다.

국보 제257호 초조본 대방광불화엄경 주본 권29 [初雕本 大方廣佛華嚴經 周本 卷二十九]
서울 서초구 바우뫼로7길 111 관문사

　고려 현종 때 부처님의 힘으로 거란의 침입을 극복하고자 만든 초조대장경 가운데 하나로, 당나라 실차난타[實叉難陀]가 번역한 '화엄경' 주본 80권 중 권 제29이다. 닥종이에 찍은 목판본으로 전체 크기는 세로 28.5㎝, 가로 891㎝이다. 이 책도 장수를 '장[丈]'자로 표시하고 있는 점, 간행기록이 없는 점, 글자 수가 23행 14자인 점, '경[亮]'자에 한 획이 빠진 점 등으로 미루어 볼 때 초조대장경 판본임을 알 수 있다. 11세기경에 찍어낸 것이다.

국보 제259호 분청사기 상감 운용문 입호 [粉靑沙器 象嵌 雲龍文 立壺]
서울 용산구 서빙고로 137 국립중앙박물관

조선시대 만들어진 분청사기 항아리로 크기는 높이 49.7cm, 아가리지름 15cm, 밑지름 21.2cm로 기벽이 두껍고 묵직하다. 도장을 찍듯 반복해서 무늬를 새긴 인화기법과 상감기법을 이용해서 목둘레를 국화무늬로 새겼으며, 몸통에는 세 군데에 덩굴무늬 띠를 둘러 크게 세 부분으로 나누고 있다. 위쪽 부분은 다시 꽃무늬 모양의 굵은 선을 둘러 구획을 나누고 위, 아래로 국화무늬와 파도무늬를 꽉 차게 찍어 놓았다. 몸통 가운데에는 네 발 달린 용과 구름을 활달하게 표현하였다. 15세기 전반 분청사기 항아리의 전형이다.

국보 제260호 분청사기 박지 철채모란문 편병 [粉靑沙器 剝地 鐵彩牡丹文 扁瓶]
서울 용산구 서빙고로 137 국립중앙박물관

조선시대 만들어진 분청사기 병으로 야외에서 술, 물을 담을 때 사용하던 용기이다. 자라와 비슷한 모양을 하고 있어 자라병이라 불리며, 크기는 높이 9.4cm, 지름 24.1cm이다. 병 전체를 백토로 두껍게 바르고, 윗면에는 모란꽃과 잎을 간략하게 나타냈다. 무늬가 새겨진 곳 이외의 백토 면을 깎아낸 후, 검은색 안료를 칠하여 흑백의 대조가 대비되는 효과를 가져오게 하였다. 이와 같은 무늬 장식기법을 박지기법이라 하는데, 분청사기 무늬 중 조형적으로 가장 뛰어나다.

국보 제264호 포항 냉수리 신라비 [浦項 冷水里 新羅碑]
경북 포항시 북구 신광면 토성리 342-1

1989년 마을주민이 밭갈이를 하던 중 발견하였다. 비문은 앞면과 뒷면, 그리고 윗면의 3면에 글자를 새겼는데, 눈으로 읽을 수 있을 정도로 보존 상태가 좋다. 글자는 총 231자이고 서체는 해서체로 보이나, 예서체의 기풍이 많이 남아 있다. 비문은 절거리[節居利]라는 인물의 재산 소유와 유산 상속 문제를 결정한 사실을 기록해 놓은 것으로, 공문서의 성격을 띠고 있다. 내용 중 '계미[癸未]'라는 간지와 '지증왕'등의 칭호가 나오고 있어 신라 지증왕 4년(503)에 건립된 것으로 보인다.

국보 제265호 초조본 대방광불화엄경 주본 권13 [初雕本 大方廣佛華嚴經 周本 卷十三]
서울 종로구

당나라 실차난타[實叉難陀]가 번역한 '화엄경' 주본 80권 중 권13에 해당하며, 고려 현종 때 부처님의 힘으로 거란의 침입을 극복하고자 만든 초조대장경 가운데 하나이다.

닥종이에 찍은 목판본으로 세로 28.5cm, 가로 46.3cm 크기가 24장 연결되어 있다. 이 책의 경우에도 한 행의 글자 수가 14자로 해인사 대장경의 17자와 구분되고 '경[竟]'자의 마지막 한 획을 생략하고 있다. 초조대장경이 만들어진 11세기에서 12세기 사이에 간행된 것으로 보인다.

국보 제266호 초조본 대방광불화엄경 주본 권2, 75 [初雕本 大方廣佛華嚴經 周本 卷二, 七十五]
서울 관악구 남부순환로152길 53 호림박물관

당나라 실차난타[實叉難陀]가 번역한 '화엄경' 주본 80권 가운데 권2, 권75에 해당한다. 닥종이에 찍은 목판본으로 두루마리처럼 만들었는데, 크기는 권2가 세로 28.7cm, 가로 46.5cm, 권75가 세로 29.8cm, 가로 46.1cm의 인쇄물을 이어 붙인 것이다. 본문 중 '경[敬]'자와 '경[竟]'자에 한 획이 빠져있는 점으로 보아 송나라 때 만들어진 판본을 바탕으로 새긴 것으로 보인다. 간행 기록이 없어 정확한 시기는 알 수 없지만 고려 초기 대장경 가운데 하나이며, 12세기경에 찍어낸 것으로 보인다.

초조본 대방광불화엄경 주본 권75

국보 제267호 초조본 아비달마식신족론 권12 [初雕本 阿毗達磨識身足論 卷十二]
서울 관악구 남부순환로152길 53 호림박물관

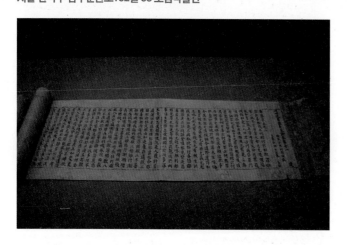

고려 현종 때 부처님의 힘으로 거란의 침입을 극복하고자 만든 초조대장경 가운데 하나로, 당나라의 현장이 번역한 아비달마식신족론 16권 중 권12이다. 닥종이에 찍은 목판본으로 세로 29.5cm, 가로 46.5cm 크기를 26장 이어 붙였다. 이 책에서는 약자는 보이지 않지만, 간행 기록이 없는 점, 글자 수가 23행 14자로 해인사본의 24행 14자와 다른 점, 책의 장수를 표시하는 데 있어 '장[丈]'자를 쓰고 있는 점 등에서 초조대장경의 특징을 확인할 수 있다. 인쇄상태와 종이의 질 등을 고려해 볼 때 12세기경에 찍어낸 것으로 추정된다.

국보 제268호 초조본 아비담비바사론 권11, 17 [初雕本 阿毗曇毗婆沙論 卷十一, 十七]
서울 관악구 남부순환로152길 53 호림박물관

초조본 아비담비파사론 권11

이 책은 고려 현종 때 부처님의 힘으로 거란의 침입을 극복하고자 만든 초조대장경 가운데 하나로, 북량의 부타발마[浮陀跋摩]와 도태[道泰]가 공동으로 번역한 60권 가운데 권11과 17이다. 닥종이에 찍은 목판본으로 종이를 길게 이어붙여 두루마리처럼 말아서 보관할 수 있게 되어 있다. 권11은 세로 28.9cm, 가로 47.8cm의 종이를 46장 이어붙였고, 권17은 세로 29.7cm, 가로 47.4cm의 종이를 37장 이어붙였다. 인쇄상태와 종이의 질 등을 고려해 볼 때 12세기경에 찍어낸 것으로 추정된다.

국보 제269호 초조본 불설최상근본대락금강부공삼매대교왕경 권6 [初雕本 佛說最上根本大樂金剛不空三昧大敎王經 卷六]
서울 관악구 남부순환로152길 53 호림박물관

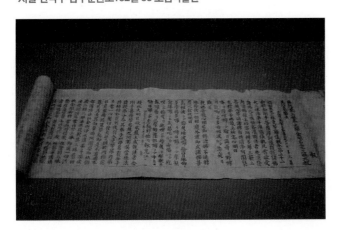

이 책은 송나라의 법현[法賢]이 번역한 7권 중 권6에 해당한다. 고려 현종 때 부처님의 힘으로 거란의 침입을 극복하고자 만든 초조대장경 가운데 하나이다. 닥종이에 찍은 목판본으로 두루마리처럼 말아서 보관할 수 있게 되어 있으며, 세로 29.8cm, 가로 47.1cm 크기를 24장 연결하였다. 이 책도 장수의 표시를 '장[丈]'자로 하고 있는 점, 간행 기록이 없는 점, 글자 수가 23행 14자인 점 등으로 보아 12세기에 만들어진 초조대장경 본임을 알 수 있다.

국보 제270호 청자 모자원형 연적 [靑磁 母子猿形 硯滴]
서울 성북구 성북로 102-11 간송미술관

고려시대 만들어진 원숭이 모양의 청자 연적으로, 크기는 높이 9.8cm, 몸통 지름 6.0cm이다. 어미 원숭이 머리 위에는 지름 1.0cm 정도의 물을 넣는 구멍이, 새끼의 머리 위에는 지름 0.3cm인 물을 벼루에 따라내는 구멍이 각각 뚫려 있어 연적임을 알 수 있다. 1146년에 제작된 청자과형화병, 청자합과 유약 색이 동일하여 12세기 전반경에 제작된 것으로 추정된다. 고려청자 연적 중 원숭이 모양의 연적은 드물며 더욱이 모자[母子] 모양으로서는 유일한 예이다.

국보 제271호 초조본 현양성교론 권12 [初雕本 顯揚聖教論 卷十二]
서울 용산구 서빙고로 137 국립중앙박물관

인도 무착보살이 지은 글을 당나라 현장이 번역하여 천자문의 순서대로 20권을 수록한 책으로, 고려대장경 가운데 처음 만든 본의 하나이다. 20권 가운데 권12이며, 전체 11품 가운데 섭정의품[攝淨義品] 여덟 가지 중 2로 후반부에 해당하며, 처음 새긴 본이다. 크기는 가로 45.8㎝, 세로 28.6㎝이고, 종이질은 닥나무 종이다. 이 판본은 간행할 당시의 표지, 권을 그대로 지니고 있는데 종이질과 인쇄상태 등을 살펴보면 11세기에 간행된 초조대장경으로 추정된다.

국보 제272호 초조본 유가사지론 권32 [初雕本 瑜伽師地論 卷三十二]
서울 용산구 서빙고로 137 국립중앙박물관

유가사지론은 인도의 미륵보살이 지은 글을 당나라의 현장(602~664)이 번역하여 천자문의 순서대로 100권을 수록한 것으로, 11세기에 간행한 초조대장경 가운데 하나이다. 이것은 100권 가운데 권32로, 처음 새긴 본이다. 종이는 닥나무 종이이며 크기가 가로 44.8㎝, 세로 28.8㎝ 인쇄물을 이어 붙인 것이다. 이 판본은 해인사에서 보관하고 있는 재조대장경 판본과 비교해 보면 판수제와 권, 장, 함차 표시의 위치가 다른 점 등으로 미루어 보아 초조대장경 판본임을 알 수 있다.

국보 제273호 초조본 유가사지론 권15 [初雕本 瑜伽師地論 卷十五]
서울 용산구 서빙고로 137 국립중앙박물관

유가사지론은 인도의 미륵보살이 지은 글을 당나라의 현장(602~664)이 번역하여 천자문의 순서대로 100권을 수록한 것으로, 11세기에 간행한 초조대장경 가운데 하나이다. 이것은 100권 가운데 권15로, 처음 새긴 본이다. 종이는 닥나무 종이이며 가로 47.6㎝, 세로 28.6㎝ 인쇄물을 이어 붙인 것이다. 이 판본은 해인사에서 보관하고 있는 재조대장경 판본과 비교해보면 판수제와 권, 장, 함차 표시의 위치에 차이가 있는 점 등으로 미루어 보아 초조대장경 판본임을 알 수 있다.

국보 제275호 도기 기마인물형 각배 [陶器 騎馬人物形 角杯]

경북 경주시 일정로 186 국립경주박물관

　삼국시대 만들어진 것으로 생각되는 말을 타고 있는 사람의 모습을 한 높이 23.2㎝, 폭 14.7㎝, 밑지름 9.2㎝의 인물형 토기이다. 나팔모양의 받침 위에 직사각형의 편평한 판을 설치하고, 그 위에 말을 탄 무사를 올려놓았다. 받침은 가야의 굽다리 접시(고배)와 같은 형태로, 두 줄로 구멍이 뚫려 있다. 받침의 네 모서리에는 손으로 빚어 깎아낸 말 다리가 있다. 아직까지 실물이 전하지 않는 방패를 사실적으로 표현하고 있어 주목된다. 이 기마인물형 토기는 가야의 마구와 무기의 연구에 귀중한 자료로 평가된다.

국보 제276호 초조본 유가사지론 권53 [初雕本 瑜伽師地論 卷五十三]

인천 연수구 청량로102번길 가천박물관

　'유가사지론'은 인도의 미륵보살이 지은 글을 당나라의 현장(602~664)이 번역하여 천자문의 순서대로 100권을 수록한 것으로, 11세기에 간행한 초조대장경 가운데 하나이다. 이 본은 100권 가운데 권53으로, 처음 새긴 본이다. 종이질은 닥나무종이 이며 가로 48㎝, 세로 28.4㎝ 인쇄물을 이어 붙인 것이다. 이 판본은 해인사에서 보관하고 있는 재조대장경 판본과 비교해보면 판수제와 권, 장, 함차 표시의 위치에 차이가 있는 점 등으로 미루어 보아 초조대장경 판본임을 알 수 있다.

국보 제277호 초조본 대방광불화엄경 주본 권36 [初雕本 大方廣佛華嚴經 周本 卷三十六]
강원 원주시 지정면 월송리 한솔제지박물관

　이 책은 고려 현종 때 부처님의 힘으로 거란의 침입을 극복하고자 만든 초조대장경 가운데 하나로, 당나라 실차난타가 번역한 화엄경 주본 80권 중에 권36이다. 닥종이에 찍은 목판본으로 종이를 길게 이어붙인 권자장이며, 세로 28.5cm, 가로 891cm이다. 재조대장경인 해인사판이 책의 장수를 장[張]으로 통일되어 있지만 이 책은 장수를 장[丈]으로 표시하고 있는 점, 글자 수가 23행 14자로 해인사 대장경의 24행 17자 다른 점, 경[敬]자에 한 획이 빠진 점 등으로 볼 때 초조대장경 판본임을 알 수 있다.

국보 제279호 초조본 대방광불화엄경 주본 권74 [初雕本 大方廣佛華嚴經 周本 卷七十四]
서울 서초구 바우뫼로7길 111 관문사

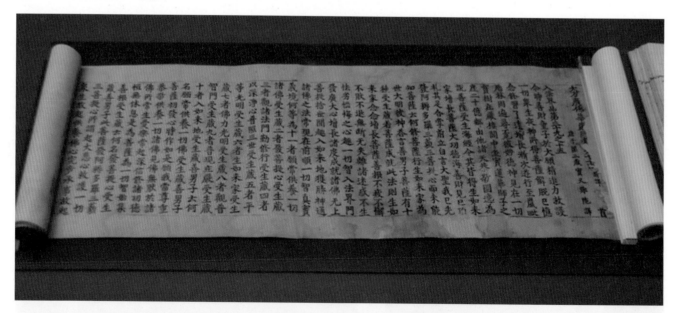

　이 책은 당나라 실차난타가 번역한 '화엄경' 주본 80권 중 권74에 해당하며, 고려 현종 때(재위 1011~1031) 부처님의 힘으로 거란의 침입을 극복하고자 만든 초조대장경 가운데 하나이다. 닥종이에 찍은 목판본으로 두루마리처럼 말아서 보관할 수 있게 되어 있으며, 한 장의 크기는 세로 28.7cm, 가로 46cm이다. '초조본대방광불화엄경' 주본 권1(국보 제256호), 권29(국보 제257호), 권13(국보 제265호), 권75(국보 제266호)와 같이 11세기에서 12세기 사이에 간행된 것으로 보인다.

국보 제280호 성거산 천흥사명 동종 [聖居山 天興寺銘 銅鍾]

서울 용산구 서빙고로 137 국립중앙박물관

국내에 남아있는 고려시대 종 가운데 가장 커다란 종으로 크기는 종 높이 1.33m, 종 입구 0.96m이다. 종 위에는 종의 고리 역할을 하는 용뉴가 여의주를 물고 있는 용의 모습으로 표현되었고 용통은 대나무 모양이다. 편평한 부분인 천판 가장자리에는 연꽃무늬를 돌렸다. 위에 두른 띠 바로 아래로는 4곳에 사각형의 유곽을 만들고 그 안에 가운데가 도드라진 9개의 연꽃을 새겼다. 당좌 사이에는 2구의 비천상을 두었는데, 1구씩 대각선상에 배치하여 신라종과는 다른 모습을 하고 있다. 고려 현종 원년(1010)에 주조되었다.

성거산 천흥사명 동종
1 용뉴와 음통
2 비천상

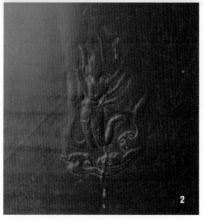

국보 제281호 백자 병형 주자 [白磁 瓶形 注子]

서울 관악구 남부순환로152길 호림박물관

조선시대 만들어진 백자로 만든 병 모양의 주전자로 총 높이 32.9cm, 병 높이 29cm, 아가리지름 6cm, 밑지름 11.4cm의 크기이다. 사용된 바탕흙과 유약, 제작 기법으로 보아 15세기 후반에서 16세기 전반경으로 추정된다. 왕실에서 사용할 고급 자기를 생산하던 경기도 광주 지방의 국가에서 운영하던 가마에서 제작된 것으로 보인다. 손잡이와 아가리는 제작 시에, 병의 몸체와 다른 바탕흙과 유약을 사용하였다. 이 작품은 풍만하고 단정하여 위엄 있는 몸체에, 가늘고 작은 아가리와 손잡이가 단아한 느낌을 준다.

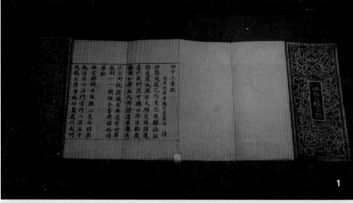

이 목조불상은 함께 발견된 기록들에 의해 조선 세조 4년(1458)에 법천사 삼존불 가운데 본존불로 조성된 것임이 밝혀졌다. 정수리에 있는 상투 모양의 육계와 팔, 배 주변에 나타난 옷의 주름에서 조선 초기 불상의 특징이 보인다. 그러나 법천사란 사찰명은 여러 지역에 걸쳐 나타나고 있어 정확히 어느 곳에 있었던 절인지는 알 수 없다. 이 불상의 몸체 안에서는 불상의 조성을 알리는 글과 시주자 명단이 들어있는 '불상조성권고문'을 비롯하여 불경 내용을 적은 '불조삼경합부'와 불교 부적 등 7종에 걸친 14점이 나왔다.

영주 흑석사 목조아미타여래좌상 및 복장유물
1 불조삼경합부
2 직물류
3 묘법연화경

1990년대 대웅전에 봉안되어 있던 목조아미타불상 몸체 안에서 많은 유물이 발견되었다. 이 중 불조삼경합부는 흑석사 목조아미타여래 좌상에서 나온 복장 유물의 하나이다. 발견 당시 1824년 유점사에서 간행된 '조상경'에 나오는 불상 몸체 안에 넣는 부장물의 내용과 일치하는 38종의 다양한 직물들과 5향[香], 5곡[穀], 유리·호박·진주 등 칠보류가 함께 발견되었다. 이 유물들은 아미타불의 만든 시기를 알려줄 뿐 아니라, 개별적으로도 가치가 있는 것으로 서지학과 직물 연구에 중요한 자료가 된다.

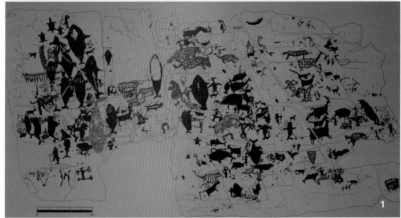

　높이 3m, 너비 10m의 'ㄱ'자 모양으로 꺾인 절벽 암반에 여러 가지 모양을 새긴 바위 그림이다. 1965년 완공된 사연댐으로 인해 현재 물속에 잠겨있는 상태이다. 바위에는 육지동물과 바다고기, 사냥하는 장면 등 총 75종 200여 점의 그림이 새겨져 있다. 육지동물은 호랑이, 멧돼지, 사슴 45점 등이 묘사되어 있고, 사냥하는 장면은 탈을 쓴 무당, 짐승을 사냥하는 사냥꾼, 배를 타고 고래를 잡는 어부 등의 모습을 묘사하였다. 선사시대 사람의 생활과 풍습을 알 수 있는 최고 걸작품으로 평가된다.

　백제 나성과 능산리 무덤들 사이 절터 서쪽의 한 구덩이에서 450여 점의 유물과 함께 발견된 백제의 향로이다. 높이 61.8㎝, 무게 11.8㎏이나 되는 대형 향로로, 크게 몸체와 뚜껑으로 구분되며 위에 부착한 봉황과 받침대를 포함하면 4부분으로 구성된다. 이 향로는 중국 한나라에서 유행한 박산향로의 영향을 받은 듯하나, 중국과 달리 산들이 독립적·입체적이며 사실적으로 표현되었다. 불교와 도교가 혼합된 종교와 사상적 복합성까지 보이고 있다. 백제시대 공예와 미술 문화, 종교와 사상, 제작 기술 등을 파악하게 하는 작품이다.

울주 대곡리 반구대 암각화
1 반구대 암각화 그림 (경북대 박물관)
2 반구대 암각화 모형 (울산 박물관)

국보 제288호 부여 능산리사지 석조사리감 [扶餘 陵山里寺址 石造舍利龕]

충남 부여군 부여읍 금성로 5 국립부여박물관

백제 때 사리를 보관하는 용기로, 능산리 절터 목탑 자리 아래에서 나왔다. 출토 당시 이미 사리 용기는 없었다. 사리감은 위쪽은 원형, 아래쪽은 판판한 높이 74cm, 가로·세로 50cm인 터널형이다. 감실의 좌·우 양쪽에 각각 중국 남북조 시대의 서체인 예서풍의 글자가 10자씩 새겨져 있는데, 명문의 내용은 성왕의 아들로 554년 왕위에 오른 창왕(위덕왕)에 의해 567년 만들어졌으며, 성왕의 딸이자 창왕의 여자 형제인 공주가 사리를 공양하였다는 내용이다. 백제 절터로서는 절의 창건연대가 당시의 유물에 의해 최초로 밝혀진 작품이다.

국보 제289호 익산 왕궁리 오층석탑 [益山 王宮里 五層石塔]

전북 익산시 왕궁면 왕궁리 산80-1

마한시대의 도읍지로 알려진 익산 왕궁면에서 남쪽으로 2km쯤 떨어진 언덕에 자리하고 있는 석탑이다. 1단의 기단 위로 5층의 탑신을 올린 모습으로, 기단부가 파묻혀 있던 것을 1965년 해체하여 수리하면서 원래의 모습이 드러났다. 조성 시기에 대한 논란이 있었으나 1965년 보수작업 때 기단의 구성양식과 기단 안에서 찾아낸 사리장치(국보 제123호 참조)의 양식이 밝혀지면서 그 시기가 비교적 뚜렷이 밝혀졌다.

백제의 옛 영토 안에서 고려시대 유행하던 백제계 석탑 양식을 재현한 고려 전기의 작품이다.

경남 양산시 하북면 통도사로 108 통도사

대웅전은 원래 석가모니를 모시는 법당을 가리키지만, 이곳 통도사의 대웅전에는 불상을 따로 모시지 않고 건물 뒷면에 금강계단을 설치하여 부처님의 진신사리를 모시고 있다. 그 때문에 통도사라는 절 이름도 금강계단을 통하여 도를 얻는다는 의미와 진리를 깨달아 중생을 극락으로 이끈다는 의미에서 통도라고 하였다 한다. 지금 건물은 임진왜란 때 불에 탄 것을 조선 인조 23년(1645)에 다시 지은 것이다. 규모는 정면 3칸, 측면 5칸이고, 지붕은 앞면을 향해 T자형을 이룬 특이한 구성이며, 공포는 다포 양식이다.

금강계단은 금강과 같이 단단하고 보배로운 규범이란 뜻이다. 지금 있는 금강계단은 고려 · 조선시대를 거쳐 여러 차례 수리한 것이다. 양식은 우리나라의 전통적인 금강계단 형태를 띠고 있는데, 가운데에 종 모양의 석조물을 설치하여 사리를 보관하고 있다. 1층 기단 안쪽 면에는 천인상을 조각하고 바깥쪽 면은 불법을 지키는 수호신인 제석의 모습을 조각하였다. 부처님의 진신사리를 담고 있는 금강계단은 각각 건축사 연구, 계단이 가지고 있는 의미에서 중요한 문화재로 평가받고 있다.

강원 평창군 진부면 오대산로 374-8 월정사

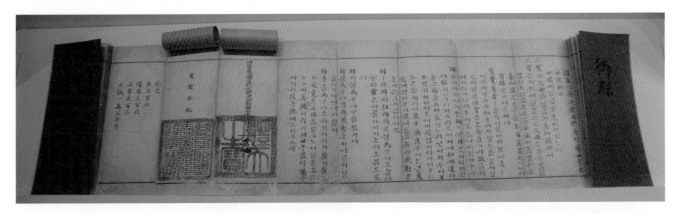

세조 10년(1464) 세조의 왕사인 혜각존자 신미 등이 학열, 학조 등과 함께 임금의 만수무강을 빌고자 상원사를 새롭게 단장하면서 지은 글로, 이 사실을 전해들은 세조가 쌀, 무명, 베와 철 등을 보내면서 쓴 글과 함께 월정사에 소장되어 전한다. 각각 한문 원문과 번역으로 되어 있는데, 신미 등이 쓴 글에는 신미, 학열, 학조 등의 수결(서명)이 있으며, 세조가 보낸 글에는 세조와 세자빈, 왕세자의 수결과 도장이 찍혀 있다. 한글로 번역된 것 가운데 가장 오래된 필사본이며, 보존 상태가 완벽하다.

1970년에 충청남도 부여군 규암면의
절터에 묻혀 있던 무쇠솥에서 다른 하나
의 관음보살입상과 함께 발견된 보살상
으로 높이는 21.1cm이다. 머리에는 작은
부처가 새겨진 관을 쓰고 있으며, 크고 둥
근 얼굴에는 부드러운 미소를 띠고 있다.
보살이 서 있는 대좌는 2중의 둥근 받침
에 연꽃무늬가 새겨진 형태로 소박한 느
낌을 준다. 얼굴에 나타나는 자연스러운
미소와 비례에 맞는 몸의 형태, 부드럽고
생기 있는 조각 수법을 통해 7세기 초 백
제시대의 불상임을 알 수 있다.

부여 규암리 금동관음보살입상 배 부분의 장식

나주 반남면 신촌리 9호 무덤에서 발견된 높이 25.5cm의 금동관이다.
나주 신촌리 9호 무덤은 1917~1918년에 일본에 의해 발굴 조사되었다.
이 금동관은 삼국시대에 제작된 것으로, 외관과 내관으로 구성되어 있
다. 외관은 나뭇가지 모양의 장식 3개를 머리에 두른 띠 부분인 대륜에
꽂아 세웠으며, 내관은 반원형의 동판 2장을 맞붙여 만들었다. 기본 형
태는 신라 금관과 같으나 머리띠에 꽂은 장식이 신라관의 '산[山]'자 모
양이 아닌 복잡한 풀꽃 모양을 하고 있어, 양식상 더 오래된 것으로 보
인다.

나주 신촌리 금동관
뒤에서 본 모습

국보 제296호　칠장사 오불회괘불탱 [七長寺 五佛會掛佛幀]

경기 안성시 죽산면 칠장로 399 칠장사

칠장사 괘불은 길이 6.56m, 폭 4.04m의 크기로, 구름을 이용하여 상·중·하 3단으로 구분되었다. 맨 윗부분은 비로자나불을 중심으로 석가불과 노사나불이 좌우에 모셔진 삼신불을 묘사하고, 중간은 약사불과 아미타불을 중심으로 여러 보살이 있어 삼세불을 표현하였으며, 맨 아래에는 관음보살과 지장보살이 그려져 수미산 정상의 도솔천궁을 표현하였다. 채색은 녹색을 주로 하고 황색과 황토색을 대비시켰고, 옷 처리는 붉은색으로 하여 경쾌함을 느낄 수 있다. 이 괘불은 조선 인조 6년(1628)에 법형이 그린 것이다.

국보 제297호　안심사 영산회괘불탱 [安心寺 靈山會掛佛幀]

충북 청원군 남이면 사동길 169-28 안심사

안심사에 있는 이 괘불은 길이 7.26m, 폭 4.72m의 크기로, 본존인 석가불을 중심으로, 문수보살과 보현보살을 비롯하여 설법을 듣기 위해 모여든 여러 무리와 석가를 호위하는 사천왕상 등이 대칭적으로 배치되어 있다. 석가불이 영취산에서 설법하는 장면을 묘사한 영산회상을 그린 괘불이다. 조선 효종 2년(1652)에 만들어진 이 괘불은 청주의 보살사 괘불이 조성된 지 3년 후의 작품으로, 구도상 비슷한 점이 있어 17세기 중엽 충청지역의 불화연구에 도움을 주는 귀중한 작품이다.

국보 제298호　갑사 삼신불괘불탱 [甲寺 三身佛掛佛幀]

충남 공주시 계룡면 갑사로 567 갑사

갑사 괘불은 길이 12.47m, 폭 9.48m의 크기로 전체적으로 상·중·하 3단 구도를 이루고 있다. 맨 윗부분에는 관음보살과 대세지보살상, 제자상, 금강역사상 등을 배치하고, 가운데에는 비로자나불, 석가불, 노사나불 등 삼신불이 묘사되어 있고, 맨 아래에는 문수보살과 보현보살상, 사천왕상, 사리불 등이 있다. 중단의 삼신불을 크게 강조한 독특한 구성을 하고 있다. 또한, 그림에 괘불 조성에 필요한 많은 시주자를 적어놓고 있어 17세기 중반의 생활상과 사찰의 재정 규모를 파악할 수 있는 자료가 되고 있다. 효종 원년(1650)에 제작되었다.

국보 제299호 신원사 노사나불괘불탱[복제] [新元寺 盧舍那佛掛佛幀]
충남 공주시 계룡면 신원사동길 1 신원사

이 괘불은 길이 11.18m, 폭 6.88m 크기로, 노사나불이 단독으로 중생을 설법하는 모습이다. 노사나불을 중심으로 좌우에는 10대 보살과 10대 제자, 사천왕 등이 그려져 있다. 단독으로 그려진 노사나불은 화면을 가득 채우고 있으며, 손은 신체에 비해 큰 편으로 손바닥을 들어 올려 설법하는 모습의 손 모양을 하고 있다. 녹색과 홍색, 분홍색 등을 이용하여 옷을 표현하였고, 5가지 색으로 빛을 형상화하여 주변 배경을 표현하였다. 인조 22년(1644)에 제작된 이 괘불은 조선 후기 불화양식을 보여주는 17세기 대표적인 작품이다.

국보 제301호 화엄사 영산회괘불탱 [華嚴寺 靈山會掛佛幀]
전남 구례군 마산면 화엄사로 539 화엄사

화엄사 영산회괘불탱
1 전체 모습
2 사천왕상
3 석가불과 문수, 보현보살

화엄사에 있는 이 괘불의 크기는 길이 11.95m, 폭 7.76m이다. 석가불을 중심으로 문수보살, 보현보살과 사천왕상 등이 배치되었다. 화면 중앙의 석가불은 높다랗게 만들어진 단의 연꽃 받침 위에 앉아 있으며, 항마촉지인의 수인을 취하고 있다. 둥근 얼굴과 어깨에서 부드럽고 원만한 느낌을 주고 필선은 매우 섬세하고 치밀하다. 홍색과 녹색을 주로 사용하였고 중간색을 사용해 은은하면서도 밝은 느낌을 준다. 조선 효종 4년(1653)에 만들어진 이 괘불은 17세기 중엽의 불화에서 보이는 특징을 잘 나타내 주고 있다.

국보 제302호 청곡사 영산회괘불탱 [靑谷寺 靈山會掛佛幀]
경남 진주시 금산면 월아산로1440번길 138 청곡사

이 괘불은 길이 10.4m, 폭 6.4m 크기로 본존불인 석가를 중심으로 양옆에 문수보살과 보현보살이 배치되어 있다. 화면 중심에 꽉 차게 배치된 석가는 얼굴이 둥글고 원만하며, 예배자의 시선을 의식한 듯 당당하게 표현하였다. 두 어깨에 걸친 옷은 중후하게 묘사하였고, 가슴 중앙에 '卍' 자를 크게 그려 넣어 눈에 띈다. 옷은 붉은색과 녹색으로 채색하였고 옷깃에도 변화를 주었으며 전면에 걸친 꽃무늬 장식이 밝고 선명해 보인다. 조선 경종 2년 (1722)에 승려 화가인 의겸 등이 참여하여 제작하였다.

국보 제303호 승정원일기 [承政院日記]
서울 관악구 관악로 1 서울대학교 규장각한국학연구원

조선시대 국왕의 비서 기관인 승정원에서 왕명의 출납, 각종 행정 사무와 의례 등에 관해 기록한 일기이다. 승정원일기는 편년체로 기록하였으며, 1개월분의 일기를 1책으로 만들었는데 분량이 많은 경우에는 2책으로 나누어 장정하기도 했다. 승정원일기는 세종대부터 작성되었으나 조선전기의 일기는 임진왜란, 이괄의 난 등을 거치면서 소실되었고, 현재는 1623년(인조 1) 3월부터 1910년(융희 4) 8월까지 288년간의 일기 총 3,243책이 전해지고 있다. 특히 승정원일기는 국왕의 비서실에서 작성한 자료인 만큼 국왕의 동정과 관련된 내용이 자세하게 기록되어 있다. 2001년 세계기록유산으로 등재되었다.

여수 진남관 [麗水 鎭南館]
전남 여수시 동문로 11

여수 진남관
1 2015년 해체 복원을 위해 준비 중
2 2004년 촬영한 진남관
3 진남관의 내부

　여수 진남관은 선조 31년(1598) 전라좌수영 객사로 건립한 건물로서 임진왜란과 정유재란을 승리로 이끈 수군 중심 기지로서의 역사성과 숙종 44년(1718) 전라좌수사 이제면이 중창한 당시의 면모를 간직하고 있다. 건물 규모가 정면 15칸, 측면 5칸, 건물면적 240평으로 현존하는 지방관아 건물로서는 최대 규모이다. 건물의 양 측면에는 2개의 충량(측면보)을 걸어 매우 안정된 기법을 구사하고 있는 등 18세기 초에 건립된 건물이지만 당시의 역사적 의의와 함께 학술적, 예술적 가치가 뛰어난 건축물이다.

통영 세병관 [統營 洗兵館]
경남 통영시 세병로 27

　세병관은 이경준 제6대 통제사가 두룡포에서 통제영을 이곳으로 옮긴 이듬해인 조선 선조 37년(1604)에 완공한 통제영의 중심 건물이다. 이 건물은 창건 후 약 290년 동안 3도 수군을 총지휘했던 곳으로 그 후 몇 차례의 보수를 거치긴 했지만, 아직도 멀리 남해를 바라보며 당시의 위용을 자랑하고 있다. 정면 9칸, 측면 5칸 규모로 지붕은 팔작지붕이다. 세병관은 17세기 초에 건립된 목조 단층 건물로 여수 진남관과 더불어 그 역사적 가치가 크다.

국보 제307호 태안 동문리 마애삼존불입상 [泰安 東門里 磨崖三尊佛立像]
충남 태안군 태안읍 원이로 78-132

우리나라에서 마애불상이 조성되는 초기의 예로 중앙에 보살상을 두고 좌우에 불상을 배치해 놓음으로써, 1구의 불상과 2구의 보살상으로 이루어지는 일반적인 삼존불상과 달리 2구의 불입상과 1구의 보살입상이 한 조를 이루는 특이한 삼존불상 형식을 보여주고 있다. 묻혀있던 불신의 하반부가 노출되어 백제시대의 연화대좌가 확인됨으로써 그 도상적 가치를 더욱 돋보이게 한다. 중국과의 교류상 요충지에 있는 6세기 중반경 중국 북제 양식 불상과의 영향 관계 파악에 매우 중요한 작품이다.

국보 제308호 해남 대흥사 북미륵암 마애여래좌상 [海南 大興寺 北彌勒庵 磨崖如來坐像]
전남 해남군 삼산면 대흥사길 375 북미륵암

광배 좌측으로 천인상, 우측으로 천인상과 불상이 있다.

대흥사 북미륵암 마애여래좌상은 공양천인상이 함께 표현된 독특한 도상의 항마촉지인을 한 여래좌상이다. 규모가 크고 조각 수법도 양감이 있고 유려하여 한국의 마애불상 중에서는 그 예가 매우 드물고 뛰어난 상으로 평가된다. 머리는 나발의 흔적이 있고, 단정한 얼굴은 살이 찌고 둥글넓적하여 원만하지만, 눈꼬리가 약간 위로 치켜 올라가고 입을 굳게 다물어 근엄한 인상을 풍긴다. 4구의 천인상은 날렵한 모습으로 부드러움과 함께 세련미가 엿보인다. 우수한 조형미를 반영하는 수작으로 평가된다. 고려 초기에 조성된 것으로 추정되며, 통일신라 말기로부터 고려시대로 이행해 가는 변화 과정을 잘 보여주는 마애불이다.

국보 제310호 백자 호 [白磁 壺]

서울 종로구 효자로 12 국립고궁박물관

크기가 대형인 탓에 상하 부분을 따로 만든 후, 두 부분을 접합하여 완성한 것으로 성형과 번조가 매우 어렵다. 순백의 미와 균형감은 전 세계에서 유례를 찾아볼 수 없는 우리나라 백자의 독특하고 대표적인 형식이다. 이 백자 달항아리는 높이 43.8cm, 몸통지름 44cm 크기로 유약과 태토의 용융상태가 우수하다. 완전한 좌우대칭은 아니지만 약간 비틀어지고 변형된 상태가 오히려 변화를 주면서 생동감을 느끼게 한다. 당시 광주 지역 중 금사리 가마에서 주로 제작된 것으로 추정하고 있다.

국보 제311호 안동 봉정사 대웅전 [安東 鳳停寺 大雄殿]

경북 안동시 서후면 봉정사길 222 봉정사

안동 봉정사 대웅전
1 공포 배치와 툇마루
2 봉정사 대웅전 내부

중심 법당인 대웅전에는 석가모니불상을 중심으로 문수보살, 보현보살을 좌우로 모시고 있다. 1962년 해체·수리 때 발견한 기록으로 미루어 조선 전기 건물로 추정하고 있다. 규모는 정면 3칸, 측면 3칸이며 지붕은 팔작지붕, 공포는 다포양식이다. 건물 안쪽에는 단청이 잘 남아 있어 이 시대 문양을 연구하는 데 중요한 자료가 되고 있으며, 앞쪽에 툇마루를 설치한 것이 특이하다. 건실하고 힘찬 짜임새를 잘 갖추고 있어 조선 전기 건축양식의 특징을 잘 보여주고 있다.

국보 제312호 경주 남산 칠불암 마애불상군 [慶州 南山 七佛庵 磨崖佛像群]

경북 경주시 남산동 산36-4 칠불암

가파른 산비탈을 평지로 만들기 위해서 동쪽과 북쪽으로 높이 4m 가량 되는 돌축대를 쌓아 불단을 만들고 이 위에 사방불을 모셨으며, 1.74m의 간격을 두고 뒤쪽의 병풍바위에는 삼존불을 새겼다. 삼존불은 중앙에 여래좌상을 두고 좌우에는 협시보살입상을 배치하였다. 화려한 연꽃 위에 앉아 있는 본존불은 미소가 가득 담긴 양감 있는 얼굴과 풍만하고 당당한 자세를 통해 자비로운 부처님의 힘을 드러내고 있다. 조각 기법 및 양식적 특징으로 미루어 보아 이 칠불은 통일신라시대 8세기에 만들어진 것으로 추정된다.

국보 제313호 강진 무위사 극락전 아미타여래삼존벽화 [康津 無爲寺 極樂殿 阿彌陀如來三尊壁畫]

전남 강진군 성전면 무위사로 308 무위사

아미타여래삼존벽화 좌측 상단의 나한상

극락보전 후불벽 앞면에 그려져 있는 아미타삼존불벽화이다. 앉은 모습의 아미타불을 중심으로 왼쪽에 관음보살이, 오른쪽에는 지장보살이 서 있는 구도를 하고 있다. 화면의 맨 윗부분에는 구름을 배경으로 좌우에 각각 3인씩 6인의 나한상을 배치하고 그 위에는 작은 화불이 2구씩이 그려져 있다. 조선 성종 7년(1476)에 화원 해련에 의해 조성된 것으로 추정된다. 이 벽화는 온화한 색채나 신체의 표현 등 고려시대의 특징적 요소를 가지고 있으면서도 간결한 무늬나 본존불 등을 통해 조선 초기 불화 연구에 중요한 자료이다.

국보 제315호 문경 봉암사 지증대사탑비 [聞慶 鳳巖寺 智證大師塔碑]
경북 문경시 가은읍 원북길 313 봉암사

　이 석비는 구산선문의 하나인 희양산문의 개창자인 도헌국사 곧 지증대사의 탑비로서, 비석의 크기나 귀부와 이수의 조각 수법 등이 통일신라 말기를 대표하는 전형적인 양식과 기법을 보여주고 있다.

　비문에는 신라의 불교사를 3시기로 나누어 약술하고, 도헌국사의 법계를 구체적으로 기록하고 있어 선종사 연구의 중요한 1차 사료가 되고 있다. 또한, 신라 하대의 인명, 지명, 관명, 사찰명, 제도, 풍속 등 많은 정보를 담고 있어 신라사 연구의 중요한 자료가 되고 있다.

　최치원이 비문을 지은 사산비의 하나이다.

국보 제316호 완주 화암사 극락전 [完州 花巖寺 極樂殿]
전북 완주군 경천면 화암사길 271 화암사

완주 화암사 극락전
1 내부 가구 구조
2 극락전 닫집

　극락전은 1981년 해체·수리 때 발견한 기록에 따르면, 조선 선조 38년(1605)에 세운 것으로 되어 있다. 정면 3칸, 측면 3칸 크기에 지붕은 맞배지붕, 공포는 다포 계열이나 단 하나뿐인 하앙식[下昻式] 구조이다. 하앙식 구조란 바깥에서 처마 무게를 받치는 부재를 하나 더 설치하여 지렛대의 원리로 일반 구조보다 처마를 훨씬 길게 내밀 수 있게 한 구조이다. 건물 안쪽 가운데에는 지붕 모형의 닫집을 만들어 용을 조각하였다. 유일한 하앙식 구조로 목조건축 연구에 귀중한 자료가 되고 있다.

국보 제317호 조선태조어진 [朝鮮太祖御眞]

전북 전주시 완산구 태조로 44 어진박물관

조선을 건국한 태조 이성계의 초상화로 가로 150cm, 세로 218cm
이다. 태조의 초상화는 한 나라의 시조로서 국초부터 여러 곳에 특
별하게 보관되어 총 26점이 있었으나 현재 전주 경기전에 있는 태
조 초상화 1점만이 남아있다. 이 초상화는 임금이 쓰는 모자인 익
선관과 곤룡포를 입고, 정면을 바라보며 의자에 앉아있는 전신상으
로 명나라 태조 초상화와 유사하다. 곤룡포의 각진 윤곽선과 양다
리 쪽에 삐져나온 옷의 형태는 조선 전기 공신상에서 볼 수 있는 특
징이다. 고종 9년(1872)에 낡은 원본을 그대로 새로 옮겨 그린 것
이다.

국보 제318호 포항 중성리 신라비 [浦項 中城里 新羅碑]

경북 경주시 불국로 132 국립경주문화재연구소

 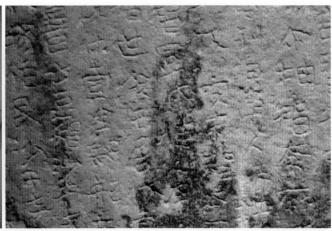

중성리 신라비는 발견 장소가 냉수리 신라비 발견 장소로부터 8.7km 떨어진 가까운 거리이며, 비문의 내용 또한 유사점이 많다는 데 주
목하고 있다. 내용 면에서 재산과 관련된 분쟁, 분쟁에 대한 신라 지배층들이 합동 판결, 재발 방지 및 관직명, 관등 표기의 유사성 및 포
항 냉수리 신라비에 나타나는 인물과 동일인이라고 추정되는 인명 등이 보여 당시 신라의 정치적, 경제적 문화 내용을 연구·확정 지을
수 있는 중요한 자료가 되고 있다. 제작 시기도 지증왕 4년(503)으로 포항 냉수리 신라비 보다도 2년 앞서는 신라 최고[最古]의 비이다.

국보 제319-2호 **동의보감 [東醫寶鑑]**
경기 성남시 분당구 하오개로 323 한국학중앙연구원

동의보감은 허준(1539~1615)이 광해군 2년(1610)에 조선과 중국에 유통되던 의서와 임상의학적 체험을 통한 치료법을 엮은 우리나라 최고의 한의서이다. 선조는 1596년 허준 등에게 명하여 의서를 편찬토록 하였으나 전쟁으로 중단되었다. 이후 허준이 14년에 걸친 노력으로 1610년 완성하였다. 초간본은 편찬된 지 3년 후인 광해군 5년(1613) 11월에 내의원에서 목활자로 간행하였으며, 모두 25권 25책이다.

내용은 목록 2권, 내경편 4권 26조, 외형편 4권 26조, 잡병편 11권 38조, 탕액편 3권 17조, 침구편 1권 1조 등 모두 25권 108조목으로 구성되었다.

국보 제319-3호 **동의보감 [東醫寶鑑]**
서울 관악구 관악로 1 서울대학교 규장각한국학연구원

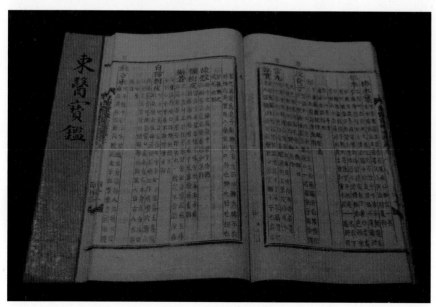

태백산사고본

서울대학교 규장각한국학연구원 소장본 '동의보감'은 두 종류가 있다. 하나는 24권 24책(전체 25책 가운데 책16 누락)으로 태백산사고본이며, 다른 하나는 동일 판본이나 내사기가 없는 것으로 17권 17책이다.

태백산사고본은 전체 25책 가운데 책16에 해당하는 잡병편 권6이 현존하지 않는다. 그러나 동일 판본인 17권 17책 가운데 잡병편 권6이 포함되어 있어 태백산사고본의 내용을 보완하고 있다.

보물寶物

목조건축 · 석조건축 · 전적 · 서적 · 고문서 · 회화 · 조각 · 공예품 · 고고
자료 · 무구 등 유형문화재 중에서 역사적 · 학술적 · 예술적 · 기술적 가
치가 큰 것을 문화재위원회의 심의를 거쳐 정부가 지정한 문화재이다.

보물 제1호 서울 흥인지문 [서울 興仁之門]

서울 종로구 종로 288

　서울 성곽은 옛날 중요한 국가 시설이 있는 한성부를 보호하기 위해 만든 도성으로, 흥인지문은 성곽 8개의 문 가운데 동쪽에 있는 문이다. 조선 태조 7년(1398)에 완성하였다가 단종 원년(1453)에 고쳐 지었고, 지금 있는 문은 고종 6년(1869)에 새로 지은 것이다. 정면 5칸, 측면 2칸 규모의 2층 건물로, 지붕 양식은 우진각지붕, 공포는 다포 양식이다. 성문 바깥쪽에는 옹성을 쌓았는데 이는 도성의 8개 성문 중 유일하다. 전체적으로 조선 후기의 특징을 잘 나타내주고 있다.

보물 제2호 구 보신각 동종 [舊 普信閣 銅鍾]

서울 용산구 서빙고로 137 국립중앙박물관

　조선 세조 14년(1468) 만들어 신덕왕후 정릉 안에 있는 정릉사에 있었으나, 그 절이 없어지면서 원각사로 옮겨졌고 임진왜란 이후 종루에 보관했다. 고종 32년(1895) 종루에 보신각이라는 현판을 걸게 되면서 보신각종이라고 불렸다. 총 높이 3.18m, 입 지름 2.28m, 무게 19.66톤의 큰 종이며, 전형적인 조선 초기의 종 형태를 하고 있다. 음통이 없고 두 마리 용이 종의 고리 역할을 하고 있다. 이 종은 두 번의 화재를 겪으면서 원형에 손상을 입고, 음향도 다소 변했으나 명문이 남아있어 주조 연대를 확실히 알 수 있다.

보물 제3호 서울 원각사지 대원각사비 [서울 圓覺寺址 大圓覺寺碑]
서울 종로구 종로2가 38-3 탑골공원

원각사의 창건 내력을 적은 비로, 조선 성종 2년(1471)에 건립되었다. 이수와 비신을 한 돌로 조성하였으며 이수 부분은 보주를 드는 두 마리의 용을 조각하였다. 귀부의 등은 육각형이 아닌 사다리꼴 평행세선을 새겼으며, 등 중앙에는 연잎 조각을, 꼬리와 다리에는 물고기 비늘을 조각해 놓아 조선시대 조각미의 독특한 형태를 잘 보여주고 있다. 비제는 강희맹의 글씨로 대원각사지비[大圓覺寺之碑]라 새겨져 있으며, 비문의 앞면은 김수온, 성임, 뒷면은 서거정, 정난종이 각각 짓고 썼다.

서울 원각사지 대원각사비
이수와 제액 (비제)

보물 제4호 안양 중초사지 당간지주 [安養 中初寺址 幢竿支柱]
경기 안양시 만안구 예술공원로103번길 4

안양 중초사지 당간지주에 새겨진 명문

중초사지 당간지주는 양 지주가 원래 모습대로 85cm 간격을 두고 동서로 서 있는데 원래의 모습으로 보기는 어렵다. 이곳을 중초사터라고 하는 것은 서쪽 지주의 바깥쪽에 새겨진 기록에 따른 것으로, 명문은 모두 6행 123자로 해서체로 쓰여 있다. 이 글에 의하면 신라 흥덕왕 1년(826) 8월 6일에 돌을 골라서 827년 2월 30일에 건립이 끝났음을 알 수 있다. 당간지주에 문자를 새기는 것은 희귀한 예로, 만든 해를 뚜렷하게 알 수 있는 국내에서 유일한 당간지주이다.

여주 고달사지 원종대사탑비 [驪州 高達寺址 元宗大師塔碑]

경기 여주시 북내면 상교리 419-3

고달사터에 세워져 있는 비로, 원종대사를 기리기 위한 것이다. 원종대사는 신라 경문왕 9년(869)에 태어나, 고려 광종 9년(958)에 90세로 입적하였다. 광종은 그의 시호를 '원종'이라 하고, 탑명을 '혜진'이라 내리었다. 비신은 국립중앙박물관에 있으며, 이곳 절터에는 귀부와 이수만이 남아 있는데 입체감을 강조한 구름과 용무늬에서는 생동감이 넘친다. 비문에는 원종대사의 가문 · 출생 · 행적 그리고 고승으로서의 학덕 및 교화 · 입적 등에 관한 내용이 실려 있다. 건립 연대는 기록된 비문에 의하면 고려 경종 원년(975)에 조성되었다.

여주 고달사지 원종대사탑비
1 복원 이전의 모습
2 비신을 새로 제작하여 복원한 모습

여주 고달사지 원종대사탑 [驪州 高達寺址 元宗大師塔]

경기 여주시 북내면 상교리 산46-1

여주 고달사지 원종대사탑
1 탑신부 몸돌의 사천왕상
2 기단부 중대석의 조각

이 탑은 3단으로 이루어진 기단 위에 탑신과 지붕돌을 올린 형태로, 전체적으로 8각의 평면을 기본으로 하고 있지만, 기단부 중대석에 거북이가 몸을 앞으로 두고, 머리는 오른쪽을 향했으며 이를 중심으로 돌아가면서 네 마리의 용이 구름 속에서 날고 있는 모습을 표현하였다. 탑신의 4면에는 문[門]모양이, 다른 4면에는 사천왕입상이 새겨져 있다.

원종대사는 통일신라 경문왕 9년(869)에 태어나 고려 광종 9년(958)에 입적한 고승으로, 탑의 건립연대는 고려 경종 2년(977)으로 추정된다.

보물 제8호 여주 고달사지 석조대좌 [驪州 高達寺址 石造臺座]

경기 여주시 북내면 상교리 420-5

이 석불대좌는 불상은 없어진 채 대좌만 제자리를 지키고 있는데, 보존상태가 거의 완벽하다. 대좌는 3단으로 조성하고 상대석과 하대석의 연꽃 문양을 대칭이 되게 돌렸다. 연꽃 문양의 조각이 깊어 율동적이며 팽창감을 느끼게 한다. 중대석의 사면에는 안상을 조각하였다.

조각솜씨가 훌륭한 사각형 대좌의 걸작으로, 절터에 있는 여주 고달사지 승탑이 고려 전기의 일반적인 양식을 따르고 있는 것으로 보아, 이 대좌도 10세기 후반에 만들어진 것으로 추정된다.

보물 제9호 용인 서봉사지 현오국사탑비 [龍仁 瑞鳳寺址 玄悟國師塔碑]

경기 용인시 수지구 신봉동 산110

현오국사 탑비는 고려 명종 15년(1185)에 건립되었다. 보통 부도와 함께 건립되는데 절터에 부도의 흔적은 없고 이 비석만 남아 있다. 화강암의 대석 위에 점판암으로 만들어진 비신이 놓여있는 간략한 모습이다. 대석의 윗면은 4변을 비스듬히 잘라내었고, 비문이 새겨지는 비신에도 윗부분의 양 귀 끝을 사선으로 잘라서 마무리하였다. 현오국사는 15세에 불일사에서 승려가 된 후 부석사의 주지를 거쳐 명종 8년(1178) 53세의 나이로 입적하였다. 전체적인 조형이 간략한 고려 후기 석비의 새로운 양식을 보여주고 있다.

보물 제10호 강화 장정리 오층석탑 [江華 長井里 五層石塔]

인천 강화군 하점면 장정리 산193

이 탑은 무너져 있던 것을 1960년 수리하여 다시 세운 것이다. 파손된 곳도 많고, 없어진 부재도 많아서 3층 이상의 몸돌과 5층의 지붕돌, 머리 장식 부분 등이 모두 사라진 상태이다. 전체적으로 둔중한 느낌을 주며, 각 부분에 두는 장식이 많이 생략되었고, 형식적으로 표현된 부분이 많은 탑이다. 신라석탑의 양식을 이어받은 변형된 고려시대 석탑으로 고려 후기에 만들어진 것으로 추정된다. 낮은 언덕의 중턱에 있는 절터로 그 규모를 알 수가 없으며, 가람의 배치 흔적도 찾아볼 수 없다.

보물 제11-2호 사인비구 제작 동종-문경 김룡사 동종 [思印比丘 製作 銅鍾-聞慶 金龍寺 銅鍾]

경북 김천시 대항면 북암길 89 직지사

조선 숙종 때 경기도와 경상도 지역에서 활동한 승려인 사인비구에 의해서 만들어진 조선시대 종이다.

이 종은 조선 후기의 종 형태를 가장 잘 보여주고 있다. 특히 같은 해 만들어진 홍천 수타사 동종(보물 제11-3호)과 함께 종을 치는 부분인 당좌를 독특하게 표현하였다. 이 종은 수타사의 종보다 먼저 만들어진 것으로, 사인비구의 작품 세계와 조선시대 종을 연구하는 데 중요한 자료가 되고 있다.

조성 연대는 현종 11년(1670)이다.

보물 제11-3호 사인비구 제작 동종-홍천 수타사 동종 [思印比丘 製作 銅鍾-洪川 壽陀寺 銅鍾]

강원 홍천군 동면 수타사로 473 수타사

조선 숙종 때 경기도와 경상도 지역에서 활동한 승려인 사인 비구에 의해서 만들어진 조선시대 종이다. 사인비구는 18세기 뛰어난 승려이자 장인으로 전통적인 신라 종의 제조 기법에 독창성을 합친 종을 만들었다. 현재 그의 작품 8구가 서로 다른 특징을 보이며 전해지고 있다. 이 종은 사인비구가 만든 종 가운데 문경 김룡사 동종(보물 제11-2호)과 함께 종을 치는 부분인 당좌를 독특하게 표현한 완숙미와 독창성이 돋보이는 작품이다.

조성 연대는 현종 11년(1670)이다.

보물 제11-4호 사인비구 제작 동종-안성 청룡사 동종 [思印比丘 製作 銅鍾-安城 靑龍寺 銅鍾]

경기 안성시 서운면 청룡길 140 청룡사

용뉴와 음통에 새겨진 용 문양

조선 숙종 때 승려인 사인비구가 만든 종으로, 이 종은 종을 매다는 고리인 용뉴와 소리의 울림을 도와준다는 대나무 모양의 음통에 역동적인 모습의 용이 새겨져 있다. 또한, 종의 어깨와 아래 입구 부분에는 연꽃과 덩굴을 새긴 넓은 띠를 두르고 있으며, 어깨띠 아래에는 사각형 모양의 대가 있고 그 사이사이에는 보살상을 표현하였다. 사실적으로 표현한 수법이 특히 돋보이는 작품이다.

조성 연대는 현종 15년(1674)이다.

보물 제11-5호 사인비구 제작 동종-서울 화계사 동종 [思印比丘 製作 銅鍾-서울 華溪寺 銅鍾]

서울 강북구 인수봉로47길 117 화계사

조선 숙종 때 승려인 사인비구가 만든 종으로, 이 종은 종을 매다는 고리 부분에 두 마리의 용을 조각한 것이 특징이다. 종의 어깨 부분과 입구 부분에 넓은 띠를 두르고 있으며, 몸통에는 사각형의 유곽과 위패 모양을 균형 있게 배치하여 안정감을 준다. 사실성과 화사함이 돋보이는 수작일 뿐 아니라, 승려가 공명첩을 가지게 되었다는 당시의 사회상을 알려주는 명문이 남아있어, 종 연구와 더불어 사료로서 가치가 크다.

조성 연대는 숙종 9년(1683)이다.

사인비구 제작 동종-통도사 동종 [思印比丘 製作 銅鍾-通度寺 銅鍾]

경남 양산시 하북면 통도사로 108 통도사

조선 숙종 때 승려인 사인비구가 만든 종으로, 이 종은 유일하게 8괘[八卦] 문양을 새긴 것이 특징이다. 큰 종으로 형태미가 뛰어날 뿐 아니라, 종 몸통에 있는 사각형의 유곽 안에 9개의 돌기를 새기는 것이 일반적이나, 이 종은 중앙에 단 한 개의 돌기만 새겨 둔 것으로 그의 독창성이 돋보이는 작품이다. 이곳 통도사 동종은 규모가 큰 종으로 형태미가 뛰어날 뿐만 아니라, 회화성이 넘치는 하대 문양대를 갖추고 있다.

조성 연대는 숙종 12년(1686)이다.

보물 제11-7호 **사인비구 제작 동종-의왕 청계사 동종 [思印比丘 製作 銅鍾-儀旺 淸溪寺 銅鍾]**

경기 의왕시 청계동 산11 청계사

조선 숙종 때 승려인 사인비구가 만든 종으로, 종의 높이는 115cm, 입지름 71cm이며, 무게가 700근이나 나가는 큰 종이다. 종의 위에는 두 마리의 용으로 조성된 용뉴가 있고, 어깨와 종 입구 부분에는 꽃과 덩굴을 새긴 넓은 띠가 있다. 어깨 아래 유곽을 만들고 연꽃 모양의 9개의 돌기가 배치되었다. 유곽의 사이사이에는 보살상들을 표현하였다. 종의 허리에는 중국에서 영향을 받은 듯한 2줄의 굵은 횡선이 둘려 있고, 그 아래로 조성기가 남아 있다. 조성 연대는 숙종 27년(1701)이다.

보물 제11-8호 **사인비구 제작 동종-강화 동종 [思印比丘 製作 銅鍾-江華 銅鍾]**

인천 강화군 하점면 부근리 350-4 강화역사박물관

조선 숙종 때 승려인 사인비구가 만든 종으로, 높이 198cm, 입지름 138cm이다. 종 꼭대기에는 두 마리 용이 표현된 용뉴가 있으며, 종 어깨 부분에는 ㄱ자형의 턱을 만들었다. 이것은 고려시대 입상화문의 변형된 모습으로 보인다. 어깨에서 훨씬 떨어진 곳에 유곽 4곳을 배치하고 그 안에는 9개씩의 연꽃으로 된 돌기가 있다. 몸통 중앙에는 굵은 2줄의 횡선이 있고, 만든 시기를 알 수 있는 글이 남아 있다. 조성 연대는 숙종 37년(1711)이다.

보물 제12호 하남 동사지 오층석탑 [河南 桐寺址 五層石塔]
경기 하남시 춘궁동 466

경기도 하남시 춘궁동에 있는 5층 석탑으로 2단의 기단 위에 5층의 탑신을 올렸다. 기단의 네 모서리와 면의 가운데에 기둥을 모각하였다. 탑신부의 초층 몸돌이 2단인데, 아랫단에 4개의 네모난 돌로 두고, 그 위에 1장의 돌을 얹어놓았다. 이러한 예는 (전)광주 성거사지 오층석탑(보물 제109호)에서도 볼 수 있는데, 고려시대에 나타난 새로운 양식이다. 지붕돌을 구성하는 돌 역시 1~3층은 4장, 4층은 2장, 5층은 1장이다.

상륜부는 노반만 남아 있다. 고려 전기인 10세기 후반에 만들어진 것으로 추정된다.

보물 제13호 하남 동사지 삼층석탑 [河南 桐寺址 三層石塔]
경기 하남시 춘궁동 465

경기도 하남시 춘궁동에 있는 3층 석탑으로 2단의 기단 위에 3층의 탑신을 올렸다. 기단과 탑신에는 기둥이 모각되었다. 이 탑은 1층 탑신과 2·3층 탑신의 크기가 줄어드는 비율에 따라 지붕돌도 작아지고 있어 전체적으로 안정된 느낌을 주고 있다. 탑의 세부적인 양식도 신라 후기 석탑의 전형적인 면모를 잘 간직하고 있어, 만들어진 연대는 고려 중기 아래로 내려가지 않을 것으로 추정된다. 1966년 보수공사를 시행할 때 탑 안에서 곱돌로 만든 소탑들이 발견되었다.

보물 제14호 수원 창성사지 진각국사탑비 [水原 彰聖寺址 眞覺國師塔碑]
경기 수원시 팔달구 매향동 13-1

진각국사의 행적을 기록한 탑비로 창성사터에 있다. 직사각형의 대석 위에 비신을 세운 다음 지붕돌을 올려놓았다. 비문은 마멸이 심하다. 비문에는 진각국사가 13세에 입문한 뒤 여러 절을 다니며 수행하고 부석사를 중수하는 등 소백산에서 76세에 입적하기까지의 행적이 실려 있다. 입적한 다음 해인 우왕 12년(1386) 광교산 창성사 경내에 이 비가 세워졌다.

간략화된 고려 후기 석비의 형식을 보이며, 비문은 이색이 짓고 승려인 혜잠이 글씨를 새겼다.

보물 제15호 보은 법주사 사천왕석등 [報恩 法住寺 四天王石燈]

충북 보은군 속리산면 법주사로 379 법주사

석등은 전체적으로 8각의 평면을 기본으로 하고 있다. 네모난 받침돌 위에 아래 받침돌은 면마다 안상을 얕게 새기고, 그 윗면은 간주석을 사이에 두고 윗받침돌과 대칭되게 연꽃을 조각하였다. 화사석은 4면에 창을 두었고, 나머지 4면에는 사천왕상을 조각하였다.

대체로 각 부분의 양식이 정제되고 조각수법이 우수하다. 통일신라시대의 대표적인 석등의 하나로 제작 시기는 8세기 중기 이후로 추정된다.

보은 법주사 사천왕석등
화사석의 사천왕상

보물 제16호 충주 억정사지 대지국사탑비 [忠州 億政寺址 大智國師塔碑]

충북 충주시 엄정면 비석2길 35-21

고려의 승려인 대지국사의 공적을 기리기 위해 조선 전기에 건립된 비이다. 직사각형의 대좌 위에, 비신을 올린 단순한 형태로, 비신 위쪽의 양 끝을 사선으로 잘라냈을 뿐 다른 꾸밈은 없다. 비문에는 대지국사가 고려 충숙왕 15년(1328)에 태어나 14세에 출가하고 공양왕 2년(1390) 입적할 때까지의 행적을 기록하고, 대사의 인품과 학덕을 기리는 내용이 실려 있다. 건립 연대는 조선 태조 2년(1393)이다.

비문은 박의중이 짓고, 승려인 선진이 글씨를 썼으며, 혜공이 새겼다. 서체는 해서체이다.

보물 제17호 충주 정토사지 법경대사탑비 [忠州 淨土寺址 法鏡大師塔碑]

충북 충주시 동량면 하천리 177-6

이 비는 신라말 고려초에 활동한 법경대사를 기리기 위해 세운 것이다. 법경대사는 통일신라 헌강왕 5년(879)에 태어나 20세에 불가에 입문하였다. 906년에 당나라에 들어가 도건대사에게 가르침을 받고, 924년에 귀국하였다. 경애왕은 그를 국사로 대우하였다. 고려 태조 24년(941)에 63세로 입적하자 태조는 시호를 '법경', 탑명을 '자등'이라 내렸다. 건립 연대는 고려 태조 26년(943)이다.

비문은 당시의 문장가 최언위가 지었으며, 유명한 서예가였던 구족달이 글씨를 썼다. 부도는 일본으로 반출되었다.

보물 제18호 청양 서정리 구층석탑 [靑陽 西亭里 九層石塔]
충남 청양군 정산면 서정리 16-2

백곡사라 추정하는 곳에 남아 있는 탑은 2단의 기단 위에 9층의 탑신을 올린 모습이다. 아래층 기단에는 안상을 새겼다. 위층 기단에는 네 모서리와 면의 가운데에 기둥을 모각하였고, 그 위로 탑의 몸돌과 지붕돌을 올려 안정된 모양새를 띠고 있다. 옥개받침은 1층만 5단이고 나머지는 3단으로 표현하였다. 전체적으로 신라시대부터 이어져 온 석탑 양식을 충실히 따르고 있으나 9층이나 되는 층수로 인해 형태가 매우 높아져 안정감이 부족하다. 고려 전기에 세워진 것으로 추정된다.

보물 제19호 보령 성주사지 오층석탑 [保寧 聖住寺址 五層石塔]
충남 보령시 성주면 성주리 73

이 절의 금당터로 보이는 곳의 앞에 서 있으며, 뒤로 3층 석탑 3기가 나란히 서 있다. 탑은 2단의 기단 위에 5층의 탑신을 올렸다. 기단은 각 면마다 모서리와 가운데에 기둥을 모각하였고, 기단의 위로는 탑신을 괴기 위한 편평한 돌을 따로 끼워 두었다. 탑신은 몸돌과 지붕돌이 각각 하나의 돌로 되어 있고, 옥개받침은 4단이다. 통일신라시대 탑의 전형이나, 1층 몸돌 아래에 괴임돌을 따로 끼워둔 것은 고려석탑으로 이어지는 새로운 형식이며, 통일신라 후기에 세워진 것으로 추정된다.

보령 성주사지 중앙삼층석탑
1층 몸돌의 문양

보물 제20호 보령 성주사지 중앙삼층석탑 [保寧 聖住寺址 中央三層石塔]
충남 보령시 성주면 성주리 73

성주사의 금당터로 추측되는 건물터 뒤편에 나란히 서 있는 3개의 석탑 중에서 가운데에 자리 잡고 있다. 이 탑은 함께 서 있는 탑들과 마찬가지로, 2단의 기단 위에 3층의 탑신을 올리고 있다. 기단은 각 층에 우주와 탱주를 모각하였다. 그 위로는 1층의 탑 몸돌을 괴기 위한 돌을 따로 끼워두었다. 1층 몸돌 남쪽의 한 면에는 문짝 모양을 조각하였고, 자물쇠 모양을 그 가운데에, 자물쇠 아래로 짐승 얼굴 모양의 문고리 한 쌍을 배치하였다. 통일신라 후기에 조성된 것으로 추정된다.

보물 제21호 **부여 당 유인원 기공비 [扶餘 唐 劉仁願 紀功碑]**
충남 부여군 부여읍 금성로 5 국립부여박물관

당나라 장수 유인원의 공적을 기리기 위해 세운 비로, 비문은 유인원의 가문과 생애 두 부분으로 되어 있다. 비록 당나라 장수의 공적비이기는 하지만 비문 중에 의자왕과 태자 및 신하 700여 명이 당나라로 압송되었던 사실과 부흥 운동의 중요 내용, 폐허가 된 도성의 모습 등이 기록되어 있어 당시의 상황을 아는 데 도움이 되고 있다. 비문을 유인원이 썼다고 하나 믿을 수 없다. 비가 세워진 시기는 통일신라 문무왕 3년(663)으로 부여 정림사지 오층석탑에 비문을 새긴 지 3년 후이다.

보물 제22호 **김제 금산사 노주 [金堤 金山寺 露柱]**
전북 김제시 금산면 모악15길 1 금산사

노주는 실제로 무엇으로 사용한 것인지 그 용도를 알 수 없는 유물이다. 땅 위에 바닥돌을 놓고, 그 위에 아래·중간·위받침돌을 순서대로 얹어놓았다. 맨 위에 놓인 꽃봉오리 모양의 조각만 없으면 불상을 얹는 사각형의 대좌처럼 보인다. 노주의 받침돌에 새겨진 조각의 양식이나 각 부분의 수법으로 보아 고려 전기에 세워진 것으로 추정 된다.

보물 제23호 **김제 금산사 석련대 [金堤 金山寺 石蓮臺]**
전북 김제시 금산면 모악15길 1 금산사

석련대는 석조연화대좌의 준말로 불상을 올려놓는 돌로 만든 받침대이다. 연화대좌는 흔히 볼 수 있지만 이것은 형태가 희귀하고 크기도 매우 거대하다. 한 돌로 조각한 것이지만 여러 개의 돌을 사용한 것처럼 상·중·하의 구성이 정연하다. 상대는 윗면이 평평하며 중앙에 불상의 양발을 세워 놓았던 것으로 보이는 네모난 구멍이 두 개 있다. 이 작품은 통일신라시대의 양식을 따르고 있으나, 화려한 조각 및 장식 등으로 보아 신라말 고려초 시기에 만들어진 것으로 추정된다.

보물 제24호 **김제 금산사 혜덕왕사탑비 [金堤 金山寺 慧德王師塔碑]**
전북 김제시 금산면 모악15길 1 금산사

보물 제25호 **김제 금산사 오층석탑**
[金堤 金山寺 五層石塔]
전북 김제시 금산면 모악15길 1 금산사

혜덕은 고려 정종 4년(1038)에 태어나 11세에 불교의 교리를 배우기 시작하였고, 그 이듬해에 승려가 되었다. 1079년 금산사의 주지가 되었으며, 고려 숙종에게 불교의 교리에 대한 강의를 하기도 하였다. 59세에 입적하였으며, 왕은 그를 국사로 대우하여 시호를 '혜덕', 탑명을 '진응'이라 내렸다. 현재 이수는 없어졌으며, 비문은 심하게 마멸되어 읽기가 어렵다. 귀부는 머리가 작고 몸통이 크게 표현된 거북을 조각하였다. 서체는 구양순법의 해서체로 썼다. 비의 조성은 예종 6년(1111) 건립되었다.

금산사 안의 북쪽에 송대라고 불리는 언덕 위에 세워져 있는 탑이다. 바로 뒤에는 석종 모양의 금강계단이 있는데, 이렇듯 사리계단 앞에 석탑을 세워놓은 것은 사리를 섬기던 당시 신앙의 한 모습이기도 하다. 2단의 기단 위에 5층 탑신을 올린 모습의 탑이다. 비례가 완만하고, 상륜부의 노반은 다른 탑에서는 볼 수 없는 독특한 모습이다. 상륜부는 온전히 유지되어 원형이 잘 남아 있다. 지붕돌 등에서 백제 미륵사탑의 계열을 따르고 있는 고려시대 조성된 작품이다.

보물 제26호 **김제 금산사 금강계단 [金堤 金山寺 金剛戒壇]**
전북 김제시 금산면 모악15길 1 금산사

금산사 경내의 송대에 5층석탑과 나란히 위치한 이 석종은 종 모양의 석탑이다. 매우 넓은 2단의 기단 위에 사각형의 돌을 놓고, 그 위에 탑을 세웠다. 석종형 탑은 인도의 불탑에서 유래한 것으로 통일신라 후기부터 나타나기 시작하였다. 외형이 범종과 비슷해서 석종으로 불린다. 기단에 조각을 둔 점과 돌난간을 두르고 사천왕상을 배치한 점 등으로 미루어 불사리를 모신 사리계단으로 해석되고 있다. 이 탑은 조형이 단정하고 조각이 화려한 고려 전기의 작품으로 추정된다.

보물 제27호 김제 금산사 육각다층석탑 [金堤 金山寺 六角多層石塔]

전북 김제시 금산면 모악15길 1 금산사

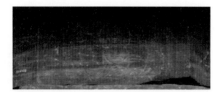

김제 금산사 육각다층석탑 몸돌의 여래좌상

금산사 소속의 봉천원에 있던 것을 현재 자리로 옮겨 왔다. 우리나라의 탑이 대부분 화강암으로 만든 방형의 탑인 데 비해, 이 탑은 흑백의 점판암으로 만든 육각 다층석탑이다. 탑을 받치는 받침돌은 화강암으로 용과 풀꽃 무늬를 새기고 기단은 연꽃 조각을 장식하였다. 탑신부는 층마다 몸돌이 있었으나 지금은 가장 위의 2개 층에만 남아 있다. 몸돌은 각 귀퉁이에 기둥을 모각하고 각 면에는 원을 그린 후 그 안에 여래좌상을 새겨 놓았다. 고려 전기에 조성된 것으로 추정된다.

보물 제28호 김제 금산사 당간지주 [金堤 金山寺 幢竿支柱]

전북 김제시 금산면 모악15길 1 금산사

금산사 경내에 있는 이 당간지주는 높이 3.5m로 양쪽 지주가 남북으로 마주 보고 서 있다. 지주의 기단은 잘 다듬은 6장의 길쭉한 돌로 바닥을 두고, 그 위를 두 장의 돌을 붙여서 마무리했다. 기단 위로는 당간 받침을 지주 사이에 둥근 형태로 조각하였고, 받침 주변에는 괴임을 새겨두었을 뿐 별다른 꾸밈은 없다. 당간을 고정하기 위한 구멍은 각각 지주의 위·중간·아래의 3곳에 뚫었는데 3곳에 구멍을 두는 것은 통일신라시대의 양식적 특징이다. 조성 연대는 8세기 후반으로 추정된다.

보물 제29호 김제 금산사 심원암 삼층석탑 [金堤 金山寺 深源庵 三層石塔]

전북 김제시 금산면 모악15길 413 심원암

금산사 심원암에서 볼 때 북쪽 산꼭대기 가까운 곳에 있는 탑이다. 탑은 2층의 기단 위에 3층의 탑신을 올린 모습으로, 탑신의 몸돌에는 네 면마다 모서리에 기둥을 모각하였다. 각 몸돌을 덮고 있는 지붕돌은 넓적하며, 낙수면의 경사를 급하게 처리하였다. 처마의 양 끝에서의 들림이 부드러운 곡선을 그리고 있어 고려시대의 특징이 잘 담겨 있다. 정상에는 머리 장식을 받치는 노반만이 남아 있다. 형태는 잘 보존되었으나 몸돌은 훼손된 부분이 많다.

보물 제30호 남원 만복사지 오층석탑 [南原 萬福寺址 五層石塔]
전북 남원시 용당읍 남문로 325-5

고려시대에 승려 도선이 창건하였다고 전하는 만복사의 옛터에 서 있는 탑이다. 탑신부의 1층 몸돌은 대단히 높고 2층 이상은 약 3분의 1로 크기가 줄어들었다. 몸돌에는 모서리마다 기둥을 모각하였다. 특이한 점은 각 지붕돌 위에 몸돌을 괴기 위한 별도의 네모난 돌이 끼워져 있는 것으로, 당시 석탑의 특징을 보여주는 한 예이다. 이 탑은 고려 문종 때인 11세기에 세워진 것으로, 1968년 이 탑을 보수할 때 탑신의 1층 몸돌에서 사리장치가 발견되었다.

보물 제31호 남원 만복사지 석조대좌 [南原 萬福寺址 石造臺座]
전북 남원시 용당읍 남문로 325-5

이 석조대좌는 거대한 하나의 돌로 상·중·하대를 조각하였는데 통일신라시대의 전형적인 8각형에서 벗어난 육각형으로 조각한 것이 특이하다. 하대는 각 측면에 안상을 새기고, 그 안에 꽃을 장식했으며, 윗면에는 연꽃 모양을 조각하였다. 상대에는 평평한 윗면 중앙에 불상을 끼웠던 것으로 보이는 네모진 구멍이 뚫려 있다. 11세기경에 조성된 것으로 추정된다.

보물 제32호 남원 만복사지 당간지주 [南原 萬福寺址 幢竿支柱]
전북 남원시 용당읍 남문로 325-5

사찰의 입구에 당[幢 : 깃발]을 달기 위해 조성된 당간을 받치는 지주이다. 이 당간지주는 만복사터에 동·서로 마주 보고 서 있으며, 지주 사이에 세웠던 당간은 남아있지 않고 이를 고정했던 구멍이 세 군데에 뚫려 있다. 현재 아랫부분과 기단이 땅속에 파묻혀 있어 그 이하의 구조는 알 수 없다. 두 지주 각 면이 고르지 못하여 전체적으로 투박하고 별다른 장식이 없다.

전체적으로 생략화·단순화된 것으로 보아 고려 전기의 작품으로 추정된다.

보물 제33호 남원 실상사 수철화상탑 [南原 實相寺 秀澈和尙塔]
전북 남원시 산내면 입석길 94-129 실상사

탑은 신라 석조부도의 전형적인 양식인 8각 원당형으로 수철화상의 사리를 모셔 놓은 사리탑이다. 수철화상은 신라 후기의 승려로, 본래 심원사에 머물다가 후에 실상사에 들어와 이 절의 두 번째 창건주가 되었다. 진성여왕 7년(893) 77세로 입적하였다. 왕은 시호를 '수철화상' 탑명을 '능가보월'이라 내렸다. 탑 전체에는 구름, 용, 사자, 연꽃, 문 모양, 사천왕상 등이 새겨져 있다. 지붕돌은 기왓골, 서까래, 막새기와 등을 표현하여 목조건축의 지붕 양식을 충실히 모방하였다. 조성 연대는 입적한 이후로 추정하고 있다.

보물 제34호 남원 실상사 수철화상탑비 [南原 實相寺 秀澈和尙塔碑]
전북 남원시 산내면 입석길 94-129 실상사

남원 실상사 수철화상탑비
이수의 용 문양과 제액(비제)

수철화상의 탑비로 형식은 당시의 일반적인 탑비 형식과는 달리 귀부 대신 안상 6구를 얕게 새긴 직사각형의 대석 위로 비를 세웠다. 비를 세우는 비좌에는 연꽃을 둘렀다. 이수는 구름 속에 용 두 마리가 대칭으로 조각되어 있고 그 앞면 제액에는 '능가보월탑비'라는 글이 새겨져 있다. 조각 수법이 형식적이고 꾸밈이 약화된 경향이 뚜렷하다. 비의 건립 연대는 효공왕(재위 897~912)대로 추정되고, 글씨는 구양순체이다. 마멸과 손상이 심한 편이다.

보물 제35호 남원 실상사 석등 [南原 實相寺 石燈]
전북 남원시 산내면 입석길 94-129 실상사

석등 앞의 층계

석등은 불을 밝히는 화사석을 중심으로 밑에 3단의 받침을 쌓고, 위로는 지붕돌과 머리 장식을 얹었으며, 전체적으로 8각형을 기본으로 하고 있다. 받침부분의 아래 받침돌과 윗받침돌에는 8장의 꽃잎을 대칭적으로 새겼다. 화사석은 8면에 모두 창을 뚫었는데, 창 주위로 구멍들이 나 있어 창문을 달기 위해 뚫었던 것으로 보인다. 석등의 앞에는 돌층계가 있어 실제로 석등에 불을 켠 것이 아닌가 추정하고 있다.

장식 등의 요소로 보아 통일신라 후기인 9세기 중엽에 조성된 것으로 추정된다.

보물 제36호 남원 실상사 승탑 [南原 實相寺 僧塔]
전북 남원시 산내면 입석길 94-129 실상사

실상사 승탑은 팔각원당형 양식을 따르고 있다. 아래 받침돌에는 용틀임과 구름무늬가 아름답게 새겨져 있고, 가운데 받침돌은 아무런 무늬를 새기지 않았다. 윗받침 돌에는 연꽃 8잎이 위를 향해 피어 탑몸돌을 받치고, 각 모서리를 따라 꽃 장식이 표현되어 있다. 몸돌은 한 면에만 문을 얕게 조각하고, 다른 면에는 아무 장식이 없다. 지붕돌의 여덟 곳 귀퉁이에는 작은 꽃이 장식되었다. 통일신라시대의 양식을 계승한 승탑으로 고려 전기에 조성된 것으로 추정된다.

보물 제37호 남원 실상사 동 · 서 삼층석탑 [南原 實相寺 東 · 西 三層石塔]
전북 남원시 산내면 입석길 94-129 실상사

남원 실상사 동 · 서 삼층석탑
1 실상사 서 삼층석탑
2 실상사 동 삼층석탑

실상사의 중심 법당인 보광전 앞뜰에 동 · 서로 세워져 있는 두 탑이다. 탑은 2층으로 된 기단 위에 3층의 탑신을 올린 모습으로, 동서 두 탑 모두 탑의 머리 장식이 거의 완전하게 보존되어 있다. 탑신은 몸돌과 지붕돌이 각각 하나의 돌로 만들어져 통일신라시대의 정형을 보이며, 각 층 몸돌에는 모서리마다 기둥 모양이 모각되어 있다. 지붕돌은 처마 밑이 수평이며, 옥개받침은 4단이다.

조성 연대는 통일신라 후기로 추정된다.

보물 제38호 **남원 실상사 증각대사탑 [南原 實相寺 證覺大師塔]**
전북 남원시 산내면 입석길 94-129 실상사

홍척국사의 사리를 모신 탑으로, 전형적인 팔각원당형 탑이다. 홍척은 통일신라 후기의 승려로 시호는 '증각'이다. 각 면의 조각들은 닳아 없어져 거의 형체를 알아보기가 힘들고 윗받침돌의 연꽃잎만이 뚜렷하다. 몸돌은 기둥 모양을 새겨 모서리를 정하고 각 면에 아치형의 문을 새기고, 그곳에 문을 지키고 있는 사천왕상을 양각하였다. 지붕돌에는 목조건축의 처마선이 잘 묘사되어 있다.

조성 연대는 9세기로 추정된다.

남원 실상사 증각대사탑
윗받침돌의 문양과 탑신 몸돌 문양

보물 제39호 **남원 실상사 증각대사탑비 [南原 實相寺 證覺大師塔碑]**
전북 남원시 산내면 입석길 94-129 실상사

실상사에 있는 증각대사의 탑비이다. 증각대사는 일명 홍척국사 남한조사로 불리며, 통일신라 헌강왕 때에 당나라에 들어갔다가 홍덕왕 1년(826)에 귀국한 뒤 구산선문의 하나인 실상사 파를 일으켜 세운 고승이다. 비는 비신이 없어진 채 현재 귀부와 이수만이 남아있다. 귀부는 용의 머리를 형상화하지 않고 거북의 머리를 그대로 충실히 따랐다. 이수는 경주의 '태종무열왕릉비' 계열에 속하며, 앞면 중앙 제액에는 '응료탑비[凝蓼塔碑]'라고 새겼다.

조성 연대는 9세기로 추정된다.

보물 제40호 **남원 실상사 백장암 석등 [南原 實相寺 百丈庵 石燈]**
전북 남원시 산내면 대정리 975 백장암

석등은 일반적으로 불을 밝히는 화사석을 중심으로 밑에 3단의 받침을 두고, 위로는 지붕돌과 머리 장식을 얹었다. 전체적으로 8각형을 이루며, 받침은 가운데에 8각의 간주석을 두고, 아래와 윗받침돌에는 8장의 연꽃잎을 대칭적으로 새겼다. 화사석 역시 8각형으로 네 면에 화창을 두었다. 지붕돌은 간결하게 처리하였으며, 보주는 결실되었다.

조성 연대는 통일신라 후기인 9세기에 건립된 것으로 추정된다.

보물 제41호 남원 실상사 철조여래좌상 [南原 實相寺 鐵造如來坐像]

전북 남원시 산내면 입석길 94-129 실상사

통일신라 후기의 대표적인 작품으로 실상사 창건 당시부터 지금까지 보존되어 오고 있는 철불이다. 통일신라 후기에는 지방의 선종사원을 중심으로 철로 만든 불상이 활발하게 만들어졌다. 이 불상 역시 당시의 불상 양식을 잘 표현하고 있다. 좁아진 이마, 초승달 모양의 눈, 다문 입 등의 근엄한 묘사는 이전의 활기차고 부드러운 모습과는 판이하게 다지만, 옷주름은 U자형으로 당시에 유행하던 옷주름 표현기법으로 비교적 자연스럽다.

9세기 불상으로 변화하는 과도기적인 작품이다.

보물 제42호 남원 용담사지 석조여래입상 [南原 龍潭寺址 石造如來立像]

전북 남원시 주천면 원천로 165-12 용담사

불상과 광배를 하나의 돌에 조성한 석조여래입상으로 높이가 6m에 이른다. 육계(상투 모양의 머리)가 높고 큼직하며, 얼굴은 마멸로 인해 분명하지 않다. 목에는 형식적으로 새긴 삼도가 있다. 광배는 깨어진 곳이 많아 분명하지는 않지만 군데군데 불꽃무늬를 조각한 흔적이 남아있다. 대좌는 타원형으로 자연석을 그대로 이용하였다. 이 불상은 고려 초기에 유행한 거구의 불상 계통을 따르고 있다.

보물 제43호 남원 만복사지 석조여래입상 [南原 萬福寺址 石造如來立像]

전북 남원시 용당읍 남문로 325-5

광배 뒷면 선각으로 표현한 불상

화강암으로 조성된 높이 2m의 불상이다. 소발(민머리)의 정수리에는 육계(상투 모양의 머리)가 둥글게 솟아 있다. 타원형의 얼굴은 눈·코·입의 자연스러운 표현과 함께 원만한 인상을 보여준다. 어깨에서 팔로 내려오는 곡선, 몸의 굴곡 등도 아주 원만하고 부드럽게 표현되어 있다. 손은 없어졌지만, 위치로 보아 시무외인과 여원인을 표현한 것으로 보인다. 손은 따로 끼울 수 있도록 만들어 놓았는데 지금은 모두 없어진 상태이다. 광배 뒷면에는 선각으로 불상을 표현하였다. 조성 시기는 고려 초기로 추정된다.

보물 제45호 익산 연동리 석조여래좌상 [益山 蓮洞里 石造如來坐像]

전북 익산시 삼기면 진북로 273

이 불상은 백제시대 조성된 것으로 머리 부분만 결실되어 새로 만든 것이고, 불신과 대좌 및 광배는 당시 상태를 유지하고 있다. 불상의 현재 높이는 156cm이다. 당당하고 균형 잡힌 몸매이며, 양어깨를 감싸고 있는 옷자락은 길게 내려져서 사각형의 대좌를 덮고 있는데, 앞자락은 U자형, 좌우로는 Ω형의 주름이 대칭으로 2단씩 표현되어 있다.

이 석조여래입상은 대좌의 모습과 광배에 새겨진 무늬를 볼 때 장중하면서도 세련된 특징을 보여주는 600년경에 조성된 백제시대 불상이다.

보물 제46호 익산 고도리 석조여래입상 [益山 古都里 石造如來立像]

전북 익산시 금마면 동고도리 400-2, 동고도리 1086

약 200m의 거리를 사이에 두고 마주 서 있는 2구의 석상으로, 사다리꼴 모양의 돌기둥에 얼굴, 손, 대좌 등이 표현되어 있다. 머리에는 4각형의 높은 관 위에 다시 4각형의 갓을 쓰고 있다. 4각형의 얼굴에는 가는 눈, 짧은 코, 작은 입이 간신히 표현되었다. 불교적 신앙의 대상이라기보다 토속적인 수호신의 의미가 큰 것으로 보인다. 신체나 비사실적인 조각 수법이 마치 분묘의 석인상과 비슷하다. 고려시대에 신체 표현이 절제된 거대한 석상이 많이 조성되었는데 이 불상 역시 그러한 작품 중의 하나로 보인다.

보물 제47호 보령 성주사지 서 삼층석탑 [保寧 聖住寺址 西 三層石塔]
충남 보령시 성주면 성주리 73

성주사지에서 금당터로 보이는 곳의 뒤쪽으로 나란히 서 있는 3기의 탑 중 서쪽에 위치한다. 기단은 2단으로 되어 있으며, 초층 탑신의 몸돌을 괴는 별도의 받침돌을 두어 고려석탑으로 이어지는 새로운 양식을 보여준다. 3층을 이루는 탑신의 초층 몸돌 남쪽 면에는 짐승 얼굴 모양의 고리 1쌍을 조각하였다. 옥개받침은 4단이며, 상륜부는 노반만 남아 있다. 1971년 해체·수리하였다.

조성 연대는 통일신라 후기로 추정된다.

나주 동점문 밖 석당간
당간의 보개와 보주 및 이은 부분

보물 제49호 나주 동점문 밖 석당간 [羅州 東漸門 밖 石幢竿]
전남 나주시 성북동 229-9

오늘날 대개는 당간지주만 남아 있는데, 이것은 당간이 함께 남아 있다. 당간은 5개 돌을 서로 맞물리게 하여 세웠는데, 아래는 굵고 올라갈수록 차츰 가늘어져 안정감 있다. 당간에 철 띠를 둘러 고정하고 당간지주 기단에 구멍을 파서 이를 고정했다. 당간 위에는 8각의 보개와 보주를 배치했다. 조성 연대는 고려시대로 추정된다.

본래 당간은 절 앞에 위치하는데 이곳에 절이 있었다는 기록은 없고 다만 풍수설과 결합하여 나주의 땅 모양이 배 모양이기 때문에 안정을 빌기 위해 당간을 돛대로 세운 것이라는 말이 전해진다.

보물 제50호 나주 북망문 밖 삼층석탑 [羅州 北望門 밖 三層石塔]
전남 나주시 건재로 41-1 심향사

원래 나주 북문 밖에 있던 것을 1915년 옛 나주 군청 내로 옮겼다가 2006년 심향사 경내 미륵전 앞으로 다시 옮겨 놓은 탑으로, 2층 기단 위에 3층의 탑신을 세운 일반적인 모습이다. 기단 초층의 안상과 기단의 면석과 탑신의 몸돌에 기둥을 모각한 것을 제외하고는 장식적인 요소는 없다. 상륜부는 노반과 복발만이 남아 있다.

전체적인 양식으로 보아 고려 후기에 세워진 것으로 추정된다.

보물 제51호 문경 내화리 삼층석탑 [聞慶 內化里 三層石塔]

경북 문경시 산북면 내화리 47-1

문경 내화리 삼층석탑 사리 장엄구

　문경시의 깊은 산골짜기에 조성된 작고 아담한 3층 석탑이다. 석탑 부재가 흩어진 것을 수습하여 1960년 9월에 복원하였다. 기단은 1단으로 조성하고 그 위로 3층의 탑신을 올렸다. 기단은 남북 면에만 모서리에 기둥을 새기고, 동서 면에는 남북 면의 사잇돌을 밀어 넣어 맞추었다. 탑신의 몸돌과 지붕돌은 각각 한 돌로 구성하였다. 옥개받침은 4단이며 상륜부는 노반만 남아 있는데 이 노반은 3층 지붕돌과 하나의 돌로 조성되었다. 조성 연대는 통일신라 후기로 추정된다. 사리장치는 일제 강점기에 일부를 도난당하였다.

보물 제52호 봉화 서동리 동·서 삼층석탑 [奉化 西洞里 東·西 三層石塔]

경북 봉화군 춘양면 서원촌길 8-14

서동리 동·서 삼층석탑
1 동삼층석탑 내에서 발견된 흙으로 빚은 탑
2 동삼층석탑 사리 장엄구

　춘양중학교 안에 동·서로 마주 서 있는 2기의 탑이다. 이곳은 신라의 옛 사찰인 남화사의 옛터로 알려져 있다. 탑은 2단의 기단 위에 3층의 탑신을 올린 모습으로 두 탑 모두 같은 양식이다. 1962년 10월 해체·복원하였는데, 이때 서탑에서는 사리함을 넣었던 공간이 발견되었고 동탑에서는 사리병과 함께 99개의 작은 토탑[土塔]이 발견되었다. 전체적으로 아름다운 비례와 정제된 조형미를 보여주는 작품으로, 통일신라 후기에 만들어진 것으로 추정된다.

보물 제53호 예천 개심사지 오층석탑 [醴泉 開心寺址 五層石塔]
경북 예천군 예천읍 남본리 200-3

예천 개심사지 오층석탑
1 1층 몸돌의 자물쇠와 인왕상
2 2층 기단의 팔부중상과 1층 기단의 12지상

　고려 전기에 창건된 개심사에 있던 탑이었으나, 절터의 흔적은 찾아볼 수 없다. 탑은 2단의 기단 위에 5층의 탑신을 세운 모습이다. 아래층 기단은 4면마다 3구의 안상을 새기고 그 안에 십이지신상을 조각하였다. 위층 기단은 4면의 가운데에 기둥 모양을 새겨 면을 나눈 다음 그 안에 팔부중상을 새겨 놓았다. 1층 탑신 몸돌 아래 연화문을 조각한 굄돌을 두고, 몸돌에는 자물쇠 모양을 조각하고 그 좌우에 인왕상을 새겼다. 기단에 있는 기록으로 보아 고려 현종 원년(1010)에 세워진 탑이다.

보물 제54호 고령 지산리 당간지주 [高靈 池山里 幢竿支柱]
경북 고령군 고령읍 지산리 3-5

　마을로 변해버린 절터에 세워져 있는 이 당간지주는 동서쪽으로 서로 마주 보고 서 있다. 바깥쪽 면에 양 모서리를 줄인 후 가장자리와 가운데에 세로띠를 도드라지게 새겼다. 앞뒤 두 면은 윗부분에 안상모양으로 움푹 들어가게 새겼다. 안쪽 면의 아래위에는 당간을 고정하기 위한 2개의 홈을 파놓았는데, 직사각형의 모습이다. 현재 아랫부분은 묻혀 있어 받침의 모습을 알 수 없다.

　8세기경 조성된 것으로 추정된다.

보물 제56호 안동 운흥동 오층전탑 [安東 雲興洞 五層塼塔]

경북 안동시 운흥동 231

안동 운흥동 오층전탑 2층 남쪽 면의 인왕상

이 탑은 무늬 없는 벽돌로 5층을 쌓은 전탑이다. 몸돌에는 층마다 불상을 모시기 위한 감실을 설치했고 특히 2층 남쪽 면에는 2구의 인왕상을 새겼다. 지붕돌 밑면의 받침수는 1층부터 차례로 10단·8단·6단·4단·3단으로 줄어들었고 처마 끝에는 기왓골을 받기 위해 총총한 나무를 얹고 4층까지 기와를 입혀 놓았다. 이러한 지붕 모양은 탑신의 감실과 더불어 목탑 양식의 흔적을 보여준다. 탑의 꼭대기에는 머리 장식으로 복발만 남아 있다.

통일신라시대 조성한 것으로 추정된다.

보물 제57호 안동 조탑리 오층전탑 [安東 造塔里 五層塼塔]

경북 안동시 일직면 조탑리 139-2

안동 조탑리 우층전탑
1층 남쪽 면의 감실과 인왕상

기단은 흙을 다져 마련하고 그 위로 크기가 일정하지 않은 화강석으로 5~6단을 쌓아 1층 몸돌을 이루게 하였다. 남면에는 감실을 파서 그 좌우에 인왕상을 양각하였다. 1층 지붕부터는 벽돌로 쌓았는데 세울 당시의 것으로 보이는 문양이 있는 벽돌이 남아 있다. 지붕돌에는 안동에 있는 다른 전탑과는 달리 기와가 없다. 여러 차례 부분적인 보수를 거치는 동안 창건 당시의 원형이 많이 변형되었을 것으로 짐작된다. 통일신라시대 조성한 것으로 추정된다.

보물 제58호 안동 안기동 석조여래좌상 [安東 安寄洞 石造如來坐像]
경북 안동시 한화4길 11-13

현재 불상의 머리는 후대에 새롭게 붙여 놓은 것으로 발견 당시에는 몸통과 대좌만 있었다. 불상이 앉아 있는 대좌 역시 원래 불상과 같이 있던 것인지는 확실하지 않다. 비록 원래의 모습이 많이 없어지고 보존 상태도 그리 좋지 못하나 세부의 조각 수법이 우수하고 안정된 자세를 취하고 있다. 양어깨에 걸쳐 입고 있는 옷은 소매 하나까지 매우 사실적으로 표현하였다. 수인은 항마촉지인이다.

조성 시기는 통일신라 후기로 추정된다.

보물 제59호 영주 숙수사지 당간지주 [榮州 宿水寺址 幢竿支柱]
경북 영주시 순흥면 내죽리 158

이 당간은 소수서원 입구 소나무 숲에 남아 있는 것으로, 서원 내에 당시 숙수사의 여러 유물이 많이 남아 있는 것으로 보아 지금의 위치가 원래 위치로 보인다. 숙수사는 통일신라 전기에 창건된 사찰로, 고려시대까지 이어져 오다 소수서원의 건립으로 폐사된 듯하다. 당간은 마주 보는 면의 바깥 면 중앙에 세로띠를 새기고, 중간 부분의 면이 쏙 들어가 있어서 마치 넓은 홈을 마련한 것처럼 보인다. 전체적으로 소박하며 돌을 다듬은 솜씨도 세련되어 보이는 통일신라시대의 작품이다.

보물 제60호 영주 영주동 석조여래입상 [榮州 榮州洞 石造如來立像]
경북 영주시 중앙로 15

광배와 상이 하나의 돌에 조각된 거의 완전한 형태의 보살상으로, 원래는 시내의 절터에 있던 것을 현재의 위치로 옮겼다. 굵은 목에 넓고 둥근 어깨는 힘차고 당당한 모습이며, 이러한 경향은 굵은 팔, 다리 및 투박한 손발 등 신체의 각 부분에까지 공통적으로 드러나 전체적으로 박력 있는 남성의 체구를 연상시킨다. 보살이 걸치고 있는 옷의 표현 중 특징적인 것은 왼쪽 겨드랑이에 표현된 매듭으로 흔치 않다. 광배는 주형거신광배이며 조성 연대는 통일신라 후기로 추정된다.

보물 제61호 경주 불국사 사리탑 [慶州 佛國寺 舍利塔]
경북 경주시 불국로 385 불국사

겉모습이 석등과 비슷하게 생긴 사리탑으로, 사리를 모시는 탑신을 중심으로 아래는 받침이 되는 기단을 두고, 위로는 머리 장식을 두었다. 기단은 연꽃잎을 새긴 반원 모양의 돌을 위·아래에 두고, 그 사이를 구름문양을 새긴 기둥으로 연결하였다. 탑신은 기둥으로 구획을 나누고 감실처럼 움푹 파내 여래와 보살상을 조각하였다. 조성 연대는 고려 전기로 추정된다.

1905년 일본인에 의해 불법 반출되었다가 1933년에 반환된 것으로, 일본강점기 당시 모진 수난을 당한 우리 문화재의 아픈 역사를 잘 말해주고 있다.

경주 불국사 사리탑
1 중대석의 구름 문양
2 몸돌의 여래상

보물 제62호 경주 서악동 마애여래삼존입상 [慶州 西岳洞 磨崖如來三尊立像]
경북 경주시 서악4길 80-100

경주 서악동 마애여래삼존입상
본존불의 얼굴과 수인

선도산 정상 가까이 있는 큰 암벽에 아미타여래입상을 본존불로 하여, 왼쪽에 관음보살상을, 오른쪽에 대세지보살상을 조각한 7세기 중엽의 삼존불상이다. 아미타여래입상은 손상을 많이 입고 있는데, 머리는 완전히 없어졌고 얼굴도 눈 있는 부분까지 파손되었으나 전체적으로 힘과 위엄이 넘치는 모습이다. 이 삼존불은 삼국시대에서 통일신라 불상 조각으로 이어지는 과도기의 중요한 작품으로, 본존불은 높이 7m, 관음보살상 높이 4.55m, 대세지보살 높이 4.62m이다.

보물 제63호 경주 배동 석조여래삼존입상 [慶州 拜洞 石造如來三尊立像]

경북 경주시 내남면 용장리 65-1

경주 남산 기슭에 흩어져 있던 것을 1923년 지금의 자리에 모아 세웠다. 이 석불들은 기본 양식이 똑같아 처음부터 삼존불로 모셔졌던 것으로 보인다. 본존불의 얼굴에서 풍기는 전체적인 모습이 온화하고 자비로움을 표현하고 있으며, 좌우 보살도 미소를 머금고 있는 모습이 자애롭다.

조각 솜씨가 뛰어난 작품으로 7세기 신라 불상 조각의 대표작으로 평가된다.

보물 제64호 경주 보문사지 석조 [慶州 普門寺址 石槽]

경북 경주시 보문동 848-16

보문사터로 알려진 곳에 남아 있는 석조이다. 이 석조는 절에서 생활에 필요한 물을 받아 두기 위해 만든 돌 물통으로, 지금도 절에서는 이와 비슷한 것이 급수 용기로 사용되고 있다. 큰 돌 하나로 내부를 파내어 물을 담도록 하였는데, 윗부분의 가장자리보다 밑부분이 약간 좁아졌고, 아랫면은 평평하게 만들었다. 전체적으로 형태가 크지만, 안팎으로 아무런 장식이 없는 소박한 모습이다.

이 석조는 주변 유물들과 관련지어 볼 때 통일신라시대에 만들어진 것으로 추정된다.

경주 서악동 삼층석탑
1층 몸돌의 감실과 인왕상

보물 제65호 경주 서악동 삼층석탑 [慶州 西岳洞 三層石塔]

경북 경주시 서악동 705-1

통일신라시대 모전탑 계열에 속하는 탑이다. 기단은 커다란 돌 8개를 2단으로 쌓은 독특한 형태로 이루어져 있다. 기단 윗면에 1층 몸돌을 받치기 위한 1장의 평평한 돌이 끼워져 있다. 탑신부는 몸돌과 지붕돌이 각각 1장의 돌로 되어 있고, 1층 몸돌에는 감실을 얕게 파서 문을 표시하였다. 문의 좌우에는 인왕상이 조각되어 있다. 이 탑은 독특한 기단 형식을 보아 보물 124호인 경주 남산동 동·서 삼층석탑 중 동탑을 모방한 것으로 여겨지나 통일신라 후기의 퇴화되는 과정에서 조성된 석탑으로 추정된다.

보물 제66호 경주 석빙고 [慶州 石氷庫]
경북 경주시 인왕동 449-1

석빙고는 얼음을 넣어두던 창고로, 이 석빙고는 경주 반월성 안의 북쪽 성루 위에 남북으로 길게 자리하고 있다. 남쪽의 출입구를 들어가면 계단을 통해 밑으로 내려가게 되어 있다. 안으로 들어갈수록 바닥은 경사를 지어 물이 흘러 배수가 될 수 있게 만들었다. 지붕은 반원형이며 3곳에 환기통을 배치하였다. 석비와 입구 이맛돌에 의하면, 조선 영조 14년(1738) 당시 조명겸이 나무로 된 빙고를 돌로 축조하였다는 것과 4년 뒤에 서쪽에서 지금의 위치로 옮겼다는 내용이 상세히 기록되어 있다.

보물 제67호 경주 효현동 삼층석탑 [慶州 孝峴洞 三層石塔]
경북 경주시 효현동 419-1

탑이 세워진 이 터는 신라 법흥왕이 죽기 전까지 승려로서 불도를 닦았다는 애공사가 있었던 곳이라 전해오기도 하지만 주변이 논밭으로 변하여 사찰의 흔적은 찾을 수 없다.

탑은 2단의 기단 위에 3층의 탑신을 세웠다. 기단은 사방 네 면과 탑신 각 층의 몸돌 모서리마다 기둥을 모각하였다. 지붕돌은 네 귀퉁이가 살짝 들려있어 경쾌한 곡선을 이룬다. 몸돌과 지붕돌은 각각 한 개의 돌로 이루어져 있으며, 옥개받침은 모두 4단이다.

조성 연대는 9세기로 추정된다.

보물 제68호 경주 황남동 효자 손시양 정려비 [慶州 皇南洞 孝子 孫時揚 旌閭碑]
경북 경주시 황남동 240-3

정려비란 충신이나 효자, 열녀 등을 기리고자 그들이 살았던 고을에 세운 비를 말한다. 이 비는 고려시대 사람인 손시양의 효행을 표창하는 정문을 설치하게 된 내력을 적고 있다. 손시양은 부모가 돌아가신 뒤 각각 3년간 묘소 옆에 막을 지어놓고 곁을 지켰다 한다. 당시 동경유수 채정이 왕에게 그의 효행을 글로 적어 올려 마을에 정문을 세우게 되었다. 비는 비몸만 있을 뿐 아래의 받침돌과 위의 머릿돌은 없다. 고려 명종 12년(1182)에 세워진 것으로, 비문은 채정이 지었다.

보물 제69호 경주 망덕사지 당간지주 [慶州 望德寺址 幢竿支柱]
경북 경주시 배반동 964-2

이 당간지주는 망덕사터 서쪽에 65㎝ 간격으로 서로 마주 보고 서 있다. 표면에 아무런 조각과 장식을 두지 않는 대신, 지주 바깥면의 모서리를 윗부분부터 줄어들게 하여 장식적인 효과를 내었다. 안쪽 윗면에는 당간을 고정시키기 위한 네모난 홈을 만들었다. 망덕사는 삼국유사의 기록에 의하면, 통일신라 신문왕 5년(685)에 창건된 사찰인데 이 당간지주도 그 당시에 조성된 것으로 추정된다.

보물 제70호 경주 서악동 귀부 [慶州 西岳洞 龜趺]
경북 경주시 서악동 1006-1

서악동 귀부는 태종무열왕릉의 남쪽 길 건너편에 위치한다. 삼국사기의 기록이나 서악서원의 영귀루 북쪽 받침에서 찾아낸 비석 조각에 새겨진 글로 미루어, 김인문(629~694)의 공적을 새겨놓았던 비의 받침돌인 것으로 짐작된다. 일반적으로 거북받침돌의 양식적인 변천을 볼 때, 9세기부터는 거북의 머리가 용의 머리로 바뀌게 되는데, 서악리 귀부는 거북 머리의 원형을 잘 지니고 있다. 만들어진 연대는 삼국통일 후인 7세기 중반으로 추정된다.

보물 제71호 함안 대산리 석조삼존상 [咸安 大山里 石造三尊像]
경남 함안군 함안면 대산리 1139

함안 대산리 석조삼존상
양 무릎의 타원형 옷주름

대사골로 불리는 마을 앞 절터에 있는 3구의 불상이다. 다른 불상의 좌우 협시보살로 만들어졌을 것으로 추정되는 2구의 보살입상은 손 모양만 다를 뿐 조각수법이 거의 비슷하다. 머리에는 두건 같은 높은 관을 쓰고 있으며, 우리나라 고유의 한복 같은 옷을 입고 있는데, 어깨 매듭과 양 무릎의 타원형의 옷주름은 불상의 가장 큰 특징이다. 이런 표현들은 고려시대 지방화된 불상 양식에서 나타나는 특징으로 고려시대의 조성된 것으로 추정된다.

보물 제72호 산청 단속사지 동 삼층석탑 [山淸 斷俗寺址 東 三層石塔]
경남 산청군 단성면 운리 303-2

단속사 옛터의 금당터 앞에 동서로 서 있는 두 탑 중 동쪽에 세워진 탑으로, 2단의 기단에 3층의 탑신을 올린 전형적인 모습이다. 전체적으로 상·하의 비례가 알맞고 위로 오를수록 탑신의 크기가 알맞은 크기로 구성되어 있어 그 모습이 아름답게 보인다. 함께 세워져 있는 서탑과 비교할 때 그 규모와 수법이 거의 동일하여 같은 시대의 작품임을 알 수 있다.

통일신라 후기에 조성된 탑이다.

보물 제73호 산청 단속사지 서 삼층석탑 [山淸 斷俗寺址 西 三層石塔]
경남 산청군 단성면 운리 303-2

단속사 옛터의 금당터 앞에 동서로 배치된 두 탑 중 서쪽에 세워진 탑이다. 동탑에 비하여 많이 부서지고 안에 봉안된 사리함이 도난당하는 등 많은 수난을 겪었다. 지붕돌의 처리, 윗부분으로 갈수록 크기가 알맞게 줄어드는 수법 등에서 통일신라 석탑의 전형을 계승하고 있는 것을 볼 수 있다.

통일신라 후기의 수법을 잘 보여주고 있다.

보물 제74호 양산 통도사 국장생 석표 [梁山 通度寺 國長生 石標]
경남 양산시 하북면 백록리 718-44

통도사를 중심으로 사방 12곳에 세워놓은 장생표의 하나로, 절의 경계를 나타내는 표시이다. 국장생이라는 명칭은 나라의 명에 의해 건립된 장생이라는 의미이다. 장생은 수호신, 이정표, 경계표 등의 구실을 하고 있어 풍수지리설과 함께 민속 신앙과도 깊은 관계를 맺고 있는데, 이 장생은 경계표의 구실을 한 것으로 보인다.

고려 선종 2년(1085)에 제작된 것으로, 나라의 통첩을 받아 세웠다. 문장 가운데에는 이두문이 섞여 있다.

보물 제75호 **창녕 송현동 마애여래좌상 [昌寧 松峴洞 磨崖如來坐像]**
경남 창녕군 창녕읍 송현리 105-4

큰 바위에 앞면을 돌출되게 조각한 마애불로 바위 자체를 몸 전체에서 나오는 빛을 형상화한 광배로 이용하고 있다. 상투 모양의 육계는 소발(민머리)로 표현했으며, 둥근 얼굴은 온화한 인상을 풍긴다. 수인은 항마촉지인이다.

조성 연대는 통일신라 후기로 추정된다.

보물 제76호 **춘천 근화동 당간지주 [春川 槿花洞 幢竿支柱]**
강원 춘천시 근화동 793-1

이 당간지주는 아무런 꾸밈새가 없는 간결한 형태이다. 마주 보고 있는 두 기둥 사이에는 2단으로 이루어진 당간의 받침돌이 놓여 있는데, 아랫단은 둥근 조각이 있고, 윗단은 16잎의 연꽃 조각이 돌려져 있다. 기둥의 꼭대기는 반원형을 이루고 있고, 한 곳에만 깃대를 고정했던 홈의 흔적이 남아 있다.

돌을 다듬은 기법이나 연꽃잎을 새긴 수법으로 보아 고려 중기 의 작품으로 추정된다.

춘천 칠층석탑
발굴 조사 전 모습(1980년)

보물 제77호 **춘천 칠층석탑 [春川 七層石塔]**
강원 춘천시 소양로2가 162-2

조선 인조 때 이곳의 현감이었던 유정립이 낙향하여 이 탑 부 근에 집을 세우려고 터를 닦다가 충원사라는 글이 새겨진 그릇 을 발견하였다. 그 후부터 충원사에 속하였던 것이 아닐까 추측 된다. 한국전쟁 때 심한 손상을 입었고 기단 일부가 지하에 파 묻혀 있었는데, 지난 2000년 전면적인 보수 공사로 기단부의 제 모습을 찾게 되었다. 이 석탑을 발굴 조사한 결과 2층 기단 위에 7층의 탑신이 놓인 것으로 확인되었다.

조성 연대는 고려 중기로 추정하고 있다.

보물 제78호 원주 거돈사지 원공국사탑비 [原州 居頓寺址 圓空國師塔碑]

강원 원주시 부론면 정산리 144

원주 거돈사지 원공국사탑비
1 귀부 **2** 이수

이 탑비는 고려시대의 승려 원공국사의 행적을 기록하고 있다. 원공국사(930~1018)의 법명은 지종이고, 비문에는 그의 생애와 행적, 그의 덕을 기리는 송덕문이 담겨있다. 비는 용의 머리를 한 귀부 위로 비신을 세우고 이수를 얹었다. 비신에 비해 이수가 큰 것이 특징적이다. 귀부 등에는 만(卍)자 모양과 연꽃문을 양각하였다. 고려 현종 16년(1025)에 세운 것으로, 당시 '해동공자'로 불리던 최충이 글을 짓고, 김거웅이 글씨를 썼다. 비문에 새긴 글씨는 해서체이다.

보물 제79호 홍천 희망리 삼층석탑 [洪川 希望里 三層石塔]

강원 홍천군 홍천읍 희망리 151-7

현재 이 탑은 시멘트로 다져진 높은 바닥돌 위에 널찍한 돌 2장을 놓고, 그 위로 기단과 탑신부를 배치하였다. 1단의 기단 위에 3층의 탑신을 갖춘 고려시대의 일반적인 3층석탑이다. 보수 하여 보존 상태는 양호하나 이미 지붕돌은 깨어졌다. 탑신부는 각 층의 몸돌과 지붕돌이 각각 하나의 돌로 이루어져 있는데, 3층 몸돌은 없어졌다. 이 탑은 탑신보다 기단부가 너무 크게 조성되어 비례가 맞지 않는다. 각 부의 조각에서도 약화된 모습이 보여 고려 중기 이후에 조성된 것으로 추정된다.

보물 제80호 홍천 희망리 당간지주 [洪川 希望里 幢竿支柱]
강원 홍천군 홍천읍 희망리 376-26

이곳에 관한 기록은 남아 있지 않지만, 많은 기와조각이 발견되어 절터로 짐작되고 있다.

당간지주는 약 70cm의 간격을 두고 마주 서 있는데, 특별한 장식 없이 소박하다. 당간을 고정해주는 홈이 안쪽 윗부분에 파여 있다.

이곳에 함께 있는 홍천 희망리 삼층석탑(보물 제79호)과 관련지어 볼 때, 거의 같은 시기인 고려 중기 이후에 만들어진 것으로 추정된다.

보물 제81호 강릉 한송사지 석조보살좌상 [江陵 寒松寺址 石造菩薩坐像]
강원 강릉시 율곡로3139번길 24 강릉시립박물관

머리와 오른팔이 없어진 불완전한 보살상이지만, 입체감이 풍부하고 뛰어난 조각 수법을 보여주는 작품이다. 왼팔은 안으로 꺾어 왼다리에 얹었으며, 오른팔도 역시 그렇게 했을 것으로 추정되지만 없어져서 알 수 없다. 앉은 자세는 왼다리가 안으로 들어가고, 오른다리를 밖으로 내어 발을 그냥 바닥에 놓고 있다. 이런 자세는 보살상에서만 볼 수 있는 것으로, 아마 어느 본존불을 모시던 협시보살이었을 것으로 여겨진다. 강릉 한송사지 석조보살좌상(국보 제124호)과 조각 수법이 흡사한 고려시대의 작품이다.

보물 제82호 강릉 대창리 당간지주 [江陵 大昌里 幢竿支柱]
강원 강릉시 옥천동 334

강릉 시내 주택가에 남아 있으며 주변에서 기와조각 등이 출토되어 이 주변이 절터였음을 알 수 있을 뿐 구체적으로 전하는 기록은 없다. 지금의 자리가 원래의 위치이며, 현재 1m 간격을 두고 두 지주가 남북으로 마주 서 있다. 지주 사이의 깃대를 받치던 받침이나 기단부가 남아 있지 않으므로 원래의 모습을 파악할 수는 없다. 바닥 부분에 직사각형의 돌을 놓은 것으로 보아 기단부도 직사각형이었으리라 짐작된다. 안쪽 윗부분 중앙에는 깃대를 고정하기 위한 네모진 구멍이 하나 있다. 조성 시기는 통일신라 후기로 추정하고 있다.

보물 제83호 강릉 수문리 당간지주 [江陵 水門里 幢竿支柱]

강원 강릉시 옥천동 43-9

　현재 마을 중심에 자리 잡고 있으며, 일대가 절터로 추정되나 지금은 주거지로 변했기 때문에 절터의 존재를 확인하기는 어렵다. 원래의 위치에 있던 그대로이며, 두 지주가 1m 간격을 두고 동·서로 마주 서 있다. 밑부분이 상당히 매몰되어 있어 깃대 받침이나 기단이 있었는지조차 확인할 수 없다. 당간지주의 안쪽 위쪽에 당간을 고정하기 위한 직사각형의 구멍이 있다. 동쪽 지주의 남쪽 면에는 조선 순조 17년(1817)에 복원되었다는 기록이 새겨져 있다. 이 당간지주의 처음 조성 시기는 통일신라 후기 또는 고려 초기로 추정하고 있다.

보물 제84호 강릉 신복사지 석조보살좌상 [江陵 神福寺址 石造菩薩坐像]

강원 강릉시 내곡동 403-2

　신복사는 통일신라 문성왕 12년(850)에 범일국사가 처음 세웠다. 강릉 신복사지 삼층석탑(보물 제87호)을 향하여 공양하고 있는 모습의 보살상이다. 왼쪽 다리를 세우고 오른쪽 다리를 꿇어앉은 자세를 하고 있으며 두 손은 가슴에 모아 무엇인가를 잡고 있는 모습이다. 보살이 앉아 있는 대좌는 윗면을 둥글게 하여 보살이 들어앉을 수 있도록 하였으며, 바깥쪽에는 큼직큼직하게 2겹의 연꽃잎을 조각하였다. 조각수법 등으로 볼 때 고려 초기로 추정된다.

보물 제85호 강릉 굴산사지 승탑 [江陵 崛山寺址 僧塔]

강원 강릉시 구정면 학산리 731

강릉 굴산사지 승탑
1 중대석의 악기를 연주하는 천인
2 기단 받침과 하대석

이 승탑은 굴산사를 세운 범일국사의 사리를 모신 탑으로 모든 부재가 8각을 기본으로 하여 조성되고 있지만, 부분적으로는 변형된 수법을 보인다. 사리를 모시는 몸돌을 중심으로 아래로는 받침 부분이 놓이고, 위로는 지붕돌과 꼭대기장식이 놓였다. 기단부의 중대석에는 8개의 기둥을 세워 모서리를 정하고 각 면에 천인이 장구·훈·동발·비파·피리·생황·공후(하프)·적을 연주하는 모습을 새겼다. 상륜부는 보개와 연꽃봉오리 모양의 구슬 장식이 놓여 있다. 고려시대에 만들어진 것으로 추정된다.

보물 제86호 강릉 굴산사지 당간지주 [江陵 崛山寺址 幢竿支柱]

강원 강릉시 구정면 학산리 1181

신라 문성왕 9년(847) 범일국사가 창건한 굴산사의 옛터에 있는 우리나라에서 가장 규모가 큰 당간지주이다. 이 당간지주는 현재 밑부분이 묻혀 있어 지주 사이의 깃대받침이나 기단 등의 구조를 확인할 수가 없다. 두 지주의 4면은 아무런 조각이 없으며, 밑면에는 돌을 다룰 때 생긴 거친 자리가 그대로 남아 있다. 깃대를 고정시켰던 구멍은 상·하 두 군데에 있다. 정상은 끝이 뾰족한 형상이며, 남쪽 지주의 끝부분은 약간 파손되었다. 전반적으로 소박하나 규모가 거대하여 웅장한 조형미를 보인다. 조성 시기는 통일신라 후기로 추정하고 있다.

보물 제87호 강릉 신복사지 삼층석탑 [江陵 神福寺址 三層石塔]

강원 강릉시 내곡동 403-2

강릉 신복사지 삼층석탑 몸돌의 받침

신복사의 옛터에 남아있는 탑이다. 이 탑은 2층의 기단을 쌓고 3층의 탑신을 올린 것으로, 각 부분의 모습들이 특이하다. 바닥돌의 윗면에는 연꽃이 엎드려 있는 듯한 모양의 조각을 하여 둘렀다. 탑신 각 층의 몸돌과 지붕돌은 각각 하나의 돌로 조성하였고, 각 층에 몸돌받침을 얹어 놓았다. 1층의 몸돌에는 감실이 있다. 상륜부에는 머리 장식이 온전히 남아있고, 각 부분의 높이에 비해 폭이 넓어 안정감을 준다. 옥개받침은 3단으로 고려 전기의 석탑양식을 따르고 있다.

보물 제88호 탑산사명 동종 [塔山寺銘 銅鍾]

전남 해남군 삼산면 대흥사길 400 대흥사

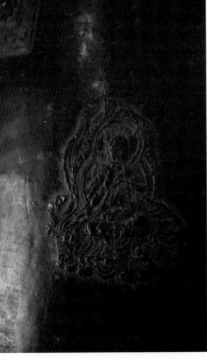

고려 시대 만들어진 높이 79cm, 입지름 43cm의 종으로 신라 형식을 계승하면서 고려시대에 새로 나타난 특징들을 잘 보여준다. 종 꼭대기에는 소리의 울림을 도와주는 용통(음통)이 있고, 용뉴에는 여의주를 물고 있는 용이 사실적으로 표현되었다. 어깨 부분에는 연꽃으로 띠를 둘렀고, 그 아래는 덩굴무늬를 새겼다. 사각형의 유곽 안에는 신라 때의 유두보다 훨씬 납작해진 9개의 유두를 배치하였다. 종의 몸체에 있는 글과 양식으로 보아 종의 제작 시기는 고려 명종 3년(1173)이나 고려 고종 20년(1233)으로 추정된다.

연화대좌에 앉아 있는 보살상

보물 제89호 영암 도갑사 석조여래좌상 [靈巖 道岬寺 石造如來坐像]
전남 영암군 군서면 도갑리 4 도갑사

이 불상은 몸체와 광배가 하나의 돌로 조각되어 있어서 마치 바위에 직접 불상을 새긴 마애불과 같은 기법이다. 다소 경직되고 형식화된 수법을 보여주지만 얼굴 표정에서 훈훈한 정감을 느끼게 하는 불상이다. 갸름한 타원형 광배의 가운데에는 연꽃무늬가 새겨져 있고, 꼭지와 머리 양옆에 각각 작은 부처가 표현되었다. 이 불상은 통일신라시대의 불상양식을 그대로 계승하면서도 투박하고 생략이 강한 고려 중기의 작품으로 추정된다.

보물 제91호 여주 창리 삼층석탑 [驪州 倉里 三層石塔]
경기 여주시 상동 132

원래 창리 과수원 안의 옛 절터에 있던 것을 1958년 현재의 터로 옮긴 것이다. 2단의 기단 위에 3층의 탑신을 올린 일반적인 형태이나 그 느낌이 독특하다. 각 부분의 재료가 두툼하여 전체적으로 높아 보이며, 아래 기단의 안상이나 3단의 지붕돌 밑면 받침 등에서 고려시대의 모습이 잘 나타나 있다.

조각수법도 엉성하고 몸돌과 지붕돌을 각 하나의 돌로 쌓는 등 간략한 모습들도 여기저기 보이고 있어 고려 중기 이후에 세운 것으로 추정된다.

보물 제92호 여주 하리 삼층석탑 [驪州 下里 三層石塔]
경기 여주시 상동 132

원래는 하리지역의 옛 절터에 있던 것을 1958년 창리 삼층석탑과 함께 현재의 터로 옮긴 것이다. 1단의 기단 위에 3층의 탑신을 올렸다. 탑을 옮겨 세울 당시, 1층 몸돌에서 독특한 모습의 사리홈이 발견되었다. 기단은 4면의 모서리에 기둥을 모각하고, 그 윗돌 중앙에 1층 몸돌을 괴기 위한 2단의 테두리 조각을 둘렀다.

조성 기법으로 보아 고려 전기보다는 중기에 세워졌을 것으로 추정된다.

파주 용미리 마애이불입상 [坡州 龍尾里 磨崖二佛立像]

경기 파주시 광탄면 용미리 산8

거대한 천연 암벽에 2구의 불상을 우람하게 새겼는데, 머리 위에는 돌갓을 얹어 토속적인 분위기를 느끼게 한다. 자연석을 그대로 이용한 까닭에 신체 비율이 맞지 않아 굉장히 거대한 느낌이 든다. 이런 점에서 불성보다는 세속적인 특징이 잘 나타나는 지방화된 불상이다. 왼쪽의 둥근 갓을 쓴 원립불은 목이 원통형이고 두 손은 가슴 앞에서 연꽃을 쥐고 있다. 오른쪽의 4각형 갓을 쓴 방립불은 합장한 손 모양이 다를 뿐 신체조각은 왼쪽 불상과 같다. 기법이나 전해 내려온 설화로 미루어 고려시대 작품이다.

보물 제94호 제천 사자빈신사지 사사자 구층석탑 [堤川 獅子頻迅寺址 四獅子 九層石塔]

충북 제천시 한수면 송계리 1002-1

제천 사자빈신사지 사사자 구층석탑
상층 기단의 사자상과 비로자나불상

빈신사터에 세워져 있는 고려시대의 탑으로 상·하 2단으로 된 기단 위에 4층의 지붕돌을 얹었다. 위 기단은 사자 네 마리를 배치하여 탑신을 받치고 있는 특이한 모습이다. 네 모서리에 한 마리씩 배치한 사자의 안쪽 공간에 비로자나불상을 모셔 두었다. 앉은 모습의 비로자나불상은 특이하게도 두건을 쓰고 있으며 표정이 매우 흥미롭다.

아래 기단의 기록을 통해 고려 현종 13년(1022)에 만들어졌으며, 현재 4층까지 남아 있는데, 원래는 9층이었음을 확인할 수 있다.

보물 제95호 충주 미륵리 오층석탑 [忠州 彌勒里 五層石塔]
충북 충주시 수안보면 미륵리 56

이곳에는 고려시대의 석불과 석굴이 만들어졌던 흔적이 남아 있고, 그 앞쪽에 석등과 더불어 이 석탑이 남아 있다. 석탑은 기단부의 아랫부분이 땅 속에 파묻혀 있어서, 그 구조가 어떤지를 정확히 확인할 수 없다. 드러난 부분은 자연석에 가까운 네모난 돌로 특별하게 장식을 하지 않았다. 탑신은 1층 지붕돌이 2장일 뿐 몸돌이나 다른 지붕돌은 모두 1장의 돌로 되어 있다. 정상에는 머리 장식의 중심을 지탱하기 위해 세운 긴 쇠꼬챙이 모양의 찰간이 남아있다. 고려시대 탑으로 추정된다.

보물 제96호 충주 미륵리 석조여래입상 [忠州 彌勒里 石造如來立像]
충북 충주시 수안보면 미륵리 58

고려 초기 이 부근에서 많이 만들어진 일련의 커다란 불상들과 양식적 특징을 같이하는 석불입상이다. 모두 5개의 돌을 이용하여 불상을 만들고 1개의 얇은 돌로써 갓을 삼았다. 전체적인 양식에서 고려 초기 커다란 불상의 지방화 된 양식을 잘 반영하고 있다. 신체는 단순한 옷주름의 표현이라든가 구슬 같은 것을 잡고 있는 손의 묘사 등에서 얼굴과는 대조적으로 간략함을 느낄 수 있다. 마의태자 전설이 깃든 불상이다. 고려시대 조성된 것으로 추정된다.

보물 제97호 괴산 원풍리 마애이불병좌상 [槐山 院豊里 磨崖二佛並坐像]
충북 괴산군 연풍면 원풍리 산124-2

높이가 12m나 되는 큰 암석을 우묵하게 파고, 두 불상을 나란히 배치한 마애불로서 우리나라에서는 드문 예이다. 둥근 얼굴에 가늘고 긴 눈, 넓적한 입 등 얼굴 전반에 미소가 번지고 있어 자비로운 느낌을 준다. 하부는 마멸이 심해 형체를 알아보기 어렵다.

두 불상을 나란히 조각한 예는 죽령마애불, 전 대전사지 출토 청동 이불병좌상 등이 있는데, 이것은 법화경에 나오는 다보여래와 석가여래의 설화를 반영하는 것으로 보인다. 고려시대 조성한 것으로 추정된다.

보물 제98호 충주 철조여래좌상 [忠州 鐵造如來坐像]

충북 충주시 사직산12길 55 대원사

높이 0.98m의 철로 만든 불상으로 단호사 철불좌상(보물 제512호)과 같은 양식이며 더욱 엄격미가 강조된 점이 특징이다. 머리는 나발(소라 모양의 머리칼)을 붙여 놓았으며 정수리에는 상투 모양의 육계가 있다. 삼각형에 가까운 얼굴, 길고 넓은 눈, 꽉 다문 입가로 내려오는 팔자형의 주름 등에서 근엄한 인상을 보여주고 있다.

통일신라 후기부터 고려 초기에 걸쳐 유행하던 철불 가운데 하나로 고려 초기에 만들어진 것으로 추정된다.

보물 제99호 천안 천흥사지 당간지주 [天安 天興寺址 幢竿支柱]

충남 천안시 서북구 성거읍 천흥4길 115-5

고려 태조 4년(921)에 창건되었던 천흥사의 당간지주로 천흥리 마을의 가운데에 자리 잡고 있다. 동·서로 서 있는 두 지주는 60cm의 간격을 두고 있으며, 2단의 기단 위에 세워졌다. 기단은 흩어져 있던 것을 복원한 것이다. 동·서 지주 사이로 깃대를 직접 받치던 받침은 남아있지 않다.

천흥사터에서 출토된 성거산 천흥사명 동종(국보 제280호)에 새겨진 명문에 의하면 고려 현종 원년(1010)으로 되어 있어 이 당간지주도 절을 창건하면서 같이 세운 것으로 보인다.

보물 제100호 당진 안국사지 석조여래삼존입상 [唐津 安國寺址 石造如來三尊立像]

충남 당진시 정미면 원당골1길 188

안국산에 위치한 폐사지에 있는 삼존불이다. 머리에는 커다란 사각형의 갓을 쓰고 있으며, 얼굴은 신체의 비례상 어색하게 큰 편이다. 불상의 몸은 대형화되었는데 인체의 조형성이 감소하여 네모난 기둥 같은 느낌을 준다. 또 몸과 어울리지 않게 팔과 손을 붙여 비현실적인 모습을 하고 있다. 오른손은 가슴에 대고 있으며, 왼손은 배에 붙여 엄지와 가운데 손가락을 맞대고 있는 모습이다. 좌우에는 보살상을 배치하였다.

고려시대 충청도 지방에서 유행하던 괴체화 한 불상 양식을 잘 반영하고 있다.

보물 제101호 당진 안국사지 석탑 [唐津 安國寺址 石塔]

충남 당진시 정미면 원당골1길 188

이 탑은 기단부가 다른 탑들에 비해 간단하고, 2층 이상 탑의 몸돌이 없어진 채 지붕돌만 포개져 있다. 탑신은 유일하게 1층 몸돌만 남아있는데, 각 귀퉁이에 기둥을 본떠 새기고 한 면에는 문짝 모양을, 다른 3면에는 여래좌상을 도드라지게 새겨 놓았다. 각 층의 지붕돌은 크고 무거워 보이며, 옥개받침은 4단이다. 전체적으로 균형감을 잃고 있고 조각도 형식적이며, 1층 몸돌이 작아서 마치 기단과 지붕돌 사이에 끼워져 있는 듯하다. 고려 중기 조성된 것으로 추정된다.

보물 제102호 서산 보원사지 석조 [瑞山 普願寺址 石槽]

충남 서산시 운산면 용현리 150

보원사터에 위치한 석조이다. 이 석조는 화강석의 통돌을 파서 만든 직사각형 모양으로 통일신라시대의 일반적 형식을 보이며, 조성 시기 역시 통일신라 후기 또는 고려 초기로 추정되고 있다. 규모가 거대하며 표면에는 장식이나 조각이 없이 간결하다. 밑바닥 면은 평평하고 한쪽에 약 8cm 정도의 원형 배수구가 있으며, 약 4톤의 물을 저장할 수 있을 정도의 크기이다.

보물 제103호 서산 보원사지 당간지주 [瑞山 普願寺址 幢竿支柱]

충남 서산시 운산면 용현리 105

보원사지 당간지주는 절터 동쪽에 있으며, 70cm 정도 간격을 두고 마주 서 있다. 안쪽 면에는 아무런 장식이 없으나, 바깥 면에는 가장자리를 따라 넓은 띠를 새겼다. 지주의 마주 보는 안쪽에는 꼭대기에 네모난 홈을 중앙에 팠고, 아랫부분에도 네모난 구멍을 뚫어 당간을 고정시키도록 하였다. 당간을 받치던 받침돌은 직사각형으로 2단이며, 윗면의 중앙에는 당간을 끼우기 위한 둥근 구멍이 파여 있다. 통일신라시대의 조성된 것으로 추정된다.

보물 제104호 서산 보원사지 오층석탑 [瑞山 普願寺址 五層石塔]

충남 서산시 운산면 용현리 119-1

서산 보원사지 오층석탑
상층 기단의 팔부중상

　　보원사터 서쪽의 금당터 앞에 세워져 있는 고려시대의 석탑이다. 보원사는 백제 때의 절로 사찰에 대한 역사는 전혀 알려지지 않았다. 이 탑은 2단의 기단 위에 5층의 탑신을 올린 형태이다. 아래 기단 옆면에는 사자상을 새기고 윗기단 옆면에는 팔부중상을 2구씩 새겼다. 탑신에서는 1층 몸돌 각 면에 문짝 모양을 새겼으며, 지붕돌은 얇고 넓은 편으로 백제계 석탑 양식을 모방하고 있다. 상륜부에는 노반이 남아 있고 그 위로 철제 찰주가 있다. 조성 연대는 고려 전기로 추정하고 있다.

보물 제105호 서산 보원사지 법인국사탑 [瑞山 普願寺址 法印國師塔]

충남 서산시 운산면 용현리 119-2

서산 보원사지 법인국사탑
하대석의 문양

　　이 탑은 보원사터에 세워져 있는 법인국사 탄문의 사리를 모신 탑이다. 법인국사는 신라말과 고려초에 활약한 유명한 승려로, 광종 19년(968)에 왕사, 974년에 국사가 되었고, 그 이듬해 이곳 보원사에서 입적하였다. 978년에 왕이 시호를 법인, 탑명을 보승이라 내렸다. 전체적으로 8각의 기본 양식을 잘 갖추고 있으며, 몸돌에서 보이는 여러 무늬와 지붕돌의 귀꽃 조각 등은 고려 전기의 시대성을 그대로 보여주고 있다. 이 탑은 법인이 입적한 975년과 탑비를 세운 978년 사이에 세워진 것으로 보인다.

보물 제106호 서산 보원사지 법인국사탑비 [瑞山 普願寺址 法印國師塔碑]

충남 서산시 운산면 용현리 119-2

비받침인 귀부는 거북 모양이나, 머리는 여의주를 물고 있는 용의 모습으로, 목은 앞으로 빼고 콧수염은 뒤로 돌아 있으며 눈은 크게 튀어나와 있다. 등 위에는 3단 받침을 하고 비를 얹었으며, 이수는 네 귀퉁이에서 안쪽을 바라보는 용을 새기고, 앞·뒷면에는 구름무늬를 조각하였다.

비문에 의하면, 법인국사는 광종 25년(974)에 국사가 되었고, 이듬해에 입적하였으며, 비는 경종 3년(978)에 세웠다.

서산 보원사지 법인국사탑비 이수의 문양

보물 제107호 부여 보광사지 대보광선사비 [扶餘 普光寺址 大普光禪師碑]

충남 부여군 부여읍 금성로 5 국립부여박물관

전서로 쓴 비의 제목

고려시대 보광사를 크게 일으킨 원명국사의 공적이 새겨져 있는 비이다. 원래는 충남 부여군 성주산의 보광사터에 있던 것을 1963년 국립부여박물관으로 옮겨 보관하고 있다. 비문은 2차에 걸쳐 새겼는데, 앞면은 건립 당시인 고려 공민왕 7년(1358)에 새겼고 뒷면은 조선 영조 26년(1750)에 추가하였다. 현재 비신만 남아있다. 비신의 가장자리는 덩굴무늬를 띠 모양으로 둘러 새겼다. 석재는 편마암이고 위쪽의 양 끝을 사선으로 잘라냈다. 이 비는 고려 후기 간략화된 석비 양식을 취하고 있다.

보물 제108호 부여 정림사지 석조여래좌상 [扶餘 定林寺址 石造如來坐像]

충남 부여군 부여읍 동남리 254

지금의 머리와 보관은 제작 당시의 것이 아니라, 후대에 다시 만들어 얹은 것으로 보인다. 신체는 극심한 파괴와 마멸로 형체만 겨우 남아 있어 세부적인 양식과 수법을 알아보기 어렵지만, 어깨가 밋밋하게 내려와 왜소한 몸집을 보여준다. 손의 모양으로 보아 비로자나불을 형상화한 것으로 추정된다. 불상이 앉아 있는 대좌는 상대·중대·하대로 이루어진 8각으로 불상보다 공들여 만든 흔적이 역력하다. 이곳에서 발견된 기와의 명문을 통해 이 불상은 고려시대 절을 고쳐 지으면서 세운 것으로 추정된다.

보물 제109호 전 광주 성거사지 오층석탑 [傳 光州 聖居寺址 五層石塔]

광주 남구 천변좌로 338번길 7

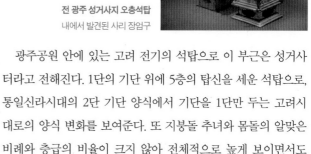

전 광주 성거사지 오층석탑
내에서 발견된 사리 장엄구

광주공원 안에 있는 고려 전기의 석탑으로 이 부근은 성거사 터라고 전해진다. 1단의 기단 위에 5층의 탑신을 세운 석탑으로, 통일신라시대의 2단 기단 양식에서 기단을 1단만 두는 고려시대로의 양식 변화를 보여준다. 또 지붕돌 추녀와 몸돌의 알맞은 비례와 층급의 비율이 크지 않아 전체적으로 높게 보이면서도 안정감이 있다. 1961년 해체하여 보수할 때 2층 몸돌에서 사리공과 사리장엄구가 발견되어 이 석탑의 연대를 파악하는 데 중요한 근거가 되고 있다.

보물 제110호 광주 지산동 오층석탑 [光州 芝山洞 五層石塔]

광주 동구 지산동 448-4

탑이 서 있는 부근은 백주사터로 알려져 있으나, 추정할 만한 자료는 아직 발견되지 않았다. 탑의 구성은 2단의 기단 위에 5층의 탑신을 세운 형태로 신라석탑의 기본형을 따르고 있다. 탑의 기단부는 여러 개의 돌을 짜 맞추어 구성하였으며, 탑신부의 몸돌과 지붕돌은 각각 하나의 돌로 이루어졌다. 1955년 해체, 수리할 때 4층 지붕돌 윗면에서 사리장치가 발견되었다. 통일신라 후기의 석탑이다.

보물 제111호 담양 개선사지 석등 [潭陽 開仙寺址 石燈]

전남 담양군 남면 학선리 593-2

광양 중흥산성 삼층석탑
1 화사석에 새긴 명문
2 상대석의 문양

석등의 높이는 3.5m이다. 아래 받침돌에는 엎어놓은 연꽃 모양을 새겼고, 간주석은 고복형이다. 윗받침돌에는 솟은 연꽃 모양을 새겼다. 불을 밝히는 화사석은 8각이며 8면 모두 화창을 내었다. 지붕돌은 8각의 끝부분에는 꽃 모양을 조각하였다. 화창 사이 공간에는 통일신라 진성여왕 5년(891)에 만들었다는 글이 새겨져 있다. 신라시대 석등 가운데 글씨를 새긴 유일한 예로, 비슷한 시대의 다른 작품의 연대와 특징을 연구하는 데 있어서 표준이 되는 작품이다.

보물 제112호 광양 중흥산성 삼층석탑 [光陽 中興山城 三層石塔]

전남 광양시 옥룡면 중흥로 263-100

광양 중흥산성 삼층석탑
1 인왕상 2 사천왕상 3 보살상 4 사천왕상

이 탑은 원래 광양 중흥산성 쌍사자 석등(국보 제103호)과 함께 있었으나, 석등은 국립광주박물관으로 옮기고 석탑만이 남아 있다. 탑은 2단의 기단 위에 3층의 탑신을 올린 형태이다. 위층기단에는 한 면을 둘씩 나누어서 앞면에는 인왕상을, 양 측면에는 사천왕상을, 뒷면에는 보살상을 양각하였다. 탑신부는 몸돌과 지붕돌이 각각 하나의 돌로 되어 있으며, 각 층 몸돌에는 기둥을 모각하였다. 1층 몸돌의 각 면에는 연꽃 대좌 위에 앉아 있는 여래상을 조각하였다. 상륜부는 결실되었다.

조성 시기는 통일신라시대로 추정된다.

보물 제113호 청도 봉기리 삼층석탑 [淸道 鳳岐里 三層石塔]
경북 청도군 풍각면 봉기리 719-5

2단의 기단 위에 3층의 탑신을 올린 석탑이다. 기단과 탑신의 몸돌에는 기둥을 모각하였다. 탑신은 몸돌과 지붕돌이 각각 한 돌로 이루어져 있으며, 1층 몸돌의 높이가 지나치게 높은 반면 2층부터는 급격히 짧아졌다. 지붕돌은 넓고 얇은 편이며, 옥개받침은 5단이다. 이 석탑은 기단의 위·아래층에 모두 2개의 가운데 기둥(탱주)을 조각한 것으로 보아 초기 석탑의 형식을 따른 통일신라시대 8세기 중엽의 작품으로 추정된다.

보물 제114호 안동 평화동 삼층석탑 [安東 平和洞 三層石塔]
경북 안동시 평화동 71-108

2단의 기단 위에 3층의 탑신을 올린 석탑이다. 위층 기단은 윗면에서 상당한 경사를 보이고 각 모서리도 약간 위로 치켜 올려진 전혀 새로운 형식을 갖추었는데, 그 모습이 마치 지붕돌로 보일 정도이다. 탑신은 몸돌과 지붕돌이 각각 하나의 돌로 되어 있고, 지붕돌은 처마 밑이 직선이며, 풍경을 달았던 작은 구멍들이 남아 있다. 탑의 꼭대기에는 노반과 복발만이 남아 있다. 탑이 세워진 시기는 통일신라 중기 이후로 추정된다.

보물 제115호 안동 이천동 마애여래입상 [安東 泥川洞 磨崖如來立像]
경북 안동시 이천동 산2

안동 이천동 마애여래입상
채색이 남아있는 입술 부분

자연 암벽에 신체를 선으로 새기고 머리는 따로 올려놓은 전체 높이 12.38m인 거구의 불상이다. 이러한 형식의 불상은 고려시대에 많이 만들어졌는데, 파주 용미리 마애이불입상(보물 제93호)도 이와 거의 같은 수법을 보여준다. 머리의 뒷부분은 거의 파손되었으나 앞부분은 온전하게 남아 있다. 얼굴에는 자비로운 미소가 흐르고 있어 거구의 불상임에도 전체적인 형태는 자연스럽다. 머리와 얼굴 특히 입에는 주홍색이 남아 있어서 원래는 채색되었음이 분명하다. 조성 시기는 고려시대로 추정된다.

보물 제116호 영주 석교리 석조여래입상 [榮州 石橋里 石造如來立像]

경북 영주시 순흥면 석교리 160-2

이 불상은 발견 당시 목에는 금이 가고 발목 아래는 땅에 묻혀 불완전한 상태였으나 현재는 보수정비를 통해 양감이 강조된 발과 유려하게 흘러내린 옷자락 등 생동감 있는 세부묘사를 확인할 수 있다. 나발의 머리에는 상투 모양의 머리(육계)가 큼직하게 솟아 있고, 세련된 이목구비를 갖춘 얼굴은 둥글고 우아한 모습이다. 특히 양다리에서는 각각 동심 타원형의 옷 주름을 표현하고 있다. 조성 시기는 통일신라로 추정된다.

영주 석교리 석조여래입상
발목 아래가 땅에 묻힌 모습(1982)

보물 제117호 상주 화달리 삼층석탑 [尙州 化達里 三層石塔]

경북 상주시 사벌면 화달리 857-6

1단의 기단 위에 3층의 탑신을 올린 형태이다. 기단과 탑신의 몸돌에는 기둥이 모각되었고, 모든 면석에 별다른 장식적인 요소는 없다. 탑신의 몸돌과 지붕돌은 각각 한 돌로 되어 있는데, 1층 몸돌은 유난히 넓고 커서 기단보다도 높다. 옥개받침은 1~2층은 5단 3층은 4단으로 조성하였다. 탑의 머리 장식은 아무것도 남아 있지 않다.

조성 시기는 통일신라시대로 추정된다.

보물 제118호 상주 증촌리 석조여래입상 [尙州 曾村里 石造如來立像]

경북 상주시 함창읍 증촌2길 10-13

이 불상은 광배와 불상이 하나의 돌로 조각된 높이 1.98m의 석불입상으로 마멸이 심해서 세부수법을 자세히 살펴볼 수는 없다. 불상의 머리는 소발로 표현한 것으로 보인다. 얼굴은 길고 풍만한 모습으로 이목구비가 뚜렷하지 않지만 단정한 인상이다. 양어깨에 걸쳐 있는 옷자락은 간결하게 표현되었다. 부처의 몸에서 나오는 빛을 형상화한 광배 역시 많이 마멸되어 가장자리에 새겨진 불꽃무늬만 희미하게 확인할 수 있다.

조성 시기는 통일신라 후기로 추정된다.

보물 제119호 상주 복용동 석조여래좌상 [尚州 伏龍洞 石造如來坐像]
경북 상주시 서성동 163-48

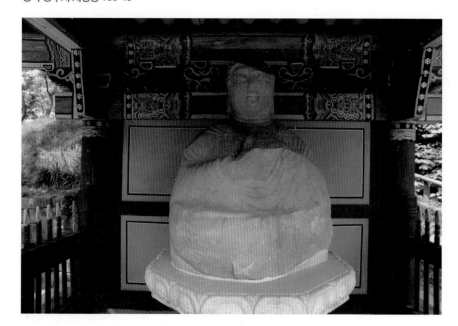

콧날이 약간 손상된 얼굴은 둥글고 풍만한데, 가늘게 뜬 눈, 작고 도톰한 입술 등에서 인간적이면서도 차분한 분위기를 느낄 수 있다. 어깨는 현저히 좁아졌고, 오른손은 없어졌지만 두 손이 아래위로 겹쳐진 모습으로 보아, 왼손 검지를 오른손으로 감싸고 있는 손 모양으로 생각된다. 몸 전체를 두껍게 감싼 옷은 양어깨에서 부채꼴 모양을 이루며 좌우로 대칭된 모습을 보이는데, 평행한 옷주름의 표현은 부드러우면서도 형식적으로 처리된 모습이다. 조성 연대는 고려시대로 추정된다.

보물 제120호 상주 증촌리 석조여래좌상 [尚州 曾村里 石造如來坐像]
경북 상주시 함창읍 증촌2길 10-13

상주 증촌리 석조여래좌상
1 대좌 상단
2 대좌

경상북도 상주시 용화사에 모셔져 있는 높이 1.68m의 석조불상이다. 거의 직사각형의 얼굴 형태를 하고 있으며, 이개와 팔, 다리 등 신체 각 부분이 직선적이고 각이 진 모습이어서 전체적인 인상이 강인하며 경직된 느낌을 준다. 오른손은 무릎에 대고 있으며 왼손에는 약그릇을 들고 있어 약사불이 확실하다.

광배는 남아 있지 않으며, 대좌는 8세기에 많이 나타나는 8각의 연꽃무늬 대좌로 안정감이 느껴진다.

조성 연대는 통일신라 후기로 추정된다.

보물 제121호 경주 굴불사지 석조사면불상 [慶州 掘佛寺址 石造四面佛像]
경북 경주시 동천동 산4

경주 굴불사지 석조사면불상
1 서쪽의 아미타불
2 남쪽의 석가모니불
3 북쪽의 미륵불
4 동쪽의 약사불

굴불사터에 있는 이 불상은 사방불 형태로 서쪽에는 아미타불을 새기고 좌우에는 다른 돌로 보살입상을 배치하였다. 동쪽에는 약사불을 새겼다. 북쪽에는 미륵불을 새겼는데 오른쪽에는 양각으로 새긴 보살입상을 배치하고 왼쪽에는 6개의 손이 달린 관음보살을 얕은 선으로 새겼다. 남쪽에는 석가모니불을 새겼는데, 일본인들이 오른쪽 보살을 완전히 떼어 가고 가운데 본존상의 머리마저 떼어갔다고 한다. 조성 시기는 통일신라 초기로 추정된다.

보물 제122호 경주 율동 마애여래삼존입상 [慶州 栗洞 磨崖如來三尊立像]
경북 경주시 두대안길 69

경주 벽도산의 서쪽을 향한 바위에 삼존불을 조각한 마애불이다. 중앙에는 오른손은 내리고 있고 왼손은 가슴에 들어 엄지와 가운데 손가락을 맞대고 있는 수인으로 보아 아미타불을 형상화한 것으로 보인다. 왼쪽의 협시보살은 왼손에 보병을 들고 있는 관음보살이고, 오른쪽은 대세지보살이다. 이 불상들의 머리 뒤에는 모두 둥근 선으로 머리 광배가 표현되어 있다. 조성 시기는 통일신라시대로 추정된다.

보물 제123호 경주 보문사지 당간지주 [慶州 普門寺址 幢竿支柱]

경북 경주시 보문동 856-3

이 당간지주가 있는 곳은 '보문[普門]'이라고 새겨진 기와조각이 출토되어 보문사터로 알려졌다. 절터에서 상당히 떨어진 북쪽에 이 당간지주가 서 있다. 지주의 양 기둥이 62cm 정도의 간격을 두고 마주 보고 있으며, 양쪽 기둥 가운데 북쪽 기둥은 윗부분 일부가 떨어져 나갔고, 남쪽만 완전한 상태로 남아 있다. 당간을 고정하기 위해 마련한 구멍은 위·중간·아래 3곳에 있는데, 남쪽 기둥은 구멍이 완전히 뚫렸고, 북쪽 기둥은 반쯤 뚫려 있어 특이하다. 조성 시기는 통일신라시대로 추정된다.

보물 제124호 경주 남산동 동·서 삼층석탑 [慶州 南山洞 東·西 三層石塔]

경북 경주시 남산동 227-3

경주 남산동 동·서 삼층석탑
1 동 삼층석탑
2 서 삼층석탑

동탑의 기단은 돌을 벽돌 모양으로 다듬어서 쌓아 올린 모전석탑의 양식이다. 여덟 개의 돌을 한 단처럼 짜 맞추어 기단부를 이루고 있다. 탑신부의 몸돌과 지붕돌은 각각 돌 하나로 만들었고, 옥개받침은 5단으로 조성하였다. 서탑은 2층의 기단 위에 3층의 탑신을 세운 모습으로, 상층 기단의 각 면석은 모각된 탱주로 구분하고 팔부중상을 새겼다. 탑신의 몸돌과 지붕돌은 각각 한 개의 돌로 구성하고 지붕돌에는 5단의 옥개받침을 두었다.

통일신라시대에 만들어진 쌍탑은 대체로 동일한 양식을 지니고 있으나, 이 동·서 두 탑은 각각 양식이 다른 특징을 지니고 있다.

경주 남산동 동·서 삼층석탑 전경

보물 제125호 경주 무장사지 아미타불 조상 사적비 [慶州 鍪藏寺址 阿彌陀佛 造像 事蹟碑]
경북 경주시 암곡동 산1-9

신라 제39대 소성왕(재위 799~800)의 왕비인 계화부인이 왕의 명복을 빌기 위하여 아미타불상을 만들면서 그 과정을 자세히 기록한 비다. 1915년 주변에서 발견된 세 조각의 비석 파편에 새겨진 글을 통해 '무장사 아미타 조상 사적비'임이 밝혀져 이곳에 무장사가 있었음을 알게 되었다. 비는 전체적으로 파손되어 비신은 국립중앙박물관에 보관되어 있고, 현재 절터에는 부서진 귀부와 이수만 남아 있는데 귀부를 2좌로 조성한 것이 특이하다. 귀부 등의 비좌에는 12지신상을 조각하였다. 통일신라 전기의 작품이다.

경주 무장사지 아미타불 조상 사적비 비편

보물 제126호 경주 무장사지 삼층석탑 [慶州 鍪藏寺址 三層石塔]
경북 경주시 암곡동 산1-7

이 탑은 2단의 기단 위에 3층의 탑신을 올린 전형적인 신라 석탑의 양식이다. 아래층 기단은 각 면마다 모서리 기둥과 가운데 기둥(탱주) 2개를 새겼고, 위층 기단은 안상을 각 면에 2개씩 조각하였다. 탑신부는 몸돌과 지붕돌이 각각 하나의 돌로 되어 있으며, 1층 몸돌은 조금 높은 편이다. 몸돌의 각 모서리에는 기둥을 모각했을 뿐 다른 장식은 없다. 각 층의 지붕돌은 크기의 줄어든 정도가 적당하고, 옥개받침은 5단이다. 상륜부는 노반과 복발만 남아 있다. 조성 연대는 9세기 이후로 추정된다.

보물 제127호 경주 삼랑사지 당간지주 [慶州 三郎寺址 幢竿支柱]
경북 경주시 성건동 129-1

삼랑사터에 남아 있는 이 당간지주는 서로 멀리 떨어져 세워져 있다. 마주 보는 면의 바깥 면에 세로줄무늬를 도드라지게 새겼고, 꼭대기는 바깥쪽으로 곡선을 그리며 둥글게 내려가다가 한 단의 굴곡을 이루어 통일신라의 일반적인 모습을 보여주고 있다. 또한, 중앙 부분만 파여져 전체적으로 가늘어져 있다. 지주 안쪽 면에는 당간을 고정하기 위한 홈을 아래위 두 군데에 파놓았다. 각 변의 길이가 적당하고, 높이와도 잘 조화된다. 조성 시기는 통일신라시대로 추정된다.

경남 합천군 가야면 해인사길 73-4 해인사

합천 반야사지 원경왕사비
1 귀부
2 제액의 전서

원경왕사를 기리기 위해 세운 비로, 반야사의 옛터에 있었던 것을 1961년에 해인사 경내인 지금의 자리로 옮겼다. 귀부와 비신, 지붕돌을 갖추었는데, 각 부분이 얇은 것이 특색이다. 비문에 의하면, 원경왕사는 대각국사를 따라 송나라에 갔다가 귀국하여 숙종 9년(1104)에 승통[僧統]이 되었다. 예종의 스승이 되기도 하였고 그 후 귀법사에 머물다 입적하자 왕은 '원경'이라는 시호를 내렸다. 비문은 김부일이 짓고 글씨는 이원부가 썼다. 고려 인종 3년(1125)에 조성하였다.

보물 제129호 합천 월광사지 동 · 서 삼층석탑 [陜川 月光寺址 東 · 西 三層石塔]

경남 합천군 야로면 월광리 369-1

동 삼층석탑

서 삼층석탑

월광사터에 동서로 세워진 쌍탑으로, 모두 2층 기단 위에 3층 탑신을 올린 일반적인 모습이다. 기단과 탑신의 몸돌에는 기둥을 모각하였다. 지붕의 옥개받침은 5단이다. 전체적으로 볼 때 두 탑이 거의 비슷하지만, 동탑은 전체의 규모에 비해 기단부의 구성에서 다소 많은 돌을 사용하였고, 서탑은 쓰러져 부서진 것을 최근에 세워 파손된 흔적이 보인다. 통일신라의 탑이긴 하나, 두 탑의 각 부분 구성 방법이나 양식에 차이가 있어 조성 연대에서 조금 차이가 있음을 추측하게 한다.

보물 제131호 광주 증심사 철조비로자나불좌상 [光州 證心寺 鐵造毘盧遮那佛坐像]
광주 동구 증심사길 177 증심사

이 불상은 비로자나불로 현재 광배와 대좌는 없어졌지만, 불상 자체는 완전한 편이다. 머리는 나발로 표현하였으며, 정수리에 있는 육계(상투 모양의 머리)가 유난히 높고 뚜렷하다. 눈·코·입 등이 알맞게 조화를 이루고 있는 얼굴에는 부드러운 미소가 번져 있어 인간의 모습을 느끼게 한다. 전체적으로 신체는 두꺼운 옷에 싸여 있어서 굴곡이 드러나지 않고 있지만, 무릎 너비와 적절한 비례를 이루고 있어서 안정적인 느낌을 준다. 조성 연대는 통일신라 후기인 9세기경으로 추정된다.

보물 제132호 구례 화엄사 동 오층석탑 [求禮 華嚴寺 東 五層石塔]
전남 구례군 마산면 화엄사로 539 화엄사

탑은 1단의 기단 위에 5층의 탑신을 올린 형태로, 서탑의 기단이 2단인 것과는 조금 다른 모습이다. 기단과 탑신의 몸돌에는 기둥을 모각하였다. 탑신부는 1층 몸돌이 높이에 비해 넓어 안정감이 있다. 또한, 각 층 몸돌 너비의 줄어드는 정도에 비해 높이의 줄어드는 정도가 작아서 늘씬해 보인다. 지붕돌은 매우 평평하고 얇은데 몸돌을 따라 너비의 줄어드는 정도가 큰 편이다. 상륜부에는 노반과 복발이 있고, 다시 사잇기둥을 두어 보주를 올려놓았다. 조성 연대는 9세기경으로 추정된다.

보물 제133호 구례 화엄사 서 오층석탑 [求禮 華嚴寺 西 五層石塔]

전남 구례군 마산면 화엄사로 539 화엄사

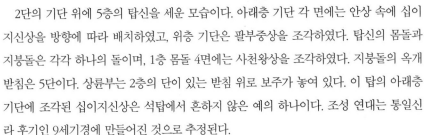

구례 화엄사 서 오층석탑
1 1층 몸돌의 사천왕상
2 윗층 기단의 팔부중상

2단의 기단 위에 5층의 탑신을 세운 모습이다. 아래층 기단 각 면에는 안상 속에 십이지신상을 방향에 따라 배치하였고, 위층 기단은 팔부중상을 조각하였다. 탑신의 몸돌과 지붕돌은 각각 하나의 돌이며, 1층 몸돌 4면에는 사천왕상을 조각하였다. 지붕돌의 옥개받침은 5단이다. 상륜부는 2층의 단이 있는 받침 위로 보주가 놓여 있다. 이 탑의 아래층 기단에 조각된 십이지신상은 석탑에서 흔하지 않은 예의 하나이다. 조성 연대는 통일신라 후기인 9세기경에 만들어진 것으로 추정된다.

산격동 연화운용장식 승탑
1 탑신의 문비와 사천왕상
2 중대석의 용 문양

보물 제135호 대구 산격동 연화운용장식 승탑 [大邱 山格洞 蓮花雲龍裝飾 僧塔]

대구 북구 산격동 1370 경북대학교박물관

이 탑은 사리를 넣어두는 탑신을 중심으로, 아래에는 이를 받쳐주는 기단부를 두고, 위로는 머리 장식을 얹었다. 기단의 아래 받침돌은 4각이며 각 면에는 엎어놓은 연꽃무늬가 조각되어 있다. 가운데 받침돌은 둥그스름한 8각으로, 표면 전체에 구름이 새겨져 있으며, 앞·뒤·좌·우에는 용 네 마리가 도드라지게 조각되어 있다. 탑신은 앞·뒷면에는 문짝 모양을 조각하고, 그 좌우에는 사천왕상을 새겼다. 전체적으로 8각 원당형 양식을 따른 고려 시대 승탑이다.

보물 제136호 경주 남산 미륵곡 석조여래좌상 [慶州 南山 彌勒谷 石造如來坐像]

경북 경주시 배반동 산66-2

광배 뒷면의 선각 약사불

신라시대의 보리사터로 추정되는 곳
에 남아 있는 전체 높이 4.36m, 불상 높이
2.44m의 석불좌상으로 현재 경주 남산
에 있는 신라시대의 석불 가운데 가장 완
벽하게 보존되어 있다. 머리는 나발로 조
성하였으며, 둥근 얼굴에서는 미소를 띠
고 있다. 수인은 항마촉지인이다. 광배는
장식이 풍부한데, 광배 안에는 작은 부처
와 보상화·덩쿨무늬가 화려하게 새겨져
있다. 특히 광배 뒷면에는 약사불을 가느
다란 선으로 새겨 놓았는데 흔치 않은 예
이다. 조성 연대는 통일신라시대로 추정
된다.

보물 제137호 문경 봉암사 지증대사탑 [聞慶 鳳巖寺 智證大師塔]

경북 문경시 가은읍 원북길 313 봉암사

지증대사의 사리를 모신 탑이다. 지증
대사(824~882)는 이 절을 창건한 승려
로, 17세에 승려가 되어 헌강왕 7년(881)
에 왕사로 임명되었으나 이를 사양하고
봉암사로 돌아와 이듬해인 882년 입적하
였다. 왕은 시호를 '지증', 탑명을 '적조'
라 내렸다. 이 탑은 팔각원당형을 기본으
로 삼고 사자, 구름문양, 가릉빈가, 자물
쇠와 문고리가 달린 문짝 모양, 사천왕,
보살 등 다양한 문양으로 장식하였다. 이
탑은 전체적인 비례가 잘 어우러져 안정
감이 있다. 비문의 기록으로 미루어 통일
신라 헌강왕 9년(883)에 세워졌을 것으
로 추정된다.

문경 봉암사 지증대사탑

1 기단부 중대석의 사리장엄구 문양
2 기단부 중대석의 주악비천상
3 기단부 중대석의 주악비천상
4 기단부 중대석의 공양비천상
5 기단부 하대석 상부의 가릉빈가

보물 제139호 평창 월정사 석조보살좌상 [平昌 月精寺 石造菩薩坐像]

강원 평창군 진부면 오대산로 374-8 월정사

월정사 경내의 8각 9층탑을 향해서 정중하게 오른쪽 무릎을 꿇고 왼다리를 세워 탑에 대해 공양하는 것 같은 모습을 한 높이 1.8m의 보살상이다. 머리에는 높다란 관을 쓰고 있으며 얼굴에는 미소가 어려 있다. 목걸이는 매우 섬세하고 곱게 조각하여 가슴에까지 늘어지게 장식하였다. 고려시대 화엄종 계통의 사원에서 만든 특징을 보여주는 대표적인 예이다.

2016년 11월 8일 국보로 지정 예고되었다.

평창 월정사 석조보살좌상
1 탑 앞에 놓여있던 모습 **2** 원래 위치의 모습
3 현재 성보박물관에 전시

보물 제141호 서울 문묘 및 성균관 [서울 文廟 및 成均館]

서울 종로구 성균관로 25-2

대성전

명륜당

서울 문묘는 조선 태조 7년(1398)에 처음 세우고 정종 2년(1400)에 불에 탄 것을 태종 7년(1407)에 다시 지었으나, 이 역시 임진왜란으로 소실되었다. 지금 있는 건물들은 임진왜란 이후에 다시 지은 것이다.

문묘는 대성전을 비롯한 동무·서무 등 제사를 위한 공간인 대성전 구역과 명륜당, 동재·서재 등 교육을 위한 공간인 명륜당 구역으로 크게 나뉘어 있다. 서울 문묘 및 성균관은 조선시대 공자를 비롯한 선현들의 제사와 유학교육을 담당하던 곳이다.

대성전의 내부

보물 제142호 서울 동관왕묘 [서울 東關王廟]
서울 종로구 난계로27길 84

서울 동관왕묘 내부의 관우상

　동관왕묘는 중국 촉한의 유명한 장군인 관우에게 제사 지내는 곳이다. 동관왕묘를 짓게 된 이유는 임진왜란 때 관우 장군께 덕을 입었기 때문이라고 여겨서이다. 동관왕묘는 선조 32년(1599)에 짓기 시작하여 1601년 완성되었다. 건물 안에는 관우의 목조상과 그의 친족인 관평, 주창 등 4명의 상을 모시고 있다. 규모는 정면 5칸, 측면 6칸이고 지붕은 T자형의 독특한 구성이며, 공포는 익공계 양식이다. 건물의 특징은 옆면과 뒷면의 벽을 벽돌로 쌓았다는 점이며, 건물 안쪽의 화려한 장식은 중국의 영향을 받은 것이다.

보물 제143호 서산 개심사 대웅전 [瑞山 開心寺 大雄殿]
충남 서산시 운산면 개심사로 321-86 개심사

서산 개심사 대웅전 내부 가구 구조

　개심사 대웅전은 정면 3칸, 측면 3칸 규모이며, 지붕은 맞배지붕, 공포는 다포 양식이다. 이 건물은 건물의 뼈대를 이루는 기본적인 구성이 조선 전기의 대표적 주심포 양식 건물인 강진 무위사 극락보전(국보 제13호)과 대비가 되는 중요한 건물이다.

　1941년 대웅전을 해체 수리할 때 발견된 기록에 의해 조선 성종 15년(1484)에 고쳐 지었음을 알 수 있다. 현재 건물은 고쳐 지을 당시의 모습을 거의 유지하고 있는 것으로 여겨진다.

보물 제145호 예천 용문사 대장전 [醴泉 龍門寺 大藏殿]
경북 예천군 용문면 용문사길 285-30 용문사

예천 용문사 대장전 내부 가구 구조

이 건물은 팔만대장경 일부를 보관하기 위해 지었다고 하는데 지은 시기는 알 수 없는데 전하는 기록에 조선 현종 11년(1670)에 고쳤다고 하며, 그 후에도 여러 차례 수리되었다. 규모는 정면 3칸, 측면 2칸이며 지붕은 맞배지붕, 공포는 다포 양식이다. 건물의 모서리 부분에는 용머리, 연꽃 봉오리와 같은 조각을 해 놓았고, 불단 양쪽 옆으로 불경을 보관하는 회전식 윤장대[보물 제684호 참조]를 만들어 놓았다. 작은 규모의 건물로 뛰어난 조각 솜씨와 조선 중기의 건축 양식을 잘 나타내고 있다.

보물 제146호 창녕 관룡사 약사전 [昌寧 觀龍寺 藥師殿]
경남 창녕군 창녕읍 화왕산관룡사길 171 관룡사

창녕 관룡사 약사전 내부의 벽화

약사전은 조선 전기의 건물로 추정하며, 건물 안에는 중생의 병을 고쳐 준다는 약사여래를 모시고 있다. 규모는 정면 1칸, 측면 1칸으로 매우 작은 불당이다. 지붕은 맞배지붕, 공포는 주심포 양식이다. 이와 비슷한 구성을 가진 영암 도갑사 해탈문(국보 제50호), 순천 송광사 국사전(국보 제56호)과 좋은 비교가 된다. 옆면 지붕이 크기에 비해 길게 뻗어 나왔는데도 무게와 균형을 잘 이루고 있어 건물에 안정감을 주고 있다. 조선 전기 건축 양식의 특징을 잘 보존하고 있는 건물이다.

보물 제147호 **밀양 영남루 [密陽 嶺南樓]**
경남 밀양시 중앙로 324

이 건물은 조선시대 밀양도호부 객사에 속했던 곳으로 손님을 맞거나 휴식을 취하던 곳이다. 고려 공민왕 14년(1365)에 밀양 군수 김주가 처음 짓고, 현재 건물은 조선 헌종 10년(1844) 밀양 부사 이인재가 새로 지은 것이다. 규모는 정면 5칸, 측면 4칸이며, 지붕은 팔작지붕이다. 기둥은 높이가 높고 기둥과 기둥 사이를 넓게 잡아 매우 웅장한 분위기를 자아내고 있으며, 건물 서쪽 면에서 침류각으로 내려가는 지붕은 높이차를 조정하여 층을 이루고 있는데 그 구성이 특이하다. 천장은 연등천장이다.

밀양 영남루에서
침류각으로 내려가는 층계와 지붕

보물 제148호 **공주 중동 석조 [公州 中洞 石槽]**
충남 공주시 관광단지길 34 국립공주박물관

백제시대 조성된 석조로, 규모에서 반죽동 석조보다 약간 작을 뿐 양식이나 조각 수법이 같아, 어느 한 건물 앞에 한 쌍으로 두기 위하여 동시에 만들어졌던 것으로 보인다. 석조를 받치고 있는 받침 기둥은 일본군에 의해 깨어져 없어지고, 이후 반죽동 석조의 것을 모방하여 만들었는데, 원기둥에 연꽃을 둘러 새긴 모습이다. 석조는 굽이 높은 사발 모양으로 입구 가장자리에 굵은 돌기를 돌렸다. 바깥 면에는 2줄의 작은 띠를 돌려 새기고, 띠 위에 일정하게 연꽃을 장식하였다.

보물 제149호 **공주 반죽동 석조 [公州 班竹洞 石槽]**
충남 공주시 관광단지길 34 국립공주박물관

공주 중동 석조(보물 제148호)와 같이 대통사터에 있었던 백제의 유물이다. 1940년에 국립공주박물관으로 옮겨와 보존하고 있다. 받침 기둥에는 전형적인 백제 수법으로 12개의 잎을 가진 연꽃무늬를 도드라지게 새겨 두었는데, 이 무늬는 공주지방에서 나온 기와 무늬와도 같은 모양이다. 그 위로 놓여있는 석조는 입구 가장자리에 굽처럼 넓적한 띠를 돌리고, 중앙에는 2줄의 띠를 돌렸으며 띠에는 8개의 연꽃잎을 가진 꽃송이를 새겼다.

보물 제150호 공주 반죽동 당간지주 [公州 班竹洞 幢竿支柱]
충남 공주시 반죽동 302-2

　대통사의 옛터에 남아 있는 이 당간지주는 서로 마주 보는 안쪽 면에는 아무런 조각이 없으나, 바깥쪽 면은 가장자리를 따라 굵은 띠 모양을 도드라지게 새겼다. 기둥머리 부분은 안쪽에서 바깥쪽으로 모를 둥글게 깎았으며, 안쪽 위ㆍ아래 2곳에 당간을 고정하기 위해 네모난 구멍을 파 놓았다. 한국전쟁 때 폭격을 맞아 지주의 받침돌과 한쪽 기둥의 아랫부분이 많이 손상되었다. 받침돌에 새겨진 안상을 조각한 수법으로 보아 통일신라시대에 만들어진 것으로 추정된다.

보물 제151호 구례 연곡사 삼층석탑 [求禮 鸞谷寺 三層石塔]
전남 구례군 토지면 피아골로 806-16 연곡사

　연곡사의 법당 남쪽에 서 있는 석탑으로, 3단의 기단 위로 3층의 탑신을 올린 모습이다. 기단과 탑신의 몸돌에는 기둥을 모각하였다. 탑신은 몸돌과 지붕돌이 각각 하나의 돌로 되어 있으며, 옥개받침은 각 층마다 4단이다. 상륜부는 복발만 놓여 있다. 석탑의 3층 지붕돌은 밑으로 떨어져 있었는데 1967년 해체하여 수리할 때에 복원되었다. 이 때 위층 기단 안에서 동조여래입상 1구가 발견되었다. 탑에 사용된 돌의 구성양식 등으로 미루어보아 건립 연대는 통일신라 후기로 추정된다.

보물 제152호 구례 연곡사 현각선사탑비 [求禮 鸞谷寺 玄覺禪師塔碑]
전남 구례군 토지면 피아골로 806-16 연곡사

　연곡사에 있는 비로, 고려 전기의 승려 현각선사를 기리기 위해 세운 것이다. 임진왜란 당시 비 몸돌이 없어져 현재는 귀부와 이수만 남아 있다. 비를 받치고 있는 귀부는 부리부리한 두 눈과 큼직한 입이 웅장하며, 수염을 가진 용머리를 하고 있다. 비좌에는 안상과 꽃 조각이 새겨져 있다. 이수는 여러 마리의 용이 서로 얽힌 모습이 조각되어 있고, 전액에는 탑비 이름이 새겨져 있어, 현각선사의 탑비임을 알 수 있다. 이 비는 고려 경종 4년(979)에 건립되었다.

보물 제153호 **구례 연곡사 동 승탑비 [求禮 鷰谷寺 東 僧塔碑]**
전남 구례군 토지면 피아골로 806-16 연곡사

 통일신라시대에 창건된 연곡사에는 승려의 사리를 모셔놓은 승탑이 3개 있는데, 이 비는 동 승탑 앞쪽에 서 있는 비로, 비신은 없어지고 귀부와 이수만 남아 있다. 받침돌은 네 다리를 사방으로 쭉 뻗고 엎드린 용의 모습을 하고 있으나 사실성이 떨어지며, 잘린 것을 복구해 놓아 부자연스럽다. 비좌에는 구름무늬와 연꽃무늬가 장식되어 있다. 이수는 용무늬를 생략하고 구름무늬만을 새겼으며, 꼭대기에는 불꽃에 휩싸인 보주를 조각해 놓았다. 조성 연대는 고려시대로 추정된다.

보물 제154호 **구례 연곡사 소요대사탑 [求禮 鷰谷寺 逍遙大師塔]**
전남 구례군 토지면 피아골로 806-16 연곡사

구례 연곡사 소요대사탑 탑신의 명문과 신장상

 ※ 탑신의 명문에는 순치육년경인(順治六年庚寅)이라 되어 있지만, 순치 6년(청 세조의 연호)은 1649년, 경인년은 1650년으로, 연호는 중국의 것을 차용한 것이라 착오가 있을 수 있어 간지를 우선으로 보아야 한다는 견해에 따른다.

 소요대사의 사리를 봉안한 승탑으로 팔각원당형을 기본으로 삼고 있다. 기단은 3단으로 나누어 단마다 연꽃무늬를 새겼으며, 그 위로 탑신을 받치도록 두툼한 괴임을 둔 점이 독특하다. 탑신의 몸돌은 한 면에 문짝 모양을 새기고 맞은편은 명문을 새겼으며, 나머지 면은 신장상을 양각하였다. 지붕돌은 여덟 곳의 귀퉁이마다 큼지막한 꽃장식을 하였으며, 꼭대기의 머리 장식은 비교적 완전하게 남아 있다. 탑신에 새겨진 기록에 의하면 조성 시기는 조선 효종 원년(1650) ※ 이다.

보물 제155호 장흥 보림사 동 승탑 [長興 寶林寺 東 僧塔]
전남 장흥군 유치면 봉덕신덕길 62 보림사

탑신을 중심으로 아래에는 3단의 기단을 두고 위로는 머리 장식을 얹었는데, 팔각원당형을 기본으로 삼고 있다. 3단으로 된 기단의 맨 아랫단과 맨 윗단에는 8잎의 연꽃잎을 새겼다. 탑신은 한 면에만 자물쇠가 달린 문짝 모양을 새기고, 지붕돌은 다른 부분에 비해 좁고 낮은 편이다. 꼭대기의 머리 장식은 중간에 둥근 기둥을 세우고, 위아래를 나누어 장식하였는데, 그 완전함만큼이나 세심한 정성을 기울인 흔적이 엿보인다.

조성 연대는 통일신라 후기로 추정된다.

보물 제156호 장흥 보림사 서 승탑 [長興 寶林寺 西 僧塔]
전남 장흥군 유치면 봉덕신덕길 62 보림사

전체적으로 8각의 평면을 이루고 있으며, 네모 반듯한 바닥돌 위로 3단의 기단을 세우고 그 위에 탑신과 지붕돌을 얹은 모습이다. 기단은 아래 받침돌에는 2겹의 연꽃무늬를 새기고, 두껍고 넓은 가운데 받침돌은 모서리마다 구슬을 꿰어놓은 듯한 기둥을 조각해 놓아 독특한 모습이다. 탑신의 몸돌 한쪽 면에 문짝 모양을 새기고 그 안에 자물쇠와 문고리를 조각하였다. 상륜부는 온전하게 남아 있다.

조성 연대는 고려 중기로 추정된다.

보물 제157호 장흥 보림사 보조선사탑 [長興 寶林寺 普照禪師塔]
전남 장흥군 유치면 봉덕신덕길 62 보림사

장흥 보림사 보조선사탑
탑신석의 문비와 사천왕상

보조선사의 사리를 모신 사리탑이다. 보조선사(804~880)는 어려서 출가하여 불경을 공부하였으며, 흥덕왕 2년(827)에 승려가 지켜야 할 계율을 받았다. 희강왕 2년(837) 중국으로 건너간 후 문성왕 2년(840) 귀국하여 많은 승려들에게 선을 가르쳤다. 헌안왕 3년(859)에 왕의 청으로 보림사의 주지가 되었으며, 77세의 나이로 입적하였다. 왕은 그의 시호를 '보조선사', 탑명을 '창성'이라 내렸다. 일본강점기에 사리구를 도둑맞았다.

조성 연대는 통일신라 후기이다.

보물 제158호 장흥 보림사 보조선사탑비 [長興 寶林寺 普照禪師塔碑]
전남 장흥군 유치면 봉덕신덕길 62 보림사

보림사에 있는 보조선사 지선의 탑비로, 귀부, 비신, 이수가 잘 남아 있다. 귀부의 머리는 용머리를 하고 있으며, 귀부의 등은 육각형의 무늬가 전체를 덮고 있다. 비좌에는 구름과 연꽃을 새겼다. 비신에는 보조선사에 대한 기록이 새겨져 있는데, 김영이 비문을 짓고 김원과 김언경이 글씨를 썼다. 이수에는 구름과 용의 모습을 웅대하게 조각하였고, 앞면 중앙에 '가지산보조선사비명'이라는 비의 명칭을 새겼다. 통일신라 헌강왕 10년(884)에 세워졌다.

보물 제159호 함안 방어산 마애약사여래삼존입상 [咸安 防禦山 磨崖藥師如來三尊立像]
경남 함안군 군북면 하림리 산131

이 마애불의 본존은 왼손에 약그릇을 들고 있는 약사여래이며, 얼굴이 타원형으로 길게 표현되었다. 어깨는 거대한 몸에 비해 좁게 표현되었고, 힘없이 표현된 신체에서는 긴장감을 느낄 수 없다. 이는 불상 양식이 8세기의 긴장감과 활력이 넘치던 이상적 사실주의 양식에서 현실적인 모습으로 변화하고 있음을 보여준다. 양쪽의 협시보살은 모두 본존을 향하여 자연스럽게 서 있다. 왼쪽은 일광보살이며, 오른쪽은 월광보살이다. 조성 연대의 기록을 통해 볼 때 통일신라 애장왕 2년(801)에 만든 것이다.

보물 제160호 류성룡 종가 문적 [柳成龍 宗家 文籍]

경북 안동시 도산면 퇴계로 1997 한국국학진흥원

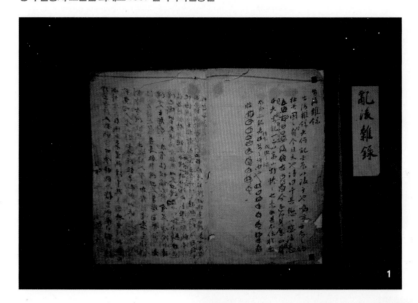

조선 중기의 문신인 서애 류성룡(1542~1607)의 종손가에 소장되어온 문헌과 각종 자료들이다. 이 문서들은 임진왜란 때 도체찰사로 임금을 호종하면서 군무를 총괄하던 류성룡 선생이 직접 손으로 쓴 기록과 임진왜란과 관련되는 문건, 자료 등을 일괄하여 지정된 것이다. 그 목록은 다음과 같다.

진사록 3책, 난후잡록 2책, 근폭집 2책, 중흥헌근 1책, 군문등록 1책, 정원전교 2책, 정조어제당장서화첩제문부 채제공발 2책, 당장시화첩 1책, 당장서첩 2책, 류성룡비망기입대통력, 호성공신록훈교서 1축이다.

류성룡 종가 문적
1 난후잡록
2 류성룡비망기입대통력
3 호성공신록훈교서
4 근폭집

보물 제161호 강화 정수사 법당 [江華 淨水寺 法堂]

인천 강화군 화도면 사기리 산86 정수사

강화 정수사 법당 법당의 창호

이 법당의 규모는 정면 3칸, 측면 4칸이지만 원래는 전면의 툇마루가 없이 정면과 측면이 3칸 건물이었던 것으로 추정된다. 지붕은 맞배지붕, 공포는 주심포 양식으로 앞뒷면이 서로 다르게 나타나고 있다. 앞쪽 창호의 가운데 문은 꽃병에 꽃을 꽂은 듯 화려한 조각을 새겨 뛰어난 솜씨를 엿보게 한다. 1957년 보수 공사 때, 숙종 15년(1689) 당시 상량문이 발견되었는데 상량문에 세종 5년(1423) 고쳐 지었다고 하나 정확한 연대는 알 수 없다.

보물 제162호 청양 장곡사 상 대웅전 [靑陽 長谷寺 上 大雄殿]

충남 청양군 대치면 장곡길 241 장곡사

장곡사는 위아래에 2개의 대웅전이 있는 특이한 배치를 하고 있다. 상대웅전은 정면 3칸, 측면 2칸 규모로, 지붕은 맞배지붕이며, 공포는 다포 양식이다. 건물 안쪽 바닥에는 전돌을 깔았으며, 그중에는 통일신라 때 것으로 보이는 잎이 8개인 연꽃무늬를 새긴 것도 섞여 있다. 자세한 내력은 전하지 않으나 조선 정조 1년(1777) 고쳐 짓고 고종 3년(1866)과 1906년, 1960년에 크게 고쳐 지어 오늘에 이르고 있다.

청양 장곡사 상 대웅전
내부 바닥의 연화문 전돌

보물 제164호 춘천 청평사 회전문 [春川 淸平寺 廻轉門]

강원 춘천시 북산면 청평리 674 청평사

청평사의 회전문은 절에 들어설 때 만나게 되는 두 번째 문인 사천왕문을 대신하는 것으로, 중생들에게 윤회전생을 깨우치려는 의미의 문이다. 규모는 정면 3칸, 측면 1칸이며, 앞면의 가운데 1칸은 넓게 드나드는 통로이고 양쪽 2칸은 마루가 깔려있다. 지붕은 맞배지붕이고, 공포 양식은 주심포 양식에서 익공계 양식으로 변화하는 모습을 보인다. 16세기 중엽 건축 양식 변화 연구에 중요한 자료가 되는 건축물이다. 최근 회전문 좌우 건물을 증축하였다.

강릉 오죽헌
천장의 가구 구조

보물 제165호 강릉 오죽헌 [江陵 烏竹軒]

강원 강릉시 율곡로 3139번길 24

신사임당과 율곡 이이가 태어난 유서 깊은 집이다. 사임당 신씨는 여류 예술가, 현모양처의 본보기가 되며, 아들 율곡은 퇴계 이황과 쌍벽을 이루는 훌륭한 학자였다. 오죽헌은 조선시대 문신이었던 최치운(1390~1440)이 지었다. 규모는 정면 3칸, 측면 2칸이고, 지붕은 팔작지붕, 공포는 익공 양식이다. 앞면에서 보면 왼쪽 2칸은 대청마루로 사용했고, 오른쪽 1칸은 온돌방으로 만들었다. 우리나라 주택 건축물 중에서 비교적 오래된 건물 가운데 하나로 손꼽히는 건물이다.

보물 제166호 서울 홍제동 오층석탑 [서울 弘濟洞 五層石塔]
서울 용산구 서빙고로 137 국립중앙박물관

사현사의 옛터에 있던 탑으로, 시가지 확장을 하면서 1970년 경복궁으로 옮겨 왔다. 현재는 국립중앙박물관에 전시되고 있다. 탑은 자연석이 기단을 대신하여 5층의 탑신을 받치고 있는데 이것은 후대에 보수한 것으로 보인다. 탑신은 몸돌과 지붕돌이 각각 한 돌로 되어있다. 1층 몸돌은 장식이 없고, 2층 이상은 기둥을 모각하고 그곳에 문짝으로 보이는 네모난 형태를 새겼다. 현재 기단부와 상륜부는 결실되었다. 이 절의 창건 연대가 고려 정종 12년(1045)으로 탑도 이때 조성된 것으로 추정된다.

보물 제167호 정읍 은선리 삼층석탑 [井邑 隱仙里 三層石塔]
전북 정읍시 영원면 은선리 43

기단은 낮은 1단으로, 부여 정림사지 오층석탑(국보 제9호) 계열이다. 탑신은 몸돌과 지붕돌이 여러 장의 돌로 이루어졌다. 1층의 몸돌은 대단히 높아 기형적인 인상을 주고, 모서리에는 기둥을 모각하였다. 2층 몸돌은 높이와 너비가 급격히 줄었으며, 남쪽 면에 2매의 문짝이 달려 있는데, 이는 감실을 설치한 것으로 짐작된다. 보통은 벽면에 새기기만 하는데 양측에 문짝을 단 예는 매우 희귀하다. 기단과 지붕돌에서 백제 석탑의 모습을 보여주며, 조성 시기는 고려 중기로 추정된다.

보물 제168호 경주 천군동 동·서 삼층석탑 [慶州 千軍洞 東·西 三層石塔]
경북 경주시 천군동 550-2

두 탑 모두 2단의 기단 위에 3층의 탑신을 세운 양식이며 규모와 수법이 같다. 기단과 탑신 몸돌에 기둥을 모각하였다. 탑신의 각 몸돌과 지붕돌은 각각 한 돌로 이루어져 있다. 옥개받침은 층마다 5단이다. 3층 몸돌에서는 1939년 발굴조사를 할 때 한 면이 24cm, 깊이가 15cm인 사리를 두는 공간이 발견되었다. 탑 꼭대기의 머리 장식은 서쪽 탑에만 일부 남아 있을 뿐 동쪽 탑은 모두 없어졌다. 통일신라 석탑의 양식을 이은 8세기 후반의 작품이다.

동 삼층석탑   서 삼층석탑.

보물 제169호 문경 봉암사 삼층석탑 [聞慶 鳳巖寺 三層石塔]
경북 문경시 가은읍 원북길 313 봉암사

이 탑은 봉암사에 있는 3층 석탑으로 일반적인 통일신라의 석탑은 기단이 2단이나, 현재 땅 위로 드러나 있는 이 탑의 기단은 1단이다. 특이한 것은 지면과 맞닿아 있어야 할 탑의 받침돌 밑면에 또 하나의 받침이 있어 혹시 이것이 아래층 기단이 아닐까 하는 생각이 들지만, 그러기에는 너무 넓어 보인다. 또 하나의 특징은 머리 장식 모두가 완전히 남아 있다. 9세기 통일신라 헌덕왕(재위 809~826)때 세워진 것으로 추정된다.

보물 제170호 화순 쌍봉사 철감선사탑비 [和順 雙峯寺 澈鑒禪師塔碑]
전남 화순군 이양면 증리 산195-1 쌍봉사

화순 쌍봉사 철감선사탑비
귀부의 틀어 올린 오른쪽 앞발

철감선사(798~868)는 통일신라시대의 승려로, 헌덕왕 7년(825) 당나라에 유학하고, 범일국사와 함께 돌아와 경문왕을 불법에 귀의하게 하였다. 71세 쌍봉사에서 입적하자 왕은 시호를 '철감'이라 내렸다. 비는 비신은 없어진 채 귀부와 이수만 남아 있다. 네모난 바닥돌 위의 거북은 용의 머리를 하고 여의주를 문 채 엎드려 있는 모습으로, 특히 오른쪽 앞발을 살짝 올리고 있다. 이수는 용 조각을 생략한 채 구름무늬만으로 채우고 있다. 통일신라 경문왕 8년(868)에 세워진 비이다.

보물 제171호 문경 봉암사 정진대사탑 [聞慶 鳳巖寺 靜眞大師塔]

경북 문경시 가은읍 원북길 313 봉암사

봉암사에 있는 정진대사 긍양의 사리탑이다. 정진대사(878~956)는 통일신라 효공왕 원년(897)에 개초사에서 수도한 후, 효공왕 3년(899)에 당에 다녀왔다가 경애왕 원년(924)에 백암사를 거쳐 봉암사에 와서 이 절을 크게 번영시켰다. 79세로 입적하자 왕은 시호를 '정진', 탑명을 '원오'라 내렸다. 이 탑은 기단 곳곳에 꽃무늬조각과 구름·용·연꽃무늬 등 불교 세계를 상징하는 각종 장식을 새겼다. 탑신은 몸돌 모서리에 기둥 조각과 정면의 문비 문양만 있고, 다른 7면은 장식이 없다. 고려 광종 16년(965)에 세워진 탑이다.

문경 봉암사 정진대사탑
1 기단부 하대석 상단의 문양
2 기단부 중대석 사리장 엄구 문양

보물 제172호 문경 봉암사 정진대사탑비 [聞慶 鳳巖寺 靜眞大師塔碑]

경북 문경시 가은읍 원북길 313 봉암사

문경 봉암사 정진대사탑비
1 이수
2 귀부와 비좌

이 비는 고려전기의 탑비로 봉암사를 중흥한 정진대사의 것이다. 정진대사(878~956)는 통일신라 말에서 고려 초에 활약한 승려로, 불교의 중흥에 이바지하기도 하였다. 비는 귀부 위로 비신을 세우고 이수를 올린 모습으로, 특히 비좌(거북의 등 중앙에 마련된 비를 꽂아 두는 부분)가 두드러지게 커 보인다. 이수에는 불꽃무늬에 휩싸인 보주가 또렷하게 조각되어 있다. 고려 광종 16년(965)에 세워진 비로, 비문은 당대의 문장가 이몽유가 짓고, 명필 장단열이 글씨를 썼다.

보물 제173호 울주 망해사지 승탑 [蔚州 望海寺址 僧塔]
울산 울주군 청량면 망해2길 102

　　망해사지에 있는 2기의 승탑으로 서로 규모와 양식이 같으며, 각 부분이 8각으로 이루어져 있다. 기단은 3개의 받침돌로 이루어져 있다. 아래 받침돌은 8각으로 구성하고, 그 위로 연꽃무늬를 조각한 돌을 올렸으며, 가운데 받침돌은 높은 8각의 단 위에 다시 낮은 3단이 층을 이뤄 받치고 있다. 윗받침돌은 옆면에 16잎의 연꽃잎을 이중으로 조각하였다. 탑신은 각 면마다 창의 형태를 새기고, 4면에는 문짝 모양을 새겨 놓았다. 지붕돌은 처마와 추녀가 수평으로 넓으며 상륜부는 결실되었다. 조성 연대는 통일신라시대로 추정된다.

보물 제174호 장곡사 철조비로자나불좌상 · 석조대좌 [長谷寺 鐵造毘盧遮那佛坐像 · 石造臺座]
충남 청양군 대치면 장곡길 241 장곡사

석등 양식의 대좌

　　장곡사의 상대웅전 안에 모셔져 있는 비로자나불좌상이다. 삼각형에 가까운 작은 얼굴에는 긴 눈썹과 가는 눈, 작은 코와 입 등이 표현되어 다소 세속화된 모습이다. 수인은 지권인이다. 불상이 앉아 있는 대좌는 석등 대좌를 가져다 놓은 것으로 불상과 조화를 이루지 못하고 어색한 모습이다. 광배는 나무로 만들었는데 두광과 신광, 화염문을 표현하였다. 전체적으로 평범한 얼굴, 빈약한 체형, 허술한 오른쪽 어깨의 처리 등에서 9세기 중엽 비로자나불 양식과는 현저한 차이를 보여주고 있다.

사직단 대문 [社稷壇 大門]
서울 종로구 사직동 1-38

사직단 [사적 제121호]

사직단이란 나라와 국민 생활의 편안을 빌고 풍년을 기원하며 제사 지내는 곳으로 사[社]는 땅의 신을, 직[稷]은 곡식의 신을 말한다. 이 문은 사직단의 정문으로 태조 3년(1394) 사직단을 지을 때 함께 지었으나, 임진왜란 때 불타 버렸다. 그 뒤 숙종 46년(1720) 큰바람에 기운 것을 다시 세웠다는 '조선왕조실록'의 기록으로 미루어 임진왜란 후에 새로 지은 것으로 짐작된다. 건물의 규모는 정면 3칸, 측면 2칸이며, 지붕은 맞배지붕, 공포는 익공 양식이다.

보물 제178호 강화 전등사 대웅전 [江華 傳燈寺 大雄殿]
인천 강화군 길상면 전등사로 37 전등사

강화 전등사 대웅전
1 공포 위의 나녀상
2 대웅전의 천장

이 건물은 광해군 13년(1621)에 지은 것으로, 규모는 정면 3칸, 측면 3칸이며 지붕은 팔작지붕, 공포는 다포 양식이다. 네 모서리 기둥 공포 윗부분에는 사람 모습을 조각해 놓았는데 이것은 공사를 맡았던 목수의 재물을 가로챈 주모의 모습이라고 한다. 목수가 주모의 나쁜 짓을 경고하고 죄를 씻게 하도록 발가벗은 모습을 조각하여 추녀를 받치게 하였는데, 세 곳의 처마 밑에서는 두 손으로, 한 귀퉁이의 것은 한 손으로만 처마를 받치고 있어 마치 꾀를 부리고 있는 듯한 모습으로 우리 선조들의 재치와 익살을 느낄 수 있다.

보물 제179호 강화 전등사 약사전 [江華 傳燈寺 藥師殿]
인천 강화군 길상면 전등사로 37 전등사

'대웅전약사전개와중수기[大雄殿藥師殿改瓦重修記]'에 조선 고종 13년(1876) 대웅보전과 함께 기와를 바꾸었다는 기록이 보일 뿐 언제 지었는지 확실하게 알 수는 없고 건축 수법이 대웅보전과 비슷하여 조선 중기 건물로 짐작하고 있다. 규모는 정면 3칸, 측면 2칸이며 지붕은 팔작지붕, 공포는 다포 양식이다.

건물 안쪽 천장은 우물천장이며 주위에는 화려한 연꽃무늬와 덩굴무늬를 그려 놓았다.

보물 제180호 여주 신륵사 조사당 [驪州 神勒寺 祖師堂]
경기 여주시 신륵사길 73 신륵사

여주 신륵사 조사당
무학대사(좌) 지공선사(중앙) 나옹선사(우)

조사당은 절에서 덕이 높은 승려의 초상화를 모셔놓은 건물로, 신륵사 조사당에는 불단 뒷벽 중앙에 지공을, 그 좌우에는 무학과 나옹대사의 영정을 모시고 있다. 조선 전기 예종 때 지은 것으로 보이며, 낮은 기단 위에 정면 1칸, 측면 2칸으로 세웠다. 지붕은 팔작지붕, 공포는 다포 양식이다. 앞면은 6짝의 문을 달아 모두 개방할 수 있게 하고, 옆면은 앞 1칸만 문을 달아 출입구를 만들어 놓았다. 조선 전기의 조각 수법을 보이며 규모는 작지만, 균형이 잘 잡힌 아담한 건물이다.

보물 제181호 청양 장곡사 하 대웅전 [青陽 長谷寺 下 大雄殿]
충남 청양군 대치면 장곡길 241 장곡사

이 절은 지형을 따라 2개의 대웅전이 있는 특이한 배치를 하고 있다. 상·하 대웅전은 서로 엇갈리게 배치되었는데, 하 대웅전은 상 대웅전 보다 훨씬 낮은 곳에 동남향으로 자리 잡고 있다.

하 대웅전은 조선 중기에 지은 것으로 정면 3칸, 측면 2칸 크기이다. 지붕은 맞배지붕, 공포는 다포 양식이다. 건물 안쪽에는 상대웅전이 전돌을 깐 것과 달리 마루를 깔았고 불단에는 고려 후기 제작된 금동약사여래좌상(보물 제337호)을 모시고 있다.

보물 제182호 안동 임청각 [安東 臨淸閣]

경북 안동시 임청각길 53

안동 임청각 군자정

임청각은 형조좌랑을 지낸 이명이 중종 10년(1515)에 건립한 주택이며, 상해 임시정부 초대 국무령을 지낸 이상룡의 집이기도 하다. 이 집은 영남산 동쪽 기슭에 앉아 낙동강을 바라보는 배산임수한 명당에 남향하여 자리 잡고 있다. 이 중 군자정은 임청각의 별당으로 조선 중기에 지은 '정[丁]' 자 평면의 누각형 건물이다. 정면 3칸, 측면 2칸 크기이고 지붕은 팔작지붕이다. 중심은 남향의 대청이고, 그 서쪽에 이어서 지은 T자형의 온돌방이 부설되어 있다.

안동 임청각 전경

보물 제183호 강릉 해운정 [江陵 海雲亭]

강원 강릉시 운정동 256

해운정은 조선 상류 주택의 별당 건물로 조선 중종 25년(1530) 어촌 심언광이 강원도 관찰사로 있을 때 지었다. 이 건물은 3단으로 쌓은 축대 위에 남향으로 지었다. 규모는 정면 3칸, 측면 2칸으로 안쪽의 오른쪽 2칸은 대청이며 왼쪽 1칸은 온돌방이다. 지붕은 팔작지붕으로 꾸몄고, 대청 앞면의 문은 분합문으로 모두 열 수 있다. 건물 주위에는 툇마루를 돌려놓았다. 건물에 걸린 '해운정[海雲亭]'이라는 현판은 송시열의 글씨이며, 안에는 권진응, 율곡 이이 등 유명한 사람들의 글이 걸려 있다.

강릉 해운정 우암 송시열이 쓴 해운정 현판

보물 제184호 부여 장하리 삼층석탑 [扶餘 長蝦里 三層石塔]

충남 부여군 장암면 장하리 536

이 탑은 부여 정림사지 오층석탑(국보 제9호)의 양식을 모방한 백제계 석탑 중 하나이다. 땅 위에 자연석에 가까운 바닥돌을 깔고 그 위에 같은 돌로 너비를 좁히면서 3단의 기단을 만들었다. 1931년에 탑신 1층의 몸돌에서 상아불상, 목제탑, 다라니경 조각 등이 발견되었으며, 1962년 해체 수리 시에는 2층에서 지름 7cm, 깊이 12cm로 사리를 두는 공간이 둥근 형태로 발견되었는데, 그 안에 41개의 사리가 들어있었다. 고려시대 제작된 탑이다.

보물 제185호 부여 무량사 오층석탑 [扶餘 無量寺 五層石塔]
충남 부여군 외산면 무량로 203 무량사

무량사 극락전 앞에 자리하고 있는 웅장한 모습의 5층 석탑이다. 탑을 받치는 기단은 1단이다. 탑신은 지붕돌과 몸돌을 한 층으로 하여 5층을 이루고 있으며, 상륜부에는 보주 등 장식이 남아 있다.

해체공사를 할 때 탑신의 1층 몸돌에서 금동제 아미타여래좌상, 지장보살상, 관음보살상의 삼존상이 나왔고, 3층에서는 금동보살상, 5층에서는 사리구가 발견되었다. 백제와 통일신라의 석탑 양식을 조화시켜 만든 고려 전기 석탑이다.

보물 제186호 경주 남산 용장사곡 삼층석탑 [慶州 南山 茸長寺谷 三層石塔]
경북 경주시 내남면 용장리 산1-1

이 탑은 2단의 기단 위에 세워진 3층 석탑이다. 자연 암석을 아래층 기단으로 삼고, 그 위로 바로 위층 기단이 올려져 있다. 탑신은 지붕돌과 몸돌을 별도의 석재로 조성하였다. 1층 몸돌은 상당히 높은 편이고 2층부터는 급격히 줄어들고 있다. 지붕돌의 옥개받침은 모두 4단이고 처마는 직선을 이루다가 귀퉁이에서 경쾌하게 들려 있다. 상륜부는 모두 없어지고 쇠막대를 꽂았던 구멍만 남아 있다.

통일신라 후기의 대표적인 작품이다.

보물 제187호 경주 남산 용장사곡 석조여래좌상 [慶州 南山 茸長寺谷 石造如來坐像]
경북 경주시 내남면 용장리 산1-1

머리 부분은 없어졌고 손과 몸체 일부가 남아 있는데 대좌와 비교하면 불상은 작은 편이다. 불상이 입고 있는 옷은 양 어깨를 모두 감싸고 있으며, 옷자락이 대좌 윗부분까지 흘러내리는데, 마치 레이스처럼 보인다. 대좌는 자연기단 위에 있는 특이한 3층 탑이라 생각될 만큼 특이한 원형인데, 맨 윗단에는 연꽃무늬를 새겼다. '삼국유사'에서 보이는 유명한 승려 대현[大賢]과 깊이 관련된 있는 유명한 불상이다. 대현의 활동 기간에 제작되었다고 보아 8세기 중엽에 만들어진 것으로 추정된다.

보물 제188호 **의성 관덕리 삼층석탑 [義城 觀德里 三層石塔]**

경북 의성군 단촌면 관덕리 889

의성 관덕리 삼층석탑
1 1층 몸돌의 보살상
2 2층 기단의 사천왕상(좌)과 천부상(우)

　　2단의 기단 위에 3층의 탑신을 올린 석탑으로, 아래층 기단에는 8곳에 비천상을 양각하고 2층 기단에는 기둥을 중심으로 왼쪽에는 사천왕상을, 오른쪽에는 천부상을 배치하였다. 이들을 이렇게 복합적으로 표현한 것은 보기 드문 모습이다. 탑신의 초층 몸돌에는 4면에 보살상을 새겼다. 몸돌과 옥개석은 각각 1개의 돌로 구성하였으며, 옥개받침은 1.2층이 4단 3층은 3단이다. 원래 위층 기단 윗면 네 귀퉁이에 네 마리의 석사자가 있었으나 현재 2구[보물 제202호 참조]만 남아 있다. 9세기에 조성된 것으로 추정된다.

보물 제189호 **칠곡 송림사 오층전탑 [漆谷 松林寺 五層塼塔]**

경북 칠곡군 동명면 송림길 73 송림사

　　송림사 대웅전 앞에 서 있는 5층 전탑으로, 탑을 받치는 기단은 벽돌이 아닌 화강암을 이용하여 1단으로 마련하였다. 탑신은 모두 벽돌로 쌓아 올렸는데, 2층 이상의 몸돌은 높이가 거의 줄어들지 않아 전체적으로 높아 보이나, 각 몸돌을 덮고 있는 지붕돌이 넓은 편이다. 상륜부는 1959년 해체 복원할 때 원형대로 복원한 것이다. 9세기 통일신라시대에 세워진 것으로 추측되며, 보수 하면서 탑신의 몸돌 내부에서 나무로 만든 불상과 사리장치(보물 제325호 참조) 등이 발견되었다.

보물 제190호 원주 거돈사지 원공국사탑 [原州 居頓寺址 圓空國師塔]
서울 용산구 서빙고로 137 국립중앙박물관

현재 탑은 바닥돌이 없이 바로 기단이 시작되고 있다. 기단부는 세 개의 받침돌로 이루어졌는데, 아래 받침돌은 각 면마다 안상을 새긴 후, 그 안에 꽃무늬를, 가운데 받침돌은 안상 안에 팔부중상을, 윗받침 돌에는 활짝 핀 연꽃잎을 2중으로 돌려 새겼다. 8각을 이루고 있는 탑신의 각 면에는 앞뒤 양면에 문 모양과 자물쇠 모양을, 좌우 양면에는 창문 모양을, 그리고 남은 네 면에는 사천왕상을 새겼다. 상륜부에는 8각형의 보개가 얹혀 있다. 조성 시기는 비를 세운 고려 현종 16년(1025)에 함께 조성한 것으로 추정된다.

원주 거돈사지 원공국사탑 기단 중대석의 팔부중상

보물 제191호 강릉 보현사 낭원대사탑 [江陵 普賢寺 朗圓大師塔]
강원 강릉시 성산면 보현길 396 보현사

보현사에 자리하고 있는 낭원대사의 사리탑으로, 탑신을 받치는 기단은 세 개의 받침돌로 이루어져 있었으나, 지금은 가운데 받침돌이 없어져 아래 받침돌 위에 바로 윗받침돌이 얹혀있다. 탑신의 몸돌 한쪽 면에는 문 모양과 자물쇠 모양을 새겨 두었다. 지붕돌의 귀퉁이마다 꽃장식을 했던 것으로 보이나 모두 깨져 없어졌다. 지붕돌 꼭대기에는 머리 장식이 놓여 있다. 낭원대사 탑비가 고려 태조 23년(940)에 건립되었으므로, 탑도 이 시기에 같이 건립한 것으로 보인다.

보물 제192호 강릉 보현사 낭원대사탑비 [江陵 普賢寺 朗圓大師塔碑]
강원 강릉시 성산면 보현길 396 보현사

낭원대사(834~930)의 탑비로, 대사의 출생에서부터 경애왕이 대사의 덕을 기려 국사로 예우한 사실 및 입적하기까지의 그의 행적이 실려 있다. 대사가 96세로 입적하자 왕은 시호를 '낭원', 탑명을 '오진'이라 내렸다. 비는 용의 머리로 조성된 귀부 위에 비좌를 설치하고 비신을 올렸다. 이수는 두 마리의 용을 조각하고 가장자리에 보륜과 화염에 싸인 보주를 올렸다. 대사가 입적한 지 10년 뒤인 고려 태조 23년(940)에 세웠다. 비문은 당대의 문장가인 최언위가 짓고, 서예가인 구족달이 글씨를 썼다.

보물 제193호 청도 운문사 금당 앞 석등 [淸道 雲門寺 金堂 앞 石燈]

경북 청도군 운문면 운문사길 264 운문사

운문사 금당 앞에 놓여 있는 8각 석등으로, 화사석을 중심으로, 아래에는 세 부분으로 이루어진 받침을 두고 위로는 지붕돌과 머리 장식을 얹었다. 장식이 없는 간주석을 중심으로 아래 받침돌과 윗받침 돌에는 면마다 연꽃이 새겨져 있다. 화사석에는 4개의 화창을 두고 문을 달아 고정하려 했던 것으로 보이는 구멍이 뚫려 있다. 지붕돌 꼭대기에는 보주가 남아 있다. 각 부분이 잘 균형을 이룬 우아한 모습의 통일신라시대 석등이다.

보물 제194호 부여 석조 [扶餘 石槽]

충남 부여군 부여읍 금성로 5 국립부여박물관

부여 석조는 백제시대의 유물로, '공[工]' 자형의 받침대 위에 둥근 꽃망울 형태로 올려져 있다. 받침대는 장식이 없는 간결한 모양이다. 그 위에 놓인 석조는 입구가 약간 오므라들면서 밖으로 둥글게 원호를 그리며, 바닥은 완만한 곡선이다. 표면에는 일정한 간격을 두고 8개의 세로줄이 새겨져 있고, 부여 정림사지 오층석탑 1층 몸돌에 새겨진 당나라가 백제를 평정했다는 내용과 같은 글을 새기려던 흔적이 보인다. 연꽃무늬 장식이 전혀 없는 것으로 보아 사찰과 관계된 유물은 아닌 것으로 추정된다.

보물 제196호 금동 정지원명 석가여래삼존입상 [金銅 鄭智遠銘 釋迦如來三尊立像]

충남 부여군 부여읍 금성로 5 국립부여박물관

하나의 광배에 불상·보살상을 함께 주조한 삼존불이다. 광배의 뒷면에는 정지원이라는 사람이 죽은 아내를 위하여 금으로 불상을 만들어 저승길을 잘 가게 했다는 내용의 글이 적혀있다. 중앙에 본존불을 배치하고 본존불의 광배 좌우로 합장하고 있는 두 협시보살을 배치하였다. 오른쪽 협시보살은 본존불과 동일한 수법이며, 왼쪽 협시보살은 얼굴만 남아 있다. 머리 광배 위에는 연꽃 속에 앉아 공양하고 있는 모습의 작은 부처 1구가 새겨져 있다. 삼국시대 유행하던 삼존불 양식이나 조성 연대는 미상이다.

보물 제197호 청양 읍내리 석조여래삼존입상 [靑陽 邑內里 石造如來三尊立像]

충남 청양군 청양읍 칠갑산로9길 58

광배와 대좌를 따로 가지고 있는 독립된 불상이 삼존불을 이루고 있다. 본존불은 당당한 체구의 불상으로 머리에는 큼직한 상투 모양의 육계가 있고, 얼굴은 직사각형에 가깝다. 광배는 배 모양으로 불상과 같은 돌로 만들었는데, 파손이 심해서 세부표현을 확인하기 어렵다. 신체표현, 유려한 각선 등에서 상당한 기량을 보이지만, 평판적인 신체묘사와 형식화된 조각 기법으로 볼 때 고려 초기의 작품으로 추정된다.

보물 제198호 경주 남산 불곡 마애여래좌상 [慶州 南山 佛谷 磨崖如來坐像]

경북 경주시 인왕동 산56

경주 남산 불곡 마애여래좌상

경주 남산 동쪽 기슭 부처 골짜기의 한 바위에 깊이가 1m나 되는 석굴을 파고 만든 여래좌상이다. 불상의 머리는 두건을 덮어쓴 것 같은데 이것은 귀 부분까지 덮고 있다. 얼굴은 둥그렇고 약간 숙여 있으며, 부은 듯한 눈과 깊게 파인 입가에서는 미소가 번지고 있다. 양 깨에 걸쳐 입은 옷은 아래로 길게 흘러내려 불상이 앉아 있는 대좌까지 덮고 있는데, 옷자락이 물결무늬처럼 부드럽게 조각되어 전체가 아름답게 조화를 이루고 있다.

삼국시대 후기에 조성된 것으로 추정된다.

보물 제199호 경주 남산 신선암 마애보살반가상 [慶州 南山 神仙庵 磨崖菩薩半跏像]

경북 경주시 남산동 산36-4

높이 1.4m의 마애보살반가상은 칠불암 위에 곧바로 선 남쪽 바위에 새겨져 있다. 머리에 삼면보관을 쓰고 있는 보살상이다. 얼굴은 풍만하고, 지그시 감은 두 눈은 깊은 생각에 잠긴 모습으로 구름 위의 세계에서 중생을 살펴보고 있는 듯하다. 오른손에는 꽃을 잡고 있으며, 왼손은 가슴까지 들어 올려서 설법하는 모양을 표현하고 있다. 천의는 아주 얇아 신체의 굴곡이 사실적으로 드러나 보이며 옷자락들은 대좌를 덮고 길게 늘어져 있다. 통일신라시대 8세기 후반의 작품으로 추정된다.

보물 제201호 경주 남산 탑곡 마애불상군 [慶州 南山 塔谷 磨崖佛像群]

경북 경주시 배반동 산72

경주 남산 탑곡 마애불상군
1 마애불상군 전면
2 북쪽 바위 면의 여래와 보살상
3 서쪽 바위 면의 보리수와 여래상

9m나 되는 사각형의 커다란 바위에 여러 불상을 회화적으로 묘사하였다. 남쪽 바위 면에는 삼존과 독립된 보살상이 배치되어 있고, 동쪽 바위 면에도 불상과 보살, 승려, 그리고 비천상을 표현해 놓았다. 불상·보살상 등은 모두 연꽃무늬를 조각한 대좌와 몸 전체에서 나오는 빛을 형상화한 광배를 갖추었다. 서쪽 바위 면에는 석가가 그 아래에 앉아서 도를 깨쳤다는 나무인 보리수 두 그루와 여래상이 있다. 하나의 바위 면에 불상·비천·보살·승려·탑 등을 조각하였다. 통일신라시대 조성한 것으로 추정된다.

보물 제202호 의성 관덕동 석사자 [義城 觀德洞 石獅子]
대구 수성구 청호로 321 국립대구박물관

의성 관덕리 삼층석탑(보물 제188호)의 기단 윗면에 배치되어 있던 네 마리의 사자상 가운데 남아있는 사자상 2구이다. 한 쌍은 1940년에 분실되었고 나머지 한 쌍은 현재 국립대구박물관에서 전시되고 있다. 2구 모두 조각 수법을 알아볼 수 없을 정도로 심하게 닳아 있다. 눈길을 끄는 것은 암사자(사진의 오른쪽)의 배 밑에 세 마리의 새끼 사자가 있고 그중 한 마리는 어미 젖을 빨고 있는 희귀한 모습이다. 조성 연대는 삼층석탑과 같은 시기인 9세기 초반의 작품으로 추정된다.

보물 제203호 청도 박곡리 석조여래좌상 [淸道 珀谷里 石造如來坐像]
경북 청도군 금천면 박곡길 295

이 불상은 석가여래를 조각한 것으로 1928년에 일어난 큰 불로 인해 광배와 대좌는 물론 불신까지 손상을 입었다. 얼굴의 구체적인 모습은 알 수 없으나 온화하면서도 풍만한 인상이다. 어깨는 힘차 보이고 가슴은 매우 당당하지만, 그에 비해 허리는 잘록하게 표현되었다. 불상이 입고 있는 옷은 왼쪽 어깨에만 걸치고 오른쪽 어깨를 드러내고 있다. 석굴암 석굴 본존불과 양식이 비슷하며, 당당하고 세련된 통일신라 전성기의 석불상이다.

보물 제206호 묘법연화경찬술 권1~2 [妙法蓮華經纘述 卷一~二]
전남 순천시 송광면 송광사안길 100 송광사

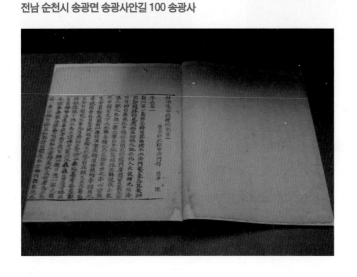

묘법연화경은 화엄경과 함께 우리나라 불교사상의 확립에 크게 영향을 끼쳤으며, 우리나라에서 유통된 불교 경전 가운데 가장 많이 간행된 경전이다.

이 묘법연화경은 교장[敎藏]을 원본으로 다시 찍은 것 가운데 하나로, 법화경에 대한 당나라 혜정[慧淨]의 주석서 10권 가운데 권 제1, 2를 하나의 책으로 묶은 것이다. 나무에 새겨서 닥종이에 찍었으며, 크기는 세로 36cm, 가로 35cm이다.

각 권의 끝에 있는 간행기록을 통해, 고려 헌종 1년(1095)에 남궁예가 글을 써서 처음 간행한 것을, 조선 세조 때 간경도감에서 다시 새겨 찍은 것 가운데 일부가 전해진 것이다.

보물 제209호 대전 회덕 동춘당 [大田 懷德 同春堂]
대전 대덕구 동춘당로 80

조선 효종 때 대사헌 등을 지낸 동춘당 송준길의 별당이다. 늘 봄과 같다는 뜻의 동춘당은 그의 호를 따서 지은 것으로 이곳에 걸린 현판은 숙종 4년(1678)에 우암 송시열이 쓴 것이다. 조선시대 별당 건축의 한 유형으로, 정면 3칸, 측면 2칸 규모이며, 지붕은 팔작지붕이다. 대청의 앞면·옆면·뒷면에는 쪽마루를 내었다. 동춘당은 굴뚝을 따로 세워 달지 않고 왼쪽 온돌방 아래 초석과 같은 높이로 연기 구멍을 뚫어 놓아 유학자의 은둔적 사고를 표현하고자 하였다.

대전 회덕 동춘당 우암 송시열이 쓴 현판

보물 제210호 안동 도산서원 전교당 [安東 陶山書院 典教堂]
경북 안동시 도산면 도산서원길 154

도산서원은 퇴계 이황 선생의 학문과 덕행을 기리기 위해 처음 세웠다. 그 중 전교당은 유생들의 자기 수양과 자제들의 교육을 하는 강당으로서, 전교당의 앞마당 좌우에는 유생들이 기숙사인 동재와 서재가 자리하고 있다. 규모는 정면 4칸, 측면 2칸, 지붕은 팔작지붕이며 온돌방과 대청마루로 이루어져 있다. 매우 간소하게 지은 건물로 선조가 서원에 내려준 '도산서원'이라는 현판 글씨는 명필 한석봉이 임금 앞에서 쓴 글씨라고 전한다. 전교당은 조선 선조 7년(1574)에 지은 것을 1969년에 보수한 것이다.

보물 제211호 안동 도산서원 상덕사 및 삼문 [安東 陶山書院 尚德祠 및 三門]
경북 안동시 도산면 도산서원길 154

상덕사 삼문

상덕사는 이황 선생의 위패를 봉안한 사당이다. 규모는 정면 3칸, 측면 2칸이며 지붕은 팔작지붕이다. 상덕사를 드나드는 정문은 정면 3칸, 측면 2칸 크기이며, 지붕은 맞배지붕이다.

문은 상덕사를 지을 때 같이 지은 것으로 앞면 기둥은 계단 높낮이 때문에 다른 기둥보다 길이가 길다. 간결하고 매우 검소하게 지은 전통 깊은 조선시대 건축물이다. 조선 선조 7년(1574)에 지었고 지금 있는 건물은 1969년 수리한 것이며 이때 사당 주변의 토담도 돌담으로 바꾸었다.

보물 제212호 창녕 관룡사 대웅전 [昌寧 觀龍寺 大雄殿]

경남 창녕군 창녕읍 화왕산관룡사길 171 관룡사

관룡사는 통일신라시대 8대 사찰 중 하나로 대웅전에는 약사불, 석가모니불, 아미타불 세 부처님을 모시고 있다. 정면과 측면이 모두 3칸 규모이며, 지붕은 팔작지붕, 공포는 다포양식이다.

1965년 8월 보수공사 때, 천장 부근에서 발견한 기록에 따르면 이 건물은 조선 태종 1년(1401)에 짓고, 임진왜란 때 불타버린 것을 광해군 9년(1617)에 고쳐 세워, 이듬해에 완성했음을 알 수 있다.

창녕 관룡사 대웅전 닫집

보물 제213호 삼척 죽서루 [三陟 竹西樓]

강원 삼척시 죽서루길 44

삼척 죽서루
1 오십천(명승 제28호)
2 이규헌이 쓴 현판 (해선유희지소)
3 송강 정철의 시 현판

규모는 정면 7칸, 측면 2칸이지만 원래 정면이 5칸이었던 것으로 추측되며 지붕은 팔작지붕이나, 천장의 구조로 보아 원래 다른 형태의 지붕이었을 것으로 생각된다. 공포는 주심포 양식이다. 기둥을 자연암반의 높이에 맞춰 직접 세운 점이 특이하다. 이 누각에는 율곡 이이 선생을 비롯한 여러 유명한 학자들의 글이 걸려 있다. 그 중 '제일계정[第一溪亭]'은 허목이, '관동제일루[關東第一樓]'는 이성조가, '해선유희지소[海仙遊戲之所]'는 이규헌이 쓴 것이다. 관동팔경의 하나로 손꼽히고 있다.

강릉향교 대성전 [江陵鄕校 大成殿]
강원 강릉시 명륜로 29

강릉향교 대성전
위패를 봉안한 대성전 내부

　강릉향교는 성균관을 제외한 지방 향교로는 규모가 가장 크다. 고려 충선왕 5년(1313) 강릉 존무사였던 김승인이 세웠다. 조선 태종 11년(1411)에 불에 타, 2년 뒤 강릉도호부 판관 이맹상의 건의로 다시 세웠다. 대성전도 이 때 지은 것으로 몇 차례에 걸쳐 수리하였다. 공자를 비롯해 성현들의 위패를 모시고 있다. 규모는 정면 5칸, 측면 3칸이며 지붕은 맞배지붕이고, 공포는 주심포 양식이다. 건물 안쪽은 바닥에 판석을 깔았고 천장은 연등천장이다.

서울 북한산 구기동 마애여래좌상 [서울 北漢山 舊基洞 磨崖如來坐像]
서울 종로구 구기동 산2-1

　거대한 바위 면에 홈을 약간 판 다음 불상을 도드라지게 새겼으며, 머리 위에는 8각의 머릿돌을 끼워 넣어 얼굴을 보호하고 있다. 몸은 건장하고 당당하지만 각이 지고 평판적이어서 경직된 모습이 나타난다. 옷은 오른쪽 어깨를 드러내고 왼쪽 어깨에만 걸쳐 입고 있으며, 손은 왼손을 배 부분에 대고 오른손은 무릎 위에 가지런히 올려놓고 있는 모습이다. 불상이 앉아 있는 대좌에는 화사한 연꽃무늬가 겹쳐서 새겨져 있다. 고려 초기의 대표적인 마애불좌상이다.

보물 제216호 보은 법주사 마애여래의좌상 [報恩 法住寺 磨崖如來倚坐像]
충북 보은군 속리산면 법주사로 379 법주사

보은 법주사 마애여래의좌상
의신조사가 불경을 실어 오는 모습

　이 불상은 둥글고 온화한 얼굴로 미소를 짓고 있다. 특히 화사한 연꽃 위에 걸터앉고 연꽃잎 위에 발을 올려놓고 있어, 우리나라에서는 보기 드문 자세를 취하고 있다. 불상의 옆 바위 면에는 짐 실은 말을 끄는 사람과 말 앞에 꿇어앉은 소를 새겨 놓았다. 이것은 의신조사가 불경을 실어 오는 모습과 소가 불법을 구하는 전설을 그렸다고 하는데 이는 법주사 창건 설화와 관계되는 암각화로 추정되고 있다. 고려시대 대표적인 마애불이다.

보물 제217호 부여 대조사 석조미륵보살입상 [扶餘 大鳥寺 石造彌勒菩薩立像]
충남 부여군 임천면 성흥로197번길 112 대조사

　고려시대에 유행한 거대한 석조미륵보살의 하나로 논산 관촉사 석조미륵보살입상(보물 제218호)과 쌍벽을 이루는 작품으로 높이가 10m나 된다. 머리 위에는 이중의 보개를 얹은 네모난 관을 쓰고 있으며 보개의 네 모서리에는 작은 풍경이 달려있다. 얼굴은 4각형으로 넓적하며, 양쪽 귀와 눈은 크나 코와 입이 작아서 다소 비현실적인 느낌을 준다. 팔의 윤곽은 몸통에 붙여 옷자락으로 겨우 표현되었고, 손도 간신히 나타냈는데 오른손은 가슴에 대고 왼손은 배에 대어 연꽃가지를 잡고 있다.

보물 제218호 논산 관촉사 석조미륵보살입상 [論山 灌燭寺 石造彌勒菩薩立像]

충남 논산시 관촉로1번길 25 관촉사

우리나라에서 제일 큰 불상으로 흔히 '은진미륵'이라고 불리며 높이가 18m에 이르는데, 당시 충청도에서 유행하던 고려시대의 지방화 된 불상 양식을 대표하는 작품이다. 머리에는 원통형의 높은 관을 쓰고 있고, 그 위에는 이중의 네모난 갓 모양으로 보개가 표현되었다. 모서리에 청동으로 만든 풍경이 달려 있다. 체구 보다 얼굴이 큰 편이며, 얼굴 모양은 토속적인 느낌을 주고 있다.

기록에 의하면 고려 광종 19년(968)에 만든 것으로 전해진다.

보물 제219호 논산 개태사지 석조여래삼존입상 [論山 開泰寺址 石造如來三尊立像]

충남 논산시 연산면 계백로 2614-11

중앙의 본존불은 민머리에 얼굴이 둥글지만 평면적이다. 전체적으로 둔중한 느낌을 준다. 왼쪽의 보살상은 머리 부분이 없어진 것을 복원한 것이다. 본존불보다 조각이 화려하고 섬세한 편으로, 어깨와 가슴이 좀 더 부드럽고, 팔찌와 천의 자락에 장식무늬가 표현되어 있다. 오른쪽의 보살상은 왼쪽의 보살상과 거의 같은 수법으로 얼굴이 역사다리꼴이고, 목에는 두꺼운 삼도가 있다. 후삼국 통일을 기념하여 만든 작품이며, 고려 초기 지방 석불상으로는 우수한 작품에 속한다.

보물 제220호 영주 북지리 석조여래좌상 [榮州 北枝里 石造如來坐像]

경북 영주시 부석면 부석사로 345 부석사

줄악은 보물 제1636호
영주 부석사 석조석가여래좌상

원래 부석사 동쪽 산 너머 절터에 있었던 것을 옮겨온 것으로서 양식상 동일한 조각가에 의하여 만들어진 것으로 추정된다. 두 불상 모두 대좌와 광배, 불신이 모두 남아 있다. 동쪽의 여래상은 얼굴이 타원형이며, 약간의 미소를 머금은 흔적이 있다. 두 손은 없어졌으나 최근 복원하였다. 서쪽의 여래상은 동쪽의 여래상보다 선들이 부드럽게 표현되었다. 이 불상들은 9세기 후반에 유행하던 비로자나불상의 예로서 단아하면서 섬세한 조각 솜씨를 느낄 수 있는 작품이다.

보물 제220-1호

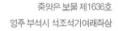

보물 제220-2호

보물 제221호 영주 가흥동 마애여래삼존상 및 여래좌상 [榮州 可興洞 磨崖如來三尊像 및 如來坐像]
경북 영주시 가흥동 264-2

이 불상은 강가 바위 면에 본존불과 그 좌우에 서 있는 보살상을 각각 새긴 마애삼존불이다. 본존불은 상당히 큼직한 체구로 장중한 모습을 보여주고 있다. 자연 바위를 그대로 이용하여 연꽃무늬와 불꽃무늬를 새긴 광배와 높게 돋을새김한 연꽃무늬의 대좌 등은 장중한 불상의 특징과 잘 조화된다. 좌우의 보살상은 손의 위치만 다를 뿐 거의 같은 수법으로 표현하였다. 이 마애불은 통일신라시대의 조각 흐름을 잘 보여주는 사실주의적 불상으로 높이 평가되고 있다. 최근 여래좌상(사진의 오른쪽)이 발견되어 함께 보물 제221호로 지정되었다.

보물 제222호 합천 치인리 마애여래입상 [陜川 緇仁里 磨崖如來立像]
경남 합천군 가야면 해인사길 85 해인사

해인사에서 가야산 정상으로 올라가는 길옆의 바위에 표현한 높이 7.5m의 불상이다. 머리는 소발로 표현했으며, 미소가 없는 풍만한 사각형의 얼굴에는 날카로운 눈꼬리, 두꺼운 입술, 턱 주름 등이 표현되었다. 귀는 어깨에 닿을 듯 길고 목에는 삼도가 뚜렷하다. 얼굴과 두 손은 정교하게 조각했지만, 신체는 마치 돌기둥에 새긴 듯 옷주름을 간략하게 처리하였다. 이 불상은 각 부분의 표현이 힘 있고 세부 수법에서 세련된 면을 보여주는 9세기 무렵에 조성된 마애불상으로 추정된다.

보물 제223호 철원 도피안사 삼층석탑 [鐵原 到彼岸寺 三層石塔]
강원 철원군 동송읍 관우리 423 도피안사

이 탑의 기단은 그 구조가 특이해서 보통 4각의 돌을 이용하는 데 비해 8각 모양의 돌로 높게 2단을 쌓았다. 아래층 기단의 8면에는 안상을 조각하고, 2층 기단은 승탑과 같이 3단으로 조성하여 하단과 상단은 연꽃 문양을 새겼다. 탑신은 몸돌과 지붕돌 모두 하나의 돌을 사용하였다. 각 층의 몸돌은 기둥만 모각하고 장식은 없다. 옥개받침은 1층이 4단, 2·3층은 3단이다. 상륜부는 노반만 남아 있다.

불상에 기록된 내용을 통해, 통일신라 경문왕 5년(865) 불상과 함께 만들어졌을 것으로 추정된다.

보물 제224호 서천 성북리 오층석탑 [舒川 城北里 五層石塔]

충남 서천군 비인면 성북리 182-1

이 탑은 고려 초기 조성된 탑으로, 부여 정림사지 오층석탑의 양식을 모방하고 있다. 탑의 기단부는 목조 건축과 같이 모서리에 기둥을 세우고, 그 기둥 사이를 판판한 돌을 세워 막았다. 지붕돌은 얇고 넓으며 느린 경사를 이루고 있다. 탑신부는 현재 4층까지 남아 있으며, 2층 이상의 몸돌이 지나치게 작아지고 지붕돌이 커서 안정감을 잃고 있다. 상륜부에는 노반 형태의 크고 작은 돌이 올려져 있다. 백제계 석탑 양식의 지방 분포에 따라 그 전파 경로를 알아내는 데에 매우 중요한 위치를 차지하고 있는 작품이다.

보물 제225호 여주 신륵사 다층석탑 [驪州 神勒寺 多層石塔]

경기 여주군 여주읍 신륵사길 73 신륵사

여주 신륵사 다층석탑 상층 기단의 용 문양

　신륵사 극락보전 앞에 있는 탑으로, 기단을 2단으로 마련한 후, 그 위로 여러 층의 탑신을 세웠다. 통일신라와 고려시대의 일반적인 석탑양식을 따르고 있으나 각 부분의 세부적인 조형 방법은 전혀 달라서, 기단에서부터 탑신부까지 각각 한 장씩의 돌로 이루어져 있다. 위층 기단의 모서리에 꽃 모양을 새긴 기둥을 두고 면마다 용무늬를 깊이 판 모습은 능숙한 석공의 솜씨를 드러낸다. 드문 대리석 석탑으로 조선 성종 때(1472) 신륵사의 대규모 중건 당시 함께 건립된 것으로 보인다.

보물 제226호 여주 신륵사 다층전탑 [驪州 神勒寺 多層塼塔]

경기 여주군 여주읍 신륵사길 73 신륵사

여주 신륵사 다층전탑 벽돌의 문양

　탑은 기단을 2단으로 마련하고, 다시 3단의 계단을 쌓은 후 여러 층의 탑신을 올렸다. 기단과 계단은 화강암으로 만들었고, 탑신부는 벽돌로 6층까지 쌓아 올렸는데, 그 위에 다시 몸돌 하나를 올려놓고 있어 7층 같아 보이는 애매한 구조이다. 통일신라시대에 만들어진 전탑과 달리 몸돌보다 지붕돌이 매우 얇다. 탑의 조성 연대는 영조 2년(1726)에 다시 세운 기록이 있는데 이는 그때 만들었다기보다 그 전에 있었던 것을 보수한 것으로 보인다. 벽돌의 문양으로 볼 때 고려 전기 조성된 것으로 보는 것이 옳을 것으로 판단된다.

보물 제227호 창녕 인양사 조성비 [昌寧 仁陽寺 造成碑]

경남 창녕군 창녕읍 교리 294

　인양사를 비롯하여 이와 관련이 있는 여러 절의 범종, 탑, 금당 등의 조성 연대와 쓰인 식량 등을 낱낱이 기록하고 있는 비로, 통일신라 혜공왕 7년(771) 인양사 종을 만든 일로부터 이 비석을 세운 신라 헌덕왕 2년(810)까지 40년간 이루어진 일의 내용이 담겨 있다. 비는 직사각형의 바닥돌 위에 비신을 세우고 커다란 지붕돌을 올린 모습이다. 비 뒷면에는 스님의 모습이 새겨져 있으며, 비문에 새겨진 글씨의 형태는 당시에 유행했던 해서체의 범주를 벗어나 여러 가지 형태를 보여주고 있다.

창녕 인양사 조성비 비신 뒷면의 승상

보물 제228호 여주 신륵사 보제존자석종 [驪州 神勒寺 普濟尊者石鍾]

경기 여주군 여주읍 신륵사길 73 신륵사

나옹이 양주 회암사 주지로 있다가 왕의 명으로 밀양에 가던 중 이곳 신륵사에서 입적하게 되어 제자들이 세운 나옹화상의 사리탑이다. 널찍하게 마련된 단층 기단 위에 2단의 받침을 둔 후 종 모양의 탑신을 올렸다. 기단은 돌을 쌓아 넓게 만들고 앞쪽과 양옆으로 계단을 두었다. 탑신은 아무런 꾸밈이 없고, 꼭대기에는 머리 장식으로 불꽃무늬를 새긴 큼직한 보주가 솟아 있다. 고려 우왕 5년(1379)에 세운 것으로, 고려 후기의 석종형 부도 양식을 보여주는 좋은 작품이다.

보물 제229호 여주 신륵사 보제존자석종비 [驪州 神勒寺 普濟尊者石鍾碑]

경기 여주군 여주읍 신륵사길 73 신륵사

신륵사에 모셔진 보제존자 나옹의 탑비이다. 비는 3단의 받침 위에 비몸을 세우고, 지붕돌을 얹은 모습이다. 받침 부분의 윗면에는 연꽃무늬를 새겨 두었다. 대리석으로 다듬은 비몸은 양옆에 화강암 기둥을 세웠으며, 지붕돌은 목조 건물의 기와지붕처럼 막새기와와 기왓골이 표현되어 있다. 고려 우왕 5년(1379)에 세워진 비로, 비문은 당대의 문장가인 이색이 짓고, 유명한 서예가인 한수가 글씨를 썼는데 해서체이다. 전체적으로 고려 후기의 간략화된 형식을 보여주고 있는 작품이다.

여주 신륵사 대장각기비 비문 (부분)

보물 제230호 여주 신륵사 대장각기비 [驪州 神勒寺 大藏閣記碑]

경기 여주군 여주읍 신륵사길 73 신륵사

이 비는 극락보전 서쪽 언덕에 있었던 대장각의 조성에 관한 여러 가지 기록을 적고 있다. 길쭉한 사각형의 바닥돌 위에 받침돌을 놓고, 그 위로 비몸을 세운 후 지붕돌을 얹은 모습으로, 비몸 양옆에 돌기둥을 세웠다. 이렇듯 비몸 양옆에 돌기둥을 세우는 형식은 고려 후기에 이르러 보이는 현상으로 주목되는 부분이다. 비를 세운 시기는 고려 우왕 9년(1383)으로 권주의 글씨이다. 비의 파손이 심하여 전체 내용을 파악하기 어렵다.

보물 제231호 신륵사 보제존자석종 앞 석등 [神勒寺 普濟尊者石鍾 앞 石燈]
경기 여주군 여주읍 신륵사길 73 신륵사

신륵사 보제존자석종 앞 석등
화사석의 비천상과 이무기

신륵사 서북쪽 언덕 위에 세워져 있는 8각 석등으로, 불을 밝혀두는 화사석을 중심으로 아래에는 세 부분으로 이루어진 받침을 두고, 위로는 지붕돌과 머리 장식을 얹은 모습이다. 받침에는 표면 전체에 꽃무늬를 가득 새겨 장식하고 있다. 화사석은 각 면에 아치형 창을 낸 후, 나머지 공간에 비천상과 이무기를 조각했다.

조성 연대는 고려 우왕 5년(1379) 보제존자석종 및 석비와 함께 건립되었다.

보물 제232호 논산 관촉사 석등 [論山 灌燭寺 石燈]
충남 논산시 관촉로1번길 25 관촉사

이 석등은 방형 석등으로, 불을 밝혀두는 화사석이 중심이 되어, 아래에는 3단의 받침돌을 쌓고, 위로는 지붕돌과 머리 장식을 얹었다. 8각 기본형의 석등에서 방형 석등으로 변화되는 특징을 보여주고 있다. 전체적으로 뒤에 서 있는 석불 못지않게 힘차 보이나, 화사석의 네 기둥이 가늘고, 받침의 가운데 기둥이 너무 굵고 각이 없어 그 효과가 줄어든 감이 있다. 고려 광종 19년(968)에 조성한 것으로 추정되며, 구례 화엄사 각황전 앞 석등(국보 제12호) 다음으로 거대한 규모를 보여준다.

보물 제233호 부여 무량사 석등 [扶餘 無量寺 石燈]
충남 부여군 외산면 무량로 203 무량사

이 석등은 불을 밝혀두는 화사석을 중심으로, 아래에는 네모난 바닥돌 위로 3단의 받침돌을 쌓고, 위로는 지붕돌과 머리 장식을 얹은 모습이다. 아래 받침돌은 연꽃 8잎이 조각되어 있고, 간주석은 기둥으로 길게 세워져 있으며 그 위로 연꽃이 새겨진 윗받침돌이 놓여 있다. 화사석은 8면 중 넓은 4면에 화창을 내었다. 지붕돌은 다른 부재에 비해 커서 무거워 보인다. 지붕 꼭대기에는 자그마한 보주를 얹었다. 조성 시기는 통일신라 말에서 고려 초 사이인 10세기경으로 추정된다.

보물 제234호 군산 발산리 석등 [群山 鉢山里 石燈]
전북 군산시 개정면 바르메길 43

군산 발산리 석등
1 화사석의 사천왕상
2 간주석의 용 문양

원래는 완주지역에 세워져 있던 석등으로, 일제강점기에 지금의 자리로 옮겨 세웠다. 받침의 가운데 기둥은 사각의 네 모서리를 둥글게 깎은 모습으로, 표면에 구름 속 요동치는 용의 모습을 새겼는데, 이러한 형태는 우리나라에서는 하나밖에 없는 독특한 모습이다. 화사석은 4각의 네 모서리를 둥글게 깎아 8각을 이루게 하였으며, 각 면에는 4개의 창과 사천왕상을 번갈아 두었다. 석등이 8각 기본형에서 방형으로 옮겨가는 시기인 신라말 고려초의 10세기경으로 추정된다.

보물 제235호 서울 장의사지 당간지주 [서울 莊義寺址 幢竿支柱]
서울 종로구 세검정로9길 1

장의사는 백제와의 싸움으로 황산(지금의 논산으로 추정)에서 전사한 신라의 장수 장춘랑과 파랑의 명복을 빌기 위해 신라 무열왕 6년(659)에 세웠다고 전한다. 현재는 서울세검정초등학교가 위치하고 있다. 이 당간지주는 마주 보는 기둥의 바깥 면의 모서리를 깎아낸 것을 제외하고는 장식적인 요소는 없다. 당간을 고정하기 위해 안쪽 면 윗부분 가까이에 둥근 구멍을 뚫어 놓았다. 세워진 시기는 확실히 알 수 없으나, 망덕사지의 당간지주와 비교하여 볼 때 통일신라시대의 작품으로 추측된다.

보물 제236호 익산 미륵사지 당간지주 [益山 彌勒寺址 幢竿支柱]
전북 익산시 금마면 기양리 93-1

미륵사터의 남쪽에는 2기의 지주가 약 90여 미터의 간격을 두고 서 있는데, 크기와 양식, 조성수법이 같아 같은 시기에 세워진 것으로 보인다. 지주를 받치는 기단부는 완전히 파괴되어 대부분이 땅속에 묻혀있었는데 현재는 복원한 상태이다. 지주의 바깥쪽 면에는 가장자리를 따라 띠를 돌린 후, 그 중앙에 한 줄의 띠를 새겨두었다. 당간을 흔들리지 않게 고정하기 위해 지주의 안쪽 면에 3개의 구멍을 각각 뚫어놓았다. 이 두 지주는 통일신라 중기 이후에 만들어진 것으로 추정된다.

보물 제237호 청자 '순화4년' 명 호 [靑磁 '淳化四年' 銘 壺]
서울 서대문구 이화여대길 52 이화여자대학교박물관

고려 태조의 태묘 제1실의 향을 피우던 높이 35.2cm의 항아리로 최길회가 만들었다. 고려사에 보면 태묘는 고려 성종 8년(989) 4월 15일에 착공해서 성종 11년(992) 12월 1일에 만들었으며, 항아리는 태묘가 준공된 이듬해인 순화 4년(고려 성종 12년, 993)에 만들어졌다. 항아리의 굽 밑에 '순화 4년…'으로 시작되는 18자의 글이 새겨져 있다. 형태와 유약 등의 특질을 보면 중국 월주 청자의 여운을 짙게 풍기고 있으며, 고려청자가 만들어지는 초기의 상황을 밝히는 가장 확실한 유물이다.

보물 제239호 분청사기 상감모란문 매병 [粉靑沙器 象嵌牡丹文 梅瓶]
경북 경산시 대학로 280 영남대학교박물관

분청사기 상감모란문 매병
주둥이 부분의 문양

이 병은 청자상감이 분청사기로 변해가는 과정에서 나온 면상감법으로 이루어진 작품이다. 몸통에는 덩굴 꽃무늬를 흰색으로 상감하고, 꽃잎과 덩굴 사이에는 선명한 검은 색을 상감하여 흰 면상감의 특이한 효과를 더하고 있다. 담녹색의 투명한 광택이 흐르고 있고, 어두운 회색빛 바탕흙의 질감 위에 상감 문양이 맑게 어우러져 투시되고 있다. 전체 형태는 몸통이 둥글고 허리가 가늘며, 굽다리가 넓다.

한국전쟁 당시 소장자인 장택상의 집이 소실될 때 원래의 모습에서 변화되었으나 그 잿더미 속에서 기적적으로 원형이 살아남았다.

보물 제240호 백자 청화투각모란당초문 입호 [白磁 靑畵透刻牡丹唐草文 立壺]
서울 용산구 서빙고로 137 국립중앙박물관

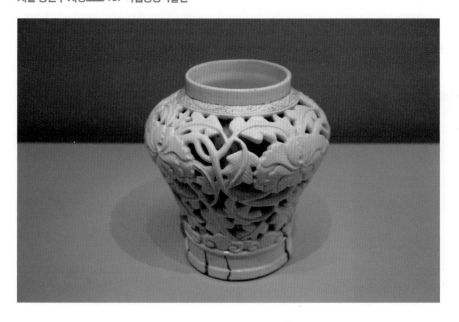

이 항아리는 조선시대 몸체를 투각한 높이 26.7㎝, 아가리 지름 14.25㎝의 백자 항아리이다. 반듯한 아가리에 어깨에서부터 급히 벌어졌다가 서서히 좁아진 모습으로 내·외의 이중구조로 되어 있다. 안쪽 항아리는 문양이 없으며, 바깥 항아리는 표면을 뚫어서 조각하는 기법으로, 몸체 전면에 활짝 핀 모란과 줄기, 잎을 표현하였다. 18세기 후반부터 시작되는 경기도 광주의 가마에서 생산된 것으로 추정되며, 투각한 모란문과 물결문 등으로 보아 18세기 후반의 작품으로 추정된다.

보물 제242호 안동 개목사 원통전 [安東 開目寺 圓通殿]

경북 안동시 서후면 개목사길 362 개목사

규모는 정면 3칸, 측면 2칸이며, 지붕은 맞배지붕, 공포는 주심포 양식이다. 건물 안쪽 천장은 뼈대가 보이는 연등천장이고 법당 안을 온돌방으로 만들어 놓아 조선 전기 건물로는 보기 드문 예가 되고 있다. 관세음보살을 모셔 놓은 원통전은 1969년 해체·수리할 때 발견한 기록에 '천순원년[天順元年]'이라는 글귀가 있어 세조 3년(1457)에 지은 것으로 짐작된다. 전체적으로 조선 전기 건축 양식의 특징을 잘 간직하고 있다.

보물 제243호 대구 동화사 마애여래좌상 [大邱 桐華寺 磨崖如來坐像]

대구 동구 팔공산로201길 41 동화사

동화사 입구의 마애불이다. 마애불의 얼굴은 비교적 풍만한 모습이다. 손 모양은 오른손을 무릎에 대어 손끝이 아래를 가리키고, 왼손은 손바닥을 위로 향하게 하여 배꼽 앞에 놓았다. 광배는 주형광배인데, 주변 가장자리는 타오르는 불꽃무늬를 그대로 이용하였고, 머리광배와 몸광배는 두 줄의 선으로 표현하였다. 대좌는 구름 위에 떠 있는데, 구름무늬의 표현이 매우 사실적이어서 이 불상에 활기찬 생동감을 주고 있다. 통일신라 후기인 9세기의 작품으로 보인다.

보물 제244호 대구 동화사 비로암 석조비로자나불좌상 [大邱 桐華寺 毘盧庵 石造毘盧遮那佛坐像]

대구 동구 팔공산로201길 41 동화사

민애왕(재위 838~839)의 명복을 빌기 위해서 만든 대구 동화사 비로암 삼층석탑과 동시에 만들어졌을 것으로 추정되는 높이 1.29m의 불상이다. 둥근 얼굴은 풍만하고 눈·코·입이 작아지고 있으며, 미소가 사라지고 단아한 모습이다.

8세기 불상에 비해 어깨는 뚜렷하게 좁아졌으며, 가슴은 평평하다. 광배의 꼭대기에는 삼존불을, 그 아래 좌우에는 8구의 불상을 새겼다. 9세기에 유행하던 비로자나불상의 대표적인 예이다.

보물 제245호 김천 갈항사지 석조여래좌상 [金泉 葛項寺址 石造如來坐像]

경북 김천시 남면 오봉리 65-1

갈항사 터에 있는 높이 1.22m의 불상으로 군데군데 파손이 심한 상태이다. 둥근 얼굴에 신비스런 미소를 띠고 있으며 눈·코·입의 표현이 사실적이다. 가슴이 당당하고 허리가 잘록하며, 왼쪽 어깨를 감싼 옷은 신체에 밀착되어 부드러운 옷주름 선을 나타내고 있다. 오른손은 손바닥을 무릎에 대고 아래를 가리키고 있지만, 깨져서 손목과 손등만 남아 있다.

불상이 만들어진 시기는 갈항사 3층석탑의 건립 연대인 경덕왕 15년(758) 무렵일 것으로 추정된다.

보물 제246호 의성 고운사 석조여래좌상 [義城 孤雲寺 石造如來坐像]

경북 의성군 단촌면 고운사길 415 고운사

대좌와 광배를 갖추고 있으며, 손상이 거의 없는 완전한 불상이다. 머리는 나발로 표현하고 네모난 얼굴에 눈·코·입을 작게 표현하였다. 수인은 항마촉지인으로 석가모니를 표현한 것으로 보인다. 광배는 주형거신광배로 머리 광배와 몸 광배에는 연꽃과 덩쿨무늬 등을 표현하였고, 가장자리에는 화염문을 표현하였다. 대좌는 상·중·하대로 이루어졌는데, 상대석은 연꽃을 위로 떠받드는 모양으로 표현되었다. 조성 연대는 9세기로 추정된다.

보물 제247호 대구 동화사 비로암 삼층석탑 [大邱 桐華寺 毘盧庵 三層石塔]

대구 동구 팔공산로201길 41 동화사

대구 동화사 비로암 삼층석탑
석탑 내에서 발견된 불상이 새겨진 금동판

이 탑은 2단의 기단 위에 3층의 탑신을 세웠다. 기단과 탑신의 몸돌에 기둥을 모각한 것을 제외하고는 특별한 장식적 요소는 없다. 지붕돌의 옥개받침은 4단으로 조성하였다. 상륜부는 노반 위로 복발을 배치하고 그 위로 보주를 올렸다. 1966년 사리 장엄구 일부를 도둑맞았으나, 없어지지 않은 사리 돌그릇에 통일신라 경문왕 3년(863)에 민애왕의 명복을 빌고자 이 탑을 세웠다는 기록이 남아 있어 중요한 자료가 되고 있다. 조성 연대는 통일신라 후기로 추정된다.

대구 동화사 금당암 동 · 서 삼층석탑 [大邱 桐華寺 金堂庵 東 · 西 三層石塔]
대구 동구 팔공산로201길 41 동화사

동 · 서로 서 있는 2기의 석탑으로, 모두 2단의 기단 위에 3층의 탑신을 세운 모습이다.

동탑은 2층 기단과 탑신의 몸돌에 기둥을 모각한 것을 제외하고 장식적인 요소는 없다. 지붕돌의 옥개받침은 모두 4단으로 조성하였다. 상륜부는 노반, 복발, 앙화, 보륜, 보주가 차례로 올려져 있다.

서탑은 동탑과 동일한 형태이나 차이점은 기단의 한쪽 면석을 이용한 기둥의 표현과 상륜부가 노반 위에 쇠꼬챙이만 솟아 있는 것만 다르다. 1957년 해체 복원할 때 사리장치가 발견되었다. 조성 연대는 통일신라 후기로 추정된다.

대구 동화사 금당암 동 · 서 삼층석탑

1 동 삼층석탑
2 서 삼층석탑
3 서 삼층석탑 사리 장엄구
4 서 삼층석탑에서 발견된 소탑

영주 부석사 삼층석탑 [榮州 浮石寺 三層石塔]
경북 영주시 부석면 부석사로 345 부석사

무량수전 동쪽에 세워져 있는 석탑으로, 2단의 기단 위에 3층의 탑신을 세운 모습이다. 기단과 탑신의 몸돌에는 기둥을 모각하였다. 탑신의 몸돌과 지붕돌은 각각 하나의 돌로 되어있으며, 지붕돌의 옥개받침은 5단으로 통일신라의 전형 양식을 따르고 있다. 1960년 해체, 복원할 때 철제 탑, 불상의 파편, 구슬 등이 발견되었고 이때 일부 파손된 부분은 새로운 부재로 보충하였다. 탑은 금당 앞에 건립되는 것이 통례이나 동쪽에 건립한 것이 눈길을 끈다. 문무왕 16년(676) 부석사 창건 당시 함께 조성한 것으로 보인다.

보물 제250호 부산 범어사 삼층석탑 [釜山 梵魚寺 三層石塔]
부산 금정구 범어사로 250 범어사

대웅전 앞에 있는 석탑으로, 2단의 기단 위에 3층의 탑신을 세운 모습이다. 이 탑의 특징은 탑의 기단에서 찾을 수 있는데, 위·아래층 기단의 옆면을 기둥 모양으로 장식하지 않고 대신 안상을 큼직하게 조각한 것이다. 탑신부는 1층 몸돌에 비해 2층 이상은 급격히 줄어들고 있다. 옥개받침은 모두 4단으로 조성되어 있어 통일신라 후기의 양식을 보여준다. 상륜부는 노반 위에 보주만 남아 있을 뿐 다른 것은 없어졌다. 통일신라 흥덕왕(재위 826~836) 때에 세운 탑이다.

보물 제251호 칠곡 선봉사 대각국사비 [漆谷 僊鳳寺 大覺國師碑]
경북 칠곡군 북삼읍 숭산로 275-209 선봉사

대각국사(1055~1101) 의천의 공적을 기리기 위해 세운 비석이다. 대각국사는 교장도감을 설치하고 중국 송나라와 일본의 서적을 교정·간행하여 속장경을 완성한 승려이다. 비의 형태는 네모난 받침돌 위에 비신을 세우고 지붕돌은 없은 모습이다. 받침돌에는 연꽃무늬를 새기고 지붕돌에는 덩굴무늬를 새겼다. 비문에는 대각국사가 천태교를 확립하는 과정 및 가르침 등이 실려 있다. 고려 인종 10년(1132)에 세웠으며, 비문은 임존이 짓고, 승려 인[麟]이 썼다.

보물 제252호 포항 보경사 원진국사비 [浦項 寶鏡寺 圓眞國師碑]
경북 포항시 북구 송라면 보경로 523 보경사

보경사에 있는 고려 중기의 승려 원진국사의 탑비이다. 원진국사(1171~1221)는 13세에 승려가 된 이후 왕의 부름으로 보경사의 주지가 되었다. 51세로 입적하자 고종은 시호를 '원진'이라 내렸다. 비는 귀부 위로 비신을 세운 간결한 모습이다. 비문에는 원진국사의 생애와 행적을 기록하였다.

글은 당시의 문신이었던 이공로가 짓고, 김효인이 글씨를 썼다. 비문에 의하면, 비가 완성된 것은 입적 3년 후 고종 11년(1224)이다.

보물 제253호 합천 청량사 석등 [陜川 淸凉寺 石燈]
경남 합천군 가야면 청량동길 144 청량사

청량사 석등은 각 부재가 8각으로 이루어졌으며, 받침 부분과 불을 밝히는 화사석, 지붕돌과 머리 장식으로 구성하였다. 8각의 아래 받침돌은 측면에 사자상과 향로를, 윗면에는 연꽃무늬를 새기고 각 끝마다 작은 꽃을 돌출시켰다. 간주석은 고복형이며, 그 위로 연꽃 모양의 윗받침돌을 올렸다. 화사석은 4면에 화창을 내고 나머지 4면에는 사천왕상을 새겼다. 지붕돌은 얇은 편으로 경사면은 완만하고 머리 장식으로는 두 개의 돌이 남아 있다. 조각 수법 등을 보아 9세기 후반의 작품으로 추정된다.

합천 청량사 석등
기단 하대석의 사자상과 향로 문양

보물 제254호 대구 동화사 당간지주 [大邱 桐華寺 幢竿支柱]
대구 동구 팔공산로201길 41 동화사

이 당간지주는 두 기둥이 66cm의 간격으로 마주 보고 서 있다. 기둥이 마주 보는 부분과 앞뒷면은 모서리를 둥글게 다듬었을 뿐 아무 장식이 없고, 바깥 면에는 모서리를 깎고 세로로 능선을 조각하였다. 기둥의 꼭대기는 반원으로 둥글게 처리하였고, 기둥의 앞면 중간 부분 1m 정도를 살짝 들어가게 새겼다. 이러한 수법은 통일신라시대에 자주 보이는 장식 수법이다. 기둥에는 당간을 고정하기 위한 구멍이 뚫려 있는데, 위는 네모난 모양이고 아래는 둥근 모양이다. 조성 시기는 통일신라 후기로 추정된다.

보물 제255호 영주 부석사 당간지주 [榮州 浮石寺 幢竿支柱]
경북 영주시 부석면 부석사로 345 부석사

이 당간지주는 부석사 입구에 1m 간격을 두고 마주 서 있다. 마주 보는 안쪽 옆면과 바깥 면에는 아무런 장식이 없고, 양쪽 모서리의 모를 둥글게 다듬었다. 기둥 윗부분은 원을 2겹으로 경사지게 조각하였고, 옆면 3줄의 세로줄이 새겨져 있다. 기둥머리에는 당간을 고정하기 위한 네모 모양의 홈이 파여 있다. 기둥 사이에는 한 돌로 된 정사각형의 받침 위에 원형을 돌출시켜 당간을 세우기 위한 자리가 마련되어 있다. 각 부분의 조각으로 보아 통일신라 전기의 작품으로 추정된다.

갑사의 당간은 통일신라시대 조성된 유일한 당간이다. 네 면에 구름무늬를 새긴 기단 위로 철당간을 높게 세우고 양옆에 당간지주를 세워 지탱하였다. 당간은 24개의 철통을 연결한 것이다. 원래는 28개였으나 고종 30년(1893) 벼락을 맞아 4개가 없어졌다고 한다. 당간을 지탱하는 두 개의 지주는 동·서로 마주 서 있다. 기둥머리는 완만한 곡선을 이루며, 안쪽에 구멍을 뚫어서 단단하게 고정하고 있다. 문무왕 20년(680)에 세워진 것이라고 하나 확실한 근거는 없고, 양식상 통일신라 중기 조성된 것으로 추정된다.

공주 갑사 철당간 당간지주

갑사 승탑은 기단의 아래층이 넓고 위층으로 갈수록 차츰 줄어든다. 하대석에는 사자·구름·용을 대담하게 조각하였으며, 거의 원에 가까운 가운데받침에는 꽃 모양의 장식이 튀어나와 있고, 그 사이에 주악천인상을 새겼다. 탑 몸돌 4면에는 문을 새기고, 다른 4면에는 사천왕입상을 양각하였다. 지붕돌은 기왓골을 표현하는 등 지붕 모양을 정교하게 모방하고 있다. 머리 장식은 모두 없어졌으며, 후에 새로 만든 보주가 올려져 있다. 각종 무늬와 기법 등은 고려시대 승탑 중에서도 우수작으로 손꼽을 만하다.

공주 갑사 승탑
1 중대석과 하대석의 문양
2 하대석의 사자 문양

보물 제258호 대구 산격동 사자 주악장식 승탑 [大邱 山格洞 獅子 奏樂裝飾 僧塔]
대구 북구 대학로 80 경북대학교박물관

대구 산격동 사자 주악장식 승탑
1 탑신부 몸돌의 조각
2 기단부의 사자 · 주악천인 조각

8각 원당형을 기본으로 3단의 기단 위에 탑신을 올리고 지붕돌을 얹은 형태이다. 기단의 하대석에는 사자를 새기고 윗면에는 구름을 입체적으로 조각하였다. 중대석은 각 면마다 악기를 연주하는 모습을 새겼다. 상대석은 큼직한 연꽃을 조각하였다. 탑신은 낮은 편이며, 기둥을 모각하고 앞 · 뒷면에는 자물쇠가 달린 문짝 모양을, 나머지 면에는 사천왕상과 보살상을 조각하였다. 넓은 지붕은 밑면에 향로와 비천상을 새기고, 처마는 겹처마로 표현하였다. 머리 장식은 가릉빈가를 조각하여 올렸다. 고려시대 작품으로 추정된다.

보물 제259호 남양주 수종사 부도 사리장엄구 [南陽州 水鐘寺 浮屠 舍利莊嚴具]
서울 종로구 우정국로 55 불교중앙박물관

남양주 수종사 부도 사리장엄구
1 사리장엄구
2 청자 항아리
3 금동제 구층탑

남양주 수종사 부도 사리장엄구는 수종사 석조 부도를 고쳐 세울 때 발견된 유물들이다. 청자 항아리는 높이 31.2cm, 아가리 지름 26cm로 세로로 골이 파진 것처럼 몸 전체가 장식되었고, 뚜껑은 아름다운 꽃 덩굴무늬가 전체적으로 새겨져 있다. 은제 도금 사리기는 높이 17.3cm로, 이중의 연꽃무늬가 있는 기단에 연꽃무늬와 칠보무늬를, 면마다 번갈아 뚫어 조각한 6각의 몸체 위에 6각의 지붕을 얹은 형태로 그 안에는 수정으로 만들어진 공 모양의 사리병이 들어 있다. 금동제 구층탑은 높이가 12.9cm인 작은 탑이다.

보물 제261호 권벌 충재일기 [權橃 沖齋日記]
경북 봉화군 봉화읍 충재길 44

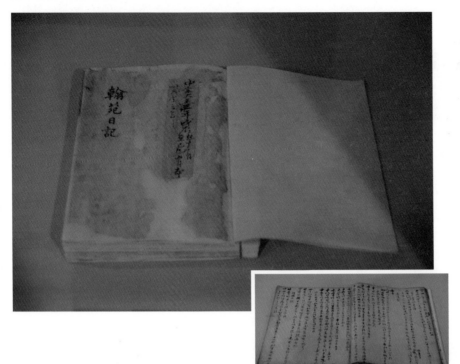

조선 중종조의 학자이며, 관료로 이름을 떨친 권벌(1478~1548)의 친필일기이다. 충재일기는 권벌이 서울에서 관직 생활을 할 때 직접 기록한 친필로서 한원일기[翰苑日記] 2책, 당후일기[堂后日記] 1책, 승선시일기[承宣時日記]2책, 신창령 추단일기[新昌令推斷日記] 1책 등 모두 6책이다. 권벌의 자는 중허, 호는 충재로 중종 때 관료로 있다가 중종 14(1519)년의 기묘사화를 겪고 귀향, 다시 소환되어 우찬성에 오르나 명종 때 을사사화를 당하여 삭주로 귀양 갔다가 명종 3년(1548) 그곳에서 죽었다. 시호는 충정이다.

보물 제262호 근사록 [近思錄]
경북 봉화군 봉화읍 충재길 44

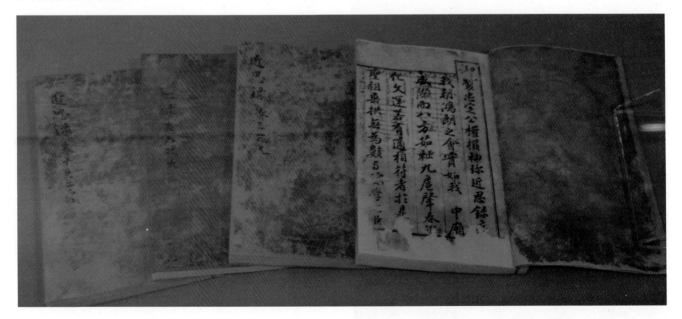

근사록은 송나라 유학자인 섭채가 성리학의 기본이 되는 주돈이의 '태극도설'과 장재의 '서명' 등 중요한 문헌만을 골라 만든 성리학의 독본이다. 이 책은 고려 공민왕 19년(1370)에 당시 뛰어난 성리학자인 박상충이 진주목사로 부임하는 이인민에게 선사한 것이다. 이 책은 판식이나 자체로 보아 원판을 보고 다시 새긴 것으로 보인다. 권벌이 애독하던 책으로 늘 소매에 넣고 다녔으며, 중종 때에는 경연에서 강의까지 하던 것이다.

보물 제263호 순천 송광사 하사당 [順天 松廣寺 下舍堂]
전남 순천시 송광면 송광사안길 100 송광사

하사당은 스님들이 생활하는 공간으로 대웅전 뒤 한층 높은 곳에 있다. 정면 3칸, 측면 2칸 규모로, 왼쪽 2칸이 툇마루를 갖춘 온돌방이고 오른쪽 1칸은 부엌이다. 지붕은 맞배지붕이며, 공포는 주심포 양식이다.

부엌 지붕 위로 네모 구멍을 내고 조그만 환기구를 만들었는데 다른 건물에서는 볼 수 없는 시설이다. 이 건물은 조선 전기 스님들이 생활하는 승방 건축으로 중요한 가치를 지니고 있다.

순천 송광사 하사당의 환기구

보물 제264호 합천 해인사 석조여래입상 [陜川 海印寺 石造如來立像]
경남 합천군 가야면 해인사길 85 해인사

해인사에 모셔져 있는 이 석불입상은 광배와 대좌가 없어졌을 뿐 아니라, 목이 절단되고 어깨와 두 팔이 모두 깨졌으며 발도 없어졌다. 민머리에는 작은 상투 모양의 육계가 있고, 얼굴은 긴 타원형으로 많이 닳고 손상되었다. 머리에 비하여 왜소해진 몸은 굴곡이 거의 드러나지 않아서 마치 돌기둥 같은 느낌이 든다. 오른손은 팔꿈치를 꺾어 가슴 앞으로 들었고, 왼손은 내렸는데 두 팔은 몸에 바짝 붙어 있는 모습이다. 통일신라 후기의 불상양식을 보여주는 작품이다.

합천 청량사 석조여래좌상
중대석의 보살상

보물 제265호 합천 청량사 석조여래좌상 [陜川 淸凉寺 石造如來坐像]
경남 합천군 가야면 청량동길 144 청량사

불신, 대좌, 광배가 모두 갖추어진 완전한 형태의 불상이다. 불상의 머리는 나발로 표현했으며, 풍만한 둥근 얼굴에서는 강한 의지를 엿볼 수 있다. 어깨는 넓고 당당하며, 두 팔과 다리 등은 양감이 풍부하여 힘이 넘치는 자세이다. 광배는 주형거신광배로, 두광과 신광을 2줄의 선으로 표현하였다. 광배 가장자리에는 화염문과 비천상이, 머리광배 위에는 작은 부처가 새겨져 있다. 대좌는 4각형인데, 상·중·하대로 구성되었다. 연꽃문양과 보살상, 팔부중상 등이 조각되었다. 조성 시기는 9세기경으로 추정된다.

보물 제266호 합천 청량사 삼층석탑 [陜川 淸凉寺 三層石塔]

경남 합천군 가야면 청량동길 144 청량사

탑은 2단의 기단 위에 3층의 탑신을 올렸으며, 바닥돌 아래에 화강석을 두른 널찍한 구역을 이루고 있는 보기 드문 모습을 하고 있다. 기단과 탑신의 몸돌에는 기둥을 모각하였다. 기단부의 갑석 네 모서리는 약간 치켜 올라가 있어 특색이 있고, 그 위로 2단의 받침을 두었다. 탑신부는 몸돌과 지붕돌을 각각 한 돌로 구성하였다. 옥개받침은 5단이다. 상륜부는 노반 위에 보주를 얹었다.

통일신라 9세기경의 작품이다.

보물 제267호 임실 진구사지 석등 [任實 珍丘寺址 石燈]

전북 임실군 신평면 용암리 734

우리나라에서 손꼽을 정도로 큰 석등으로 가운데 받침돌을 제외한 각 부분 모두 신라시대 석등의 기본 형태인 8각을 이루고 있다. 석등의 전체 높이는 5.18m이다. 아래 받침돌에는 옆면에 안상을 새기고, 윗면에는 커다란 꽃장식을 두었으며 그 위에는 구름을 조각하였다. 간주석은 고복형이며, 연꽃을 새긴 마디가 있다. 윗받침돌에도 연꽃이 새겨져 있으며, 그 위에 있는 화사석에는 각 면마다 창을 내었다. 꼭대기에는 머리 장식으로 노반과 복발이 놓여 있다. 조성 시기는 통일신라시대로 추정된다.

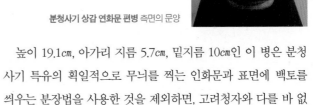

분청사기 상감 연화문 편병 측면의 문양

보물 제268호 분청사기 상감 연화문 편병 [粉靑沙器 象嵌 蓮花文 扁瓶]

대구 북구 대학로 80 경북대학교박물관

높이 19.1cm, 아가리 지름 5.7cm, 밑지름 10cm인 이 병은 분청사기 특유의 획일적으로 무늬를 찍는 인화문과 표면에 백토를 씌우는 분장법을 사용한 것을 제외하면, 고려청자와 다를 바 없는 질감을 가지고 있어 조선 초기의 작품으로 보인다.

특히 몸체 양 측면에 있는 덩굴무늬와 어깨 부분의 연꽃 테두리를 바탕색 그대로 두고 있어 이채롭다. 몸체 크기에 비교해서 굽다리가 높아 안정된 자세를 취하고 있으며, 각 부분의 비례도 조화를 이루고 있다.

보물 제269-1호 감지 은니 묘법연화경 권1 [紺紙 銀泥 妙法蓮華經 卷一]
서울 용산구 서빙고로 137 국립중앙박물관

　감지 은니 묘법연화경 권1은 감지에 금, 은가루를 사용하여 글씨를 쓰고 그림을 그린 것으로, 병풍처럼 펼쳐서 볼 수 있는 절첩장이다. 우아한 무늬가 표현된 표지에는 금색으로 제목이 쓰여 있으며, 권의 첫머리에는 내용을 요약하여 그린 변상도가 섬세하고 아름답게 그려져 있다. 본문은 은색 글씨로 쓰여 있다. 조성 연대를 측정할 만한 기록이 없으나 글씨의 풍이 고려 후기의 법주사 자정국존비(충북유형문화재 제79호)나 신륵사 보제존자석종비(보물 제229호)와 비슷한 것으로 보아 고려시대에 만들어진 것으로 추정된다.

보물 제270호 감지 금니 묘법연화경 권6 [紺紙 金泥 妙法蓮華經 卷六]
서울 용산구 서빙고로 137 국립중앙박물관

　감지 금니 묘법연화경 권6은 감지에 금가루를 사용하여 불경을 옮겨 쓴 것으로, 묘법연화경 7권 가운데 권6에 해당한다. 병풍처럼 펼쳐서 볼 수 있는 절첩장이며, 접었을 때의 크기는 세로 34.8cm, 가로 10.6cm이다. 책 끝부분의 기록을 통해 고려 우왕 14년(1388)에 노유린의 시주로 만들었음을 알 수 있다.

　표지 문양 및 글씨 등이 세련되지 못하여 전체적인 품격은 떨어지나 책의 끝부분에 간행 기록이 있어 만들어진 연대를 정확하게 알 수 있어서 가치가 크다.

보물 제272호 장수향교 대성전 [長水鄕校 大成殿]
전북 장수군 장수읍 향교길 31-14

　대성전은 공자를 비롯하여 여러 성현께 제사 지내기 위한 공간으로 정면 3칸, 측면 3칸이나, 측면 3칸 중 한 칸은 전퇴를 두었다. 지붕은 맞배지붕이며, 공포는 주심포 양식이다. 지붕 처마를 받치고 있는 장식 구조의 겉모양을 화려하게 꾸몄다. 장수 향교는 임진왜란 때에도 잘 보존되어 조선 전기 향교의 형태를 잘 알 수 있다. 장수향교는 조선 태종 7년(1407)에 창건된 향교로 숙종 12년(1686) 현 위치로 옮겨 세웠다.

보물 제273호 곡성 태안사 적인선사탑 [谷城 泰安寺 寂忍禪師塔]

전남 곡성군 죽곡면 태안로 622 태안사

곡성 태안사 적인선사탑
1 탑 몸돌의 문비와 사천왕상
2 기단부 하대석의 사자조각

이 탑은 승려 적인선사 혜철의 탑이다. 이 탑은 8각 원당형으로 통일신라시대 전형적인 모습을 하고 있으며, 3단의 기단 위로 탑신과 머리 장식을 올리고 있다. 기단의 하대석에는 면마다 안상과 사자상을 조각하였다. 상대석에는 연꽃무늬를 새겼다. 탑의 몸돌의 앞·뒷면에 문짝 모양을 새기고 옆면에는 사천왕상을 조각하였다. 지붕돌의 밑면에는 서까래를, 윗면에는 기왓골을 표현하여 목조 건축의 지붕 양식을 사실적으로 나타냈다. 조성 연대는 적인선사가 입적한 861년으로 추정된다.

보물 제274호 곡성 태안사 광자대사탑 [谷城 泰安寺 廣慈大師塔]

전남 곡성군 죽곡면 태안로 622 태안사

곡성 태안사 광자대사탑 몸돌의 문양

고려시대의 탑으로, 광자대사의 사리를 모시고 있다. 광자대사는 태안사의 2대 조사로, 경문왕 4년에 출생하여 혜종 2년(945) 82세로 입적하였다. 탑의 형태는 8각 원당형의 긴형적인 모습이다. 덩굴무늬와 연꽃무늬가 새겨진 아래 받침돌 위에 유난히 낮은 가운데 받침이 올려져 있다. 윗받침에는 연꽃을 두 줄로 조각하여 우아하다. 탑 몸돌은 앞뒷면 모두 탁자에 놓여 있는 향로모양을 새겨두었고, 그 옆으로 사천왕상을 양각하였다. 지붕돌의 꼭대기에는 흔하지 않게 머리 장식 부분이 완전하게 남아 있다.

조성 연대는 탑비의 건립이 광종 1년(950)이므로 탑도 이 무렵 조성된 것으로 추정된다.

보물 제275호 곡성 태안사 광자대사탑비 [谷城 泰安寺 廣慈大師塔碑]

전남 곡성군 죽곡면 태안로 622 태안사

비신의 일부 조각

고려시대 승려 광자대사의 탑비이다. 광자대사는 혜종 2년 (945) 82세로 입적하니, 왕은 시호를 '광자'라 내렸다. 비는 비문이 새겨진 몸돌이 파괴되어 일부 조각만 남아 있다. 귀부는 머리의 표현이나 몸 앞쪽의 조각이 사실적으로 표현되었다. 이수는 네 귀퉁이마다 이무기의 머리 조각이 돌출되어 있고, 앞면에는 가릉빈가가 양각되었다. 비신의 파손으로 판독하기가 힘든 상태이나 다행히 '조선금석총람'에 일부 글자가 빠진 채로 그 전문이 실려 있다. 대사가 입적한 지 5년 후인 광종 1년(950)에 세운 것이다.

보물 제276호 군산 발산리 오층석탑 [群山 鉢山里 五層石塔]

전북 군산시 개정면 바르메길 43

원래는 완주 봉림사터에 있던 것을 지금의 위치로 옮겨 세웠다. 2단의 기단 위에 5층의 탑신을 올린 형태였으나 지금은 탑신의 한 층이 없어지고 4층까지만 남아있다. 기단과 탑신의 몸돌에 기둥을 모각하였다. 지붕돌의 옥개받침은 3단으로 고려시대의 모습을 보여주고 있다. 탑 머리 부분에는 머리 장식이 일부 남아 있으나 훗날 보충한 것으로 보인다. 이 탑은 전체적으로 균형미가 있으며, 고려 탑의 간결한 아름다움이 잘 나타나 있다.

보물 제277호 부안 내소사 동종 [扶安 來蘇寺 銅鍾]

전북 부안군 진서면 내소사로 243 내소사

옹뉴와 음통 및 입상화문

부안 내소사 동종은 고려시대 동종의 양식을 잘 보여주는 종으로 높이 103cm, 입지름 67cm의 크기이다. 종의 아랫부분과 윗부분에는 덩굴무늬 띠를 둘렀고, 어깨부분에는 꽃무늬 장식을 하였다. 당좌는 연꽃으로 장식했고, 종의 몸통에는 구름 위에 삼존상이 새겨 있다. 종 정상부에는 음통과 종을 매다는 고리인 용뉴가 있다. 종의 견대에는 고려 후기에 나타나는 입상화문이 있다. 고려 고종 9년(1222)에 청림사 종으로 만들었으나, 조선 철종 원년(1850)에 내소사로 옮겼다.

보물 제278호 **백지 묵서 묘법연화경 [白紙 墨書 妙法蓮華經]**

서울 종로구 우정국로 55 불교중앙박물관

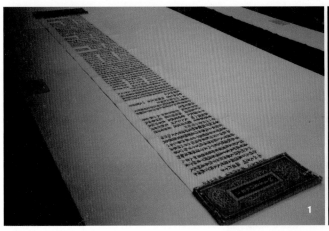

이 백지 묵서 묘법연화경은 법화경 내용을 흰 종이에 먹으로 옮겨 쓴 것으로, 모두 7권으로 되어 있다. 각 권은 마치 병풍처럼 펼쳐서 볼 수 있는 형태로 만들어져 있고, 접었을 때의 크기는 세로 36cm, 가로 14cm이다. 권7의 끝에 있는 기록에 의하면 조선 태종 15년(1415) 이씨 부인이 남편 유근의 명복을 빌기 위하여 만든 것임을 알 수 있다. 표지에는 책의 명칭을 중심으로 꽃무늬가 장식되어 있으며, 책 첫머리에는 불경의 내용을 요약하여 묘사한 변상도가 금색으로 그려져 있다.

백지 묵서 묘법연화경

1 묘법연화경 권3
2 묘법연화경 권5
3 묘법연화경 권3의 변상도

보물 제279호 **고창 선운사 금동지장보살좌상 [高敞 禪雲寺 金銅地藏菩薩坐像]**

전북 고창군 아산면 선운사로 250 선운사

선운사에 있는 불상으로 청동 표면에 도금한 것이다. 머리에 두건을 쓰고 있으며, 이마에 두른 굵은 띠는 귀를 덮고 배에까지 내려오고 있다. 선운사 도솔암에 있는 선운사 지장보살좌상과 같은 형태의 불상이다. 특히 다리의 평행적인 옷주름 처리, 넓은 가슴의 수평적인 아랫도리 자락 등의 표현은 세조 12년(1467)에 만든 원각사탑에 새겨진 불상의 모습과 유사하며, 두건을 쓴 모습, 네모지고 원만한 얼굴, 형식적이고 수평적인 옷주름 처리 등으로 보아 조선 초기에 만들어진 보살상으로 추정된다.

고창 선운사 도솔암 금동지장보살좌상 [高敞 禪雲寺 兜率庵 金銅地藏菩薩坐像]
전북 고창군 아산면 선운사로 250 선운사

도솔암 금동지장보살좌상은 청동 불상 표면에 도금한 불상으로 선운사 도솔암에 모셔져 있다. 머리에는 두건을 쓰고 있는데, 고려 후기의 지장보살 그림에서 보이는 양식이다. 이 보살상은 선운사 금동보살좌상과 두건을 쓴 모습, 목걸이 장식, 차분한 가슴 표현 등에서 서로 닮았지만, 이마에 두른 띠가 좁아지고 귀를 덮어 내리고 있지 않으며 용모 등에서 수법이 다르다. 앉은 자세는 오른발을 왼무릎에 올린 모양으로 발을 실감 나게 표현하였다. 고려 후기의 불상 양식을 충실히 반영하고 있다.

남원 광한루 [南原 廣寒樓]
전북 남원시 천거동 75

남원 광한루
1 뒤에서 본 남원 광한루
2 남원 광한루의 코끼리 조각

이 건물은 조선시대 이름난 황희정승이 남원에 유배되었을 때 지은 것으로 처음엔 광통루라 불렀다. 광한루라는 이름은 세종 16년(1434) 정인지가 고쳐 세운 뒤 바꾼 이름이다. 현재 건물은 정유재란 때 불에 탄 것을 인조 16년(1638) 다시 지은 것으로 부속 건물은 정조 때 세운 것이다. 규모는 정면 5칸, 측면 4칸이며 지붕은 팔작지붕이다. 누마루 주변에는 계자난간을 둘렀다. 부속 건물은 정면 2칸, 측면 1칸으로 주위로 툇마루와 난간을 둘렀고 안쪽은 온돌방으로 만들었다. 누정의 대표가 되는 문화재이다.

보물 제282호 여주 고달사지 쌍사자 석등 [驪州 高達寺址 雙獅子 石燈]

서울 용산구 서빙고로 137 국립중앙박물관

고달사터에 쓰러졌던 것을 1959년 경복궁으로 옮겨 왔으며, 현재는 국립중앙박물관에 있다. 높이는 2.43m이며 화사석까지만 남아있었으나, 2000년에 경기도 기전매장문화연구원이 실시한 발굴조사에서 지붕돌이 출토되었다. 직사각형의 바닥돌 4면에 안상을 새기고, 아래 받침돌 대신 2마리의 사자를 앉혀 놓았다. 윗받침돌에는 연꽃을 새기고, 그 위의 화사석은 4면에 창을 뚫었다. 웅크리고 앉은 쌍사자의 표현이 특징적이며, 조각 수법 등으로 보아 고려 전기인 10세기경으로 추정된다.

여주 고달사지 쌍사자 석등
간주석의 쌍사자

보물 제289호 정읍 피향정 [井邑 披香亭]

전북 정읍시 태인면 태창리 102-2

피향정은 호남지방에서 으뜸가는 정자 건축이다. 통일신라 헌안왕(재위 857~861) 때 최치원이 세웠다는 이야기가 있지만 지은 시기는 확실하게 알 수 없다. 기록에 따르면 조선 광해군 때 현감 이지굉이 다시 짓고 현종 때 현감 박숭고가 건물을 넓혔다. 지금 크기로는 숙종 42년(1716) 현감 유근이 넓혀 세웠다고 한다. 그 뒤에도 몇 차례 부분적으로 고쳤다. 규모는 정면 5칸, 측면 4칸이며 지붕은 팔작지붕, 공포는 익공 양식이다. 조선 중기의 목조건축 양식을 잘 보여주고 있다.

고창 선운사 대웅전의 내부

보물 제290호 고창 선운사 대웅전 [高敞 禪雲寺 大雄殿]

전북 고창군 아산면 서유사로 250 선운사

선운사 대웅전은 신라 진흥왕 때 세워진 것으로 전하며, 현재 건물은 조선 성종 3년(1472)에 다시 지은 것이 임진왜란 때 불타 버려 광해군 5년(1613)에 다시 지은 것이다. 정면 5칸, 측면 3칸의 규모로, 지붕은 맞배지붕, 공포는 다포 양식이다. 전체적으로 기둥 옆면 사이의 간격이 넓고 건물의 앞뒤 너비는 좁아 옆으로 길면서도 안정된 외형을 지니고 있다. 건물 뒤쪽의 처마는 간략하게 처리되어 앞뒤 처마의 모습이 다르다. 조선 중기의 건축답게 섬세하고 장식적인 구성과 빗살 여닫이문이 화려한 건물이다.

보물 제291호 부안 내소사 대웅보전 [扶安 來蘇寺 大雄寶殿]
전북 부안군 진서면 내소사로 243 내소사

부안 내소사 대웅보전
1 대웅보전 내부 벽화
2 대웅보전 후불벽화 (백의관음보살상)

이 대웅보전은 아미타여래를 중심으로 우측에 대세지보살, 좌측에 관세음보살을 모신 불전으로 조선 인조 11년(1633) 청민대사가 절을 고칠 때 지은 것이라 전한다. 규모는 정면 3칸, 측면 3칸이며, 지붕은 팔작지붕, 공포는 다포 양식이다. 앞쪽 문에 달린 문살은 꽃무늬로 조각하여 당시의 뛰어난 조각 솜씨를 엿보게 한다. 건물 안쪽 보머리에는 용이 물고기를 물고 있는 모습을 나타내 건물의 화사함을 더해 준다. 특히 불상 뒤쪽 벽에는 우리나라에 남아있는 것 중 가장 큰 '백의관음보살상'이 그려져 있다.

부안 개암사 대웅전
대웅전 내부의 공포 배치

보물 제292호 부안 개암사 대웅전 [扶安 開岩寺 大雄殿]
전북 부안군 상서면 개암로 248 개암사

대웅전의 기단은 2중인데 장대석을 5단으로 가지런히 쌓은 상부 기단은 원래의 것이고, 자연석을 허튼층으로 쌓은 하부 기단은 마당을 낮추며 근래에 만든 것이다. 건물의 규모는 정면 3칸, 측면 3칸이며, 지붕은 팔작지붕, 공포는 다포 양식이다. 추녀 끝에는 활주가 받치고 있다.

인조 14년(1636)에 계호대선사가 중건한 것이며 정조 7년(1783)과 1913년에 중수가 있었다.

함양 승안사지 삼층석탑
1 1층 몸돌의 사천왕상
2 2층 기단 면석의 비천상

승안사터에 있는 탑으로, 2단의 기단 위에 3층의 탑신을 올린 모습이다. 기단에는 부처, 보살, 비천 등의 모습을 새겼고 맨 윗돌에는 연꽃조각을 새겨 둘러놓았는데, 이러한 장식은 보기 드문 모습이다. 탑신은 각 층의 몸돌과 지붕돌을 각각 하나의 돌로 조성하였다. 1층의 몸돌에는 각 면마다 사천왕상을 조각하였다. 옥개받침은 4단을 두었고, 상륜부는 노반, 복발, 앙화만 남아 있다. 조성은 고려 전기로 추정되며, 사리장치를 통해 볼 때, 옮겨 세운 시기는 조선 성종 25년(1494)이다.

보물 제295호 **창녕 관룡사 용선대 석조여래좌상 [昌寧 觀龍寺 龍船臺 石造如來坐像]**
경남 창녕군 창녕읍 옥천리 산328 관룡사

용선대에 있는 석불좌상은 머리는 나발로 표현했으며, 얼굴은 원만하고 단아한 인상이며 미소를 띠고 있다. 양어깨를 감싸고 있는 옷은 몸에 밀착되었으며, 옷주름은 규칙적인 평행선으로 처리되었다. 불상이 앉아 있는 대좌는 상·중·하대로 구성되어 있다. 반구형의 상대석은 연꽃을 새겼고, 8각 중대석은 각 모서리에 기둥모양을 두었으며, 하대석은 4각의 받침 위에 겹으로 연꽃무늬를 새겨 넣었다. 조형 형식 등으로 보아 통일신라 후기 9세기경에 만들어진 것으로 추정된다.

보물 제296호 김천 청암사 수도암 석조보살좌상 [金泉 靑巖寺 修道庵 石造菩薩坐像]
경북 김천시 증산면 수도길 1438 청암사 수도암

청암산 수도암 약광전에 모셔져 있는 높이 1.54m의 고려시대 석불좌상이다. 머리에 원통형의 관을 쓰고 있어서 보살상처럼 보이지만, 광배와 대좌가 있고 신체 각 부분의 표현으로 보아 여래상을 표현한 것으로 보인다. 얼굴은 단아한 모습인데 마모가 심해 세부 수법을 자세하게 확인하기 어렵다. 광배에는 연꽃무늬·덩쿨무늬·불꽃무늬가 새겨져 있다. 불상이 앉아있는 대좌는 4각형으로 위 아랫부분에 연꽃을 조각하였다. 고려 초기 조성된 것으로 보인다.

보물 제297호 김천 청암사 수도암 동·서 삼층석탑 [金泉 靑巖寺 修道庵 東·西 三層石塔]
경북 김천시 증산면 수도길 1438 청암사 수도암

대적광전을 중심으로 하여 동·서쪽에 서 있는 쌍탑으로, 신라 헌안왕 3년(859)에 도선국사가 세웠다는 설이 전해온다. 동탑은 단층의 기단 위에 3층의 탑신을 올렸고, 1층 몸돌 각 면에는 여래좌상을 양각하였다. 지붕돌은 얇고 넓으며, 옥개받침은 4단이다.

서탑은 2단의 기단 위에 3층의 탑신을 올리고 1층 몸돌에 여래상을 양각하였다. 지붕돌은 동탑보다 얇고 넓으며 옥개받침은 모두 5단이다. 통일신라 중기 이후에 만들어진 것으로 추정된다.

동 삼층석탑 　　　　　　　　　　　　　　　　　　　서 삼층석탑

보물 제298호 강진 월남사지 삼층석탑 [康津 月南寺址 三層石塔]
전남 강진군 성전면 월남리 854

월남사터에 남아있는 삼층석탑으로, 단층의 기단 위에 3층의 탑신을 올렸다. 기단은 바닥돌 위에 기둥 모양의 돌을 세우고 그사이를 판돌로 채운 뒤 넓적한 돌을 얹어 조성하였다. 탑신부의 1층 몸돌은 매우 높으며, 2층 몸돌부터는 그 높이가 급격히 줄어들고 있다. 이 탑은 백제의 옛 땅에 위치한 지리적 특성상 백제 양식을 많이 따르고 있다. 기단 및 탑신의 각 층을 별도의 돌로 조성한 것이나 1층의 지붕돌이 목탑에서처럼 기단보다 넓은 양식 등으로 보아 고려시대 조성된 것으로 보인다.

보물 제299호 구례 화엄사 대웅전 [求禮 華嚴寺 大雄殿]

전남 구례군 마산면 화엄사로 539 화엄사

대웅전은 화엄사의 건물 중 각황전 다음으로 큰 건물이다. 지금 있는 건물은 조선 인조 8년(1630)에 벽암대사가 다시 세운 것이라고 한다. 규모는 정면 5칸, 측면 3칸이고, 지붕은 팔작지붕, 공포는 다포 양식이다. 건물 안쪽 천장은 우물천장이며, 삼존불 위쪽으로 장식적인 성격을 띠는 지붕 모형의 닫집을 놓아 엄숙한 분위기를 한층 높이고 있다. 규모도 크고 아름다우며 건축 형식의 특징과 균형이 잘 잡혀있어 조선 중기 이후 건축사 연구에 귀중한 자료가 되는 건물이다.

구례 화엄사 원통전 앞 사자탑 상층 기단의 사자상

보물 제300호 구례 화엄사 원통전 앞 사자탑 [求禮 華嚴寺 圓通殿 앞 獅子塔]

전남 구례군 마산면 화엄사로 539 화엄사

이 탑은 절 안의 원통전 앞에 서 있는 통일신라시대의 독특한 석탑으로, 네 마리의 사자가 길쭉하고 네모난 돌을 이고 있는 모습이다. 절에서는 보통 노주라고 부르는데, 무엇으로 사용되었는지 정확히는 알 수 없으며, 불사리를 모셔놓은 것이라 하기도 하고, 불가의 공양대로 쓰였을 것이라는 추측만 있을 뿐이다. 탑을 받치는 역할을 하는 기단은 2단으로, 아래층 기단은 무늬 없는 석재로 구성된 소박한 모습이다. 조각 수법은 사사자삼층석탑에 못 미쳐 이보다 훨씬 뒤인 9세기경에 만든 것으로 추정된다.

보물 제301호 해남 대흥사 북미륵암 삼층석탑 [海南 大興寺 北彌勒庵 三層石塔]

전남 해남군 삼산면 대흥사길 357 북미륵암

두륜산 정상 부근의 북미륵암에 세워진 탑으로, 2단의 기단 위에 3층의 탑신을 세운 모습이다. 기단과 탑신의 몸돌에는 기둥을 모각하였다. 탑신은 몸돌과 지붕돌이 한 개의 돌로 조성하였는데, 몸돌에 기둥을 모각한 것 이외에 다른 장식적 요소는 없다. 지붕돌의 옥개받침은 1.2층은 4단 3층은 3단으로 조성하였다. 상륜부는 노반과 앙화만 남아 있다. 양식에서 일부 간략화된 곳이 있으나 전체적으로 안정감이 있으며, 고려 전기에 만들어진 것으로 추정된다.

보물 제302호 순천 송광사 약사전 [順天 松廣寺 藥師殿]

전남 순천시 송광면 송광사안길 100 송광사

조계산에 있는 송광사는 우리나라 삼보 사찰 중 하나로 승보 사찰이나, 사찰의 창건 연대는 남아 있는 기록이 없어 알 수 없다.

약사전은 약사여래를 모신 건물로, 규모가 송광사에서 가장 작은 법당이다. 규모는 정면, 측면이 모두 1칸이며, 지붕은 팔작지붕, 공포는 다포 양식이다.

현재 있는 우리나라 법당 중 가장 작은 이 약사전은 조각 수법으로 보아 조선 중기인 17세기 무렵의 건물로 추정된다.

보물 제303호 순천 송광사 영산전 [順天 松廣寺 靈山殿]

전남 순천시 송광면 송광사안길 100 송광사

순천 송광사 영산전
영산전 내부 공포 배치

영산전에는 석가모니불상을 모시고 석가의 생애를 8단계로 나누어 그린 팔상도가 있다. 규모는 정면 3칸, 측면 2칸이고 지붕은 팔작지붕, 공포는 다포 양식이다. 건물에 사용한 부재의 세부 기법이 힘차고 간결하여 조선 전기 건물의 기법을 잘 보여주고 있다. 영산전의 조성 연대는 조선 인조 17년(1639)에 세웠고 영조 12년(1736)에 수리하였다고 한다. 지금 있는 건물은 1973년에 보수한 것이다.

보물 제304호 보성 벌교 홍교 [寶城 筏橋 虹橋]

전남 보성군 벌교읍 벌교리 154-1

예전에는 이 자리에 뗏목을 이은 다리가 있어 벌교[筏橋]라는 지명이 생겨났으며, 조선 영조 5년(1729)에 선암사의 한 스님이 돌다리로 만들어 놓았다고 한다. 그 후 영조 13년(1737) 다리를 고치면서, 3칸의 무지개다리로 만들어졌고, 1981~1984년까지의 4년에 걸친 보수공사를 통해 지금에 이르고 있다. 무지개 모양을 한 다리 밑의 천장 한 가운데마다 용머리를 조각한 돌이 돌출되어 있다. 이 다리를 위해 주민들이 60년마다 회갑잔치를 해주고 있다.

보성 벌교 홍교
다리 밑 천장의 용머리 조각

보물 제305호 안동 석빙고 [安東 石氷庫]

경북 안동시 성곡동 산225-1

안으로 계단을 따라 들어가면 밑바닥은 경사져 있으며, 중앙에는 물이 강으로 흘러가도록 만든 배수로가 있다. 천장은 길고 크게 다듬은 돌들을 무지개 모양으로 틀어 올린 4개의 홍예를 세워 무게를 지탱하도록 하고, 각 홍예 사이는 긴 돌들을 가로로 채워 마무리하였다. 천장의 곳곳에는 환기 구멍을 두었다. 전체적으로 규모가 큰 편은 아니나 보존 상태는 양호하다. 이 석빙고는 낙동강에서 많이 잡히는 은어를 국왕에게 올리기 위해 만들어진 것으로, 조선 영조 13년(1737)에 지어졌다.

보물 제306호 안동 하회 양진당 [安東 河回 養眞堂]

경북 안동시 풍천면 하회리 724

양진당은 겸암 류운룡(1539~1601)의 집으로 매우 오래된 풍산 류씨 종가이다. 규모는 정면 4칸, 측면 3칸이며 지붕은 팔작지붕이다. 오른쪽 3칸은 대청, 왼쪽 1칸은 온돌방으로 바깥 주위에 쪽마루와 난간을 둘러 마치 누(樓)와 같은 인상을 준다. 대청에는 문을 달아 3칸 모두 열 수 있게 하였다. 건물 안쪽은 연등천장으로 꾸몄고 한석봉이 쓴 '양진당(養眞堂)'이란 당호와 함께 여러 현판이 걸려 있다. 일반 주택으로는 제법 규모가 큰 조선시대 별당건축물 중 하나이다.

보물 제307호 김천 청암사 수도암 석조비로자나불좌상 [金泉 靑巖寺 修道庵 石造毘盧遮那佛坐像]

경북 김천시 증산면 수도길 1438 청암사 수도암

높이 2.51m의 석불로 머리는 소발로 꾸미고 작은 육계를 표현하였다. 얼굴은 네모나며 풍만하고 위엄 있는 모습이다. 옷은 양 어깨에 걸쳐 입고 있으며 옷주름은 느슨하고 형식적으로 표현되었다. 수인은 지권인이다. 불상이 앉아 있는 대좌는 팔각형으로 세 부분으로 구성하여 아래쪽은 연꽃을 엎어 놓은 모양으로 맨 위에는 반원형에 가까운 연꽃이 두 줄로 교차되어 있고, 앞면에 세 마리의 사자상과 용머리 같은 것이 새겨져 있다. 통일신라 말기에 만든 것으로 추정된다.

김천 청암사 수도암 석조비로자나불좌상
석조비로자나불의 대좌

보물 제308호 전주 풍남문 [全州 豐南門]

전북 전주시 완산구 풍남문3길 1

전주읍성의 남문으로 선조 30년(1597) 정유재란 때 파괴된 것을 영조 10년(1734) 성곽과 성문을 다시 지으면서 명견루라 불렀다. '풍남문'이라는 이름은 영조 43년(1767) 화재로 탄 것을 영조 44년(1768) 다시 지으면서 붙인 것이다. 순종 때 도시 계획으로 성곽과 성문이 철거되면서 풍남문도 많은 손상을 입었다. 지금 있는 문은 1978년부터 시작된 보수 공사로 옛 모습을 되찾은 것이다. 규모는 1층이 정면 3칸, 측면 3칸, 2층이 정면 3칸, 측면 1칸이며, 지붕은 팔작지붕, 공포는 주심포 양식이다.

정읍 천곡사지 칠층석탑
옥개석 받침의 연꽃 문양

보물 제309호 정읍 천곡사지 칠층석탑 [井邑 泉谷寺址 七層石塔]

전북 정읍시 망제동 산9-2

이 탑은 거칠게 다듬은 낮은 단층기단 위에 7층의 탑신을 올린 석탑이다. 탑신부는 초층 탑신으로부터 3층 탑신까지를 제외한 나머지 탑신과 모든 옥개석이 각각 한 돌로 조성되었다. 초층 탑신은 유난히 가늘고 길다. 각 층 옥개석의 받침부에는 1변에 4판씩 모두 16판의 연화문이 조각되었다. 이와 같은 구조는 통일신라시대의 석탑에서는 볼 수 없는 특이한 형태로 운주사 석탑군에서 볼 수 있어 고려시대에 시작된 기단의 한 유형임을 알 수 있다.

보물 제310호 창녕 석빙고 [昌寧 石氷庫]

경남 창녕군 창녕읍 송현리 288

이 석빙고는 입구 안의 계단을 따라 내려가면 밑바닥은 경사졌고 북쪽 구석에는 물이 빠지도록 배수구를 두었으며, 바닥은 네모나고 평평하다. 내부는 잘 다듬어진 돌을 쌓아 양옆에서 틀어 올린 4개의 홍예를 중간중간에 두었다. 각 띠 사이는 긴 돌을 가로로 걸쳐놓아 천장을 마무리하였다. 또한, 천장의 곳곳에는 환기구를 두어 바깥 공기를 드나들게 하였다. 이 석빙고는 입구에 서 있는 비석의 기록으로 보아 조선 영조 18년(1742) 당시 이곳의 현감이었던 신후서에 의해 세워졌다.

보물 제311호 노인 금계일기 [魯認 錦溪日記]

경남 진주시 남강로 626-35 국립진주박물관

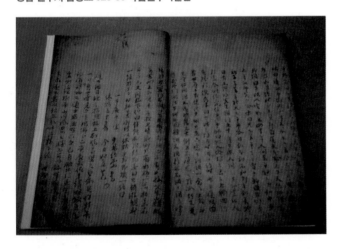

노인은 고향인 나주에 있을 때 임진왜란이 터지자 권율 장군의 밑에서 의병으로 활동하였다. 일본군에 잡혀 포로가 되었으나, 간신히 탈출하여 후에는 일본에 대한 복수책을 명나라에 알려 주는 일을 했다.

금계일기는 책의 앞뒤가 없어지고 글씨도 많이 훼손되어 읽기가 매우 힘들어 대체적인 정황만 알 수 있다. 선조 32년(1599) 2월 22일부터 같은 해 6월 27일까지 약 4개월간의 기록을 담고 있다. 당시 시대 상황을 살필 수 있는 중요한 자료이다.

밀양 소태리 오층석탑
기단부의 구조와 1층 몸돌과 옥개석

보물 제312호 밀양 소태리 오층석탑 [密陽 小台里 五層石塔]

경남 밀양시 청도면 소태리 1138-2

단층의 기단 위에 5층의 탑신을 올린 형태로, 기단 구성 형식이 독특하다. 기단 윗면 중앙에는 별도의 돌을 얹어 탑신 괴임을 3단으로 조성하였는데, 그 윗면이 지붕돌처럼 경사져 있다. 탑신은 1층 몸돌을 제외하고는 몸돌·지붕돌이 각각 하나의 돌로 이루어져 있다. 지붕돌의 옥개받침은 모두 3단이다. 지붕돌 네 귀퉁이에는 연꽃무늬 조각이 있고, 그 가운데는 방울 장식을 단 듯한 구멍이 뚫려 있다. 상륜부는 결실되고 노반만 남아 있다. 탑머리의 '당탑조성기'에 고려 예종 4년(1109)이라 기록되어 있다.

보물 제313호 강진 월남사지 진각국사비 [康津 月南寺址 眞覺國師碑]
전남 강진군 성전면 월남1길 106-1

이 비는 진각국사 혜심을 추모하기 위해 세운 것이다. 진각국사는 24세에 사마시에 합격하였으나, 어머니의 죽음으로 출가를 하여 보조선사 밑에서 수도를 하였고 고종이 왕위에 오르게 되자 대선사가 되었다. 고려 고종 21년(1234)에 57세로 입적하였다. 비는 귀부 위에 비신을 올린 형태이다. 받침돌인 거북은 입에 구슬을 문 상태로 긴 목을 빼어들고 네 발을 단단히 짚고 있는데, 그 모습이 매우 강렬하고 사실적이다. 비문은 당시의 문장가인 이규보가 지은 것으로 전해지며, 비를 세운 시기는 고려 고종 때로 추정된다.

강진 월남사지 진각국사비 귀부

보물 제316호 청도 운문사 원응국사비 [淸道 雲門寺 圓應國師碑]
경북 청도군 운문면 운문사길 264 운문사

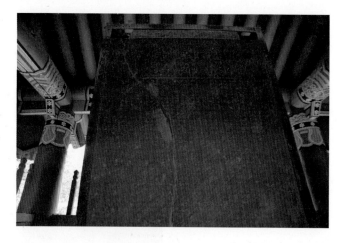

이 탑비는 고려시대 중기의 승려 원응국사(1051~1144)의 행적을 기록하고 있다. 원응국사는 일찍 출가하여 송나라에 가서 화엄의 뜻을 전하고 천태교관을 배워 귀국하였다. 1109년 선사가 되었고, 인종 22년(1144) 운문사에서 93세로 입적하였다. 현재 비는 귀부와 이수는 없어지고 세 조각으로 잘린 비신만 복원한 것이다. 비의 앞면에는 그의 행적이 새겨져 있으며 뒷면에는 제자들의 이름이 새겨져 있다. 비문은 윤언이가 지었다. 비문의 내용으로 보아 조성 연대는 1145년 이후로 추정된다.

보물 제317호 청도 운문사 석조여래좌상 [淸道 雲門寺 石造如來坐像]
경북 청도군 운문면 운문사길 264 운문사

이 불상은 높이 0.63m의 고려시대 석조여래좌상이다. 광배와 대좌를 모두 갖추고 있는 완전한 형태의 불상이다. 머리는 나발이고 육계를 표현하였다. 신체 비례보다 얼굴이 큰 편이다. 수인은 항마촉지인이다. 광배는 주형거신광배로 가장자리에는 화염문이 새겨져 있다. 불상의 대좌 맨 위면은 타원형에 연꽃문양을 새기고, 중대석과 하대석은 6각형으로 조성하여 특이하다. 표현 기법으로 보아 9세기 불상을 계승한 10세기 초의 불상으로 보인다.

보물 제318호 청도 운문사 석조사천왕상 [淸道 雲門寺 石造四天王像]

경북 청도군 운문면 운문사길 264 운문사

석조사천왕상은 운문사 작압전 안에 모셔진 석조여래좌상의 좌우에 각각 2기씩 모두 4개가 돌기둥처럼 배치되어 있다. 원래의 위치는 아니고, 이곳에 세워진 벽돌탑의 1층 탑신 몸돌 4면에 모셔져 있던 것으로 보인다. 모두 갑옷을 입고 무기를 들고 있으며, 머리 뒤쪽으로 둥근 광채를 띤 채 악귀를 발로 밟고 있다. 이 4개의 사천왕상 돌기둥은 신체가 크지만, 돋을새김을 뚜렷하게 하지 않아 양감이 잘 드러나지 않는다. 조각수법으로 보아 통일신라 후기 900년경을 전후해 만들어진 작품으로 짐작된다.

보물 제319호 김천 직지사 석조약사여래좌상 [金泉 直指寺 石造藥師如來坐像]

경북 김천시 대항면 북암길 89 직지사

광배와 불상을 하나의 돌로 만들었다. 머리는 소발로 육계가 크게 표현되었다. 얼굴은 마모가 심해 세부 표현을 자세히 살필 수 없지만, 둥글고 원만한 인상이다. 옷은 오른쪽 어깨를 드러내고 왼쪽 어깨에만 걸쳐 입고 있다. 오른손은 무릎 위에 올려 손끝이 아래를 향하고 있고, 왼손에는 약합을 들고 있다. 광배에는 덩굴무늬와 불꽃무늬를 새겨 장식하였다. 통일신라 후기의 양식을 계승한 약사여래좌상으로 보인다.

보물 제320호 해남 대흥사 삼층석탑 [海南 大興寺 三層石塔]

전남 해남군 삼산면 대흥사길 400 대흥사

대흥사 응진전 앞에 서 있는 탑으로, 전하는 말에 의하면 신라 자장이 중국에서 가져온 석가여래의 사리를 모신 사리탑이라 한다. 탑의 형태는 2단의 기단 위에 3층의 탑신을 올렸다. 기단과 탑신의 몸돌에는 기둥을 모각하였다. 지붕돌의 옥개받침은 4단이다. 상륜부는 노반 위에 복발을 얹고 그 위에 앙화와 보륜 등이 올려져 있다.

조성 연대는 통일신라 후기로 추정되며, 통일신라의 석탑양식이 전파된 경로 알 수 있는 석탑이다.

보물 제321호 봉은사 청동 은입사 향완 [奉恩寺 靑銅 銀入絲 香垸]

서울 종로구 우정국로 55 불교중앙박물관

봉은사 청동 은입사 향완은 높이 37cm, 지름 51cm로 금강산 표훈사 장향로 다음가는 큰 작품이다. 몸통 표면 전체에 가는 은실로 무늬가 상감 되어 있다. 연꽃 덩굴무늬, 번개무늬 등이 장식되어 있으며, 몸통 아래에 두 줄기 윤곽선으로 된 긴 연꽃잎이 돌려있는데, 표면에 가득 찬 무늬는 우아하며, 은실을 상감하는 방법도 세련되었다. 이 향완의 구연부 밑면에 103자의 명문이 은입사 되어 있는데, '지정사년(至正四年)'이란 글이 있어 고려 충혜왕 5년(1344) 제작되었음을 알 수 있다.

보물 제322호 제주 관덕정 [濟州 觀德亭]

제주 제주시 관덕로 19

제주 관덕정
1 대들보의 벽화
2 이산해가 쓴 현판

관덕정은 조선 세종 30년(1448) 안무사 신숙청이 병사들의 훈련장으로 사용하기 위해 세웠다고 하며, 성종 11년(1480) 목사 양찬이 고친 뒤 여러 차례 수리를 거쳤다. 지금 있는 건물은 1969년 보수한 것으로 원래의 건축 수법은 17세기 전후의 것으로 추정된다. 규모는 정면 5칸, 측면 4칸이며 지붕은 팔작지붕, 공포는 익공 양식이다. 현재 현판의 글씨는 선조 때 영의정인 이산해의 것이다. 특히 건물 안쪽 대들보와 그 아래에 그려진 벽화는 상당히 훌륭한 작품으로 평가받고 있다.

보물 제323호 청도 석빙고 [淸道 石氷庫]

경북 청도군 화양읍 동교길 7

청도 석빙고는 양쪽 벽을 이어주던 반원 아치 형태의 홍예가 네 군데 남아있을 뿐 천장은 완전히 무너져 불완전한 상태이다. 하지만 지금까지 남아있는 우리나라 석빙고 중 경주 석빙고(보물 제66호) 다음으로 큰 규모이고 쌓은 연대도 오래된 것이다. 석빙고 입구에 서 있는 석비 앞면에는 공사에 동원된 인원수, 쓰인 자료·비용 등을 기록해 놓았고, 뒷면에는 비를 세운 날짜와 함께 관계된 사람들의 이름을 적어놓았다. 그중에 '계사년(癸巳年)'이라는 기록이 있어 조선 숙종 39년(1713)에 만들어진 것으로 추정된다.

보물 제325호 칠곡 송림사 오층전탑 사리장엄구 [漆谷 松林寺 五層塼塔 舍利莊嚴具]
대구 수성구 청호로 321 국립대구박물관

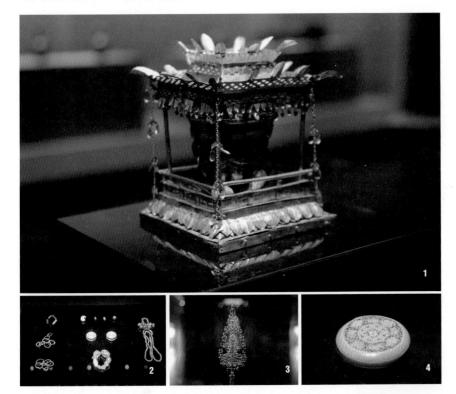

송림사는 진흥왕 5년(544) 명관이 중국에서 가져온 사리를 모시기 위해 세운 절로, 송림사 오층전탑(보물 제189호)을 수리하기 위해 해체하면서 발견된 사리장엄구이다. 1층에서는 불상 2구 등, 2층에서는 사리장엄구와 신라의 장신구 등이, 3층에서는 돌상자 안의 부식된 종이가, 5층 복발 부분에서는 상감청자로 만든 원형 합 등이 발견되었다. 통일신라시대와 고려시대의 다양한 유물들이 하나의 탑 안에서 발견된 점으로 보아, 보수가 여러 차례 있었던 것으로 추정된다.

칠곡 송림사 오층전탑 사리장엄구
1 전각형 사리기
2 각종 공양품
3 은제 도금 수지형 관식
4 청자 상감 국화문 합

보물 제326호 이순신 유물 일괄 [李舜臣 遺物 一括]
충남 아산시 염치읍 현충사길 48 현충사

이순신 유물 일괄
1 도배
2 요대
3 옥로

아산 현충사에 보관하고 있는 충무공 이순신의 유물로, 임진왜란 중에 그가 사용하던 것이다.

그의 유품에는 그가 전쟁 당시 사용했던 것으로 보이는 길이 197.5㎝의 장검 2점과 갓 머리에 장식으로 달았던 것으로 보이는 옥로 1점, 관복을 입을 때 두르던 각대와 모습이 같은 허리띠(요대) 1점, 복숭아 모양의 술잔 1쌍이 있다.

보물 제327호 의성 빙산사지 오층석탑 [義城 氷山寺址 五層石塔]

경북 의성군 춘산면 빙계계곡길 127-10

이 탑은 돌을 벽돌 크기로 다듬어 쌓은 모전석탑으로 의성 탑리리 오층석탑(국보 제77호)을 모방한 것이다. 탑은 1층 기단 위에 5층의 탑신을 올렸다. 기단의 맨 윗돌은 8개의 돌로 되어 있고 그 위로 탑신을 받치기 위해 괴임을 높게 얹었다. 탑신부는 1층 몸돌은 네 모서리에 딴 돌로 기둥을 세우고 정면에 감실을 마련하였다. 2층 이상부터 몸돌은 높이가 크게 줄고, 지붕돌은 밑면 받침을 각 4단씩, 지붕의 경사진 면은 각 5단의 층으로 이루어졌다. 상륜부는 노반만 남아 있다. 조성 시기는 신라말 고려 초로 추정된다.

의성 빙산사지 오층석탑 사리장엄구

보물 제328호 금동약사여래입상 [金銅藥師如來立像]

서울 용산구 서빙고로 137 국립중앙박물관

금동약사여래입상은 높이 29㎝의 자그마한 금동불로, 광배와 대좌는 없어졌지만 비교적 잘 보존된 약사여래입상이다. 머리는 나발로 표현하였다. 풍만한 얼굴은 미소 없이 근엄한 인상이며 눈·코·입의 선이 명확하다. 대좌는 없지만, 불상을 대좌에 꽂았던 뾰족한 촉이 두 발밑에 하나씩 남아 있으며, 불상 뒷면에는 주조할 때 뚫은 구멍 자국이 남아 있다. 높다란 머리 묶음과 표정 등이 백률사 금동약사여래입상(국보 제28호)과 비슷하여 8세기 전후에 만들어진 작품으로 추정된다.

보물 제329호 부여 군수리 석조여래좌상 [扶餘 軍守里 石造如來坐像]

서울 용산구 서빙고로 137 국립중앙박물관

부여 군수리 석조여래좌상은 1936년 충남 부여 군수리의 백제 절터를 조사할 때 발견된 불상으로, 4각형의 높은 대좌 위에 앉아 있는 백제 특유의 불상이다. 머리는 소발로 표현하였다. 네모난 얼굴은 두 볼에 웃음이 가득하고, 지그시 감은 눈·넓은 코·미소 띤 입 등에서 부드럽고 온화한 분위기를 풍긴다. 이 불상은 형식과 자세로 보아 4, 5세기 중국 불상의 영향을 많이 받고 있으나 얼굴, 신체의 표현 등에서 백제화된 양식을 보이며 완숙한 6세기 중엽 백제불상의 특징을 갖고 있다.

보물 제330호 **부여 군수리 금동보살입상 [扶餘 軍守里 金銅菩薩立像]**

충남 부여군 부여읍 금성로 5 국립부여박물관

부여 군수리 금동보살입상은 1936년 충남 부여 군수리 백제 절터를 조사할 때 발견된 금동보살이다. 머리에는 화려하게 장식된 관을 쓰고 있고, 얼굴 좌우로 두꺼운 머리카락이 어깨까지 길게 늘어져 있다. 얼굴은 둥글고 원만하며, 깊이 있는 내면의 웃음이 사실적으로 표현되어 백제인의 부드러움을 느낄 수 있다.

이 불상은 옷 모양, 손 모양 등이 시대적 특징을 나타내주고 있으며, 넓은 얼굴과 풍만한 미소는 백제불상에 즐겨 묘사되는 것으로 백제인의 얼굴을 사실적으로 표현한 6세기 불상으로 추정된다.

보물 제331호 **금동미륵보살반가사유상 [金銅彌勒菩薩半跏思惟像]**

서울 용산구 서빙고로 137 국립중앙박물관

보물 제332호 **하남 하사창동 철조석가여래좌상 [河南 下司倉洞 鐵造釋迦如來坐像]**

서울 용산구 서빙고로 137 국립중앙박물관

이 불상은 경기도 광주군 동부면 하사창리의 절터에서 발견된 고려시대의 철불좌상이다.

얼굴은 둥글지만 치켜 올라간 눈, 꼭 다문 작은 입, 날카로운 코의 표현에서 관념적으로 변해가는 고려시대 불상의 특징을 엿볼 수 있다. 당당한 어깨와 두드러진 가슴은 석굴암 본존불의 양식을 이어받은 것이며, 날카로운 얼굴 인상과 간결한 옷주름의 표현은 고려 초기 불상의 전형적인 표현 기법이다.

통일신라 불상양식을 충실히 계승한 고려 초기의 전형적인 작품이다.

금동미륵보살반가사유상은 왼 다리를 내리고 걸터앉아서 오른손을 들어 두 손가락을 살짝 뺨에 대고 생각하는 듯한 자세를 취하고 있는 미륵보살상이다. 긴 얼굴은 눈꼬리가 치켜 올라가고 미소가 없는 정적인 표정이다. 대좌는 4각형의 대좌 위에 8각으로 된 받침을 놓고 그 위에 다시 연꽃이 새겨진 대좌가 놓여있는 모습인데, 보살상보다 크게 만들어져 전체적으로 안정된 느낌을 주고 있다. 출토지가 분명하지 않지만 2중의 구슬 장식과 연꽃의 형식 등으로 보아 삼국시대 후기 작품으로 추정된다.

보물 제333호 금동보살입상 [金銅菩薩立像]
서울 용산구 서빙고로 137 국립중앙박물관

금동보살입상은 삼국시대 보살상에서 나타나는 특징을 잘 보여주고 있는 높이 15.1cm의 조그만 작품이다. 머리에는 특이한 형태의 관을 쓰고 있으며, 몸에 비해 다소 긴 얼굴에는 잔잔한 미소가 번지고 있다. 체구는 자그마하지만 당당하고 강직해 보인다. 수인은 시무외인과 여원인이다. 두 발 아래에는 역삼각형 모양의 둥근 대좌가 있는데, 여기에 긴 촉이 붙어 있어 아래 대좌에 꽂을 수 있게 되어있지만 아래 대좌는 없어졌다. 손 모양, X자로 교차한 옷자락 등이 삼국시대 보살상의 특징을 잘 보여주고 있다.

보물 제335호 석조비로자나불좌상 [石造毘盧遮那佛坐像]
대구 북구 대학로 80 경북대학교박물관

석조비로자나불좌상은 통일신라 후기에 유행하던 비로자나불의 전형적인 양식을 보여주는 작품이다. 머리는 나발로 표현하였으며, 얼굴은 몸에 비해 크고 둥글다. 당시 비로자나불의 얼굴이 단정하면서도 엄숙한 인상인 데 비해서, 이 불상의 얼굴은 풍만하고 눈과 입가에 미소를 짓고 있는 것이 특징이다. 광배에는 두 손을 모아 합장하고 있는 작은 부처 5구와 가장자리에 화염문을 새겼다. 조성 연대는 신라 경문왕 3년(863)에 만들어진 대구 동화사 비로암 석조비로자나불좌상(보물 제244호)과 비슷한 시기로 추정된다.

보물 제336호 정지장군 갑옷 [鄭地將軍 甲衣]
광주 북구 비엔날레로 111 광주시립민속박물관

정지장군(1347~1391)은 고려 때 장수로 왜구를 물리치는데 큰 공을 세웠다. 이 갑옷은 장군이 왜구를 물리칠 때 직접 착용했던 것으로 후손에 의해 전해진 것이다.

총 길이 70cm, 가슴둘레 79cm, 소매길이 30cm로 세로 7.5~8cm, 가로 5~8.5cm의 철판에 구멍을 뚫어 철제 고리로 연결하였다. 어깨와 팔은 고리로만 연결하여 팔을 자유롭게 움직일 수 있도록 하였다. 앞면 아래쪽에 약간의 손상이 있지만 비교적 원형을 잘 간직하고 있다.

보물 제337호 청양 장곡사 금동약사여래좌상 [靑陽 長谷寺 金銅藥師如來坐像]
충남 청양군 대치면 장곡길 241 장곡사

청양 장곡사 금동약사여래좌상은 장곡사 하 대웅전(보물 제181호)에 모신 불상이다. 머리는 나발로 표현하였다. 타원형의 얼굴은 단정하고 우아하지만 통일신라시대 불상에서 보이던 미소는 사라지고 근엄한 인상을 풍기고 있다. 오른손에는 약그릇을 들고 있으며, 왼손은 엄지와 가운데 손가락을 맞대고 있는데 손톱 모양까지 세세하게 표현하고 있다. 1959년 불상 밑바닥을 열고 조사하다가 불상을 만들게 된 이유와 연도를 적은 발원문이 발견되어, 고려 충목왕 2년(1346)에 조성되었음을 확인하였다.

보물 제338호 금령총 금관 [金鈴塚 金冠]
서울 용산구 서빙고로 137 국립중앙박물관

금령총 금관은 지금까지 발견된 금관 중에서는 가장 작고 간단한 형식으로, 높이 27㎝, 지름 15㎝의 금관이다.

중앙 정면과 그 좌우에 산[山]자형 장식을 4단으로 연결하고 가지 끝은 꽃봉오리 형으로 마무리했다. 산자형 장식의 좌우에는 사슴뿔 장식 가지 2개를 붙였다. 관테와 5개의 가지에는 모두 같은 장식이 되어 있다. 표면 아래·위에 두 줄로 된 점무늬를 찍고, 그 사이에 나뭇잎 모양의 원판을 달아 장식했다. 관테의 좌우에는 귀고리 형태의 드리개를 달았다. 이 금관은 다른 금관에서 볼 수 있는 옥 장식이 없고, 금으로만 이루어진 점이 특징이다.

보물 제339호 서봉총 금관 [瑞鳳塚 金冠]
경북 경주시 일정로 186 국립경주박물관

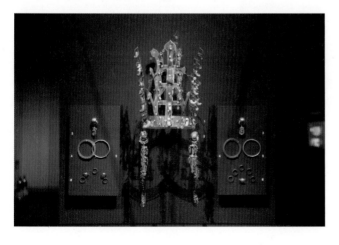

서봉총 금관은 경주 노서동 서봉총에서 출토된 높이 30.7㎝, 지름 18.4㎝, 드리개(수식) 길이 24.7㎝인 금관이다. 넓은 관 테 위에 5개의 가지를 세웠고, 상하에 점선으로 물결무늬를 찍고 나뭇잎 모양의 원판과 굽은 옥으로 장식했다. 관테에 못으로 고정해서 세운 5개의 가지 중 중앙과 그 좌우의 3가지는 산[山]자형 장식을 3단으로 연결하고, 가지 끝은 꽃봉오리 모양으로 마무리했다. 산자형 장식의 좌우에는 사슴뿔 장식을 세웠고, 관 테 좌·우에 길게 태환식 귀고리 드리개를 달아 늘어뜨렸다.

청자 철채 퇴화 삼엽문 매병 [靑磁 鐵彩 堆花 蔘葉文 梅瓶]
서울 용산구 서빙고로 137 국립중앙박물관

청자 철채 퇴화 삼엽문 매병은 고려시대 만들어진 매병으로 높이 27.5㎝, 아가리 지름 5㎝, 밑지름 9.5㎝이다. 철사 안료로 전체를 칠한 후 무늬 부분을 긁어내고 그 부분에 붓으로 백토를 바르고 청자 유약을 입혀 구운 것이다. 이처럼 제작 과정이 복잡한 철채 상감기법은 12세기 전반기부터 나타나고 있으나 그 예가 매우 드물다.

청자 음각 모란 상감 복사문 유개매병 [靑磁 陰刻 牡丹 象嵌 襆紗文 有蓋梅瓶]
서울 용산구 서빙고로 137 국립중앙박물관

청자 음각 모란 상감 복사문 유개매병
상단의 상감 문양

이 청자는 고려시대 만들어진 매병으로 높이 35.4㎝, 지름 22.1㎝이다. 넓은 아가리 언저리에 부드러운 S자형의 옆선을 이루고 있다. 장식이 많은 것 같으나, 전체 모습은 단순하다. 특히 상감 장식을 꼭대기에만 두고 음각문을 몸체와 그 아랫부분에 두어, 전체적인 의장을 둘로 나누고 있다. 항아리의 어깨가 풍만하며 아가리 주위에 국화 덩굴무늬를 흑백 상감하였다. 이러한 음각과 상감을 병행한 기법은, 전라북도 부안군 보안면 유천리 청자 가마에서 나오는 파편에서 볼 수 있다.

보물 제343호 부여 외리 문양전 일괄 [扶餘 外里 文樣塼 一括]
서울 용산구 서빙고로 137 국립중앙박물관

　부여 외리 문양전은 충청남도 부여군 규암면 외리에 있는 옛 절터에서 출토된, 다양한 문양과 형상을 새긴 후 구워서 만든 백제 때 벽돌이다. 산수문전, 산수봉황문전, 산수귀문전, 연대귀문전, 반용문전, 봉황문전, 와운문전, 연화문전으로 8매의 벽돌이 발견되었다. 이 벽돌은 정사각형에 가까우며, 한 변이 29cm 내외, 두께 4cm로, 네모서리에는 각기 홈이 파여있어 각 벽돌을 연결하여 깔 수 있게 되어 있다. 문양전의 모습은 백제 시대 회화를 짐작하게 하는 중요한 자료이다.

부여 외리 문양전 일괄
산수문전, 산수봉황문전, 산수귀문전, 연대귀문전
반용문전, 봉황문전, 와운문전, 연화문전

보물 제344호 청자 양각 위로문 정병 [靑磁 陽刻 葦蘆文 淨瓶]
서울 용산구 서빙고로 137 국립중앙박물관

　청자 양각 위로문 정병은 고려 중기에 만들어진 청자 정병으로 높이 34.2cm, 아가리 지름 1.3cm, 밑지름 9.3cm이다. 몸통의 한 면에는 물가의 갈대와 그 밑에서 노닐고 있는 기러기 한 쌍을 새겼고, 다른 한 면에는 수양버들 아래서 쉬고 있는 원앙 한 쌍을 새겼다. 병목의 중간에 있는 넓은 삿갓 모양 마디의 윗면은 안쪽과 바깥쪽으로 나누어 안쪽에는 구름무늬를, 바깥쪽에는 덩굴무늬를 둘렀다. 청동 은입사 포류수금문 정병(국보 제92호) 양식을 청자 양각으로 재료를 바꾸어 시도한 작품이다.

보물 제345호 백자 상감 모란문 매병 [白磁 象嵌 牡丹文 梅瓶]
서울 용산구 서빙고로 137 국립중앙박물관

백자 상감 모란문 매병은 고려시대 만들어진 백자 매병으로 높이 29.2cm, 몸 지름 18.7cm이다. 중국 북송의 영향을 받은 듯하다. 몸체는 참외 모양으로 6 등분 해서 세로로 골을 만들었으며, 각 면에는 마름모 모양의 선을 상감으로 처리하였다. 그 안에는 청자 태토로 메꾸고 붉은색 자토와 흰색 백토로 모란, 갈대, 버들이 늘어져 있는 그늘에서 물새가 거니는 모습, 연꽃 등을 상감 처리하였다. 고려청자와 백자를 하나로 혼합하여 완성한 희귀한 작품이다.

보물 제346호 청자 상감 동채 모란문 매병 [靑磁 象嵌 銅彩 牡丹文 梅瓶]
서울 용산구 서빙고로 137 국립중앙박물관

이 매병은 고려 중기에 만들어진 것으로 높이 34.6cm, 아가리 지름 5.6cm, 밑지름 13.5cm이다. 몸통의 3면에는 모란을 크게 흑백 상감한 후 모란꽃잎 끝에 붉은색 안료인 진사로 상감하였다. 굽다리 둘레에는 번개무늬를 연이어 두르고, 그 위는 백상감으로 연꽃잎 모양의 테두리를 만들고, 꽃잎 안에 흑상감으로 풀을 장식하였다. 밑부분에 연꽃잎으로 띠를 두르는 형식은 12세기 전반 순청자 매병에서 보이는 특징이다.

보물 제347호 분청사기 상감 어문 매병 [粉靑沙器 象嵌 魚文 梅瓶]
서울 용산구 서빙고로 137 국립중앙박물관

분청사기 상감 어문 매병은 조선 전기에 제작된 매병으로 높이 30.0cm, 아가리 지름 4.6cm, 밑지름 10.4cm이다. 고려 때 유행하던 매병은 조선시대 백자에서는 전혀 찾아볼 수 없고, 분청사기로 그 맥이 이어지는데, 이 분청사기도 청자가 분청사기로 옮겨가는 과도기적 모습을 보여주고 있다. 몸통의 4면에는 구슬무늬와 2겹으로 동심원을 그렸고, 그 안에 2마리의 물고기를 각각 흑백 상감하고 물결을 흑상감으로 처리했다. 구슬무늬와 변형된 구름, 연꽃무늬 등 분청사기에서 볼 수 있는 문양들이 사용되었다.

보물 제350호 달성 도동서원 중정당 · 사당 · 담장 [達城 道東書院 中正堂 · 祠堂 · 담장]

대구 달성군 구지면 도동리 35

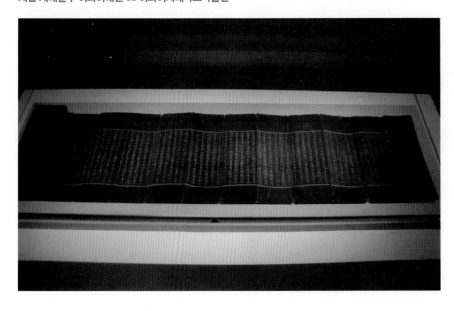

달성 도동서원 중정당 사당 담장
1 중정당
2 중정당의 축대
3 사당
4 담장

도동서원은 김굉필을 배향한 곳으로 선조 원년(1568) 처음 세워 쌍계서원이라 불렀다. 임진왜란 때 불에 타 없어져 선조 37년(1604) 지금 있는 자리에 사당을 다시 지었고 선조 40년(1607)에 임금이 직접 도동서원이라고 쓴 현판을 하사받아 사액서원이 되었다. 고종 8년(1871)의 서원철폐령의 대상에서 제외된 47개 서원 가운데 하나이다. 중정당은 정면 5칸, 측면 2칸 반 규모이며 지붕은 맞배지붕, 공포는 주심포 양식이다. 사당은 정면, 측면 3칸 건물로 맞배지붕이며, 김굉필 선생의 위패를 모시고 있다.

보물 제352호 감지 은니 묘법연화경 권7 [紺紙 銀泥 妙法蓮華經 卷七]

서울 서대문구 이화여대길 52 이화여자대학교박물관

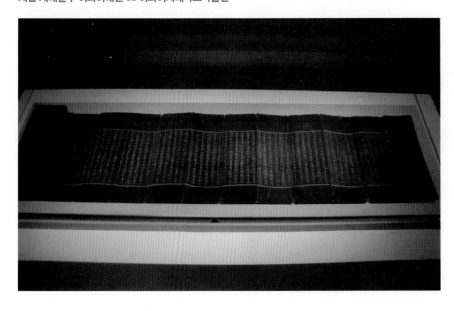

감지 은니 묘법연화경 권7은 검푸른 색의 종이에 은가루를 사용하여 불경의 내용을 옮겨 쓴 것이다. 묘법연화경 전 7권 가운데 마지막 권 제7이다. 장정은 절첩장이며, 접었을 때의 크기는 세로 33.5cm, 가로 11.5cm이다. 고려 우왕 12년(1386)에 죽산군 부인 김씨 등이 시주하여 각보 [覺普]의 주선으로 각연[覺連]이 만들었다는 내용이 책 끝부분의 간행 기록에 자세하게 적혀있다.

다른 경전에 비하여 간행 기록이 구체적이고 완전하게 작성된 것이 특징이다.

보물 제353호 합천 영암사지 쌍사자 석등 [陜川 靈岩寺址 雙獅子 石燈]

경남 합천군 가회면 황매산로 637-97

합천 영암사지 쌍사자 석등
간주석 [쌍사재]

　영암사터에 세워진 통일신라시대의 석등으로, 사자를 배치한 가운데 받침돌을 제외한 각 부분이 모두 통일신라시대의 기본 형태인 8각으로 이루어져 있다. 아래 받침돌에는 연꽃 모양이 조각되었고 그 위로 사자 두 마리가 가슴을 맞대고 서 있는데, 머리는 위로 향하고 갈퀴와 꼬리, 근육 등의 표현이 사실적이다. 화사석은 4면에 화창을 내고 다른 4면에는 사천왕상을 새겼다. 1933년경 일본인들이 불법으로 가져가려는 것을 마을 사람들이 막아 면사무소에 보관하였다가 1959년 원래의 자리로 옮겨 놓았다.

보물 제354호 천안 천흥사지 오층석탑 [天安 天興寺址 五層石塔]

충남 천안시 성거읍 천흥리 190-2

　천흥사터에 서 있는 고려시대의 탑이다. 2단의 기단 위에 5층의 탑신을 올린 거대한 모습으로, 고려왕조 시작 직후 석탑의 규모가 다시 커지던 당시의 흐름을 잘 보여주고 있다. 아래층 기단의 4면에는 면마다 7개씩의 안상이 촘촘히 조각되어 있다. 기단과 탑신의 몸돌에는 기둥을 모각하였다. 탑신은 각 층의 몸돌과 지붕돌을 각각 하나의 돌로 조성하였다. 상륜부는 노반 일부만 남아 있다. 이곳에 있던 동종 [국보 제280호 참조]의 기록으로 보아 고려 현종 원년(1010) 무렵에 조성한 것으로 추정된다.

보물 제355호 홍성 신경리 마애여래입상 [洪城 新耕里 磨崖如來立像]

충남 홍성군 홍북면 신경리 산80-1

높이 4m의 거대한 불상으로 머리는 소발이며, 육계를 크게 표현하였다. 얼굴은 몸에 비해 크고 풍만하며, 잔잔한 미소가 흘러 온화한 인상을 풍기고 있다. 양어깨를 감싸고 있는 옷은 목 밑에서는 굵직한 몇 가닥의 선으로 표현되었지만, 아래쪽은 가느다란 선으로 도식화되었다. 광배는 파낸 바위 면을 이용해 희미한 음각선으로 윤곽만을 나타냈다.

전체적으로 얼굴 윗부분은 입체감이 있고 원만한 데 비해 아래로 내려갈수록 양감이 약해지고 있다. 고려 초기에 만들어진 것으로 추정된다.

보물 제356호 부여 무량사 극락전 [扶餘 無量寺 極樂殿]

충남 부여군 외산면 무량로 203 무량사

부여 무량사 극락전
내부 천장

이 건물은 우리나라에서는 그리 흔치 않은 2층 불전으로 무량사의 중심 건물이다. 외관상으로는 2층이지만 내부는 통층이다. 아래층 평면은 정면 5칸, 측면 4칸이며 지붕은 팔작지붕, 공포는 다포 양식이다. 위층은 아래층에 세운 높은기둥이 그대로 연장되어 4면의 벽면 기둥을 형성하고 있다. 원래는 얼마 되지 않는 낮은 벽면에 빛을 받아들이기 위한 창문을 설치했었는데 지금은 나무판 벽으로 막아놓았다. 이 불전은 조선 중기의 양식적 특징을 잘 나타내고 있다.

보물 제357호 칠곡 정도사지 오층석탑 [漆谷 淨兜寺址 五層石塔]

대구 수성구 청호로 321 국립대구박물관

원래 경상북도 칠곡군 정도사터에 있었던 5층 석탑으로, 1924년에 경복궁으로 이전하였다가 1994년에 국립대구박물관으로 다시 옮겨 세워 놓았다. 기단은 2단, 탑신은 5층으로 조성하였는데 현재 5층 지붕돌은 없어졌다. 아래층 기단에는 각 면에 안상 3구씩, 1층 몸돌에는 문비가 조각되어 있다. 위층 기단에 명문이 새겨져 있는데 탑명과 '태평십일년'이란 연호 및 연대가 있다. 문장에 이두문을 많이 사용하고 있어 고문 연구에 중요한 자료가 되고 있다. 기록으로 보아 고려 현종 22년(1031) 조성하였다.

보물 제358호 원주 영전사지 보제존자탑 [原州 令傳寺址 普濟尊者塔]

서울 용산구 서빙고로 137 국립중앙박물관

나옹의 사리탑으로, 2기이며 일반 승려의 사리탑과 달리 석탑 양식을 취하고 있다. 보제존자(1320~1376)는 여주 신륵사에서 입적한 나옹화상으로, 신륵사에 그의 사리탑이 남아 있으나 제자들에 의해 영전사에도 따로 사리탑을 세운 것이다. 2단의 기단 위에 3층의 탑신을 올린 모습이다. 승려의 묘탑으로서는 매우 이례적이며, 더욱이 거의 같은 양식으로 2기를 건립하였다는 점도 특이한 예이다.

옮길 때 발견된 사리장치 중 지석이 발견되어, 조성 시기가 고려 우왕 14년(1388)인 것으로 확인되었다.

보물 제359호 충주 정토사지 홍법국사탑비 [忠州 淨土寺址 弘法國師塔碑]

서울 용산구 서빙고로 137 국립중앙박물관

홍법국사의 탑비로 원래 정토사터에 남아있던 것을 1915년에 홍법국사 실상탑과 함께 경복궁으로 옮겨 왔으며, 현재는 국립중앙박물관에 있다. 홍법국사는 통일신라 신덕왕대에 태어나 12살의 나이에 출가하였고, 당나라 유학 후 정토사에 머물다 입적하자, 고려 목종은 '자등[慈燈]'이라는 탑명을 내렸다. 비는 귀부, 비신, 이수 모두 잘 보존된 상태이다. 비 앞면은 대사의 행적이 뒷면에는 제자들의 이름이 기록되어 있다.

비문은 손몽주가 지었으며, 서체는 구양순체의 해서이다. 현종 8년(1017)에 건립되었다.

보물 제360호 **제천 월광사지 원랑선사탑비 [堤川 月光寺址 圓朗禪師塔碑]**
서울 용산구 서빙고로 137 국립중앙박물관

충북 제천시 월광사터에 전해오던 탑비로, 1922년 경복궁으로 옮겨 왔으며, 현재는 국립중앙박물관에 있다. 통일신라 후기의 승려인 원랑선사(?~866)의 행적을 기록한 탑비이다. 문성왕 18년(856) 당나라에 유학하여 11년 후 귀국하여 월광사에 머무르다 68세로 입적하였다. 헌강왕이 '대보광선'이라 탑명을 내렸다. 비는 귀부, 비신, 이수 모두 잘 보존된 상태이다.

비문은 김영이 짓고, 글씨는 구양순체의 해서체로 순몽이 썼다. 비는 진성여왕 4년(890)에 건립하였다.

보물 제361호 **양평 보리사지 대경대사탑비 [楊平 菩提寺址 大鏡大師塔碑]**
서울 용산구 서빙고로 137 국립중앙박물관

양평 보리사지 대경대사탑비 귀부

통일신라 말에서 고려 초에 활약한 승려인 대경대사의 탑비로, 보리사터에서 발견되어 경복궁으로 옮겨졌다가, 현재는 국립중앙박물관에 있다. 대경대사는 9세에 출가하여 당나라에서 유학하고 돌아와 경순왕의 스승이 되었으며, 고려 태조는 그를 존중하여 보리사의 주지로 머물게 하였다. 69세에 이 절에서 입적하니 태조는 시호를 '대경', 탑명을 '현기'라고 내렸다. 비문은 최언위가 글을 짓고, 이환추가 글씨를 썼으며, 대사의 제자인 최문윤이 글씨를 새겼다. 고려 태조 22년(939) 건립하였다.

보물 제362호 창원 봉림사지 진경대사탑 [昌原 鳳林寺址 眞鏡大師塔]
서울 용산구 서빙고로 137 국립중앙박물관

통일신라 후기의 승려인 진경대사의 사리탑으로, 탑비와 함께 봉림사터에 있던 것을 1919년 경복궁으로 옮긴 것이다. 현재 국립중앙박물관에 있다. 전형적인 8각 부도이지만 표면의 조각은 적은 편이다. 8각 원당형 양식으로 기단의 중대석만 북 모양으로 꽃 모양을 새기고 띠 장식으로 처리하였다. 조각수법이 강하지 않고 전체 형태가 길쭉해지는 경향이 나타나는 등 통일신라의 양식을 계승하면서도 새로운 양식으로 옮겨가는 과정이 엿보인다. 조성 연대는 신라 경명왕 7년(923)으로 추정된다.

보물 제363호 창원 봉림사지 진경대사탑비 [昌原 鳳林寺址 眞鏡大師塔碑]
서울 용산구 서빙고로 137 국립중앙박물관

통일신라 후기의 승려 심희의 탑비로, 원래 경남 창원의 봉림사터에 있던 것을 1919년 경복궁으로 옮겨 왔으며, 현재는 국립중앙박물관에 있다. 심희(855~923)는 9세에 출가하여 수행하다가 봉림사를 창건하였다. 이후 제자들을 지도하다 68세의 나이로 입적하였다. 왕은 시호를 '진경대사', 탑명을 '보월능공'으로 내렸다. 비는 귀부 위에 비신을 세우고 이수를 올렸다. 귀부의 머리는 유난히 크다. 경명왕이 비문을 짓고 행기가 글씨를 쓰고, 성휴가 새겼다. 경명왕 8년(924)에 세웠다.

보물 제364호 나주 서성문 안 석등 [羅州 西城門 안 石燈]
서울 용산구 서빙고로 137 국립중앙박물관

네모난 모양의 바닥돌에 8각의 연꽃 문양이 새겨진 아래 받침돌을 얹고, 그 위로 면마다 테를 두른 간주석을 놓았다. 윗받침돌 역시 연꽃무늬를 조각하였다. 화사석은 4곳에 화창을 내고, 4면은 문틀을 조각하였다. 지붕돌은 처마 끝에 짧은 막을 드리운 것처럼 세로줄무늬가 있고, 그 위로 막 피어오르는 형상의 꽃장식이 두툼하게 달려 있다.

화사석과 간주석에 명문이 남아 있다. 이 기록을 통해 고려 선종 10년(1093)에 석등을 세웠음을 알 수 있다.

원주 흥법사지 진공대사탑 및 석관 [原州 興法寺址 眞空大師塔 및 石棺]
서울 용산구 서빙고로 137 국립중앙박물관

진공대사는 신라말 고려초에 활약한 승려로, 당나라 유학 후 신라 신덕왕의 스승이 되었으며, 특히 고려 태조의 두터운 존경을 받았다. 탑은 8각 원당형으로 기단의 하대석과 상대석은 연꽃 문양으로 장식하고 중대석에는 운용문을 생동감 있게 조각하였다. 탑신의 몸돌은 모서리마다 꽃무늬가 장식되어 독특하고, 앞뒤 양면에는 자물쇠가 달린 문짝 모양을 새겼다. 지붕돌은 밑면에 3단의 받침과 2중으로 된 서까래가 표현되어 있다. 조성 연대는 고려사의 기록으로 미루어 보아 고려 태조 23년(940)으로 추정된다.

보물 제366호 **감은사지 서삼층석탑 사리장엄구 [感恩寺址 西三層石塔 舍利莊嚴具]**
경북 경주시 일정로 186 국립경주박물관

감은사지 서삼층석탑 사리장엄구
1 청동 사리기
2 청동 사리기 기단부
3 외함

감은사지 서삼층석탑 사리장엄구는 탑을 해체·수리하면서 3층 탑신에서 발견된 사리장치로, 사리를 모시기 위한 청동제 사각감과 그 안에 있던 사리기이다. 전체 높이가 약 31cm 정도 된다. 사리감의 네 옆면에는 사천왕상이 1구씩 새겨져 있고, 그 양 옆에는 각각 동그란 고리가 달려 있다. 청동으로 만든 사리기는 정사각형의 기단과 사리병을 모신 몸체, 그리고 수정으로 만들어진 보주의 3부분으로 이루어졌는데, 마치 목조 건축물을 연상케 한다. 감은사가 조성된 통일신라시대 만들어진 것으로 보인다.

보물 제367호 기축명 아미타불 비상 [己丑銘 阿彌陀佛 碑像]
충북 청주시 상당구 명암로 143 국립청주박물관

기축명 아미타불 비상은 비암사에 있었던 3점의 비상[碑像] 가운데 하나이다. 배 모양의 돌에 조각하였는데, 앞면에만 조각이 있고 뒷면에는 4줄의 명문이 새겨져 있다. 앞면에는 부처와 보살의 모습이 여러 번 변하는 듯하여 마치 극락세계의 장면을 돌 위에 새긴 것과 같다. 중앙에 본존불을 배치하고, 아래에는 마주 보는 사자상을, 주변에는 보살상과 야차, 나한상 등을 새겼는데 좌우 대칭이 되도록 구성하고 있다. 신라 신문왕 9년(689)에 만들어진 것으로 추정된다.

보물 제368호 미륵보살반가사유 비상 [彌勒菩薩半跏思惟 碑像]
충북 청주시 상당구 명암로 143 국립청주박물관

미륵보살반가사유 비상은 아래쪽의 대좌, 중앙의 사면석, 위쪽의 덮개돌이 모두 하나의 돌로 이루어져 있다. 이 비상은 정면에 왼발을 내리고 오른발을 왼쪽 다리에 올린 반가상을 새기고, 머리의 화려한 관과 목걸이와 구슬로 장식하고 있다. 양 측면에는 보살입상을 새겼고, 뒷면에는 보탑을 크게 새겼다. 이 석상은 삼국시대 유행한 미륵신앙을 배경으로 발달한 반가사유상 양식의 작품이다. 만든 연대는 계유명전씨아미타불비상(국보 제106호)과 같은 673년으로 추정된다.

비상의 뒷면

보물 제369호 울주 석남사 승탑 [蔚州 石南寺 僧塔]
울산 울주군 상북면 덕현리 산232-2 석남사

석남사를 세운 도의국사의 사리탑으로 팔각원당형 양식을 따르고 있다. 기단의 하대석은 사자와 구름을 양각하고, 중대석은 꽃 모양의 안상을 새기고 그 안으로 꽃모양의 띠를 둘렀다. 상대석은 연꽃을 새겼다. 탑신의 앞·뒷면에는 문비를 새기고, 문의 좌우에는 신장입상이 배치되어 있다. 지붕돌은 추녀가 짧고 서까래와 기왓골이 상세히 표현되어 있다. 1962년 해체, 수리할 당시 사리장치를 두었던 공간이 확인되었으나 사리장치는 없었다고 한다. 조성 연대는 통일신라 말기로 추정된다.

보물 제370호 울주 간월사지 석조여래좌상 [蔚州 澗月寺址 石造如來坐像]

울산 울주군 상북면 등억온천4길 15

간월사지에 있는 석조여래좌상으로 약간의 파손은 있지만 비교적 잘 보관되어 있다. 머리는 나발로 표현하고 그 위로 상투 모양의 육계를 표현하고 있다.

얼굴은 둥글고 원만하며 단정한 입과 긴 눈, 짧은 귀 등의 표현에서 온화하고 인간적인 느낌을 준다. 어깨는 좁아지고, 몸은 양감이 줄어든 모습이다. 수인은 항마촉지인이다. 얼굴과 신체의 풍만함과 좁아진 어깨 등에서 9세기 불상의 특징을 잘 보여주고 있다.

보물 제371호 산청 사월리 석조여래좌상 [山淸 沙月里 石造如來坐像]

경남 진주시 천수로137번길 38

이 불상은 경상남도 산청군의 절터에 묻혀 있던 것을 1957년에 경남 진주의 금선암으로 옮긴 것이다. 대좌와 불상, 광배를 모두 갖추고 있으나 무릎 부분 등 많은 부분이 깨져 있다. 머리는 나발로 표현하였고, 당당한 어깨 등에서 통일신라 후기 불상의 특징이 나타나 있다. 왼손에 약합이 들려 있는 것으로 보아 약사여래불을 형상화한 것으로 보인다.

조성 양식으로 보아 통일신라 후기 조성된 것으로 추정된다.

보물 제372호 진주 용암사지 승탑 [晉州 龍巖寺址 僧塔]

경남 진주시 이반성면 용암리 산31

이 탑은 파손되었던 것을 1962년에 원래의 위치에 복원하였다. 바닥돌, 기단의 가운데 부분, 탑신 등이 파손되어 이 부분들을 새로 만들어 놓았다. 기단의 중대석에는 구름과 용이 조각되어 있었으나 새로 보충된 것에는 간략하게 기둥만 새겨 아쉬움을 주고 있다. 기단은 아랫돌 각 면에 구름무늬를 새기고 그 안에 불법을 수호하는 천부상을 도드라게 조각하였다. 지붕돌은 귀꽃으로 장식하고, 머리 장식은 구조물들이 차례로 올려져 있다. 고려 전기에 만들어진 것으로 추정된다.

보물 제373호 의령 보천사지 삼층석탑 [宜寧 寶泉寺址 三層石塔]

경남 의령군 의령읍 하리 797-1

이 탑은 2단의 기단 위로 3층의 탑신을 얹었는데, 고려탑이긴 하나 신라의 일반적인 양식을 이어받고 있다. 기단과 탑신의 몸돌에는 기둥을 모각하였다. 탑신의 몸돌과 지붕돌은 각각 1장의 돌로 조성하였다. 지붕돌의 받침은 5단으로 조성하였고, 상륜부는 노반만 남아 있다. 전체적으로 원만한 비례를 나타내는 뛰어난 작품이다. 1967년 사리유물을 도난당하면서 탑이 쓰러졌으나 곧 보수하고 사리공에 남아 있던 청동으로 만든 불상과 광배 모양의 구리조각, 흙으로 만든 탑 등을 수습하였다.

보물 제374호 산청 율곡사 대웅전 [山淸 栗谷寺 大雄殿]

경남 산청군 신등면 율곡사길 182

산청 율곡사 대웅전
대웅전의 닷집

현재의 대웅전은 처음 조성은 알 수 없으나, 2003년 해체 과정에서 어칸 종도리 하부에서 "강희십팔년기미월일상량기[康熙十八年己未月日上樑記]"의 묵서명 기록이 나와, 조선 숙종 4년(1679)에 대대적으로 중수되었음이 확인되었다. 규모는 정면 3칸, 측면 3칸이며 지붕은 팔작지붕, 공포는 다포 양식이다. 앞쪽 문의 문살은 여러 문양으로 복잡하게 꾸며 건물에 더욱 다양한 느낌을 주고 있다. 비교적 큰 규모의 조선 중기 건물로 간결하면서도 웅장한 멋을 갖추고 있다.

보물 제375호 함양 덕전리 마애여래입상 [咸陽 德田里 磨崖如來立像]

경남 함양군 마천면 덕전리 768-6

커다란 바위의 한 면을 깎아 불상을 조각한 높이 5.8m의 거대한 마애불로 몸체와 대좌, 그리고 몸체 뒤의 광배를 모두 나타내고 있다. 거구의 불상답게 얼굴도 큼직하고 넓적하며 강건한 힘을 느끼게 한다. 상체보다 하체가 너무 길며, 손은 신체의 다른 부분, 특히 발과 비교하면 매우 작은 편이어서 몸의 균형이 고르지 못하다. 광배에 나타나는 구슬을 꿴 모양의 연주문과 불꽃무늬, 탑 기단부 모양의 대좌에 새겨진 기둥 모양 등 고려 초기 불상의 특징으로 보아 이때 조성된 것으로 추정된다.

보물 제376호 함양 교산리 석조여래좌상 [咸陽 校山里 石造如來坐像]
경남 함양군 함양읍 함양배움길 11

이 불상은 대좌의 높이까지 포함하여 4m가 넘는 거대한 조각으로 불상 뒤의 광배가 없어지고, 불상의 얼굴과 오른손, 무릎 및 대좌 일부가 없어진 상태이다. 얼굴은 몹시 닳고 머리에도 파손이 심하여 세부는 알 수 없는데 큼직하고 강건해 보인다. 오른팔은 굵고 우람하며, 손은 깨졌지만 항마촉지인을 표현한 것으로 보인다. 왼손은 손바닥을 위로한 채 무릎 위에 올려놓았다. 대좌는 4각형인데 윗부분의 앞뒷면은 깨어지고 양쪽 옆면에는 연꽃무늬가 새겨져 있다. 고려시대 조성된 불상이다.

보물 제377호 거창 양평리 석조여래입상 [居昌 陽平里 石造如來立像]
경남 거창군 거창읍 노혜3길 6-33

전체 높이 3.7m의 거대한 석조상으로 따로 마련된 연꽃무늬 대좌 위에 서 있는 형태이다. 머리 위에 얹어 놓은 모자 모양의 천개[天蓋]는 근래에 만들어진 것이다. 머리는 신체에 비해 크며 나발로 표현하였다. 얼굴은 둥글고 원만하며 눈·코·입 또한 솜씨 있게 처리되어 있다. 신체의 굴곡이 충실히 드러났으며, 날씬하면서도 우아한 아름다움이 남아 있다. 두 팔은 몸에 붙어 있어 조금은 부자연스러워 보인다. 발밑에는 대좌에 꽂기 위해 만들었을 뾰족한 촉이 나와 있다. 통일신라 후기의 우수한 불상이다.

보물 제378호 거창 상림리 석조보살입상 [居昌 上林里 石造菩薩立像]
경남 거창군 거창읍 미륵길 19-61

화강암으로 만들어진 전체 높이 3.5m의 거대한 보살상으로 연꽃이 새겨진 8각의 대좌 위에 서 있다. 머리 위에는 상투 모양의 보계가 솟아 있으며, 보관은 없어진 상태이다. 양감이 줄어든 얼굴에는 작고 가는 눈, 다문 입이 표현되어서 다소 엄숙한 모습이다. 신체는 장방형으로 보살상 특유의 유연성은 부족해 보인다. 오른손은 물병을 들고, 왼손은 연꽃 송이를 쥐고 있는 모습으로 보아 관음보살을 형상화한 것으로 보인다. 고려시대 조성된 것으로 추정된다.

보물 제379호　진주 묘엄사지 삼층석탑 [晋州 妙嚴寺址 三層石塔]

경남?진주시 수곡면 효자리 447-1

2단의 기단 위에 세워진 삼층석탑으로 아래층 기단은 현재 땅 속에 파묻혀 있어 그 구조를 명확하게 알 수 없다. 탑신은 몸돌과 지붕돌이 층마다 한 돌로 되어 있다. 1층 몸돌은 지나치게 높고, 2층부터는 급격히 줄어들었다. 몸돌에는 기단에서와같이 폭이 넓은 우주를 모각하였다. 지붕돌은 넓이에 비하여 두꺼운 편이며, 옥개 받침은 1·2층이 4단씩이고 3층은 3단으로 줄어서 지붕이 더욱 두껍고 경사가 급해 보인다.

조성 연대는 고려 중기 이후로 추정된다.

보물 제380호　하동 쌍계사 승탑 [河東 雙磎寺 僧塔]

경남 하동군 화개면 목암길 103 쌍계사

이 탑은 진감선사의 승탑이다. 기단은 복련이 새겨진 하대석 위에 8각의 중대석을 놓고 앙련을 새긴 상대석을 올렸다. 기단 위에는 구름무늬가 새겨진 두꺼운 괴임돌이 놓고 탑신을 올렸는데, 탑신의 몸돌은 밋밋한 8각이다. 지붕은 넓으며 밑면에는 서까래인 듯 보이는 받침을 두고 있다. 추녀는 끝에서 위로 들려 있고 여덟 곳의 귀퉁이 끝에는 귀꽃으로 장식하였다. 머리 장식으로는 보개가 있고 짧은 기둥 위로 타원형의 돌이 솟아 있다. 탑비와 함께 9세기 후반에 만들어진 것으로 추정된다.

보물 제381호　합천 백암리 석등 [陜川 伯岩里 石燈]

경남 합천군 대양면 백암리 90-3

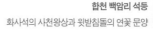
합천 백암리 석등
화사석의 사천왕상과 윗받침돌의 연꽃 문양

연꽃을 조각한 둥근 아래 받침돌 위에 아무런 새김이 없는 8각의 간주석을 세웠다. 그 위로 연꽃이 조각된 위 받침돌은 안에 얕은 홈을 파서 화사석을 고정하는 역할을 하도록 하였다. 화사석은 8각으로, 4면은 창을 내고 4면은 사천왕입상을 양각하였다. 아래 받침돌과 위 받침돌을 화사하게 장식하였고, 특히 화사석을 고정하기 위한 홈과 사천왕상의 배치 등은 주목되는 수법이다. 전체적인 양식으로 보아 통일신라 중기 8세기 후반에 조성된 것으로 추정된다.

보물 제382호 울주 청송사지 삼층석탑 [蔚州 靑松寺址 三層石塔]

울산 울주군 청량면 율리 1420

이 탑은 2단의 기단 위에 3층의 탑신을 세웠다. 기단은 각 모서리와 중앙에 기둥을 새기고, 마감돌 위에 다른 돌로 2단의 모난 괴임돌을 끼워서 각각 윗돌을 받치도록 하였다. 탑신은 몸돌과 지붕돌이 각각 하나의 돌로 되어 있다. 1층 몸돌이 특히 길고 크며, 2층 몸돌은 급격히 줄어들었고, 각 몸돌 모서리에는 기둥을 모각하였다. 옥개받침은 5단이다. 상륜부에는 노반만 남아 있다. 1962년 해체 수리 때 위층 기단에서 사리장치가 발견되었다. 조성 연대는 9세기 이후로 추정된다.

울주 청송사지 삼층석탑
1 여러 가지 재질로 만든 구슬
2 청동합
3 염주

보물 제383호 창덕궁 돈화문 [昌德宮 敦化門]

서울 종로구 율곡로 99 창덕궁

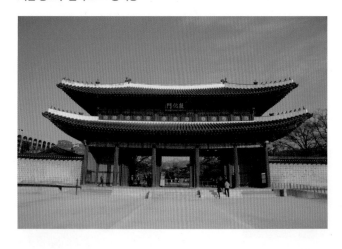

돈화문은 창덕궁의 정문이다. '돈화[敦化]'라는 말은 원래 중용에서 인용한 것으로 '공자의 덕을 크게는 임금의 덕에 비유할 수 있다'는 표현으로 여기에서는 '임금이 큰 덕을 베풀어 백성들을 돈독하게 교화한다'는 뜻으로 쓰인 것이다. 돈화문은 현존하는 궁궐의 대문 중에서 가장 오래된 목조 건물로, 1412년 5월에 세워졌으며, 1609년(광해원년)에 중수했다. 돈화문은 정면 5칸 측면 2칸의 2층 건물로 지붕은 우진각 지붕이며, 공포는 다포 양식이다. 좌우 협칸을 벽체로 막아 3문 형식으로 조성하였다.

보물 제384호 창경궁 홍화문 [昌慶宮 弘化門]

서울 종로구 창경궁로 185 창경궁

창경궁 홍화문은 창경궁의 정문으로 조선 성종 15년(1484)에 지은 건물이다. 임진왜란(1592) 때 불에 타, 광해군 8년(1616)에 다시 지었고 지금 있는 건물은 그 뒤로도 여러 차례 수리하였다. 규모는 정면 3칸, 측면 2칸의 2층 건물로 동쪽을 향하고 있는 점이 특징이며, 지붕은 우진각지붕, 공포는 다포 양식이다. 아래층은 기둥 사이마다 2짝씩 문짝을 달아 사람이 드나들게 하였으며 위층은 마루를 깔고 앞뒤 벽면에 조그만 널문들을 달아 여닫을 수 있게 만들었다.

보물 제385호 창경궁 명정문 및 행각 [昌慶宮 明政門 및 行閣]
서울 종로구 창경궁로 185 창경궁

성종 15년(1484) 창경궁을 세울 때 지은 것이지만 임진왜란으로 불에 타 광해군 시절 다시 지었다. 회랑 중 남쪽과 북쪽 일부분은 일본강점기 때 철거되었던 것을 1986년 복원한 것인데, 2칸 규모로 익공 양식이다. 명정문의 규모는 정면 3칸, 측면 2칸이며 지붕은 팔작지붕, 공포는 다포 양식이다.

건물의 짜임이 착실하고 알차서 조선 중기의 문을 대표할 만하고 짜임새가 조선 전기 건축 양식의 형태를 잘 간직하고 있다.

보물 제386호 창경궁 옥천교 [昌慶宮 玉川橋]
서울 종로구 창경궁로 185 창경궁

창경궁 옥천교
1 옥천교 측면 모습
2 옥천교 홍예 사이의 귀면

이 돌다리는 창경궁의 정문인 홍화문을 들어서면, 북에서 남으로 흐르는 옥류천을 가로질러 있는 다리이다. 전체적인 형태는 반원 아치 형태의 홍예 2개를 이어 붙여 안정감이 느껴지며, 궁궐의 다리에 맞는 격식을 갖추고 있다. 홍예가 이어지는 공간에는 도깨비 얼굴을 새겼다. 궁궐 안의 다리인 만큼 각 부분의 양식과 조각이 특별하며, 특히 다른 궐의 어느 다리보다도 아름다운 모습을 지니고 있다. 조성 연대는 성종 14년(1483)으로 추정된다.

보물 제387호 양주 회암사지 선각왕사비 [楊州 檜巖寺址 禪覺王師碑]
경기 양주시 회암사길 281

고려말의 승려 나옹화상을 추모하기 위하여 세운 비이다. 나옹(1320~1376)은 1344년에 회암사로 들어가 불교에 입문하였다. 신륵사에서 57세로 입적할 때까지 불법만을 행하였으며, 입적한 후 시호를 '선각'이라 하고 그 이듬해에 비를 세웠다. 비의 형태는 귀부 위에 이수와 비신을 함께 새겼다. 비문은 이색이 짓고, 글씨는 권중화가 썼는데 서체는 예서체이다. 비문에는 나옹화상의 생애와 업적을 기리는 내용이 담겨 있다. 최근 화재로 비신과 귀부가 크게 파손되어 새로 비를 조성하였다.

보물 제388호 양주 회암사지 무학대사탑 [楊州 檜巖寺址 無學大師塔]
경기 양주시 회암사길 281

양주 회암사지 무학대사탑
1 몸돌의 용 문양
2 기단부의 문양

　무학은 고려 말에서 조선 초에 활약한 승려로, 조선을 건국한 태조 이성계와의 관계로 더욱 알려지게 되었다. 탑의 형태는 구름무늬를 조각한 8각의 바닥돌 위에 기단이 놓이고 탑신과 머리 장식 부분이 포개져 있는 모습이다. 기단의 아래·윗돌은 연꽃 모양의 돌이고 가운데 돌은 배가 불룩한 8각의 북 모양으로 각 면에는 모양이 서로 다른 꽃 조각이 도드라져 있다. 탑신의 몸돌은 둥근 모양으로 표면에 용과 구름을 생동감 있게 새겼다. 무학대사비의 기록으로 미루어 1407년에 건립되었음을 알 수 있다.

보물 제389호 양주 회암사지 무학대사탑 앞 쌍사자 석등 [楊州 檜巖寺址 無學大師塔 앞 雙獅子 石燈]

경기 양주시 회암사길 281

바닥돌과 아래 받침돌은 하나로 만들고, 그 위의 간주석은 쌍사자를 두어 신라 이래의 형식을 따르고 있다. 쌍사자는 가슴과 배가 서로 붙어 입체감이 없고 엉덩이가 밑에 닿아 부자연스럽다. 위 받침돌에는 연꽃 모양을 새겼다. 불을 밝혀두는 곳인 화사석은 2개의 석재를 좌, 우에 놓아 그 간격으로 생긴 2개의 공간이 창의 구실을 하고 있다. 지붕돌은 두꺼우며 처마 밑이 반원 모양으로 들려 있고, 지붕돌 꼭대기에는 둥근 돌 위로 보주가 있다. 조성 연대는 조선 초기로 추정된다.

보물 제390호 천안 광덕사 고려사경 [天安 廣德寺 高麗寫經]

서울 종로구 우정국로 55 불교중앙박물관

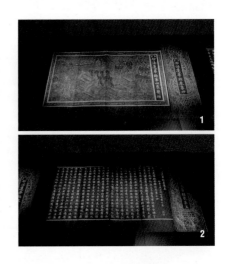

천안 광덕사 고려사경
1 감지 은니 묘법연화경 권4의 변상도
2 감지 은니 묘법연화경 권5

천안 광덕사 고려사경은 광덕사에 전해지는 사경 6첩이다. 고려말 조선초에 쓰인 것으로 보이는 이 책들은 모두 묘법연화경을 옮겨 적은 것이다. '감지 은니 묘법연화경' 권2, 3, 4, 5는 절첩장 형태로 접었을 때의 크기가 세로 42cm, 가로 14.5cm이다. '상지 은니 묘법연화경' 권4 역시 절첩장 형태로 크기는 세로 33.3cm, 가로 11.4cm이다. 또 다른 '상지 은니 묘법연화경권' 권4는 같은 형태이지만, 크기가 세로 34cm, 가로 12.5cm로 다르다. 모두 각 권의 첫머리에는 불경 내용을 요약한 변상도가 그려져 있다.

복제본 [국립진주박물관 촬영]

복제본 [국립진주박물관 촬영]

부산진 순절도는 조선 선조 25년(1592) 4월 13일과 14일 이틀 동안 부산진에서 벌어진 왜군과의 전투장면을 그린 것으로, 크기는 가로 96㎝, 세로 145㎝이다. 비단 바탕에 그려진 이 그림은 숙종 35년(1709)에 처음 그려진 것을 화가 변박이 영조 36년(1760)에 다시 그린 것인데 처음 작품은 존재하지 않는다. 높은 곳에서 전투 장면을 내려다보듯 묘사하였는데, 그림 오른쪽 중간에 부산진 성곽이 배치되어 있고 그 주변을 왜병 및 왜선이 빈틈없이 에워싼 모습은 아군과 적군의 심한 전력의 격차를 보여준다.

동래부 순절도는 선조 25년(1592) 4월 15일 임진왜란 당시 동래성에서 왜군의 침략에 대응하다 순절한 부사 송상현과 군민들의 항전 내용을 묘사한 그림으로, 북문 밖으로는 성을 버리고 달아나는 경상좌변사 이각의 무리들이 대조적으로 그려져 있다. 비단 바탕에 그린 이 그림은 숙종 35년(1709) 처음 그려진 것을 영조 36년(1760) 화가 변박이 보고 다시 그린 그림으로 크기는 가로 96㎝, 세로 145㎝이다. 위에서 내려다보는 듯한 기법을 사용하여 치열했던 교전의 장면을 화폭에 나타내었다.

보물 제393호 **전등사 철종 [傳燈寺 鐵鍾]**
인천 강화군 길상면 전등사로 37 전등사

일제시대 말기 금속류의 강제수탈로 빼앗겼다가 광복 후 부평 군기창에서 발견하여 전등사로 옮겨 현재까지 보존하고 있다. 형태와 조각 수법에서 중국 종의 모습을 한 높이 1.64m, 입지름 1m의 종으로 한국의 종과는 큰 차이를 보인다. 용뉴는 두 마리 용으로 표현하고 음통은 없다. 통 윗부분에는 8괘를 돌려가며 나열하였다. 종에는 사각형 문양 사이로 명문을 새겼는데, 이 명문으로 중국 하남성 백암산 숭명사의 종이라는 것과 북송 철종 4년, 곧 고려 숙종 2년(1097)에 주조되었음을 알 수 있다.

보물 제394호 **나주향교 대성전 [羅州鄉校 大成殿]**
전남 나주시 향교길 36-11

나주향교는 태종 7년(1407)에 세워졌다. 대성전의 규모는 정면 5칸, 측면 4칸으로 지붕은 팔작지붕, 공포는 주심포 양식인데, 기둥 사이에는 꽃 모양의 받침을 만들어 위에 있는 부재를 받치고 있다. 건물 안쪽 바닥은 마루를 깔았고, 천장은 연등천장이다. 평면과 세부 기법에서 조선 중기의 전형적인 향교 대성전 양식을 찾아볼 수 있는 좋은 예이다. 서울 문묘, 강릉향교, 장수향교와 더불어 가장 큰 규모에 속하는 중요한 향교 문화재이다.

보물 제395호 **순천 선암사 동 · 서 삼층석탑 [順天 仙巖寺 東 · 西 三層石塔]**
전남 순천시 승주읍 선암사길 450 선암사

순천 선암사 서 삼층석탑   순천 선암사 동 삼층석탑

대웅전 앞에 좌우로 위치한 석탑은 2단으로 이루어진 기단 위에 3층의 탑신을 올렸다. 규모와 수법이 서로 같아서 같은 사람의 솜씨로 동시에 세워진 것임을 알 수 있다. 기단과 탑신부의 몸돌에는 기둥을 모각하였다. 탑신은 몸돌과 지붕돌이 각각 하나의 돌로 조성하였다. 지붕돌의 옥개받침은 모두 4단이며, 처마 밑은 수평이다. 상륜부는 노반과 석재가 남아 있고, 철기둥이 꽂혀있다. 기단의 탱주가 하나로 줄고 옥개받침의 수도 각 층 4단으로 줄어 통일신라 9세기경에 만들어진 것으로 추정된다.

보물 제396호 여수 흥국사 대웅전 [麗水 興國寺 大雄殿]

전남 여수시 흥국사길 160 흥국사

여수 흥국사 대웅전
1 대웅전의 닫집
2 대웅전 후불 벽화 [백의관음도]

대웅전은 인조 2년(1624) 계특대사가 절을 고쳐 세울 때 다시 지은 건물로 석가삼존불을 모시고 있는 절의 중심 법당이다. 규모는 정면 3칸, 측면 3칸이며 지붕은 팔작지붕, 공포는 다포 양식이다. 공포를 기둥 사이에 3구씩 배치하여 화려한 느낌을 주며 앞면 3칸은 기둥 사이를 같은 간격으로 나누어 키가 큰 빗살문을 달았다. 건물 안쪽 천장은 우물천장으로 꾸몄고 불상이 앉아 있는 자리를 더욱 엄숙하게 꾸민 지붕 모형의 닫집을 만들어 놓았다. 조선 중기 이후의 건축 기법을 잘 간직하고 있다.

보물 제397호 남양주 봉선사 동종 [南陽州 奉先寺 銅鍾]

경기 남양주시 진접읍 봉선사길 32 봉선사

종에 새긴 보살상

남양주 봉선사 동종은 임진왜란 이전에 만든 것 중 몇 개 남지 않은 조선 전기의 동종으로 예종 원년(1469) 왕실의 명령에 따라 만들었다. 높이 238cm, 입지름 168cm, 두께 23cm로 꼭대기에는 용통이 없고 용뉴는 두 마리 용으로 표현한 전형적인 조선종이다. 종의 어깨에는 이중의 가로줄을 돌려 몸통 부분과 구분 지어, 위는 유곽과 보살을 교대로 배치하고, 아래는 강희맹이 짓고 정난종이 글씨를 쓴 장문이 새겨져 있다. 내용은 종을 만들게 된 연유와 만드는데 관계된 사람들의 이름이 열거되어 있다.

보물 제398호 월인천강지곡 권상 [月印千江之曲 卷上]
경기 성남시 분당구 하오개로 323 한국학중앙연구원

이 책은 세종 29년(1447) 소헌왕후 심씨의 명복을 빌기 위해 아들인 수양대군에게 명하여 편찬한 '석보상절'을 읽고 각각 2구절에 따라 찬가를 지었는데 이것이 '월인천강지곡'이다.

월인천강지곡 권상 체재의 특색은, 첫째, 한글은 큰 활자를 쓰고 이에 해당하는 한자는 작은 활자를 썼다. 둘째, 한글의 자체는 '용비어천가'와 같으나 원점을 쓰지 않았다. 셋째, '훈민언해' 등에서 많이 볼 수 있는 받침 없는 한자음에 'ㅇ'의 종성을 붙이지 않았다. 최초의 한글 활자본이라는 점에서 가치가 높은 유물이다. 2016년 11월 8일 국보로 지정 예고되었다.

보물 제399호 홍성 고산사 대웅전 [洪城 高山寺 大雄殿]
충남 홍성군 결성면 만해로127번길 35-99 고산사

대웅전은 석가모니 불상을 모신 법당을 가리키는데 현재 이 건물은 비로자나불을 주불로 모시는 '대광보전'이라 쓴 현판이 걸려있다. 이 건물은 규모가 정면 3칸, 측면 3칸이며 지붕은 팔작지붕, 공포는 주심포 양식인데 밖으로 뻗쳐 나온 부재가 주심포 양식의 초기 수법을 띠고 있다. 건물 안쪽 천장은 우물천장과 연등천장을 혼합하여 꾸몄다. 불단 위에는 불상이 앉은 자리를 장식하기 위해 지붕 모형의 닫집을 정교하게 만들어 놓았다. 우리나라에서 보기 드문 팔작지붕에 주심포 양식을 가진 아담한 건물이다.

보물 제400호 순천 선암사 승선교 [順天 仙巖寺 昇仙橋]
전남 순천시 승주읍 선암사길 450 선암사

승선교의 기단부는 자연 암반이 깔려 있어 홍수에도 다리가 급류에 휩쓸릴 염려가 없는 견고한 자연 기초를 이루고 있다. 다리의 아랫부분부터는 길게 다듬은 돌을 연결하여 무지개 모양의 홍예를 쌓았으며, 그 짜임새가 정교하다. 홍예 중앙에는 용머리 조각으로 장식하고 있다.

조성 시기는 임진왜란 이후 불에 타서 무너진 선암사를 중건할 때 놓은 것으로, 영조 때에 만들어진 벌교 홍교보다 먼저 만들어진 것으로 추정된다.

보물 제402호 수원 팔달문 [水原 八達門]

경기 수원시 팔달구 팔달로 2가 138

수원성은 조선 정조 18년(1794)에 정조의 아버지 사도세자의 능을 양주에서 수원으로 옮기면서 짓기 시작하여 정조 20년(1796)에 완성한 성곽이다. 팔달문은 수원성의 남쪽 문으로 문루는 정면 5칸, 측면 2칸의 2층 건물이며, 지붕은 우진각지붕, 공포는 다포 양식이다. 문의 바깥쪽에는 반원 모양의 옹성을 쌓았다. 이 옹성은 1975년 복원공사 때 고증하여 본래의 모습으로 복원한 것이다. 또한, 문의 좌우로 성벽이 연결되어 있었지만, 도로를 만들면서 헐어버려 지금은 성문만 남아 있다.

보물 제403호 수원 화서문 [水原 華西門]

경기 수원시 장안구 장안동 334

수원성은 조선 정조 18년(1794)에 정조의 아버지 사도세자의 능을 양주에서 수원으로 옮기면서 짓기 시작하여 정조 20년(1796)에 완성한 성곽이다. 화서문은 수원성의 서쪽 문으로 규모는 정면 3칸, 측면 2칸으로 기둥 사이는 모두 개방되어 있다. 지붕은 팔작지붕이다. 축대의 가운데에 무지개 모양의 홍예문과 문의 앞쪽에 벽돌로 쌓은 반원 모양의 옹성이 있다. 옹성의 북쪽으로 조금 떨어진 곳에는 공심돈이 성벽을 따라서 연결되어 있다. 공심돈은 속이 텅 비었다는 뜻으로 지금의 초소 구실을 하던 곳이다.

보물 제404호 진천 연곡리 석비 [鎭川 蓮谷里 石碑]
충북 진천군 진천읍 김유신길 639

진천 연곡리 석비 이수의 용 문양

이 비에는 글씨가 쓰여있지 않았으며, 또한 비의 주인공도 확인할 수 없는 상태이다. 처음부터 비문을 새기지 않은 것인지 지워버린 것인지는 알 수가 없다. 이수에도 네모진 비의 이름을 쓰는 자리만 마련되어 있을 뿐 글씨는 없다. 귀부는 거북 머리의 모양을 새기는 것이 일반적이지만 말의 머리에 더 가깝다. 이수는 아홉 마리의 용을 새겼는데, 사실적으로 표현되었고 조각기법도 우수하다. 조형 양식과 수법으로 보아 고려 전기의 석비로 추정된다.

보물 제405호 단양 향산리 삼층석탑 [丹陽 香山里 三層石塔]
충북 단양군 가곡면 향산1길 24

이 탑은 2단의 기단 위에 3층의 탑신을 올린 형태이다. 기단은 여러 장의 길고 큰 돌로 바닥돌을 놓고 그 위에 쌓은 모습이며, 각 모서리와 각 면의 가운데에 기둥을 모각하였다. 탑신부는 몸돌과 지붕돌이 각각 한 개의 돌로 되어 있다. 몸돌에도 모서리마다 기둥을 모각하였으며, 특히 1층 몸돌에만 문짝 모양의 조각이 있다. 지붕돌의 옥개받침은 층마다 4단이다. 상륜부에는 노반과 복발, 앙화, 보주가 남아 있다.

조성 연대는 통일신라 후기로 추정된다.

보물 제406호 제천 덕주사 마애여래입상 [堤川 德周寺 磨崖如來立像]

충북 제천시 한수면 송계리1 덕주사

마의태자의 누이인 덕주공주가 세운 절이라고 전해지는 월악산 덕주사의 동쪽 암벽에 새겨진 불상이다. 거대한 화강암벽 남쪽 면에 조각한 불상은 전체 높이가 13m나 되는데, 얼굴 부분은 도드라지게 튀어나오게 조각하였고 신체는 선으로만 새겼다. 선으로 조각한 살찐 신체는 인체의 조형적 특징이 무시되었다. 양발 아래에는 연꽃잎을 새겨 대좌로 삼았다. 살찐 얼굴과 하체로 내려갈수록 간략해진 조형 수법과 입체감이 거의 없는 평면적인 신체 등 고려 마애불의 특징을 보여주고 있다.

보물 제407호 천안 삼태리 마애여래입상 [天安 三台里 磨崖如來立像]

충남 천안시 동남구 풍세면 휴양림길 70

해선암 뒷산 기슭 큰 바위에 높이 7.1m에 이르는 이 불상은 얼굴 부분은 도드라지게 조각하고 신체는 선을 이용하여 표현하였는데, 이는 고려 후기 마애불의 일반적인 양식이다. 민머리 위에는 둥근 상투 모양의 육계가 큼직하게 솟아 있다. 양감 있는 넓적한 얼굴은 가는 눈, 커다란 코, 작은 입으로 인해 더욱 경직된 인상을 풍긴다. 옷주름은 좌우가 대칭을 이루고 있어 도식화된 면을 엿볼 수 있다. 전체적인 형태나 얼굴 모습, 옷주름의 표현 등에서 고려시대의 불상 양식을 보여주고 있다.

보물 제408호 논산 쌍계사 대웅전 [論山 雙溪寺 大雄殿]

충남 논산시 양촌면 중산길 192 쌍계사

논산 쌍계사 대웅전
1 닷집과 천장 2 문살의 꽃 문양

규모는 정면 5칸, 측면 3칸이며 지붕은 팔작지붕, 공포는 다포 양식이다. 정면의 문은 앞면 5칸을 모두 같은 간격으로 2짝씩 달아 문살에 화려한 꽃무늬를 새겼다. 꽃무늬는 연꽃, 모란을 비롯해 6가지 무늬로 새겨 색을 칠하였는데 섬세하고 정교한 조각 솜씨를 엿보게 한다. 건물 안쪽은 우물천장으로 꾸몄으며, 석가여래삼존불을 모신 불단 위쪽으로 불상마다 지붕 모형의 닷집을 만들어 엄숙한 분위기를 더해 주고 있다. 대웅전은 건축 형식으로 보면 조선 후기 조성된 건물이다.

보물 제410호 정선 정암사 수마노탑 [旌善 淨岩寺 水瑪瑙塔]

강원 정선군 고한읍 함백산로 1062 정암사

정선 정암사 수마노탑
불상을 모시지 않는 적멸보궁 내부

정암사 적멸보궁 뒤의 산비탈에 세워진 7층의 모전석탑으로 석가의 사리를 봉안하고 있는 것으로 전한다. 화강암으로 6단의 기단을 쌓은 후 탑신부를 받치기 위해 2단의 받침을 두었다. 탑신은 회녹색을 띤 석회암으로 쌓았다. 1층 몸돌의 남쪽 면에는 감실을 마련했으며, 1장의 돌을 세워 문을 만들고 그 가운데에는 철로 만든 문고리를 달았다. 지붕돌 추녀에는 풍경이 달려 있다. 이 석탑은 파손이 심해서 1972년 해체, 복원 때 사리장치가 발견되었다. 조성 연대는 고려시대로 추정하고 있다.

보물 제411호 경주 양동 무첨당 [慶州 良洞 無忝堂]

경북 경주시 강동면 양동마을안길 32-19

조선시대 성리학자이며 문신이었던 회재 이언적(1491~1553) 선생 종가의 일부로 조선 중기에 세운 건물이다. 정면 5칸, 측면 2칸 규모로 건물 내부를 세 부분으로 구분하여, 가운데 3칸은 대청이고 좌우 1칸씩은 온돌방이다. 대청은 앞면 기둥 사이를 개방하고 누마루에서도 대청을 향한 쪽은 개방되어 있으며, 뒤쪽과 옆면은 문짝을 달았다. 이 건물의 기능은 상류 주택에 속해있는 사랑채의 연장 건물로 손님접대, 쉼터, 책 읽기 등의 여러 용도로 쓰이던 곳이다.

보물 제412호 경주 양동 향단 [慶州 良洞 香壇]

경북 경주시 강동면 양동마을길 121-75

향단은 조선 중기 건물로 조선시대의 성리학자인 이언적(1491~1553) 선생이 지은 것이다. 일반 상류 주택과 다른 특이한 평면 구성을 하고 있는데, 그것은 풍수지리에 의해 몸체는 월[月]자형으로 하고, 여기에 일[一]자형 행랑채와 칸막이를 둠으로써 용[用]자형으로 만들고 있기 때문이다. 행랑채, 안채, 사랑채가 모두 한 몸체로 이루어지며, 2개의 마당을 가진 특색 있는 구성을 하고 있다.

상류 주택의 일반적 격식에서 과감히 벗어난 형식으로, 주생활의 합리화를 도모한 우수한 공간 구성을 보인다.

보물 제413호 경주 독락당 [慶州 獨樂堂]

경북 경주시 안강읍 옥산서원길 300-3

이언적(1491~1553) 선생이 벼슬을 그만두고 고향에 돌아온 뒤에 거처한 유서 깊은 건물이다. 조선 중종 11년(1516)에 지은 이 건물은 낮은 기단 위에 세운 정면 4칸, 측면 2칸 규모로, 지붕은 바라보아 좌측은 맞배지붕, 우측은 팔작지붕이다.

집을 향해 오른쪽 3칸은 넓은 마루인데 앞을 모두 터놓았으며, 왼쪽 1칸만 칸을 막아 온돌방을 만들어 놓았다. 그러나 원래는 맨 오른쪽 칸도 막아서 방으로 사용한 흔적이 남아 있어, 대청은 가운데 2칸뿐이었던 것을 알 수 있다. 대청 천장은 연등천장이다.

보물 제414호 안동 하회 충효당 [安東 河回 忠孝堂]

경북 안동시 풍천면 종가길 69

안동 하회 충효당
허목이 쓴 당호 [충효당]

조선 중기 이름난 문신이었던 서애 류성룡(1542~1607) 선생의 집이다. 충효당은 행랑채, 사랑채, 안채로 구성되어 있다. 사랑채와 안채는 손자인 졸재 류원지가 짓고, 증손자인 눌재 류의하가 확장 수리한 것이다. 행랑채는 8대손 일우 류상조가 지은 건물로 대문과 방, 광으로 구성되어 있다. 서쪽을 앞면으로 긴 행랑채를 두고 안쪽으로 ㅁ자 모양의 안채와 一자형의 사랑채가 연이어 있다. 사랑채 대청에 걸려 있는 '충효당[忠孝堂]'이라고 쓴 현판은 허목이 쓴 것이다.

보물 제415호 경주 기림사 건칠보살반가상 [慶州 祇林寺 乾漆菩薩半跏像]

경북 경주시 양북면 기림로 437-17 기림사

타래머리 위에 보관을 따로 만들어 올렸으며 관 표면에는 덩굴무늬가 화려하게 새겨져 있다. 얼굴은 둥글고 풍만하며 눈·코·입 등이 단아하게 묘사된 보살상이다. 양어깨에는 천의를 걸치고 있으며, 목에는 세 가닥의 장식이 달린 목걸이를 하고 있다. 왼손은 대좌를 짚고 다리는 대좌 아래에 내린 반가좌의 자세를 취하고 있다. 전반적으로 얼굴 모습이나 체구는 당당한 편이나 손과 발이 작게 만들어져 비례감이 떨어진다.

보살상의 대좌에 홍치[弘治] 14년(1501)에 만들었다는 기록이 남아 있다.

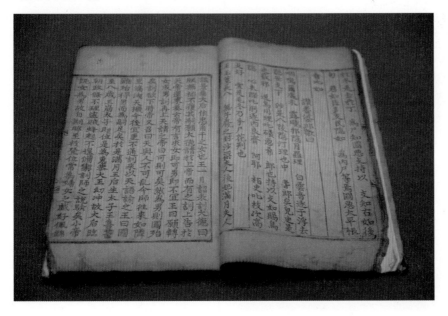

　삼국유사 권2는 본문 49장 중 17~20장의 4장은 영인하여 보완하고, 표지는 만자 문양으로 후대에 개장하였다. 내용 면에서는 고려왕들의 이름자를 피해 쓰는 벽휘가 적용되지 않은 경우가 더 많은 것으로 보아 조선 초기 간행본임을 알 수 있으며 정덕본〈중종 7년(1512) 경주부윤 이계복이 간행한 삼국유사로 목판본이다. 명나라 무종의 연호인 정덕을 사용하여 정덕본이라 하나 임신본이라고 부른다〉과 문자상 많은 차이를 보인다.

보물 제419-3호 **삼국유사 권4~5 [三國遺事 卷四~五]**
부산 금정구 범어사로 250 범어사

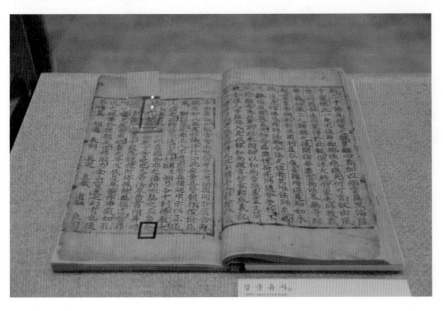

　삼국유사 권4~5는 조선초 경주에서 간행된 것으로 삼국유사의 현존본 중 가장 빠른 간본이며, 정덕본(正德本)의 오류를 바로잡을 수 있는 귀중한 책이다. 권4~5를 1책으로 묶은 것으로 모두 59장〈권4는 31장, 권5는 전체 30장에서 2장(26~27)이 결락된 28장〉이다.

　고려왕들의 어휘 대부분에 피휘(避諱)가 적용되지 않아 조선 초기 간행본임을 알 수 있다.

보물 제422호 남원 선원사 철조여래좌상 [南原 禪院寺 鐵造如來坐像]
전북 남원시 용성로 151 선원사

머리는 나발로 표현하고, 이마 위쪽에는 고려시대 불상에서 유행하던 반달 모양(중앙계주)을 표현하였다. 얼굴은 유연성이 사라지고 근엄한 표정을 엿볼 수 있다. 양어깨에 걸쳐 입은 옷은 얇게 표현되었는데, 넓은 옷깃을 오른쪽으로 여민 것은 마치 한복을 입은 것처럼 표현되어 매우 독특하다. 지금의 손은 최근에 만들어 붙인 것인데, 팔의 형태로 보아 원래는 오른손을 무릎에 올려 손끝이 땅을 향하고 왼손은 배 부분에 놓았을 것으로 짐작된다.

주조 기법 등에서 전형적인 고려시대 철불의 특징을 잘 보여주고 있다.

보물 제423호 남원 신계리 마애여래좌상 [南原 新溪里 磨崖如來坐像]
전북 남원시 대산면 신계리 산18

거대한 바위를 몸체 뒤의 광배로 삼고 자연 암반을 대좌로 삼은 마애불인데, 매우 도드라지게 조각하여 부피감이 풍부하다. 3m가 넘는 이 불상은 현재 상태가 비교적 양호한 편이다. 머리는 소발로 표현했으며, 그 위에 육계를 크게 올렸다. 원만한 얼굴과 거기에 알맞게 묘사된 눈·코·입은 생기가 있으며 근엄한 편이다. 양감이 풍부한 얼굴 표현 등은 통일신라 후기의 특징이지만, 풍만한 신체에 비하여 각 부분의 세부 표현이 간략화된 점 등으로 보아 고려시대에 만들어진 불상으로 추정된다.

보물 제424호 예천 청룡사 석조여래좌상 [醴泉 靑龍寺 石造如來坐像]
경북 예천군 용문면 선리 520-2 청룡사

머리는 나발로 표현했으며, 그 위로 나지막한 육계가 있다. 타원형의 얼굴에는 눈·코·입이 섬세하고 작게 새겨져 있다. 옷에는 평행한 주름이 나타나고 가슴에는 띠 매듭이 있는데, 이러한 형식은 통일신라 불상들에서 공통으로 나타나는 특징이다. 광배는 끝이 뾰족한 타원형을 하고 있는데, 연꽃무늬, 보상화무늬가 새겨져 있고, 가장자리에는 불꽃무늬가 조각되어 있다. 대좌는 8각형으로 상대석과 하대석에 연꽃문양을 두었다.

수법으로 보아 조성 연대는 통일신라 후기로 추정된다.

보물 제425호 예천 청룡사 석조비로자나불좌상 [醴泉 靑龍寺 石造毘盧遮那佛坐像]
경북 예천군 용문면 선리 520-2 청룡사

머리는 나발이며 그 위에 육계를 나타내었다. 얼굴은 4각형에 가까우며, 코와 입이 매우 가깝게 붙어 있어 독특한 인상을 준다. 어깨에서부터 양손에 걸쳐 흘러내린 평행의 옷주름은 부드럽기는 하나 부자연스러운 느낌을 준다. 수인은 비로자나불이 취하는 지권인이다. 대좌는 4각형이며, 상대석에는 연꽃 문양을 중대석에는 안상을 하대석은 앞부분이 파손되었다. 8~9세기에 유행한 비로자나불좌상의 양식을 계승하였으나, 표현 기법으로 보아 고려 초기에 만들어진 것으로 추정된다.

예천 동본리 삼층석탑 [醴泉 東本里 三層石塔]

경북 예천군 예천읍 동본리 474-4

예천 동본리 삼층석탑
상층 기단 면석에 조각된 사천왕상

　이 탑은 2단의 기단 위에 3층의 탑신을 쌓아 올렸다. 상층 기단은 4장의 널돌로 짰는데 각 면의 모서리마다 기둥 모양을 새기고, 그 사이에 사천왕상(일반적으로 상층 기단에는 팔부중상을 조각한 경우가 많다) 1구씩을 조각해 놓았다. 탑신은 몸돌과 지붕돌을 각각 하나의 돌로 올렸으며, 옥개받침은 1~2층이 5단 3층은 4단이다. 상륜부는 한 개의 돌로 된 노반과 복발만 남아 있다.

　탑의 구성 양식으로 보아 9세기 통일신라시대 제작된 것으로 추정된다.

예천 동본리 석조여래입상 [醴泉 東本里 石造如來立像]

경북 예천군 예천읍 동본리 474-4

　예천 동본리 3층석탑과 함께 전해오는 통일신라 후기의 불상으로 하나의 돌에 새겨진 전체 높이 3.46m의 거대한 석조 불상이다. 머리는 나발이며 그 위에 육계를 나타내었다. 원만한 얼굴에는 기다란 눈, 짧은 코, 적당한 입이 표현되어 부드러운 곡선의 얼굴과 함께 자비롭고 온화한 미소를 실감 나게 나타내고 있다. 둔중하고 도식화된 형태의 옷주름 표현은 8세기 이후의 불상에서 흔히 볼 수 있는 모습으로 불상이 만들어진 연대를 짐작할 수 있게 해준다.

보물 제428호 군위 인각사 보각국사탑 및 비 [軍威 麟角寺 普覺國師塔 및 碑]

경북 군위군 고로면 삼국유사로 250 인각사

군위 인각사 보각국사탑

군위 인각사 보각국사탑비

보조국사탑은 자연석으로 된 바닥돌 위에 8각의 하대석을 놓았는데 윗면이 급한 경사를 이루고 있다. 중대석에 동물을 조각하였으나 뚜렷하지 않다. 상대석은 8각이지만 원형에 가깝고, 단조롭고 소박한 연꽃이 새겨져 있다. 탑신의 정면에는 '보각국사정조지탑'이란 탑 이름이 있고, 뒷면에는 문모양의 조각을 남은 6면에는 사천왕입상과 보살상을 새겼다. 지붕의 두꺼운 추녀 밑은 위로 들려 있고, 지붕선 끝부분에 꽃장식이 달려 있다. 제작 연대는 1289년에서 1295년 사이로 추정된다.

고려 충렬왕 15년(1289)에 입적한 보각국사 일연의 사리탑과 그의 행적을 기록해 놓은 탑비이다. 일연은 '삼국유사'를 저술하는 등 많은 업적을 이룬 승려이다. 탑비는 국사의 제자인 법진에 의하여 세워졌다. 비문은 당시의 문장가인 민지가 왕명을 받들어 지었으며, 글씨는 진나라까지 가서 왕희지의 글씨를 집자하여 만들었다. 지금은 비의 형체가 많이 훼손되었으나 다행히 비문은 오대산 월정사에 사본이 남아있다. 비문에 의하면 비를 세운 시기는 충렬왕 21년(1295)이다.

보물 제429호 경산 불굴사 삼층석탑 [慶山 佛窟寺 三層石塔]

경북 경산시 와촌면 강학리 산55-9 불굴사

이 탑은 2단의 기단 위에 3층의 탑신을 쌓아 올린 형식으로 넓고 긴 돌로 탑의 구역을 마련하고, 기단을 조성하였다. 위층 기단은 기둥만을 모각하여 표현하였을 뿐 다른 장식은 없다. 탑신은 몸돌과 지붕들을 각각 하나의 돌로 짰는데, 몸돌에 기둥을 모각한 것을 제외하고 다른 장식은 없다. 지붕돌은 추녀 밑은 반듯하지만, 마무리 부분에서 뚜렷하게 치켜 들려져 있고, 옥개받침은 모두 4단이다. 상륜부에는 노반과 복발만 남아 있다.

제작 연대는 통일신라 후기로 추정된다.

보물 제430호 포항 보경사 승탑 [浦項 寶鏡寺 僧塔]

경북 포항시 북구 송라면 보경로 533 보경사

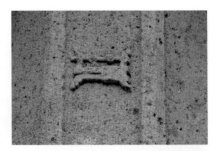

포항 보경사 승탑
몸돌에 새긴 자물통

　원진국사 신승형의 승탑으로 51세에 입적하자 고종이 그를 국사로 추증하고 '원진'이라는 시호를 내렸다. 기단부의 하대석은 3단으로 맨 위만 연꽃 문양이 있다. 중대석은 모서리에 기둥을 새기고, 상대석은 연꽃 문양을 새겼다. 탑신은 몸돌 한 면에 문비 모양을 새기고, 지붕돌의 끝에는 귀꽃을 새겼다. 상륜부는 연꽃 받침 위에 복발을 올리고, 연꽃이 새겨진 돌을 놓은 다음, 보주를 얹어서 마무리하였다. 탑신이 지나치게 길지만 비교적 안정적으로 보인다. 이 승탑의 조성 시기는 원진국사비 조성 시기인 1224년 전후로 추정된다.

보물 제431호 경산 팔공산 관봉 석조여래좌상 [慶山 八公山 冠峰 石造如來坐像]

경북 경산시 와촌면 갓바위로81길 선본사

　경상북도 경산시 팔공산 남쪽 관봉의 정상에 암벽을 배경으로 만들어진 좌불상이다. 관봉을 '갓바위'라고 부르기도 하는데, 그것은 이 불상의 머리에 마치 갓을 쓴 듯한 넓적한 돌이 올려져 있어서 유래한 것이다. 민머리 위에는 육계가 뚜렷하다. 얼굴은 둥글고 풍만하며 탄력이 있지만, 눈꼬리가 약간 치켜 올라가 있다. 오른손은 항마촉지인의 형상이나, 왼손바닥 안에 조그만 약합을 들고 있는 것이 확실해서 약사여래불을 표현한 것으로 보인다.

　9세기경 조성된 것으로 추정된다.

보물 제433호 괴산 각연사 석조비로자나불좌상 [槐山 覺淵寺 石造毘盧遮那佛坐像]

충북 괴산군 칠성면 각연길 451 각연사

대좌, 불상, 광배를 모두 갖추고 있다. 머리는 나발로 표현했으나 육계는 뚜렷하지 않다. 오른쪽 어깨를 드러내고 왼쪽 어깨에만 걸쳐 입은 옷에는 옷주름이 간략하게 표현되었는데, 특히 다리 부분의 옷주름이 극단적으로 형식화되었다. 수인은 비로자나불의 수인인 지권인을 취하고 있다. 광배에는 머리 위쪽에 삼존불을 좌우에 6구의 불상을 새기고, 가운데 쪽은 연꽃과 구름 문양을, 가장자리에는 화염문을 새겼다. 전체적으로 단아하면서도 화려해진 모습을 보이는 통일신라 후기의 작품이다.

보물 제434호 부산 범어사 대웅전 [釜山 梵魚寺 大雄殿]

부산 금정구 범어사로 250 범어사

부산 범어사 대웅전 내부

이곳 대웅전에서는 미륵보살과 제화갈라보살을 각각 석가모니의 왼쪽과 오른쪽에 함께 모시고 있다. 임진왜란 때 불에 타 조선 선조 35년(1602)에 다시 지었으며 광해군 5년(1613)에는 한 차례 보수 공사가 있었다. 정면 3칸, 측면 3칸 규모로 지붕은 맞배지붕, 공포는 다포 양식이다. 또한, 건물 안쪽에 불상을 올려놓는 자리인 불단과 불상을 장식하는 지붕 모형의 닫집에서 보이는 조각의 정교함과 섬세함은, 조선 중기 불교 건축의 아름다움과 조선시대 목조 공예의 뛰어남을 보여주고 있다.

보물 제435호 안성 봉업사지 오층석탑 [安城 奉業寺址 五層石塔]

경기 안성시 죽산면 죽산리 148-5

봉업사의 옛터에 있는 탑으로, 1단의 기단 위에 5층의 탑신을 올렸다. 기단은 하나로 짠 두툼한 널돌 위에 올려 완성하였다. 몸돌에 비해 지붕돌이 빈약하여 둔중한 느낌을 준다. 기단 위의 탑신은 1층 몸돌만 4장으로 이루어졌고 나머지는 한 돌로 구성하였다. 몸돌에는 기둥을 모각하였다. 1층 몸돌 남쪽 면 중앙에는 작은 감실을 만들어 놓았으나 형식에 그치고 있다. 지붕돌은 얇고 추녀는 거의 수평을 이루고 있다. 상륜부는 모두 없어졌다. 고려 중기 이전에 제작된 것으로 추정된다.

보물 제436호 창원 불곡사 석조비로자나불좌상 [昌原 佛谷寺 石造毘盧遮那佛坐像]

경남 창원시 성산구 대암로 55 불곡사

850년에서 900년 사이에 집중적으로 만들어진 비로자나불 가운데 하나로 통일신라시대 불상양식의 현실적이고 사실적인 특성을 보여주는 작품이다. 머리는 나발로 표현하고 육계는 크며, 원만한 얼굴은 비례가 적절하고 목의 삼도는 분명하게 표시되어 있다. 수인은 지권인으로 매우 사실적으로 표현하였다.

보물 제439호 양양 진전사지 도의선사탑 [襄陽 陳田寺址 道義禪師塔]

강원 양양군 강현면 둔전리 산1

이 탑은 진전사를 창건한 도의선사의 묘탑으로 추정된다. 일반적인 다른 탑과는 달리 8각형의 탑신을 하고 있으면서도, 그 아랫부분이 석탑에서와 같은 2단의 4각 기단을 하는 특이한 형태의 승탑이다. 기단 위로는 탑신을 괴기 위한 8각의 돌을 두었는데, 옆면에는 연꽃을 조각하여 둘렀다. 8각의 탑신은 몸돌의 한쪽 면에만 문비를 조각을 하였을 뿐 다른 장식은 하지 않았다. 지붕돌은 밑면이 거의 수평을 이루고 있으며, 낙수면은 완만하다. 건립 연대는 도의 선사와 관련지어 볼 때 9세기경으로 추정된다.

보물 제440호 통영 충렬사 팔사품 일괄 [統營 忠烈祠 八賜品 一括]

경남 통영시 여황로 251 충렬사

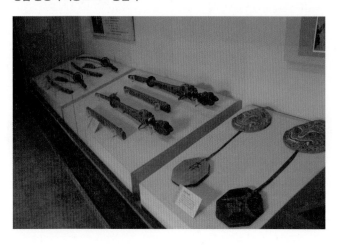

통영 충렬사 팔사품 일괄은 임진왜란 때 이순신의 뛰어난 무공이 전해지자 명나라 임금인 신종이 충무공 이순신에게 내린 8종류의 유물 15점이다. 동으로 만든 도장인 도독인을 제외한 다른 것들은 모두 2점씩으로, 영패, 귀도, 참도, 독전기, 홍소령기, 남소령기, 곡나팔 등이 있다. 아산 현충사 성역화 후에 현충사에서 전시되었으나, 통영시민의 열성으로 충렬사로 되돌려졌다. 이 유물들을 통해 당시 이순신 장군의 혁혁한 전공을 알 수 있으며, 장군의 넋을 기리고 용기를 배울 수 있는 유물이다.

보물 제441호 울산 태화사지 십이지상 사리탑 [蔚山 太和寺址 十二支像 舍利塔]

울산 남구 두왕로 277 울산박물관

일반적인 사리탑들과는 달리 널따란 바닥돌 위에 종 모양의 몸돌이 놓인 간단한 구조이다. 종 모양을 한 몸돌은 윗부분에 감실을 만들고, 그 안쪽으로 사리를 모셔 두도록 하였다. 감실 입구 아래로는 십이지신상을 돌려가며 도드라지게 새겨놓았다. 십이지신상은 우리나라에서는 통일신라시대 능을 보호하려는 의도로 조각되어 세워지기 시작하였는데, 사리탑에 새겨지는 것은 보기 드문 예이다. 종 모양의 사리탑으로는 가장 오래된 것이며, 여러 기법으로 미루어 9세기경에 만들어진 것으로 보인다.

보물 제442호 경주 양동 관가정 [慶州 良洞 觀稼亭]

경북 경주시 강동면 양동마을길 121-47

경주 양동 관가정
집 뒤편에서 바라본 관가정 전경

조선 전기 관리이며 중종 때 청백리로 알려진 우재 손중돈(1463~1529)의 옛집이다. 건물들의 배치는 사랑채와 안채가 口자형을 이루는데, 가운데의 마당을 중심으로 남쪽에는 사랑채, 나머지는 안채로 구성된다. 안채의 동북쪽에는 사당을 배치하고, 담으로 양쪽 옆면과 뒷면을 둘러막아, 집의 앞쪽을 탁 트이게 하여 낮은 지대의 경치를 바라볼 수 있게 하였다. 보통 대문은 행랑채와 연결되지만, 이 집은 특이하게 대문이 사랑채와 연결되어 있다. 조선 중기의 남부 지방 주택을 연구하는데 귀중한 자료가 된다.

보물 제443호 속초 향성사지 삼층석탑 [束草 香城寺址 三層石塔]

강원 속초시 설악동 산24-2

이 석탑은 2단의 기단 위에 3층의 탑신을 올린 형태로 신라석탑의 양식을 그대로 이어받고 있다. 여러 장의 돌을 붙여 바닥돌을 깔고, 같은 방법으로 아래층 기단의 밑돌을 두었다. 기단과 탑신부의 몸돌에는 기둥을 모각하였다. 탑신부에서는 몸돌과 지붕돌을 각각 한 돌로 조성하였으며, 옥개받침은 모두 5단이다. 옥개석의 끝에는 구멍이 뚫려있어 아마 종을 달았던 것으로 추측된다. 상륜부는 결실되었다.

조성 연대는 9세기경으로 추정된다.

보물 제444호 양양 선림원지 삼층석탑 [襄陽 禪林院址 三層石塔]

강원 양양군 서면 황이리 424

양양 선림원지 삼층석탑
2층 기단의 팔부중상

이 탑은 2단의 기단 위에 3층의 탑신을 올린 전형적인 통일신라 양식의 석탑이다. 기단과 탑신의 몸돌에는 기둥을 모각하였으며, 특히 2층 기단은 기둥으로 면을 나누어 팔부중상을 양각하였다. 탑신은 몸돌과 지붕돌이 각각 한 돌로 되어 있다. 지붕돌은 넓은 편이고, 지붕의 처마는 네 귀퉁이에서 약간 들려 있다. 옥개 받침은 5단이다. 상륜부는 노반과 보주만 놓여 있다. 기단부에서 소탑과 동탁[銅鐸]이 발견되었다.

조성 연대는 9세기경 신라 후기로 추정된다.

보물 제445호 양양 선림원지 석등 [襄陽 禪林院址 石燈]

강원 양양군 서면 황이리 424

이 석등은 신라시대의 전형적인 8각 형식을 따르면서도 받침돌의 구성만은 매우 독특한데, 아래 받침돌에 귀꽃을 조각하고, 간주석은 고복형으로 표현하였다. 화사석은 8각으로 화창 아래쪽에 안상을 새기고 4곳에 화창을 두었으며, 나머지 면에는 문의 형태만 새기고 문양은 없다. 지붕돌의 추녀에는 귀꽃이 장식되어 있다. 꼭대기에는 연꽃이 새겨진 머리 장식의 작은 받침돌만 남아 있다.

선림원지 홍각선사탑비와 함께 정강왕 원년(886)에 세워진 것으로 추정된다.

보물 제446호 양양 선림원지 홍각선사탑비 [襄陽 禪林院址 弘覺禪師塔碑]

강원 양양군 서면 황이리 424

이 탑비는 홍각선사의 공로를 기리기 위한 비로 비신은 깨어지고 귀부와 이수만 남아 있던 것을 최근 비신을 복원한 것이다. 귀부는 용의 머리 모양이며, 등에는 6각형의 무늬가 있다. 귀부 등의 비좌에는 연꽃무늬와 구름무늬가 새겨 있다. 이수는 전체적으로 구름과 용이 사실적으로 조각되었고, 제액에는 전서로 홍각선사비명(弘覺禪師碑銘)이라 새겨져 있다. 비문은 운철이 왕희지의 글씨를 집자하여 새긴 것이다. 현재 비의 파편은 국립춘천박물관에서 보관하고 있다. 건립된 연대는 정강왕 원년(886)이다.

양양 선림원지 홍각선사탑비
1 비신을 새로 조성하여 복원
2 복원 전의 귀부와 이수

양양 선림원지 승탑
기단부 중대석의 용과 구름 조각

보물 제447호 양양 선림원지 승탑 [襄陽 禪林院址 僧塔]

강원 양양군 서면 황이리 424

이 승탑은 일본강점기에 완전히 파손되었던 것을 1965년 11월에 각 부분을 수습하여 현재의 자리에 복원한 것으로 기단부만이 남아있다. 정사각형의 바닥돌 위에 조성하였는데 하대석은 2단으로 아래는 안상을, 윗단은 연꽃을 새긴 후 그 위에 괴임을 두었다. 중대석은 원형으로 용과 구름을 생동감 있게 조각하였다. 상대석은 2겹으로 새긴 연꽃잎을 새겼다.

조성 연대는 이 승탑이 홍각선사의 승탑으로 볼 때 홍각선사비 조성 시기와 같은 신라 정강왕 원년(886) 건립된 것으로 추정된다.

보물 제448호 안동 봉정사 화엄강당 [安東 鳳停寺 華嚴講堂]

경북 안동시 서후면 봉정사길 222 봉정사

화엄강당의 규모는 정면 3칸, 측면 2칸이며 지붕은 맞배지붕, 공포는 주심포 양식이다. 이 부재들이 다른 기법과 섞여 절충형식을 보이는 점이 특징이다. 강당으로 사용되는 건물이기 때문에 기둥은 낮지만, 공포를 크게 잡아 겉모습의 균형을 살리고 있다. 2칸은 방이고 1칸은 부엌으로 되어 있으며 부엌과 방 사이에는 벽장을 설치하였다. '양 법당 중수기' 등의 기록으로 보아 극락전과 대웅전을 17세기에 고쳐 지을 때 화엄강당도 함께 고쳤을 것으로 추정된다.

보물 제449호 안동 봉정사 고금당 [安東 鳳停寺 古金堂]

경북 안동시 서후면 봉정사길 222 봉정사

이 건물은 극락전 앞에 동향으로 서 있으며 원래 불상을 모시는 부속 건물이었을 것으로 생각되지만, 지금은 승려가 기거하는 방으로 사용하고 있다. 1969년 해체 · 복원공사 당시 발견한 기록에 광해군 8년(1616)에 고쳐 지은 것을 알 수 있을 뿐 확실하게 언제 세웠는지 알 수 없다. 정면 3칸, 측면 2칸 규모이며, 지붕은 맞배지붕, 공포는 주심포 양식이다. 복원 전과 많이 달라졌다고 한다. 현재는 앞면 3칸에 2짝 여닫이문을 달았고 옆면과 뒷면은 벽으로 막아 놓았다.

보물 제450호 안동 의성김씨 종택 [安東 義城金氏 宗宅]

경북 안동시 임하면 경동로 1949-9

안동 의성김씨 종택
대청마루 구조(3단으로 이루어져 있음)

의성 김씨의 종가로 지금 있는 건물은 임진왜란 때 불에 타 버렸던 것을 김성일(1538~1593) 선생이 다시 지은 것이라고 한다. 건물은 사랑채, 안채, 행랑채로 구분되는데, 사랑채의 규모는 정면 4칸, 측면 2칸이고 형태는 一자 형이다. 안채는 ㅁ자형이고 다른 주택과 달리 안방이 바깥쪽으로 높게 자리를 잡고 있다. 행랑채는 사랑채와 안채가 연결된 특이한 구조이며 전체 가옥 구성이 사[巳]자 모양의 평면을 이루고 있다. 건물 전체적으로 남녀유별이라는 유교적 사상을 반영하고 있다.

청자 구룡형 주자 [青磁 龜龍形 注子]
서울 용산구 서빙고로 137 국립중앙박물관

청자 구룡형 주전자는 고려시대 만들어진 청자 주전자로 연꽃 위에 앉아 있는 거북 모양이며, 높이 17.2cm, 길이 20.2cm의 크기이다. 얼굴은 매우 정교하고 실감 나게 표현하였으며, 부분적으로 금을 칠하였다. 등 위에 붙어 있는 주수구는 오므린 연잎 모양이고, 손잡이는 두 가닥의 연 줄기가 꼬인 것으로 묘사되어 있다. 등 위에 음각된 거북등무늬 안에는 '王'자를 하나씩 넣었다.

상형청자가 유행하던 12세기 전반에 제작된 것으로 추정된다.

보물 제453호 **도기 녹유 탁잔 [陶器 綠釉 托盞]**
서울 용산구 서빙고로 137 국립중앙박물관

무령왕릉 출토 은제탁잔

도기 녹유 탁잔은 황녹색 유약을 입혀서 만든 잔으로 잔을 받치기 위한 접시모양의 받침과 뚜껑을 모두 갖추고 있다. 곡선이 매우 완만한 접시 모양 잔 받침의 안쪽 중앙에는 잔을 고정하기 위한 원통형 잔받이가 높게 솟아 있으며, 잔 바닥에는 기다란 다리가 붙어 있어 접시의 잔받이에 들어가 얹히도록 하였다.

출토지와 제작 장소는 알 수 없으나 삼국시대의 탁잔 양식, 특히 무령왕릉에서 출토된 은제탁잔과 매우 비슷한 모습을 보여주고 있어, 통일신라 초기에 만들어진 것으로 추정된다.

보물 제454호 경주 노서동 금제천 [慶州 路西洞 金製釧]
서울 용산구 서빙고로 137 국립중앙박물관

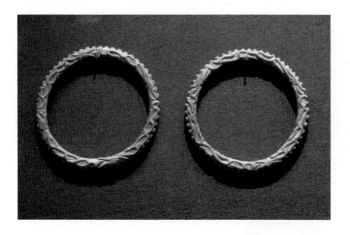

경주 노서동 금팔찌는 경주 노서동에 있는 무덤에서 발견된 지름 8cm의 신라의 금제 팔찌이다. 납작한 단면 바깥쪽에 각각 59개씩의 돌기를 내었다. 이 돌기 좌우에는 4마리 용이 입을 벌려, 서로 다른 용의 꼬리를 물려는 모습을 생동감 있게 새겼다. 몸에는 비늘을 세밀하게 조각하였고 눈은 음각하였다. 경주 시내에서 발굴되는 대부분이 장식이 없거나 간단한 문양이 있는 것이 대부분인데, 이같이 용이 조각된 예는 매우 드물며, 그중에서도 이 팔찌는 뛰어난 걸작품이다.

보물 제455호 경주 황오동 금제이식 [慶州 皇吾洞 金製耳飾]
서울 용산구 서빙고로 137 국립중앙박물관

경주 황오동 금귀걸이는 경주 황오동 52호 무덤에서 발견된 신라시대의 금으로 만든 귀걸이이다. 총 길이가 9cm 정도로 커다란 굵은 고리(태환)에는 장식이 전혀 없고, 그 밑에 타원형의 중간 고리를 달아 아래 장식들과 연결시켰다. 중간 부분은 작은 고리를 중심으로 아래위에 고리를 여러 개씩 연결하여, 전체적으로 주판알같이 만들고 상·하를 연결했다. 주판알 같은 고리에는 작은 나뭇잎 모양의 금판을 금줄로 꼬아서 2단으로 달았다. 귀걸이 중심부 밑에는 펜촉 모양의 커다란 장식을 달았다.

보물 제456호 경주 노서동 금제경식 [慶州 路西洞 金製頸飾]
서울 용산구 서빙고로 137 국립중앙박물관

경주 노서동 금목걸이는 금소환[金小環] 여러 개를 연결하여 속이 빈 구형을 만들고 심엽형 금판을 금줄로 연결하여 장식한 것을 44개 연결하고 끝에 비취 곡옥 1개를 달았다. 가운데가 빈 구형의 구슬은 같은 시대 귀걸이의 중간 장식에서 볼 수 있는 수법이고 목걸이 끝에 곡옥을 다는 형식은 당대 목걸이의 전형적인 양식이다. 이 고분에서 출토된 일련의 유물과 함께 일본으로 반출되었다가 1965년에 체결된 한·일협정에 의하여 1966년에 반환된 문화재 중의 하나이다.

보물 제457호　예천권씨 초간종택 별당 [醴泉 權氏 草澗宗宅 別堂]

경북 예천군 용문면 죽림길 37

예천권씨 초간종택 별당
전경

　조선 중기의 문신인 초간 권문해(1534~1591) 선생의 할아버지 권오상 선생이 지었다고 전하는 건물이다. 규모는 정면 4칸, 측면 2칸이며 지붕은 팔작지붕이다. 앞쪽에서 보면 오른쪽 3칸은 대청마루고 왼쪽 1칸은 온돌방인데 온돌방은 다시 2개로 나뉘어 있다. 대청 앞면은 문짝 없이 열려 있지만, 옆면과 뒷면은 2짝 널문을 달았으며 집 주위로 난간을 돌려 누[樓]집과 같은 모양으로 꾸몄다. 일반 주택건축으로는 보기 드물게 건물 안쪽을 장식하여 꾸민 수법이 뛰어난 조선시대 별당 건축이다.

보물 제459호　제천 장락동 칠층모전석탑 [堤川 長樂洞 七層模塼石塔]

충북 제천시 장락동 65-2

　이 탑은 회흑색의 점판암을 벽돌처럼 다듬어 조성한 탑이다. 탑을 받치는 기단은 자연석으로 1단을 마련하고 그 위로 점판암 벽돌을 올려 7층의 탑신을 조성하였다. 1층의 네 모서리에는 점판암 대신 화강암을 다듬은 기둥을 세웠다. 남쪽과 북쪽 면에 사리를 두는 감실을 설치하여 문을 달아 놓았는데, 현재 남쪽의 것은 없어졌다. 탑의 머리 부분에는 머리 장식이 없어지고 장식받침인 노반만이 남아 있다. 조성 시기는 통일신라 후기에 세워진 것으로 추정된다.

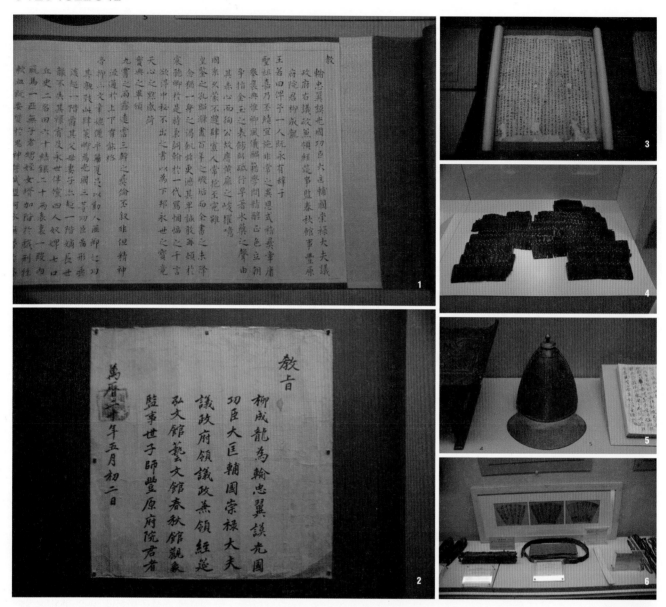

류성룡 종가 유물
1 광국공신녹훈교서
2 영의정 교지
3 허여문기
4 갑옷
5 투구
6 각대 등

 류성룡 종가 유물은 조선 중기의 문신인 서애 류성룡(1542~1607) 선생의 종손가에 전해오는 유물들로 첫째, 류성룡 선생이 직접 쓰던 것, 둘째, 선생의 어머니에 관한 곤문기 [허여문기], 그리고 선생에게 조정에서 내린 여러 문서 등 세 가지로 구분된다.

 사진의 유물은 광국공신 3등에 봉한다는 교서와 영의정 임명 교지 및 어머니의 분재 사실을 관부에서 허락하는 허여문기, 류성룡 선생께서 임진왜란 때 사용한 갑옷과 투구 등이다. 이 유물들은 류성룡 선생의 개인사 연구 및 당시의 사회상을 살필 수 있는 귀중한 자료로 평가된다.

보물 제461호 나주 철천리 마애칠불상 [羅州 鐵川里 磨崖七佛像]

전남 나주시 봉황면 철천리 산124-11

　4각에 가까운 원추형의 바위 표면에 불상을 조각한 독특한 형태의 작품이다. 바위 꼭대기에는 동자상이 있었다고 하는데 지금은 없어졌다. 동쪽 면에는 좌상 1구가 있고, 북쪽 면에도 좌상 1구가 합장하고 있다. 남쪽 면에는 표현 수법이 비슷한 4구의 입상이 있으며, 서쪽 면에는 원래 2구의 불상이 있었는데 일본강점기에 광부들이 1구를 떼어갔다고 전해진다. 비록 불상의 표현 수법에서는 고려 석불상에 흔히 나타나고 있는 형식화된 모습이 보이지만 독특한 겉모습과 사방불적 특징이 잘 표현된 귀중한 자료이다.

보물 제462호 나주 철천리 석조여래입상 [羅州 鐵川里 石造如來立像]

전남 나주시 봉황면 철천리 산124-11

　전체 높이가 5.38m나 되는 커다란 불상으로 하나의 돌에 불신과 광배가 조각되어 있다. 소발의 머리 위에는 육계가 큼직하게 표현되었고, 얼굴은 사각형으로 양감이 풍부하다. 목에는 3개의 주름인 삼도가 뚜렷하다. 두 팔은 옷자락 때문에 양손만이 드러나 있는데 오른손은 손바닥을 밖으로 하여 내리고, 왼손은 위로 향하고 있는 모습으로 여원인과 시무외인을 표현하고 있다. 광배는 배 모양으로 두광에는 연꽃 문양을, 신광은 구름 문양을 새겼다. 조성 양식으로 보아 고려 초기 제작된 것으로 추정된다.

보물 제463호 원주 흥법사지 진공대사탑비 [原州 興法寺址 眞空大師塔碑]

강원 원주시 지정면 안창리 517-2

흥법사터에 남아 있는 통일신라 말에서 고려 초에 활약한 승려인 진공대사(869~940)의 탑비이다. 비신은 깨어진 채 경복궁으로 옮겼다가 현재는 국립중앙박물관에 보관되고 있다. 귀부는 용에 가까운 머리 형태인데 여의주를 물고 있다. 등에는 만(卍)자 무늬와 연꽃이 새겨져 있다. 이수에는 용이 조각되어 있는데 섬세하고 웅장하다. 태조 23년(940)에 입적하니 태조가 손수 비문을 짓고, 최광윤이 당나라 태종의 글씨를 모아 비를 세웠다. 조성 시기는 고려 초기로 추정된다.

보물 제464호 원주 흥법사지 삼층석탑 [原州 興法寺址 三層石塔]

강원 원주시 지정면 안창리 517-2

이 탑은 기단을 2단으로 두고, 그 위로 3층의 탑신을 올렸다. 아래층 기단의 각 면에는 안상이 새겨져 있는데, 꽃 모양처럼 솟아올라 있어 고려시대의 특징을 잘 보여주고 있다. 위층 기단의 갑석은 경사져 있고, 보기 드물게 중앙에는 1층 몸돌을 괴기 위한 받침을 3단으로 조각하였다. 탑신은 기단에 비해 작게 표현되었다. 1층 몸돌에는 네모난 문비가 새겨져 있고 문비 안에는 문고리 장식이 남아있다. 상륜부는 노반만 남아 있다. 고려 전기 세워진 것으로 추정된다.

보물 제465호 영천 신월리 삼층석탑 [永川 新月里 三層石塔]

경북 영천시 금호읍 금호로 360 신흥사

영천 신월리 삼층석탑
2층 기단의 팔부중상

9세기 통일신라시대의 석탑으로 높이는 4.75m이다. 이 탑은 2단의 기단 위에 3층의 탑신을 올렸다. 기단과 탑신의 몸돌에는 기둥을 모각하였다. 2층 기단은 기둥으로 면을 나누고 팔부중상을 새겼다. 탑신은 각 층의 몸돌과 지붕돌을 각각 하나의 돌로 사용하였으며, 1층 몸돌에는 4면 모두 문비를 새기고, 그 안에 자물쇠와 문고리 모양의 조각을 표현해 놓았다. 옥개받침은 모두 4단이며, 처마선은 수평을 이루나 두꺼워 보인다. 상륜부는 결실되었다. 통일신라시대 조성된 것으로 추정된다.

보물 제466호 밀양 만어사 삼층석탑 [密陽 萬魚寺 三層石塔]
경남 밀양시 삼랑진읍 만어로 776 만어사

만어사 삼층석탑은 1단의 기단 위에 올려진 3층 석탑으로, 탑신은 몸돌과 지붕돌이 모두 한 돌로 구성되어 있다. 몸돌에는 기둥을 모각하고, 지붕돌의 옥개받침은 모두 3단이다. 상륜부에는 보주가 얹혀 있으나 후에 보충한 것으로 보인다. 현재 탑의 바닥돌이 드러나 있고 지붕돌이 약간 파손된 상태이지만, 전체적으로 안정감이 있어 정돈된 모습을 보인다. 구조와 수법으로 보아 고려 중기에 만들어진 작품으로 추정된다.

보물 제467호 밀양 표충사 삼층석탑 [密陽 表忠寺 三層石塔]
경남 밀양시 단장면 표충로 1334 표충사

이 탑은 1단의 기단 위에 3층을 올린 탑으로 기단과 탑신의 몸돌에 기둥을 모각하였다. 탑신부는 층마다 몸돌과 지붕돌이 각각 한 돌로 되어 있는데 기둥을 모각한 것을 제외하고 장식적인 요소는 없다. 옥개받침은 4단으로 조성하였고, 지붕돌의 처마는 수평을 이루고, 지붕은 완만하다. 상륜부는 노반 위로 보개, 앙화 등을 쇠막대로 고정하였는데 비교적 잘 보존되어 있다.
건립 연대는 통일신라 후기에 조성된 것으로 추정된다.

보물 제468호 밀양 숭진리 삼층석탑 [密陽 崇眞里 三層石塔]
경남 밀양시 삼랑진읍 숭진리 412-1

탑의 모습은 1단의 기단 위에 3층의 탑신을 올렸다. 기단의 갑석 위에는 몸돌을 받치는 2단의 굄돌을 얹었다. 탑신부는 1·2층 몸돌이 각각 한 돌이고, 1층 지붕돌도 한 돌이지만 2층 지붕돌과 3층 몸돌을 한 돌로 만든 점이 특이하다. 몸돌에는 기둥을 모각하였다. 지붕돌의 옥개받침은 3단씩이다. 상륜부는 결실되었다. 기단부가 1단으로 구성되고 지붕돌의 경사가 급한 점, 괴임이 낮은 1단으로 간략해진 점 등으로 보아 건립 연대는 고려 중기로 추정된다.

보물 제469호 구미 낙산리 삼층석탑 [龜尾 洛山里 三層石塔]

경북 구미시 해평면 낙산리 837-4

현재 이 탑은 약간의 손상이 있으나 비교적 완전한 형태로 남아 있으며, 통일신라시대의 전형적인 석탑 양식인 2단의 기단 위에 3층의 탑신을 올린 모습이다. 기단부는 기둥을 모각한 것을 제외하고는 장식적인 요소는 없다. 탑신부의 1층 몸돌은 남쪽에 불상을 모시기 위한 감실이 조성되어 있다. 지붕돌은 아래 받침과 지붕 추녀 등이 전탑의 양식을 모방하고 있다. 상륜부는 노반을 제외하고 모두 없어졌다. 석탑의 건립 시기는 8세기경인 통일신라 전기로 추정된다.

보물 제470호 구미 도리사 석탑 [龜尾 桃李寺 石塔]

경북 구미시 해평면 도리사로 526 도리사

도리사는 신라에 불교가 처음 전해질 당시 전설에 나오는 아도화상과 관련이 있는 절이다. 이 석탑은 전체적으로 5개 층을 이루고 있는데, 맨 아래층은 탑을 받치는 역할을 하는 기단으로 여겨진다. 위의 2개 층은 탑의 중심 부분인 탑신부이다. 탑신부의 1층과 2층 몸돌은 작은 정사각형의 돌을 2, 3단으로 쌓아 마치 벽돌을 쌓아 올린 것처럼 보인다. 지붕돌 역시 전탑을 모방한 석탑처럼 층단을 이루고 있다. 일반적인 탑들과는 다른 특이한 형태로 모전석탑처럼 보인다. 고려시대 조성된 것으로 추정된다.

보물 제471호 양산 통도사 봉발탑 [梁山 通度寺 奉鉢塔]

경남 양산시 하북면 통도사로 108 통도사

이 봉발탑은 통도사의 용화전 앞에 서 있는 것으로 무슨 용도인지는 알 수 없으나, 석가세존의 옷과 밥그릇을 미륵보살이 이어받을 것을 상징한 조형물인 것으로 여겨진다. 기본 형태는 받침 부분 위에 뚜껑 있는 큰 밥그릇을 얹은 듯한 희귀한 모습이다. 받침 부분의 돌은 아래·가운데·윗부분으로 구성되며 장고를 세워 놓은 듯한 모양이다. 받침돌 위에는 뚜껑과 높은 굽받침이 있는 그릇 모양의 석조물이 있다. 만들어진 연대는 연꽃조각과 받침 부분의 기둥 양식으로 보아 고려시대로 추정된다.

보물 제472호 의령 보천사지 승탑 [宜寧 寶泉寺址 僧塔]

경남 의령군 의령읍 하리 산96-1

정사각형의 바닥돌 위로 기단을 올렸다. 기단의 하대석은 2단으로 윗단에는 용과 구름무늬를 얕게 돋을새김하였다. 중대석은 8각으로 모서리에 기둥 모양을 새긴 후, 면에 타원형의 조각을 두었다. 상대석에는 연꽃잎을 조각하였다. 탑신은 각 모서리에 기둥 모양의 조각을 두었고 8면 가운데 한 면에만 문짝과 자물쇠 모양을 새겨 놓았다. 지붕돌은 매우 두꺼운 모습으로 정상에서 8각 모서리를 돋을새김하였고, 상륜부는 모두 없어졌다. 건립된 시기는 고려 전기로 추정된다.

산청 법계사 삼층석탑
자연 암반을 기단으로 삼은 모습

보물 제473호 산청 법계사 삼층석탑 [山淸 法界寺 三層石塔]

경남 산청군 시천면 지리산대로 320-292 법계사

이 탑은 바위를 기단으로 삼아 3층의 탑신을 올렸다. 탑신부의 몸돌과 지붕돌은 각각 하나의 돌로 만들었으며, 몸돌 각 모서리에는 기둥을 모각 하였다. 각 층의 지붕돌은 두꺼운 편이며, 지붕돌의 옥개받침은 3단이다. 탑의 머리 장식인 상륜부는 나중에 보충한 것으로 보인다.

이처럼 바위를 기단으로 이용한 탑은 신라 이후로 유행하였는데, 이 탑처럼 아래 기단부를 간략하게 처리한 경우는 경주 남산 용장사곡 삼층석탑(보물 제186호), 영동 영국사 망탑봉 삼층석탑(보물 제535호) 등 몇 기를 제외하고는 매우 드물다. 전형적인 신라석탑 양식에서 벗어난 고려시대의 석탑으로 추정된다.

보물 제474호 함양 벽송사 삼층석탑 [咸陽 碧松寺 三層石塔]

경남 함양군 마천면 추성리 산18 벽송사

2단으로 구성된 기단 위에 3층을 올렸다. 기단과 탑신의 몸돌에는 기둥을 얕게 모각하였다. 특이한 점은 바닥돌과 아래층 기단의 사이에 높직하게 돌을 끼워놓은 것이다. 위층 기단의 맨 윗돌은 한 장의 널돌로 이루어졌으며 밑에는 수평으로 얇은 단을 새겼다. 탑신부의 몸돌에 장식은 없고, 옥개받침은 1·2층이 4단, 3층이 3단이다. 지붕돌은 추녀가 얇고 반듯하며 마무리 부분에서 치켜 오른 정도가 완만하다. 상륜부에는 노반과 복발만 남아있다. 신라 양식을 따른 조선시대 탑이다.

보물 제475호 안동 소호헌 [安東 蘇湖軒]

경북 안동시 일직면 소호헌길 2

조선 중종 때 문신 서해 선생이 서재로 쓰기 위해 조선 명종 때 지은 별당이다. 규모는 정면 4칸, 측면 2칸이며 지붕은 팔작지붕, 공포는 익공 양식이다. 부속된 방의 지붕 양식은 맞배지붕이다. 왼쪽 3칸은 대청, 오른쪽 1칸은 누마루며 앞쪽으로 온돌방 2칸을 붙여 집의 구조가 T자 모양을 이루고 있다. 누마루와 온돌방 뒤쪽으로 난간을 둘렀고 건물 안쪽은 민가 건축에서 볼 수 없는 재료를 사용하여 지붕 맨 윗부분에 있는 재료를 받치고 있다.

보물 제477호 이이 남매 화회문기 [李珥 男妹 和會文記]

서울 광진구 아차산로 263 건국대학교박물관

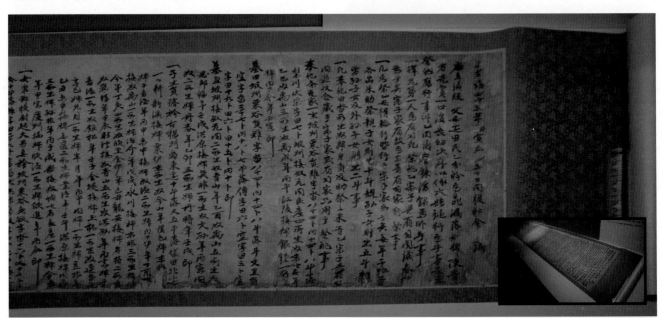

이이 남매 화회문기는 부모가 죽은 뒤 유산을 율곡 이이의 형제자매들이 모여 합의하여 나누면서 작성한 것이다. 내용을 살펴보면, 각종 제사와 수묘를 위한 토지와 노비를 배정하고, 나머지를 4남 3녀와 서모인 권씨에 배당한 토지와 노비 등을 구체적으로 적은 다음, 끝에 문서작성에 참여한 사람들의 이름과 수결(지금의 서명)을 표시하였다. 이 문서는 이이의 개인사에 관한 사항뿐만 아니라 조선 전기 재산상속에 대해 알 수 있는 좋은 자료로 평가된다.

보물 제478호 갑사동종 [甲寺銅鐘]
충남 공주시 계룡면 갑사로 567 갑사

갑사동종은 조선 초기의 종으로 국왕의 만수무강을 축원하며, 갑사에 매달 목적으로 선조 17년(1584)에 만들어졌다. 높이 131 cm, 입지름 91cm로 전체적으로 어깨부터 중간까지 완만한 곡선을 이루고 있으며, 중간 지점부터 입 부분까지 직선으로 되어 있다. 종 꼭대기에는 음통이 없고, 용뉴는 2마리 용으로 조성했다. 종견에는 물결과 꽃무늬를 바로 아래는 연꽃과 범자를 새겼다. 당좌 사이에는 구름 위에 지팡이를 든 지장보살을 표현했다. 이 종은 일본강점기 때 공출되었다가, 광복 후 갑사로 다시 돌아왔다.

보물 제479호 낙산사 동종[지정 해제] [洛山寺 銅鐘]
강원 양양군 강현면 전진리 55

산불이 나기 이전의 **낙산사 동종**

2005년 4월 5일 산불로 인하여 동종이 용해되어 지정 해제되었다. 현재 종은 새로 주조하여 매달아 놓고, 용해된 동종은 낙산사 전시관에 전시되어 있다.

보물 제480호 합천 영암사지 삼층석탑 [陜川 靈岩寺址 三層石塔]
경남 합천군 가회면 황매산로 637-97

이 탑은 탑신부가 무너져 있던 것을 1969년에 복원하였으며, 현재 금당 앞에 새로 세운 두 채의 건물 사이에 서 있다. 2단의 기단 위에 세워진 삼층석탑으로 통일신라석탑의 전형양식을 따르고 있다. 기단과 탑신의 몸돌에는 기둥을 모각하였다. 탑신부는 몸돌과 지붕돌이 각각 한 돌로 되어 있고, 지붕돌의 옥개받침은 모두 4단이다. 처마 밑이 수평이며 지붕의 경사가 완만한 곡선으로 처리하였다. 상륜부는 노반을 제외하고 모두 없어졌다. 건립 시기는 9세기경으로 추정된다.

보물 제481호 해남 윤씨 가전 고화첩 일괄 [海南 尹氏 家傳 古畵帖 一括]
전남 해남군 해남읍 녹우당길 130

해남 윤씨 가전 고화첩은 조선 후기의 선비 화가인 윤두서(1668~1715)의 서화첩이다. 윤두서는 정선·심사정과 더불어 조선 후기의 3대 화가이며 예리한 관찰력과 뛰어난 필력으로 말 그림과 인물화를 잘 그렸다. 서화첩은 '자화상'과 '송하처사도', '윤씨가보'라 쓰인 화첩 2권과 '가전유묵'이라고 꾸며진 서첩 3권 등이다.

윤두서의 풍속화는 후에 김홍도의 풍속화에도 영향을 주었을 것으로 보이며 이 화첩은 선비 화가였던 윤두서의 다양한 회화 세계와 그림 솜씨를 보여주는 중요한 자료이다.

보물 제482호 윤선도 종가 문적 [尹善道 宗家 文籍]
전남 해남군 해남읍 녹우당길 130

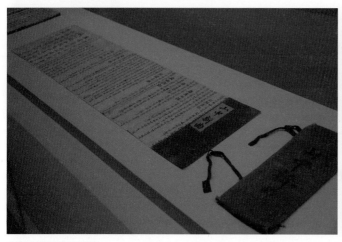

산중신곡 [보물 제482-3호]

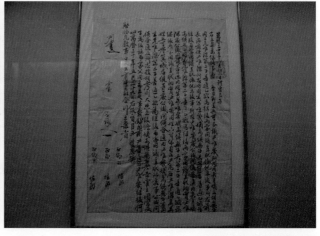

고산양자 예조입안 [보물 제482-5호]

윤선도 종가 문적은 조선 중기의 문신이자 시조작가인 고산 윤선도(1587~1671) 선생이 직접 손으로 쓰거나, 엮어 펴낸 수적들과 선생과 관계된 여러 문헌이다.

'금쇄동집고'는 윤선도 선생이 금쇄동에서 지내면서 중국의 여러 시인의 시구를 모아 손수 쓴 것과 그가 쓴 한시, 그리고 우리말로 된 단가를 모아 한 첩으로 묶은 것이다. '금쇄동기' 역시 금쇄동에 지내면서 지은 한시를 묶은 것이며, '산중신곡'은 선생이 보길도와 금쇄동에서 있을 때 그의 힘든 생활을 풍자 섞인 내용을 담아 지은 단가를 모아놓은 것이다. 이외에도 '은사첩' 2권, '예조입안'이 있다.

예조입안은 고산 윤선도 선생이 8세 때 윤유기에게 입양을 간 뒤 그 사실을 선조 35년(1602) 예조에서 입안(공증)해준 문서이다. 문서에는 좌랑, 정랑, 참의, 판서 등이 확인한 서압(자필 서명)이 있다.

보물 제483호 윤단학 노비허여문기 및 입안 [尹丹鶴 奴婢許與文記 및 立案]
전남 해남군 해남읍 녹우당길 130

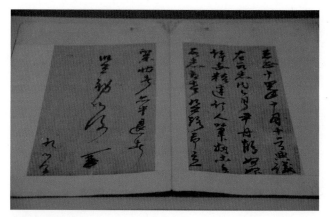

지정14년 노비 문서
〈지정[至正]14년은 원나라 연호로 고려 공민왕 3년(1354)에 해당한다〉

윤단학 노비허여문기 및 입안은 고려 공민왕 3년(1354)에 윤광전이 그의 아들 윤단학에게 노비를 상속한 문서이다. 구성을 보면 소지 6장, 입안 2장 등 총 8장으로 된 문서이다. 소지 6장에는 윤광전이 노비를 상속하게 된 이유가 자세히 기록되어 있으며, 입안 2장에는 당시 이 지역의 책임자인 탐율감무가 이를 확인하여 상사의 결재를 신청하는 내용이 기록되어 있다. 오늘날 고대의 문서가 매우 희귀한 상황에서 송광사의 노비첩과 함께 고려시대의 유일한 문서이며, 고려시대 사회경제사를 연구하는 데 있어 매우 유용한 자료로 평가된다.

보물 제485호 대성지성문선왕전좌도[복제] [大成至聖文宣王殿坐圖]
경북 영주시 순흥면 소백로 2740

대성지성문선왕전좌도는 공자를 중심으로 제자들이 공자 앞에 길게 늘어서 앉아 있는 그림으로, 크기는 가로 65cm, 세로 170cm이며 비단에 채색하여 그렸다. 이 그림은 중앙에 배치된 공자상을 다른 인물들보다 크게 그렸고, 단 아래에는 공자를 중심으로 좌우로 배열된 제자들이 중앙을 바라보고 앉아 있는 옆모습을 표현하였다. 이 그림은 중종 8년(1513)에 원래 있던 그림을 베껴 그린 것으로 회화성보다는 기록성이 강하고, 종렬 대칭 구도와 위에서 아래를 보는 듯한 부감법, 원근법 등을 사용하여 조선시대 궁중 행사의 기록화 형식에 영향을 미친 중요한 자료로 평가된다.

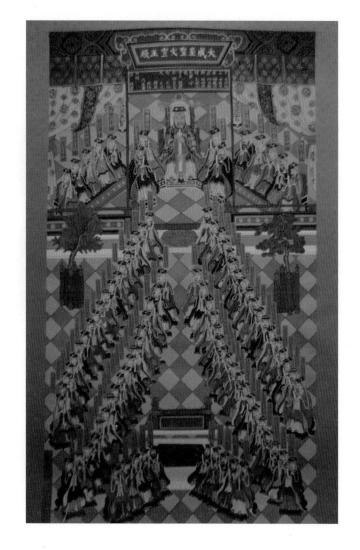

보물 제488호 안성 칠장사 혜소국사비 [安城 七長寺 慧炤國師碑]

경기 안성시 죽산면 칠장로 399 칠장사

안성 칠장사 혜소국사비
1 비신
2 비신의 측면 용 문양
3 귀부와 이수

혜소국사의 업적을 기록한 비이다. 혜소국사는 고려 광종 23년(972) 안성에서 출생하여, 10세에 출가하였으며 17세에 융천사에서 가르침을 받았다. 83세가 되던 문종 8년(1054)에 이 절에서 입적하였다. 6년 뒤 고려 문종 14년(1060) 이곳에 건립하였다. 현재 비는 귀부와 비신, 이수가 각각 따로 놓여 있는 상태이다. 흑대리석으로 만든 비신의 양쪽 옆면에는 상하로 길게 두 마리의 용을 새겨 놓았는데 그 솜씨가 뛰어나다. 비문에는 대사의 생애와 업적을 기리는 내용이 기록되어 있다. 김현이 짓고 민상제가 해서로 썼으며, 배가성, 이맹 등이 새겼다.

보물 제489호 합천 영암사지 귀부 [陜川 靈岩寺址 龜趺]

경남 합천군 가회면 황매산로 637-97

귀부는 거북의 모습을 하는 비의 받침돌로, 원래는 그 위로 비신과 이수가 얹혀져 있었을 것이나, 지금은 양쪽 모두 귀부만 남아 있는 상태이다. 동쪽 귀부는 거북의 등 무늬가 6각형이고, 비좌 주위에는 아름다운 구름무늬가 있다. 전체적인 모습은 거북이지만 머리는 용머리처럼 새겼고, 입에는 여의주를 물고 있다. 서쪽 귀부도 6각형의 등무늬를 배열하였고, 비좌는 4면에 안상을, 가장자리에는 연꽃잎을 새겼다. 주위의 석조유물 등과 관련지어 볼 때 9세기 통일신라시대의 작품으로 추정된다.

합천 영암사지 귀부
1 동쪽 귀부
2 서쪽 귀부
3 동쪽 귀부 비좌 측면 문양
4 동쪽 귀부 비좌 뒷면 문양
5 서쪽 귀부 문양

보물 제490호 **구미 금오산 마애여래입상 [龜尾 金烏山 磨崖如來立像]**

경북 구미시 금오산로 433-3

절벽의 바위 면을 깎아 만든 높이 5.5m의 고려시대 마애여래입상이다. 얼굴은 비교적 원만하고, 가는 눈과 작은 입에서 신라시대의 마애여래입상과는 다른 특징을 보인다. 어깨나 팔의 부드러운 굴곡은 얼굴에 어울리는 형태미를 묘사하고 있어서 상당한 수준의 조각가에 의해 만들어졌음을 알 수 있다.

이 마애여래입상은 얼굴·신체·옷주름·광배 등으로 볼 때 신라시대 보살상보다 형식화가 진전된 고려시대의 마애여래입상으로 추정하고 있다.

보물 제491호 **양산 용화사 석조여래좌상 [梁山 龍華寺 石造如來坐像]**

경남 양산시 물금읍 원동로 199 용화사

대좌와 광배를 갖춘 완전한 불상이다. 당당한 어깨, 양감 있는 가슴과 팔다리의 표현에는 입체감이 어느 정도 나타나고 있으나 손이나 목 등 세부표현에서는 형식화된 면이 엿보인다. 광배에는 불꽃무늬, 연꽃무늬, 구름무늬 등이 조각되어 있으며, 광배 윗부분에는 작은 부처 1구와 비천상이 새겨져 있다. 특히 광배에 비천상이 새겨진 경우는 매우 드문 예이다. 불상이 앉아 있는 대좌에는 연꽃무늬와 비천보살상 등이 새겨져 있으며 8각으로 되어 있다. 통일신라 후기 조성된 것으로 추정된다.

구미 해평리 석조여래좌상의 대좌

보물 제492호 **구미 해평리 석조여래좌상 [龜尾 海平里 石造如來坐像]**

경북 구미시 해평면 해평4길 86 보천사

이 불상은 얼굴과 신체에 약간의 손상이 있을 뿐 광배와 대좌를 모두 갖추고 있다. 머리는 나발로 표현했으며, 육계는 밋밋하다. 배에 있는 띠 모양의 매듭은 독특한 모습이다. 수인은 석가모니불의 항마촉지인이다. 광배는 두광과 신광 모두 2중의 원으로 표현하고, 원 안에는 연꽃무늬와 덩굴무늬가 새겨져 있다. 광배의 곳곳에는 작은 부처가 그 밖은 화염문이 둘러싸고 있다. 8각의 대좌는 상대와 하대에 연꽃 문양을, 중대석에는 구름무늬, 비천상 등을 새겼다. 9세기 불상의 전형적인 양식을 보여주고 있다.

보물 제493호 밀양 무봉사 석조여래좌상 [密陽 舞鳳寺 石造如來坐像]

경남 밀양시 영남루1길 16 무봉사

무봉사의 대웅전에 모셔진 높이 0.97m의 불상이다. 네모진 얼굴에 가는 눈과 입, 넓적한 코, 짧은 목 등이 다소 평판적으로 표현되기는 했으나 단정한 인상을 풍긴다. 광배는 2줄의 볼록한 선으로 머리광배와 몸광배를 구분한 후, 선이 닫는 부분에 5구의 작은 부처를 새기고 가장자리에는 화염문을 새겼다. 광배 뒷면에는 연꽃무늬 대좌 위에 앉아 있는 약사여래를 조각하였다. 광배 뒷면에 불상이 새겨진 표현은 경주 남산 미륵곡 석조여래좌상(보물 제136호)과 같은 것으로 드문 예이다. 조성 시기는 통일신라 후기로 추정된다.

보물 제494호 정탁 문적 - 약포유고 및 고문서 [鄭琢 文籍 - 藥圃遺稿 및 古文書]

경북 안동시 퇴계로 1997 한국국학진흥원

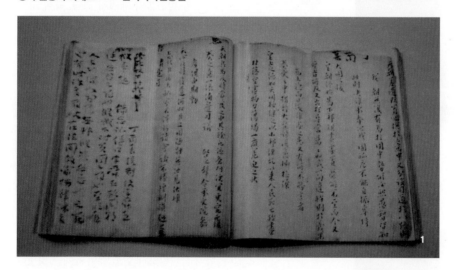

정탁 문적은 조선 중기의 문신인 약포 정탁(1526~1605) 선생의 유고와 문서들이다.

이 유물은 정간공교지 1장, 위성공신교서 1축, 용사일기 상하 2책, 용사잡록 1책, 용만문견록 1책, 임진기록 1책, 선조시집유묵 1책, 약포선조유묵 2책, 약포선조간첩 2책, 선조초고유묵 1책, 기로연시화첩 1첩, 관립, 벼루와 벼루집 등으로 구성되어 있다.

조선시대의 공문서를 연구하는 데 귀중한 자료들이며, 당시의 사회상과 특히 임진왜란 당시를 연구하는 데 훌륭한 자료로 평가된다.

정탁 문적 - 약포유고 및 고문서
1 임진기록
2 위성공신교서[복제본] 부분
3 벼루집
4 벼루

보물 제495호 고성 옥천사 청동금고 [固城 玉泉寺 靑銅金鼓]

경남 고성군 개천면 연화산1로 471 옥천사

이 반자는 지름 55cm, 너비 14cm로, 표면에 굵고 가는 선으로 4개의 테두리를 둘러 4개의 원을 만들었다. 중심원에는 6개의 둥근 연꽃 열매가 돌출되어 있고, 그다음 원에는 겹친 연꽃잎이, 그다음 원에는 문양이 없고 바깥 원에는 덩굴무늬가 도드라지게 새겨져 있다. 옆면은 중앙에 굵게 돌출된 선이 있어 위아래로 구분되고, 선 위로 둥근 모양의 고리가 3개 있어 매달 수 있게 되어 있다. 옆면 위쪽에 쓰인 글로 미루어 보아 고려 고종 39년(1252)에 제작되었음을 알 수 있다.

보물 제496호 화천 계성리 석등 [華川 啓星里 石燈]

강원 화천군 하남면 계성리 594

이 석등은 신라시대에는 8각, 고려시대에는 4각인 일반적인 것에서 벗어나 독특하게 6각의 형태를 취하고 있다. 아래 받침돌은 거의 묻혀 있고, 고복형의 간주석은 고려시대 석등에서 자주 볼 수 있으나 전라도를 중심으로 유행했던 양식이다. 화사석은 특히 주목되는 부분으로, 6개의 돌을 세워 6각을 이루게 하였다. 각각의 돌은 좌우를 반타원형으로 깎아낸 것으로, 옆돌과 맞추어져 6개의 타원형 창이 만들어졌다. 지붕돌의 끝은 귀꽃으로 장식하고 꼭대기에는 보주를 놓았다. 건립 연대는 고려 전기로 추정된다.

보물 제497호 양양 오색리 삼층석탑 [襄陽 五色里 三層石塔]

강원 양양군 서면 약수길 132

탑은 2단의 기단 위에 3층의 탑신을 올렸다. 기단과 탑신의 몸돌에는 기둥을 모각하였고 다른 장식적 요소는 없다. 위층 기단의 맨 윗돌에는 네 모서리에 빗물이 흐르는 홈을 표시하였다. 탑신은 몸돌과 지붕돌이 각각 한 돌로 구성되었으며, 1층 몸돌에는 사리를 두던 네모진 공간이 있다. 옥개받침은 4단이다. 상륜부는 결실되었다.

조성 양식에서 통일신라시대 석탑의 특징을 잘 보여주고 있다.

보물 제498호 울진 구산리 삼층석탑 [蔚珍 九山里 三層石塔]
경북 울진군 근남면 구산리 1494-1

이 탑은 2단의 기단 위에 3층의 탑신을 올렸다. 기단과 탑신의 몸돌에는 기둥을 모각하였다. 탑신부는 몸돌과 지붕돌이 각각 하나의 돌로 이루어져 있고, 옥개받침은 5단으로 되어 있다. 1층 몸돌의 남쪽 면에는 길고 네모난 윤곽이 새겨져 있으나 무엇을 표현하려 하는지는 알 수가 없다. 지붕의 윗면은 얇으며 수평을 이루는 처마선은 네 귀퉁이에서 살짝 들려 있다. 기단의 가운데 일부 조각 등이 생략되는 것으로 미루어 보아 9세기 후반에 세워진 것으로 추정된다.

보물 제499호 양양 낙산사 칠층석탑 [襄陽 洛山寺 七層石塔]
강원 양양군 강현면 낙산사로 100 낙산사

탑의 받침이 되는 기단부는 정사각형의 바닥돌 위로 연꽃무늬를 새긴 기단을 조성했다. 탑신부는 각 층의 몸돌 아래로는 몸돌보다 넓고 두꺼운 괴임이 1단씩 있어 특징적이다. 지붕돌은 경사면이 평탄하며 네 귀퉁이의 들림이 잘 어우러져 전체적인 모양이 경쾌하다. 상륜부에는 찰주를 중심으로 원나라의 라마탑을 닮은 장식들을 배치하였다. 이 석탑은 창건 당시 3층이던 것을 세조 13년(1467)에 이르러 현재의 7층으로 조성하고, 수정으로 만든 염주와 여의주를 탑 속에 봉안하였다 한다.

보물 제500호 하동 쌍계사 대웅전 [河東 雙磎寺 大雄殿]
경남 하동군 화개면 쌍계사길 59 쌍계사

대웅전의 규모는 정면 5칸, 측면 3칸이고 지붕은 팔작지붕, 공포는 다포 양식이다. 가운데 3칸에는 4짝의 여닫이문과 기둥 사이에 공포를 2개씩 놓고 있으며, 양쪽 끝 칸은 2짝씩 문을 달아 공포를 1개씩 놓았다. 건물 천장은 우물천장으로 꾸몄고 불단 위로 지붕 모형의 닫집을 화려하게 만들어 놓았다. 임진왜란 때 절이 불에 탔던 것을 벽암대사가 인조 10년(1632) 다시 고쳐 세웠는데, 대웅전은 이때 다시 지은 건물로 추정된다. 조선시대 불교 목조 건축의 형태를 잘 보존하고 있다.

보물 제502호 장말손 초상 [張末孫 肖像]
경북 영주시 장수면 화기리 18-2

장말손 초상은 조선시대 문신인 장말손을 그린 초상화로, 크기는 가로 107cm, 세로 171cm이다. 장말손(1431~1486)은 세조~성종 때의 문신으로, 이시애의 난(1467)을 평정하는 데 공을 세워 적개공신이 되었는데 이 그림은 그 후에 그려진 것으로 보인다. 그림은 3폭으로 연결되었는데, 얼굴부위가 들어있는 가운데 폭과 양어깨를 표현한 2개의 폭이 이어져 있다. 의자에 앉은 전신상이다. 이 초상화의 흉배가 공작 모양인 것으로 보아 장말손이 연복군으로 봉해진 성종 13년(1482) 이후에 그려진 것으로 보인다.

보물 제503호 해남 명량대첩비 [海南 鳴梁大捷碑]
전남 해남군 문내면 우수영안길 34

이 석비는 장방형의 대석 위에 비신을 꽂고, 그 위로 구름과 용을 장식한 머릿돌을 얹은 형태이다. 비문에는 선조 30년(1597) 이순신 장군이 진도 벽파정에 진을 설치하고 우수영과 진도 사이 바다의 빠른 물살을 이용하여 12척의 배로 133척의 왜적함대를 무찌른 상황을 자세히 기록하였다. 비문은 1686년에 쓰였으나 비가 세워진 것은 2년 뒤인 1688년으로, 전라우도 수군절도사 박신주가 건립하였다.

일본강점기에 경복궁에 옮겨졌던 것을 다시 원래 조성하였던 이곳으로 이전하였다.

보물 제504호 영광 신천리 삼층석탑 [靈光 新川里 三層石塔]
전남 영광군 묘량면 묘량로2길 40-89

석탑은 2단의 기단 위에 3층의 탑신을 올린 모습으로 꼭대기에는 머리 장식을 받치던 받침돌만 남아있다. 탑신의 몸돌과 지붕돌은 각각 다른 돌로 조성되었으며, 지붕돌은 두껍고 낙수면은 경사가 급하다. 1995년 탑의 해체, 보수할 때 땅속에 묻혀있던 아래층 기단을 지상으로 드러내면서 본래의 모습을 찾게 되었다. 고려 전기에 세워진 것으로 추정되는 이 탑은 기단에 새겨진 가운데 기둥의 수가 아래층에 2개, 위층에 1개로 되어 있어 통일신라시대의 석탑양식을 계승하고 있다.

보물 제505호 담양 객사리 석당간 [潭陽 客舍里 石幢竿]
전남 담양군 담양읍 객사리 45

이 석당간은 연꽃잎이 새겨진 돌 위에 당간을 세우고 양옆에 기둥을 세워 지탱하고 있다. 당간은 가늘고 긴 8각 돌기둥 3개를 연결하고 연결부위에 철띠를 둘렀다. 꼭대기에는 쇠로 만든 둥근 보륜이 있는데 풍경 같은 장식물이 달려있고 위에는 철침이 솟아있다. 당간의 조성 연대는 주변에 있는 남산리 오층석탑(보물 제506호)이 고려 때 건립된 것으로 보아 고려 때 조성된 것으로 추정되며, 바로 옆에 세워져 있는 석비의 내용으로 미루어, 현재의 이 석당간은 조선 헌종 5년(1839)에 중건한 것임을 알 수 있다.

담양 객사리 석당간

보물 제506호 담양 남산리 오층석탑 [潭陽 南山里 五層石塔]
전남 담양군 담양읍 남산리 342

탑은 1층의 기단 위에 5층의 탑신을 올렸으며, 머리 장식은 모두 없어졌다. 기단은 다른 탑에 비하여 높이가 매우 낮고, 기단 맨 윗돌의 너비가 1층 지붕돌의 너비보다 좁은 것 또한 특이한 양식이다. 지붕돌은 두껍고 처마는 경사졌으며 네 귀퉁이는 가볍게 들려있다. 지붕돌에는 풍경을 달았음 직한 구멍이 있다. 탑신은 알맞게 체감되어 안정된 느낌이며, 2층 이상부터는 몸돌을 받치는 두툼한 괴임을 새겨 조성 연대는 고려 중기로 추정된다.

보물 제507호 강진 무위사 선각대사탑비 [康津 無爲寺 先覺大師塔碑]
전남 강진군 성전면 무위사로 308 무위사

선각대사는 신라 말의 명승으로, 당나라에 건너가서 14년 만에 돌아와 무위사에 8년간 머물렀다. 고려 태조 원년(918)에 54세의 나이로 입적하자 고려 태조는 시호를 '선각', 탑명을 '편광영탑'이라 내렸다. 이 비는 대사가 입적한 지 28년 만인 고려 정종 1년(946) 건립되었다. 비는 귀부, 비신, 이수를 모두 갖춘 완전한 모습이다. 귀부는 용의 형상으로 사실성이 뚜렷하다. 비좌에는 구름무늬를 새겼다. 비신에는 선각대사에 관한 기록과 최언위가 비문을 짓고 유훈율이 해서로 썼다는 기록이 있다.

보물 제508호 예산 삽교읍 석조보살입상 [禮山 揷橋邑 石造菩薩立像]

충남 예산군 삽교읍 신리 산16

이 불상은 머리에는 두건 같은 관을 쓰고 있고, 그 위에 6각으로 된 갓 모양의 넓적한 돌을 올려놓았다. 어깨의 윤곽은 아래로 내려가면서 조금씩 넓어지지만, 양감이 전혀 없이 밋밋하여 마치 돌기둥 같다. 왼손은 몸에 붙인 채 아래로 내리고 있고, 오른손은 가슴까지 올려 돌지팡이 같은 것을 잡고 있는데 양발 사이까지 길게 내려오고 있다. 거구이면서 불룩 없는 돌기둥 형태, 간략한 신체표현 방법 등이 논산 관촉사 석조미륵보살입상(보물 제218호) 등과 유사한 양식을 가진 지방적 특징이 보이는 고려시대 작품이다.

보물 제509호 구례 논곡리 삼층석탑 [求禮 論谷里 三層石塔]

전남 구례군 구례읍 논곡리 산51-1

이 탑은 2단의 기단 위에 3층의 탑신을 올렸다. 기단은 모서리에 기둥을 새기고 맨 윗돌에는 두툼한 연꽃받침을 두어 탑신을 받도록 하였다. 이러한 받침대는 다른 석탑에서는 볼 수 없는 특이한 양식이다. 탑신부는 지붕돌과 몸돌이 각각 한 돌로 구성되었다. 지붕돌은 두꺼운 편이고 옥개받침은 각 4단이다. 상륜부는 모두 없어지고 노반만 남아 있는데, 3층 지붕돌과 한 돌로 이루어져 있다. 이 탑은 전체적으로 보아 돌의 짜임새가 정제되어 있다. 통일신라 후기에 조성된 것으로 추정된다.

보물 제510호 칠곡 기성리 삼층석탑 [漆谷 箕聖里 三層石塔]

경북 칠곡군 동명면 기성리 1028

이 탑은 2단의 기단 위에 3층의 탑신을 올린 형태이다. 아래층 기단은 8개의 돌로 구성되어 있으며, 기단과 탑신의 몸돌에는 기둥을 모각하였다. 위층 기단에는 둥글고 넓은 장식의 안상을 각 면이 다 채워질 만큼 큼직하게 새겨 놓은 점이 특이하다. 탑신의 몸돌과 지붕돌은 각각 한 돌로 이루어져 있다. 지붕돌의 옥개받침은 5단씩이며, 상륜부는 노반만이 남아있다. 2층 기단, 5단의 옥개받침 등으로 보아 통일신라시대 조성된 것으로 추정된다.

보물 제511호 청원 계산리 오층석탑 [淸原 桂山里 五層石塔]

충북 청원군 가덕면 계산리 산46-3

1단의 기단 위에 5층의 탑신을 올렸다. 기단은 가운데 돌이 서로 엇갈려 짜였으며 아무런 조각이 없다. 탑신은 1층과 3층의 몸돌은 4장의 돌로 구성하였으며, 2층과 4·5층의 몸돌은 하나의 돌로 구성하였다. 지붕돌은 1·2층이 2장의 돌로 이루어져 있고, 3층 이상은 한 돌이다. 옥개받침은 1·2층이 5단, 3·4층이 4단, 5층은 3단으로 줄어들었다. 전체적으로 둔중한 느낌을 주지만 위아래 지붕돌의 체감률이 정연하여 전체적인 안정감이 느껴진다. 이 탑은 고려 중기에 세워진 것으로 추정된다.

보물 제512호 충주 단호사 철조여래좌상 [忠州 丹湖寺 鐵造如來坐像]

충북 충주시 충원대로 201 단호사

단호사 철조여래좌상은 머리는 나발로 표현하였고, 머리와 육계 사이에는 고려시대 불상에서 자주 보이는 반달 모양(중앙계주)을 표현하였다. 긴 타원형의 얼굴에는 눈·코·입이 단아하게 묘사되었으며 두 귀는 길게 표현되고 목에는 삼도가 분명하게 표현되었다. 수인은 아미타불의 수인이다. 얼굴 부분의 세부 표현기법과 머리에 나타난 반달 모양 등은 고려시대 불상의 특징을 반영하고 있으며, 여기에 도식적이고 특이한 옷주름 처리, 각진 상체 표현 등 지방색이 더해진 작품이다.

보물 제513호 영천 선원동 철조여래좌상 [永川 仙源洞 鐵造如來坐像]

경북 영천시 임고면 환구길 144 선정사

선원동 철조여래좌상은 안정감 있는 신체 비례와 양감 있는 체구로 머리는 나발로 표현하고 그 위에는 육계가 있다. 이마 위쪽으로는 고려시대 불상에서 자주 나타나는 반달 모양(중앙계주)을 표현하였다. 얼굴은 둥근 편으로 치켜 올라간 눈썹, 긴 눈꼬리, 짧은 인중, 꼭 다문 입 등에서 근엄한 인상을 풍기고 있다. 간략한 옷주름은 충주 단호사 철조여래좌상(보물 제512호)처럼 완전히 기하학적이고 도식적인 모습은 아니다. 머리에 표현된 반달 모양, 다소 경직된 얼굴 표현, 간략해진 신체 표현 등에서 고려 초기 조성된 것으로 추정된다.

보물 제514호 영천 은해사 운부암 금동보살좌상 [永川 銀海寺 雲浮庵 金銅菩薩坐像]
경북 영천시 청통면 청통로 951 은해사

이 보살상은 불꽃무늬·꽃무늬·극락조 등으로 장식한 화려한 관을 쓰고 있는 높이 1.02m의 아담한 작품이다. 얼굴은 눈꼬리가 약간 올라간 갸름한 형태이며, 온몸을 휘감은 구슬 장식이 무척 화려하다. 신체 표현은 굴곡 없이 수평적이어서 형식적으로 처리된 느낌이지만 안정감을 주고 있다. 목에 있는 띠 주름식의 삼도, 가슴 아래 띠로 묶은 매듭 표현, 양다리에 대칭적으로 흘러내린 옷주름 등으로 보아 조성 연대는 조선 초기(고려 후기 경상북도 지방색을 계승)로 추정된다.

보물 제515호 숙신옹주 가옥허여문기 [淑愼翁主 家屋許與文記]
서울 용산구 서빙고로 137 국립중앙박물관

숙신옹주 가옥허여문기는 조선 태조 이성계가 그의 후궁에게서 난 딸을 뒤에 숙신옹주로 봉하고 집을 하사한다는 내용의 분재기[分財記]이다. 8행으로 되어 있으며, 원문이 끝난 후 간격을 크게 비워 두고 '태상왕'이라 적었으며, 그 아래에 태조의 수결이 있다. 내용은 모두 이두문(吏讀文)으로 되어 있는데 집터, 집의 방향, 집을 짓는 데 쓰이는 재목, 가옥의 배치, 건물의 칸수 등을 구체적으로 적고, 끝에는 자손이 영원히 거주할 것을 밝혀 두고 있다. 조선조 최초의 가옥급여문서이다.

보물 제516호 대구 무술명 오작비 [大邱 戊戌銘 塢作碑]
대구 북구 대학로 80 경북대학교박물관

1946년 대구시 북구 대안동에서 처음 발견되었다가 7, 8년 동안이나 행방을 알 수 없었는데, 그 후 다시 경북대학교 근처에서 발견되었다. 비는 자연석으로, 아래는 직선으로 잘려져 있고 윗부분은 원형으로 처리되어 있다. 아랫부분의 모습으로 보아 본래 받침돌 위에 세웠거나 암반 위를 파고 세웠던 것으로 여겨진다. 비의 내용은 건립 날짜와 저수지 축조 내용 및 관계된 사람들에 대한 것이다. 글자가 상당수 깎여나가 해석을 하는 데에 많은 어려움이 있으나, 신라시대 수리시설, 사회사 연구에 중요한 자료이다.

보물 제517호 영천 청제비 [永川 菁堤碑]
경북 영천시 도남동 산7-1

영천 청못이라는 저수지를 축조하면서 기록한 내용과 중수에 관한 내용을 기록한 비석이다. 1968년 신라삼산학술조사단에 의해 발견되었다. 전체적인 모습은 화강암의 자연판석으로 직사각형의 형태이고, 비의 양면에는 각기 시대가 다른 비문이 새겨져 있다. 신라 법흥왕 23년(536)의 명문이 있는 것은 청못을 처음 축조할 때 새긴 것이고, 반대 면의 신라 원성왕 14년(798)의 명문이 있는 것은 청못을 새로 수리하였을 때 새긴 것이다. 각기 비를 세운 연월일, 공사명칭, 규모, 내용, 동원된 인원수 등이 기록되어 있다.

우측의 청제 중립비는 조선 숙종 14년(1688)에 세워진 비로 내용은 1653년 비가 두 동강이 나 있는 것을 최일봉 등 세 사람이 다시 맞추어 세웠다는 내용이다. 영천 청제비는 신라 수리시설의 실태와 신라사회를 이해하는 데 많은 도움을 주고 있다.

보물 제518호 합천 해인사 원당암 다층석탑 및 석등 [陜川 海印寺 願堂庵 多層石塔 및 石燈]
경남 합천군 가야면 해인사길 141-22 해인사 원당암

이 탑은 다층석탑으로, 탑신을 점판암으로 만든 청석탑이다. 화강암으로 3단의 받침을 조성하고 기단과 지붕돌은 점판암으로 구성하였다. 기단은 연꽃무늬를 장식하였고, 윗면은 네 모서리에 대리석 돌기둥을 세우고 맨 윗돌에는 연꽃무늬를 새겼다. 탑신의 몸돌은 남아있지 않고 지붕돌만 10층이 쌓여 있다. 지붕돌은 경사진 4면이 매우 평평하고 얇으며 밑면엔 낮은 3단의 받침이 새겨져 있다. 상륜부에는 화강암으로 만든 노반과 복발만 남아 있다. 조성된 시기는 통일신라 말기이다.

석등은 탑의 옆에 있으며, 탑과 거의 동일한 시대의 작품이다. 땅과 맞닿은 6각형의 바닥돌 위에 아래 받침돌과 중간 받침돌, 지붕돌로 이루어졌는데, 아래 받침돌과 지붕돌이 점판암으로 되어 있고 다른 부재는 화강암이다. 화사석은 남아 있지 않다. 중간 받침돌은 가늘고 긴 편으로 아래위에 상[上]·하[下]의 글자가 움푹하게 새겨져 있다. 지붕돌은 6각형이며, 머리 장식은 원기둥 모양의 돌 하나가 얹혀있을 뿐이다.

보물 제519호 창녕 관룡사 석조여래좌상 [昌寧 觀龍寺 石造如來坐像]

경남 창녕군 창녕읍 화왕산관룡사길 171 관룡사

신라시대 8대 사찰 중 하나였던 관룡사의 약사전에 모셔져 있는 불상이다. 머리에는 큼직하게 표현된 상투 모양의 육계가 있고, 이마 위쪽으로 반달 모양이 표현되어 고려시대 불상의 머리 형식을 따르고 있다. 오른손은 왼발 위에, 왼손은 오른발 위에 놓여 있는 독특한 손모양이다. 대좌의 상대석은 연속된 거북이 등 모양으로 연꽃을 표현하고 있다.

표현 기법이 절의 서쪽 계곡에 있는 통일신라시대 후기 조성된 용선대 석조여래좌상(보물 제295호)을 본떠 만든 것으로 고려시대 제작된 것이다.

보물 제520호 창녕 술정리 서 삼층석탑 [昌寧 述亭里 西 三層石塔]

경남 창녕군 창녕읍 술정서탑길 4-7

이 탑이 속해 있던 사찰의 이름은 전하지 않으며, 신라식 일반형 석탑으로 2단의 기단 위로 3층의 탑신을 올렸다. 이 탑은 아래·위층 기단을 8개의 돌로 구성한 특이한 수법을 보인다. 탑신은 몸돌과 지붕돌이 각각 1개의 돌로 조성하였고, 옥개받침은 5단이다. 상륜부는 노반과 복발만 남아 있다. 이 탑은 원래 창녕 술정리동 삼층석탑(국보 제34호)과 함께 있었으나 조각 수법 등으로 미루어 보아 같은 절터의 쌍탑이 아닌 별개의 탑으로 보인다. 통일신라시대 조성되었다.

보물 제521호 영천 숭렬당 [永川 崇烈堂]
경북 영천시 숭렬당길 1

영천 숭렬당의 내부 장식

　조선 세종 때 대마도와 여진 정벌에 공을 세운 이순몽 장군의 집으로 세종 15년(1433)에 중국식으로 지은 건물이다. 1970년 문화재로 지정된 뒤 복원공사를 한 건물로 지금은 장군의 위패를 모시고 제사를 드리는 사당으로 쓰고 있다. 규모는 정면 5칸, 측면 3칸이며 지붕은 맞배지붕인데 그 양쪽 끝 칸에 눈썹지붕을 덧달아 전체로 보면 팔작지붕처럼 보인다. 이 같은 모양은 맞배지붕이 팔작지붕으로 변하는 과정을 보이는 지붕 형식이다. 공포 는 익공 양식이고, 천장은 연등천장이다.

보물 제522호 강세황 필 도산서원도 [姜世晃 筆 陶山書院圖]
서울 용산구 서빙고로 137 국립중앙박물관

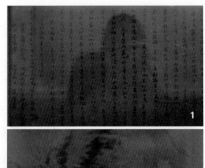

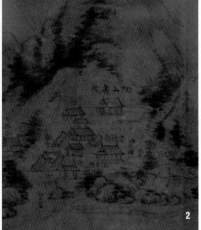

　도산서원도는 조선 후기의 문인 화가 강세황(1712~1791)이 도산서원의 실경을 그린 것으로, 크기는 가로 138.5㎝, 세로 57.7㎝이다. 위에서 아래를 내려다보는 풍경을 그린 것으로 중앙에 도산서원을 배치하고 앞쪽에는 탁영담 · 반타석 등을 왼쪽에는 분천서원 · 애일당 · 분강촌 등을 그렸으며 본인이 직접 쓴 글이 적혀있다. 여기에는 성호 이익이 병으로 누워 있으면서 자신에게 도산서원을 그리도록 특별히 부탁하였다는 것과 자신의 소감, 현지답사 내용 및 제작 시기 등을 비교적 자세히 적고 있다. 또한, 이 글의 끝부분에는 1927년 최남선이 쓴 글도 적혀 있다.

강세황 필 도산서원도
1　강세황의 찬문과 최남선의 글 (좌측 2행)
2　도산서원도 부분

보물 제524-2호 여주이씨 옥산문중 전적-이륜행실도 [驪州李氏 玉山門中 典籍-二倫行實圖]
경북 경주시 안강읍 옥산서원길 300-3 독락당

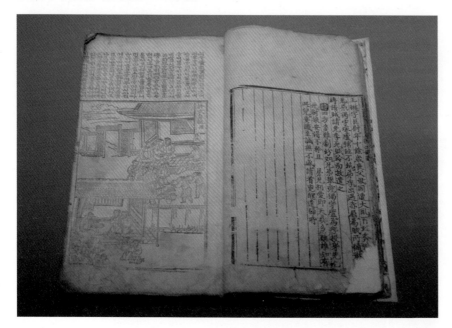

이 책은 조신이 중종의 명으로 장유와 붕우의 윤리를 진작하기 위하여 만든 책으로 1518년 경상도 김산군(현재의 김천)에서 간행한 초간본이다. 현재 알려진 국내 소장본 가운데 가장 빠른 것으로 회재 이언적의 수택본이다.

본문 각 장의 전면에는 그림이 수록되고, 그림의 상단 여백에 언해가 수록되었다. 후면에는 한문으로 작성한 사적[事跡]과 시찬[詩贊]이 있다.

이륜행실도에 실려 있는 도판 및 언해는 조선시대 판화의 변천 및 국어사의 변화 과정을 보여주는 중요한 자료이다.

보물 제525호 삼국사기 [三國史記]
경북 경주시 안강읍 옥산서원길 216-27 옥산서원

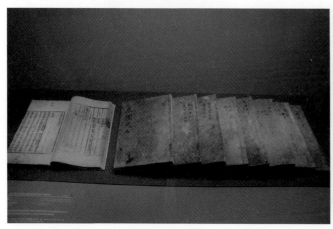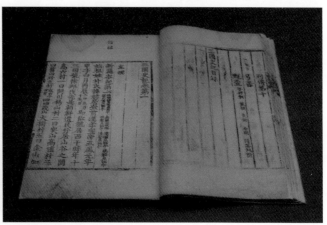

고려 인종 23년(1145)경 김부식이 신라 · 고구려 · 백제 3국의 정치적인 흥망과 변천을 중심으로 편찬한 역사서이다. 현재 전하고 있는 이 책은 옥산서원 청분각에 보관되어 있는데 전 9책 50권이며, 종이의 질은 한지이다. 가로 22.4㎝, 세로 31.5㎝ 크기로 장마다 9행 18자로 짜여 있다. 이 책은 자체와 판식이 완연히 다른 3종의 판이 혼합되어 있다. 고려시대부터 '삼국유사'와 함께 경주부에 전해오던 것을 조선 태조 3년(1394)에 마멸된 것만을 골라 다시 새겼고, 중종 7년(1512)에 와서는 고판 가운데에서 전혀 볼 수 없는 것만을 보완해서 새겼다.

김홍도 필 풍속도 화첩은 조선 후기의 화가인 김홍도가 그린 그림책 형태의 풍속화 25첩이다. 이 풍속화는 종이에 먹과 엷은 채색을 하여 그렸는데, 각 장의 크기는 가로 22.4cm, 세로 26.6cm 정도이다. 씨름, 대장간, 서당 등과 같이 서민사회의 일상생활 모습과 생업에 종사하는 모습이 구수하고도 익살스럽게 표현된 그림들이 실려 있다. 풍속화 대부분은 주변의 배경을 생략하고 인물을 중심으로 그렸는데, 특히 인물은 웃음 띤 둥근 얼굴을 많이 그려 익살스러움을 한층 더하였다.

김홍도 필 풍속도 화첩

1 서당	**2** 논갈이	**3** 서화감상	**4** 베짜기
5 활쏘기	**6** 씨름	**7** 행상	**8** 무동
9 기와이기	**10** 대장간	**11** 나룻배	**12** 주막
13 고누놀이	**14** 빨래터	**15** 자리짜기	**16** 벼 타작

보물 제528호 제천 청풍 한벽루 [堤川 淸風 寒碧樓]
충북 제천시 청풍면 청풍호로 2048

이 건물은 고려 충숙왕 4년(1317) 당시 청풍현 출신 승려인 청공이 왕사가 되어 청풍현이 군으로 올려지자, 이를 기념하기 위해 객사의 동쪽에 세운 건물이다. 구조는 정면 4칸, 측면 3칸의 2층 누각과 정면 3칸, 측면 1칸의 계단식 익랑건물이 이어져 있다. 기둥 사이는 모두 개방하였으며 사방에 난간을 둘렀다. 건물 안에는 송시열 · 김수증의 편액과 김정희의 '청풍한벽루'라고 쓴 현판이 걸려 있다. 밀양 영남루, 남원 광한루와 함께 본채 옆으로 작은 부속채가 딸린 조선시대 누각 건물의 대표적인 예이다.

보물 제529호 진도 금골산 오층석탑 [珍島 金骨山 五層石塔]
전남 진도군 군내면 금골길 58

이 탑은 1단의 기단 위로 5층의 탑신을 올렸다. 기단과 탑신의 몸돌에는 기둥을 모각하였다. 탑신부의 1층 몸돌은 기단에 비해 좁고 높은 특이한 양식이다. 지붕돌은 몸돌에 비해 상당히 넓고 두꺼워 불안정한 느낌을 주며, 각 층 지붕돌의 모습에도 차이가 있다. 옥개받침 수 또한 1 · 2 · 4층은 5단이고, 3층은 4단, 5층은 3단으로 정형화된 양식에서 벗어나 있는 모습이다. 탑의 머리 장식 부분에는 보주만 있을 뿐 다른 부재는 없다. 지방색이 많이 나타나게 되는 고려 후기의 탑이다.

보물 제530호 거창 가섭암지 마애여래삼존입상 [居昌 迦葉庵址 磨崖如來三尊立像]
경남 거창군 위천면 상천리 산6-2

바위면 전체를 배 모양으로 파서 몸에서 나오는 빛을 형상화한 광배를 만들고 그 안에 삼존불 입상을 얕게 새기고 있다. 중앙의 본존불은 얼굴이 비교적 넓적하며, 얼굴에 비하여 작은 눈 · 코 · 입, 밋밋하고 긴 귀 등에서 둔중하고 토속적인 인상을 풍긴다. 좌 · 우 협시보살은 본존불과 거의 같은 형식으로 조각되었지만, 어깨의 표현이 본존불보다는 부드러운 곡선을 하고 있다. 연꽃무늬 대좌와 새의 날개깃처럼 좌우로 뻗친 옷자락 등은 형식화되고 도식적이다. 조성 시기는 고려시대로 추정된다.

보물 제531호 양평 용문사 정지국사탑 및 비 [楊平 龍門寺 正智國師塔 및 碑]

경기 양평군 용문면 신점리 산99 용문사

정지국사 탑은 조안 등이 세운 것이다. 바닥돌과 아래 받침돌은 4각이고 위 받침돌과 탑몸이 8각으로 되어 있으나 전체적인 모습이 8각을 이루고 있다. 하대석과 상대석에는 연꽃을 새기고, 중대석은 장식 없는 북 모양이다. 탑몸에는 한쪽 면에만 형식적인 문짝 모양이 조각되었다. 지붕돌은 아래에 3단 받침이 있고, 처마 밑에는 모서리마다 서까래를 새겼다. 지붕돌 윗면에는 크게 두드러진 지붕선이 있고, 끝부분은 귀꽃을 장식했다. 꼭대기에는 연꽃 모양의 장식이 놓여 있다. 조선 초기에 건립되었다.

탑과 비는 80m 정도의 거리를 두고 있다. 정지국사(1324~1395)의 행적 등을 기록한 비이다. 정지국사는 고려 후기의 승려로 황해도 재령 출신이며 중국 연경에서 수학하였다. 조선 태조 4년에 입적하였는데 찬연한 사리가 많이 나와 태조가 이를 듣고 '정지국사'라는 시호를 내렸다. 비는 작은 규모의 석비로 윗부분은 모서리를 양쪽 모두 접듯이 깎은 상태이고, 문자가 새겨진 주위에는 가는 선이 그어져 있다. 비문은 당시의 유명한 학자인 권근이 지었으며, 조선 태조 7년(1398) 건립되었다.

보물 제532호 영동 영국사 승탑 [永同 寧國寺 僧塔]

충북 영동군 양산면 영국동길 225-35 영국사

이 승탑은 팔각원당형으로 기단의 아래 받침돌은 바닥돌과 한 돌이고 가운데 받침돌은 8각의 면마다 안상을 조각하였다. 상대석 옆면에는 한 겹의 연꽃잎을 위아래로 장식하였다. 탑신에는 한 면에 문비를 새기고 그 안에 자물쇠 모양을 양각하였다. 지붕돌의 각 면에는 기왓골을 본떠 새겼는데 처마의 곡선과 잘 어울려서 경쾌한 인상을 준다. 머리 장식으로는 복발과 보주가 남아있다. 이 승탑이 세워진 연도는 절 안의 원각국사비와 연관 지어 볼 때 고려 명종 10년(1180)에 비와 함께 조성된 것으로 추정된다.

보물 제533호 영동 영국사 삼층석탑 [永同 寧國寺 三層石塔]

충북 영동군 양산면 영국동길 225-35 영국사

이 탑은 2단의 기단 위에 3층의 탑신을 올리고 머리 장식을 갖춘 완전한 형태이다. 특히 위층 기단의 안상 비슷한 무늬는 모서리 기둥까지 침범할 만큼 크고 넓다. 기단 맨 윗돌에는 네 모서리 끝부분에서 약간의 치켜 올림이 있다. 탑신부의 몸돌에는 기둥을 모각하였으며, 1층 몸돌에는 자물쇠와 문고리까지 있는 문비[문짝 모양]가 새겨져 있다. 지붕돌은 윗면의 경사가 완만하고, 옥개받침은 각 4단씩이다.

조성 연대는 통일신라 후기로 추정된다.

보물 제534호 영동 영국사 원각국사비 [永同 寧國寺 圓覺國師碑]

충북 영동군 양산면 영국동길 225-35 영국사

고려시대 중기의 승려 원각국사를 기리기 위해 세워진 것이다. 명종 4년(1174) 입적하자 왕은 그의 유해를 영국사에 안치하였다. 귀부는 전형적인 고려시대 양식으로 용의 머리를 형상화하고, 거북등의 6각형 무늬와 비좌에 덩굴무늬는 생략되었다. 비신은 아랫부분이 결실되고 훼손이 심하다. 이수는 구름과 용이 형식적으로 새겨져 있는데 지나치게 크다. 앞면 중앙에는 '원각국사비명[圓覺國師碑銘]'이라는 비제가 있다. '대동금석서'에 의하면 비문은 한문준 지었고, 건립 연대는 고려 명종 10년(1180)이다.

영동 영국사 망탑봉 삼층석탑
자연 암반을 기단으로 삼은 모습

보물 제535호 영동 영국사 망탑봉 삼층석탑 [永同 寧國寺 望塔峰 三層石塔]

충북 영동군 양산면 영국동길 225-35 영국사

이 탑은 망탑봉이라는 작은 봉우리 정상에 위치하고 있다. 커다란 화강암을 기단으로 삼고 위로 3층의 탑신을 올린 형태이다. 기단은 암석 윗면을 평평하게 다듬고 그 중앙에 돌출된 자연석을 그대로 이용하였다. 기단은 기둥 모양과 안상을 조각하여 형태를 완성하였다. 탑신은 윗부분이 아랫부분보다 좁아지는 몸돌을 쌓아 올렸다. 1층 몸돌 네 면에 문비를 양각하였다. 지붕돌의 옥개받침은 1층이 5단이고 2·3층은 3단이다. 고려 중기인 12세기경에 건립된 것으로 추정된다.

보물 제536호 아산 평촌리 석조약사여래입상 [牙山 坪村里 石造藥師如來立像]

충남 아산시 송악면 평촌리 1-1

머리는 나발로 표현하고, 그 위에 육계가 큼직하게 자리 잡고 있다. 양쪽 귀는 어깨까지 길게 늘어져 불상의 자비로움을 더하고 있으며, 입술은 다른 부분보다 작고 얇게 표현되었다. 가슴 부분에서 모은 두 손은 약그릇을 감싸고 있는데, 이를 통해 모든 중생의 질병을 구원해 준다는 약사여래의 모습을 형상화한 것임을 알 수 있다. 좌우대칭으로 규칙적인 옷주름, 짧은 목과 움츠린 듯한 어깨, 꼿꼿이 서 있는 자세 등에서는 다소 형식화된 모습을 보여 고려 초기의 작품으로 추정된다.

보물 제537호 아산 읍내동 당간지주 [牙山 邑內洞 幢竿支柱]

충남 아산시 읍내동 255

이 당간지주는 받침 부분인 기단이 땅속에 묻혀 있던 것을 복원하여 당간 받침도 꺼내 놓았다. 기둥머리는 완만한 곡선을 이루고 안쪽에는 깃대를 고정하기 위한 네모난 홈이 파여 있다. 표면이 심하게 닳아 다른 조각이 있었는지는 확인할 수가 없다. 기둥 바깥쪽 두 모서리를 깎아내어 세로줄무늬를 새긴 것 같은 효과를 냈다. 위·아래 기둥의 굵기가 별 차이 없이 다듬어져 있다. 지주는 지금의 위치가 본래의 자리로 여겨지며, 전체적인 양식들로 보아 고려시대로 추정된다.

보물 제538호 홍성 오관리 당간지주 [洪城 五官里 幢竿支柱]

충남 홍성군 홍성읍 오관리 297-15

이 당간지주는 78cm 간격을 두고 마주 서 있다. 이 일대는 고려시대의 광경사터로 알려져 있고 석탑 및 석불좌상 등이 함께 전하고 있다. 전체적인 형태는 위로 오를수록 가늘어지고 위쪽에 당간을 고정하기 위한 홈이 파여 있다. 기둥의 바깥 면에는 세로줄 문양이 새겨져 있고 기둥머리 부분은 둥글게 처리되었다. 두 지주 사이에는 낮은 대가 놓여있는데 중앙에 둥근 구멍 하나가 뚫려있어 깃대를 세우던 자리임을 알게 한다. 고려 중기에 조성된 것으로 추정된다.

보물 제539호 달성 용연사 금강계단 [達城 龍淵寺 金剛戒壇]
대구 달성군 옥포면 반송리 915 용연사

이 계단은 석가모니의 사리를 봉안하고 있다. 임진왜란 때 묘향산으로 옮겼던 통도사의 부처 사리를 사명대사의 제자 청진이 다시 통도사로 옮길 때 용연사의 승려들이 그 일부를 모셔와 이곳에 봉안하였다고 한다. 돌난간이 둘러진 구역 안에 마련된 계단은 널찍한 2단의 기단 위로 종모양의 탑신을 올린 모습이다. 절 안에 있는 석가여래비에, 석가의 사리를 모시고 이 계단을 쌓았다는 내용이 기록되어 있다. 이 기록을 통해 조선 광해군 5년(1613)에 계단이 완성되었음을 알 수 있다.

보물 제540호 홍천 괘석리 사사자 삼층석탑 [洪川 掛石里 四獅子 三層石塔]
강원 홍천군 홍천읍 희망리 151-7

탑은 2단의 기단 위에 3층의 탑신을 올린 형태이다. 아래층 기단의 각 면에는 안상을 조각하고 그 안에 꽃무늬조각이 장식되어 있다. 위층 기단에는 각 모서리에 돌사자 한 마리씩을 두어 넓적한 윗돌을 받치게 하였다. 이 사자들이 둘러싸고 있는 중앙의 바닥과 천장에는 연꽃 받침대가 놓여 있어, 원래는 이곳에 불상이 있었던 것으로 여겨진다. 탑신부는 몸돌과 지붕돌을 각각 하나의 돌로 새겼다. 옥개받침은 3단이다. 상륜부에는 노반만 남아 있다. 고려시대 중기 이후에 세워진 것으로 추정된다.

보물 제541호 홍천 물걸리 석조여래좌상 [洪川 物傑里 石造如來坐像]
강원 홍천군 내촌면 동창로153번길 34

홍천 물걸리 석조여래좌상
대좌의 조각

머리는 나발로 표현하고 그 위에 육계를 나타냈으나 분명하지 않다. 얼굴은 마멸이 심해 세부 표현을 분명하게 알 수 없다. 옷은 양어깨에 걸치고 있고, 가슴에는 띠 모양의 매듭이 보인다. 수인은 항마촉지인이다. 대좌는 상·중·하대로 구분된 8각형으로 하대에는 면마다 향로와 상상의 새인 가릉빈가가 새겨져 있다. 중대석은 8각의 각 면에 팔부중상이 새겨져 있고, 상대에는 활짝 핀 모양의 연꽃무늬가 새겨져 있다. 조성 연대는 9세기 이후로 추정된다.

보물 제542호 홍천 물걸리 석조비로자나불좌상 [洪川 物傑里 石造毘盧遮那佛坐像]
강원 홍천군 내촌면 동창로153번길 34

머리는 나발로 표현하고 그 위로 육계가 크게 솟아 있다. 약간 고개를 숙인 얼굴은 풍만하지만 턱이 뾰족하여 단정한 인상을 풍기고 있다. 옷은 양 어깨에 걸쳐 입고 있는데 긴장감이나 탄력적인 모습이 사라진 채 다소 투박하다. 수인은 지권인으로 일반적인 비로자나불이 취하는 손 모양과는 반대로 되어있다. 대좌는 8각 연화대좌로 상대·하대에는 연꽃무늬를 새기고, 중대에는 부처에게 공양을 드리는 사람, 악기를 연주하는 사람, 향로 등이 새겨져 있다. 제작 연대는 9세기경으로 추정된다.

보물 제543호 홍천 물걸리 석조대좌 [洪川 物傑里 石造臺座]
강원 홍천군 내촌면 동창로153번길 34

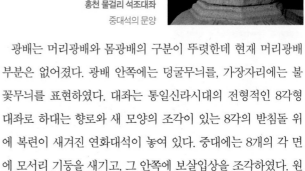

홍천 물걸리 석조대좌
중대석의 문양

광배는 머리광배와 몸광배의 구분이 뚜렷한데 현재 머리광배 부분은 없어졌다. 광배 안쪽에는 덩굴무늬를, 가장자리에는 불꽃무늬를 표현하였다. 대좌는 통일신라시대의 전형적인 8각형 대좌로 하대는 향로와 새 모양의 조각이 있는 8각의 받침돌 위에 복련이 새겨진 연화대석이 놓여 있다. 중대에는 8개의 각 면에 모서리 기둥을 새기고, 그 안쪽에 보살입상을 조각하였다. 원형을 이루고 있는 상대는 연화좌로 3중의 연꽃을 새기고 그 안에 다시 꽃무늬를 장식하였다. 제작 연대는 9세기경으로 추정된다.

보물 제544호 홍천 물걸리 석조대좌 및 광배 [洪川 物傑里 石造臺座 및 光背]
강원 홍천군 내촌면 동창로153번길 34

완전한 배 모양의 광배는 가운데에 연꽃무늬와 덩굴무늬가 새겨지고 가장자리에는 불꽃 모양이 섬세하고 화려하게 조각되어 있다. 윗부분과 좌우 9곳에 작은 부처가 새겨져 있는데 각기 손 모양을 달리하고 있다. 대좌는 3단으로 구성된 8각 모양이다. 맨 아래에는 아래로 향한 연꽃무늬가 각 면에 새겨져 있고, 모서리에는 작은 귀꽃이 있다. 중대석 각 면에는 불상과 신장상이 새겨져 있다. 대좌의 맨 윗부분은 연꽃과 연꽃잎 안에 다시 꽃무늬를 장식하였다. 제작 연대는 9세기경으로 추정된다.

보물 제545호 홍천 물걸리 삼층석탑 [洪川 物傑里 三層石塔]

강원 홍천군 내촌면 동창로153번길 34

탑은 2단의 기단 위에 3층의 탑신을 올렸다. 위·아래층 기단과 탑신의 몸돌에는 기둥을 모각하였다. 탑신은 몸돌과 지붕돌이 각각 하나의 돌로 이루어져 있으며, 지붕돌의 옥개받침은 1·2층은 5단이나, 3층은 4단이다. 상륜부는 노반만 남아 있다. 전체적으로 일반적인 통일신라의 탑이나, 기단 각 면의 탱주가 하나로 줄어든 것이라든지, 3층에서의 옥개받침이 4단으로 줄어든 점으로 보아 조성 연대는 9세기 후반의 것으로 추정된다.

보물 제546호 제천 물태리 석조여래입상 [堤川 勿台里 石造如來立像]

충북 제천시 청풍면 청풍호로 2048

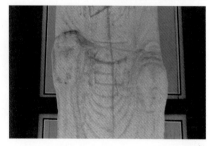

제천 물태리 석조여래입상의 수인

머리 위 육계가 매우 작아서 우뚝해 보이며 사각형의 얼굴은 후덕한 인상을 풍기고 있다. 가늘면서도 두툼한 눈, 넓적한 코, 뚜렷한 인중은 자비로운 부처의 풍모를 잘 나타내고 있다. 두 귀는 양어깨까지 길게 드리워져 있고 목에는 삼도가 형식적으로 표현되어 있다. 수인은 시무외인과 여원인을 표현한 것으로 보인다. 이 석불입상은 당당한 어깨, 양감 있는 표현 등에서 불상의 힘을 느끼게 하고 있지만, 전체적인 조각 양식을 볼 때 10세기 무렵 조성된 것으로 추정된다.

김정희 종가 유물 [金正喜 宗家 遺物]

서울 용산구 서빙고로 137 국립중앙박물관

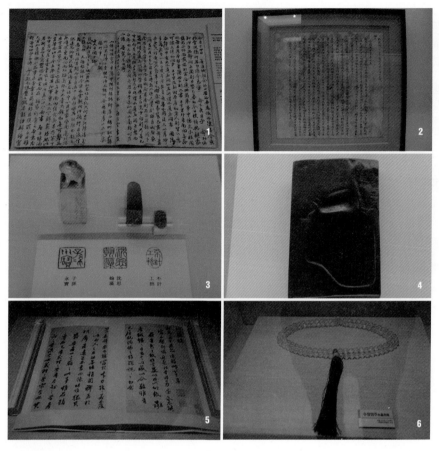

김정희 종가 유물은 조선 후기의 문신이자 서화가였던 김정희(1786~1856)의 유물이다. 추사 김정희는 고증학과 금석학을 발전시켰고 시·서·화에도 뛰어난 재능을 보여 말년에는 독창적인 글씨체인 추사체를 완성시켰다. 그의 유물로는 생전에 지니던 인장, 염주, 벼루, 붓의 유물류와 그의 습작부터 편지, 달력, 필사본, 대련 등에 이르는 유묵, 그리고 독립된 서첩인 금반첩과 심경첩으로 크게 나누어 볼 수 있다. 더불어 철종 8년(1857) 이한철이 그린 김정희 영정(가로 57.7cm, 세로 131.5cm)이 함께 지정·보관되고 있다.

김정희 종가 유물

1 희우 [영인본]
2 화순옹주유제문[영인본]
3 인장

4 벼루
5 신해년 책력
6 수정염주
7 김정희 영정

이황 필적 - 선조유묵첩 [李滉 筆蹟 - 先祖遺墨帖]

경북 안동시 도산면 퇴계로 1997 한국국학진흥원

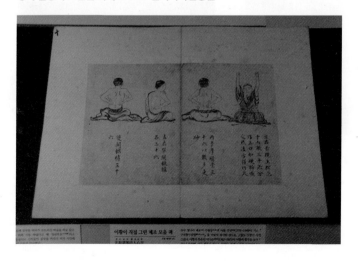

이황 필적-선조유묵첩은 퇴계 이황이 자손에게 보낸 서한을 비롯하여 자신의 시문 원고, 타인의 저작을 베낀 것, 당송의 시를 서예적으로 쓴 것 등 젊어서부터 노년에 이르는 여러 필적을 후손인 이지순이 모은 것으로 표지에 '선조유묵[先祖遺墨]'이라 제목을 붙였다. 표지 숫자가 "卄三[23]"까지 되어 있어 원래 23첩 이상이었으나 현재 제2, 7, 10, 21, 22첩은 없고 18첩만 전한다. 각 면 왼쪽 상단에 장수가 표시되어 있다.

제18첩의 활인심방[活人心方]은 당시 도학자들의 체조 내용이 30세 중반의 자필 자화[自畵]로 기록되어 있어 특이한 가치가 있다고 평가된다.

보물 제549호 권주 종가 고문서 [權柱 宗家 古文書]

경북 안동시 도산면 퇴계로 1997 한국국학진흥원

권주 종가 고문서는 연산군 때의 학자인 화산 권주(1457~1505)선생의 종손가에 대대로 전해오는 문서들이다. 권주는 성종 때 문과에 합격하여 도승지, 충청도 관찰사를 거쳐 동지중추부사에 이르렀는데, 연산군 10년(1504)에 갑자사화에 연루되어 평해로 귀양한 뒤 극형을 당하였다. 중종반정 이후 우참찬에 추증되었다. 문서는 2건으로 하나는 '한성부황화방소재가대매매문서'이며, 다른 하나는 왼쪽 사진의 '재산양도문서(재산 분할 상속문서)'이다. 이 두 문서는 조선 전기의 경제 및 가족 관계사를 연구하는 데 중요한 자료로 평가된다.

보물 제551호 시용향악보 [時用鄕樂譜]

서울 서대문구 충정로9길 10 (재)아단문고

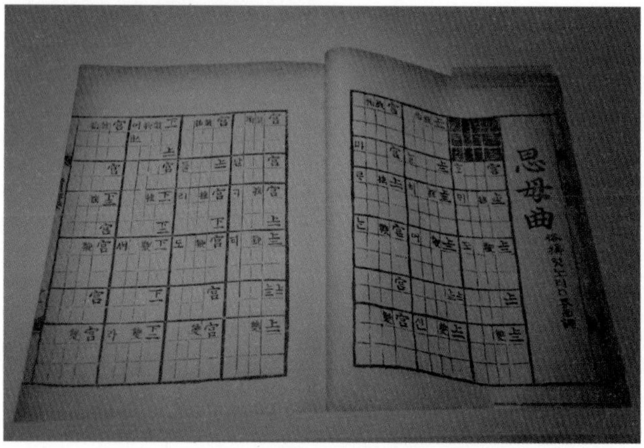

시용향악보는 악장을 비롯한 민요, 창작 가사 등의 악보가 실려 있는데, 그 가운데 악보가 있는 가사 총 26편이 실려 있다. 1장에만 수록되어 있는 26편의 가사 중에 '상저가', '유구곡'을 비롯한 16편은 다른 악보집에 전하지 않아 제목조차 알려지지 않은 고려가요이다. 새로이 발견된 16편에는 순 한문으로 된 '생가요량', 한글로 된 '나례가', '상저가' 등이 있고, '구천', '별대왕' 등과 같이 가사가 아닌 '리로노런나 로리라 리로런나'와 같은 여음(餘音)만으로 표기된 것도 있다.

보물 제553호 안동 예안이씨 충효당 [安東 禮安李氏 忠孝堂]

경북 안동시 풍산읍 우렁길 73

쌍수당 [별당]

안채

이 집은 임진왜란 때 의병장으로 활약하다가 순국한 이홍인 부자의 충과 효가 얽혀있는 유서 깊은 집이다. 이홍인의 후손들이 사는 집으로서 명종 6년(1551)에 지은 것으로 보아 조선 중기 건축으로 추정되며 '충효당'이라 부른다. 안채와 사랑채가 맞붙어 있고 안동지방에서 흔히 볼 수 있는 ㅁ자형 평면을 이루고 있다. 이 집은 부분적으로 수리하고 변형도 되었으나 나직한 야산을 배경으로 하고 풍산평야를 바라보며 자리 잡고 있다. 또한, 대부분의 상류 주택과는 달리 소박하고 서민적인 민가 성격이 강하다.

보물 제554호 달성 태고정 [達城 太古亭]

대구 달성군 하빈면 묘리 638

이 건물은 조선 성종 10년(1479) 박팽년의 손자인 박일산이 세운 별당건물이다. 지금 건물은 선조 25년(1592) 임진왜란 때 불타서 일부만 남았던 것을 광해군 6년(1614)에 다시 지은 것이다. 일명 '일시루[一是樓]'라고도 한다. 네모난 모양의 단 위에 서 있으며 정면 4칸, 측면 2칸 크기로, 동쪽 2칸은 대청마루이고, 서쪽 2칸은 방으로 꾸몄다. 대청 앞 기둥 사이에는 2층으로 된 난간을 설치하였다. 서쪽에는 온돌방과 부엌을 마련해 놓았는데 단순한 아궁이가 아닌 부엌을 한쪽 구석에 둔 것은 흔치 않은 것이다.

보물 제561호 금영 측우기 [錦營 測雨器]

서울 동작구 여의대방로16길 61 기상청

강우량을 재는 측우기는 조선 세종 23년(1441)에 만들어진 후 여러 차례 다시 만들어졌으나, 현재 남아 있는 것은 헌종 3년(1837)에 만들어진 측우기가 유일하다. 금영 측우기는 높이 31.5cm, 지름 15.3cm로 원통형의 표면 세 곳에 대나무처럼 도드라진 마디가 있다. 동그란 통은 빗물을 받는 그릇으로 여기에 주척이라 부르는 자가 있어 측우기에 고인 빗물의 깊이를 쟀다. 중앙의 두 번째 마디 사이에는 여섯 줄의 명문이 새겨져 있다. 원래 공주에 있었으나 일본으로 반출되었다가 다시 반환된 문화재이다.

경산 환성사 대웅전
내부의 수미단 [경북 유형문화재 제439호]

보물 제562호 경산 환성사 대웅전 [慶山 環城寺 大雄殿]

경북 경산시 하양읍 환성로 392 환성사

대웅전은 정면 5칸, 측면 4칸 규모이며, 지붕은 팔작지붕, 공포는 다포 양식이다. 건물의 앞면과 옆면 길이가 거의 같아서 전체적으로 매우 안정된 비례를 이루고 있다. 내부에는 뒤쪽으로 화려한 불단[수미단]이 있는데 장식이 아름답다. 고려 후기 화재로 소실된 것을 조선 인조 13년(1635)에 신감대사가 다시 지었고, 광무 원년(1897) 항월대사가 다시 세웠으며, 1976년 낡은 목재를 갈아내고 보수하였다. 건물의 구조와 단청이 예스러움을 간직한 건물이다.

보물 제563호 여수 흥국사 홍교 [麗水 興國寺 虹橋]
전남 여수시 흥국사길 134-11 흥국사

흥국사 입구에 있는 무지개 모양의 돌다리이다. 개울 양 기슭의 바위에 기대어 쌓았는데, 부채꼴 모양의 돌을 서로 맞추어 틀어 올린 다리 밑은 무지개 모양의 홍예를 이루고 있다. 홍예의 한복판에는 양쪽으로 마룻돌이 튀어나와, 그 끝에 용머리를 장식하여 마치 용이 다리 밑을 굽어보고 있는 듯하다.

조선 인조 17년(1639)에 세워진 다리로, 지금까지 알려진 무지개형 돌다리로서는 가장 높고 길며, 주변 경치와도 잘 어우러지는 아름다운 다리이다.

보물 제564호 창녕 영산 만년교 [昌寧 靈山 萬年橋]
경남 창녕군 영산면 원다리길 42

마을 실개천 위에 무지개 모양으로 만들어 놓은 돌다리로, 실개천이 남산에서 흘러내린다 하여 '남천교'라고도 불린다. 개천 양쪽의 자연 암반을 바닥돌로 삼고 그 위에 잘 다듬어진 화강암 석재를 층층이 쌓아 무지개 모양의 홍예를 이루고 있다. 그 위로는 둥글둥글한 자연석을 쌓아 올리고 맨 위에 얇게 흙을 깔아 다리 위로 사람이 다닐 수 있는 길을 만들어 놓았다. 조선 정조 4년(1780)에 처음 쌓은 것을 고종 29년(1892)에 다시 쌓아 놓은 것이다. 지금도 튼튼하여 홍수 등에도 전혀 피해가 없다고 한다.

보물 제565호 평택 심복사 석조비로자나불좌상 [平澤 深福寺 石造毘盧遮那佛坐像]
경기 평택시 현덕면 덕목5길 47 심복사

머리는 나발로 조성하고 그 위에 육계는 낮게 표현되어 있다. 둥글고 원만한 얼굴에 귀가 크고 짧은 목에는 삼도의 표현이 뚜렷하다. 옷은 양어깨를 감싸고 있으며, 옷깃과 소매깃에는 꽃무늬가 새겨져 있다. 배 부분에는 안에 입은 옷을 묶은 띠매듭이 사실적으로 묘사되었다. 대좌의 하대석은 8판의 연꽃무늬를 상대석은 16판의 연꽃무늬를 조각하였다. 중대석은 두 마리의 사자가 앞발을 들어 상대를 받치고 있는 모습이다. 이 불상은 10세기경에 만들어진 것으로 추정된다.

보물 제567호 평택 만기사 철조여래좌상 [平澤 萬奇寺 鐵造如來坐像]

경기 평택시 진위면 진위로 181 만기사

만기사 철조여래좌상은 불상을 받치는 대좌는 없고 불신만 남아 있는 상태이다. 오른팔과 양손은 새로 만들어 끼운 것이고 원래의 것은 절 안에 따로 보관되어 있다. 머리는 나발로 조성하고 육계가 큼직하게 표현되었다. 갸름한 얼굴의 세부표현은 분명하고 목에는 삼도가 뚜렷하다. 옷은 우견편단으로 표현하였으며, 어깨는 거의 수평을 이루면서 넓은 편이다. 당당한 형태이지만 도식적인 옷주름의 표현과 단정해진 얼굴 등에서 고려시대 불상의 특징을 잘 보여주고 있다.

보물 제568호 윤봉길의사 유품 [尹奉吉義士 遺品]

충남 예산군 덕산면 덕산온천로 183-5

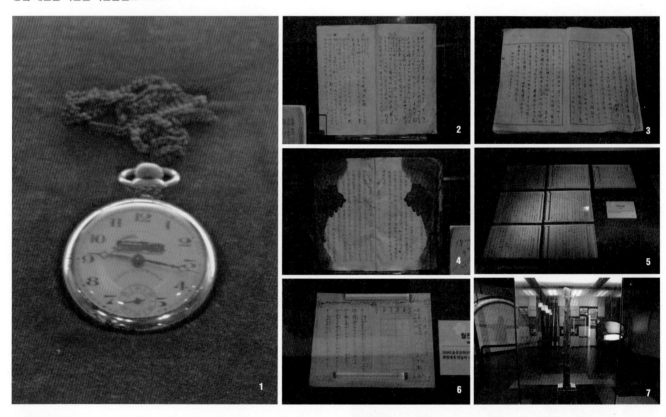

윤봉길의사 유품

1 시계
2 일기 [기사년]
3 월진회 창립 취지서
4 농민독본
5 이력서 [복제본]
6 월진회 통장
7 형틀

윤봉길은 충청남도 예산군 덕산면 사량리에서 태어나, 덕산보통학교와 오치서숙에서 공부하였고 19세 때 고향에 야학을 세워 농촌계몽운동을 시작했다. 20세 때 각곡독서회를 조직하고 '농민독본'을 편찬했으며, 22세 때 월진회를 조직, 농촌운동을 정열적으로 전개하였다. 윤봉길의사 유품은 의사께서 1932년 4월 29일 상해 홍구 공원의 거사시에 가지셨던 시계, 지갑, 화폐와 한인애국단 입단 선서문과 이력서, 윤의사의 창작친서로서 월진회 창립취지서, 일기, 농민독본, 서신(4신), 순국하실 때의 형틀, 태 등이다.

보물 제569-14호 (숭실대학교 한국기독교박물관)

안중근의사유묵은 안중근(1879~1910) 의사가 이토 히로부미를 사살하고 여순감옥에서 목숨을 다할 때까지 옥중에서 휘호한 유묵들을 일괄해서 지정한 것이다. 유묵 가운데 대표적인 것으로는 보물 제569호의 1호인 '백인당중유태화[百忍堂中有泰和]', 보물 제569호의 2호인 '일일부독서구중생형극[一日不讀書口中生荊棘]', 보물 제569호의 14호인 '제일강산[第一江山]' 등이 있고, 보물 제569호의 25호에 이르기까지 총 25편이며, 끝에는 모두 안중근이 썼다는 글과 장인[掌印]이 찍혀 있다.

보물 제569-2호
(동국대학교박물관)

보물 제569-3호
(삼성미술관 리움)

보물 제569-5호
(숭실대학교
한국기독교박물관)

보물 제569-6호
(동아대학교
석당박물관)

보물 제569-8호
(숭실대학교
한국기독교박물관)

보물 제569-22호
(서울역사박물관)
[복제본]

보물 제569-23호
(서울역사박물관)
[복제본]

보물 제571호 여수 통제이공 수군대첩비 [麗水 統制李公 水軍大捷碑]

전남 여수시 고소3길 13

여수 통제이공 수군대첩비
이수와 비제

　충무공 이순신의 공훈을 기념하기 위하여 건립된 우리나라 최대 규모의 대첩비이다. 비는 한 돌로 이루어진 바닥돌 위에 귀부를 배치하고, 비신을 세운 후 구름과 용, 연꽃 등이 조각된 이수를 올렸다. 비문은 이항복이 짓고, 글씨는 명필 김현성이 썼으며, 비신 윗면의 '통제이공수군대첩비[統制李公水軍大捷碑]'라는 비제는 김상용의 글씨이다. 조선 광해군 7년(1615)에 세워졌으며, 비의 왼쪽에는 숙종 24년(1698) 남구만이 지은 비의 건립에 관한 기록이 남아 있다.

보물 제575호 문경 대승사 목각아미타여래설법상 [聞慶 大乘寺 木刻阿彌陀如來說法像]

경북 문경시 산북면 대승사길 283 대승사

　문경 대승사 목각아미타여래설법상은 원래 부석사에서 대승사로 옮겨 놓은 것으로, 후불탱화를 나무로 깎아 돋을새김, 또는 뚫을새김으로 표현한 것이다. 이것은 아미타후불탱화를 조각한 것으로 중앙에는 광배와 연꽃을 새긴 대좌를 새기고, 여기에 별도의 나무로 깎은 아미타불상을 안치하고 있다. 이 좌우로 5단에 걸쳐 협시상들을 안치하고 있다. 이것은 조선 후기 불교조각을 연구하는데 귀중한 자료이다. 또한, 이 목각탱 이외에도 대승사로 옮기기 전에 부석사와의 분쟁 관계를 적은 문서들이 남아 있다. 조선 후기에 제작된 것이다.

보물 제576호 봉업사명 청동금고 [奉業寺銘 靑銅金鼓]

서울 서대문구 연세로 50 연세대학교박물관

봉업사명 청동금고는 절에서 사용하는 금속으로 만든 일종의 타악기이다. 반자 또는 금구라고도 한다. 이 반자는 지름 61cm, 너비 12.9cm로 비교적 큰 반자이고, 표면의 장식 문양도 특이하다. 세 줄의 돌출선을 돌려 3개의 원으로 나누었다. 중심원에 9개의 둥글게 돌출된 연꽃 열매가 있고, 주변에 8장의 연꽃잎이 있다.

고려 고종 4년(1217)에 만들어진 반자임을 알 수 있게 하는 글씨가 있다. 무늬의 선은 약하게 새겨져 있으나, 배치에 있어 새로운 양상을 보여주는 반자이다.

보물 제578호 흥국사 대웅전 후불탱 [興國寺 大雄殿 後佛幀]

전남 여수시 흥국사길 160 흥국사

흥국사 대웅전 후불탱 부분

이 후불탱은 석가가 영취산에서 여러 불·보살에게 설법하는 내용을 담고 있는 탱화로, 비단 바탕에 채색하여 그렸으며 크기는 가로 4.27m, 세로 5.07m이다. 이 탱화는 화면 중앙에 있는 석가여래를 중심으로 앞쪽 양옆으로 여섯 명의 보살들이 배치되었고, 그 옆으로는 사천왕을 거느리고 있다. 석가여래상의 바로 옆과 뒤편으로는 10대 제자를 비롯하여 따르는 무리가 조화롭게 배열되어 있다. 숙종 19년(1693)에 왕의 만수무강과 나라의 평안을 기원하기 위해 천신과 의천 두 승려 화가가 그렸다.

보물 제579호 괴산 외사리 승탑 [槐山 外沙里 僧塔]
서울 성북구 성북로 102-11 간송미술관

외사리 마을에 있었던 탑으로, 일본강점기에 일본인에 의해 해외로 반출될 뻔하였던 것을 간송 전형필 선생이 구매한 것이다. 팔각원당형으로 기단의 하대석에는 안상과 연꽃을, 중대석은 구름 모양을 새겼다. 탑신의 기둥은 민흘림으로 표현하고 남북 면에는 문비를 새기고 그 안에 자물쇠를 양각하였다. 지붕돌은 처마가 높고, 큼직한 귀꽃을 새겼다. 상륜부는 중간에 두 줄의 선을 돌린 둥근돌 등을 올려 장식했다. 조각의 양식으로 보아 고려 중기 이전의 작품으로 추정된다.

보물 제580호 문경 오층석탑 [聞慶 五層石塔]
서울 성북구 성북로 102-11 간송미술관

간송미술관에 소장되어 있는 고려시대의 탑이다. 원래는 경상북도 문경에 있었던 것이나, 일본강점기에 일본인들이 다른 곳으로 옮겨 가려 하자, 당시 전형필선생이 이를 수습하여 지금의 자리에 세워놓은 것이다. 2단의 기단 위에 5층의 탑신을 올렸다. 기단과 탑신의 몸돌에는 기둥을 모각하였다. 탑신 1층 몸돌에는 자물쇠 모양을 양각하였다. 탑신은 각각 1개의 돌로 조성하고, 옥개받침은 4층까지 4단, 5층은 3단이다. 상륜부는 노반과 복발만 남아 있다. 고려시대 조성한 탑이다.

보물 제581호 경주 골굴암 마애여래좌상 [慶州 骨窟庵 磨崖如來坐像]
경북 경주시 양북면 안동리 산304 골굴암

머리는 소발로 표현하고 그 위에 육계가 높이 솟아있다. 윤곽이 뚜렷한 얼굴은 가늘어진 눈·작은 입·좁고 긴 코 등의 표현에서 이전보다 형식화가 진전된 모습을 살펴볼 수 있다. 입체감이 두드러진 얼굴에 비해 평면적인 신체는 어깨가 거의 수평을 이루면서 넓게 표현되었는데, 목과 가슴 윗부분은 손상되었다. 암벽에 그대로 새긴 광배는 연꽃무늬가 새겨진 머리광배와 불상 둘레의 율동적인 불꽃무늬를 통해 흔적을 살필 수 있다. 통일신라 후기에 조성된 것으로 추정된다.

보물 제583호 전주 풍패지관 [全州 豊沛之館]

전북 전주시 완산구 중앙동 3가1

전주 풍패지관 현판

전주 풍패지관은 전주 객사 건물이다. 객사는 고려 전기부터 있었으며 조선시대에는 객사에 위패를 모시고, 초하루와 보름에 궁궐을 향해 예를 올렸으며 사신의 숙소로도 이용하였다. 전주 풍패지관은 전주사고를 지은 뒤 남은 재료로 조선 성종 2년(1471)에 서익헌을 고쳐 지었다는 기록으로 보아 그 이전에 세웠던 것으로 추정된다. 전주 객사는 현재 주관과 서익헌, 동익헌, 수직사만 남아있다. 주관 앞면에는 '풍패지관[豊沛之館]'이라는 액자가 걸려 있는데 전주가 조선왕조의 발원지라는 뜻을 담고 있다.

구례 윤문효공 신도비
1 귀부를 받치고 있는 대석
2 귀부

보물 제584호 구례 윤문효공 신도비 [求禮 尹文孝公 神道碑]

전남 구례군 산동면 이평리 산91-1

이 비는 조선시대의 문신 윤효손의 신도비이다. 비는 귀부 위로 비신을 세우고 이수를 얹은 모습이다. 귀부는 앞발의 형태가 특이한데, 보통 앞을 향하고 있는 것에 비해 앞발을 구부려 아래 연꽃받침에 붙이고 있다. 이수에 새겨진 용의 조각은 사실성이 뛰어나며, 꼭대기에는 둥근 돌을 얹어 머리 장식을 하고 있다. 비문에는 윤효손의 평생 업적과 자손들의 계보 및 그의 충효와 인품을 기리는 글들이 적혀 있다. 비문은 신용개가 짓고, 신공제가 글씨를 썼다. 조선 중종 14년(1519)에 세워진 비이다.

보물 제585호 퇴우이선생진적 [退尤二先生眞蹟]

서울 용산구

이 서화첩은 조선시대의 학자, 서화가인 이황, 송시열, 정선, 정선의 아들 정만수, 이병연, 임헌회, 김용진 등의 글과 그림을 한데 모아 연대순으로 묶은 서화첩이다.

모두 8엽으로 이루어져 있다. 사진의 그림은 정선이 그린 무봉산중[舞鳳山中], 풍계유택[楓溪遺宅]이다.

퇴우이선생진적
왼쪽: 풍계유택 오른쪽: 무봉산중

보물 제587호 필암서원 문적 일괄 [筆巖書院 文籍 一括]

광주 북구 하서로 110 국립광주박물관

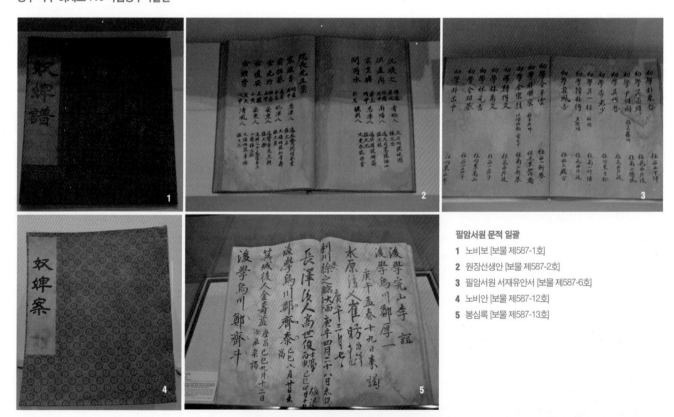

필암서원 문적 일괄
1 노비보 [보물 제587-1호]
2 원장선생안 [보물 제587-2호]
3 필암서원 서재유안서 [보물 제587-6호]
4 노비안 [보물 제587-12호]
5 봉심록 [보물 제587-13호]

이곳에서 지정된 유물은 총 14책 64매로, 인조 2년(1624)부터 1900년경까지의 자료들이다. 필암서원 문적 일괄을 보면, 필암서원 소속 노비와 그 자손의 인적 사항을 기록한 '노비보', 헌종 때 노비 34인의 인적사항을 기록한 '노비안' 필암서원의 역대 원장들을 기록한 '원장선생안', 학생들의 수업을 담당한 교관, 강의에 참석한 인물의 명단 등을 기록한 '보강안', 강회 참가자의 명단인 '문계안', 필암서원 소속 유생들의 명단인 '서재유안서', 필암서원의 재산을 기록한 '필암서원원적', 장성부사가 필암서원에 내려준 '장성부사하첩' 등이다. 조선시대 지방교육제도와 사회경제사를 연구하는데 매우 귀중한 자료이다.

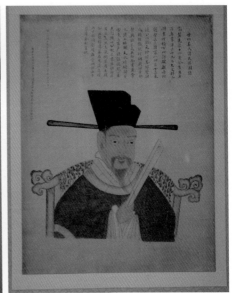

강민첨 초상은 고려시대 장군인 강민첨을 그린 초상화로, 크기는 가로 61.3cm, 세로 80cm이다. 과거에 급제한 후 쓰던 모자인 복두에 정장을 하고 홀[笏]을 들고 앉아서 왼쪽을 바라보고 있는 반신상이다. 의자 등받이에 있는 호랑이 가죽은 18세기 초상화의 특징을 보여주며, 정조 12년(1788) 박춘빈이 원본을 그대로 옮겨 그린 그림으로 비록 조선시대에 그려진 그림이지만 고려시대 초상화가 희귀한 상황에서 고려 공신상 형식과 표현 형식을 엿볼 수 있는 중요한 그림이다.

보물 제589호 **강현 초상 [姜鋧 肖像]**

서울 용산구 서빙고로 137 국립중앙박물관

조선 중기 문신인 강현(1650~1733) 선생의 초상화로, 오른쪽을 바라보며 의자에 앉아있는 가로 96cm, 세로 165.8cm 크기의 전신 초상화이다. 강현 선생은 문인 서화가인 강세황의 아버지로, 대제학, 예조판서 등 여러 벼슬을 한 인물이다. 이 초상화에서의 모습은 관리들이 쓰는 모자와 녹색 관복을 입고 있으며, 호랑이 가죽이 깔린 의자에 앉아 있다. 얼굴의 묘사는 눈, 코, 턱, 양 볼 부분에 가는 선을 이용하여 음영을 넣었으며, 노인 특유의 붉은 기운이 잘 표현되었다.

이명기 필 초상

71세 자화상

이 초상화는 입고 있는 옷이 다르기는 하지만 강세황이 죽은 뒤 그의 자화상을 보고 영정 그림에 뛰어났던 이명기가 그린 것이다. 가로 94cm 세로 145.5cm 크기이며, 관복에 관모를 착용하였다. 자화상과 같이 똑같은 얼굴의 각도를 하고 시선이 오른쪽을 향하고 있으며, 의자에 앉은 전신의 모습을 그렸다. 초상화에서 손가락 마디의 생김새까지 표현한 것은 조선시대 전반기까지 거의 없었던 것으로, 회화사적으로 볼 때 의미 있는 발전이라고 할 수 있다.

조선 후기 대표적 문인 서화가인 강세황이 직접 자신을 그린 자화상으로 크기는 가로 51cm 세로 88.7cm이고, 비단에 채색하여 그렸다. 강세황(1713~1791)은 시, 글씨뿐만 아니라 그림에도 뛰어나 그의 독자적인 화풍을 이룩하였다. 자화상은 검은색 관모에 진한 옥빛의 도포 차림의 모습이고 얼굴을 표현함에 주름은 색을 덧칠하여 윤곽을 나타냈으며, 오목한 부분은 그림자를 사용하여 입체감을 주었다. 이 자화상은 강세황의 71세 때의 모습을 그린 것이다.

보물 제591호 석씨원류응화사적 목판 [釋氏源流應化事蹟 木板]

서울 종로구 우정국로 55 불교중앙박물관

　석씨원류응화사적목판은 인조 9년(1631) 정두경이 명나라 사신으로 갔다가 가져온 책을 바탕으로 현종 14년(1673) 승려 자습이 양주 불암사에서 목판본으로 발간한 책판이다. 이 책은 석가모니의 일대기와 석가모니 이후 불법이 전파된 사실을 기술한 것으로, 각 항의 4자 1구로 제목을 붙이고 먼저 사적을 그림으로 그리고 그 내용을 서술하였다. 명나라 헌종이 쓴 서문, 당나라 왕발의 석가여래성도기가 등이 있고, 책 끝에는 화가, 인쇄 조각자 명단이 있는데, 지은이에 대한 기록은 없다.

나집역경	남파혜능	노도사시	달마도강
마야탁몽	명제감몽	보살항마	수하탄생
쌍림입멸	야반유성	육년고행	자장감금
진단불상	전묘법륜	조계익숙	조탑법식
최초조상	환국전법		

석씨원류응화사적 목판 전시 전경

보물 제592-1호 **허목 수고본 [許穆 手稿本]**

서울 용산구 서빙고로 137 국립중앙박물관

허목 수고본 **동해비첩**

허목 수고본은 조선 후기의 유학자인 미수 허목(1595~1682)이 쓴 수필 원고본들이다. 허목은 전서체에 뛰어난 유학자이며, 23세 때 스승 정구로부터 퇴계의 학문을 이어받아 다시 그 학문이 이익에 의해 계승, 발전되는 매개체 역할을 하였다. 유물을 보면 '동해비첩' 1책[크기 32.7cm, 세로 50cm], '금석운부' 2책[가로 22.7cm, 세로 34.5cm], '고문운부' 9책[가로 22.7cm, 세로 34.5cm]으로 총 3종 12책이다. 이것들은 모두 허목의 대표적 전서체 작품들로서 그의 필체를 연구하는데 매우 귀중한 자료이다.

허목 수고본 **금석운부**

보물 제592-2호 **허목 전서 함취당 [許穆 篆書 含翠堂]**

서울 성북구 안암동5가 1 고려대학교박물관

허목 전서 함취당은 17세기를 대표하는 유학자·전서명필인 미수 허목(1595~1682)의 전형적인 대자[大字] 전서풍을 보여주는 편액이다. 축[軸]으로 장황 되어 있으며 보존상태도 비교적 양호하다. 장지[壯紙] 한 장에 한 글자씩 써서 3매를 이어 붙였는데, 그중 가운데 '취[翠]' 자의 바탕이 좁다. 편액 아래에 함취당 주인 홍수보가 정조 15년(1791) 4월에 지은 발문이 딸려 있어 그 전래내력을 알 수 있는 보기 드문 예이다. 또 그동안 보이지 않던 허목의 인장 네 개[眉老, 和, 九疇人, 叟]가 찍혀 있다.

보물 제597호 **토기 융기문 발 [土器 隆起文 鉢]**

부산 서구 구덕로 255 동아대학교박물관

이 토기는 부산광역시 영도구 영선동 패총에서 출토된 신석기시대 초기의 토기로, 크기는 높이 12.4cm, 지름 16.4cm이다. 이 토기의 특징은 아가리 한쪽에 짧은 주구가 부착되어, 내용물을 담아 따르게 되어 있다는 점과 아가리 밑으로 융기된 장식무늬가 있다는 점이다. 장식무늬는 덧띠문(점토대)을 W자형으로 붙인 뒤, 이 덧띠문를 띠 모양으로 눌러 눈금을 새겨 장식 효과를 주었다. 바탕흙은 점토질로 황갈색을 띠며, 아래쪽으로 내려올수록 검은색을 띤다.

이러한 토기는 신석기시대 전기에 제작되었다.

보물 제598호 도기 마두식 각배 [陶器 馬頭飾 角杯]
부산 서구 구덕로 255 동아대학교박물관

국립중앙박물관 전시

동아대학교 석당박물관 전시

이 두 점의 각배는 동래구 복천동 무덤 중 제7호 무덤에서 출토되었으며, 신라·가야 지역의 무덤에서 발굴된 각배 중에서도 뛰어난 걸작이다. 이 뿔잔은 큰 것이 높이 14.4cm, 길이 17cm, 작은 것은 높이 12.1cm, 길이 17cm로 크기는 서로 다르나, 전체적인 형태와 제작 수법은 거의 같다. 뿔잔의 밑부분 끝에 말머리를 빚어 붙이고, 그 뒤쪽으로 조그만 다리를 2개 붙여 넘어지지 않게 하고 있다. 말머리의 전체적인 형상은 간결한 솜씨로 표면에는 조각칼 따위로 깎아 다듬은 자국이 남아있다.

보물 제599호 쌍자총통 [雙字銃筒]
부산 서구 구덕로 255 동아대학교박물관

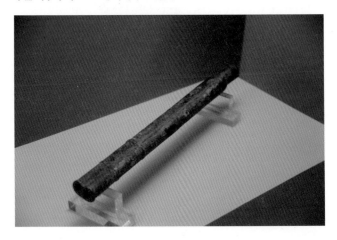

쌍자총통은 조선 중기에 사용하던 개인용 소용화기[小用火器]로, 총구에 화약과 실탄을 장전, 불씨를 점화하여 발사하는 유통식이다. 총신이 쌍으로 이루어져 한쪽에 3발을 동시에 장전, 발사할 수 있어 양쪽 6발을 목표에 사격할 수 있다. 그러나 비, 눈, 바람이 있을 때는 거의 사용할 수 없고 총신이 짧아 원거리 사격에 적합하지 않다. 임진왜란 때 조총이 도입되면서 점차 자취를 감추게 되었다. 길이 52.2cm, 구경 1.7cm, 손잡이 6cm이며, 총신에 새긴 글자는 선조 17년(1583)에 제작되었음과 사용법이 씌어있다.

보물 제600호 광주 약사암 식조여래좌상 [光州 藥師庵 石造如來坐像]
광주 동구 증심사길160번길 89 약사암

통일신라시대의 불상으로 보존 상태가 양호하다. 왼손에 약합을 들고 있는 것으로 보아 약사불을 표현한 것으로 보인다. 머리는 나발로 표현하였다. 약간 숙이고 있는 얼굴은 위가 넓고 아래가 좁은 모양이다. 체구는 전체적으로 당당하게 표현되었다. 허리는 가늘게 표현되어 상대적으로 가슴 쪽의 양감이 풍부해 보인다. 옷 입은 모습은 우견편단으로 나타내었다. 대좌는 전형적인 8각의 연꽃무늬 대좌인데, 각각 한 개의 돌로 상·중·하대를 구성하고 있다. 조성 시기는 신라말기로 추정된다.

보물 제601호 대구 도학동 승탑 [大邱 道鶴洞 僧塔]

대구 동구 팔공산로201길 41 동화사

동화사 안에 세워져 있는 이 승탑은 바닥돌 위에 올려진 기단과 탑신이 모두 8각을 이루고 있다. 세 부분으로 이루어진 기단은 하대석과 중대석이 하나의 돌로 이루어져 있다. 상대석은 별개의 돌로 되어 있으며, 큼직한 연꽃무늬를 둘러놓았다. 탑신의 몸돌은 모서리마다 기둥 모양의 조각을 두었고, 널찍하게 마련된 지붕돌은 윗면의 느린 곡선이 처마 끝까지 펼쳐지고 있다. 꼭대기에는 장식을 한 2단의 머리 장식이 올려져 있다. 각 부분의 양식과 조각 수법으로 보아 고려 전기의 작품으로 추측된다.

보물 제602호 이이 수고본 격몽요결 [李珥 手稿本 擊蒙要訣]

강원 강릉시 율곡로3139번길 24 오죽헌시립박물관

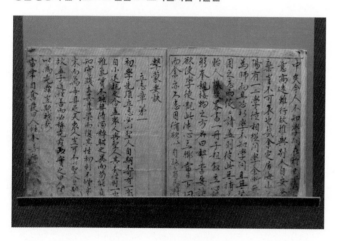

이이 수고본 격몽요결은 율곡 이이(1536~1584) 선생이 42세 때인 선조 10년(1577) 관직을 떠나 해주에 있을 때 처음 글을 배우는 아동의 입문교재로 쓰기 위해 저술한 것이다. 이 책은 율곡이 직접 쓴 친필 원본으로 한지에 행서체로 단아하게 썼으며, 내용은 제1장 [입지]에서부터 [처세]의 항목으로 나누어 제10장으로 구성하여 서술하였다. 특히 이 책머리에는 정조 12년(1788)에 이 책을 열람하고 제목에 글을 지어 문신 이병모에게 명해 이를 책머리에 붙이게 하였다.

보물 제603호 문무잡과방목 [文武雜科榜目]

강원 강릉시 율곡로3139번길 24 오죽헌시립박물관

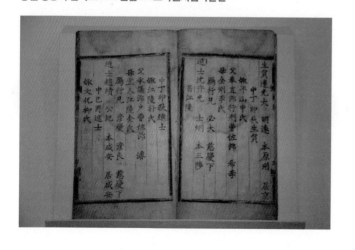

문무잡과방목은 중종 8년(1513)에 실시한 문무잡과 시험에 합격한 합격자의 명단이다. 소장자의 선조인 심언광에게 내려져 전해온 것으로, 전체 매수 37매로 가로 17.5㎝, 세로 30㎝이다. 조선 후기의 방목은 많이 전해지고 있으나 이것은 조선 전기의 방목으로서 희귀한 것이다. 특히 이 문무잡과방목은 세 개 과의 합동방목으로서 가장 오래된 것이다. 이것을 인쇄한 활자는 갑인자〈세종 16년(1434) 제작된 구리 활자〉로 인쇄 문화 연구에도 귀중한 자료가 되고 있다.

고령 장기리 암각화 [高靈 場基里 岩刻畵]
경북 고령군 고령읍 아래알터길 15-5

고령 장기리 암각화 부분

알터 마을 입구에 있는 높이 3m, 너비 6m의 암벽에 새겨진 바위 그림이다. 바위 그림은 동심원, 십자형, 가면 모양 등이 있는데, 동심원은 삼중원으로 총 4개가 있으며, 태양신을 표현한 것으로 보인다. 십자형은 불분명한 사각형 안에 그려져 있어 전[田]자 모양을 하고 있다. 이는 부족사회의 생활권을 표현한 듯하다.

가면 모양은 머리카락과 수염 같은 털이 묘사되어 있고, 그 안에 이목구비를 파서 사람의 얼굴을 표현한 것으로 부적과 같은 의미로 새긴 듯하다. 청동기시대 후기(B.C. 300~0)에 만들어진 암각화로 추정된다.

문경 도천사지 동·서 삼층석탑 [聞慶 道川寺址 東·西 三層石塔]
경북 김천시 대항면 북암길 89 직지사

이 탑은 원래 경북 문경의 도천사터에 쓰러져 있던 것을 이곳으로 옮겨 놓은 것이다. 두 탑 모두 각 부분의 양식이 같아서 1단의 기단 위로 3층의 탑신을 올렸다. 기단과 탑신의 몸돌에는 기둥을 모각하였다. 탑신의 각 층 몸돌과 지붕돌은 각각 하나의 돌로 이루어져 있으며, 옥개받침은 1·2층은 5단, 3층은 4단이다. 수평을 이루던 처마는 네 귀퉁이에서 경쾌하게 들려 있다. 현재 상륜부는 1976년 탑을 옮겨 세울 때 새로 만들어 장식해 놓은 것이다. 통일신라시대 조성된 것으로 추정된다.

보물 제607호 문경 도천사지 삼층석탑 [聞慶 道川寺址 三層石塔]

경북 김천시 대항면 북암길 89 직지사

옛 도천사터에서 옮겨온 것으로, 1단의 기단 위에 3층의 탑신을 올리고 있다. 바닥돌은 넓적하게 짜여 있으며, 그 위로 여러 장의 석재를 조성한 2단의 높직한 괴임을 두어 기단을 받치고 있다. 기단과 탑신의 몸돌에는 기둥을 모각하였다.

탑신은 몸돌과 지붕돌이 각각 한 돌로 이루어져 있고, 지붕돌의 옥개받침은 5단씩이다. 9세기 통일신라 후기의 특징을 잘 보여주고 있는 뛰어난 작품이다.

보물 제608호 완주 위봉사 보광명전 [完州 威鳳寺 普光明殿]

전북 완주군 소양면 위봉길 53 위봉사

완주 위봉사 보광명전 백의관음도

위봉사 보광명전은 건축 수법으로 보아 17세기경에 지은 건물로 추정되며 '보광명전'이라 적힌 현판은 조선 순조 28년(1828)에 쓴 것이라고 한다. 규모는 정면 3칸, 측면 3칸으로 지붕은 팔작지붕, 공포는 다포 양식이다. 건물 안쪽은 우물천장으로 꾸미고, 불단 위쪽으로 운룡과 여의주 모양의 구슬을 장식한 닫집을 만들어 놓아 불상에 엄숙한 분위기를 자아내고 있다. 안쪽 뒷벽에 그린 백의관음도를 비롯한 여러 불화와 비교적 채색이 잘 보존된 금단청은 차분하고 아늑한 법당 안의 분위기를 느끼게 한다.

영양 화천리 삼층석탑 [英陽 化川里 三層石塔]

경북 영양군 영양읍 화천리 835

영양 화천리 삼층석탑

1 1층 몸돌의 사천왕상
2 2층 기단의 팔부중상

　2단의 기단 위에 3층의 탑신을 세운 모습의 전형적인 통일신라시대 석탑이다. 아래층 기단에는 십이지신상을 한 면에 3구씩 도드라지게 새겨 놓았는데, 손에는 각각 무기를 들고 앉아있는 모습이다. 위층 기단은 기둥으로 면을 나눈 뒤 여덟 곳에 팔부중상을 새겼다. 몸돌과 지붕돌이 각각 한 돌로 조성하였으며, 1층 몸돌 4면은 사천왕상을 양각하였다. 지붕돌의 옥개받침은 각 4단씩으로 조성하였고, 처마 밑은 수평을 이루고 있다. 표면에 많은 조각이 있는 화려하고 장식적인 석탑으로, 9세기경 건립된 것으로 추정된다.

보물 제610호 **영양 현리 삼층석탑 [英陽 縣里 三層石塔]**

경북 영양군 영양읍 현리 401

영양 현리 삼층석탑

1 1층 몸돌의 사천왕상
2 2층 기단의 팔부중상

　2단의 기단 위에 3층의 탑신을 올린 형태이다. 아래층 기단에는 십이지신상을 한 면에 3구씩 새겼다. 위층 기단은 기둥으로 면을 나누고 팔부중상을 조각하였다. 팔부중상은 통일신라 중기 이후 석탑에 등장하는데, 단순히 탑의 장식에만 목적을 둔 것이 아니라 탑을 부처님의 세계인 수미산으로 나타내려는 신앙의 한 표현이기도 하다. 탑신의 1층 몸돌에는 면마다 사천왕상을 양각하였다. 지붕돌의 옥개받침은 4단으로 조성하였다. 전체적인 구성과 조각 수법으로 보아 통일신라 후기인 9세기경 건립된 것으로 추정된다.

보물 제611호 고양 태고사 원증국사탑비 [高陽 太古寺 圓證國師塔碑]
경기 고양시 덕양구 대서문길 406 태고사

원증국사(1301~1382)는 고려 후기의 승려로 13세에 출가하여 회암사의 광지선사에게 가르침을 받았다. 46세 때 중국에 다녀왔는데 이후 다시 중국에 갔을 때는 순제[順帝]가 그 소식을 듣고 법의를 하사하였다고 한다. 공민왕의 스승이 되기도 하였다. 우왕 8년(1382)에 이 절에서 입적하였다. 비는 용의 머리를 하는 귀부 위에 비신을 세우고 이수를 얹은 모습이다. 비문은 당대의 문장가 이색이 짓고, 명필 권주가 글씨를 썼다. 고려 우왕 11년(1385)에 세웠다.

보물 제612호 영월 흥녕사지 징효대사탑비 [寧越 興寧寺址 澄曉大師塔碑]
강원 영월군 수주면 무릉법흥로 1352 법흥사

흥녕사를 크게 발전시킨 징효대사의 행적을 기리기 위해 세운 석비로, 거의 완전한 형태로 보존되고 있다. 귀부 위에 비신을 올리고, 그 위에 용머리가 조각된 이수를 얹었다. 비문에는 징효의 출생에서부터 입적할 때까지의 행적이 실려있다. 비문에 의하면 징효는 19세에 장곡사에서 승려가 되어 75세 되던 효공왕 5년(901)에 입적하였다. 비문은 최언위가 짓고 최윤이 글씨를 썼으며 최오규가 새겼다(새긴 사람에 대해 문화재청 자료는 최오규, 다음 백과사전에는 최환규로 기록되어 있다).

이 비는 대사가 입적한 지 44년 후인 고려 혜종 원년(944)에 세웠다.

보물 제613호 신숙주 초상 [申叔舟 肖像]
충북 청원군 [고령신씨 문중]

이 초상은 조선 전기의 문신인 보한재 신숙주(1417~1475)의 초상화로 가로 109.5cm, 세로 167cm이다. 이 초상화는 초록색 관복을 입고 오른쪽을 바라보며 의자에 앉아 있는 모습이다. 가슴에는 구름과 기러기 문양의 흉배를 하고 있는데, 이는 조선시대 처음으로 나타나는 흉배 형식으로 문관 2품 때의 그림임을 알 수 있다. 얼굴의 음영 처리나 표현 기법을 보아 성종 6년(1475)에 새롭게 고쳐진 이후에도 여러 번 수정, 보완된 것으로 보인다.

보물 제614호 사천 흥사리 매향비 [泗川 興士里 埋香碑]

경남 사천시 곤양면 흥사리 산48-2

이 비는 거의 다듬지 않은 자연석을 사용하여 비문을 새겨 놓았는데, 표면의 굴곡이 심하다. 글자 크기가 같지 않고 가로 · 세로도 잘 맞지 않으며, 글자 수 또한 각 행마다 같지 않다. 판독된 내용은 고려 후기 사회가 혼란하던 때에 불교 승려들을 중심으로 4,100여 명이 계를 조직하여, 왕의 만수무강, 나라의 부강, 백성의 평안 등을 기원하기 위해 이곳에서 매향의식을 치렀다고 한다. 비문은 승려 달공이 짓고, 수안이 썼으며, 김용이 새긴 것으로, 고려 우왕 13년(1387) 세웠다.

강화 장정리 석조여래입상 전체 모습

보물 제615호 강화 장정리 석조여래입상 [江華 長井里 石造如來立像]

인천 강화군 하점면 장정리 584

머리는 소발로 표현했고 그 위에 육계를 표현하였다. 타원형의 얼굴로 눈, 코, 입의 표현이 다소 둔중해 보인다. 귀는 비사실적으로 길며, 목이 짧아 3줄의 주름인 삼도가 가슴까지 내려와 있다. 불신의 주위에는 2줄의 도드라진 선으로 몸광배와 머리광배를 구분하고 있다. 2줄 사이에는 드문드문 둥근 구슬을 새기고, 두광과 신광의 가장자리에는 불꽃무늬를 새겼다. 평판적이고 선으로 조각하는 경향이 두드러진 불상으로 모든 면에서 단순화, 생략화 되고 있다. 고려시대의 석조불상이다.

보물 제616호 영천향교 대성전 [永川鄕校 大成殿]

경북 영천시 지당길 5

대성전의 규모는 정면 5칸, 측면 3칸이며 지붕은 맞배지붕이다. 가운데 칸과 양쪽 두 칸에 여닫이문을 달고 문 윗부분을 우물 정[井]자 모양의 창살로 꾸몄다. 옆면 1칸을 터서 복도형식[전퇴]으로 만든 일반적인 대성전 건축 형식과는 달리, 옆면 3칸을 모두 내부로 구성하고 있다. 건물 안쪽 천장은 연등천장이다.

조선 세종 17년(1435)에 처음 세웠고 중종 8년(1513)에 군수 김흠조가 고쳤다. 지금 있는 건물은 그 이후에도 여러 차례 다시 수리한 것이다.

보물 제617호 **천마총 금제관식 [天馬塚 金製冠飾]**
경북 경주시 일정로 186 국립경주박물관

천마총 금제 관식은 관 밖 머리 쪽 부장품이 들어있는 상자 뚜껑 위에서 발견되었다. 높이 23cm, 너비 23cm인 이 관식은 중앙에 새 머리같이 생긴 둥근 부분이 있고, 그 밑 좌우 어깨 위치에는 위로 솟는 날개 모양 한 쌍이 있다. 머리 부분에는 나뭇잎 모양으로 2개의 구멍을 뚫었고, 좌우 날개에서 몸통 부분까지 5개의 구멍을 나뭇잎 모양으로 뚫었다. 아래의 방패형으로 된 부분에는 장식이 없지만, 그 윗부분에는 약 150개의 원형 장식을 줄로 연결하여 달았다.

보물 제618호 **천마총 금제관식 [天馬塚 金製冠飾]**
경북 경주시 일정로 186 국립경주박물관

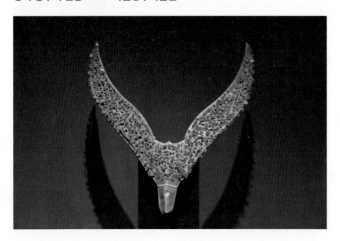

천마총 금제 관식은 천마총 안의 관 머리 쪽에 있던 유물 보관함에서 발견된 것으로 큰 새의 날개가 펼쳐져 있는 모양이고, 밑은 방패 모양으로 된 장식이 달려있다. 몸체와 좌우의 날개에는 덩굴무늬를 파 놓았는데, 가장자리의 테두리와 줄기 부분에는 세밀하게 점선을 찍어, 얇고 긴 금판이 힘을 받도록 했다. 표면 전면에는 지름 0.7cm 정도의 원판 400여 개를 금실로 연결하여 매우 화려해 보인다. 밑에는 장식이 전혀 없고, 못 구멍이 하나 있는데 구멍의 용도는 확실하지 않다.

보물 제619호 **천마총 경흉식 [天馬塚 頸胸飾]**
경북 경주시 일정로 186 국립경주박물관

천마총 목걸이는 천마총 안의 관에서 발견된 것으로, 가슴 윗부분에서 있던 것으로 보아 목걸이로 쓰였던 장신구이다. 금, 은, 비취, 유리 등의 재료를 사용했는데, 원래의 줄 외에 가슴 부근에서 좌우로 늘어지는 짧은 가닥이 달려있다. 청색 유리옥과 금·은 제품이 여섯 줄로 이어져 일정한 간격으로 연결되어 있는데, 좌우에는 큰 굽은 옥이 매달려 있다. 이 경식은 목에 걸었을 때 전체가 V자형이 된다. 다른 무덤에서 출토된 목걸이에 비해 매우 화려한 작품이다.

보물 제620호 천마총 유리잔 [天馬塚 琉璃盞]

경북 경주시 일정로 186 국립경주박물관

천마총 유리잔은 천마총 무덤 내에서 발견되었는데, 높이 7.4
cm, 아가리 지름 7.8cm의 크기이다. 원래 2개가 발견되었으나 다
른 하나는 복원이 불가능할 정도로 파손되었다. 청색의 투명한
유리제로서 기포가 없고, 잔의 두께는 일정하지 않다. 표면에는
일정하지 않은 길이로 굵은 세로 선을 그어 돌리고, 그 밑으로는
바닥만 제외하고 부정형의 원형 무늬가 연속적으로 장식되어
있다. 이 원형 무늬는 깎아낸 것이 아니고 만들 때 굳어지기 전
에 눌러서 만든 것이다. 높은 제작 기술을 보여주고 있다.

보물 제621호 천마총 환두대도 [天馬塚 環頭大刀]

경북 경주시 일정로 186 국립경주박물관

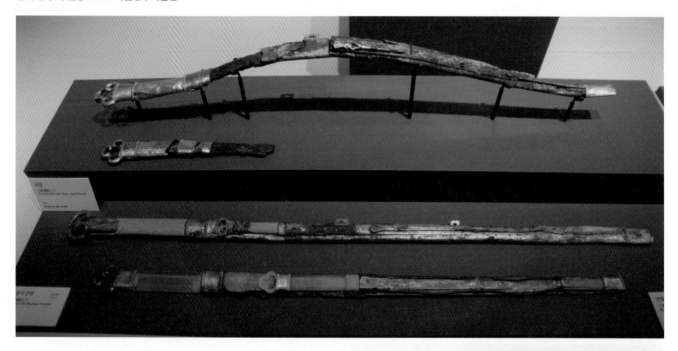

천마총 환두대도(사진: 밑에서 두 번째)는 칼 중에서 손잡이 끝부분에 둥그런 고리가
붙어있고 그 고리 안에 용이나 봉황, 나뭇잎들을 조각하여 그 소장자의 신분이나 지위를
나타내 주는 칼이다. 천마총에서 고리자루큰칼은 칼자루에 손상이 있을 뿐 양호한 상태
를 유지하고 있다. 칼집과 칼자루는 나무로 만들고 그 위에 얇은 금동을 입혔다. 칼자루
끝 둥근 모양 안에 봉황으로 보이는 새의 머리가 붙어있다. 칼집의 표면에는 특별한 장식
이 없고, 한쪽에 따로 칼집을 만들어 큰칼과 같은 것을 붙여 놓았다. 칼집 옆에는 구멍이
난 네모형태의 꼭지가 있어 끈을 매어 달았던 것으로 보인다.

천마총 환두대도 손잡이 부분의 봉황 문양

보물 제623호 황남대총 북분 금제천 및 금제지환 [皇南大塚 北墳 金製釧 및 金製指環]

서울 용산구 서빙고로 137 국립중앙박물관 및 경북 경주시 국립경주박물관

황남대총 북분 금팔찌 및 금반지 중 팔찌는 지름 7.5cm 내외로, 북쪽 무덤 덧널 안에서 몸에 착용한 채 오른쪽에 5개 왼쪽에 6개가 발견되었다. 좌·우 5개는 금막대기를 구부려서 만들어 장식이 없는 간단한 모양이다. 왼쪽 팔에 있던 1개는 기다란 금판을 동그랗게 말고, 그 위에 금판을 덧대어 세공하여 남색과 청색의 옥으로 화사하게 꾸몄다. 반지는 지름 1.8cm로 모두 19개가 관 안에서 발견되었다. 마름모꼴과 격자문을 넣은 두 가지 문양이 보이는데 당시 문양을 알 수 있는 자료이다.

황남대총 북분 금제천
왼쪽 팔의 장식이 있는 금제천(금팔찌)

보물 제624호 황남대총 북분 유리잔 [皇南大塚 北墳 琉璃盞]

서울 용산구 서빙고로 137 국립중앙박물관

황남대총 북분 유리잔은 높이 7cm, 아가리 지름 10.5cm로 북쪽 무덤에서 출토되었다. 아가리 부분은 수평이 되도록 넓게 바깥쪽으로 벌어졌고, 몸통 부분은 밥그릇 모양으로 밑이 약간 넓어진다. 아랫부분에는 우뚝한 받침이 있다. 유리는 투명한 양질이고 갈색으로 전체에 걸쳐 나뭇결무늬가 있다. 받침 바닥에 약간의 손상이 있는 외에는 완전한 형태로 보존되었다. 이러한 작품은 처음 보는 독특한 예로, 잔의 모양이나 무늬로 보아 신라 제품이 아니고 서방에서 전래한 것으로 보인다.

보물 제625호 황남대총 북분 은제관식 [皇南大塚 北墳 銀製冠飾]

경북 경주시 일정로 186 국립경주박물관

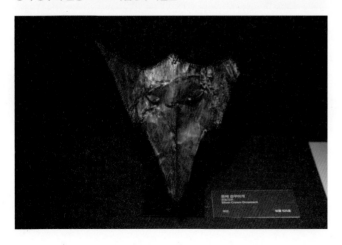

새가 날개를 활짝 펴고 나는 모습을 도안화한 관식[冠飾]으로 관모[冠帽] 앞에 꽂기 위한 것이다. 양쪽 날개와 가운데 꽂이 부분이 각기 다른 은판을 오려서 붙인 것으로 날개는 좌우가 같은 모양이나 오른쪽은 반가량 부식되어 떨어졌다. 날개와 꽂이 상단 부분은 은제 잔못으로 박아 결합했고 꼬리 부분 즉 부채꼴 가운데 꽂이를 제외하고 가장자리에는 두줄의 타출점열문을 돌렸다. 중앙의 선을 중심으로 대칭되게 옆으로 하나씩 붙인 것 같은 모양이 타출되었는데 마치 사람의 눈과 같다.

보물 제626호 황남대총 북분 금제고배 [皇南大塚 北墳 金製高杯]
경북 경주시 일정로 186 국립경주박물관

황남대총에서 발견된 굽다리 접시는 높이 10cm, 주둥이 지름 10cm, 무게 169g으로 북쪽 무덤에서 발견되었다. 토기 굽다리 접시의 형식을 따라 만들어졌지만, 장식이 가해지고, 금으로 만들었다는 점에서 실용품이라기보다는 부장품으로 제작된 듯하다. 아가리 부분은 밖으로 말아 붙였고, 나뭇잎 모양 장식 7개를 2개의 구멍을 통하여 금실로 꿰어 달았다. 굽다리는 작은 편으로 상·하 2단으로 되어 있는데, 각각 사각형 창을 어긋나게 뚫어서 장식하는 신라 굽다리 접시의 형식을 하고 있다.

보물 제627호 황남대총 북분 은잔 [皇南大塚 北墳 銀盞]
서울 용산구 서빙고로 137 국립중앙박물관

이 은제잔은 황남대총 북쪽 무덤에서 발견된 신라 잔 모양 그릇으로 높이 3.5cm, 아가리 지름 7cm의 크기이다. 표면의 장식 무늬가 매우 특이하다. 아가리에 좁은 띠를 두른 뒤, 연꽃을 겹으로 촘촘하게 돌려 무늬를 장식하고, 그 밑으로는 쌍선으로 거북등무늬를 연속시켰다. 거북등 안에는 각종 상상 속의 동물 형상을 새겼다. 바닥 안쪽 중앙에도 꽃무늬 안에 봉황을 배치하였다. 이러한 무늬의 표현 형식과 동물의 형상은 경주 식리총에서 출토된 장식용 신발에서만 찾아볼 수 있을 뿐이다.

은제합

보물 제628호 황남대총 북분 금은기 일괄 [皇南大塚 北墳 金銀器 一括]
서울 용산구 서빙고로 137 국립중앙박물관 및 국립경주박물관

금제완

세 종류의 용기류로서 북쪽 무덤에서 발견된 것으로 은제합은 높이 8cm, 아가리 지름 10cm이고, 은제완은 높이 5.5cm, 아가리 지름 10.5cm이며, 금제완은 높이 4.5cm, 아가리 지름 11cm이다. 은제합은 8개로 몸체는 반원형이며, 아래에 낮은 굽이 붙어있고 아가리는 밖으로 말려있다. 뚜껑도 반원형으로 중앙에 3장의 나뭇잎 받침이 있고, 그 위에 고리 모양의 꼭지가 있다. 은제완은 4개로 아래에 낮은 굽이 있고, 반원형을 이룬다. 아가리는 밖으로 말려있다. 금제완은 4개로 은제완과 같은 모양을 하고 있다.

보물 제629호 황남대총 남분 금제 과대 [皇南大塚 南墳 金製 銙帶]
서울 용산구 서빙고로 137 국립중앙박물관

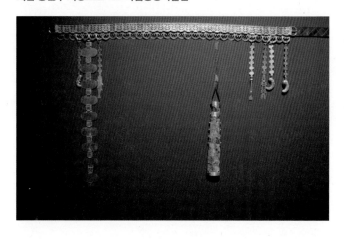

황남대총 남분 금제 허리띠는 경주시 황남동 미추왕릉 지구에 있는 삼국시대 신라 무덤인 황남대총에서 발견된 허리띠(과대)와 띠드리개(요패)이다. 허리띠 길이는 99cm이며, 소형 띠드리개 길이 18~22cm, 대형 띠드리개 길이 79.5cm의 크기이다. 이 허리띠는 문양이 뚫린 사각형의 판과 나뭇잎 장식 34매를 연결하였다. 나뭇잎 장식 아래에는 7줄의 띠드리개가 있는데, 1줄은 길고 6줄은 짧다. 이 허리띠의 좌우 끝에는 서로 연결할 수 있는 띠고리(교구)가 달려 있다.

보물 제630호 황남대총 남분 금제관식 [皇南大塚 南墳 金製冠飾]
서울 용산구 서빙고로 137 국립중앙박물관

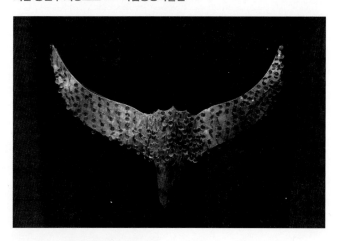

이 관식은 황남대총 남쪽 무덤에서 발견되었으며, 높이 45cm, 날개 끝 너비 59cm의 크기이다. 3매의 금판으로 구성되어 있는데, 가운데 금판은 위에 3개의 돌출된 부분이 있어서 전체가 山자 모양을 하고 있다. 아랫부분은 차츰 좁아져서 V자 형태를 이루고 있으며, 이 가운데 금판 좌우에 새 날개 모양의 금판을 작은 못으로 연결하였다. 전면에 작은 원형 장식을 달았으나 가운데 금판 밑의 관[冠]에 꽂게 된 부분에는 장식이 없다. 가운데 금판은 세로 중심선에서 안으로 약간 접은 상태이다.

보물 제631호 황남대총 남분 은관 [皇南大塚 南墳 銀冠]
경북 경주시 일정로 186 국립경주박물관

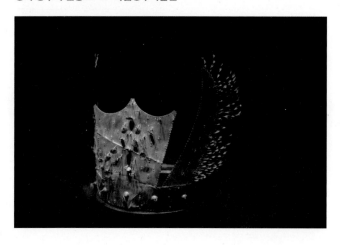

이 은관은 남쪽 무덤 관 밖 머리 쪽 부장 갱 안에서 발견된 것으로 높이 17.2cm, 머리띠 너비 3.2cm, 지름 16.6cm이다. 머리띠 위의 장식은 3개의 가지가 있는 형식으로 신라시대 관모에서는 보지 못하던 특이한 양식이다. 좌우에는 반달형 은판을 붙이고, 바깥쪽을 일정한 폭으로 오려낸 다음 하나하나 꼬아서 새털 모양을 만들었다. 새털 모양의 가지는 신라 금관 형식에는 없었던 것으로, 의성 탑리 무덤에서 이와 유사한 관모가 발견되나 경주 지역에서는 처음 발견된다.

보물 제632호 황남대총 남분 은제굉갑 [皇南大塚 南墳 銀製肱甲]
경북 경주시 일정로 186 국립경주박물관

황남대총 남분 은제 팔뚝가리개는 경주시 황남동 미추왕릉 지구에 있는 삼국시대 신라 무덤인 황남대총 남쪽 분에서 발견된 것이다. 이 팔뚝가리개는 남쪽 무덤 관 밖 머리 쪽의 부장갱(껴묻거리 구덩이) 안에서 발견된 것으로, 길이 35cm, 위쪽의 폭은 18cm이다.

그러나 굉갑(팔뚝가리개)이라는 명칭과는 달리 다리의 정강이를 가리기 위한 경갑(脛甲)으로 추정하고 있다.

보물 제633호 경주 황남동 금제수식 [慶州 皇南洞 金製垂飾]
경북 경주시 일정로 186 국립경주박물관

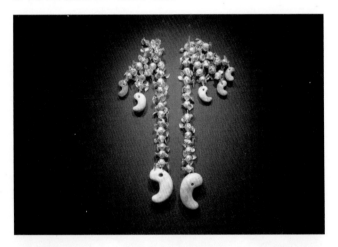

경주 황남동 금제 수식(드리개)은 경주 황남동에 있는 신라 미추왕릉에서 발견된 길이 15.5cm의 한 줄은 길고 세 줄은 짧은 금제 드리개이다. 긴 줄은 속이 빈 금 구슬에 꽃잎장식을 금실로 꼬아 연결하였고, 끝에 비취색 옥을 달았다. 작은 줄 역시 긴 줄과 같은 모양을 하고 있다.

현재의 상태가 원형인지 분명하지 않지만, 신라 무덤에서 출토된 드리개 가운데 가장 호화스러운 작품이다.

상감유리옥

보물 제634호 경주 황남동 상감유리옥 [慶州 皇南洞 象嵌琉璃玉]
경북 경주시 일정로 186 국립경주박물관

경주 황남동 상감 유리구슬은 미추왕릉에서 발견된 길이 24cm, 상감유리옥 지름 1.8cm의 옥 목걸이이다. 대체로 8가지 옥을 연결하여 만든 목걸로, 대부분의 옥이 삼국시대 신라 무덤에서 자주 출토되는 편이지만 상감 유리옥은 처음 출토되었다. 작고 둥그런 유리옥에는 녹색 물풀이 떠 있는 물속에서 헤엄치고 있는, 오리 16마리와 두 사람의 얼굴이 지름 1.8cm의 작은 표면에 여러 가지 색을 써서, 세밀하게 상감 되어 있다. 수공 기술이 놀랍고 색조의 조화가 아름다운 걸작이다.

보물 제635호 경주 계림로 보검 [慶州 鷄林路 寶劍]

경북 경주시 일정로 186 국립경주박물관

보물 제636호 도기 서수형 명기 [陶器 瑞獸形 明器]

경북 경주시 일정로 186 국립경주박물관

도기 서수형 명기는 경주 미추왕릉 앞에 있는 무덤 중 C지구 제3호 무덤에서 출토된, 거북 모양의 몸을 하는 높이 15.1㎝, 길이 17.5㎝, 밑지름 5.5㎝의 토기이다. 머리와 꼬리는 용 모양이고, 토기의 받침대 부분은 나팔형인데, 사각형으로 구멍을 뚫어 놓았다. 등뼈에는 2개의 뾰족한 뿔이 달려 있고, 몸체 부분에는 전후에 하나씩과 좌우에 2개씩의 장식을 길게 늘어뜨렸다. 받침·주구에서 신라의 다양한 동·식물 모양을 본떠서 만든 상형토기에서 흔히 볼 수 있는 양식을 갖추고 있다.

보물 제637호 도기 차륜식 각배 [陶器 車輪飾 角杯]

경남 진주시 남강로 626 국립진주박물관

이 보검은 미추왕릉 지구에서 발견된 길이 36㎝의 칼이다. 1973년 계림로 공사 때 노출된 유물의 하나로, 철제 칼집과 칼은 썩어 없어져 버리고 금으로 된 장식만이 남아 있다. 시신의 허리 부분에서 발견되었는데, 자루의 끝부분이 골무형으로 되어 있고 가운데 붉은 마노를 박았다. 칼집에 해당하는 부분 위쪽에 납작한 판에는 태극무늬 같은 둥근무늬를 넣었다. 단검은 유럽과 중동지방에 걸쳐 발견될 뿐 동양에서는 발견되는 일이 없어, 동·서양 문화교류의 한 단면을 알 수 있는 중요한 자료이다.

도기 차륜식 각배는 수레바퀴가 붙은 높이 18.5㎝, 길이 24㎝의 가야 토기로 출토지는 알 수 없다. 토기의 받침은 이 시대 굽다리 접시에서 흔히 볼 수 있는, 밑이 벌어진 나팔형인데 긴 직사각형의 굽 구멍이 4개 뚫려 있다. 받침 위에 U자형의 각배를 얹어 놓고, 그 등에는 양쪽으로 고사리 모양 장식을 했으나 한쪽은 없어졌다. 각배의 좌우 측면에 수레바퀴를 부착시켰는데, 둥근 바퀴는 축을 중심으로 사다리꼴 모양의 창을 6개 뚫어 바퀴살을 표현하고 있다.

보물 제638호 기사계첩 [耆社契帖]

서울 서대문구 이화여대길 52 이화여자대학교박물관

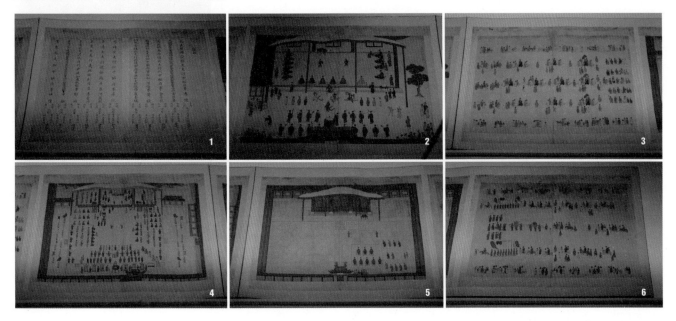

기사계첩

1 좌목 [참석자 명단]
2 기사사연도
3 봉배귀사도
4 경현당석연도
5 숭정전진하전도
6 어첩봉안도
7 참가자 초상

기사계첩은 70세 이상의 노신들을 우대하는 뜻에서 만들어진 기사의 모임 장면과 그들의 초상 등으로 꾸민 화첩으로 비단 바탕에 채색되어 있으며, 가로 76cm, 세로 59.5cm 크기이다. 숙종 45년 (1719)에 왕과 기로소 신하들의 모임을 기념하기 위한 것으로 임방의 서문으로부터 시작하여 왕의 시문, 전체 내용을 요약한 김유의 발문과 참석자 명단 및 행사 장면의 그림 등으로 구성되어 있다. 모두 12권인데, 한 권만 기로소에 보관하고 나머지는 참석한 사람들이 각자 소유하였다.

보물 제642호 고구려 평양성 석편 [高句麗 平壤城 石片]

서울 서대문구 이화여대길 52 이화여자대학교박물관

고구려 평양성 석편은 고구려의 평양성을 쌓을 당시 비교적 평평한 자연석 위에 글자를 새긴 것이다. 이 성곽에서 현재까지 글자가 새겨진 4개의 성석이 발견되었는데 그 가운데 이 성석편은 두 번째로 발견된 것이다. 성석에 새겨진 글자 수는 모두 7행 27자로, 그 내용은 '기유년 5월 21일 이곳으로부터 아래쪽 동쪽을 향하여 12리 구간을 물성소형 배 □ 백두[物省小兄 俳 □ 百頭]가 구축한다'라고 풀이되고 있다. 이 성석은 현재 9조각으로 균열되어 있어 석고로 고정해 놓은 상태이다.

보물 제643호 금동 미륵보살 반가사유상 [金銅 彌勒菩薩 半跏思惟像]

경기 용인시 처인구 포곡읍 호암미술관

　이 불상은 머리에는 삼산관을 쓰고 머리카락은 2가닥으로 길게 늘어져 양어깨를 덮고 있으며 얼굴은 몸에 비해 큰 편으로 고개를 약간 숙인 채 미소를 머금고 있다. 일반적인 반가상의 형식대로 오른쪽 다리를 왼쪽 다리 위에 포개고 오른쪽 팔꿈치를 오른쪽 무릎에 대어 오른손을 볼에 가볍게 대고 있는 모습이다. 작은 몸에 비해 얼굴이 크고 허리가 굵으며 상체를 강조한 점 등은 중국의 제나라, 주나라의 양식과 통하므로, 6세기 후반경의 작품으로 추정된다. 특히 경상남도에서 출토되었다는 점을 고려할 때 신라시대에 만들어진 작품일 가능성이 높다.

보물 제644호 백자 청화 송죽인물문 입호 [白磁 靑畵 松竹人物文 立壺]

서울 서대문구 이화여대길 52 이화여대박물관

　이 청화백자는 조선 전기 제작된 것으로 높이 47㎝, 아가리 지름 15.4㎝, 밑지름 16.7㎝이다.

　목 윗부분에는 가로줄 하나를 그린 다음 그 밑에 구름을 그려 넣었고, 굽 부분에도 가로로 한 줄을 그렸다. 그릇의 몸통 전면에는 소나무 한 그루와 대나무 몇 그루를 그렸다. 소나무 밑에는 책상에 팔을 괴고 있는 인물을, 대나무 밑에는 거문고를 든 동자를 거느린 한 선비가 거닐고 있는 모습이 묘사되어 있다. 구도나, 인물의 배치 및 묘사가 16세기 후반의 화풍과 매우 유사하여, 이 항아리의 제작 시기는 대체로 16세기 후반경으로 추정되는 조선 전기의 걸작이다.

보물 제645호 백자 철화 운용문 입호 [白磁 鐵畵 雲龍文 立壺]
서울 서대문구 이화여대길 52 이화여대박물관

이 철화백자는 조선 후기 제작된 것으로 높이 45.8cm, 아가리 지름 15.8cm, 밑지름 15.7cm이다.

아가리 부분과 어깨 부분에는 덩굴무늬와 연꽃무늬가 있고, 굽 위에는 이중으로 삼각형무늬가 있다. 몸체의 전면에는 용의 모습을 표현하였는데, 용의 부릅뜬 눈과 입, 뿔과 수염, 갈퀴와 비늘이 휘날리는 구름과 함께 생동감 있게 묘사되었다. 제작 기법, 발굴 자료 등으로 보아 경기도 광주 일대에서 제작되어 왕실에서 사용하던 그릇으로 추정하고 있다.

철화 기법을 사용한 초기 작품으로 중요한 예이며, 17세기 전반경의 대표적인 철화백자 항아리이다.

보물 제646호 청자 상감 '상약국' 명 음각 운룡문 합 [靑磁 象嵌 '尚藥局' 銘 陰刻 雲龍文 盒]
충북 음성군 대소면 대풍산단로 78 한독의약박물관

청자 상감 '상약국' 명 음각 운룡문 합은 뚜껑 달린 원통형의 그릇으로, 높이 9.6cm, 아가리 지름 7.5cm, 밑지름 6.0cm의 합이다. 고려청자에는 이런 합이 상당수 전해지고 있다. 뚜껑 위의 둥근 평면에는 정교한 솜씨로 구름과 학 모양을 새겨 넣었다. 몸체 윗부분과 뚜껑 아랫부분에 흰색으로 상감 처리한 '상약국[尚藥局]'이라는 글자인데, 이런 종류의 합은 매우 드물다. 상약국은 고려시대에 의약을 담당하던 관청으로, 고려 목종 때부터 충선왕 때까지 있었다. 12세기경에 제작된 것으로 보인다.

보물 제647호 천지총통 [天字銃筒]
경남 진주시 남강로 626 국립진주박물관

천[天]자는 천자문의 첫 자로 만든 순서를 표시하는 기호이다. 전체 길이 1.31m, 통 길이 1.16m, 포구 지름 12.8cm로써 포 입구 띠를 제외한 마디는 모두 8개이다. 총신 포구 쪽 탄약을 장전하는 약실을 향하여 가로로 '가정을묘시월천사백구십삼근십냥장양내요동[嘉靖乙卯十月天四百九十三斤十兩匠梁內了同]'이라는 글이 음각 되어 있어, 조선 명종 10년(1555)에 만들었음을 알 수 있다. 이 총통은 우리나라 화포 중 가장 큰 화기이며, 명문이 남아 있는 가장 오래된 것이다(사진의 좌측은 지자총통).

보물 제648호 승자총통 [勝字銃筒]

서울 용산구 서빙고로 137 국립중앙박물관

승자총통은 불씨를 손으로 점화·발사하는 총통 중 소형으로
개인의 휴대용 화기이다. 전체 길이 56.8㎝, 통 길이 34.8㎝, 입
지름 4㎝, 무게 4.5㎏으로 마디는 6개가 있다. 약실쪽의 3마디의
간격을 총구 쪽 보다 좁힌 것은 화약의 폭발 위력을 염려하여 터
지지 않도록 한 것이며, 적이 가까이 와서 백병전이 벌어지면 곤
봉으로도 사용할 수 있게끔 양각하였다. 손잡이에는 음각으로
제조 연대와 무게, 장인의 이름이 새겨 있고, 나무 손잡이는 오
래되어서 손실되었다. 명문에 의하면 선조 12년(1579)에 전라좌
수사와 경상병사 김지가 만들었다.

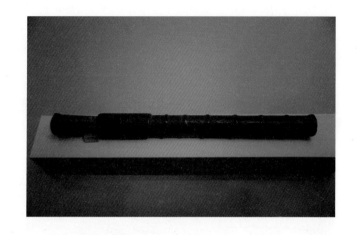

보물 제649호 세종시 연화사 무인명 불비상 및 대좌 [世宗市 蓮花寺 戊寅銘 佛碑像 및 臺座]

세종 연서면 연화사길 28-1 연화사

세종시 연화사 무인명 불비상 및 대좌는 4면의 돌에 각각 불상을 조각하고, 다른 돌로
대좌를 만들었다. 앞면은 본존불인 아미타불과 좌우 양쪽으로 나한상·보살상이 2구씩
놓인 5존불 구도이다. 뒷면에는 본존불로 반가사유상을 표현하고, 좌우에 보살상이 꿇어
앉은 삼존불 구도이다. 좌우 측면의 위쪽에는 불상이 있고 아래쪽에는 卍자 무늬를 난간
처럼 만들어 놓았고, 그 위에 불상을 조각한 연도 등을 적은 글을 새겼다. 글에 나타나 있
는 무인[戊寅]년은 신라 문무왕 18년(678)이다.

보물 제650호 세종시 연화사 칠존불비상 [世宗市 蓮花寺 七尊佛碑像]

세종 연서면 연화사길 28-1 연화사

세종시 연화사 칠존불비상은 연기군 일대에서 발견된 일련의 비상들과 같은 계열에 속
하는 작품으로 반타원형의 곱돌로 만들었다. 연꽃무늬가 새겨진 마름모꼴의 돌 표면에
본존여래상을 중심으로 7존불이 조각되어 있다. 조각 양식으로 보아 비암사와 연화사의
비상들과 동시에 만들어졌을 것으로 보이며 연대는 문무왕 18년(678)으로 추정된다. 특
히 광배의 연꽃무늬나 협시보살의 가늘고 긴 신체 등에서 백제 양식을 엿볼 수 있어 백제
유민들에 의해 만들어진 것으로 추정된다.

탐라순력도는 대표적인 기록화 중 하나로 숙종 대 국학자이자 실학의 선구자였던 이형상이 제주목사 재직시절 한 달여에 걸쳐 제주도의 각 고을을 순력한 장면을 숙종 29년(1703)에 완성한 것이다.

내용의 구성은 순력의 내용을 그린 각 행사 장면 28도, 평상시 행사 장면 11도, 제주도와 주변 지도인 '한라장촉' 1도, 한라장촉과 짝을 이루는 그림 '호연금서' 1도 등 41도로 구성되어 있다.

사진의 그림은 우측이 망경루 앞뜰에서 감귤을 봉진하는 모습을 그린 '감귤봉진'이고, 좌측은 귤밭을 그린 '귤림풍락'이다.

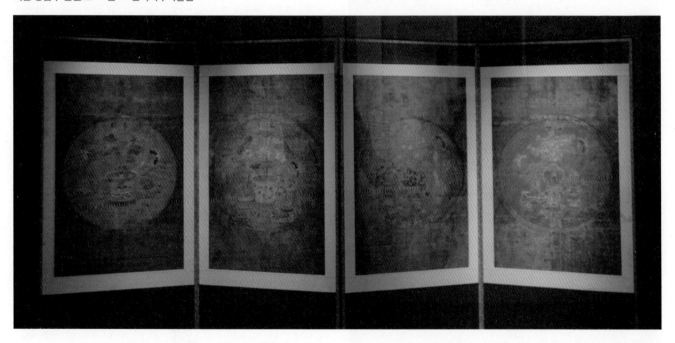

고려시대의 자수 병풍으로 전해오는 이 자수사계분경도는 형태가 조선시대 것은 8~12폭이지만 이 병풍은 4폭이다. 무늬 없는 비단에 포도무늬의 분과 분재, 연꽃무늬의 분과 꽃병이 수놓아졌으며, 다른 2폭에도 매화의 분재와 꽃병에 나비 한 쌍씩이 배치되어 있다. 사찰을 상징하는 卍자가 수놓여 있어, 불교의 영향을 받고 있음을 알 수 있다. 이 분경도는 송나라의 분경자수 병풍에 비할 때 한국적인 요소가 뚜렷하며, 특히 꼰사수를 많이 사용하는 것은 한국 자수의 특징이며 색감도 안정적이다.

보물 제655호 칠곡 노석리 마애불상군 [漆谷 老石里 磨崖佛像群]

경북 칠곡군 기산면 노석리 산43-2

거대한 바위 면에 얕게 새긴 이 마애불상들은 통일신라 초기의 것이다. 중앙에 본존불과 본존불을 향하고 있는 좌우 협시보살이 표현된 삼존불 좌상인데, 오른쪽 협시보살 옆에 작은 불좌상이 하나 더 배치된 특이한 구조이다. 본존불은 양감 있는 얼굴로 표현했으며, 두광을 새긴 주변에는 화염문을 새겼다. 왼쪽 협시보살은 세부 수법이 본존과 비슷하다. 오른쪽 협시보살은 발목이 서로 교차하는 자세로 우리나라 불상에서는 유일한 예이다. 별도로 조각된 여래좌상은 반가의 형식을 취하고 있다.

보물 제656호 충주 청룡사지 보각국사탑 앞 사자 석등 [忠州 靑龍寺址 普覺國師塔 앞 獅子 石燈]

충북 충주시 소태면 오량리 산32-2

이 석등은 보각국사의 명복을 빌어 주기 위해 그의 사리탑 앞에 세워진 것으로, 화사석을 중심으로 아래에는 이를 받쳐주는 3단의 받침을 두고, 위로는 지붕돌과 머리 장식을 얹었다. 3단의 받침 가운데 아래 받침돌은 앞을 향해 엎드려 있는 사자를 조각하였다. 화사석은 4각으로, 네 모서리를 둥근 기둥처럼 조각하였고, 앞뒤로 2개의 창을 내었다. 지붕돌은 네 귀퉁이마다 자그마한 꽃을 돌출되게 조각해 놓았다.

탑비 기록으로 보아 태조 1년(1392)부터 1393년에 걸쳐 세워진 것으로 추측된다.

보물 제657호 서울 삼천사지 마애여래입상 [서울 三川寺址 磨崖如來立像]

서울 은평구 진관동 산51

이 마애여래입상은 전체적으로 바위를 많이 깎지 않고 선으로 불상을 새겼다. 높이 3.02m로 불상의 어깨 좌우에 큰 4각형의 구멍이 있는 것으로 보아 마애불 앞에 목조가구가 있었던 것으로 보인다.

머리 부분의 두광은 두 겹의 원으로 표현하였고, 몸 부분은 한 줄로 새겨서 표현하였다. 얼굴은 온화하면서도 중후한 인상을 풍기고 있다. 상체는 건장하며 U자형으로 넓게 트인 가슴 사이로 내의와 군의의 띠 매듭을 표현하였다.

세부 표현에서 단순화되고 미숙한 점은 보이나 전체적으로 원만한 얼굴 모습과 신체도 균형을 이루고 있는 고려 초기의 대표적인 마애불이다.

보물 제658호 충주 청룡사지 보각국사탑비 [忠州 靑龍寺址 普覺國師塔碑]

충북 충주시 소태면 오량리 산32-2

보각국사 혼수(1320~1392)는 도를 지킴에 조심하고, 특히 계율을 따를 것을 강조하였으며, 문장과 글씨에도 능하였다. 12세에 출가하여 22세 때 승과에 급제하였으며, 29세 때에는 금강산 등에서 수도하다가 조선 태조 1년(1392) 청룡사로 돌아와 73세에 입적하였다. 태조는 시호를 '보각국사', 탑명을 '정혜원융'이라 내렸다. 비는 1장의 돌로 된 네모난 받침돌 위에 비신만 세웠다. 조선 태조 3년(1394) 문인선사 희달이 왕의 명을 받아 세웠다. 권근이 비문을 짓고, 승려 천택이 글씨를 썼다.

보물 제659호 백자 청화 매조죽문 병 [白磁 靑畵 梅鳥竹文 瓶]

서울 서초구

이 병은 높이 33.2cm, 아가리 지름 8.4cm, 밑지름 9.9cm이며, 그릇의 무늬는 서로 마주 보는 곳에 매화나무와 대나무가 그려 있는데, 솜씨가 능숙한 것으로 보아 궁중 화가의 그림인 듯하다. 대나무 밑에는 한 줄기의 죽순이 높이 솟아 있고, 매화나무에는 꽃이 만발한 가지에 새 두 마리가 앉아 있다. 유약은 투명한 유백색으로 고루 녹아서 광택이 있고, 투명하며 깨끗한 느낌을 준다.

이 병은 1967년 11월 과천에 있는 이해의 묘를 옮길 때 발견된 것으로, 조선 초기의 우수한 작품이다.

보물 제660호 최희량 임탄관련 고문서 - 첩보서목 [崔希亮 壬亂關聯 古文書 - 捷報書目]

전남 나주시 고분로 717 국립나주박물관

이 고문서는 선조 31년(1598) 임진왜란 당시 흥양(지금의 고흥군)현감으로 있던 일옹 최희량(1560~1651)이 당시 전라수군절도사 이순신 장군과 전라도 관찰사에게 왜적을 격파한 전과 보고 문서이다. 원래는 따로 흩어져 있던 것을 후손인 최기정이 서목의 뒤를 배접하여 첩으로 만들었다. 이 첩책 표지에 최기정이 '최일옹파왜보첩원본'이라는 제목을 붙이고, 문건마다 백지 또는 붉은 종이를 표지로 붙여 내용 분류를 쉽게 하였다. 당시 공문서의 양식을 살필 수 있는 희귀한 자료이다.

보물 제661호 상주 석조 천인상 [尙州 石造 天人像]
경북 상주시 사벌면 경천로 684 상주박물관

화강암의 넓은 돌 2장에 높이 1.27m의 주악상과 높이 1.23m의 공양상을 도드라지게 조각하였다. 주악상은 왼쪽을 향하여 비파를 타고 있는 모습으로, 연주하는 자태는 약간 미소를 머금은 단아한 표정이며, 비파를 타는 두 손의 표현은 섬세하고 사실적이다. 공양상은 오른손으로 연꽃 봉우리를 받쳐 들고 오른쪽을 향해 있는 모습을 표현하였는데, 자연스럽고 동적으로 묘사되었다. 두 석상의 용도는 알 수 없으나, 옷차림은 당시 복식 연구의 자료가 되며, 조성 연대는 8세기경으로 추정된다.

보물 제662호 완주 화암사 우화루 [完州 花巖寺 雨花樓]
전북 완주군 경천면 화암사길 271 화암사

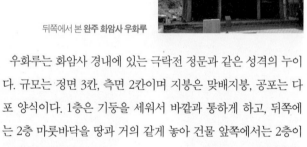

뒤쪽에서 본 완주 화암사 우화루

우화루는 화암사 경내에 있는 극락전 정문과 같은 성격의 누이다. 규모는 정면 3칸, 측면 2칸이며 지붕은 맞배지붕, 공포는 다포 양식이다. 1층은 기둥을 세워서 바깥과 통하게 하고, 뒤쪽에는 2층 마룻바닥을 땅과 거의 같게 놓아 건물 앞쪽에서는 2층이지만 안쪽에서는 1층집으로 보이게 한 건물이다. 이 건물은 조선 광해군 3년(1611)에 세운 것으로 1981년 해체·수리 때 발견한 기록으로 조선 숙종 37년(1711)까지 여러 번에 걸쳐 수리가 있었음을 알 수 있다.

보물 제664호 청원 안심사 대웅전 [淸原 安心寺 大雄殿]
충북 청원군 남이면 사동리 271 안심사

안심사는 법주사에 딸린 작은 절이다. 통일신라 혜공왕 11년 (775)에 진표율사가 지었다고 한다. 지금 있는 대웅전은 확실하게 지은 시기를 알 수는 없지만, 1979년 해체·수리 때 발견한 기와의 기록으로 미루어 조선 인조 때의 건물로 보인다. 석가모니 불상을 모셔 놓은 이 건물은 정면 3칸, 측면 2칸 규모이며, 지붕은 맞배지붕이고 공포는 다포양식이다. 원래는 맞배지붕이 아니었을 것으로 추정하는데 여러 차례 수리를 통해 건물이 축소·변형되면서 지붕 형식도 바뀐 것으로 보인다.

보물 제665호 경주 낭산 마애보살삼존좌상 [慶州 狼山 磨崖菩薩三尊坐像]

경북 경주시 배반동 산18-3

경주 낭산 서쪽 기슭의 바위 면에 조각된 삼존불인데, 표면이 거칠고 균열이 심하여 본존불을 제외한 협시는 알아보기 어렵다. 본존불의 둥글고 양감 있는 얼굴에 살짝 미소를 띤 모습이다. 본존은 머리에 두건을 쓰고 있는 모습이 지장보살과 비슷하다. 양 협시는 본존과 거리를 두고 있는데 몸에 갑옷을 입고 있다. 왼쪽 협시는 오른손에 검을, 오른쪽 협시는 두 손에 무기를 들고 있는데, 악귀를 놀아내는 신장을 표현한 것으로 보인다. 조각수법 등으로 볼 때 통일신라시대에 만든 것으로 추정된다.

보물 제666호 경주 남산 삼릉계 석조여래좌상 [慶州 南山 三陵溪 石造如來坐像]

경북 경주시 남산순환로 341-126

머리는 나발로 표현하고 정수리 부근에는 큼직한 육계가 자리 잡고 있다. 얼굴은 원만하고 둥글며, 두 귀는 짧게 표현되었다. 왼쪽 어깨에만 걸쳐 입은 옷의 옷주름 선은 간결하고 아름답게 표현되었다. 대좌는 상·중·하대로 구성되었는데, 상대에는 연꽃무늬를, 중대석은 각 면에 간략하게 안상을 조각하였다. 하대는 단순한 8각 대석이다. 광배는 깨진 부분을 보수하여 올렸다. 8각의 연화대좌에 새겨진 연꽃무늬와 안상을 비롯하여 안정된 자세 등으로 보아 8~9세기에 만들어진 통일신라시대의 작품으로 보인다.

보물 제667호 예천 한천사 철조비로자나불좌상 [醴泉 寒天寺 鐵造毘盧遮那佛坐像]

경북 예천군 감천면 한천사길 142 한천사

한천사 철조비로자나불좌상은 광배와 대좌가 없어진 높이 1.53m의 철조 불상이다. 우아하면서도 침착한 인상을 풍기는 얼굴, 의젓한 앉음새, 탄력 있는 다리 등은 통일신라 후기 불상으로서는 보기 드문 뛰어난 기량을 나타내고 있다. 왼쪽 어깨를 감싸고 있는 옷은 어깨에서 내려오는 옷주름이 비교적 힘 있어 보이고 자연스럽게 처리되었으나, 팔과 두 무릎의 주름에서는 형식화된 모습을 보인다. 표현 방법에서 추상화된 경향이 보이나, 당시 유행하던 철불상들 가운데 우수한 작품이다.

경남 진주시 남강로 626 국립진주박물관

이 유물은 조선시대 무신이었던 권응수(1546~1608) 장군의 유물들로 장군이 쓰던 물건 및 임금에게 하사받은 물건과 집안에 내려오던 유품들을 모은 것이다. 유물의 내용은 권응수 장군의 영정, 공신에 봉한다는 공신도감의 증명서인 선무공신교서, 태평회맹도병풍, 장검, 유지 및 4매로 된 간찰, 교지 및 유서, 각대, 가전보첩 2첩 등이다. 권응수 장군의 모습을 담은 영정은 선조 임금이 하사한 것으로 장군이 선무공신에 봉해질 때 그려진 것으로 보인다.

권응수 장군 유물
1 권응수장군 초상
2 권응수장군 각대
3 교지
4 벼루
5 장검(권응수 장군이 일본군에게 빼앗은 것이다)

경북 상주시 사벌면 경천로 684 상주박물관

정기룡 유물
1 정기룡장군 옥대
2 교지

정기룡은 조선 중기의 무신으로, 선조 25년(1592) 임진왜란이 일어나자 별장의 벼슬로 거창전투에서 왜적 500여 명을 격파하고, 곤양의 성을 지키는 장이 되어서는 왜적이 호남에 진출하는 것을 막았다. 또한, 선조 30년(1597) 정유재란이 일어나자 토왜대장이 되어 고령에서 왜군을 대파하고, 적장을 사로잡는 등 큰 전과를 올렸다. 죽은 후에는 상주의 충렬사에 모셔졌고, 시호는 '충의'이다. 지정된 장군의 유물은 옥대 1개, 신패 1폭, 유서 1매, 교서 2축, 교지 1매 등이다.

보물 제670호 직지사 대웅전 삼존불탱화 [直指寺大雄殿三尊佛幀畵]

경북 김천시 대항면 북암길 89 직지사

중앙에 배치된 불화는 석가가 영취산에서 여러 불·보살에게 설법하는 모습을 그린 영산회상도이다. 화면의 중앙에 석가불, 좌우에 8대보살과 10대제자, 사천왕 등이 그려져 있다. 왼편에 있는 약사회도는 중앙에 약합을 든 약사여래, 그 주위에 8대보살과 사천왕, 12신장 등이 에워싸고 있는 복잡한 구도이다. 오른편의 아미타회상탱화는 중앙에 아미타불을 두고, 관음보살과 세지보살, 신장상 등이 주위를 둘러싼 구도이다.

이 세 폭의 탱화는 영조 20년(1744) 세관, 신각, 밀기 등 10여 명의 화승들이 그린 것이다.

보물 제671호 곽재우 유물 일괄 [郭再祐 遺物 一括]

경남 의령군 의령읍 충익로 1 충익사

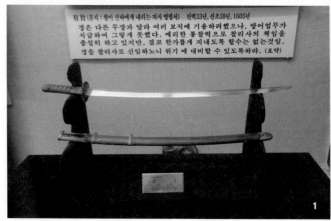 

이 유물은 경상남도 의령군 충익사에 소상된 곽재우의 유물이다. 망우당 곽재우는 임진왜란 때의 의병장으로, 유물은 임진왜란 당시 곽재우 장군이 사용하였던 장검[길이 86㎝, 너비 3㎝, 자루 16㎝로 칼과 칼집이 한 쌍], 말갖춤(마구) 및 평소 사용했던 포도연[부친이 명의 황제에게 하사받은 벼루와 연적], 사자철인[작은 인장으로, 손잡이 윗부분에 사자상을 조각], 화초문백자 팔각대접[높이 6.5㎝ 윗지름 21.5㎝ 밑지름 12.5㎝], 갓끈[4종이 있으며 금파와 대나무, 호박으로 만듦] 등 6점이다.

곽재우 유물 일괄
1 장검
2 말갖춤
3 화초문 백자 팔각대접
4 사자철인
5 갓끈

보물 제673호 달성 현풍 석빙고 [達城 玄風 石氷庫]
대구 달성군 현풍면 현풍동로 86

현풍 석빙고는 남북으로 길게 축조되어 있으며, 출입구가 개울을 등진 능선 쪽에 마련된 남향구조이다. 외부에서 보면 고분처럼 보인다. 입구는 길쭉한 돌을 다듬어 사각의 문틀을 만든 후 외부 공기를 막기 위해 돌로 뒷벽을 채웠다. 외부는 돌을 쌓고 점토로 다져서 흙을 쌓아 올렸다. 천장은 4개의 홍예를 틀어 올리고 그 사이사이에 길고 큰 돌을 얹어 아치형을 이루게 하였다. 천장에는 통풍을 위한 환기구가 두 군데 설치되어 있고 바닥 중앙에는 배수구를 두었다.

축조 연대는 보수 작업 중 건성비가 발견됨으로써 조선 영조 6년(1730)에 만들어졌음을 알게 되었다.

달성 현풍 석빙고의 입구

보물 제674호 영덕 유금사 삼층석탑 [盈德 有金寺 三層石塔]
경북 영덕군 병곡면 유금길 213-26

유금사 법당 뒷마당에 서 있는 석탑으로, 2단의 기단 위에 3층의 탑신을 올렸다. 기단과 탑신의 몸돌에는 기둥을 모각하였다. 탑신은 몸돌과 지붕돌을 각각 하나의 돌로 만들었다. 지붕돌의 옥개받침은 모두 4단이다. 상륜부는 둥근 돌을 차례로 얹어 놓았는데, 훗날 보충해 놓은 것이다. 각 기단의 면 가운데에 기둥이 하나씩 새겨져 있는 것과 지붕돌 밑면의 받침이 4단인 것 등으로 보아 통일신라 후기에 세워진 탑으로 추정된다.

보물 제675호 영천 화남리 삼층석탑 [永川 華南里 三層石塔]
경북 영천시 신녕면 화남리 498 한광사

옛 한광사의 불전 앞에 동서로 서 있던 쌍탑[다른 한 탑은 부서진 것을 최근 복원하였다] 중 하나로, 2단의 기단 위에 3층의 탑신을 올렸다. 탑신의 몸돌에는 기둥을 모각하였다. 탑신부의 몸돌은 기둥 외에는 다른 장식은 없고, 지붕돌의 옥개받침은 4단씩이다. 상륜부는 모두 결실되었다.

이 탑은 통일신라시대인 9세기경에 만들어진 것으로, 각 층의 지붕돌과 몸돌은 하나의 돌로 조각한 전형적인 통일신라시대의 석탑양식을 따르고 있다.

보물 제676호 영천 화남리 석조여래좌상 [永川 華南里 石造如來坐像]

경북 영천시 신녕면 화남리 498

머리는 나발로 표현하고 육계는 낮게 조성하였다. 작고 둥근 얼굴, 좁은 어깨, 빈약한 체구 등에서 단정하게 참선하고 있는 스님의 모습을 느낄 수 있다. 양어깨에 걸쳐 입은 옷은 양팔에 이르러 길게 늘어져 평행한 옷주름을 형성하고 있다. 손은 비로자나불의 수인인 지권인을 취하고 있다. 불상이 앉아 있는 대좌는 8각의 중대와 연꽃이 새겨진 상대·하대로 이루어져 있다. 광배는 깨어진 조각을 불상 옆에 보관하고 있다. 조성 시기는 고려시대인 10세기에 만들어진 것으로 추정된다.

보물 제677호 청도 장연사지 동·서 삼층석탑 [淸道 長淵寺址 東·西 三層石塔]

경북 청도군 매전면 장연리 108-1

청도 장연사지 동 서 삼층석탑
1 장연사지 동 삼층석탑
2 장연사지 서 삼층석탑
3 동 삼층석탑 사리장엄구

동·서로 두 탑이 세워져 있으며, 거의 같은 양식을 보여 주고 있다. 2단의 기단 위에 3층을 올렸다. 기단과 탑신의 몸돌에는 기둥을 모각하였다. 탑신부의 몸돌에는 기둥을 제외하고는 다른 장식은 없다. 지붕돌의 옥개받침은 모두 4단씩이다. 동탑의 상륜부는 모두 결실되고, 서탑은 노반과 복발이 남아 있는데 복발은 최근 올린 것으로 보인다. 동탑을 해체하여 보수하는 과정에서 1층 몸돌 윗면에서 사리장치가 발견되었다. 조성 시기는 9세기 통일신라시대로 추정된다.

보물 제678호 청도 운문사 동·서 삼층석탑 [淸道 雲門寺 東·西 三層石塔]

경북 청도군 운문면 운문사길 264 운문사

동 삼층석탑

서 삼층석탑

이 두 탑은 2단의 기단 위에 3층의 탑신을 올린 모습으로 규모와 양식이 서로 같다. 기단과 탑신의 몸돌에 기둥을 모각하였다. 특히 위층 기단에는 기둥으로 면을 나누고 팔부중상을 새겼는데 모두 좌상이다. 탑신은 몸돌과 지붕돌이 각각 하나의 돌로 이루어져 있다. 지붕돌의 옥개받침은 5단이다. 상륜부에는 머리 장식의 각 부분이 차례로 올려져 있는데, 모두 본래의 것들이다. 표면에 조각을 둔 점 등으로 보아 9세기에 세워진 것으로 추정된다.

청도 운문사 동·서 삼층석탑 전경

보물 제679호 김천 광덕리 석조보살입상 [金泉 廣德里 石造菩薩立像]

경북 김천시 감문면 광덕리 산71

머리에는 구슬로 만든 화려한 관을 쓰고 있고, 관 둘레에는 긴 뿔이 수평으로 나 있다. 이러한 특징은 고려 초기에 만들어진 한송사지와 신복사지의 석조보살좌상과 같은 양식이다. 둥근 얼굴은 살이 올라 둔중해 보이지만 미소가 자비롭다. 옷은 양어깨에 걸쳐 입었고 양팔에 드러난 옷주름은 대칭적이며 부드럽지만 약간은 도식화된 면이 보인다. 오른손에는 연꽃 가지를 들고 있으며 왼손은 가슴 앞에서 수평으로 들어 손끝이 아래를 향하고 있다. 고려 초기에 조성된 것으로 추정된다.

김천 광덕리 석조보살입상 얼굴 부분

경북 영주시 이산면 신암리 1439-30

본존불은 소발에 육계가 높게 표현되었다. 얼굴은 마모가 심하나 갸름하고 원만하다. 양어깨를 감싸고 있는 옷은 배에서부터 다리 위로 굵고 부드러운 곡선을 이루면서 늘어져 있다. 오른손은 가슴 위로 들고 왼손은 무릎 위로 비스듬히 내리고 있는 모습이다. 좌우에 있는 두 협시보살상은 모두 체구에 비해 어깨가 매우 좁고 몸의 굴곡이 표현되지 않았으며, 전반적으로 장식성이 없는 단순한 모습이다. 뒤로는 두광을 표현했는데 모두 화염문을 새겼다. 통일신라 초기 조성된 것으로 보인다.

보물 제681호 **영주 흑석사 석조여래좌상 [榮州 黑石寺 石造如來坐像]**

경북 영주시 이산면 이산로 390 흑석사

영주 흑석사 석조여래좌상 얼굴 부분

흑석사 부근에 매몰되어 있던 것을 발굴하여 모셔놓은 석조여래좌상으로 얼굴에는 양감이 적절하고 전체적으로 은은한 미소가 감돌고 있다. 양어깨를 감싸고 있는 얇은 옷은 자연스러운 주름을 형성하며 양발 앞에서 부채꼴 모양으로 흘러내리고 있다. 따로 보관된 대좌는 8각으로 상대석이 없고 중대석·하대석만 남아 있다. 역시 따로 보관 중인 광배는 두광과 신광을 구분해서 연꽃무늬와 구름무늬를 표현하고 가장자리에는 불꽃무늬를 새겼다. 대좌와 광배의 표현으로 미루어 9세기경에 조성된 것으로 추정된다.

보물 제682호 **군위 지보사 삼층석탑 [軍威 持寶寺 三層石塔]**
경북 군위군 군위읍 상곡길 233 지보사

군위 지보사 삼층석탑
아래층 기단의 동물상과 위층 기단의 팔부중상

　지보사 경내에 자리하고 있는 석탑으로, 2단의 기단 위에 3층의 탑신을 올렸다. 기단과 탑신의 몸돌에는 기둥을 모각하였다. 기단 아래 층은 사자 모양의 동물상을, 위층에는 팔부중상을 새겼다. 탑신을 받치는 굄돌에는 연화문을 조각하였다. 탑신은 1층 몸돌에 문짝 모양을 새겨 감실을 표현하였다. 탑신은 각각 1개의 돌로 조성하였고, 지붕돌의 옥개받침은 4단씩이다. 상륜부에는 노반과 복발만이 남아있다. 조각 수법이 화려하고 외양이 단정한 고려 전기의 작품이다.

보물 제683호 **상주 상오리 칠층석탑 [尚州 上吾里 七層石塔]**
경북 상주시 화북면 상오리 699

　탑은 2단의 기단 위에 7층의 탑신을 세운 일반적인 모습으로, 흙을 다져 만든 단 주위에 돌로 테두리를 잡아 구역을 정한 후 그 위에 탑을 세웠다. 기단은 여러 장의 판돌로 이루어졌고, 탑신은 위층으로 올라갈수록 일정 비율로 줄어들고 있다. 1층 몸돌은 3개의 돌로 구성되어 있으며, 2층 이상은 지붕돌과 몸돌을 하나의 돌로 구성하였다. 지붕돌은 느린 경사를 이루고 치켜올림이 뚜렷하다. 옥개받침은 5층까지는 5단, 6·7층은 4단이다. 상륜부에는 노반만 남아 있다. 고려 전기에 조성된 것으로 추정된다.

보물 제684호 예천 용문사 윤장대 [醴泉 龍門寺 輪藏臺]

경북 예천군 용문면 용문사길 285-30 용문사

윤장대는 내부에 불경을 넣고 손잡이를 돌리면서 극락정토를 기원하는 의례를 행할 때 쓰던 도구이다. 마루 밑에 회전축의 기초를 놓고 윤장대를 올려놓았으며, 지붕 끝을 건물 천장에 연결하였다. 불단을 중심으로 좌우에 1기씩 놓여있는데 화려한 팔각정자 형태이다. 각 면마다 8개의 문을 달았다. 보존이 잘 되어있고 8각형 모양의 특이한 구조 수법이 돋보이는 국내 유일의 자료이다. 조성 시기는 대장전(보물 제145호 참조)을 창건할 당시인지, 대장전을 새 단장을 하던 조선 현종 11년(1670)인지 명확하지 않다.

보물 제691호 불정심관세음보살대다라니경 [佛頂心觀世音菩薩大陀羅尼經]

서울 용산구 서빙고로 137 국립중앙박물관

불정심관세음보살대다라니경는 고려 중기에 펴낸 것으로 권 상·중·하 3권이 절첩장으로 제작되었다. 펼쳤을 때의 크기는 세로 5.3cm, 가로 275cm이다. 권 상·중·하 뒤에는 '일자정륜왕다라니', '자재왕치온독다라니', '관세음보살보문품'이 함께 수록되어 있다. 은에다 금을 입혀 만든 상자에 책을 넣고 이를 다시 나무상자에 넣어 보관하였다. 책의 끝부분 기록을 보면 고려 중기 최씨 무신정권의 중심인물을 위하여 호신용으로 간행된 목판본으로 당시 신앙의 한 유형을 살펴볼 수 있는 자료로 평가된다.

보물 제717호 주세붕 초상 [周世鵬 肖像]

경북 영주시 순흥면 소백로 2740 소수박물관

주세붕 초상 원본　　　　　　　주세붕 초상 복제본

주세붕 초상은 가로 62.5cm, 세로 134cm 크기로 상반신만 그린 것이다. 주세붕(1495~1554)은 중종 38년(1543) 우리나라 최초의 서원인 백운동서원(후의 소수서원)을 세워 학문 진흥에 힘썼다.

이 초상화는 사모관대의 정장 관복을 차려입고 왼쪽을 바라보고 있는 모습을 그렸다. 그림의 정확한 제작연대는 추정하기 힘들지만, 색이 바래고, 훼손된 상태, 복식, 필법 등으로 미루어 제작 연대가 상당히 오래된 것으로 여겨진다. 16세기 초상화가 대부분 공신상인데 비해 학자의 기품이 드러난 학자상으로 귀중한 자료로 평가되고 있다.

보물 제718호 전주이씨 고림군파 종중문서 일괄 [全州李氏 高林君派 宗中文書 一括]
전북 전주시 완산구 쑥고개로 249 국립전주박물관

전주이씨 고림군파 종중 문서는 조선 연산군 8년(1502)부터 선조 26년(1593)까지의 고문서 4매이다. 재산을 나누는 문서인 허여문기(1502) 1매와 재산의 주인이 죽은 후 그의 자식들이 모여 합의하여 재산을 나눈 문서인 동복화회문기(1528) 1매, 동복화회입의(임진왜란 이전) 1매, 동복화회성문(1593) 1매 등이다. 이것들은 태종의 둘째 아들 효령대군의 손자인 고림군 이훈과 그의 아들 칠산군 선손 양대 간에 재산을 상속하고 자녀들에게 분배한 내용이 담긴 문서이다. 조선시대 재산 상속에 관한 귀중한 자료이다.

보물 제720-1호 금강반야경소론찬요조현록 [金剛般若經疏論纂要助顯錄]
서울 중구 필동로1길 30 동국대학교도서관

금강반야경소론찬요조현록은 당나라의 종밀이 지은 '금강반야경소론찬요'를 송나라의 혜정이 알기 쉽게 설명한 것으로, 상·하 2권이 하나의 책으로 되어있다. 닥종이에 찍은 목판본이며, 크기는 세로 28.4cm, 가로 16.5cm이다. 책 끝에 있는 고려말의 고승 환암[幻菴]이 쓴 기록을 통해, 이 책은 1339년에 원나라에서 간행한 책을 원본으로 하여, 고려 우왕 4년(1378)에 충주 청룡사에서 다시 새겨 찍어낸 것이다. '금강반야경소론찬요'는 비교적 잘 알려져 있으나 그것을 다시 풀이한 이 책은 희귀본으로 중요한 자료로 평가된다.

보물 제725호 남원양씨 종중 문서 일괄 [南原楊氏 宗中 文書 一括]
전북 전주시 완산구 쑥고개로 249 국립전주박물관

백패 (양공준 1507년)　　　　　홍패 (양공준 1520년)

남원양씨 종중 문서는 고려 공민왕 4년(1355)부터 조선 선조 24년(1591)까지의 고문서 7매이다. 양이시의 고려 공민왕 4년(1355) 과거 합격증서인 홍패(1355), 그의 아들 양수생의 우왕 2년(1376) 문과 급제를 알리는 홍패, 양공준의 조선 중종 2년(1507) 생원시 급제 교지, 중종 15년(1520) 양공준의 문과 급제 교지, 양홍의 중종 35년(1540) 문과급제 교지, 양시성의 선조 24년(1591) 생원시 급제 교지, 명종 14년(1559) 양홍의 청도군수 발령장인 사령교지로 이들 문서는 고려시대 과거제도 연구에 귀중한 자료이다.

보물 제728호 설씨부인 권선문 [薛氏夫人 勸善文]
전북 전주시 완산구 쑥고개로 249 국립전주박물관

설씨부인 권선문은 조선시대 문신 신말주의 부인 설씨가 선 [善]을 권장하는 내용을 담아 쓴 글과 그림이 있는 문서이다. 내용은 설씨가 순창 강천산에 있는 강천사 복원을 위해 신도들에게 시주를 얻고자 권선문을 짓고 사찰도를 그려 돌려보게 했던 것이다. 전체 16폭 중 14폭은 권선문이고 2폭은 사찰의 채색도이다. 성화 18년(성종 13년, 1482) 7월 정부인 설이라는 연대와 인장이 찍혀있다. 이 문첩은 조선시대 여류 문인의 필적으로는 가장 오래되었고, 사대부 집안의 정부인이 쓴 권선문이라는 점에서 높이 평가된다.

보물 제729호 예천 용문사 감역교지 [醴泉 龍門寺 減役敎旨]
경북 예천군 용문면 용문사길 285 용문사

예천 용문사 감역교지는 세조 3년(1457)에 내린 교지로, 용문사에 잡역을 면제할 것을 인정하는 사패교지[공로가 있는 자에게 나라에서 부역을 면해주는 것을 입증하는 문서]이다. 이 교지의 내용은 '일찍이 감사와 수령에게 지시한 대로 경상도 용문사는 다시 심사하여 더욱 보호하고 잡역을 덜어 주라'는 것이다.

이 교지는 가로 66.5cm, 세로 44.8cm로 국왕의 수결[지금의 서명]이 있는 것으로 조선 전기 용문사의 지위를 살필 수 있는 귀중한 자료로 평가된다.

울진 불영사 응진전
천장과 공포의 단청 흔적

보물 제730호 울진 불영사 응신전 [蔚珍 佛影寺 應眞殿]
경북 울진군 서면 불영사길 48 불영사

불영사 응진전은 석가모니를 중심으로 좌우에 아난·가섭과 16나한상을 모시고 있다. 1984년 수리 공사 때 발견한 기록으로 임진왜란 전·후에 여러 번 고쳐 지었다는 것을 알 수 있으며 원래는 영산전이었다고 한다. 규모는 정면 3칸, 측면 2칸이고 지붕은 맞배지붕, 공포는 다포 양식이다. 앞면 가운데 칸에는 4짝 여닫이문을, 양쪽 칸에는 작은 창을 달아 놓았다. 건물 안쪽 천장은 우물천장이다. 건물에 남아 있는 단청은 안쪽이 비교적 잘 남아 있어 조선 중기의 문양을 살펴볼 수 있다.

보물 제734호 **합천 해인사 고려목판 [陜川 海印寺 高麗木板]**
경남 합천군 가야면 해인사길 122 해인사

합천 해인사 고려목판은 경상남도 합천군 해인사에서 보관하고 있는 고려시대의 불교 경전과 유명한 승려들의 저술, 시문집 등이 새겨진 목판이다.

해인사에 있는 목판은 모두 54종 2,835판인데 이 중 28종 2,725판이 국보 제206호로 지정되어 있고, 26종 110판이 보물 제734호로 지정되어 있다. 해인사 고려각판은 국가기관인 대장도감에서 새긴 해인사 대장경판과는 달리 사찰이나 지방관청에서 새긴 것이며, 현재 해인사 대장경판전 사이에 있는 동·서 사간판전에 보관되어 있다.

보물 제735호 **영주 부석사 고려목판 [榮州 浮石寺 高麗木板]**
경북 영주시 부석면 부석사로 345 부석사

부석사 고려목판은 부석사에 있는 '화엄경 정원본' 40권, 진본 60권, 주본 80권 등 3종의 대방광불화엄경을 목판에 새긴 것이다. 정원본[貞元本]은 반야가 번역한 화엄경 40권을 가리키고, 진본[晉本]은 불타발타라가 번역한 화엄경 60권을, 주본[周本]은 실차난타가 번역한 화엄경 80권을 가리킨다. 이 판은 모두 합쳐 634판이며 한 줄에 34자씩 글자를 배열한 특이한 형식이다. 13~14세기경 거란에서 불경을 수입하여 나무판에 다시 새긴 것으로 추정되며, 현재 전해지는 유일한 거란본 계열의 각판이다.

보물 제740호 **감지 은니 보살선계경 권8 [紺紙 銀泥 菩薩善戒經 卷八]**
서울 중구 필동로1길 30 동국대학교박물관

감지 은니 보살선계경은 보살수행의 방법을 폭넓게 설명한 경전이다. 이 책은 감지에 은색 글씨로 경문을 정성들여 옮겨 쓴 것으로, 유송[劉宋]의 구나발마[求那跋摩]가 번역한 '보살선계경' 9권 가운데 제8권이다. 종이를 길게 이어 붙여 두루마리 형태로 만들었으며, 펼쳤을 때의 크기는 세로 31㎝, 가로 1,300㎝ 이다. 책 끝에 있는 간행 기록에 고려 충렬왕 6년(1280) 왕이 발원하여 대장도감에서 간행한 대장경 중 하나이다. 이 책은 경기도 안성시에 있는 청원사의 삼존불을 금칠할 때 불상 속에서 나온 것으로, 그 출처가 확실하며 보존 상태도 양호한 귀중한 책이다.

보물 제741호 전 대구 동화사 비로암 삼층석탑 납석사리호 [傳 大邱 桐華寺 毘盧庵 三層石塔 蠟石舍利壺]

서울 중구 필동로1길 30 동국대학교박물관

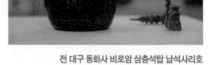

전 대구 동화사 비로암 삼층석탑 납석사리호
뒷면과 측면에서 본 모습

　이 납석사리호는 동화사 비로암 삼층석탑(보물 제247호) 내에서 발견된 통일신라시대의 사리 항아리이다.

　항아리의 크기는 높이 8.3cm, 아가리 지름 8.0cm, 밑지름 8.5cm이다. 현재는 크고 작은 4개의 조각으로 깨졌고, 뚜껑은 없어졌으며 몸통도 완전하지 않은 상태이다. 이와 같은 손상은 도굴 당시에 입은 피해로 보인다. 몸통에는 가로, 세로로 칸을 내어 7자 38행의 글자를 음각하였다. 글의 내용은 이 항아리가 민애왕을 위하여 건립된 석탑과 연관이 있으며, 민애왕의 행적들이 적혀있다. 명문을 통해서 볼 때 탑의 조성 시기는 경문왕 3년(863)임을 알 수 있다.

보물 제742호 삼존불비상 [三尊佛碑像]

서울 중구 필동로1길 30 동국대학교박물관

　이 삼존불비상은 충남 공주시 정안면에서 전래되어 오던 연기 일대의 불상 양식 계열에 속하는 삼존불이다. 본존의 얼굴이 약간 손상되었지만 비교적 잘 보존되어 있다. 대좌에 앉아 있는 본존불은 둥근 얼굴에 당당한 체구를 가져 중후한 인상을 준다. 본존불 양옆에 서 있는 보살은 머리에 관을 쓰고 몸에는 구슬 장식을 하고 있으며, 양손을 모두 들고 있는데 본존불 쪽의 손에는 화반을 들고 있다. 연기 지방의 불비상과 같은 양식이지만, 본존의 양감 있는 표현과 보살상의 자세를 볼 때 조금 진전된 7세기 말의 작품으로 보인다.

보물 제743호 정조 필 파초도 [正祖 筆 芭蕉圖]

서울 중구 필동로1길 30 동국대학교박물관

정조필 파초도는 조선시대 정조(재위 1776~1800)가 그린 그림으로, 바위 옆에 서 있는 한 그루의 파초를 그렸다. 정조는 시와 글에 능하였을 뿐만 아니라 그림에도 뛰어났다고 한다.

이 그림은 가로 51.3㎝, 세로 84.2㎝ 크기로 단순하면서도 균형적인 배치를 보여준다. 먹색의 짙고 옅은 정도 및 흑백의 대조는 바위의 질감과 파초잎의 변화를 잘 표현하였다. 그림 왼쪽 윗부분에 정조의 호인 '홍재'가 찍혀 있다. 형식에 치우치지 않은 독창적인 묘사가 돋보이는 그림이다.

보물 제744호 정조 필 국화도 [正祖 筆 菊花圖]

서울 중구 필동로1길 30 동국대학교박물관

정조(재위 1776~1800)가 그린 국화 그림이다. 가로 51.3㎝, 세로 86.5㎝ 크기의 이 그림은 화면 왼쪽에 치우쳐 그린 바위와 풀 위에 세 방향으로 나 있는 세 송이의 들국화를 그렸다. 돌과 꽃잎을 묽은 먹으로, 국화잎은 짙은 먹으로 표현하여 구별하였는데, 이러한 농담 및 강약의 조화를 통하여 생동감을 느끼게 한다. 꾸밈이나 과장 없이 화면을 처리한 점은 다른 화가의 그림에서 찾아볼 수 없는 특징으로 파초도(보물 제743호)와 함께 몇 점 남지 않은 정조의 그림으로 회화사 연구에 귀중한 자료가 되고 있다.

보물 제745-3호 월인석보 권9~10 [月印釋譜 卷九~十]

서울 용산구 서빙고로 139 국립한글박물관

월인석보 권9~10은 세조 당시에 최초로 간행된 것으로, 2권 2책으로 되어 있다. 책의 크기는 가로 22.5㎝, 세로 30㎝ 정도이다. 권9는 첫 장에서 제3장까지 없어졌고 제35, 36장은 상·중·하 3장씩 분류되어 있다. 이밖에 부분적으로 훼손된 것은 베껴서 써놓았다. 권10은 첫 장에서 제122장까지 되어 있으나 문장이 완전히 끝나지 않아 몇 장이 떨어져 나갔을 것으로 보인다. 권9의 내용은 월인천강지곡 제251장에서 제260장까지이고, 권10은 월인천강지곡 제261장에서 제271장까지의 내용이 수록되어 있다.

월인석보는 월인천강지곡과 석보상절을 합하여 편찬한 것으로 세조 5년(1459)에 간행되었다.

보물 제746호 성석린 고신왕지 [成石璘 告身王旨]
전북 진안군

성석린 고신왕지는 고려 후기부터 조선 전기까지 문신을 지낸 성석린(1338~1423)에게 내려진 왕지이다. 성석린은 공민왕 6년(1357)에 과거에 급제하여, 국자학유, 사관 등을 거쳐 조선시대에는 성균관사성, 제학, 영의정 등의 벼슬을 했다. 태조 이성계의 옛 친구로 태조와 태종 이방원을 화해시키는 데 큰 역할을 한 인물이다.

이 왕지에 쓰인 관직명을 보면 고려말 조선초에 관직이 함께 쓰이고 있으며, 그 위에는 발급한 연월일과 '조선국왕지인'이라는 옥새가 찍혀있다. 판체는 초서체이며, 종이질은 장지이고, 가로 61.1cm, 세로 32cm 정도의 크기이다.

보물 제748호 서울 경국사 목각아미타여래설법상 [서울 慶國寺 木刻阿彌陀如來說法像]
서울 성북구 솔샘로15가길 52 경국사

경국사 목각아미타여래설법상은 목각탱으로 중앙의 아미타불을 중심으로 모두 13구의 불상과 보살이 있다. 중앙의 아미타여래를 중심으로 삼단으로 구성하였다. 본존을 중심으로 상하좌우에 8대 보살을 배치하고, 가운데 단 좌우에 나한상 각각 1구를, 아랫단 좌우에는 사천왕 중 증장천왕과 지국천왕을 배치하였다.

전체적으로 조각 수법이 간결하고 양감이 절제되었다. 조성 시기는 조선 후기 제작된 것으로 추정된다.

보물 제749호 고양 태고사 원증국사탑 [高陽 太古寺 圓證國師塔]
경기 고양시 덕양구 대서문길 197-20 태고사

고려 후기 승려인 원증국사 보우의 사리탑으로, 3단으로 이루어진 기단 위로 탑신을 올린 후 독특한 모습의 머리 장식을 얹었다. 기단의 하대석은 4단으로 중대석을 받히는 굄돌에 연꽃 문양을 조각하였다. 중대석은 8각형으로 모서리에 기둥을 조각하고 면에는 큼직한 꽃무늬를 새겼다. 상대석에는 연꽃문 안에 고사리무늬를 새겼다. 탑신의 몸돌은 원형으로 위쪽이 좁아져서 지붕돌 밑면에 들어맞게 되어있다. 지붕돌은 귀퉁이마다 꽃장식이 솟아 있다. 건립 연대는 고려 우왕 11년(1385) 이후로 추정된다.

보물 제750호 원주 거돈사지 삼층석탑 [原州 居頓寺址 三層石塔]

강원 원주시 부론면 정산리 188

거돈사지 탑은 2단의 기단 위에 3층의 탑신을 올렸다. 아래층 기단은 네 면의 모서리와 가운데에 기둥 모양을 새긴 형태로, 기단은 각각의 돌을 끼워 맞추고 기둥을 모각하였다. 탑신은 각 층의 몸돌과 지붕돌을 각각 하나의 돌로 구성하였다. 지붕돌의 옥개받침은 5단이며, 지붕돌은 두꺼우면서 경사면의 네 모서리가 곡선을 이루고 있다. 상륜부에는 노반과 보주가 얹어 있는데 보주는 최근에 얹어 놓은 것이다. 조성 수법으로 보아 9세기경 조성된 것으로 추정된다.

보물 제751호 감지 은니 대방광불화엄경 정원본 권34 [紺紙 銀泥 大方廣佛華嚴經 貞元本 卷34]

서울 관악구 남부순환로152길 53 호림박물관

감지 은니 대방광불화엄경 정원본 권34 변상도

감지 은니 대방광불화엄경 정원본 권34는 당나라의 반야가 번역한 '화엄경' 정원본 40권 가운데 권34에 해당한다. 검푸른 빛이 도는 종이에 은색 글씨로 불경의 내용을 옮겨 적은 것으로, 형태는 권자장이며, 크기는 세로 30.6cm, 가로 805.7cm이다. 책을 지탱하고 있는 막대기 모양의 축에는 꽃무늬가 그려져 있으며 금칠이 되어있다. 책의 맨 앞에는 불경의 내용을 요약하여 묘사한 변상도가 있다. 고려 충숙왕 복위 6년(1337) 최안도의 부인 구씨가 내세에서의 극락왕생을 기원하여 만들었다.

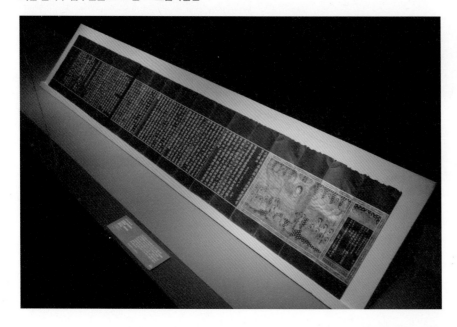

감지 금니 대방광불화엄경입부사의해탈경계보현행원품
변상도

감지 금니 대방광불화엄경입불사의해탈경계보현행원품은 당나라 반야가 번역한 '화엄경' 정원본 40권 가운데 권34에 해당하며, 보현보살이 선재동자에게 부처의 공덕을 얻기 위해 닦아야 할 10가지 계율을 설법한 보현행원품의 내용이 들어있다. 검푸른 종이에 금가루를 사용하여 그림을 그리고 글씨를 썼으며, 형태는 절첩장이며, 크기는 접었을 때 세로 34cm, 가로 11.5cm이다. 권의 첫머리에는 고려 충숙왕 복위 3년(1334) 원나라의 안새한이 부모의 훌륭한 가르침을 기리기 위하여 만든 간행기록이 있다.

보물 제753호 **상지 금니 대방광원각수다라요의경 [橡紙 金泥 大方廣圓覺修多羅了義經]**
서울 관악구 남부순환로152길 53 호림박물관

이 경서는 갈색 종이에 금색 글씨로 불경을 옮겨 쓰고, 불경의 내용을 요약하여 묘사한 변상도를 그려서 꾸민 것이다. 권 상·하를 합쳐 한 권의 책으로 엮었다. 형태는 절첩장이며, 접었을 때의 크기는 세로 26.5cm, 가로 11.5cm이다. 간행 기록을 보면 고려 공민왕 6년(1357)에 최적과 김청 등이 계항의 명복을 빌기 위해 펴낸 것이다. 책 앞부분에는 신장상과 변상도가 금색으로 그려져 있다. 글씨를 쓴 사람을 알 수 없으며 전체적인 솜씨가 떨어지지만, 고려시대 불경의 격식을 갖추고 있다.

보물 제754호 감지 은니 대방광불화엄경 주본 권37 [紺紙 銀泥 大方廣佛華嚴經 周本 卷37]
서울 관악구 남부순환로152길 53 호림박물관

감지 은니 대방광불화엄경 주본 권37은 당의 실차난타가 번역한 '화엄경' 주본 80권 가운데 권37이다. 검푸른 빛이 도는 종이에 금·은가루를 이용하여 글씨를 쓰고 그림을 그려 화려하게 장식한 것이다. 절첩장 형태이며, 접었을 때의 크기는 세로 30.5cm, 가로 15.2cm이다.

당시의 기록이 없어서 만들어진 연대와 만든 사람을 정확하게 알 수 없으나, 고려시대 불경의 격식과 기법을 잘 갖추고 있어서 14세기 조성한 것으로 추정된다.

보물 제755호 감지 은니 대방광불화엄경 주본 권5~6 [紺紙 銀泥 大方廣佛華嚴經 周本 卷五~六]
서울 관악구 남부순환로152길 53 호림박물관

감지 은니 대방광불화엄경 주본 권5~6은 당의 실차난타가 번역한 '화엄경' 주본 80권 가운데 권5와 권6의 내용을 옮겨 적은 것으로, 검푸른 빛이 도는 종이에 은가루를 이용해 글씨를 썼다. 장정의 형태는 절첩장이며, 접었을 때의 크기는 세로 31.1cm, 가로 10.5cm이다.

표지에는 화려한 꽃무늬와 제목이 금색으로 처리되었고, 권5의 첫머리에는 불경의 내용을 요약하여 묘사한 변상도가 금색의 가는 선으로 정교하게 그려져 있다. 14세기 무렵 간행된 것으로 추정된다.

보물 제756호 감지 금니 대불정여래밀인수증료의제보살만행수릉엄경 권7 [紺紙 金泥 大佛頂如來密因修證了義諸菩薩萬行首楞嚴經 卷七]
서울 관악구 남부순환로152길 53 호림박물관

감지 금니 대불정여래밀인수증료의제보살만행수능엄경 권7은 당나라의 반자밀제가 번역한 능엄경 10권을 감지에 금색 글씨로 옮겨 쓴 것으로 현재 남아있는 것은 권7에 해당한다. 장정의 형태는 절첩장이며, 접었을 때 크기는 세로 31.4cm, 가로 11.1cm이다. 표지에는 제목과 화려한 꽃무늬가 있고 본문은 금색 글씨로 정성껏 쓰여 있으며, 책의 마지막 2절은 없어진 것을 다시 써서 보완하였다. 책의 간행에 대한 기록이 남아있지 않지만, 표지나 본문의 글씨체로 보아 14세기경에 간행된 것으로 추정된다.

감지 금니 대방광불화엄경 주본 권46은 당나라의 실차난타가 번역한 '화엄경' 주본 80권 가운데 권46으로, 불부사의법품[佛不思議法品]의 전반부 내용이 들어 있다. 감지에 금색으로 정성껏 글씨를 써서 만든 것이며, 표지 부분은 떨어져 나가 새로 붙여 놓은 것이다. 종이를 길게 이어 붙여 두루마리 형태로 만들었으며, 펼쳤을 때의 크기는 세로 28.3cm, 가로 758.2cm이다.

정확한 기록이 없어 만들어진 연대를 알 수 없지만, 종이의 질이나 그림과 글씨의 솜씨 등으로 미루어 14세기에 만들어진 것으로 추정된다.

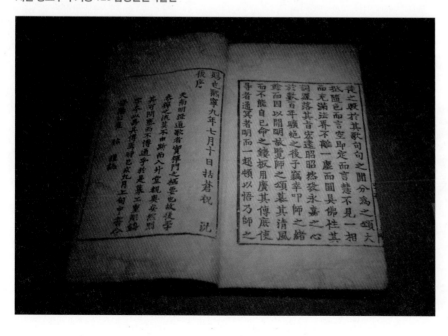

남명천화상송증도가는 고려 고종 26년 (1239)에 최이가 이미 간행한 금속활자본을 견본으로 삼아 다시 새긴 것 중 하나가 전해진 것이다. 닥종이에 찍은 목판본으로 크기는 세로 27.5cm, 가로 16.6cm이다. 책 머리 부분에는 1077년에 오용천용이 지은 글이, 끝부분에는 1076년에 축황이 판을 새길 때 지은 글이 실려 있다. 그 뒤에 최이가 선종에 있어 '증도가'가 중요함에도 불구하고 전해지지 않자 금속활자본을 거듭 새겨냄으로써 후대에 오래 전하기 위해 만들었다는 기록이 있다.

보물 제785호 백자 청화 운룡문 병 [白磁 靑畵 雲龍文 甁]

서울 용산구 이태원로55길 60 삼성미술관 리움

백자 청화 운룡문 병은 조선시대 만들어진 높이 25.3cm 아가리 지름 5.3cm 밑지름 7.7cm의 병으로 백자 청화 운룡문 병 (보물 제786호)과 한 쌍으로 발견되었다. 아가리는 밖으로 약간 벌어지고 몸체 아래쪽이 풍만하며, 목이 조금 길어 날렵하면서도 단아한 모양을 보이는 병으로, 궁중의 연례에 사용된 술병으로 보인다. 몸통 전면에 구름 속에서 3개의 발톱을 세우고 수염을 나부끼면서 여의주를 잡으려는 용을 그렸다.

제작 연대는 16세기 전반의 작품으로 추정되며 경기도 광주의 관요에서 만들어진 것으로 보인다.

보물 제788호 백자 청화 잉어문 입호 [白磁 靑畵 鯉魚文 立壺]

서울 용산구 이태원로55길 60 삼성미술관 리움

백자 청화 잉어문 항아리는 높이 24.7cm, 아가리 지름 8.1cm, 밑지름 12.4cm로 아가리가 안으로 휘어 그리 넓지 않다. 어깨는 풍만하게 시작되어 몸통 아래에 이르러 좁아졌다가, 굽다리 부분에 이르면 다시 벌어지는 조선 초기의 특징을 하고 있다. 몸통에는 꽃으로 마름모꼴 둘레를 만들었고, 그 안에 물고기를 실감 나게 그려 넣었다. 유색은 푸른빛이 서린 회백색이며 항아리의 벽은 다소 두꺼운 편이다.

이 백자는, 경기도 광주 일대의 관요에서 만들었을 것으로 추정되며, 조선 초기의 회화성이 뛰어난 작품이다.

보물 제790호 영천 은해사 백흥암 극락전 [永川 銀海寺 百興庵 極樂殿]

경북 영천시 청통면 청통로 951-792 백흥암

조선 명종 1년(1546) 인종의 태실을 팔공산에 모시게 되자 백흥암을 수호사찰로 정했다고 한다. 극락전은 인조 21년(1643)에 지은 것으로 지금 있는 건물은 그 뒤로 여러 차례 수리한 것이다. 규모는 정면 3칸, 측면 3칸이며 지붕은 팔작지붕, 공포는 다포 양식이다. 재료의 형태와 짜임이 조선시대의 옛 수법을 잘 갖추고 있다. 안쪽 천장은 가운데를 높이고 주변을 낮게 만들어 층을 이루게 꾸몄으며, 불상을 올린 불단인 백흥암 수미단(보물 제486호)은 조각이 매우 특이하고 우수하다.

보물 제792호 이상길 초상 [李尙吉 肖像]

전북 전주시 완산구 쑥고개로 249 국립전주박물관

조선 중기 문신인 이상길(1556~1637)의 초상화로 모본으로 추정되고 있다. 이 초상화는 가로 93cm, 세로 185cm의 크기로 의자에 앉은 모습이다. 낮은 사모를 쓰고 붉은색의 관복을 입었으며, 두 손은 소매 안으로 마주 잡아 보이지 않는다. 옷의 옆트임 안쪽으로 보이는 속옷과 양쪽 어깨의 기울기를 달리해 안정되어 보이는데, 이러한 자세는 조선 중기 초상화에 나타나는 특징이다. 그러나 얼굴 윤곽선의 농도를 다르게 하여 표현하는 방법은 조선 후기에 나타나는 수법으로 후대에 다시 그려진 것으로 보인다.

보물 제794호 예산 화전리 석조사면불상 [禮山 花田里 石造四面佛像]

충남 예산군 봉산면 화전리 산62-3

1983년에 발견된 것으로 돌기둥 4면에 불상이 새겨져 있는 백제시대 유일의 사면불이다. 남면에는 본존불로 여겨지는 여래좌상이 있고, 나머지 면에도 여래입상이 각각 1구씩 새겨져 있다. 머리 부분은 훼손된 채, 따로 끼울 수 있게 되어있는 손은 모두 없어졌다. 4구의 불상은 모두 양어깨에 옷을 걸치고 있으며 가슴 부분에 띠매듭이 보인다. 머리광배는 원형으로 불꽃무늬, 연꽃무늬가 새겨져 있는데 이는 백제 특유의 양식이다. 우리나라 최초의 석조 사방불이다.

보물 제795호 장흥 천관사 삼층석탑 [長興 天冠寺 三層石塔]
전남 장흥군 관산읍 농안리 739 천관사

이 탑은 2단의 기단 위에 3층의 탑신을 올린 고려시대의 탑이다. 기단과 탑신의 몸돌에는 기둥을 모각하였다. 탑신은 각 층의 몸돌과 지붕돌을 각각 하나의 돌로 쌓아 올렸으며, 지붕돌의 옥개받침은 4단이다. 윗면에 흐르는 경사가 아래로 내려올수록 완만하다. 상륜부에는 노반과 복발을 한돌에 새겨 올렸다. 전체적으로 비례감이 알맞아 안정감이 느껴지며 단아함을 풍긴다.

조성 시기는 고려 전기로 추정된다.

화순 운주사 구층석탑
몸돌과 지붕돌 받침의 문양

보물 제796호 화순 운주사 구층석탑 [和順 雲住寺 九層石塔]
전남 화순군 도암면 천태로 91 운주사

커다란 바윗돌과 바닥돌을 기단으로 삼고 그 위로 위층 기단을 쌓은 후 9층에 이르는 탑신을 세웠다. 1층 몸돌만 기둥을 모각하고 2층 이상의 몸돌에는 능형을 2중으로 새긴 후 그 안에는 꽃 문양을 양각하였다. 이와 같은 조성 수법은 운주사의 석탑에서만 볼 수 있다. 지붕돌은 밑면이 약간 치켜 올려져 있고, 여러 겹의 빗살무늬가 조각되어 있다. 상륜부에는 원기둥 모양으로 다듬은 돌과 보륜이 올려져 있다. 이 탑은 지방적인 색채가 뚜렷했던 고려시대의 특징을 잘 나타낸 것으로 보인다.

보물 제797호 화순 운주사 석조불감 [和順 雲住寺 石造佛龕]
전남 화순군 도암면 천태로 91 운주사

운주사 석조불감은 건물 밖에 만들어진 감실의 대표적 예이다. 감실은 직사각형 모양으로, 양쪽 벽을 판돌로 막아두고 앞뒤를 통하게 하였다. 그 위는 목조 건축의 모양을 본떠 팔작지붕처럼 처리하였다. 감실 안에는 2구의 불상이 모셔져 있는데, 특이하게도 등이 서로 맞붙은 모습으로 흔히 볼 수 없는 예이다. 불상을 새긴 수법은 그리 정교하지 않지만, 고려시대에 들어 나타난 지방적인 특징이 잘 나타난다. 이와 같은 거대한 석조불감은 유일하며, 등을 서로 맞댄 두 불상 역시 특이한 형식이다.

화순 운주사 원형 다층석탑 [和順 雲住寺 圓形 多層石塔]
전남 화순군 도암면 천태로 91 운주사

탑의 구성이나 전체적인 형태에서 일반적인 석탑의 형태를 따르지 않은 특이한 모양의 석탑으로 기단은 2단의 둥근 바닥돌에 높직한 10각의 돌을 짜 올리고 그 위로 연꽃잎을 장식한 돌을 올려 마무리하였다. 탑신은 몸돌과 지붕돌이 모두 원형이고, 층마다 몸돌 측면에 2줄의 선이 돌려져 있다. 현재 남아 있는 것은 6층뿐이나 원래는 더 있었던 것으로 보인다. 탑의 구성이나 전체적인 조형 면에서 우리나라에서는 그 예가 드문 모습으로, 고려시대에 이르러 각 지방에서 나타난 특이한 양식으로 보아야 할 것이다.

공주 마곡사 오층석탑 [公州 麻谷寺 五層石塔]
충남 공주시 사곡면 마곡사로 966 마곡사

공주 마곡사 오층석탑
라마탑 양식의 상륜부

이 탑은 기단을 2단으로 쌓고, 그 위로 5층의 탑신을 올린 후 머리 장식을 올린 모습이다. 탑신의 몸돌에는 부처, 보살 등을 조각해 놓았고, 지붕돌은 네 귀퉁이마다 풍경을 달았던 흔적이 보이는데, 현재는 5층 지붕돌에만 1개의 풍경이 남아 있다. 청동으로 만들어진 꼭대기의 머리 장식은 이 탑에서 가장 눈에 띄는 부분으로, 중국 원나라의 라마탑과 그 모습이 비슷하다. 만들어진 시기는 머리 장식의 독특한 모습으로 보아 원나라의 영향을 받았던 고려 후기 즈음으로 추정된다.

보물 제800호 **공주 마곡사 영산전 [公州 麻谷寺 靈山殿]**
충남 공주시 사곡면 마곡사로 966 마곡사

영산전은 석가모니불과 팔상도를 모신 법당을 가리키는데 이 건물은 천불을 모시고 있어 천불전이라고도 부른다. 조선시대 각순대사가 절을 다시 일으키면서(1651) 고쳐 지은 것으로 마곡사에서 가장 오래된 건물이며 해탈문 서쪽에 자리 잡고 있다. 규모는 정면 5칸, 측면 3칸이고 지붕은 맞배지붕, 공포는 주심포 양식이다. 건물 앞쪽에 걸린 현판은 세조의 글씨라고 전하며 건물 안쪽의 천장은 우물천장이다. 짜임새를 잘 갖추고 있는 조선시대의 건물이다.

공주 마곡사 영산전 내부

보물 제801호 **공주 마곡사 대웅보전 [公州 麻谷寺 大雄寶殿]**
충남 공주시 사곡면 마곡사로 966 마곡사

마곡사의 대웅보전의 규모는 1층이 정면 5칸, 측면 4칸, 2층이 정면 3칸, 측면 3칸이고 지붕은 팔작지붕, 공포는 다포 양식이다. 밖으로 뻗쳐 나온 부재 위에 연꽃을 조각해 놓아 조선 중기 이후의 장식적 특징을 보인다. 건물 2층에 걸려 있는 현판은 신라 명필 김생의 글씨라고 한다. 건물 안쪽은 우물천장이며, 천장을 2층 대들보와 연결하여 만들었고 마루도 널찍해 공간구성이 시원해 보인다. 조선시대 각순대사가 절을 다시 일으킬 때(1651) 고쳐 지은 것이다.

공주 마곡사 대광보전 백의관음도

보물 제802호 **공주 마곡사 대광보전 [公州 麻谷寺 大光寶殿]**
충남 공주시 사곡면 마곡사로 966 마곡사

이 건물은 마곡사의 중심 법당으로 해탈문, 천왕문과 일직선으로 놓여 있다. 규모는 정면 5칸, 측면 3칸이며 지붕은 팔작지붕, 공포는 다포 양식이다. 정면 5칸에는 3짝씩 문을 달았는데 문살은 꽃 모양을 섞은 조각으로 장식하였고 가운데 칸 기둥 위로 용머리를 조각해 놓았다. 천장은 우물천장이며, 불단은 서쪽으로 배치하였는데 불단 위에는 닫집을 정교하게 꾸며 달았다(불상의 뒤편에는 후불 벽화로 백의관음도가 그려져 있다). 처음 지은 시기는 알 수 없으나 불에 타버렸던 것을 조선 순조 13년(1813)에 다시 지은 것이다.

보물 제803호 고창 선운사 참당암 대웅전 [高敞 禪雲寺 懺堂庵 大雄殿]

전북 고창군 아산면 도솔길 194 선운사

선운사 참당암 대웅전의 규모는 정면 3칸, 측면 3칸이며 지붕은 맞배지붕, 공포는 다포 양식이다. 앞면에 짜인 공포는 전형적인 18세기 다포 양식을 보이는 반면, 뒷면은 기둥 위에만 공포가 있는 주심포 양식을 취하고 있다. 이는 건물을 수리할 때 고려시대의 부재를 재활용한 것이라 짐작된다. 의문화상이 신라 진평왕의 부탁으로 지었다고 하는데 여러 차례 수리를 거친 것으로 지금 있는 건물은 조선시대의 것이다. 고려시대 다른 건축물과 비교할 수 있는 중요한 자료가 되는 건물이다.

보물 제804호 순천 정혜사 대웅전 [順天 定慧寺 大雄殿]

전남 순천시 서면 정혜사길 32 정혜사

정혜사 대웅전의 규모는 정면 3칸, 측면 2칸이며 지붕은 팔작지붕, 공포는 다포 양식이다. 밖으로 뻗쳐 나온 부재가 굵직하게 치켜 올라간 것이 조선 전기의 수법을 보인다. 또한, 바깥쪽 벽을 널빤지로 만든 점과 건물의 세부 처리 기법 역시 조선 전기의 특징을 나타내고 있다. 건물의 안쪽은 우물천장으로 꾸몄으며 건물에 입힌 단청이 바래 있긴 하지만 조선 전기의 문양과 색채를 간직하고 있다. 오래된 건물이 가지는 격이 살아 있고 조선시대 목조 건축의 여러 양식을 찾아볼 수 있다.

보물 제805호 대구 북지장사 지장전 [大邱 北地藏寺 地藏殿]

대구 동구 도장길 243 북지장사

북지장사 지장전은 정면 1칸, 측면 2칸 규모이지만 앞면 1칸 사이에 사각형의 사이기둥을 세워 3칸 형식을 띠고 있는 것이 독특하다. 지붕은 팔작지붕이며 공포는 다포 양식이다. 세부 처리는 조선 중기 수법을 따르고 있으며, 공포 위에 설치한 용머리 조각 등은 조선 후기 수법을 따르고 있다. 건물에 비해 지붕이 크게 구성되어 지붕의 추녀에는 활주로 지붕을 받치고 있다. 2011년까지 해체보수 결과 조선 영조 37년(1761) 지장전으로 상량하였다는 기록이 발견되어 지장전으로 명칭을 변경하였다 (현재는 대웅전 현판이 붙어 있다).

보물 제806호 백자 반합 [白磁 飯盒]
서울 관악구 남부순환로152길 53 호림박물관

백자 반합은 조선시대 만들어진 총 높이 22.5cm, 뚜껑 높이 9.9
cm, 뚜껑 지름 17.4cm, 아가리 지름 15.3cm, 굽지름 9.4cm인 조선
시대 백자 반합이다. 뚜껑의 윗면 가운데에 꽃봉오리 모양의 꼭
지가 달려 있고, 그 위로 두 줄의 음각선이 돌려져 있다. 뚜껑의
가장자리는 굴곡을 이루어 아래 몸체와 잘 맞게 되어 있다. 밖으
로 벌어진 다소 높은 굽다리와 어울려 기품 있고 수려한 멋을 풍
긴다. 유약은 담청색이 감도는 백자유로 두껍게 전면을 칠했으
며 은은한 광택이 흐른다.

보물 제807호 백자 상감 모란문 병 [白磁 象嵌 牡丹文 瓶]
서울 관악구 남부순환로152길 53 호림박물관

백자 상감모란문 병은 조선 전기에 만들어진 백자 병으로 높이
29.6cm, 아가리 지름 7.4cm, 밑지름 9.6cm의 크기이다. 짧은 목에
나팔처럼 벌어진 아가리와 몸체가 풍만하고 약간 높은 굽다리
를 지닌 전형적인 조선 초기의 술병이다. 목 부분에는 흑상감 기
법을 사용하여 문양을 냈는데, 이는 고려시대 청자에서부터 비
롯된 것으로, 15세기에 사용되었다. 백자가 주는 부드러운 흰색
의 바탕 위에 검은색을 넣어 상감한, 단순하고 큼직한 모란 모양
의 장식이 그릇 모양에 잘 어울린다.

보물 제808호 금동탄생불입상 [金銅誕生佛立像]
서울 관악구 남부순환로152길 53 호림박물관

탄생불이란 석가모니가 태어나자마자 일곱 발짝을 걸은 뒤 오
른손을 들어 '천상천하유아독존[天上天下唯我獨尊]'이라고 부
르짖는 모습을 나타낸 것이다. 금동탄생불입상은 대좌 위에 꼿
꼿이 선 자세로 오른손은 하늘을, 왼손은 땅을 가리키고 있고 하
체에만 치마를 입고 있으며, 허리 부분에 띠매듭의 표현이 보인
다. 대좌는 원형이며 또 하나의 대좌는 후대에 만들어진 것으로
보이는데, 매우 독특한 모습을 이루고 있다. 현존하는 국내 유일
의 탄생불이며 6세기에 만들어진 작품으로 추정된다.

보물 제809호 경복궁 자경전 [景福宮 慈慶殿]
서울 종로구 사직로 161 경복궁

자경전은 1867년 경복궁을 다시 지으면서 자미당 터에 고종의 양어머니인 조대비[신정왕후]를 위해 지은 대비전으로 중건 이후 화재로 소실됨에 따라서 고종 25년(1888)에 다시 지어 오늘에 이른다. 총 44칸 규모이다. 서북쪽에 복안당이라는 침실을 두고 중앙에는 중심 건물인 자경전을 두었으며, 동남쪽에는 다락집인 청연루를 배치하였다. 담장에는 장수를 기원하는 뜻을 가진 글자와 꽃, 나비, 대나무 형태를 흙으로 구워 새겨 넣었으며, 뒤편에는 십장생을 조화 있게 새겨 넣은 집 모양의 굴뚝(보물 제810호)이 남아 있다.

보물 제810호 경복궁 자경전 십장생 굴뚝 [景福宮 慈慶殿 十長生 굴뚝]
서울 종로구 사직로 161 경복궁

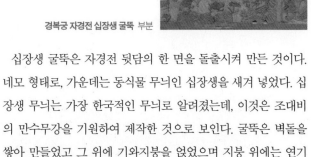

경복궁 자경전 십장생 굴뚝 부분

십장생 굴뚝은 자경전 뒷담의 한 면을 돌출시켜 만든 것이다. 네모 형태로, 가운데는 동식물 무늬인 십장생을 새겨 넣었다. 십장생 무늬는 가장 한국적인 무늬로 알려졌는데, 이것은 조대비의 만수무강을 기원하여 제작한 것으로 보인다. 굴뚝은 벽돌을 쌓아 만들었고 그 위에 기와지붕을 얹었으며 지붕 위에는 연기를 빠지게 하는 시설을 해 놓았다. 굴뚝이면서 장식적인 기능을 충실히 하고 그 조형미 역시 세련되어 조선시대 궁궐에 있는 굴뚝 중에서 가장 아름다운 작품으로 평가받고 있다.

보물 제811호 경복궁 아미산 굴뚝 [景福宮 峨嵋山 굴뚝]
서울 종로구 사직로 161 경복궁

아미산 굴뚝은 교태전 온돌방 밑을 통과하여 연기가 나가는 굴뚝으로, 지금 남아 있는 것은 고종 4년(1867) 경복궁을 다시 지으면서 새로 만든 것이다. 현재 4개의 굴뚝이 서 있는데 6각형으로 된 굴뚝 벽에는 덩굴무늬, 학, 박쥐, 봉황, 소나무, 매화, 국화, 불로초, 바위, 새, 사슴 따위의 무늬를 조화롭게 배치하였다. 각 무늬는 벽돌을 구워 배열하고 그 사이에는 회를 발라 면을 구성하였다. 굴뚝의 위쪽 부분은 목조 건물의 형태를 모방하였고 그 위로 연기가 빠지는 작은 창을 설치하였다.

보물 제812호 경복궁 근정문 및 행각 [景福宮 勤政門 및 行閣]
서울 종로구 사직로 161 경복궁

근정문은 정면 3칸, 측면 2칸의 2층 건물로, 지붕은 우진각지붕, 공포는 다포 양식이다. 밖으로 뻗쳐 나온 부재들의 형태가 날카롭고 곡선을 크게 그리고 있어 조선 후기의 일반적인 수법을 나타내고 있다. 행각은 근정전의 둘레를 직사각형으로 둘러 감싸고 있는데, 양식과 구조는 간결하게 짜여 있다. 남행각이 연결되는 곳에 일화문과 월화문이 있고 북측으로는 사정문이 있어서 사정전과 연결된다. 동·서쪽으로는 각각 밖으로 돌출한 융문루, 융무루가 있다. 근정문은 궁궐 정전의 남문 중 유일한 2층 건물이다.

보물 제813호 창덕궁 인정문 [昌德宮 仁政門]
서울 종로구 율곡로 99 창덕궁

인정문은 창덕궁의 중심 건물인 인정전의 정문으로, 효종, 현종, 숙종, 영조 등 조선왕조의 여러 임금이 이곳에서 즉위식을 거행하고 왕위에 올랐다.

인정문은 건물은 정면 3칸, 측면 2칸 규모이며 지붕은 팔작지붕, 공포는 다포 양식이다. 천장은 연등천장이며, 단청은 소박하게 꾸몄다.

왕위를 이어받는 의식이 거행되던 곳으로, 정전인 인정전과 함께 조선왕조 궁궐의 위엄과 격식을 가장 잘 간직하고 있는 건축물이다.

보물 제814호 창덕궁 선정전 [昌德宮 宣政殿]
서울 종로구 율곡로 99 창덕궁

선정전은 임금의 공식 집무실인 편전이다. 편전이란 임금과 신하가 정치를 논하고, 유교 경전과 역사를 공부하는 곳을 말하며, 이곳에서 임금과 신하들이 정치를 논하는 것을 '상참'이라고 하며, 상참에 참여할 수 있는 신하는 3품의 당상관 이상이다. 현재의 선정전은 인조 25년(1647)에 광해군이 인왕산 아래에 세웠던 '인경궁'의 광정전을 헐어다가 중건한 조선 중기의 대표적인 아름다운 목조 건물이다. 회회청이라는 안료를 외국에서 수입하여 청기와를 구워 올린 궁궐에 남아 있는 유일한 청기와집이다.

보물 제815호 창덕궁 희정당 [昌德宮 熙政堂]

서울 종로구 율곡로 99 창덕궁

희정당은 본래 침전으로 사용하다가, 조선 후기부터 임금의 집무실로 사용하였다. 건물을 지은 시기는 확실하지 않으나, 조선 연산군 2년(1496)에 수문당이 소실되자 다시 지으면서 희정당이라 부르게 되었다. 현재 건물은 일제강점기인 1917년에 불에 탄 것을 경복궁의 침전인 강녕전을 헐어다 1920년에 지은 것이다. 규모는 정면 11칸, 측면 4칸으로 한식 건물에 서양식 실내 장식을 하고 있다. 지붕은 팔작지붕이다.

한식과 서양식이 어우러진 건물로, 시대의 변천사를 엿볼 수 있는 건축물이다.

보물 제816호 창덕궁 대조전 [昌德宮 大造殿]

서울 종로구 율곡로 99 창덕궁

대조전은 왕비가 거처하는 내전 중 가장 중요한 건물이다. 조선 태종 5년(1405)에 지었는데 임진왜란 때를 비롯하여 그 뒤로도 여러 차례 불이 나서 다시 지었다. 1917년 또 화재를 당하여 불에 탄 것을 1920년에 경복궁의 교태전을 헐고 그 부재로 이곳에 옮겨 지은 것이다. 규모는 정면 9칸, 측면 4칸이며, 지붕은 팔작지붕이다. 지붕은 곡와로 처리한 무량갓 건물이다.

건물 안쪽에는 서양식 쪽마루와 유리창, 가구 등을 갖추어 현대적인 실내 장식을 보인다.

보물 제817호 창덕궁 선원전 [昌德宮 璿源殿]

서울 종로구 율곡로 99 창덕궁

선원전은 조선시대 역대 임금의 초상을 봉안하고 제사를 지내는 건물로 궁궐 밖으로는 종묘를 두었고, 궁 안에는 선원전을 두었다. 원래 춘휘전이었던 건물을 조선 효종 7년(1656) 광덕궁의 경화당을 옮겨지어 사용하다가, 숙종 21년(1695)에 선원전으로 이름을 바꾸었다. 이곳에는 숙종, 영조, 정조, 순조, 익종, 헌종의 초상을 모시고 있다. 1921년 창덕궁 후원 서북쪽에 선원전을 새로 지어 왕의 초상을 옮긴 뒤부터 구선원전으로 불리었다.

조선시대 왕실 제사용 건물의 유례를 볼 수 있는 중요한 건물이다.

보물 제818호 **창경궁 통명전 [昌慶宮 通明殿]**
서울 종로구 창경궁로 185 창경궁

창경궁 안에 있는 왕의 생활공간으로 연회 장소로도 사용했던 곳이다. 조선 성종 15년(1484) 처음 지었던 건물이 임진왜란 때 소실되어 광해군 때 고쳐 지었으나 정조 14년(1790) 다시 화재로 소실되었다. 지금 있는 건물은 순조 34년(1834) 창경궁을 고쳐 세울 때 같이 지은 것이다.

규모는 정면 7칸, 측면 4칸이며, 지붕은 팔작지붕, 용마루가 없는 무량갓 건물이며, 공포는 다포 양식이다. 궁궐 안 내전 중 가장 큰 건물로 옛 격식을 잘 보존하고 있다.

보물 제819호 **덕수궁 중화전 및 중화문 [德壽宮 中和殿 및 中和門]**
서울 중구 세종대로 99 덕수궁

덕수궁 중화문

중화전의 규모는 정면 5칸, 측면 4칸이며, 지붕은 팔작지붕, 공포는 다포 양식이다. 밖으로 뻗쳐 나온 공포 부재의 형태가 가늘고 약해 보이며 곡선이다. 안쪽에는 임금님이 앉는 자리 위에 닫집을 달아 놓았다. 중화문의 규모는 정면 3칸, 측면 2칸이고 지붕은 팔작지붕, 공포 는 다포 양식이다. 원래 좌우로 행각(복도 건물)이 있었으나 지금은 문 동쪽에 일부 흔적만 남아 있다. 광무 6년(1902)에 지었으나 1904년 불에 소실되어 지금 있는 건물은 1906년에 다시 지은 것이다.

보물 제820호 **덕수궁 함녕전 [德壽宮 咸寧殿]**
서울 중구 세종대로 99 덕수궁

함녕전은 고종황제가 거처하던 황제의 생활 공간이다. 규모는 정면 9칸, 측면 4칸이며 서쪽 뒤로 4칸을 덧붙여 평면이 ㄱ자형이다. 지붕은 팔작지붕, 공포는 익공 양식이다. 지붕 모서리 부분에 잡상을 나열한 점은 침전 건축에서 잘 사용하지 않는 특이한 구성이다. 건물의 천장은 우물천장, 네면 모든 칸에 벽을 두르지 않고 창을 달아 놓았다. 조선 후기 마지막 왕실 침전 건물로 건축사 연구에 좋은 자료가 되고 있다.

보물 제821호 종묘 영녕전 [宗廟 永寧殿]

서울 종로구 종로 157 종묘

종묘는 조선시대 왕, 왕비, 공신 등의 신주를 모셔놓고 제사를 지내던 곳이다. 영녕전을 짓게 된 동기는 시간이 흐르고 죽은 왕의 수가 늘어남에 따라 건물을 늘리거나 새로 지어야 할 필요 때문이었다. 이 건물은 세종 3년(1421) 정종의 신주를 종묘에 모실 때 지은 것으로, 태조의 4대조와 정전에서 계속 모실 수 없는 왕과 왕비의 신주를 옮겨 모신 곳이다. 17세기 중기 건축 양식을 보여주는 이 건물은 제사를 드리는 곳이라는 목적에 맞도록 구조와 장식·색 등이 간결하고 장중한 느낌을 주도록 만들었다.

보물 제822호 이천 영월암 마애여래입상 [利川 映月庵 磨崖如來立像]

경기 이천시 관고동 산64-1

높이 7~8m의 자연 암석을 다듬고 바위면 전체에 꽉 채워 조각한 마애불로 전체적으로 장대하며 힘찬 솜씨를 보이고 있어 고려 초기에 만든 것으로 추정된다. 머리와 양손은 얕은 돋을새김으로 표현하였고 옷주름 등은 선으로 조각되었다. 원만하고 둥근 얼굴에 이목구비가 크고 뚜렷하며 지그시 감은 듯한 눈과 굵직한 코, 두꺼운 입술 등에서 힘차고 후덕한 고승의 느낌이 들게 한다. 유례가 드문 고려시대 마애조사상이란 점에서 중요한 의의가 있는 작품이다.

보물 제823호 안성 석남사 영산전 [安城 石南寺 靈山殿]

경기 안성시 금광면 배티로 193-218 석남사

영산전은 석가모니불상과 그 생애를 여덟 가지로 나누어 그린 그림을 모신 곳으로 지은 시기는 정확하게 알 수 없으나 여러 차례 수리를 거쳤다. 지금 있는 건물은 조선시대 건축물이다.

규모는 정면 3칸, 측면 2칸이며 지붕은 팔작지붕, 공포는 다포 양식인데, 밖으로 뻗쳐 나온 재료의 끝이 짧고 약간 밑으로 처진 곡선을 이루고 있다. 이는 조선 초기 건물에 공통으로 나타나는 기법이라고 할 수 있다. 영산전은 조선 초기~중기 건축 양식을 갖추고 있다는 점에서 건축사 연구에 귀중한 자료로 평가받고 있다.

보물 제824호 안성 청룡사 대웅전 [安城 青龍寺 大雄殿]
경기 안성시 서운면 청룡길 140 청룡사

대웅전은 조선 후기에 다시 지은 건물로 추정된다. 규모는 정면 3칸, 측면 4칸이며 지붕은 팔작지붕, 공포는 다포 양식이다. 밖으로 뻗쳐 나온 재료 윗몸에 연꽃과 연꽃봉오리를 화려하게 조각해 놓아 장식이 많이 섞인 조선 후기의 특징을 보인다. 기둥은 전혀 가공하지 않은 원목을 그대로 사용하였다. 건물의 천장은 우물천장이다. 이 대웅전은 안쪽에 조선 헌종 15년(1674)에 만든 범종을 보관하고 있으며, 조선 후기의 건축 기법과 특징을 잘 보여 주고 있다.

보물 제825호 익산 숭림사 보광전 [益山 崇林寺 普光殿]
전북 익산시 웅포면 백제로 495 숭림사

숭림사는 고려 충목왕 1년(1345)에 창건한 사찰로 숭림사 보광전은 17세기 이전에 지은 건물로 추정하고 있다. 규모는 정면 3칸, 측면 3칸이며 지붕은 맞배지붕, 공포는 다포 양식이다. 건물 안쪽은 보 끝에 용머리를 조각해 놓았고, 기둥 윗부분에 설치된 건축 부재들은 각각 연꽃, 용의 몸, 용 앞발이 여의주를 쥐고 있는 모양으로 장식하고 있다.

법식과 기법이 특징인 조선 후기 건축물로 건축 연구에 자료가 되는 문화재이다.

보물 제826호 김제 귀신사 대적광전 [金堤 歸信寺 大寂光殿]
전북 김제시 금산면 청도6길 40 귀신사

귀신사는 신라 문무왕 16년(678) 의상대사가 세운 절로 대적광전은 지혜의 빛을 비춘다는 비로자나불을 모신 전각으로 17세기경에 다시 지은 것으로 추정된다.

규모는 정면 5칸, 측면 3칸이며, 지붕은 맞배지붕, 공포는 다포 양식이다. 앞면 3칸 문에는 빗살무늬 창호를 달았고, 오른쪽과 왼쪽 끝칸인 퇴칸은 벽으로 만들었는데 최근 퇴칸의 벽을 털어내고 동일한 빗살무늬 창호로 바꾸었다.

보물 제827호 김제 금산사 대장전 [金堤 金山寺 大藏殿]
전북 김제시 금산면 모악15길 1 금산사

대장전은 원래 미륵전 뜰 가운데 세운 목조탑으로 불경을 보관하던 곳이었는데, 지금은 예전의 기능은 없어지고 안에 불상을 모시고 있다. 규모는 정면 3칸, 측면 3칸 크기이며 지붕은 팔작지붕, 공포는 다포 양식이다. 양쪽 칸에는 1개, 가운데 칸에는 공포를 2개씩 올렸다. 건물 안쪽 천장은 우물천장이며, 불상을 얹어 놓은 수미단에는 정교한 장식문을 조각해 놓았다. 조선 인조 13년(1635)에 다시 짓고, 1922년에 지금 있는 위치로 옮겼다. 지붕 위에 남아 있는 조각들은 목조탑이었을 때 흔적이다.

보물 제828호 김제 금산사 석등 [金堤 金山寺 石燈]
전북 김제시 금산면 모악15길 1 금산사

김제 금산사 대장전 앞뜰에 놓여 있는 8각 석등으로, 연꽃을 조각한 하대석 위로 8각 간주석을 올리고 기단의 상대석에 길쭉한 연꽃을 새겼다. 화사석은 4면에 화창을 내고, 창 주위에는 구멍이 3개씩 뚫려있는데, 창문을 달기 위한 구멍이었던 듯하다. 지붕돌은 여덟 곳의 귀퉁이마다 작은 꽃 조각으로 꾸며 놓았다. 꼭대기의 머리 장식은 모두 온전히 남아 있다. 지붕돌의 꽃 조각이나 석등 각 부분의 조각 수법 등으로 미루어 고려시대 조성된 것으로 추정된다.

보물 제829호 강진 금곡사 삼층석탑 [康津 金谷寺 三層石塔]
전남 강진군 군동면 까치내로 261 금곡사

금곡사 탑은 1단의 기단 위에 3층의 탑신을 올렸다. 기단과 탑신의 여러 군데가 갈라지거나 떨어져 나간 상태이다. 기단은 네 모서리에 두꺼운 기둥을 세우고, 그 사이마다 판돌을 끼웠다. 모서리 기둥을 본떠 새기지 않고, 직접 세운 것은 부여 정림사지 오층석탑(국보 제9호)에서도 볼 수 있다. 탑신의 1층 몸돌은 각 면마다 감실을 조성하였다. 3층 탑신에 이르기까지 점차로 규모를 줄여 안정된 비례를 보인다. 지붕돌의 옥개받침은 보기 드문 6단으로 조성하였다. 백제양식이 보이는 고려시대의 탑이다.

보물 제830호 영광 불갑사 대웅전 [靈光 佛甲寺 大雄殿]

전남 영광군 불갑면 불갑사로 450 불갑사

영광 불갑사 대웅전
내부의 닷집

　규모는 정면 3칸, 측면 3칸이며, 지붕은 팔작지붕, 공포는 다포 양식이다. 지붕 용마루 중앙에는 작은 석탑과 보리수를 조각한 장식을 볼 수 있으며, 가운데 칸 좌우의 기둥 위에는 용머리를 조각해 놓았다. 가운데 칸에 달린 문은 연꽃과 국화 모양으로 꾸며 뛰어난 창살 조각 솜씨를 엿보게 한다. 건물 안쪽의 모서리 공포 부분에도 용머리를 장식하고 있다. 기와 가운데 '건륭29년[乾隆二十九年]'이라고 쓴 것이 발견되어 조선 영조 40년(1764)에 고친 것으로 짐작되어 조성된 것은 18세기 이전으로 추정된다.

보물 제831호 순천 동화사 삼층석탑 [順天 桐華寺 三層石塔]

전남 순천시 별량면 동화사길 208 동화사

　동화사 삼층석탑은 기단을 2단으로 조성하고 그 위에 3층의 탑신을 올렸다. 일부 기단이 묻혀 있었으나 최근 복원하였다. 기단의 갑석도 가파른 경사를 두어 옥개석과 같은 느낌을 준다. 탑신은 모두 지붕돌과 몸돌이 각각 한 돌로 이루어져 있고, 몸돌에는 기둥을 모각하였다. 지붕돌의 옥개받침은 모두 3단이다. 상륜부의 머리 장식은 노반, 복발, 앙화, 보륜, 보개 등이 거의 온전히 남아있다. 규모가 차츰 작아지고, 옥개받침의 단수가 줄어드는 것으로 보아 신라말 고려초 무렵에 조성된 것으로 추정된다.

보물 제832호 영주 성혈사 나한전 [榮州 聖穴寺 羅漢殿]

경북 영주시 순흥면 죽계로 459 성혈사

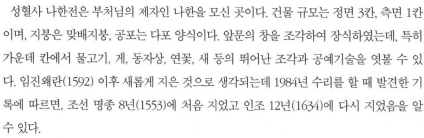

영주 성혈사 나한전
1 나한전 문살
2 나한전 가운데 칸의 문살 모양

　　성혈사 나한전은 부처님의 제자인 나한을 모신 곳이다. 건물 규모는 정면 3칸, 측면 1칸이며, 지붕은 맞배지붕, 공포는 다포 양식이다. 앞문의 창을 조각하여 장식하였는데, 특히 가운데 칸에서 물고기, 게, 동자상, 연꽃, 새 등의 뛰어난 조각과 공예기술을 엿볼 수 있다. 임진왜란(1592) 이후 새롭게 지은 것으로 생각되는데 1984년 수리를 할 때 발견한 기록에 따르면, 조선 명종 8년(1553)에 처음 지었고 인조 12년(1634)에 다시 지었음을 알 수 있다.

보물 제833호 경주 기림사 대적광전 [慶州 祇林寺 大寂光殿]

경북 경주시 양북면 기림로 437-17 기림사

경주 기림사 대적광전
내부 가구

　　기림사 대적광전은 정면 5칸, 측면 3칸이며 규모이며, 지붕은 맞배지붕, 공포는 다포 양식이다. 겉모습은 절의 중심 법당답게 크고 힘차며 안쪽은 비교적 넓은 공간에 정숙하고 위엄 있는 분위기를 자아내고 있다. 선덕여왕 때 세워진 후 여러 차례에 걸쳐 수리한 것으로 지금 건물은 조선 인조 7년(1629)에 크게 고쳤을 때의 것으로 보인다. 공포에 조각을 많이 넣어 17세기 건축 흐름을 알 수 있고, 특히 수리할 때 옛 모습을 손상시키지 않아 건축사 연구에 중요한 자료가 되고 있다.

보물 제834호 청도 대비사 대웅전 [清道 大悲寺 大雄殿]

경북 청도군 금천면 박곡길 590 대비사

대비사는 고려시대 이전에는 박곡리 마을에 있었으나 고려시대에 지금 있는 자리로 옮겨왔다. 석가모니불상을 모시고 있는 대웅전은 16세기경에 세운 것으로 추정된다. 규모는 정면 3칸, 측면 3칸으로, 지붕은 맞배지붕, 공포는 다포 양식이다. 전체 구성이 짜임새가 있고, 공포의 구성도 꼼꼼하고 튼튼하다. 건물을 이루는 세부 부재들의 형태를 통해 조선 초기에서 중기에 걸친 양식 특징을 살필 수 있는 건축물이다.

보물 제835호 청도 운문사 대웅보전 [清道 雲門寺 大雄寶殿]

경북 청도군 운문면 운문사길 264 운문사

정면 3칸, 측면 3칸 규모이지만, 기둥 사이의 간격을 넓게 잡아서 같은 규모의 건물보다 크다. 지붕은 팔작지붕, 공포는 다포 양식이다. 조선 후기의 일반적인 다포계 건물들과는 달리 장식으로 치우치지 않았다. 앞면에는 꽃무늬를 넣은 문을 달았는데, 특히 가운데 칸은 넓어 5짝 여닫이문을 달았다. 안쪽은 큰 기둥을 하나만 세워 넓고 탁 트인 공간을 꾸미고 있다. 천장은 우물천장으로 꾸미고 화려하게 단청을 하였다. 조선 숙종 44년(1718)에 보수할 때 대웅보전도 이때 세운 것으로 추정된다.

보물 제836호 청도 대적사 극락전 [清道 大寂寺 極樂殿]

경북 청도군 화양읍 송금리 223 대적사

청도 대적사 극락전
축대의 문양(왼쪽 거북이와 게의 모습)

규모는 정면 3칸, 측면 2칸이며 지붕은 맞배지붕, 공포는 다포 양식이다. 기단 앞부분에는 연꽃무늬와 거북 무늬를 조각하고 주변에 H자 모양의 선 조각을 하였다. 또 계단 양쪽 옆면에 용을 새겨 놓은 기단 부분의 조각들은 다른 건축에서는 쉽게 찾아볼 수 없는 특징이다. 건물 안 천장은 우물천장으로 꾸몄는데 천장은 앞뒤로 층지게 하여 특이한 구성을 하고 있으며 불단 위로는 간략한 닫집을 설치하였다. 조선시대 건축사와 조각사 연구에 중요한 자료가 되고 있다.

보물 제837호 복각 천상열차분야지도 각석 [複刻 天象列次分野之圖 刻石]
서울 종로구 효자로 12 국립고궁박물관

복각 천상열차분야지도 각석은 별자리를 돌에 새겨 놓은 천문도이다. 둥글게 그린 하늘 안에 1,464개의 별이 그려져 있고 아래에는 천문도를 만들게 된 경위와 참여자 명단이 적혀 있다. 구도상 약간의 차이가 있을 뿐 내용은 태조 4년(1395)에 처음 만든 것과 완전히 같고, 설명문으로는 권근의 글이 실려 있다. 전체의 구성이 처음 새긴 것보다 더 좋고 당당하다. 1395년 처음 새긴 것을 돌이 닳아 잘 보이지 않게 되어 숙종 13년(1687)에 다시 새겨 놓은 것이다.

보물 제838호 서울 청계천 수표 [서울 淸溪川 水標]
서울 동대문구 회기로 56 세종대왕기념관

청계천의 수표는 성종(재위 1469~1494) 때 돌기둥으로 개량한 것으로 높이 3m, 폭 20cm의 화강암으로 만들었다. 위에는 연꽃무늬가 새겨진 삿갓 모양의 머릿돌이 올려져 있고, 밑에는 직육면체의 초석이 땅속 깊이 박혀있다. 돌기둥 양면에는 1척(21cm)마다 1척에서 10척까지 눈금을 새기고 3·6·9척에는 O표시를 하여 각각 갈수[渴水], 평수[平水], 대수[大水]라고 표시하였다. 6척 안팎의 물이 흐를 때가 보통수위이고, 9척이 넘으면 위험 수위로 보아 하천의 범람을 예고하였다.

보물 제839호 신법 지평일구 [新法 地平日晷]
서울 종로구 효자로 12 국립고궁박물관

신법 지평일구는 대부분의 해시계가 반원모양인데 비해 시간이 표시된 면인 시반[時盤]이 수평을 이루고 있다. 대리석으로 가로 120.3cm, 세로 57.5cm, 두께 16.5cm이고 무게가 310kg이다. 시반면에는 시각선과 절기선이 새겨져 있다. 시각선은 한 시간을 4각[角]으로 나누고 1각마다 시각선을 하나씩 그어 오전 5시 45분부터 오후 6시 15분까지 알 수 있게 하였다. 절기선은 하지에서 동지까지 13개 선으로 이루어져 있다. 이 해시계는 중국에서 이천경이 감독해서 만든 것으로 소현세자가 인조 23년(1645) 청에서 귀국할 때 가져온 것으로 보인다.

보물 제840호 신법 지평일구 [新法 地平日晷]
서울 종로구 효자로 12 국립고궁박물관

신법 지평일구는 해시계의 일종으로 크기는 가로 58.9㎝, 세로 38.2㎝, 두께 16.3㎝이다. 원리는 그래프용지에 1㎝ 간격으로 동심원과 10° 간격의 방사선을 그어놓고, 그 중심에 막대를 세워 시각에 따른 그림자의 변화를 보는 형태로, 이것은 반구형을 한 해시계 앙부일구를 전개하여 평면에 옮겨 놓은 것과 똑같은 모양이다. 측면에 새겨져 있는 글을 통해 18세기 초에 제작된 것이고 구조와 평면에 그려진 시각선, 절기를 나타낸 선이 중국의 것과 같아 그것을 본 떠 관상감에서 새로 만든 것으로 추정된다.

보물 제841호 간평일구 · 혼개일구 [簡平日晷 · 渾蓋日晷]
서울 종로구 효자로 12 국립고궁박물관

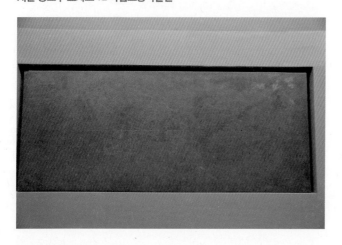

간평일구 · 혼개일구는 2개의 해시계를 하나의 돌에 새긴 매우 독특한 형태의 해시계이다. 서울의 위도 37도 39분 15초와 황도와 적도의 극거리 23도 29분을 측정기준으로 하여 1785년에 만들었다고 새겨져 있다. 간평일구는 앙부일구를 그대로 수평면 위에 투영한 것과 같으며 태양운행과 시간을 알 수 있게 고안한 것이다. 혼개일구는 해시계 면의 지름 46㎝이며 2구 모두 원안에 곡선으로 이루어진 세로선과 가로선들이 그어져 있는데, 그림자의 변화에 따라 시간과 24절기를 알 수 있다.

보물 제843호 관상감 측우대 [觀象監 測雨臺]
서울 동작구 여의대방로 16길 61 기상청

측우기는 세종 23년(1441) 세계 최초로 발명되어 이듬해 전국적으로 강우량 측정이 시작되었다. 철로 만든 원통형의 측우기는 돌 위에 올려놓고 사용했는데 높이 87.6㎝, 세로 59.7㎝, 가로 94.5㎝의 직육면체의 화강암으로, 가운데에 직경 16.5㎝, 깊이 4.7㎝로 구멍을 뚫어 세웠다. 측우기는 전쟁 등으로 유실되어 사라졌지만, 이 대석은 측우기의 존재를 확인해 주는 귀중한 유물이다. 세종 때의 것으로 서울 매동초등학교 교정에 있던 것을 기상청에 옮겨 놓았다.

보물 제844호 창덕궁 측우대 [昌德宮 測雨臺]
서울 종로구 효자로 12 국립고궁박물관

　　창덕궁 측우대는 조선시대에 강우량을 측정하는 측우기를 올려놓았던 대석이다. 높이 30.3cm, 가로 45.3, 세로 45.5cm의 대리석으로 만든 이 측우대는 정조 6년(1782) 6월부터 7월 사이에 계속되는 가뭄에 비가 오기를 바라는 간절한 뜻을 하늘에 알리고 비를 기다리는 의식적인 의의를 담고 있다. 측우기는 한국전쟁 때 없어지고 현재 측우대만 국립고궁박물관에 보관되어 있다. 대석의 4면에 새겨진 글에는 측우기의 제작 경위와 그 뜻이 얼마나 큰 것인지를 말하고 있어 조선 기상학사에 귀중한 자료가 되고 있다.

보물 제845호 앙부일구 [仰釜日晷]
서울 종로구 효자로 12 국립고궁박물관

　　앙부일구는 세종 16년(1434)에 장영실, 이천, 김조 등이 만들었던 해시계로 이것은 둥근 지구 모양을 표현한 것이고 작은 크기로도 시각선, 계절선을 나타내는 데 효과적이다. 오목한 시계판에 세로선 7줄과 가로선 13줄을 그었는데 세로선은 시각선이고 가로선은 계절선이다. 해가 동쪽에서 떠서 서쪽으로 지면서 생기는 그림자가 시각선에 비추어 시간을 알 수 있다. 또 절기마다 태양의 고도가 달라지기 때문에 계절선에 나타나는 그림자 길이가 다른 것을 보고 24절기를 알 수 있다.

보물 제846호 창경궁 풍기대 [昌慶宮 風旗臺]
서울 종로구 창경궁로 185 창경궁

　　풍기대란 바람의 방향과 세기를 추정하는 깃발을 세운 대이다. 화강암으로 만들었으며 높이 228cm로 아래에 상을 조각한 대를 놓고 그 위에 구름무늬를 양각한 8각 기둥을 세운 모양이다. 8각 기둥 맨 위의 중앙에는 깃대 꽂는 구멍이 있고, 그 아래 기둥 옆으로 배수 구멍이 뚫려 있다. 깃대 끝에 좁고 긴 깃발을 매어 그것이 날리는 방향으로 풍향을 재고, 나부끼는 정도로 바람의 세기를 잴 수 있었다. 풍향은 24방향으로 표시하고 풍속은 그 강도에 따라 8단계 정도로 분류했을 것으로 추정된다.

보물 제847호 경복궁 풍기대 [景福宮 風旗臺]
서울 종로구 사직로 161 경복궁

화강암을 다듬어 아래에 상을 조각한 대를 놓고, 그 위에 구름무늬를 새긴 8각 기둥을 세운 모습이다. 8각형 기둥의 맨 위의 중앙에는 깃대를 꽂는 구멍이 있고, 기둥 옆으로 배수 구멍을 뚫었다. 깃대 끝에는 좁고 긴 깃발을 매어 그것이 날리는 방향으로 풍향을 재고 나부끼는 정도로 바람의 세기를 알 수 있었다. 크기는 아랫단의 높이가 80.8cm, 위 8각 기둥의 높이가 143.5cm로 전체 높이가 224.3cm이다. 경복궁 풍기대는 창경궁 풍기대와 함께 조선시대 바람을 측정했다는 실증적 자료이다.

보물 제848호 보은 법주사 신법 천문도 병풍 [報恩 法住寺 新法 天文圖 屛風]
충북 보은군 속리산면 법주사로 405 법주사

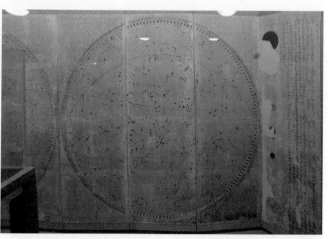

법주사 신법 천문도 병풍은 경종 3년(1723)에 중국에 와 있던 쾨글러I.Koegler가 작성한 300좌, 3,083성의 큰 별자리표를 김태서와 안국빈이 배워서 그려온 별자리 그림을 가지고 만든 것이다. 8폭 병풍이며, 제1폭에는 신법천문도설의 표제이며, 제2, 3, 4폭에는 직경 165cm의 큰 원과 360등본의 눈금띠가 매겨져 있다. 제5, 6, 7폭은 위의 세 폭과 같은 양식으로 황도의 남극을 중심으로 남쪽 하늘의 별들을 수록하고 있다. 제8폭에는 이 천문도 제작에 관여한 관원들의 이름이 수록되어 있다.

대동여지도 [大東輿地圖]
서울 종로구 새문안로 55 서울역사박물관

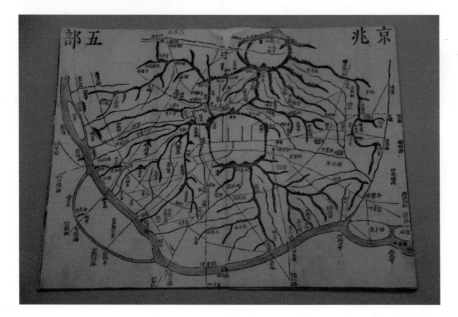

대동여지도는 조선 철종 12년(1861)에 김정호가 만든 전국 지도로 최고의 선본이다. 총 21첩으로 되어 있으며 병풍처럼 접고 펼 수 있는 분첩절첩식 형태로 되어 있어 모두를 아래위로 맞추면 전국지도가 된다. 제1첩에는 지도유설, 경도 및 각 도별 인·물수, 지도표, 경조오부지도 등이 수록되어 있고 제2첩부터 제21첩까지가 전국지도이다〈사진의 지도는 제1첩의 경조오부(京兆伍部)이다〉. 서울대학교 규장각, 국립중앙도서관, 성신여대박물관 등에 동일본이 소장되어 있으나, 경도(京都) 및 각 도별 인(人)·물수(物數)는 다른 기관 소장본에는 없는 내용이다.

대동여지도 [大東輿地圖]
서울 관악구 관악로 1 서울대학교 규장각한국학연구원

칠종 12년(1861)에 김정호가 제작한 우리나라 전도로, 목판본이다. 조선시대 지도학의 성과들을 종합하여 만든 지도로서, 축척은 대략 1:16만 정도이다. 우리나라를 북쪽에서 남쪽으로 120리 간격으로 잘라서 22층으로 나누고, 각 층은 다시 동서로 80리 간격으로 접어서 절첩식으로 만들었다. 대동여지도는 지도의 도로에 10리마다 표시를 하여 거리를 가늠할 수 있게 하였고, 각종 범례를 사용하여 최대한 많은 지리 정보를 수록하였다.

규장각 소장본은 성신여자대학교 박물관 소장본과 함께 신유본[辛酉本]으로는 가장 상태가 좋으며 완질을 갖추고 있다.

보물 제851호 창경궁 관천대 [昌慶宮 觀天臺]
서울 종로구 창경궁로 185 창경궁

창경궁 안에 있는 이 천문 관측소는 '서운관지'에 의하면 조선 숙종 14년(1688)에 만들어졌다. 높이 3m, 가로 2.9m, 세로 2.3m 정도의 화강암 석대 위에 조선시대 기본적인 천체관측 기기의 하나인 간의를 설치하고 천체의 위치를 관측하였다고 한다. 지금은 간의는 없고 석대만 남아 있는데, 당시에는 관측소를 소간의대, 또는 첨성대라고도 불렀다. 17세기의 천문 관측대로서는 비교적 완전한 모습으로 남아 있다는 점에서 귀중하며, 조선시대 천문대 양식을 나타내는 대표적인 유물이다.

보물 제852호 휴대용 앙부일구 [携帶用 仰釜日晷]
서울 용산구 서빙고로 137 국립중앙박물관

휴대용 앙부일구는 세로 5.6cm, 가로 3.3cm, 두께 1.6cm의 돌로 만들었으며, 서울의 위도를 표준으로 하였다. 또한, 제작자의 이름과 제작 연대(1871)가 새겨져 있어 해시계로서의 학문적 가치를 높여준다. 반구형 해시계 면의 직경은 2.8cm이고, 나침반의 직경 1.9cm로 주위에 24방향의 글자가 새겨져 있다. 여기에는 낮 시간과 시각선이 새겨져 있고 24절기와 절기선들도 새겨져 있다. 휴대용 해시계는 조선시대 과학 기기 제작 기술의 정밀함과 우수함을 보여주는 자료이다.

보물 제853호 수선전도 목판 [首善全圖 木板]
서울 성북구 안암로 145 고려대학교박물관

수선전도란 수도 서울의 지도로 1824년에서 1834년 사이에 김정호가 제작한 것이다. 세로 82.5cm, 가로 67.5cm이며 실측에 의해 정밀하게 그린 것이다. 수선전도 목판은 1820년대 초 서울의 모습을 정확하게 그린 도성도로써 도성의 주요 도로와 시설들과 성 밖의 마을과 산, 절까지도 자세하게 나타냈다. 수선전도는 그 정확성과 정밀함, 크기로 보아 서울 도성 지도 중에서 가장 뛰어난 지도이다. 지도 제작뿐 아니라 목판으로서의 제작 솜씨도 훌륭한 것으로 평가되며, 판목의 보존 상태도 매우 양호하다.

보물 제856호 **소총통 [小銃筒]**
서울 종로구 효자로 12 국립고궁박물관

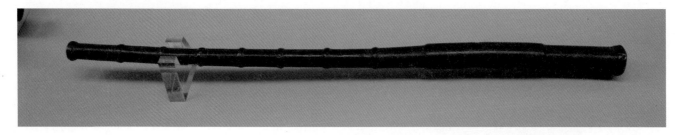

소총통은 도화선에 손으로 불씨를 붙이는 휴대용 화기의 일종이다. 전체 길이 75.5*cm*, 총신 길이 50.5*cm*, 약실 길이 15.4*cm*, 병부 길이 9.6*cm*, 구경 1.6*cm*로 조선 선조 때 만들어졌다. 승자총통에서 진전된 형식으로 승자총통보다 길고 대나무와 같이 마디가 고르게 연결되어 있다. 총신은 약간 구부러져 있는데, 발사과정에서 탄환이 힘을 받아 멀리 나가도록 하기 위한 것이다.

병부에 음각된 기록으로 만력 19년(선조 24년, 1591) 장인 김씨가 제작하였음을 알 수 있다.

보물 제857호 **대완구 [大碗口]**
서울 노원구 공릉동사서함 77-1호 육군박물관

대완구는 전체 길이 64.4*cm*, 포구 지름 26.3*cm*이며 조선 헌종 11년(1845)에 유희준과 김형업에 의해 청동으로 만들어졌다. 모양이 매우 소담스럽고 장중해 보이며 겉에는 대나무 모양으로 5마디를 나누었다. 약통의 손잡이 부분에는 좌우에 2개의 작은 구멍을 뚫었는데 왼쪽의 것은 발사 과정에서 유사시를 대비하기 위해 예비로 설치한 것이다. 포의 끝부분은 지름 28.8*cm*의 원형으로 포에 대한 상세한 기록이 적혀 있다. 현재 유일하게 남아 있는 대완구로 제조기법이 우수하고 보관이 잘 되어 있다.

보물 제858호 **중완구 [中碗口]**
경남 진주시 남강로 626-35 국립진주박물관

중완구는 전체 길이 64.5*cm*로 1985년 경남 하동군에서 주민에 의해 발견되었다. 기록을 통해 선조 23년(1590) 9월에 함경도 지방의 이물금에 의해 만들어졌고, 한 번 포탄을 발사하면 사정거리가 1리[里]에 미쳤음을 알 수 있다. 이 완구는 함경도 지방에서 만들어진 후 임진왜란 때 도주하는 왜구를 추격하기 위해 이 곳 경상남도 하동까지 운반된 것으로 보인다. 전혀 외상이 없고 만든 기술이 정교하며 주조 시기가 확실하고, 임진왜란 때 직접 사용했다는 사실을 입증할 수 있는 유물이다.

보물 제860호 비격진천뢰 [飛擊震天雷]

서울 종로구 효자로 12 국립고궁박물관

조선 선조 때 이장손이 발명한 비격진천뢰는 인마살상용 폭탄으로 조선 중기에 사용되었다. 지름 21cm, 둘레 68cm로 도화선을 감는 목곡, 목곡이 들어가는 죽통, 얇은 철 조각, 뚜껑 등으로 이루어져 있다. 표면은 무쇠로 둥근 박과 같고 내부는 화약과 얇은 철 조각들로 장전하게 되어 있으며, 화포의 일종인 완구를 이용하여 발사된다. 임진왜란 때 경주 부윤이었던 박의장이 사용하여 경주성을 탈환하기도 하였다. 이 비격진천뢰는 우리나라에 현존하는 유물 중 가장 보존 상태가 좋다.

보물 제862호 지자총통 [地字銃筒]

경남 진주시 남강로 626-35 국립진주박물관

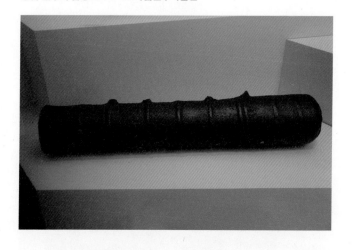

지자총통은 천[天], 지[地], 현[玄], 황[黃] 총통 중에서 천자총통 다음으로 큰 우리나라 고유의 대포이다. 길이 89.5cm, 안지름 10.5cm, 바깥지름 15cm이며 명종 12년(1557)에 청동으로 만든 것으로 보물 제863호보다 1개월 앞서 만들었다. 총구 쪽에서 화약을 넣는 약통 쪽으로 갈수록 두툼하게 만들었으며, 손잡이는 2개였는데 모두 파손되었다. 지자총통은 이미 조선 태종 때에 만들어졌고 세종 때에 이르러 더욱 발전하였다. 16세기나 17세기 이후에는 우리나라의 전통적인 총통 구조를 계승하였다.

보물 제863호 지자총통[복제] [地字銃筒]

부산 서구 구덕로 255 동아대학교박물관

이 지자총통은 길이 89cm, 총구의 안지름 10.5cm, 바깥지름 17.2cm로 조선 명종 12년(1557)에 만들었다. 모양은 손잡이 2개가 반원형으로 붙어 있으며, 마디가 모두 10개이고 7번과 8번째 마디가 서로 붙어 있어 화약을 넣는 약통과 격목통을 구분하고 있다. 격목통은 원기둥 모양의 나무를 박아 약통 속 화약의 폭발력을 최대한 강하게 만드는 역할을 한다. 약통 속의 구멍은 2개이다. 세종 27년(1445)에 이르러 화약병기 개발정책에 따라 종래의 형체를 개량·발전시켰다. 이것과 함께 보물 제862호가 남아 있다.

이기룡 필 남지기로회도 [李起龍 筆 南池耆老會圖]
서울 관악구 관악로 1 서울대학교박물관

이기룡 필 남지기로회도

　이기룡 필 남지기로회도는 조선 중기 도화서 화가였던 이기룡이 그린 70세 이상의 원로사대부로 구성된 기로소 회원들이 풍류를 즐기고 친목을 도모하기 위한 모임 광경을 그린 것이다. 가로 72.4cm, 세로 116.7cm의 비단 바탕에 그린 이 그림은 서울 숭례문 밖 남지(숭례문 남쪽에 있던 큰 연못)에서 열린 모임을 그렸다. 그림 위쪽에 '남지기로회도'라고 쓰여 있으며 좌우와 아랫부분에는 참석인원들의 관직 · 성명 · 본관 등의 내용과 모임의 성격이 기록되어 있다. 기로소 회원 12명의 계회모습을 그렸다.

독서당계회도 [讀書堂契會圖]
서울 관악구 관악로 1 서울대학교박물관

독서당계회도

　독서당계회도는 조선시대 국가의 중요한 인재양성을 위한 독서연구 기구인 독서당을 배경으로 그린 계회도이다. 계회도는 소속이 같은 문인들이 친목을 도모하고 풍류를 즐기기 위한 모임 모습을 그린 것이다.
　정철 · 이이 · 류성룡 등 9인이 참석한 계회를 그린 것으로 산수 배경과 독서당의 모습을 강조하였다. 가로 57.5cm, 세로 102cm 크기로 작가 미상이나 선조 3년(1570)경에 제작된 것으로 보인다.

성세창 제시 미원계회도 [成世昌 題詩 薇垣契會圖]
서울 용산구 서빙고로 137 국립중앙박물관

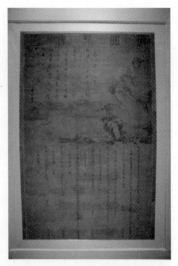

성세창 제시 미원계회도

　성세창 제시 미원계회도는 풍류를 즐기고 친목을 도모하는 문인들의 모임을 그린 계회도로, 크기는 가로 61cm, 세로 93cm이며 누가 그렸는지는 알 수 없다. 화면 윗부분에 '미원계회도'라는 제목이 적혀 있는데, 미원이란 사간원을 일컫는 말로 사간원의 계회장면을 나타낸 것이다. 중간에는 산수를 배경으로 계회의 모습이 조그맣게 묘사되었다. 하단에는 계회에 참여한 사람들의 관직, 성명, 본관 등을 기록해 놓았으며, 그림 위쪽에는 성세창의 글이 있어 제작 연대가 중종 35년(1540)임을 알 수 있다.

성세창 제시 하관계회도 [成世昌 題詩 夏官契會圖]
서울 용산구 서빙고로 137 국립중앙박물관

성세창 제시 하관계회도

　성세창 제시 하관계회도는 군사에 관한 업무를 맡아보던 하관에 근무했던 관리들의 계회모습을 가로 59cm, 세로 97cm의 비단 바탕에 그린 계회도이다. 계회도의 상단에는 '하관계회도'라는 명칭이 적혀 있으며, 중단에는 산수를 배경으로 한 야외에서의 계회장면이 그려져 있다. 하단에는 참석한 선비들의 관직, 성명, 본관 등의 사항이 기록되어 있으나 오래되어 알아볼 수 없는 글자도 있다. 왼쪽 여백에 쓰인 성세창의 시를 통해 중종 36년(1541) 가을의 작품임을 알 수 있다.

호조낭관 계회도 [戸曹郎官 契會圖]
서울 용산구 서빙고로 137 국립중앙박물관

호조낭관 계회도

이 계회도는 호조 관리들의 계회모임을 그린 것으로, 가로 59㎝, 세로 121㎝ 크기로 비단에 그렸다. 일반적으로 상단에 명칭을 기록하나 이 계회도에는 명칭이 없다. 참석자들은 안홍·이지신·김익 등으로 안쪽 가운데 인물을 중심으로 안쪽에서 멀어질수록 인물들을 작게 표현하여 계원들의 서열을 나타내었다.

명종 5년(1550)경에 그려진 계회도로 산수배경을 위주로 했던 16세기 중엽 이전의 계회도와는 달리 계회장면이 산수 배경 못지않게 부각되도록 표현하였다.

연정계회도 [蓮亭契會圖]
서울 용산구 서빙고로 137 국립중앙박물관

연정계회도

연정계회도는 비단 바탕에 엷고 산뜻한 채색으로 그린 이 그림은 가로 59㎝, 세로 94㎝ 크기이다. 상단에는 계회명칭, 중단에는 계회 장면, 하단에는 참석자들의 이름·본관 등의 사항을 기록하였다. 계회장면을 제외한 나머지 부분이 잘려나가 계회의 구체적인 내용과 참석자들은 알 수 없다. 그림은 산수를 배경으로 옥내 안에는 일곱 명의 참석자들이 원을 그리며 앉아 있고 그 오른쪽에는 여인들이 줄지어 앉아 있다. 계회가 열리고 있는 정자 앞에 연못이 있음을 고려하여 '연정계회도'라고 부른 것이다.

이현보 초상 [李賢輔 肖像]
경상북도 안동시 퇴계로 1997 한국국학진흥원

농암 이현보(1467~1555)의 초상화이다. 이 그림은 가로 105cm, 세로 126cm로 비단에 채색하여 그렸다. 위가 뾰족한 패랭이를 쓰고 붉은색이 감도는 옷을 입은 모습으로 허리에는 물소 뼈로 만든 각대를 두르고 있으며 오른쪽을 바라보며 책상 앞에 앉아 있다. 조선시대 초상화는 손이 나타나지 않은데 비해 한 손에는 지휘봉 모양의 불자를, 다른 한 손은 각대를 잡고 있다. 책상 아래로는 검은 가죽신이 보인다. 이 그림은 농암이 관찰사로 있던 중종 32년(1537)에 동화사의 승려인 옥준이 그렸다고 전해진다.

재령이씨 영해파 종가 고문서 [載寧李氏 寧海派 宗家 古文書]
경상북도 안동시 퇴계로 1997 한국국학진흥원

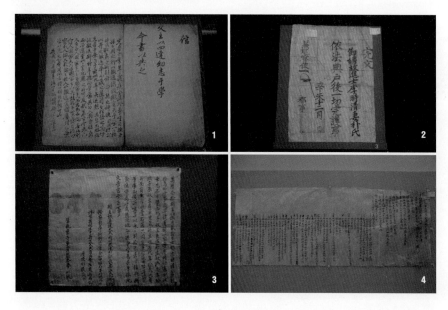

재령이씨 영해파 종가 고문서
1 이함 유언
2 완문
3 별급문기
4 호구단자

이 고문서는 재령 이씨 영해파 종가에서 소장하고 있는 문서들로, 총 12종 394점이다.

이것들은 대부분 고문서로서 자녀들에게 재산을 나누어주면서 작성한 문서인 분재기 54점, 호구단자 84점, 명문 173점, 일반 백성들이 관에 제출하는 진정서인 소지 49점, 남녀가 결혼할 때 양쪽 집안에서 주고받는 글인 예상지 15점, 시권 4점, 통문 3점, 완문 3점 등이다. 이 고문서들은 재령 이씨 가문을 파악하는 데 있어 매우 중요한 자료로 평가된다.

보물 제883호 지구의 [地球儀]
서울 동작구 상도로 369 숭실대학교 한국기독교 박물관

직경 24cm 크기의 청동으로 만든 지구의이다. 이 지구의는 최한기가 제작한 것으로 보고 있다. 10°간격으로 경선과 위선이 있고, 북회귀선과 남회귀선 그리고 황도를 표시하고 있다. 황도에는 하지, 동지 등 24절기가 새겨져 있다. 느티나무를 파서 사발 모양의 받침대를 만들고 청동으로 만든 360°의 눈금을 새긴 둥근 고리를 받침 위에 붙여놓았다. 지구의의 남북축을 수평으로 올려놓도록 고안되어 있다. 이 지구의는 지구의 자체를 목적으로 만든 것으로서는 유일한 유물이다.

보물 제885호 현자총통 [玄字銃筒]
경남 진주시 남강로 626-35 국립진주박물관

경남 거제시 고현만에서 발견되었다. 총 길이 95cm, 통 길이 60cm, 총구의 지름 7.5cm이다. 화약이 들어가는 약실은 몸통보다 약간 도톰하게 되어 있고 점화구멍은 약실 오른쪽에 뚫려있다. 발사물은 화살[차대전(次大箭)]과 둥근포탄[철환]을 사용한다. 현자총통은 조선 태종 때부터 만들기 시작하였는데, 약실에 남아 있는 기록으로 선조 29년(1596) 제작되었음을 알 수 있다. 이순신 장군의 '난중일기'에서 12척의 배로 133척의 일본 전함을 격파한 명량해전에서 이 화포를 크게 활용하였음을 적고 있다.

보물 제886호 황자총통 [黃字銃筒]
서울 용산구 서빙고로 137 국립중앙박물관

황자총통은 총 구경 4cm, 전체 길이 50.4cm로, 임진왜란 5년 전인 선조 20년(1587)에 만들었다는 기록이 남아 있다. 포 입구에서부터 점차 두꺼워지고, 몸에는 대나무 모양의 마디가 표현되어 있다. 포의 끝은 둥글며, 첫째와 둘째마디 사이에는 손잡이가 달려 있다.

임진왜란과 병자호란을 겪었으나 모습이 완벽하고 제작연도를 알 수 있는 기록이 남아 있어, 화포사 연구는 물론 국방과학기술문화재로도 높이 평가 받고 있으며, 현재 전쟁기념관에서 대여하여 전시하고 있다.

보물 제894-2호 **주범망경 [注梵網經]**

부산 금정구 범어사로 250 범어사

이 책은 불교 계율의 기초를 이루는 경전으로 후진의 구마라집이 번역한 '범망경 노사나불설 보살심지계품'인데 줄여서 '범망경'이라고 한다. 송나라 승려 혜인[惠因]이 주해를 가한 주해본이다. 권수[卷首]에는 1298년에 선무외 유[禪無外 惟]가 쓴 서문과 1095년에 혜인이 쓴 서문이 있다. 본문에는 범망경보살계서에 대한 주해서가 있고 이어 본문의 경문이 시작된다. 이 책은 수행자가 지켜야 할 계율을 중요한 부분에 주해를 가한 책으로 원대의 판본을 바탕으로 고려 말에 다시 복각하여 찍어낸 것으로 보인다. 매우 희귀한 판본으로 자료적 가치가 높다.

보물 제896호 **권벌 종가 전적 [權橃 宗家 典籍]**

경북 봉화군 봉화읍 충재길 44 충재박물관

조선 중종 때의 명신이며 학자였던 충재 권벌(1478~1548) 선생의 종가에 소장되어 있는 것이다. 전적은 약 3,000책이 소장되어 있는데, 지정된 것은 '우향계축(1478)', '사마방목(1406)', '문과잡과방목(1507)', '충재자필일기' 등 15종 184책이다. 과거 합격자명단인 '사마방목'은 '정덕계유사마방목(보물 제524호)', '문무잡과방목(보물 제603호)' 보다 17년, 6년 앞선다. '을사정난기'는 유일하게 남아 있는 것이며, '충재일기'는 임진왜란 이전에 만들어진 역사적 자료로 매우 중요한 가치를 지닌다.

권벌 종가 전적

1 우향계축
2 근사록
3 심경
4 유향설원
5 광국원종공신녹권
6 잡과방목
7 주자대전

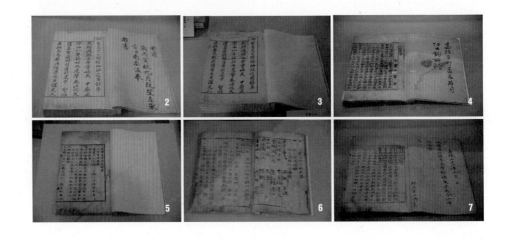

보물 제901호 권벌 종가 고문서 [權橃 宗家 古文書]

경북 봉화군 봉화읍 충재길 44 충재박물관

태종 14년(1414)에 황보인의 과거 합격자명단인 문과방목을 비롯하여 성종 대 권벌의 어머니 윤씨 남매의 재산분배기가 있다. 또한, 중종 때 권벌 선생에게 내려진 교서와 임금의 명령서인 교지, 관에서 발급하는 문서로 개인이 어떤 사실을 확인해줄 것을 요청할 때 이를 확인해 인정해주는 문서인 입안, 개인이 관청에 어떤 사실을 청원할 때 쓰는 진정서인 소지, 명문 등 570년간에 걸쳐 내려온 고문서가 수십 종 1,000여 점이 되나, 그중 15종 274점 선별 지정되었다.

권벌 종가 고문서
1 교지
2 권벌 문과 시권
3 호구단자
4 유서
5 산릉도감 계회도

보물 제902호 권벌 종가 유묵 [權橃 宗家 遺墨]

경북 봉화군 봉화읍 충재길 44 충재박물관

권벌 선생이 살았을 적에 써 둔 필적들을 모아놓은 것으로, 권벌의 종손가에 소장되어 있다. 지정된 것은 8종 14점이다. 지정된 유묵으로는 조선 전기 명필로 손꼽히는 김구(1488~1533) 선생이 초서체로 쓴 족자 1점, 퇴계 이황(1501~1570)의 서첩, 전서체의 대가로 손꼽히는 미수 허목(1595~1682) 선생의 '미수전', 중국 명나라 초서체의 대가인 장동해가 직접 쓴 필적 3폭, 조선 중기 명필들의 필적을 모은 '암장고적' 5책(연산군~인조대)과 '선조고적' 등이다.

권벌 종가 유묵
1 권벌수적
2 장필진묵
3 원장고적
4 김구진묵

보물 제903호 청자 상감 매조죽문 매병 [青磁 象嵌 梅鳥竹文 梅瓶]
서울 서초구 서빙고로 137 국립중앙박물관

고려시대의 만들어진 청자 매병으로 높이 38.9cm, 아가리 지름 5.1cm, 밑지름 15.6cm이다. 어깨에서 팽배하게 벌어졌다가 몸통 아래에서 좁혀져 세워진 몸체와 각이 진 아가리가 달린 전형적인 고려 매병이다. 목은 낮고 잘록하여 작고 낮은 아가리와 조화를 이룬다. 흑백상감 기법으로 몸통의 앞·뒷면에 가는 줄기의 매화와 대나무를 큼직하게 배치하고, 그사이에 날아오르는 새와 학, 풀을 회화적으로 나타냈다. 병의 표면은 담청록의 맑은 빛깔로 투명하며, 미세하게 갈라진 빙렬이 전면에 나타난다.

보물 제904호 고대 그리스 청동 투구 [古代 그리스 青銅 투구]
서울 서초구 서빙고로 137 국립중앙박물관

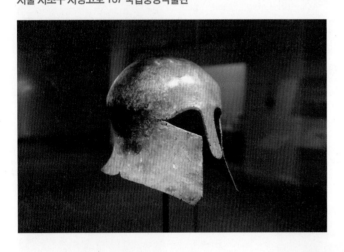

1936년 손기정이 베를린 올림픽 경기대회 마라톤 경기에서 우승한 기념으로 받은 높이 21.5cm의 그리스의 청동 투구이다. 기원전 6세기경 그리스의 코린트에서 만들어진 것으로, 1875년 독일의 고고학자에 의해 올림피아에서 발굴되었다. 형태를 보면 머리에 썼을 때 두 눈과 입이 나오고 콧등에서 코끝까지 가리도록 만들어졌으며, 머리 뒷부분은 목까지 완전히 보호하도록 되어 있다. 당시 손기정에게 전달되지 않고, 베를린 박물관에 보관되어 오던 것을 그리스 부라딘 신문사의 주선으로 돌아오게 되었다.

보물 제906호 김성일 종가 고문서 [金誠一 宗家 古文書]
경북 안동시 서후면 사계리 856

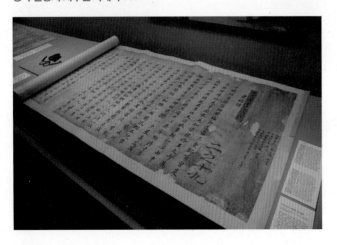

학봉 김성일 종손가에서 보관하여 온 10,000여 점의 각종 고문서 중에서 지정된 것은 17종 242점으로 사진의 시권은 시권 7점 중 1564년 진사시에 제출한 시권이다.

김성일은 선조 23년(1590)에는 통신부사가 되어 정사 황윤길과 함께 일본을 다녀와 황윤길은 일본이 침략할 것이라고 주장한 반면 김성일은 그렇지 않을 것이라 보고했다. 선조 25년(1592)에 임진왜란이 일어나자 왕은 처벌할 것을 명했으나 류성룡의 변호로 풀려나 각지에서 의병을 일으켜 많은 전공을 세웠다.

보물 제907호 경주 남사리 삼층석탑 [慶州 南莎里 三層石塔]
경북 경주시 현곡면 남사리 234-2

이름 없는 옛 절터에 남아 있는 탑으로, 2단의 기단 위에 3층의 탑신을 올렸다. 아래층 기단은 4장의 돌로 짰고, 기단과 탑신의 몸돌에 기둥을 모각하였다. 탑신의 몸돌과 지붕돌은 각각 1개의 돌로 조성하였다. 지붕돌의 옥개받침은 4단이다. 상륜부에는 노반만 남아 있다.

탑신의 꾸밈이 형식화된 면이 보이는 점 등을 미루어 석탑 양식에 간략과 생략이 심했던 9세기 말에 만들어진 것으로 추정된다.

보물 제908호 경주 용명리 삼층석탑 [慶州 龍明里 三層石塔]
경북 경주시 건천읍 용명리 856-7

석탑의 형태는 2단의 기단 위에 3층의 탑신을 올리고 탑신의 몸돌에는 기둥을 모각하였다. 탑신부는 몸돌과 지붕돌이 각각 1개의 돌로 조성하였다. 지붕돌의 옥개받침은 5단이다. 상륜부는 노반만 남아 있다. 기단의 구성과 탑신을 받치는 괴임, 지붕돌 받침의 조각 수법으로 보아 통일신라의 전성기인 8세기 중엽에 세워진 것으로 여겨진다.

1943년 탑을 해체하여 수리할 당시 탑신부에서 청동 불상 1구가 발견되었다.

보물 제909호 경주 남간사지 당간지주 [慶州 南澗寺址 幢竿支柱]
경북 경주시 탑동 858-6

이 당간지주는 남간사의 옛터에서 약 500m 떨어진 논 가운데에 세워져 있다. 논을 경작하면서 지주의 아랫부분이 약 50cm 정도 드러나 있으며, 바닥돌은 없어진 상태이다. 기단부가 없어서 기단 위에 당간을 세우던 받침돌도 찾아볼 수 없다. 지주 안쪽 면에 당간을 고정하기 위한 구멍을 세 군데에 뚫어 놓았는데, 특히 꼭대기에 있는 것은 십(十)자 모양으로 되어 있어 다른 곳에서 찾아볼 수 없는 특이한 형태이다. 특별한 장식이 없는 간단한 형태로 보존 상태도 양호한 통일신라 중기의 작품이다.

보물 제910호 경주 보문사지 연화문 당간지주 [慶州 普門寺址 蓮華文 幢竿支柱]
경북 경주시 보문동 752-2

현재 이 당간지주는 넓은 논 한가운데에 62cm의 간격을 두고 동·서로 마주 보고 서 있다. 아랫부분이 대부분 땅속에 파묻혀 있는 상태이기 때문에, 밑의 구조는 확인하기가 어렵다. 꼭대기 안쪽에는 당간을 고정시키기 위한 너비 13cm의 큼지막한 구멍을 두었다. 특히 지주의 위쪽 바깥 면에 네모난 틀을 두고, 그 안에 8장의 연꽃잎을 돌려 새겨 놓았는데, 이처럼 당간지주에 연꽃잎을 장식하는 것은 드문 경우이다. 통일신라시대인 8세기 중기에 만들어진 것으로 추정된다.

경주 보문사지 연화문 당간지주에 새겨진 연화 문양

보물 제911호 경주 석굴암 삼층석탑 [慶州 石窟庵 三層石塔]
경북 경주시 불국로 873 석굴암

석굴암에서 동북쪽으로 약 150m 지점 언덕에 서 있는 탑이다. 2층을 이루는 기단은 원형과 8각이 조화를 이루고 있어 특이한 모습이며 그 위로 4각의 탑신을 3층으로 쌓아 올렸다. 기단의 팔각대석과 탑신의 몸돌에 기둥을 모각한 것을 제외하고 장식적인 요소는 없다. 기단의 모습은 매우 독특한 예인데 그 유래에 대해서는 밝혀지지 않고 있다. 전체적으로 원과 4각, 8각의 조화가 아름답고, 세부 수법의 경쾌함이 돋보이는 석탑으로, 8세기 말 통일신라시대에 만들어진 것으로 추정된다.

보물 제912호 경주 마동 삼층석탑 [慶州 馬洞 三層石塔]
경북 경주시 마동 101-2

불국사 서북쪽 언덕의 밭 가운데에 서 있는 탑으로, 2단의 기단 위에 3층의 탑신을 올렸다. 아래층 기단은 4매, 위층 기단은 8매의 돌로 짜여 있다. 기단과 탑신의 몸돌에는 기둥을 모각하였다. 탑신의 몸돌과 지붕돌은 각각 한 돌로 이루어져 있다. 지붕돌의 옥개받침은 5단이다. 네 귀퉁이와 아랫면에는 방울을 달았던 구멍이 남아 있다. 아무런 장식이나 조각이 나타나 있지 않아 경주를 중심으로 한 경상도 지역에 널리 유행하던 형태의 석탑 중의 하나로 보인다. 8세기 후반의 작품으로 추정된다.

보물 제913호 경주 남산 용장사지 마애여래좌상 [慶州 南山 茸長寺址 磨崖如來坐像]

경북 경주시 내남면 용장리 산1-1

머리는 나발로 표현하고 그 위에 육계를 올렸다. 원만한 얼굴에는 온화한 미소를 짓고 있다. 양어깨에 걸쳐 내린 옷에는 평행선으로 이루어진 잔잔한 무늬가 밀집되어 있다. 손은 오른손을 무릎 위에 올려 손끝이 땅을 향하고 있으며 왼손은 배 부분에 놓여 있다. 불상은 연꽃이 새겨진 대좌 위에 결가부좌한 자세로 앉아 있으며, 머리광배와 몸광배는 2줄의 선으로 표현하였다.

아직 판독은 어려우나 10자의 글자가 새겨져 있고, 보존 상태도 양호하다. 8세기 후반에 만들어진 것으로 추정된다.

보물 제914호 정읍 보화리 석조이불입상 [井邑 普化里 石造二佛立像]

전북 정읍시 소성면 보화리 116

이 불상은 최근 백제시대의 불상으로 확인되었는데, 백제 불상의 예를 정읍까지 확대시켰다는 점에서 중요한 자료가 된다. 두 불상은 모두 비슷한 형식과 양식적 특징을 보여주고 있지만, 한쪽 불상이 다른 쪽 불상보다 약간 커서 원래는 삼존불일 가능성도 배제할 수 없다. 소발(민머리)에 육계가 있는데, 백제시대의 불상인 부여 군수리 석조여래좌상(보물 제329호)과 흡사하다. 부드럽고 우아한 모습, 아기 같은 체구, 특징 있는 옷차림새 등에서 백제 후기 불상의 특징이 잘 나타나고 있다.

보은 법주사 대웅보전
천장 가구 구조

보물 제915호 보은 법주사 대웅보전 [報恩 法住寺 大雄寶殿]

충북 보은군 속리산면 법주사로 379 법주사

법주사는 신라 진흥왕 14년(553)에 처음 지었고, 혜공왕 12년(776)에 다시 지었다. 임진왜란으로 모두 불탄 것을 인조 2년(1624)에 벽암이 다시 지었다. 대웅전은 정면 7칸, 측면 4칸 규모의 2층 건물로, 지붕은 팔작지붕, 공포는 다포 양식이다. 내부에 모신 삼존불은 벽암이 다시 지을 때 조성한 것으로 가운데에 법신[法身]인 비로자나불, 왼쪽에 보신[報身]인 노사나불, 오른쪽에 화신[化身]인 석가모니불이 있다. 이 건물은 무량사 극락전, 화엄사 각황전과 함께 중층으로 조성된 우리나라 3대 불전 중 하나이다.

보물 제916호 보은 법주사 원통보전 [報恩 法住寺 圓通寶殿]

충북 보은군 속리산면 법주사로 379 법주사

원통보전은 정면 3칸, 측면 3칸 규모의 정사각형 1층 건물로, 지붕은 중앙에서 4면으로 똑같이 경사가 진 사모지붕이며, 공포는 주심포 양식이다. 건물의 정면은 격자문살의 문을 두었으나, 나머지 삼면은 모두 벽으로 처리하였다. 건물의 천장은 2단의 우물천장으로 처리하였고, 앉은키 2.8m의 목조관음보살좌상(보물 제1361호)을 모시고 있다. 단순하지만 특이한 건축 양식을 갖추고 있어 건축사 연구에 소중한 자료가 되고 있다.

목판으로 인쇄한 배자예부운략

보물 제917호 배자예부운략 목판 [排字禮部韻略 木板]

경상북도 안동시 퇴계로 1997 한국국학진흥원

시나 운문을 지을 적에 운[韻]을 찾기 위하여 만들어진 기초사전이다. 주로 과거에 응시하는 선비들이 참고하기 쉽게 만들어졌다. 송대, 원대로부터 내려오던 책을 우리나라가 수입해 와서 사용한 것으로, 목판으로 제작한 것이다. 판목은 서(머리말), 본문, 옥편, 발(맺음말) 등 4개 부분으로 구성되어 있다. 크기는 가로 46.2cm, 세로 20.5cm, 두께 1.8cm이다. 수량은 162매이며, 숙종 5년(1679) 박동부가 조판한 것이다. 다른 본들은 안타깝게도 현재 남아있는 것이 거의 없는데, 이 책의 판목이 유일하게 한 장도 빠지지 않고 남아 있다.

보물 제922호 상주 남장사 보광전 목각아미타여래설법상 [尙州 南長寺 普光殿 木刻阿彌陀如來說法像]

경북 상주시 남장1길 259-22 남장사

이 목각탱은 가로 236cm, 세로 226cm, 두께 10~12cm로 비로자나불을 모시는 보광전의 후불탱화로 사용되고 있다. 길쭉한 나무판 8장을 연결하여 연꽃 위에 앉아있는 본존불을 중심으로 좌우 4단씩 3열로 10대 보살과 10대 제자, 사천왕을 계단식으로 배치하였다. 보살상들은 모두 보관을 쓰고 꽃가지를 들고 있으나 한 분만 합장하고 있다. 관음과 대세지보살은 연꽃 위에 앉았고 다른 인물들은 서거나 무릎을 꿇고 있다. 명문이 없어 정확한 연대는 알 수 없으나 조선 후기 불화의 특징이 잘 나타나 있다.

보물 제923호 상주 남장사 관음선원 목각아미타여래설법상 [尚州 南長寺 觀音禪院 木刻阿彌陀如來說法像]

경북 상주시 남장1길 259-22 남장사 관음선원

관음전의 주존인 관음보살상 뒤편에 부조로 새겨져 있으며, 가로 184cm, 세로 165cm이다. 사각형의 판목 중앙에 아미타불을 중심으로 좌우에 네 보살이 배치되었고 그 주위로 2대 제자인 아난·가섭과 사천왕을 배열한 구도이다. 하단의 연꽃 줄기에서 나온 연꽃이 대좌를 이루어 본존불과 두 보살이 앉아있는 모습이다. 본존불은 두 손을 무릎에 올려놓고 엄지와 중지를 맞댄 손 모양을 하고 있고 협시보살들은 손에 연꽃 가지를 잡거나 합장한 모습이다. 17세기에 조성한 것으로 추정하고 있다.

보물 제924호 천은사 극락전 아미타후불탱화 [泉隱寺 極樂殿 阿彌陀後佛幀畫]

전남 구례군 광의면 노고단로 209 천은사

천은사 극락전 아미타후불탱화 부분

이 그림은 가로 277cm, 세로 360cm 크기로 아미타여래를 중심으로 하여 좌우대칭으로 8대 보살과 10대 제자 사천왕 등이 둥글게 에워싸고 있는 복잡한 구도를 보여주고 있다. 연꽃대좌에 아미타불이 앉아있고 관음보살은 보병을, 대세지보살은 경전을 들고 있다. 다른 보살들은 합장한 모습으로 조선 후기 불화형식을 따르고 있다. 삼베 바탕에 붉은색과 녹색을 주로 사용하였고, 두껍게 채색하여 차분한 느낌을 준다. 영조 52년(1776)에 신암을 비롯한 승려 화가 14명이 그렸다.

보물 제927호 금동관음보살입상 [金銅觀音菩薩立像]

서울 용산구 이태원로55길 60 삼성미술관 리움

머리에는 높직한 보관을 쓰고 있으며 보관의 정면에 관음보살의 징표인 작은 부처 1구가 새겨져 있고, 왼손에는 정병을 들고 있다. 얼굴은 약간의 손상이 있으나 원만하면서도 입가에 미소를 띠고 있다. 신체는 잘록하고 유연한 허리, 늘씬한 하체 등으로 인하여 우아하고 세련된 조형성을 보인다.

이 보살상의 가장 큰 조형적 특징은 허리를 약간 비틀고 있는 삼굴[三屈] 자세로, 통일신라 불상의 특징을 잘 표현하고 있다.

보물 제928호 남양주 봉인사 부도암지 사리탑 및 사리장엄구 [南楊州 奉印寺 浮圖庵址 舍利塔 및 舍利莊嚴具]
서울 용산구 서빙고로 137 국립중앙박물관

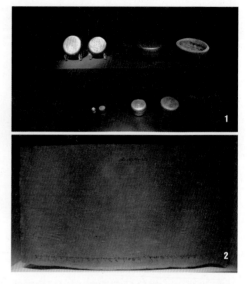

남양주 봉인사 부도암지 사리탑 및 사리장엄구
1 사리장엄구
2 사리 그릇을 싼 비단보자기
(발원자와 축원문이 한글 궁서로 쓰여 있다)

사리탑은 8각의 평면을 기본으로 삼고 있다. 기단은 상·중·하의 세 부분으로 나누었고, 그 위로 북처럼 둥근 탑몸돌을 올려 사리를 모셨다. 8각의 지붕돌을 그 위에 올린 뒤 꼭대기에는 길쭉한 머리 장식을 얹어 마무리하였다. 전체적인 모습은 조선 전기에 만들어진 회암사의 사리탑과 비슷하다. 둥근 탑 몸돌과 지붕돌 낙수면의 여덟 모서리마다 용을 새겼다. 탑 주위로 둘러진 난간석 등은 조선 초기의 양식을 따른 것이다. 조성 시기는 조선 중기로 추정된다.

보물 제929호 기사계첩 [耆社契帖]
서울 용산구 서빙고로 137 국립중앙박물관

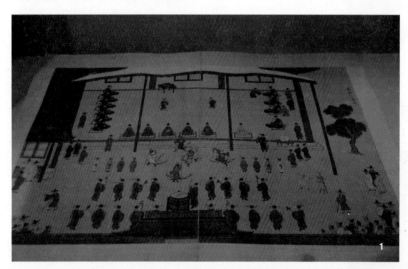

기사계첩
1 기사사연도
2 참가자 초상

숙종 45년(1719) 4월 17일과 18일에 열린 70세 이상의 퇴직관리의 모임장면을 그린 그림으로 보존상태가 좋고 원형이 훼손되지 않았다. 참석자들의 초상화와 모임 장면을 비롯해 축시와 회원 명단이 들어있는 화첩으로 모두 50면으로 이루어졌다. 장태흥·허숙 등이 그림을 그리고, 이의방이 글씨를 썼다. 숙종 때 12부를 만들었으나 현재 전해지는 것은 3부이다. 이 화첩에 그려진 반신상의 초상화는 정장 관복의 차림으로 18세기 초기의 전형적인 모습이다.

보물 제930호 이경석 궤장 및 사궤장 연회도 화첩 [李景奭 几杖 및 賜几杖 宴會圖 畵帖]
경기 용인시 기흥구 상갈로 6 경기도박물관

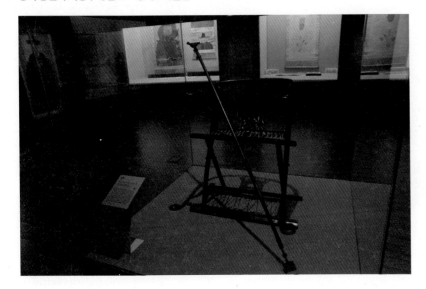

궤의 높이는 93cm, 폭 77.4cm로 앉을 때만 펴고 평상시에는 접어둘 수 있게 만든 의자이다. 앉는 곳에는 단단한 노끈을 X자로 엮어 접어두기 편하게 만들었다. 뒤에 몸을 기대는 부분은 괴목으로 가운데 구멍을 뚫었고 등받이 표면을 자작나무의 껍질로 싼 점이 특이하다. 지팡이는 길이 189.5cm의 새 머리가 조각된 지팡이와 149.5cm의 칼이 들어있는 지팡이 그리고 총 길이가 141cm인 삽 모양의 지팡이 2점 등 총 4점이다. 긴 막대 끝의 삽 모양과 뾰족한 부분이 무쇠로 되어 있다.

궤장을 내릴 때는 반드시 잔치를 열었는데 의정부의 동서반을 비롯한 대신들을 참석하게 하고 예문관이 작성한 교서를 낭독하게 하였다. 이 그림은 바로 이런 장면들을 3부분으로 나누어 그린 것이다. '지병궤장도'는 임금이 내리는 궤장을 맞아들이는 장면, '선독교서도'는 임금이 내린 교서를 낭독하는 장면, '내외선온도'는 궁중에서 보낸 악사와 무희들이 연주하고 춤추는 장면이 묘사되어 있다. 이와 같은 연회도첩은 당시 풍속을 이해하는 데 큰 가치를 지니고 있다.

이경석 궤장 및 사궤장 연회도 화첩
1 지병궤장도
2 선독교서도
3 내외선온도

보물 제932호 영조어진 [英祖御眞]
서울 종로구 효자로 12 국립고궁박물관

영조 51세 때 모습을 그린 것으로, 가로 68cm, 세로 110cm 크기의 비단에 채색하여 그렸다. 오른쪽을 바라보고 있는 모습인데, 머리에는 익선관을 쓰고, 어깨와 가슴에는 용을 수 놓은 붉은색의 곤룡포를 입었다. 얼굴에는 붉은 기운이 돌고 두 눈은 치켜 올라갔으며 높은 콧등과 코 가장자리, 입의 양 끝은 조각처럼 직선적으로 표현되었다. 현재 이 초상화는 영조 20년(1744)에 장경주, 김두량이 그린 그림을 1900년에 당대 일류급 초상 화가들이 원본을 보고 그린 것이다. 원본은 한국전쟁으로 불타 없어졌다.

월인석보 권11, 12 [月印釋譜 卷十一, 十二]

서울 용산구 이태원로55길 60 삼성미술관 리움

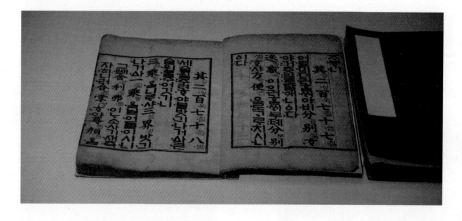

월인석보는 월인천강지곡과 석보상절을 합하여 세조 5년(1459)에 편찬한 불경 언해서이다.

월인석보 권11, 12는 그동안 알려진 10권 8책에는 없는 부분에 해당하는 것으로 권11에는 월인천강지곡 제272부터 275까지 실렸고 석보상절은 법화경 권1의 내용이 실려 있다. 권12에는 월인천강지곡 제276부터 278까지 실렸고 석보상절은 법화경 권2의 내용이 실려 있다. 이 책은 훈민정음 창제 이후 제일 먼저 나온 한글 불교 대장경으로, 조선 전기의 훈민정음 연구와 불교학 및 서지학 연구에 매우 귀중한 자료이다.

선조어서 사 송언신 밀찰첩 [宣祖 御書 賜 宋言慎 密札帖]

경기 용인시 기흥구 상갈로 6 경기도박물관

선조어서 사 송언신 밀찰첩

정조어제 선조어서 밀찰발

'선조어서 사 송언신 밀찰첩'은 조선시대 선조가 직접 써서 이조판서 등을 역임한 송언신(1542~1612)에게 남모르게 보낸 서찰 7건이다. 선조가 의주로 피난하면서 왕의 자녀 3인을 찾아 보호해 달라는 내용과 그 공을 높이 사서 물품을 하사한다는 내용 등이 들어있으며, 크기는 가로 24.2cm, 세로 36.6cm이다.

'정조어제 선조어서 밀찰발'은 정조가 '선조어서 사 송언신 밀찰첩'을 보고 내용 해설을 곁들여 직접 발문을 지어내린 것으로 총 59줄을 6줄씩 총 10면으로 나누어 놓았다. 서첩은 원래 길게 이어있던 종이를 옆으로 적당하게 잘라, 그 앞뒤에 따로 표지를 붙인 것이다.

보물 제941-2호 선조어서 사 송언신초상 [宣祖御書 賜 宋言愼肖像]

경기 용인시 기흥구 상갈로 6 경기도박물관

송언신 영정은 오사모에 단령을 입고 의자에 앉아 있는 전신 좌상이다. 가슴에는 모란과 운안[雲雁] 문양을 한 흉배가 부착되어 있으며, 삽금대를 두르고 있어 1603~1614년에 정이품의 대사헌과 이조판서를 지낸 송언신의 당시 품계와 정확히 일치한다. 공수자세를 취한 단령 사이로 흰 창의의 소매가 보이며, 의자의 손잡이는 인물의 양편으로 뻗어 있는데, 이러한 표현 형식은 이중로 영정 등 정사 공신상 보다는 앞선 형식이다. 17세기 초의 공신상의 특징을 보여주고 있다.

보물 제943호 보성 우천리 삼층석탑 [寶城 牛川里 三層石塔]

전남 보성군 조성면 우천리 326-17

탑은 기단의 일부분이 땅속에 묻혀 있고, 바닥은 시멘트로 발라져 밑부분의 정확한 모습을 알 수 없다. 드러난 기단과 탑신의 몸돌에는 기둥을 모각하였다. 탑신은 3층을 이루고 있으며 몸돌과 지붕돌이 각각 하나의 돌로 이루어져 있고, 지붕돌의 옥개받침은 4단씩이다. 상륜부는 노반과 복발만이 남아 있다. 1970년에 해체하여 복원한 것으로 각 층 몸돌과 지붕돌의 비례가 잘 맞는 것으로 보아 통일신라시대인 9세기경에 조성된 것으로 추정된다.

보물 제944호 보성 유신리 마애여래좌상 [寶城 柳新里 磨崖如來坐像]

전남 보성군 율어면 유신길 195

머리는 소발로 표현하고 그 위에 육계를 올렸다. 둥글고 원만한 얼굴을 하고 있으나 코와 입 부분이 파손되었다. 둥글고 탄탄한 어깨는 전체적으로 안정감과 자비스러움을 풍기고 있다. 옷 모양은 통견인데 특히 주목되는 것은 어깨 부분이 별도의 숄을 걸친 것 같이 표현된 점이다. 머리광배와 몸광배는 2줄의 선으로 분리되어 있는데, 선 안에는 구슬 모양을 조각하였고, 머리광배와 몸광배의 바깥부분에는 불꽃무늬가 생동감 있게 조각되어 있다. 대좌는 연꽃으로 처리하였다. 조성 시기는 고려 초기이다.

보물 제945호 순천 금둔사지 삼층석탑 [順天 金芚寺址 三層石塔]
전남 순천시 낙안면 상송리 산2-1 금둔사

탑은 2단의 기단 위에 3층의 탑신을 올렸다. 기단과 탑신의 몸돌에는 기둥을 모각하였다. 위층 기단에는 면석을 기둥으로 나누어 팔부중상을 양각하였다. 탑신의 1층 몸돌 앞뒷면에는 자물쇠가 달린 문짝을, 양 옆면에는 불상을 향하여 다과를 공양하는 공양상을 새겨 놓았다. 탑신의 몸돌과 지붕돌이 각각 한 개의 돌로 되어 있다. 지붕돌의 옥개받침은 모두 5단이다. 조성 시기는 9세기경으로 추정된다.

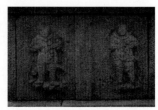

순천 금둔사지 삼층석탑
2층 기단의 팔부중상

보물 제946호 순천 금둔사지 석조불비상 [順天 金芚寺址 石造佛碑像]
전남 순천시 낙안면 상송리 산2-1 금둔사

지붕 모양의 보개와 대좌를 갖춘 이 불상은 직사각형의 평평한 돌 한쪽 면에 불상을 조각하여 마치 거대한 비석의 형태를 하고 있는 것처럼 보인다. 머리는 소발로 표현하고 그 위에 육계를 낮게 올렸다. 얼굴은 원만한 형태이다. 신체는 우아하게 굴곡이 있어 부피감이 느껴지며 단아해 보인다. 양어깨에 걸쳐 입은 옷에는 평행의 옷주름이 형식적으로 새겨져 있다. 양손은 가슴 위로 올려 양손의 엄지와 검지의 끝을 맞대어 설법하는 모양을 하고 있다. 조성 시기는 9세기경으로 추정된다.

해남 미황사 대웅전 주춧돌에 새긴 조각

보물 제947호 해남 미황사 대웅전 [海南 美黃寺 大雄殿]
전남 해남군 송지면 미황사길 164 미황사

대웅전은 정면 3칸, 측면 3칸 규모의 건물로, 지붕은 팔작지붕, 공포는 다포 양식이다. 주춧돌은 앞면 4개와 옆면 2개를 특이하게 연꽃무늬에 자라, 게 따위를 조각한 돌을 사용하였으며 나머지는 자연석을 썼다. 천장은 우물천장인데 가운데에 불교어인 '범[梵]'을 선명하게 새겨 놓았다. 미황사 뒷산에는 '토말[土末]'이라고 쓰인 비석이 있는데 우리나라 육지의 끝을 표시한 것이다. 임진왜란으로 불탄 것을 조선 선조 31년(1598)에 다시 지었고, 영조 30년(1754)에 수리하였다.

보물 제949호　예념미타도장참법 [禮念彌陀道場懺法]
서울 용산구 서빙고로 137 국립중앙박물관

참법이란 경전을 읽으면서 죄를 참회하는 불교 의식을 말하며, 서방 극락정토의 아미타불을 대상으로 삼는 것을 미타참법이라고 한다. 이 책은 나무판에 새긴 다음 닥종이에 찍은 것으로 권1에서 권5까지를 1책으로, 권6에서 권10까지를 1책으로 묶었다. 크기는 세로 37㎝, 가로 24㎝이고, 연두색의 천으로 싸인 표지에는 '정토문[淨土文]'이라는 제목이 적혀있다. 책 끝에는 1474년에 김수온이 쓴 글이 실려 있는데, 판각에 참여한 당시의 유명한 승려와 왕실 종친, 간행에 참여한 사람들의 직책과 이름이 기록되어 있다.

보물 제950호　묘법연화경 권5~7 [妙法蓮華經 卷五~七]
서울 용산구 서빙고로 137 국립중앙박물관

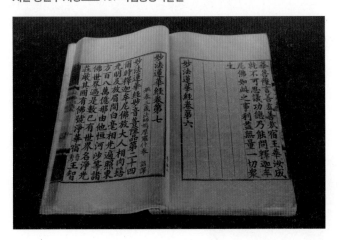

묘법연화경은 줄여서 '법화경'이라고 부르며, 부처가 되는 길이 누구에게나 열려있다는 것을 중요사상으로 하고 있다. 닥종이에 찍은 목판본으로 법화경 권5~7까지 3권을 1책으로 묶었다. 크기는 세로 34.5㎝, 가로 22.3㎝이다. 책 끝에 있는 발문을 통해, 성종 19년(1488)에 성종의 계비인 정현왕후 딸인 순숙공주의 명복을 빌기 위하여 1470년에 이미 새긴 목판에서 찍어낸 것임을 알 수 있다. 묘법연화경 권6, 7(보물 제936호)과 동일한 판본이며, 조선 전기 왕실의 불교 신앙을 살펴볼 수 있는 귀중한 자료이다.

보물 제951호　선조국문유서 [宣祖國文諭書]
부산 남구 유엔평화로 63 부산시립박물관

선조 26년(1593) 임진왜란으로 임금이 의주로 피난 갔을 때 백성들에게 내린 한글로 쓴 교서이다. 임진왜란 때 포로가 된 백성들이 왜적에 협조하는 자가 많았다. 그 때문에 일반 대중이 쉽게 알 수 있는 한글로 쓴 교서를 내렸다. 어쩔 수 없이 왜인에게 붙들려 간 백성은 죄를 묻지 않는다는 것과 왜군을 잡아 오거나 왜군의 정보를 알아오는 사람, 또는 포로로 잡힌 우리 백성들을 많이 데리고 나오는 사람에게는 천민, 양민을 가리지 않고 벼슬을 내릴 것을 약속한 내용이 실려 있다.

신라 선덕여왕 12년(643) 승려 광유가 창건하여 임정사라 부르던 것을 원효 대사가 기림사로 고쳐 부르기 시작하였다. 기림사 대적광전에 모셔진 불상인 소조비로자나삼불좌상은 향나무로 틀을 만든 뒤 그 위에 진흙을 발라 만든 것이다. 중앙에 비로자나불을 모시고 좌우에 약사불과 아미타불을 협시로 배치한 형태이다. 근엄하면서도 정제된 얼굴, 양감이 풍부하지 않은 신체의 표현, 배 부분의 띠로 묶은 옷 등으로 보아 16세기 초에 만들어진 불상으로 추정된다.

조선 초기의 학자인 탁영 김일손이 사용하던 거문고로 크기는 길이 160㎝, 너비 19㎝, 높이 10㎝이다. 거문고 중앙 부분에 탁영금[濯纓琴]이란 글자가 새겨져 있고, 학 그림이 거문고 아래쪽에 그려져 있다. 거문고의 머리 부분인 용두[龍頭] 와 줄을 얹어 고정시키는 운족[雲足]은 원형 그대로 보존되어 있고, 끝부분인 봉미[鳳尾], 운족과 같이 줄을 고정시키는 괘 등 일부 부품은 새로 보수한 흔적이 보인다. 옛 선비들의 애완품으로 사용된 악기로서는 유일하게 보물로 지정된 것이다.

경주 기림사 소조비로자나삼불좌상
1 약사불
2 비로자나불
3 아미타불

보물 제959호 경주 기림사 소조비로자나불 복장전적 [慶州 祇林寺 塑造毘盧遮那佛 腹藏典籍]
경북 경주시 양북면 기림로 437-17 기림사

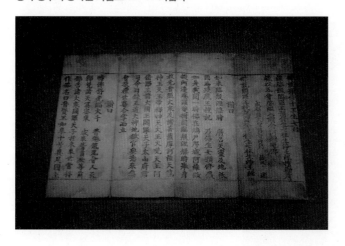

불설예수시왕생칠경은 기림사에 봉안된 비로자나불상의 복장
전적 중 하나이다. 25행 15자로 이루어진 절첩장의 형태이며 표
지는 결실되었다. 간기가 남아있지 않아 정확한 조성 시기는 알
수 없으나 고려 말에 간행된 책으로 추정된다.

이 경전의 내용은 사후에 행할 불사를 미리 행하여 공덕을 쌓
아 명부시왕의 지옥에 가지 않도록 하는 시왕신앙에서 비롯된
예수재[預修齋]에 관한 것이다.

보물 제964호 대방광불화엄경소 권41 [大方廣佛華嚴經疏 卷四十一]
서울 서초구 바우뫼로7길 111 관문사

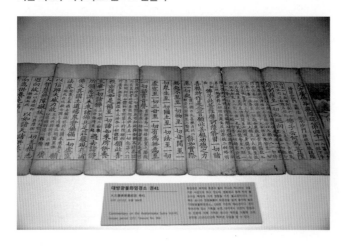

이 책은 송나라 정원[淨源]이 화엄경을 쉽게 풀이해 놓은 대방
광불화엄경소 120권 가운데 제41권이다. 닥종이에 찍은 목판본
으로 절첩장[병풍처럼 펼쳐서 볼 수 있는 형태]으로 되어 있다.
크기는 접었을 때 세로 31.8㎝, 가로 10.7㎝이다. 권의 첫머리에
있는 기록을 보면, 대각국사 의천이 정원과의 친분에 의해 가져
온 송나라 목판으로 고려 공민왕 21년(1372)에 찍어낸 것이다.
이 책은 주인왕호국반야경 권1~4(보물 제890호)와 대방광불화
엄경소 권42(보물 제891호)와 판의 모든 조건이 비슷하며 간행
연도를 정확히 알 수 있다.

보물 제965-2호 육경합부 [六經合部]
경남 양산시 목화5길 12 통도사 양산전법회관

이 책은 세종 22년(1440)에 영제암에서 판각한 금강반야바라
밀경을 비롯하여, 대방광불화엄경 보현행원품, 대불정수릉엄신
주, 관세음보살예문, 불설아미타경, 묘법연화경 관세음보살보
문품 등 6개 경[經]을 한데 모아 인수대비의 발원으로 성종 3년
(1472)에 찍어낸 것이다. 권말에 갑인소자로 찍은 김수온의 발
문[跋文]이 붙어 있어 성종의 어머니인 인수대비가 기존의 경판
에서 대대적으로 인출한 불서 가운데 하나임을 알 수 있다. 이
육경합부는 인쇄 상태가 양호하고, 인출 경위를 분명히 알 수 있
다는 점에서 불교사와 서지학 연구에 중요한 자료가 된다.

상설고문진보대전전집 권7~8 [詳說古文眞寶大全前集 卷七~八]
서울 용산구 서빙고로 137 국립중앙박물관

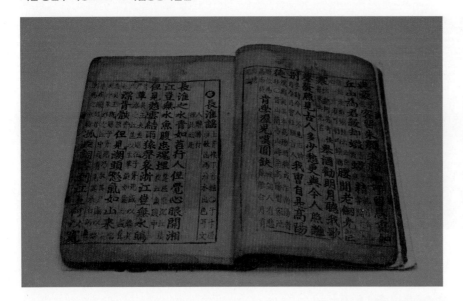

문종 즉위년(1450)에 중국의 시문집인 '진보대전'을 활자로 찍어낸 활자본이다. 당대의 명필가인 안평대군의 글씨를 바탕 글자로 삼고, 동을 녹여 만든 활자인 경오자로 찍은 책이다.

책의 크기는 가로 20cm, 세로 28.5cm이고, 2권 1책이다. 안평대군이 세조의 왕위 찬탈을 반대하다 사약을 받고 죽은 뒤 바로 경오자를 녹여서 을해자를 주조하였기 때문에 경오자로 인쇄된 활자본은 매우 희귀하다.

대방광원각수다라료의경(언해) [大方廣圓覺修多羅了義經(諺解)]
서울 용산구 서빙고로 137 국립중앙박물관

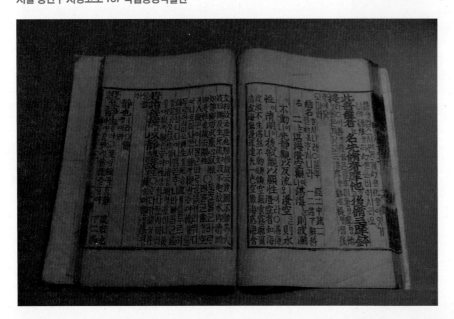

대방광원각수다라요의경은 줄여서 '대방광원각경', '원각경'이라고 부르기도 하는데, 우리나라에서는 고려의 지눌이 깊이 신봉하여 '요의경'이라고 한 뒤 널리 유통되었다. 이 책은 세조 7년(1461) 불경을 한글로 풀어 간행하기 위해 설치한 간경도감에서 세조 11년(1465)에 목판에 새기고 닥종이에 찍어 낸 것이다. 크기는 세로 32.7cm, 가로 23.7cm이다. 인쇄상태가 정교한 것으로 보아 목판에 새기고 나서 처음 찍어낸 것으로 보인다. 특히 '교정[校正]'의 도장이 찍힌 초간본이라는 점에서 더욱 중요한 자료로 평가된다.

보물 제971호 묘법연화경 권5~7 [妙法蓮華經 卷五~七]
서울특별시 용산구 서빙고로 137 국립중앙박물관

　묘법연화경 중 권5에서 권7에 해당하는 이 책은 태종 5년(1405)에 성달생·성개 형제가 죽은 아버지의 명복을 빌기 위해 옮겨 쓴 것을 신문[信文]이 목판에 새겨 찍어낸 것이다. 닥종이에 찍은 목판본으로 3권을 하나의 책으로 엮었다. 책의 첫머리에는 불경의 내용을 요약하여 그린 변상도가 있는데, 고려 우왕의 극락왕생을 기원하기 위해 정씨 성을 가진 사람이 시주하여 목판에 새긴 것이다. 변상도 안에 그려져 있는 신중상의 구도가 크고 새김이 정교하여 다른 법화경에 있는 변상도보다 뛰어난 작품으로 평가되고 있다.

보물 제978호 백지 금니 대방광불화엄경 주본 권29 [白紙 金泥 大方廣佛華嚴經 周本 卷二十九]
경기 용인시 처인구 용인대학로 134 용인대학교

　당나라의 실차난타가 번역한 '화엄경' 주본 80권 가운데 제29권의 내용을 흰 종이에 금색 글씨로 옮겨 적은 것이다. 장정은 절첩장[병풍처럼 펼쳐서 볼 수 있는 형태]으로 되어 있으며, 접었을 때의 크기는 세로 41.2cm, 가로 14.7cm이다. 검푸른 빛의 표지에는 화려한 꽃무늬와 제목이 금색으로 처리되었고, 권수에는 불경의 내용을 요약하여 그린 변상도가 있다. 불경을 옮겨 적은 경위를 적은 기록은 없지만 백지묵서묘법연화경(보물 제278호)과 비슷한 모양이며, 글씨체가 조선 전기에 유행한 것으로 보아 15세기 초에 만들어진 것으로 추정된다.

보물 제979호 공주 서혈사지 석조여래좌상 [公州 西穴寺址 石造如來坐像]
충남 공주시 관광단지길 34 국립공주박물관

머리는 나발로 표현하고 그 위에 낮은 육계를 올렸다. 얼굴은 약간 길고 눈, 코, 입 등은 아주 작게 표현되었다. 옷은 양어깨에 걸쳐 입고 있는데 두께가 얇아 보인다. 앉은 자세는 양발을 무릎 위로 올리고 발바닥이 위로 향하도록 하고 있다. 수인은 항마촉지인이다. 대좌는 상대·중대·하대로 구성되어있는데, 상대에는 연꽃이 활짝 핀 모양을, 하대에는 연꽃을 엎어놓은 모양을 새겨 넣고 있다. 통일신라시대의 불상이다.

보물 제980호 화성 봉림사 목조아미타여래좌상 [華城 鳳林寺 木造阿彌陀如來坐像]
경기 화성시 주석로80번길 139 봉림사

화성 봉림사 목조아미타여래좌상
수인

봉림사 법당에 모셔져 있는 목불좌상으로 1978년 불상 몸에 다시 금칠을 할 때 발견된 기록을 통해 고려 공민왕 11년(1362)을 하한으로 아미타불상이 조성되었음이 밝혀졌다.

얼굴은 단아하고 엄숙한 표정이며 무게 있는 몸은 단정하고 앞으로 약간 숙여 있다. 양어깨를 감싸 흘러내린 옷은 가슴에서 매는 띠 매듭이 사라지고, 세 줄의 옷주름이 묘사되어 특징적이다. 전체적으로 고려 후기를 대표할 만한 뛰어난 작품이다.

보물 제981호 하남 교산동 마애약사여래좌상 [河南 校山洞 磨崖藥師如來坐像]
경기 하남시 교산동 산10-3

이 불상은 전체 높이 93cm로 '태평 2년 정축 7월 29일'이라는 글이 새겨져 만든 시기가 고려 경종 2년(977)임을 알 수 있다. 부드러운 얼굴을 하고 있고 옷은 왼쪽 어깨에만 걸쳐 입고 있으며 옷주름 표현에서는 가지런함이 엿보인다. 왼손에는 약그릇이 놓여 있고, 오른손은 손바닥이 정면을 향하고 손가락을 위로 하고 있다. 광배는 머리광배와 몸광배를 계단식으로 새기고 주위에는 불꽃무늬가 둘려 있다. 대좌는 하대, 중대, 상대로 구분하고 그 위에 활짝 핀 연꽃이 불신을 떠받치고 있다.

보물 제982호 이천 장암리 마애보살반가상 [利川 長岩里 磨崖菩薩半跏像]
경기 이천시 마장면 서이천로 577-5

높은 관을 쓴 이 보살상은 손에 연꽃을 들고 있으며, 관에는 작은 부처가 새겨져 있어 관음보살을 표현한 것으로 여겨진다. 이 보살은 반가상의 자세로 오른발은 내려 연꽃이 활짝 핀 모양의 대좌 위에 놓고 왼발은 오른쪽 무릎 위에 올려놓았다. 얼굴과 신체는 전체적으로 큼직하며 비례가 맞지 않아 둔중한 느낌이 든다. 보살상이 새겨진 바위 뒷면에는 고려 초기인 981년에 만들어진 작품임을 알 수 있게 해주는 글이 적혀 있다. 고려시대 마애보살상으로 전체 크기는 3.2m에 이른다.

보물 제983호 안성 봉업사지 석조여래입상 [安城 奉業寺址 石造如來立像]
경기 안성시 죽산면 칠장로 399 칠장사

불상과 광배가 같은 돌로 만들어졌으며 불상 높이는 1.57m이고 총 높이는 1.98m이다. 눈, 코, 입은 심하게 닳았고, 옷은 양 어깨를 감싸고 있다. 옷주름은 여러 겹의 둥근 모양을 이루며 자연스럽게 흐르고 있다. 전체적인 신체 표현에서는 손이 다소 큰 편이기는 하나 머리, 어깨 너비 등의 신체 비례가 비교적 좋다. 불상의 뒷면에는 신광을 표현한 광배 주위에는 불꽃무늬를 새기고 있다. 조각 기법 등으로 미루어 고려 초기에 유행했던 이 지방 불상 양식을 반영한 작품이다.

보물 제984호 영동 신항리 석조여래삼존입상 [永同 新項里 石造如來三尊立像]
충북 영동군 용산면 서신항길 135-8

본존불은 소발 위에 육계를 올리고, 둥근 얼굴에는 미소를 띠고 있다. 양어깨를 감싸고 입은 두꺼운 옷은 가슴에서 U자형을 이루고 있으며, 그 사이에는 ▽형 모양의 띠 매듭이 있다. 옷주름선은 오른손 아래에서 세 가닥의 음각선을 이루며 흘러내리고 있다. 양쪽의 보살상은 각각 손으로 물건을 감싸 잡거나 합장한 자세이다. 반듯하면서도 단아한 어깨와 중후한 체구 등 신체 각 부분에서 옛 형식이 나타나고 있다. 이 삼존불상은 태안마애삼존불(보물 제432호) 등과 함께 7세기 석불상을 계승한 것으로 7~8세기 초의 작품이다.

보물 제985호 청주 용화사 석조불상군 [淸州 龍華寺 石造佛像群]
충북 청주시 흥덕구 무심서로 565 용화사

5구의 불상과 2구의 보살상으로 되어있는 석불들은 모두 거대한 불상이라는 점이 주목되는데 최고 5.5m, 최저 1.4m이다. 이들 중 왼쪽 3번째의 불상은 머리 위에 솟아 있는 육계가 유난히 크다. 옷은 양어깨를 감싸고 있으며 신체는 전체적으로 양감이 풍부하며 가슴 부위에 卍 자가 양각되어 있다. 왼쪽 5번째 불상은 독특한 옷주름이 있고, 뒷면에는 거대한 나한상이 조각되었는데 이는 후대에 만들어진 것으로 보인다. 7구의 불상들은 모두 고려시대에 만들어진 것으로 추정된다.

보물 제986호 청양 운장암 금동보살좌상 [靑陽 雲藏庵 金銅菩薩坐像]
충남 청양군 남양면 온암리 111 운장암

얼굴은 양감이 적당하여 눈·코·입이 잘 조화를 이루고, 얼굴 바로 밑에서 어깨가 시작되며, 목에 새겨진 삼도는 가슴 윗부분까지 내려와 표현되었다. 옷에는 주름이 부드럽게 흘러내리고 있으며 불상의 뒷면에까지 섬세하게 표현되어 있다. 가슴에는 화려한 장식이 있고, 배 위에는 속에 입은 옷을 묶은 띠 매듭이 있다. 수인은 아미타불의 수인을 나타내고 있다. 이 보살상은 대승사 금동보살상과 비슷한 양식을 보여주어 고려말 조선초에 만들어진 것으로 추정된다.

보물 제987호 당진 신암사 금동여래좌상 [唐津 申庵寺 金銅如來坐像]

충남 당진시 송악읍 가교길 144-9 신암사

신암사에 모셔져 있는 고려시대 금동불좌상이다. 전체적인 불상의 모습은 청양의 장곡사 불상에 가깝지만 좀 더 당당하고 볼륨이 있으며, 얼굴은 무게감 있는 모습으로 미소를 짓고 있다. 상체는 장대하며 느슨하게 표현된 가슴 근육은 장곡사 불상과 같은 양식이다. 하체는 넓고 당당하며 특히 무릎의 근육 묘사는 상체의 표현과 조화를 이루고 있다. 신암사의 금동여래좌상은 14세기 전반에 같은 지역에서 만들어진 장곡사나 문수사의 불상과 같은 유파의 작품으로 추정된다.

보물 제988호 군위 대율리 석조여래입상 [軍威 大栗里 石造如來立像]

경북 군위군 부계면 한밤8길 21 대율사

대율리 불상은 둥근 대좌 위에 올라서 있으며 높이가 2.65m 이다. 머리는 소발로 표현하고 그 위에 육계를 올렸다. 둥근 얼굴, 아담한 눈과 입, 어깨까지 내려진 긴 귀 등에서 세련된 모습을 보여준다. 오른손은 손바닥을 밖으로 하여 손끝이 위로 향하도록 펴고 있으며, 왼손은 손바닥을 몸쪽으로 하여 가슴에 대고 있는 독특한 모양이다. 양어깨에 걸쳐진 옷은 가슴과 배를 지나 무릎까지 얕은 U자형 주름을 이루고 있다. 전체적으로 세련되고 당당한 신라 불상의 특징을 잘 나타내고 있다.

보물 제989-1호 예천 용문사 목조아미타여래삼존좌상 [醴泉 龍門寺 木造阿彌陀如來三尊坐像]

경북 예천군 용문면 용문사길 285-30 용문사

목조아미타여래삼존좌상은 그 기법상 목불탱의 불보살과 같은 수법으로 만들어진 원각상[圓刻像]이다. 본존상의 경우 육계가 생략되었고, 반달형의 중앙계주가 표현되었으며, 신체는 중후한 모습이지만 각 부분은 둥글게 처리되었다. 조각기법상 어려운, 들고 있는 손을 표현한 점 등에서 조각가의 정성을 엿볼 수 있다.

이 작품들의 조성기가 하단에 '강희23년갑자계(康熙二十三年甲子季)'라고 묵서되어 있어 숙종 10년(1684)에 조성된 것이 분명하며 이는 17세기 후기의 조각양식을 알 수 있는 중요한 자료가 된다.

보물 제989-2호 예천 용문사 목각아미타여래설법상 [醴泉 龍門寺 木刻阿彌陀如來說法像]

경북 예천군 용문면 용문사길 285-30 용문사

본존불 이외의 상들은 상·중·하 3행으로 배치시키고 있다. 아랫줄에는 사천왕상이 본존의 대좌 좌우로 2구씩 일렬로 서 있다. 가운뎃줄과 윗줄에는 각기 좌우 2대 보살씩 8대 보살이 배치되고, 윗줄의 보살 좌우에는 다시 무릎을 꿇고 손을 모은 모습의 2대 제자를 배치하여 구도의 미를 살리고 있다. 보살은 본존불과 동일한 기법을 보여주며, 불과 보살상 사이의 공간에는 구름, 광선 등을 배치했다. 숙종 10년(1684)에 만들어진 것으로 지금까지 알려진 목각후불탱 중 가장 이른 시기의 작품이다.

보물 제990호 상주 남장사 철조비로자나불좌상 [尙州 南長寺 鐵造毘盧遮那佛坐像]

경북 상주시 남장1길 259 남장사

남장사 보광전에 모셔진 철조비로자나불좌상은 불신만 남아있다. 얼굴은 단아하며 어깨에 닿을 듯 긴 귀는 목에 3줄로 새겨진 삼도와 잘 조화를 이루어 위엄을 자아낸다. 양어깨에 걸쳐 입은 옷은 부드럽게 흘러내려 양쪽 무릎을 덮고 있는데, 주름은 팔과 다리의 끝부분에만 나타났을 뿐 대담하게 생략하고 단순화시켰다. 손은 오른손 검지를 왼손으로 감싸고 있는 모습으로 일반적인 비로자나불상과 비교하여 손의 위치가 바뀐 것을 알 수 있다. 조선 철불상의 귀중한 예로 높이 평가된다.

보물 제992호 대구 파계사 건칠관음보살좌상 [大邱 把溪寺 乾漆觀音菩薩坐像]
대구 동구 파계로 741 파계사

전체 높이는 108.1㎝이며 머리에는 꽃 모양을 정교하게 붙인 3중의 높은 관을 쓰고 있다. 오른손은 어깨 쪽으로 들어 엄지와 중지를 맞대고 손바닥을 밖으로 하고 있으며, 왼손은 약간 들어 엄지와 중지를 맞댈 듯이 하여 손바닥을 위로 하고 있다. 옷깃이 양쪽 팔에 걸쳐 무릎으로 흘러 오른발 끝을 덮고 있으며, 가슴과 양팔, 무릎 등 전신을 화려한 장식으로 감싸고 있다. 고려 후기 불상의 전통적인 특징을 지닌 작품이다.

보물 제993호 영덕 장육사 건칠관음보살좌상 [盈德 莊陸寺 乾漆觀音菩薩坐像]
경북 영덕군 창수면 장육사1길 172 장육사

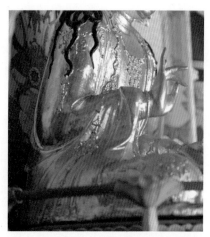

옷에 장식된 구슬장식

장육사에 있는 높이 86㎝의 조선 초기 건칠보살좌상이다. 불상 안에서 발견된 원문과 개금묵서명을 통해 홍무 28년(태조 4년, 1395)에 영해부의 관리들과 마을 사람들의 시주로 만들었고, 영락 5년(태종 7년, 1407)에 다시 금칠하였음이 밝혀졌다. 14세기 초의 보살상에 비해 장식성이 더욱 강조되어 가슴의 목걸이 이외에 소매, 배, 다리에까지 구슬 장식이 화려하게 조각되어 번잡스럽다는 느낌이 든다. 양어깨에 걸치고 있는 옷은 가슴을 트이게 하고 가슴에는 옷의 매듭을 나타내고 있다.

보물 제995호 봉화 축서사 석조비로자나불좌상 및 목조광배 [奉化 鷲棲寺 石造毘盧遮那佛坐像 및 木造光背]

경북 봉화군 물야면 월계길 739 축서사

목조 광배 부분

불상의 높이는 1.08m이며, 얼굴은 가는 눈, 꼭 다문 입, 반듯하고 넓은 신체에서 고요함과 안정감을 느낄 수 있다. 양어깨에 걸쳐 입은 옷에는 주름이 평행 계단식으로 표현되어 다소 형식화되었다. 대좌는 통일신라 후기에 유행한 8각으로, 하대에는 각 면에 사자 1구씩을, 중대에는 손을 모으고 있는 인물상을, 상대에는 꽃무늬를 새겼다. 광배는 화려한 꽃무늬와 불꽃무늬가 새겨져 있는데, 후대에 만든 것이다. 원래 돌로 만든 광배는 윗부분만 남아있다. 조성 시기는 통일신라 후기로 추정된다.

보물 제996-1호 영주 비로사 석조아미타여래좌상 [榮州 毘盧寺 石造阿彌陀如來坐像]
보물 제996-2호 영주 비로사 석조비로자나불좌상 [榮州 毘盧寺 石造毘盧遮那佛坐像]

경북 영주시 풍기읍 삼가리 산17 비로사

높이 1.13m의 아미타여래좌상은 원만한 얼굴과 당당한 어깨로 사실적으로 표현하였다. 옷은 왼쪽 어깨만을 감싼 형태이며, 손은 가볍게 주먹을 쥔 상태에서 손바닥을 위로 하고 양손의 엄지손가락을 맞대고 있다. 높이 1.17m의 석조비로자나불좌상은 단정한 얼굴과 안정된 신체는 사실적으로 표현하고 있다. 양어깨를 감싼 옷은 얇게 빚은 듯한 평행계단식 주름으로 자연스럽게 보인다. 수인은 지권인이다. 두 불상을 함께 배치한 것으로 보아 9세기 통일신라 화엄불교의 특징을 보여준다.

보물 제997호 봉화 북지리 석조반가상 [奉化 北枝里 石造半跏像]

대구 북구 대학로 80 경북대학교박물관

북지리의 마애불좌상 옆에 있던 것을 1966년 경북대학교로 옮겨다 놓은 것이다. 높이 1.6m가량에 상반신은 깨져 없어지고, 하반신과 다른 돌로 만든 둥근 연꽃무늬 발 받침대만이 남아 있지만, 우수한 조각기법으로 만들어진 작품이다. 상반신은 옷을 벗은 듯하고 하체에 표현된 옷은 매우 얇다. 왼쪽 무릎 위에 올려놓은 오른쪽 다리는 매우 크고 무릎을 높이 솟게 하여 강조하고 있다. 발 받침대는 약 70cm의 원반형으로 아래로 향한 연꽃 7잎이 새겨져 있다. 7세기 중엽의 작품으로 추정된다.

보물 제1000호 서울 승가사 석조승가대사좌상 [서울 僧伽寺 石造僧伽大師坐像]

서울 종로구 구기동 산2-1 승가사

이 상은 인도의 고승으로 중국 당나라에서 전도에 전념하여 관음보살로까지 칭송받았던 승가대사의 모습을 새긴 초상 조각이다. 머리에는 두건을 쓰고 있고 얼굴은 넓적하면서도 광대뼈가 튀어나와 전형적인 시골 노인 같은 인상으로 지방색이 짙게 보인다. 광배는 승상에 비해서 넓고 큼지막하며, 머리광배에는 연꽃, 넝쿨, 모란무늬를, 몸광배에는 넝쿨, 보상화무늬를 새겼다. 광배 뒷면에는 태평 4년(고려 현종 15년, 1024)에 지광스님이 중심이 되어 광유 등이 조각했다는 글이 새겨져 있다.

보물 제1001호 양산이씨 종가 고문서 [梁山李氏 宗家 古文書]

경남 양산시 북정로 78 양산시립박물관

교지   이징석 왕지

이 문서는 조선 전기의 것으로, 양산이씨의 시조인 이전생과 조선 전기 이름난 3명의 형제 장수인 징석과 징옥, 징규와 그들을 포함하여 직계 후손 몽란까지의 장남, 자손들에 관련된 문서이다. 총 6종 16점이다. 종가 문서로는 왕지 1점과 징석 관련 문서로 왕지 4점, 장수에게 특권을 부여하는 내용이 담긴 유서 1점, 왕이 신하에게 토지와 노비를 내리는 내용의 사패교지 3점, 그리고 징석이 죽은 후 세조가 내린 사제문 등이 있다. 그리고 징석의 장남 팔동이 받은 교지와 징석의 직계 후손인 몽란이 병조에서 발급받은 교첩 등이 있다.

보물 제1003호 조정 임진란기록 일괄 [趙靖 壬辰亂記錄 一括]

경북 상주시 사벌면 경천로 684 상주박물관

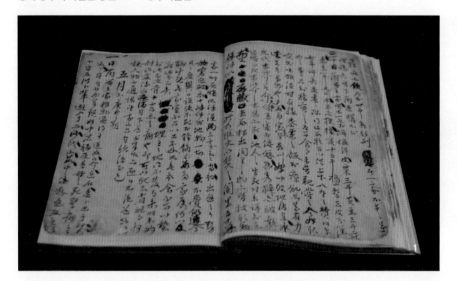

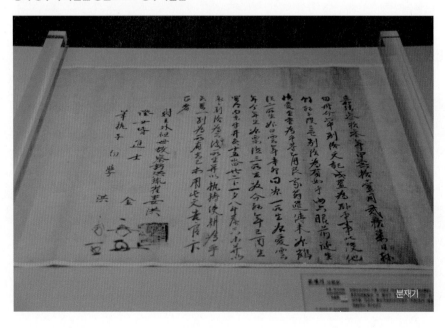

조정 임진란기록 일괄
1 임란일기
2 남행록
3 문견록

조선 선조~인조 때의 학자이며 관료인 조정(1555~1636)이 임진왜란 당시 보고 듣고 겪은 일들을 손수 적은 일기이다. 이것은 선조 25년(1592)부터 선조 30년(1597)까지 약 6년간의 사실이 수록된 글이다. 임난일기는 6종 7책으로 세부목록은 '임진일기' 2책, '남행록' 1책, '진사록' 1책, '일기 부 잡록' 1책, '서행일기' 1책, '문견록' 1책이다. 기술형식은 월일별로 행을 구분하여 기술했고, 기사가 없는 날은 날씨만 기록하였다. 당시 사회상, 군대의 배치, 의병의 활동 등을 살필 수 있는 임진왜란사 연구의 귀중한 자료이다.

보물 제1004호 조정 종가 문적[복제] [趙靖 宗家 文籍]

경북 상주시 사벌면 경천로 684 상주박물관

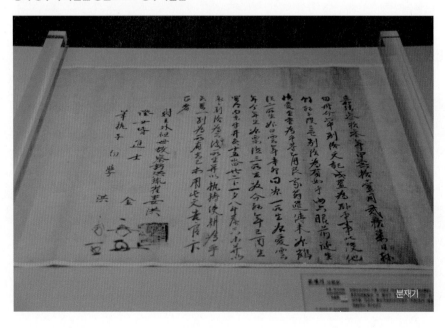

분재기

조선 선조에서부터 인조 때까지의 문신이었던 조정(1555~1636)의 종손가에 소장된 고문서와 책들로 총 10종 62점이다. 고문서에는 명종 9년(1554)~현종 11년(1670)에 작성된 것으로 재산분배에 관한 기록인 분재기와 선조 34년(1601)~인조 20년(1628)에 쓰여진 교지류, 인조 6년(1628)에 작성되어 조기원에게 발급된 차정첩 등 3종 55점이 있다. 전적은 '삼봉선생집(1487)', '필원잡기(1469~1494)' 등 7종 7책이 있다. 분재기에는 조씨 가문이 소유한 토지, 노비의 규모, 형성과정, 상속에 관한 내용이 실려 있다.

이종주 종손가에 소장되어 있는 2점의 왕지이다.

'이종주 고신왕지'는 정종 1년(1399) 1월 26일에 이종주에게 관직을 제수하는 사령왕지이다. 이 사령왕지는 총 4행으로 초서체로 쓰여졌고, 연월 위에 '조선왕보'라고 도장이 찍혀 있다.

'아암 무과홍패'는 세종 17년(1435)에 이종주의 손자 이임에게 발급된 무과급제를 인정하는 홍패 왕지이다. 총 5행에 걸쳐 초서체로 쓰여졌고, 년월 위에 '국왕신보'라고 도장이 찍혀있다.

이 문서들은 조선 전기 관제 및 과거제도 연구와 새보[璽寶:임금의 도장]사용의 변천 과정을 파악할 수 있는 중요한 자료이다.

임진왜란 때 충청도 의병장으로 금산벌판에서 왜병과 싸우다 순사한 중봉 조헌(1544~1592)이 남긴 유물로 총 6종 7점이다. 조헌은 의병장으로, 문과에 급제한 후 호조좌랑, 예조좌랑, 감찰을 거쳐 보은현감으로 있었다. 이후 여러 번 재등용 되었는데 사직하고 임진왜란이 일어나자 옥천에서 1,700여 명의 의병을 일으켜 영규대사와 합세하여 청주를 탈환하였다. 이어 금산에서 왜군을 막기 위해 남은 군사 700명과 함께 금산전투에서 장렬히 싸우다 전사하였다.

유품에는 조천일기, 교지, 의병장 제수교서, 조헌종사문묘 교서, 치제문 2매 등이 있다

이종주 고신왕지 및 이임 무과홍패
1 이종주 고신왕지
2 이임 무과홍패

조헌 관련 유품
1 조천일기
2 선조 교서
3 교지
4 화살통

보물 제1012호 몽산화상법어약록(언해) [蒙山和尙法語略錄(諺解)]

서울 종로구 효자로 12 국립고궁박물관

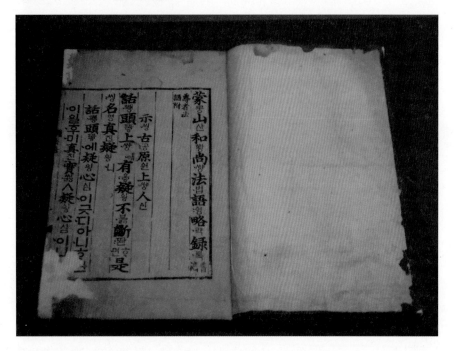

'몽산화상법어약록'은 부처님의 말씀이나 가르침을 적어놓은 것으로 승려들의 수행에 있어 길잡이 구실을 하는 책이다. 우리나라에서는 조선시대에 널리 유통되었다. 원나라 몽산화상 덕이[德異]의 법어 6편과 고려 나옹화상 혜근[慧勤]의 법어 1편을 엮은 책이다. 조선의 혜각존자가 토를 달고 한글로 번역한 것으로, 목판에 새긴 후 닥종이에 찍어냈으며, 크기는 세로 30.8cm, 가로 20cm이다.

인수대비가 성종 3년(1472)에 펴낸 책으로 발문은 김수온이 썼다. 이 책은 조선 초기에 한글로 풀어 간행한 불교 서적으로 200부를 찍었다고 한다.

보물 제1018호 광산김씨 예안파 종가 고문서 [光山金氏 禮安派 宗家 古文書]

경북 안동시 와룡면 오천리 385번지

예조에서 김효지의 처 황씨에게 발급한 입안

광산 김씨 예안파 종가의 21대 6백 년간에 걸쳐 전해 내려오는 고문서들로 1,000여 점이 보관되어 있다. 이 가운데 교지 등 7종 429점이 보물로 지정되어 있다. 지정된 고문서는 교지, 교서, 교첩, 차첩 등은 총 82점, 호적단자는 총 43점으로, 원본이 아니라 후에 베껴 쓴 것이다. 입양, 입안문서는 양자를 들이는 것에 대해 예조에서 이를 인정한다는 문서로 4점이다. 소지 91점, 분재기 45점, 명문 154점, 예장지100점이다. 고려 후기부터 대한제국에 이르기까지 각종 자료로서 고문서 연구 및 당시의 정치, 경제, 사회, 가족제도 등을 살필 수 있는 귀중한 자료로 평가된다.

보물 제1022호 청자 상감 동채 연화당초용문 병 [靑磁 象嵌 銅彩 蓮花唐草龍文 甁]

서울 관악구 남부순환로152길 53 호림박물관

높이 38.3㎝, 아가리 지름 6.9㎝, 밑지름 12㎝의 청자병으로, 길게 뻗어 세워진 목과 약간 벌어진 아가리를 가지고 있다. 유약은 회청색으로 얇고 투명하다. 목 부위에는 번개, 연꽃무늬를 백상감하고, 그 아래로 연꽃, 국화꽃, 구름, 학을 흑백 상감하였다. 몸체에는 4면에 큰 원을 그리고, 원 안에 여의주를 들고 있는 용을 새겨 넣었는데, 여의주에 산화동을 채색하여 붉은색을 띠고 있다. 산화동을 곁들인 독창적인 장식기법을 사용하였다. 고려 14세기경에 만들어진 작품이다.

보물 제1023호 청자 음각 '상약국' 명 운룡문 합 [靑磁 陰刻 '尙藥局' 銘 雲龍文 盒]

서울 용산구 서빙고로 137 국립중앙박물관

고려시대 만들어진 높이 9.3㎝, 아가리 지름 7㎝, 밑지름 5.5㎝의 청자합이다. '상약국'이라는 명문을 통해서 약을 담는 용기로 사용된 것으로 여겨진다. 뚜껑의 상단은 편평하며 밑으로 둥글게 층을 만들어 단을 이루었다. 맨 윗면에 구름과 용무늬인 운룡문이 음각되고, 바깥 측면의 뚜껑과 밑짝이 맞닿는 부분에는 각각 가로로 고려시대 의약을 담당하던 상약국이라는 글자가 새겨져 있다. 상감기법이 일반화되기 이전의 작품인 듯하지만, 뚜껑 윗면에 섬세하게 새겨진 운용문과 투명한 유색이 훌륭한 작품이다.

보물 제1030호 청자 상감 운학문 화분 [靑磁 象嵌 雲鶴文 花盆]

서울 용산구 이태원로55길 60 삼성미술관 리움

고려시대 만들어진 청자 화분으로, 크기는 높이 23.0㎝, 아가리 지름 28.2㎝, 밑지름 22.0㎝이다. 위가 약간 넓은 원통형의 몸체에 밑바닥 중앙에 지름 6㎝가량의 구멍을 뚫어 물이 빠질 수 있게 하였다. 위쪽에는 구름과 학 무늬를 번갈아 가며 세 개씩 배치하였는데, 구름은 흰색만으로 표현하고 학은 흑색과 백색을 상감기법으로 처리하였다. 거의 이등분된 구성이지만 아래쪽은 약하게 음각선으로 연꽃잎이 겹쳐진 모양으로 처리하여, 윗면의 구름과 학무늬만이 도드라져 보인다. 유약은 광택이 거의 없고 전면에 빙렬이 퍼져있으며, 부분적으로 황록색을 띠고 있다.

산화동으로 표현한 여의주

보물 제1040호 구례 화엄사 화엄석경 [求禮 華嚴寺 華嚴石經]

전남 구례군 마산면 화엄사로 539 화엄사

　통일신라 문무왕 17년(677)에 의상대사가 왕명을 받아 화엄사에 각황전을 세우고 이곳에 화엄석경을 보관하였는데, 석경에는 네모진 돌들을 서로 맞추어 끼웠던 듯 모서리에 연결을 위한 홈이 파여져 있는 것으로 보아 벽면을 화엄석경으로 채웠던 것으로 추정된다.

　임진왜란 때 화재로 석경들이 파손되었고, 색깔도 회갈색 등으로 변하였다고 한다. 파손된 것을 모아 지금은 약 9천여 점이 남아 있다. 글씨체는 해서체로 최치원이 정강왕 2년(887)에 쓴 하동 쌍계사 진감선사탑비(국보 제47호)와 비슷한데, 당시의 글씨체를 잘 보여주는 석경의 대표적인 예이다.

보물 제1041호 통도사 영산전 팔상도[복제] [通度寺 靈山殿 八相圖]

경남 양산시 하북면 통도사로 108 통도사

　부처가 태어나 도를 닦고 열반에 이르기까지의 일생을 8부분으로 나누어 그린 팔상도이다. 가로 151㎝, 세로 233.5㎝의 비단에 채색하여 그린 이 팔상도는 모두 8폭으로 액자에 끼워 벽에 붙여 놓아 보관하고 있다. 이 팔상도는 도솔래의상, 비람강생상, 사문유관상, 유성출가상, 설산수도상, 수하항마상, 녹원전법상, 쌍림열반상으로 구성되어 있다.

　이 그림은 조선 영조 51년(1775)에 여러 화가에 의해 그려졌는데, 보존상태가 양호하고 제작연대도 확실하여 조선시대 불교 회화연구에 귀중한 자료이다.

통도사 영산전 팔상도 [복제]
사진 왼쪽부터
제6상 수하항마상
제5상 설산수도상
제4상 유성출가상
제3상 사문유관상

보물 제1043호 순천 송광사 십육조사 진영 [順天 松廣寺 十六祖師 眞影]
전남 순천시 송광면 송광사안길 100 송광사

보조국사 지눌을 비롯해 고려 후기에 활약한 16명의 고승들의 초상화로 모두 16점이다. 보조국사의 초상화는 가로 77.4cm, 세로 134.8cm로 16점 모두 규모나 제작 수법이 동일한 것으로 같은 화가에 의해 그려진 것으로 보인다. 오른쪽을 바라보며 앉아 있는 보조국사를 중심으로 왼쪽에는 7명이 중앙을 바라보며 있고 오른쪽에 8명이 중앙을 바라보며 있다. 보조국사는 녹색 장삼에 붉은 가사를 입고 오른손에 지팡이를 쥔 모습이다. 정조 4년(1780)에 안치된 이 초상화들의 보존 상태는 양호하다.

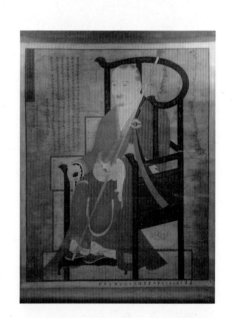

보물 제1044호 순천 선암사 대각국사 의천 진영 [順天 仙巖寺 大覺國師 義天 眞影]
전남 순천시 승주읍 선암사길 450 선암사

고려시대 승려인 의천(1032~1083)의 초상화이다. 이 영정은 가로 110.2cm, 세로 144cm 크기의 비단에 채색하여 그린 것으로, 의자에 앉아 오른쪽을 바라보고 있는 모습이다. 왼손은 긴 막대를 잡고 있으며, 오른손으로는 단주를 팔목에 끼고 의자 손잡이를 잡고 있으며, 사색에 잠긴 듯한 모습이다. 이 영정은 승려 화가인 도일비구에 의해 순조 5년(1805) 수정·보완된 것으로, 앞 시대의 양식적 특징을 알 수 있는 당대의 대표작이며, 혜근의 글이 있어 더욱 가치가 있다.

보물 제1046호 화개현구장도 [花開縣舊莊圖]
서울 용산구 서빙고로 137 국립중앙박물관

조선 전기의 문신 정여창(1450~1504) 선생의 지리산의 별장을 그린 그림이다. 이 그림은 정여창 선생이 머물렀던 별장이 훼손되는 것이 아쉬워 문중에서 이징을 불러 그리도록 한 것이다. 가로 56cm, 세로 89cm의 크기로 명주 바탕에 그렸는데, 화면의 맨 위에는 "화개현구장도"란 제목이 전서체로 적혀 있고, 중간에는 별장의 주변 산수를 엷게 채색하여 그렸다. 그림 아래에는 정여창과 유호인의 시와 제작배경을 적은 글, 그리고 조식과 정구의 글에서 발췌한 글이 있다. 인조 21년(1643)에 그렸다.

머리에는 꽃무늬와 갖가지 보배로 화려하게 장식된 보관을 쓰고 있다. 보관 정면에 보병이 새겨져 있는데 이는 오른손에 들려있는 경전과 함께 이 보살상이 대세지보살임을 알려준다. 얼굴에는 은은한 미소를 띠고 있으며 세련된 모습으로 탄탄한 인상을 준다. 신체 또한 매우 탄력적인데 가슴은 양감있게 표현되었다. 대좌는 연잎이 3겹으로 중첩된 연화대좌로 연잎은 테두리에 단이진 특징적인 모습이다. 불상의 장식, 문양 등을 종합해 보면 14세기 말~15세기 초의 보살상으로 추정된다.

지장보살과 심판관인 시왕을 그린 지장시왕도이다. 이 그림의 화면 중앙에 본존인 지장보살을 크게 그리고 아래쪽 좌우에 작게 시왕, 사천왕, 도명존자 등을 배치하여 섬세한 필법으로 묘사하였다. 이러한 구도는 지장신앙과 시왕신앙이 결합하였지만 지장이 주가 되고 시왕이 종속적 의미를 지녔음을 그림으로 나타낸 것이라 볼 수 있다. 이 지장시왕도는 오늘날 전해지는 10점의 고려 불화 가운데 하나로 14세기경에 그려진 것으로 추정된다.

지장시왕도
1 지장보살
2 탱화 하단의 지장시왕과 사자

당나라 시인 두보(712~770)의 시를 성종 때 홍문관의 유윤겸 등이 왕의 명을 받들어 한글로 번역하여 편찬한 책이다. '두공부시'라고 이름을 붙인 것은 두보가 공부원외랑의 벼슬을 지냈기 때문이며 '분류'는 중국 송나라의 분문집주두공보시를 참고하여 따온 것이다.

초인본의 조위가 쓴 서문에 의하면 성종 12년(1481) 가을에 왕의 명을 받아 한글 번역을 착수하여 그해 12월에 완성하였고, 본권 13의 인본을 보면 을해자, 중자 및 소자 그리고 한글 활자로 찍었는데 인쇄가 깨끗하지 못한 편이다.

보물 제1051-3호 **분류두공부시(언해) 권21 [分類杜工部詩(諺解) 卷二十一]**
충북 청주시 흥덕구 직지대로 청주고인쇄박물관

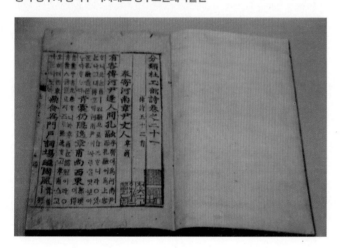

당나라 시인 두보(712~770)의 두공부시를 성종 때 유윤겸 등이 왕명을 받들어 한글로 번역하여 편찬한 것이다.

원나라 때 편찬된 찬주분류두시를 원본으로 두보의 시 1,647편 전부와 다른 사람의 시 16편에 주석을 달고 한글로 언해한 책으로 흔히 '두시언해'로 통칭하기도 한다. 이 책은 조선 성종 12년(1481)에 을해자[乙亥字] 및 을해자 병용 한글 자[字]로 간행된 것의 초간본이다. 별도의 저자 표시는 없다.

보물 제1052호 **천태사교의 [天台四敎儀]**
경기 용인시 기흥구 상갈로 6 경기도박물관

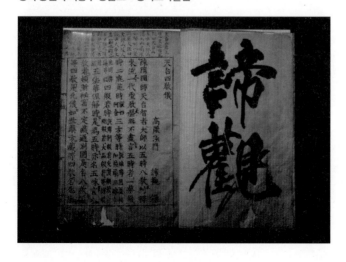

고려의 승려 제관이 천태사상을 집약하여 정리한 것으로 이론과 실천이 같이 어울려야 비로소 깨달음을 얻을 수 있다는 내용을 담고 있다.

닥종이에 찍은 목판본으로 2권의 책 중 상권 1책이며 크기는 세로 24.5cm, 가로 16.5cm이다. 책 끝에 있는 목암노인이 쓴 글에 의하면, 오래된 판본이 있었는데 글자가 크고 책이 무거워 휴대하기 불편하여 굉지대선사가 수여[水如]에게 다시 쓰도록 하여 충숙왕 2년(1315)에 기복도감에서 간행한 것이다. 보존상태가 양호하고 우리나라 고승이 쓴 책이라는 점에서 그 가치가 크게 평가되고 있다.

보물 제1053호 진언권공(언해) [眞言勸供(諺解)]

경기 용인시 기흥구 상갈로 6 경기도박물관

이 책은 덕종비인 인수대왕대비가 성종이 돌아가시자, 연산군 1년(1495) 임금의 명복을 빌기 위해 승려 학조로 하여금 시식권공[施食勸供], 일용상행[日用常行] 등 불교에서 하는 여러 가지 행사들을 한글로 번역하여 연산군 2년(1496) 5월에 인경목활자로 4백 부를 간행하게 한 것이다. 크기는 가로 21.2cm, 세로 34.5cm이다. 궁중에서 사적으로 쓸 수 있는 돈을 들여 활자로 정성껏 찍어냈기 때문에 글자새김이 잘되어 인쇄가 매우 정교하고, 특히 한글의 표기가 여기서 완전하게 실제적인 소리로 환원되었다.

보물 제1054호 백자 병 [白磁 瓶]

서울 용산구 서빙고로 137 국립중앙박물관

조선시대 전기의 백자 병으로 높이 36.2cm, 아가리 지름 7.4cm, 밑지름 13.5cm이다. 벌어진 아가리에서 긴 목을 지나 몸통까지 유연한 곡선을 이루고 벌어져 풍만한 몸체를 이루었으며, 넓고 높은 굽다리를 갖춘 안정감을 주는 병이다. 묵직한 기벽에 푸른 빛이 도는 백색 유약을 고르게 발랐으며, 광택이 은은하다.

이러한 백자는 경기도 광주에서 15세기 후반에서 16세기 전반에 걸쳐 만들어진 것으로 추정된다. 조선초기의 대표적인 병의 하나이다.

보물 제1055호 백자 태호 [白磁 胎壺]

서울 관악구 남부순환로152길 53 호림박물관

태항아리란 왕실에 왕자나 왕녀가 태어났을 때 태를 담은 항아리로, 그 안에 이름과 생년월일이 기록된 태지석을 함께 묻었다. 조선시대 태항아리로 크기는 외항아리는 높이 42.5cm, 아가리 지름 25cm, 밑지름 25.3cm, 내항아리는 높이 27.6cm, 아가리 지름 10.6cm, 밑지름 11.7cm이다. 안쪽 항아리와 바깥 항아리가 거의 같은 모양을 하고 있다. 넓은 어깨에서부터 서서히 좁아지는 모양을 하고 있어 단정하고 풍만해 보인다. 엷은 청색을 띠는 백자 유약이 고르게 퍼져 있으며 은은한 광택이 있다.

보물 제1058호 백자 청화 칠보난초문 병 [白磁 靑畵 七寶蘭草文 瓶]
서울 용산구 서빙고로 137 국립중앙박물관

조선 후기에 만들어진 작품으로 높이 21.1㎝, 아가리 지름 3.6 ㎝, 밑지름 7.8㎝의 크기이다. 8각의 항아리 몸체 위에 목이 긴 병이 얹혀 있는 일종의 표주박형의 병으로 조선 후기에 새로 나 타난 형태이다. 문양은 밝은 청색 안료를 사용하여, 위쪽 병의 몸체 양면에는 칠보문을 그렸고, 아래 항아리에는 3곳에 활짝 편 모양의 난초문양이 표현되었다. 유약은 옅은 청색을 머금은 백색 유약이며, 굽은 넓은 굽다리 형식이다. 18세기 전반경에 제 작된 것으로 추정된다.

보물 제1060호 백자 철화 수뉴문 병 [白磁 鐵畵 垂紐文 瓶]
서울 용산구 서빙고로 137 국립중앙박물관

조선시대 만들어진 백자로 철의 성분이 함유된 안료를 사용하 여 줄무늬를 그려 놓은, 높이 31.4㎝, 아가리 지름 7㎝, 밑지름 10.6㎝인 술병이다. 문양은 먼저 목에 끈을 감고, 그 가닥이 밑으 로 길게 늘어지다가 둥글게 말린 모습을 유연한 필치로 농담을 섞어가면서 운치 있게 표현하였다. 굽은 높고 넓으며 굽의 안쪽 바닥에는 한글이 새겨 있다.

이 병은 16세기 후반경 제작된 것으로 문양이 특이한 조선 초 기의 대표적 작품이다.

보물 제1061호 백자 철채 각배 [白磁 鐵彩 角杯]
서울 용산구 서빙고로 137 국립중앙박물관

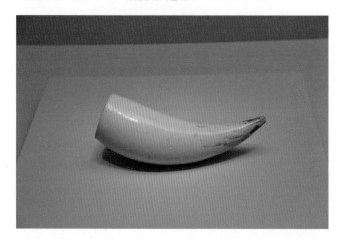

소뿔 모양의 잔으로 뿔 끝을 검은색으로 자연스럽게 채색하여 사실성을 강조한, 길이 17㎝, 아가리 지름 5.3㎝의 뿔잔(각배)이 다. 원래 이러한 뿔잔은 삼국시대의 가야, 신라 무덤에서 발견되 는 우각형도기배라는 종류의 그릇에서 그 기원을 찾을 수 있다. 그 후 고려 시대에도 청자우각형배와 같은 예가 있어서 아주 오 래전부터 제작되었음을 알 수 있다. 순백의 바탕흙에 묽은 청색 을 띠는 백자유약을 전체에 곱게 칠한 것으로, 광주 번천리, 관 음리 가마에서 제작된 것으로 추정된다.

보물 제1062호 분청사기 철화 당초문 장군 [粉靑沙器 鐵畵 唐草文 獐本]
서울 관악구 남부순환로152길 53 호림박물관

이 그릇은 높이 18.7cm, 아가리 지름 5.6cm, 길이 29.5cm로, 고려 후기 쇠퇴기에 접어든 청자에서 기원하여, 조선 전기에서 임진왜란 전까지 만들어진 분청사기의 하나이다. 굽다리는 반대쪽에 타원형으로 만들어 붙였다. 전면에는 솔을 이용해 백토를 바르고, 그 위에 자유분방하게 생략된 덩굴무늬를 산화철 안료를 이용해 그렸다. 두껍게 바른 백토와 그 위에 자유로이 농담을 넣어 표현한 덩굴무늬는, 조선시대 분청사기 특유한 모습으로 그 특징이 잘 발휘된 작품이다.

보물 제1063호 백자 청화 매월십장생문 팔각접시 [白磁 靑畵 梅月十長生文 八角楪匙]
서울 서초구

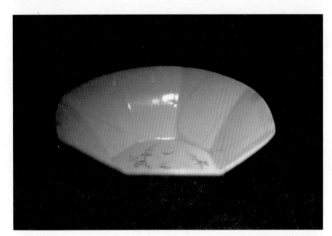

조선 후기에 만들어진 높이 5.2cm, 아가리 지름 13.6cm, 밑지름 4.3cm인 백자 접시이다.

바깥 측면은 아가리 부분부터 굽까지 8각으로 만들었다. 문양은 접시 안쪽 바닥에 매월문(梅月文)이 있고, 바깥쪽 전체에 십장생문을 능숙한 필치로 그려 넣었다.

유약색이나 각진 그릇 모양, 청화 문양으로 보아 18세기 중·후반에 제작된 것으로 추정된다. 유례가 드문 팔각 접시에 매월과 십장생의 청화 문양이 있는 희귀한 예이다.

보물 제1067호 분청사기 상감 연화당초문 병 [粉靑沙器 象嵌 蓮花唐草文 瓶]
서울 용산구 서빙고로 137 국립중앙박물관

조선시대 만들어진 높이 31.7cm, 아가리 지름 8cm, 굽 지름 9.9cm인 병이다. 전체적으로 두 세줄의 백상감 선을 넣어 그 사이사이에 덩굴무늬, 도식화된 연꽃무늬를 그려 넣었다. 몸통 중앙에는 3곳에 연꽃무늬를 그렸으며, 연꽃은 줄기와 잎이 덩굴로 연결되어 있다. 여백은 빗방울이 떨어진 자국 무늬를 백상감하였다. 특히 연꽃과 연잎의 윤곽선은 백상감으로, 안의 표현은 흑상감으로 처리하여 장식이 돋보인다. 유약은 전면에 발랐으나 고르지 않아 표면에 굴곡이 있다.

보물 제1068호 분청사기 상감 모란당초문 유개호 [粉靑沙器 象嵌 牡丹唐草文 有蓋壺]
서울 관악구 남부순환로152길 53 호림박물관

총 높이 25.2cm, 높이 22.6cm, 아가리 지름 8.4cm, 밑지름 10.2cm의 이 병은 두께가 비교적 얇으며, 바로 선 듯이 밖으로 약간 벌어진 아가리를 가지고 있다. 아가리 아래부터 굽 윗부분까지 몸통 전체에 백상감 된 두 줄의 선을 이용하여 문양을 세 부분으로 나누었다. 윗부분에는 변형된 연꽃잎을 흑백 상감하고, 몸통에는 모란과 덩굴을 꽉 차게 상감하였고, 아래 굽 주변에는 연꽃을 백 상감하였다. 뚜껑에는 원형의 꼭지가 붙어있고 윗면에는 모란잎을 흑백 상감하였다. 15세기 작품으로 추정된다.

보물 제1071호 청자 유개호 [靑磁 有蓋壺]
서울 관악구 남부순환로152길 53 호림박물관

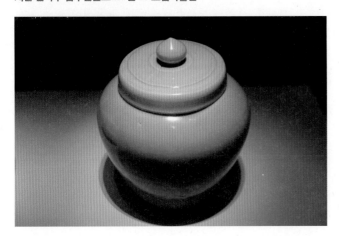

조선시대 만들어진 청자 항아리로 높이 23.4cm, 아가리 지름 10.8cm, 밑지름 12.3cm이다. 항아리는 아가리 부분을 둥글게 말아 붙였으며, 어깨 부위가 급격히 벌어졌다가 서서히 좁아진 형태이다. 높이에 비해 몸통이 넓어 양감이 느껴진다. 뚜껑은 꽃봉오리 모양의 꼭지에 낮게 층진 모양을 하고 있고, 아가리 부분이 도톰하게 되어있다. 전면에 청자유약을 발랐는데, 고르지 않아 색이 약간 얼룩져있다. 이 청자 항아리는 항아리나 뚜껑의 형태가 조선 전기의 백자 항아리와 같다.

보물 제1072호 초조본 불설우바새오계상경 [初雕本 佛說優婆塞五戒相經]
서울 관악구 남부순환로152길 53 호림박물관

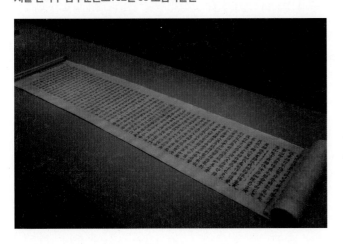

불설우바새오계상경은 우바새 즉 일반 불교 신도들이 지켜야 할 불교의 5가지 가장 기본적인 계율에 관해 설명하고 있는 경전이다. 고려 현종 때 부처님의 힘으로 거란의 침입을 극복하고자 만든 초조대장경 가운데 하나로, 구나발마가 번역한 것을 목판에 새겨 닥종이에 찍어낸 것이다. 권자장이며, 크기는 세로 29cm, 가로 47.3cm 종이를 이어 붙였다. 이 책도 장수를 표시하는데 '장[丈]'자를 쓰고, 간행 연도를 적은 기록이 없는 것으로 보아 고려 현종 때 만들어진 초조대장경 가운데 하나로 추정된다.

보물 제1075호 초조본 아비담비바사론 권16 [初雕本 阿毗曇毗婆沙論 卷十六]
서울 관악구 남부순환로152길 53 호림박물관

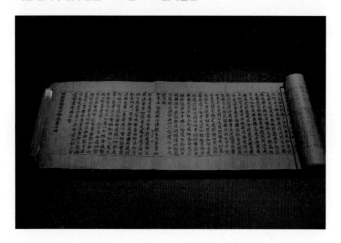

아비담은 부처님의 지혜를 체계적으로 설명하고 있는 논[論] 부분을 총칭하여 이르는 말이다. 이 책은 고려 현종 때(재위 1011~1031) 부처님의 힘으로 거란의 침입을 극복하고자 만든 초조대장경 가운데 하나로, 북량의 부타발마와 도태가 공동으로 번역한 60권 가운데 권16이다. 닥종이에 찍은 목판본으로 형태는 권자장이고, 크기는 세로 30cm, 가로 47.3cm의 종이를 26장 이어붙인 것이다. 이 책도 장수 표시를 '장[丈]'으로 하고, 간행 연도가 없는 것으로 미루어 보아 고려 현종 때 만들어진 것으로 추정된다.

보물 제1078-2호 한호 필적-석봉진적첩 [韓濩 筆蹟-石峰眞蹟帖]
서울 용산구 서빙고로 137 국립중앙박물관

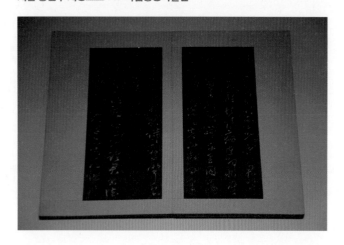

이 서첩은 선조 29년(1596)에 당시 명필가인 한호 석봉(1543~1605)이 친구 몇 사람과 베푼 연회석에서 이 글을 써서 기증한 것이다. 3편으로 수록된 이 서첩에는 왕발의 '등왕각서', 한무제의 '추풍사', 이백의 '춘야연도리원서' 등 3편으로 모두가 연회석에서 즉흥으로 쓰인 작품들이다. 이처럼 한석봉은 짧은 인생을 즐겁게 살아가는 방편을 제시해 준 시구만을 뽑아 이 서첩에 담은 것이다. 그리고 서첩 끝에는 당시 평소 어울려 지내던 친구들의 연회석에 참여한 명단이 기록되어 있다.

보물 제1078-3호 한호 필적-석봉한호해서첩 [韓濩 筆蹟-石峯韓濩楷書帖]
서울 종로구 새문안로 55 서울역사박물관

이 상·하 2첩은 선조연간의 명필 석봉[石峯] 한호가 절친했던 최립의 시문 21편을 단정한 해서로 필사한 것이다. 하첩 뒤쪽에는 이백의 오언시 한 수를 초서로 쓴 필적이 더 있다. 장황은 근대의 것으로 "석봉한호선생해서첩[石峯韓濩先生楷書帖]"이란 제첨[題籤]은 서화상 원충희가 썼다.

한호의 해서 필적으로는 호성공신과 선무공신의 교서를 쓴 것 등이 전하고 있는데 이들 필적은 승문원 사자관[寫字官]으로 입신했던 한호의 독특한 서풍을 잘 보여준다. 또 하첩 말미에 18세기의 초서명필 엄한붕의 아들 엄계응이 쓴 1803년 9월의 발문이 있다.

보물 제1079호 홍무예제 [洪武禮制]
서울 용산구 서빙고로 137 국립중앙박물관

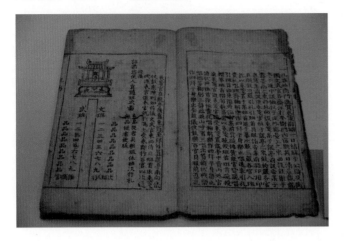

예[禮]에 관련하여 편찬된 책이다. '홍무예제'는 고려 후기에서 조선 전기 태종 때까지 예조의 의식 등에 많이 활용되었으나 세종 때 이 예제에 대해 이의와 논란이 많아 당시의 문신인 허조 등에게 제례 작업을 명하자 당시 우리나라에서 관행되어 온 '홍무예제'를 참작하고 그밖에 '두씨통전', '동국고금상정예' 등 이전에 예에 관련하여 만들어진 서적을 수집하여 '국조오례의'를 제정하였다. 이후 성종 5년(1474) 신숙주, 정척 등에 의해 완성, 발행하였다. 이후 '국조오례의'가 발행되자 '홍무예제'는 거의 사용하지 않게 되었다.

보물 제1082호 금강반야바라밀경 [金剛般若波羅蜜經]
서울 용산구 서빙고로 137 국립중앙박물관

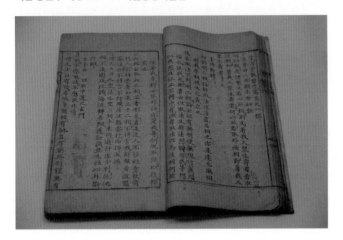

이 책은 양나라 부대사, 당나라 혜능, 송나라 종경, 천노의 금강경에 대한 5가지 해석을 모아서 편집한 것으로 '금강경오가해'라고 부른다. 태종 5년(1415)에 성거가 글씨를 쓰고, 해혜와 조구가 시주하여 간행한 것이다. 나무에 새겨서 닥종이에 찍었으며, 상·하 2권이 하나의 책으로 묶여 있는데, 상권의 첫째 장과 책 끝의 몇 장이 떨어져 나갔다. 크기는 세로 26.5cm, 가로 16.5cm이다. 공[空]사상을 중심사상으로 하며, 우리나라에서는 조계종의 근본 경전으로 반야심경 다음으로 많이 읽히는 경전이다.

보물 제1083호 대방광불화엄경 정원본 권20 [大方廣佛華嚴經 貞元本 卷二十]
서울 용산구 서빙고로 137 국립중앙박물관

이 책은 당나라의 삼장반야가 번역한 화엄경 40권 중 권20에 해당한다. 목판에 새긴 후 닥종이에 찍은 것으로, 형태는 절첩장이며, 접었을 때의 크기는 세로 31cm, 가로 12cm이다. 검푸른 색의 표지에는 4각의 두 줄 안에 금색으로 제목이 쓰여 있으며, 제목 아래에는 정원본임을 나타내는 '貞[정]'자가 적혀 있다. 고려 숙종(재위 1096~1105) 때의 판을 원본으로 하여 이후에 다시 새긴 것으로 보이는 해인사의 판본이며, 찍어낸 시기는 13~14세기경으로 추정된다.

보물 제1088-2호 언해 태산집요 [諺解 胎産集要]
충북 음성군 대소면 대풍산단로 78 한독의약박물관

언해태산집요는 출산에 관한 증세 및 약방문을 적은 의학서적으로, 선조 41년(1608) 어의 허준(1546~1615)이 왕의 명에 의해 한글로 번역하여 내의원에서 훈련도감자로 간행하였다.

이 책은 자식 구하여 낳는 방법으로부터 시작하여 임신 중의 여러 증세와 약방문, 출산 때에 지켜야 할 일과 금기일 등을 서술하고 있다. 책 끝에는 간행기가 있고 표지 뒷면에는 내사기(內賜記: 임금이 신하들에게 책을 내리면서 쓴 언제 누구에게 무슨 책을 주었는가에 대한 기록)가 있으며, 책머리에 선사인[宣賜印]이 찍혀있다.

보물 제1091-1호 제왕운기 [帝王韻紀]
서울 종로구 평창44길 삼성출판박물관

제왕운기는 고려 충렬왕 때의 문인 이승휴(1224~1300)가 중국 역사와 우리나라의 역사를 운문으로 적은 책으로 상·하 2권이며 상권은 중국 역사를, 하권은 우리나라의 역사를 서술하고 주기를 붙였다. 상권은 7언시로 서술하였고, 하권은 1·2부로 나누어 1부는 '동국군왕개국년대'라 하여 먼저 지리기를 적은 후 단군조선, 기자조선, 위만조선, 한사군, 삼한, 신라, 고구려, 부여, 후고구려, 백제, 후백제, 발해를 7언시로 기술하고, 2부는 '본조군왕세계년대'라 하여 5언시로 고려 초부터 충렬왕 때까지를 기술하였다.

보물 제1091-2호 제왕운기 [帝王韻紀]
강원 원주시 지정면 월송리 한솔제지박물관

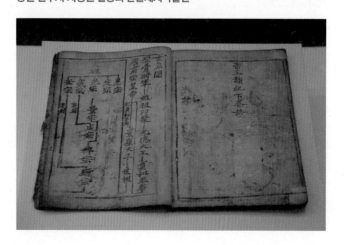

이 판본은 보물 제418호, 제895호 제1091-1호로 지정된 제왕운기와 마찬가지로 고려시대 판각본[고려시대 제작된 판각으로 조선 초기에 인쇄한 것으로 추정]에 해당한다.

하권 제8장의 보판[補板]을 제외하면, 이미 보물로 지정된 판본들에 비하여 결락이 없고 인쇄 상태가 비교적 양호하다.

보물 제1096호 오희문 쇄미록 [吳希文 瑣尾錄]
경남 진주시 남강로 626-35 국립진주박물관

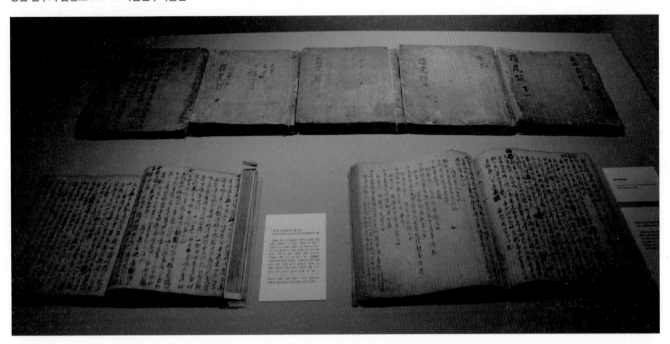

　오희문(1539~1613)이 1591년 11월 27일부터 1601년 2월 27일까지 약 9년 3개월간 동안 임진왜란과 정유재란 및 민중의 생활, 사회상 등을 기록한 일기로 총 7책이다.

　일기 각 책의 끝에는 국왕과 세자의 교서, 의병들이 쓴 여러 글, 유명한 장수들이 쓴 성명문, 각종 공문서, 과거시험을 알리는 글 등이 수록되어 있어서 당시의 사정을 이해하는 데 큰 도움을 주고 있다. 또한, 의병장들의 활약상, 왜군의 잔인한 살인과 약탈행위, 명나라 군대의 무자비한 약탈과 황폐화, 전란에 따른 피난민사태, 군대징발, 군량조달 등 다른 자료에서 찾아보기 힘든 기사들이 수록되어 있다.

보물 제1097호 염제신 초상 [廉悌臣 肖像]
서울 용산구 서빙고로 137 국립중앙박물관

　고려 후기 문신인 염제신(1304~1382)의 초상화로 가로 42.1*cm*, 세로 53.7 *cm*이다. 이 초상화는 머리에 두건을 쓰고 오른쪽을 바라보는 모습으로 안면은 회색빛을 띠며, 눈썹과 모발, 수염은 흑·백의 가는 선을 이용하여 묘사하였다. 눈시울은 붉은색으로 명암을 넣었고, 눈꺼풀은 가는 먹선으로 처리한 후 속눈썹을 일일이 그렸다. 옷은 연보라색 바탕에 보라색 선으로 덩굴무늬가 그려져 있다. 이 초상화는 공민왕이 친히 그려 주었다고 전하나 확실하지는 않다. 고려시대 초상화의 높은 수준을 보여주고 있다.

보물 제1098호 감지 은니 미륵삼부경 [紺紙 銀泥 彌勒三部經]
서울 관악구 남부순환로152길 53 호림박물관

미륵삼부경이란 미륵신앙의 3가지 기본 경전인 미륵보살상생
도솔천경, 미륵하생경, 미륵대성불경을 가리킨다. 감지에 은가
루를 이용하여 글씨를 썼다. 장정의 형태는 절첩장이다. 책 끝에
는 고려 충숙왕 2년(1315)에 승려 신인이 국가와 국민의 태평,
돌아가신 부모의 평안함 등을 기원하는 뜻에서 이 책을 썼다는
기록이 있다. 이 책은 고려시대 미륵신앙의 경향을 알 수 있게
해주는 자료이며, 책을 쓰게 된 목적이 밝혀지고 글씨도 정성스
럽게 쓰여진 뛰어난 작품이다.

보물 제1099호 감지 금니 미륵하생경 [紺紙 金泥 彌勒下生經]
서울 관악구 남부순환로152길 53 호림박물관

미륵하생경은 참된 삶을 사는 중생에게 미래에 대한 희망을 약
속한 경전이다. '미륵보살상생도솔천경', '미륵대성불경'과 함께
미륵3부경이라고 부른다. 이 경은 서진의 축법호가 번역한 미
륵하생경을 검푸른 빛의 종이에 금색 글씨로 정성 들여 옮겨 적
은 것이다. 장정의 형태는 절첩장이며, 접었을 때의 크기는 세로
31.6cm, 가로 10.8cm이다. 만들어진 시기는 정확하지 않지만, 책
의 격식을 볼 때 고려 중·후기로 보이며, 당시 유행하던 미륵신
앙의 경향을 살필 수 있는 중요한 자료이다.

보물 제1101호 상지 은니 대반야바라밀다경 권305 [橡紙 銀泥 大般若波羅蜜多經 卷三百五]
서울 관악구 남부순환로152길 53 호림박물관

이 경은 대반야경 600권 가운데 권305로, 불모품[佛母品]의 처
음 부분에 해당한다. 갈색의 종이에 은색으로 글씨를 썼으며, 장
정의 형태는 절첩장이며, 접었을 때의 크기는 세로 30.9cm, 가
로 11.6cm이다. 은색의 화려한 꽃무늬가 장식된 표지에는 제목
이 금색으로 쓰여 있으며, 그 뒤로 본문이 은색으로 쓰여 있다.
제목 아래에 천자문의 한자인 '조[調]'가 표시되어 있어, 개개의
경전을 천자문의 순서에 따라 만든 대장경 가운데 하나로 보인
다. 14세기 중엽에 만들어진 것으로 추정된다.

보물 제1102호 상지 은니 대지도론 권28 [橡紙 銀泥 大智度論 卷二十八]

서울 관악구 남부순환로152길 53 호림박물관

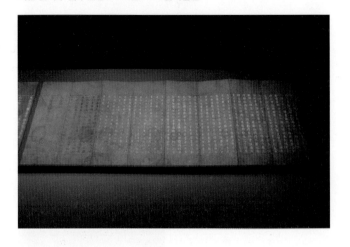

용수가 저술한 것으로, 당시(200년경)의 불교사상을 알 수 있는 불교 백과사전의 역할을 하는 대논문이다. 후진의 구마라습이 번역한 것으로 전체 지도론 100권 중 권28에 해당한다. 다갈색의 종이 위에 은색으로 불경을 옮겨 적은 것으로, 장정의 형태는 절첩장이며, 접었을 때의 크기는 세로 31cm, 가로 11.2cm이다. 앞뒤의 표지와 앞의 6장이 떨어져 나가 현재는 13장만 남아있다. 책 끝의 제목 아래에는 천자함의 표시인 '건팔[建八]'이 표시되어 있다. 14세기 중엽에 만들어진 것으로 추정된다.

보물 제1104호 지장보살본원경 [地藏菩薩本願經]

서울 관악구 남부순환로152길 53 호림박물관

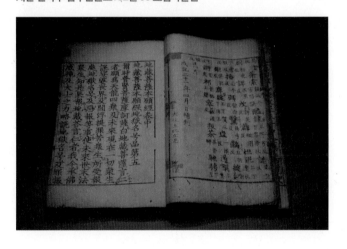

이 책은 성종 5년(1474)에 정희대왕대비가 공혜왕후의 명복을 빌기 위하여 간행한 것을 성종 16년(1485)에 다시 찍어낸 것이다. 닥종이에 찍은 목판본으로 권 상·중·하로 나누어진 3권을 하나의 책으로 만들었는데, 크기는 세로 32.3cm, 가로 21cm이다. 권 상의 책 끝부분에는 보각한 기록이 있는데, 보각한 부분도 바로 펴낸 것이 아니라 시주자들에 의해 후대에 찍어낸 것으로 보인다. 왕실에서 정성껏 간행한 것으로 당시의 지장신앙과 왕실의 불교 신앙 형태를 살펴볼 수 있는 중요한 자료이다.

보물 제1105호 수륙무차평등재의촬요 [水陸無遮平等齋儀撮要]

서울 관악구 남부순환로152길 53 호림박물관

조선 성종 1년(1470)에 광평대군의 부인 신씨가 남편의 명복을 빌기 위해 아들 영순군에게 필사하게 하여 목판으로 간행한 책이다. 견성사에서 간행되었으며 책 뒤에 견성사의 승려로 보이는 혜원의 도장이 찍혀 있어 그가 소장했던 것으로 생각된다. 이 책에는 광평대군의 명복을 빌기 위한 것이어서인지 국왕에 대한 축원 없이 집안 사람들의 이름만 나열되어 있어 왕실에서 간행한 다른 책들과는 다른 형식이다. 수륙무차평등재의촬요 판본 가운데 가장 오래된 것으로 당시 불교 신앙을 알 수 있는 자료이다.

보물 제1106호 대방광불화엄경소 권84, 100, 117 [大方廣佛華嚴經疏 卷八十四, 百, 百十七]
서울 관악구 남부순환로152길 53 호림박물관

이 책은 당나라 징관의 '화엄경소' 120권을 송나라 정원이 해설하여 쓴 것 가운데 제84, 100, 117권의 3권 3첩이다. 형태는 절첩장이며, 접었을 때 크기는 세로 32.2cm, 가로 10.7cm이다. 이 책은 고려시대 대각국사 의천과 친교가 있던 정원이 해설하여 새긴 목판본을 중국 송나라에서 보내와서 그것으로 인쇄한 것이며, 조선 세종 5년(1423)에 대장경판을 달라는 일본의 요구에 따라 이 목판을 보냈다는 기록이 있다. 당시 삼국의 불교를 통한 문화 교류를 알 수 있는 산 증거물로서 귀중한 자료이다.

대방광불화엄경소 권84

보물 제1107호 묘법연화경 권5~7 [妙法蓮華經 卷五~七]
서울 관악구 남부순환로152길 53 호림박물관

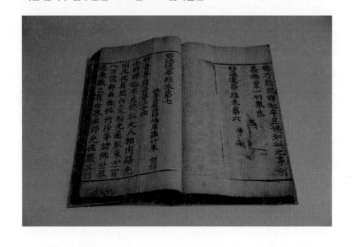

묘법연화경은 화엄경과 함께 한국 불교사상 확립에 크게 영향을 끼쳤으며, 우리나라에서 유통된 불교 경전 가운데 가장 많이 간행되었다.

이 책은 후진의 구마라습이 한문으로 번역한 것을 문종 1년(1451)에 태종의 빈[嬪] 명빈 김씨가 태종, 세종, 세종의 비인 소헌왕후, 그리고 부모의 명복을 빌기 위해 간행하였다. 목판에 새겨 닥종이에 찍은 것으로, 권5·6·7의 3권이 1책으로 되어있다. 크기는 세로 28.8cm, 가로 18.6cm이다.

보물 제1108호 불정심다라니경 [佛頂心陀羅尼經]
서울 관악구 남부순환로152길 53 호림박물관

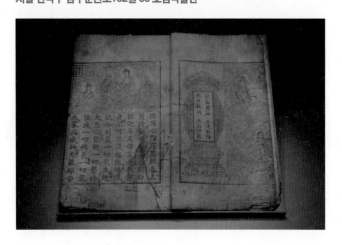

이 책은 목판에 새기고 닥종이에 찍어낸 것으로 상·중·하 3권을 1책으로 엮었으며, 크기는 세로 31cm, 가로 18.7cm이다. 책 끝에 있는 학조의 글을 통해서 성종 16년(1485)에 인수대비가 당나라 판본을 견본으로하여 간행한 것임을 알 수 있다. 본문을 상·하 2단으로 나누어 위쪽에는 불경의 내용을 요약하여 묘사한 변상도를 그리고 아래쪽에는 불경을 썼다. 이 책은 이후에 여러 차례 다시 새겨 찍어낸 책들이 전래되고 있지만, 왕실에서 간행된 불정심다라니경 중에서 가장 뛰어난 작품이다.

보물 제1109호 임고서원 전적[복제본] [臨皐書院 典籍]

경북 영천시 문외동 25 영천시립도서관

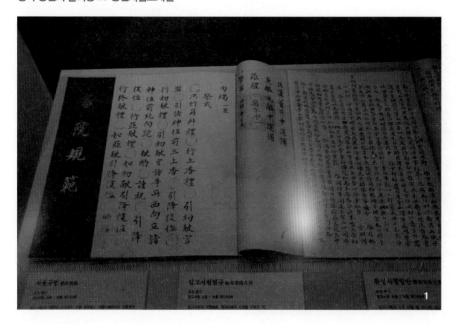

임고서원 전적
1 서원규범
2 논어언해
3 임고서원고왕록

임고서원에 소장된 전적들은 명종 8년(1553)에서 조선 후기까지 있다. 임고서원은 명종 8년(1553)에 창건되어, 선조 36년(1603)에 중건되었다. 임고서원에 소장된 전적은 약 200여 책이 있는데, 이 중에서 지정된 것은 10종 25책이다. 지정된 책은 '신편음점성리군서구해', '논어언해', '심원록', '임고서원고왕록', '임고서원장학계안' 등의 책으로 모두가 임고서원에 관련된 책이다. 임고서원이 창건된 명종 8년(1553)에서 조선 후기까지의 사정을 알 수 있는 자료이다.

보물 제1110-2호 정몽주 초상 [鄭夢周 肖像]

경기 용인시 기흥구 상갈로 6 경기도박물관

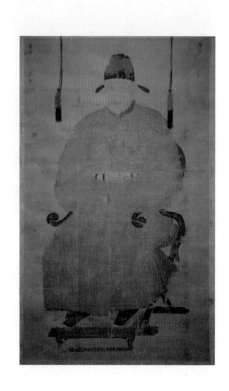

경기도 박물관 소장 정몽주초상은 1555년에 이모했던 구본으로 추정된다. 그동안 영일 정씨 종가에서 줄곧 소장하고 있다가 2006년에 박물관에 기증하였다. 2007년 수리 시 뒷면을 확인한 결과 사모, 얼굴, 단령 뿐 아니라 족좌대[발받침대]에 이르기까지 넓게 배채하였음을 알 수 있었다. 초상화는 오사모에 단령을 입고 공수자세를 취하고 있는 좌안 9분 면의 전신교의좌상이다. 단령은 원래는 청포였을 것으로 추정되지만, 현재는 퇴색이 심하여 거의 회색계열로 보인다.

보물 제1111호 찬도방론맥결집성 권1, 3 [纂圖方論脈訣集成 卷一, 三]
충북 음성군 대소면 대풍산단로 78 한독의약박물관

허준(1546~1615)이 선조의 명에 따라 중국 육조시대의 고양생이 편찬한 '찬도맥결'이란 책을 교정하여 광해군 4년(1612)에 간행한 책이다. 고양생이 저술한 찬도맥결은 중국의 중세 이전의 유명한 의원인 희범, 결고, 통진자 등의 맥론을 모아 편집한 것으로 전해지고 있다.

내용은 진맥입식으로 시작하여 여러 방식의 진맥법과 오장육부, 각종 병세에 따른 진맥법 등을 모두 29개 부문으로 나누어 항목별로 기술하고 있는데, 조선시대 의학의 수준을 가늠할 수 있는 좋은 자료로 평가되고 있다.

보물 제1112호 산청 대원사 다층석탑 [山淸 大源寺 多層石塔]
경남 산청군 삼장면 유포리 1 대원사

산청 대원사 다층석탑
1 상층 기단의 인물상
2 상층 기단 면석의 사천왕상

이 탑은 2단의 기단 위에 8층의 탑신을 세운 모습으로, 상륜부는 일부만 남아있다. 기단의 위층은 이 탑에서 가장 주목되는 부분으로 모서리에 기둥 모양을 본떠 새기는 대신 인물상을 두었고, 4면에 사천왕상을 새겨 놓았다. 탑신의 각 지붕돌은 처마가 두꺼우며 네 귀퉁이에서 약간 들려있다. 8층 지붕돌에는 풍경이 달려 있다. 자장율사가 처음 세웠던 탑이 임진왜란 때 파괴되자 조선 정조 8년(1784)에 다시 세워 놓은 것으로, 드물게 남아 있는 조선 전기의 석탑이다.

보물 제1113호 산청 내원사 삼층석탑 [山淸 內院寺 三層石塔]
경남 산청군 삼장면 대하내원로 256 내원사

내원사의 대웅전 앞에 서 있는 탑으로, 2단 기단 위에 3층의 탑신을 올렸다. 기단과 탑신의 몸돌에는 기둥을 모각하였으나, 불에 타서 심하게 손상된 상태이다. 기단이나 탑신의 몸돌에 장식적인 요소는 없다. 지붕돌은 얇고 평평하며 옥개받침은 4단으로 조성하였다. 수평을 이루던 처마는 네 귀퉁이에서 크게 치켜 올려져 있다. 지붕돌의 모습으로 보아 통일신라 후기에 세워진 작품임을 알 수 있으며, 당시의 석탑 양식을 살피는 데에 좋은 자료가 되고 있다.

보물 제1114호 산청 대포리 삼층석탑 [山淸 大浦里 三層石塔]
경남 산청군 삼장면 대포리 573

이 탑은 2단의 기단 위에 3층의 탑신을 올렸다. 기단과 탑신의 몸돌에는 기둥을 모각하였다. 특히 아래층 기단은 탱주를 2개씩 배치하여 이 지역에서는 보기 드문 모습을 보여준다. 탑신은 각 층의 몸돌과 지붕돌을 각각 하나의 돌로 새겨 차례로 쌓아 올렸다. 지붕돌의 옥개받침은 4단씩이다. 상륜부는 아무 것도 남아 있지 않다. 도굴되어 무너져 있던 것을 다시 세운 것으로, 특히 사리장치가 있던 1층 몸돌이 크게 파손되어 이를 새로이 만들어 끼워 놓았다. 통일신라 후기의 탑으로 추정된다.

보물 제1115호 보성 봉천리 오층석탑 [寶城 鳳川里 五層石塔]
전남 보성군 복내면 봉천리 767-1

보성 봉천리 오층석탑
상층 기단 면석의 승려상

오동사터에 있는 탑으로, 2단의 기단 위에 5층의 탑신을 올렸다. 위층 기단의 남쪽 면에는 승려의 모습이 돋을새김 되어 있다. 탑신은 각 층의 몸돌과 지붕돌을 각각 하나의 돌로 새겨 쌓았는데, 1층 몸돌만은 4장의 판판한 돌을 사방으로 세워 구성하였다. 1층 몸돌의 크기에 비해 2층은 눈에 띄게 작아져 있다. 지붕돌은 전체적으로 두터워 보이며, 옥개받침은 3층까지는 5단, 4·5층은 4단으로 줄어들었다. 절을 창건할 당시에 함께 세워진 고려 전기의 작품으로 추정된다.

보물 제1116호 화순 유마사 해련탑 [和順 維摩寺 海蓮塔]

전남 화순군 남면 유마리 400

전형적인 8각 원당형 승탑으로, 3단의 기단 위에 탑신을 얹었
다. 하대석의 아래 받침돌은 옆면에 안상이 얕게 새겨져 있고,
윗면에는 활짝 핀 꽃을 새겼다. 중대석에도 큼직한 안상을 새겨
두었으며, 상대석에는 연꽃잎을 새겼다. 탑신의 몸돌에는 앞뒷
면에 문비를 새겨 두었는데, 앞면에 새긴 문에는 문고리까지 장
식되어 있고 그 윗부분에 해련지탑(海蓮之塔)이라는 글자가 새
겨져 있다. 지붕돌은 밑면에 널찍한 3단의 받침이 있고 상륜부
는 없어졌다. 탑신의 조각 양식으로 보아 고려 전기에 조성된 것
으로 추정된다.

보물 제1117호 순천 선암사 대각암 승탑 [順天 仙巖寺 大覺庵 僧塔]

전남 순천시 승주읍 선암사길 450 선암사

전형적인 8각 원당형 승탑으로, 3단의 기단 위에 탑신을 올린
후 머리 장식을 얹어 놓았다. 기단의 하대석에는 구름무늬를 새
겨놓았고, 중대석은 각 면에 1구씩 안상을 얕게 새겼다. 상대석
에는 연꽃잎을 새겼다. 탑신의 몸돌은 각 모서리마다 기둥을 모
각하고, 앞뒷면에 자물쇠가 달린 문짝 모양을 새겨 두었다. 지붕
돌은 평평하고 투박한 모습으로, 경사진 면의 모서리는 굵직하
고, 그 끝마다 큼직하게 솟은 꽃장식이 달려 있다. 꼭대기의 머
리 장식으로는 보륜과 보주를 올렸다. 조성 연대는 고려 전기로
추정된다.

보물 제1118호 영암 성풍사지 오층석탑 [靈巖 聖風寺址 五層石塔]

전남 영암군 영암읍 용흥리 533-1

이 탑은 2단의 기단 위에 5층의 탑신을 올렸다. 기단과 탑신의
몸돌에는 기둥을 모각하였다. 탑신은 각 층의 몸돌과 지붕돌을
각각 하나의 돌로 쌓아 올렸으며, 얇은 지붕돌에 옥개받침은 3
층까지는 4단이고, 4·5층은 3단으로 줄어들었다. 처마의 네 귀
퉁이는 아래에서 올려볼 때 뾰족하게 보일 만큼 날카롭게 솟아
있다. 꼭대기의 머리 장식으로는 노반과 복발만이 남아있다. 탑
안에서 발견된 유물을 통해 고려 목종 12년(1009)에 이 탑을 세
웠음을 알 수 있다.

보물 제1119호 창경궁 팔각칠층석탑 [昌慶宮 八角七層石塔]
서울 종로구 창경궁로 185 창경궁

이 탑은 8각 기단 위에 7층의 탑신을 세운 석탑이다. 기단의 중대석에는 각 면마다 꽃무늬를 새기고, 맨 윗돌 역시 연꽃무늬와 안상을 장식하였다. 그 위로 높직한 연꽃 괴임돌과 2단의 낮은 괴임대를 두어 1층 탑신을 받치도록 하였다. 1층 몸돌은 높고 볼록하다. 2층부터 낮아지며 지붕돌은 목조건축의 지붕처럼 기왓골이 표시되어 있다. 꼭대기에는 후대에 보충한 듯한 머리 장식이 올려져 있다. 1층 몸돌에 조선 성종 원년(1470)에 이 탑을 조성하였음을 기록하고 있다.

보물 제1120호 양산 신흥사 대광전 [梁山 新興寺 大光殿]
경남 양산시 원동면 원동로 2282 신흥사

대광전 천장의 가구 구조

대광전은 정면 3칸, 측면 3칸 규모로, 지붕은 맞배지붕, 공포는 다포 양식이다. 조선 중기에 지은 건물이지만 건축 기법으로 보아 전기의 특징이 강하게 나타나고 있다. 좌우 옆면 벽의 안팎과 앞뒤 포벽의 안팎에는 불상, 신장상, 꽃 등의 벽화(보물 제1757호 참조)가 있고 다양한 단청이 남아 있는데 색채나 문양이 뛰어나다. 이는 대부분 17세기 중엽에 그려진 것이며 일부는 18세기의 그림으로 보인다. 1988년 부분 해체·보수 때 발견한 기록에 따르면 조선 효종 8년(1657)에 지은 것임을 알 수 있다.

보물 제1121호 성주 금봉리 석조비노자나불좌상 [星州 金鳳里 石造毘盧遮那佛坐像]
경북 성주군 가천면 금봉1길 67

머리는 나발로 표현하고 그 위에 육계를 올렸다. 얼굴은 둥글고 단정한 인상이다. 단아한 체구에 양어깨를 감싼 옷은 부드럽게 흘러내리고 있으며, 높직한 무릎으로 인하여 신체는 안정감이 있어 보인다. 수인은 비로자나불의 지권인이다. 광배는 머리광배와 몸광배로 구분하고, 머리광배에는 연꽃무늬를 몸광배에는 불꽃무늬와 작은 부처를 세밀하게 조각하였다. 불상이 앉아 있는 대좌는 상대·중대·하대로 이루어진 8각 원당형 대좌로 사자와 구름무늬를 새겨 넣었다. 신라 후기에 조성된 것으로 추정된다.

보물 제1122호 구미 황상동 마애여래입상 [龜尾 黃桑洞 磨崖如來立像]

경북 구미시 옥계2공단로 91-26

거대한 자연암벽의 동남쪽 평평한 면을 이용하여 조각한 거구의 마애여래입상이다. 머리는 소발로 표현하고 그 위에 육계를 올렸다. 얼굴은 이목구비가 잘 정제되어 있다. 귀가 길게 늘어지고 목에는 삼도가 있어 근엄하면서도 자비스러운 인상이다. 옷은 가슴부터 배꼽에 이르는 무늬가 양쪽 다리에 이르러 주름을 이루면서 흘러내린다. 손은 가슴까지 올리고 있는데, 왼손은 바닥이 안을 향하게 하고, 오른손은 밖을 향하게 하여 설법하는 자세를 취하고 있다. 통일신라시대 조성된 것으로 추정된다.

보물 제1123호 남원 개령암지 마애불상군 [南原 開嶺庵址 磨崖佛像群]

전북 남원시 산내면 덕동리 산215

남원 개령암지 마애불상군 부분

지리산 정령치에 연이은 고리봉 아래 개령암터 뒤 절벽에 새긴 이 마애불상군은 크고 작은 12구의 불상으로 이루어진 규모가 큰 불상군이다.

울퉁불퉁한 자연암벽이어서 조각 자체의 양각도 고르지 못하고 훼손도 심한 편이나 3구는 비교적 잘 남아 있다. 이 가운데 가장 거대한 불상은 4m, 이 외에도 1~2m의 작은 불상들 역시 조각 수법이 모두 같으며, 각 부분의 양식이 비슷한 것으로 보아서 같은 시대에 만들어진 것으로 보인다. 불상은 고려시대에 유행하던 거불적인 특징과 수법을 보이며 이때 조성된 것으로 추정된다.

보물 제1124호 대방광불화엄경소 권30 [大方廣佛華嚴經疏 卷三十]
서울 용산구 서빙고로 137 국립중앙박물관

이 책은 당나라의 실차난타가 번역한 '화엄경' 주본 80권에 대하여 송나라의 정원이 해설을 단 것으로, 전체 120권 가운데 권30이다. 고려 선종 4년(1087) 송나라에서 보내온 목판을 닥종이에 찍은 것으로, 장정의 형태는 절첩장이며, 접었을 때의 크기는 세로 32.3cm, 가로 10.8cm이다. 표지는 갈색 종이로 되어있으며, 가운데에 금색으로 제목이 쓰여 있다. 책의 끝에는 정사년 7월 남백사에서 소장하였다는 글이 쓰여 있는데, 그것이 어느 때인지는 정확히 알 수 없다.

보물 제1125호 불설대보부모은중경 [佛說大報父母恩重經]
서울 용산구 서빙고로 137 국립중앙박물관

은중경은 구마라습이 번역한 것이며, 이 책은 세종 14년(1432)에 태종의 후궁인 명빈 김씨에 의해 간행된 것이다. 닥종이에 찍은 목판본으로 장정의 형태는 절첩장이며, 접었을 때의 크기는 세로 33.5cm, 가로 11.3cm이다. 일반적인 은중경과 같이 부모의 10가지 소중한 은혜를 글과 그림으로 함께 나타내고 있으며, 뒤에는 불설부모은중태골경이 함께 들어있다. 이 책은 왕실에서 간행된 책인 만큼 글자의 새김이 정교하며, 경주 기림사 소조비로자나불 복장전적(보물 제959호)에 있는 것과 동일한 판본으로 여겨진다.

보물 제1126호 대방광불화엄경보현행원품별행소 [大方廣佛華嚴經普賢行願品別行疏]
서울 용산구 서빙고로 137 국립중앙박물관

대방광불화엄경은 부처와 중생이 둘이 아니라 하나라는 것을 중심사상으로 하고 있다. 화엄종의 근본 경전으로 법화경과 함께 한국 불교사상 확립에 중요한 영향을 끼친 경전이다. 보현행원품은 해탈의 세계에 들어가기 위한 보현보살의 실천과 염원을 담고 있으며, 화엄경 중에서도 판각이 제일 성행하였던 부분이다. 당나라 반야[般若]가 한문으로 번역한 '화엄경' 정원본 40권 가운데 마지막 권으로 징관[澄觀]이 풀이한 책이다. 닥종이에 찍은 목판본으로 세로 26.7cm, 가로 15.6cm이며 불상 안에서 나온 듯 얼룩진 자국이 있으나 보존 상태는 양호하다.

보물 제1127호 천노해 금강반야바라밀경 [川老解 金剛般若波羅蜜經]
서울 용산구 서빙고로 137 국립중앙박물관

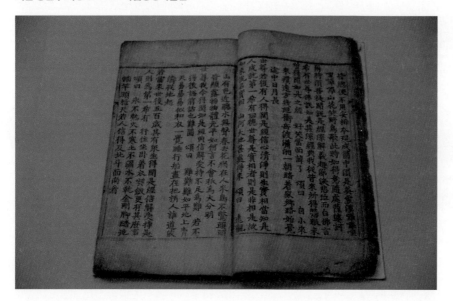

반야심경 다음으로 많이 읽히는 이 책은 송나라의 천노가 뜻을 풀이하고 운문 형식의 칭송하는 글을 붙인 것이다. 나무에 새겨서 닥종이에 찍었으며, 크기는 세로 26.6cm, 가로 15.5cm이다. 불상 속에서 나온 듯 얼룩진 자국이 있고, 책의 가장자리를 쥐가 갉아먹어 일부 파손되었으나 본문의 보존 상태는 양호하다. 책 끝에 있는 이색이 적은 글에 의하면, 고려 우왕 13년(1387) 유구와 강인부가 우왕비에게 청하여 간행한 것이며, 이 판본은 송본을 원본으로 하였음을 알 수 있다.

보물 제1133호 원균 선무공신교서 [元均 宣武功臣敎書]
경기 용인시 기흥구 상갈로 6 경기도박물관

　이 교서는 선조 37년(1604) 임진왜란 때 경상우도수군절도사로서 왜군과 대적하여 크게 이기고, 정유재란 때 통제사가 되어 적선을 물리치다 장렬하게 전사한 원균(1540~1597)에게 공신으로 임명한다는 내용을 담은 공신교서이다. 내용은 장렬하게 전사한 원균에게 죽은 후에도 그 후손들을 계속해서 보살필 것임을 밝히고, 노비 13명, 전 150결, 은 10냥, 옷감 1단, 말 1필을 내린다는 것이다. 이 교서는 임진왜란 당시 왜군을 물리치는데 많은 공을 세운 원균에 대해 새로운 평가를 할 수 있는 자료이다.

보물 제1134호 영암 도갑사 목조문수 · 보현동자상 [靈巖 道岬寺 木造文殊 · 普賢童子像]

전남 영암군 군서면 도갑사로 306 도갑사

영암 도갑사 목조문수 보현동자상
1 보현동자상
2 문수동자상

사자와 코끼리를 타고 있는 두 동자상은 총 높이가 약 1.8m가량이고, 앉은 높이가 1.1m 안팎으로 그 크기도 비슷하고 조각 기법도 동일하다. 다리를 앞쪽으로 나란히 모아서 사자, 코끼리 등에 걸터앉은 두 동자상은 동물상과 따로 만들어 결합하였으며, 두 손도 따로 만들어 끼웠다. 현재의 손도 후대에 다시 만들어 끼운 것으로 생각된다. 사자와 코끼리를 타고 있는 점에서 지혜의 상징인 문수보살과 실천의 상징인 보현보살의 화신으로 추정된다. 기록에 의하면 해탈문이 1473년에 건립된 것으로 밝혀지고 있어 이곳에 모신 동자상도 문이 건립될 때 함께 만들어진 것으로 추정된다.

보물 제1136-1호 입학도설 [入學圖說]

경기 성남시 분당구 하오개로 323 한국학중앙연구원

입학도설은 권근(1352~1409)이 고려 공양왕 2년(1390)에 처음 학문을 시작하는 이들을 위하여 저술한 성리학 입문서이다.

이 책은 전집에 '천인심성합일지도' 등 26종, 후집에 '십이월괘지도' 등 14종의 도설이 실려있다. 이 중 가장 중요한 도설로 평가 받는 '천인심성합일지도'는 성리학의 중심개념인 태극 · 천명 · 이기 · 음양 · 오행 · 사단 · 칠정 등의 문제를 하나의 도표 속에 요약하고 이들의 상호관계와 각각의 특성들을 평이하게 설명하고 있다.

보물 제1137호 상지 은니 대방광불화엄경 정원본 권4 [橡紙 銀泥 大方廣佛華嚴經 貞元本 卷四]

서울 용산구 서빙고로 137 국립중앙박물관

이 책은 당나라의 반야가 번역한 '화엄경' 정원본 40권 중 권4로 장정의 형태는 절첩장으로, 접었을 때 크기는 세로 31cm, 가로 12.3cm이다. 검푸른 색의 표지에는 화려한 꽃무늬가 장식되어 있고, 경의 이름과 정원본임을 표시하는 '정[貞]'자가 금색으로 쓰여져 있다. 이어 갈색의 종이에 본문이 은색으로 쓰여 있다.

본문의 내용을 요약하여 그린 변상도[變相圖]와 간행기록이 없으나 표지의 장식과 본문 글씨의 품격으로 보아 고려말에 제작된 것으로 추정된다.

보물 제1138호 감지 금니 묘법연화경 권7 [紺紙 金泥 妙法蓮華經 卷七]

서울 용산구 서빙고로 137 국립중앙박물관

이 책은 구마라습이 한문으로 번역한 것을 옮겨 쓴 것으로, 법화경 7권 가운데 마지막 권에 해당한다. 장정의 형태는 절첩장이며, 크기는 접었을 때 세로 31.3cm, 가로 11cm이다. 책 끝부분에 고려 공민왕 15년(1366)에 권도남 등이 돌아가신 아버지와 선조들의 명복을 빌기 위해 이 책을 봉정사에 모셨다는 기록이 있다. 그런데 이 기록이 본문과 글씨와 종이 질이 달라 당시 권씨 일가가 기존에 있던 법화경을 구해 봉정사에 시주한 것으로 추정된다. 전체적인 형식으로 보아 고려 후기에 만들어진 것으로 추정된다.

보물 제1139호 백지 묵서 묘법연화경 권7 [白紙 墨書 妙法蓮華經 卷七]

서울 용산구 서빙고로 137 국립중앙박물관

이 책은 흰 종이에 먹으로 쓴 것인데 법화경 7권 가운데 마지막 권이다. 장정의 형태는 절첩장이며, 접었을 때 크기는 세로 35.6cm, 가로 13.9cm이다. 책 맨 뒤의 조선 태종 5년(1405)에 각지[角之]가 쓴 기록을 보면, 도인, 신운이 돌아가신 부모님이 고통과 번뇌에서 벗어나 열반에 이르기를 기원하기 위해 책을 펴냈다고 한다. 이때 법화경 이외에도 법망경, 금강경, 보현행원품을 함께 만들면서 본문 글씨를 먹으로 쓰고, 표지를 금·은색으로 정교하게 장식하였다고 하나 표지가 없어져 본래 모습을 확인할 수 없다.

보물 제1141-1호 예천 한천사 금동쇄금 및 금고 [醴泉 寒天寺 金銅鎖金 및 金鼓]

경북 김천시 대항면 북암길 89 직지사

금동쇄금(금동으로 제작된 자물쇠)

자물쇠는 모두 3점으로 크기는 각각 길이 30.2cm, 폭 12.6cm, 길이 18.2cm, 폭 4.3cm, 길이 17.5cm, 폭 4.4cm이다. 사진 상단의 자물쇠는 몸체의 양 끝쪽에 덩굴무늬를 뚫어서 정교하게 만들었고, 열쇠 구멍은 왼쪽 부분에 설치되어 있다. 걸림쇠는 연꽃봉오리 모양으로 언뜻 보기에 금동비녀처럼 보인다. 하단의 자물쇠도 약간의 차이는 있으나 걸림쇠 부분은 3점 모두 동일한 형식이다.

이 자물쇠는 고려 시대 만들어진 것으로 매우 희귀하며, 문양이 아름답고 출토지가 분명해 미술사적으로 중요한 자료로 평가된다.

보물 제1141-2호 예천 한천사 금동쇄금 및 금고 [醴泉 寒天寺 金銅鎖金 및 金鼓]

경북 김천시 대항면 북암길 89 직지사

금고(청동으로 제작된 북 또는 반자라고 함)

이 유물들은 1989년 1월 15일 한천사경내 정비 작업 중 발견된 유물로 금동 자물쇠 3점과 청동 금고가 발견되었다.

반자란 절에서 대중을 불러모으거나, 급한 일을 알리는 데 사용하는 도구로 일종의 타악기이다. 고려 반자의 일반적인 형태를 띠고 있는 이 반자는 직경 39cm, 입지름 22.5cm로 입 부분에 약식화된 덩굴무늬가 장식되어 있다. 3개의 고리가 있어 달게 되어 있으나 현재 1개는 없어졌다.

보물 제1146호 대방광불화엄경 정원본 권24 [大方廣佛華嚴經 貞元本 卷二十四]

경기 여주시 강문로 270-8 목아불교박물관

이 책은 당나라의 반야삼장이 한문으로 번역한 '화엄경' 정원본 40권 중 권 제24인데, 방대한 분량의 화엄경에서 보현행원품만을 따로 분리한 것이다. 닥종이에 찍은 목판본으로 장정은 절첩장 형태이며, 크기는 접었을 때 세로 30.5cm, 가로 12.3cm이다. 검푸른 남색의 표지에는 금·은색의 꽃무늬가 장식되어 있고, 그 가운데 제목이 금색으로 쓰여 있다. 그리고 정원본임을 표시하는 '정[貞]'자가 금색으로 쓰여 있다. 이 책은 합천 해인사 고려목판(국보 제206호)에서 찍어낸 것으로, 간행 시기는 표지 장식·종이질·인쇄 상태 등으로 볼 때 14세기경으로 추정된다.

보물 제1151호 청동 흑칠 호등 [青銅 黑漆 壺鐙]
경북 경주시 일정로 186 국립경주박물관

이 호등은 삼국시대의 윤등이 발전된 것으로, 높이 14.7cm, 폭 12.1cm, 길이 14.9cm로 말안장과 쉽게 연결할 수 있도록 사각형 모양으로 튀어 올라오게 하였고, 아랫부분에는 작은 구멍을 뚫었다. 등자 표면에는 꽃과 사선, 불꽃무늬, 물고기 뼈를 정교하게 새기고, 그 위에 검은색 옻칠을 하였다. 삼국시대의 등자가 출토되기도 했으나 통일신라 것으로는 유일한 것으로, 일본 정창원에 이것과 유사한 1쌍이 있을 뿐이다. 따라서 그 희귀성으로 보아 학술적 가치가 매우 높은 작품이다.

보물 제1152호 경주 죽동리 청동기 일괄 [慶州 竹東里 靑銅器 一括]
경북 경주시 일정로 186 국립경주박물관

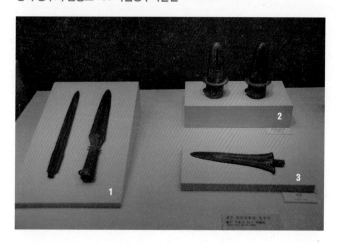

경주 죽동리 청동기 일괄
1 투겁창(동모)
2 장대투겁방울(간두령)
3 꺾창(동과)
4 장식 단추(혁금구)

경주 외동읍 죽동리에서 출토된 초기철기시대에 만들어진 이 일괄 유물은 출토 유물이 입실리유적 출토 일괄 유물과 매우 유사한데, 이는 중국 한나라 문화의 영향을 받은 것으로 철기가 함께 출토되는 청동기 유적으로는 거의 마지막 단계인 기원전 1세기 초로 추정된다. 유물은 간두령, 혁금구, 동모[투겁창], 동과[꺾창], 세형동검, 소동탁, 동대, 검파두식[칼자루 끝 장식] 등이다.

보물 제1154호 대방광불화엄경 정원본 권31 [大方廣佛華嚴經 貞元本 卷三十一]
인천 연수구 청량로102번길 40-9 가천박물관

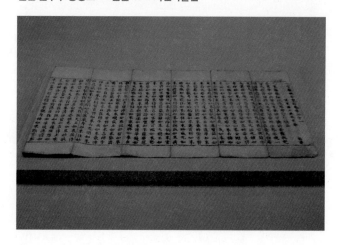

대방광불화엄경은 화엄종의 근본 경전으로 법화경과 함께 한국 불교사상 확립에 큰 영향을 끼친 경전이다.

이 책은 닥종이에 찍은 목판본으로 장정의 형태는 절첩장 형태이며, 접었을 때의 크기는 세로 31.6cm, 가로 12.3cm이며, 표지에는 금색으로 제목이 쓰여 있고 끝에 '정[貞]'자가 있어 당나라 삼장반야가 한문으로 번역한 정원본임을 알 수 있다. 화엄경 정원본 40권 중 권31에 해당한다. 고려 숙종 때에 간행한 합천 해인사 고려목판(국보 제206호)에서 찍어낸 것으로, 간행 시기는 13세기에서 14세기로 추정된다.

보물 제1155호 **재조본 경률이상 권1 [再雕本 經律異相 卷一]**
인천 연수구 청량로102번길 40-9 가천박물관

경률이상은 경[經]과 율[律]에서 요점을 각 주제별로 뽑아 출전을 표시하여 학습하는데 편리하게 엮은 일종의 백과사전이다.

남해의 분사대장도감에서 목판을 새기고 제본한 것으로 짐작하여 고려 후기에서 조선 전기에 간행된 것으로 보인다. 이것은 전체 50권 중 제1권에 해당한다. 또한, 새긴 사람의 이름이 표시되어 있는데, 새긴 사람의 솜씨에 따라 정교하고 조밀함의 차이를 보인다. 이 책은 고려시대 대장경을 연구하는데 상호 보완적인 성격을 지니고 있다.

보물 제1156호 **재조본 경률이상 권8 [再雕本 經律異相 卷八]**
서울 용산구 서빙고로 137 국립중앙박물관

이 책은 경[經]과 율[律]에서 요점을 각 주제별로 뽑아 출전을 표시하여 학습하는데 편리하게 엮은 일종의 백과사전이다.

고려 고종 30년(1243)에 남해의 분사대장도감에서 목판을 새기고, 고려 후기에서 조선 전기에 간행된 것으로 보인다. 이것은 전체 50권 중 제8권에 해당하는데 '고려대장경'을 제본한 것이다. 또한, 새긴 사람의 이름이 표시되어 있는데, 새긴 사람의 솜씨에 따라 정교하고 조밀함의 차이를 보인다. 이 책은 고려시대 대장경을 연구하는데 상호 보완적인 성격을 지니고 있다.

보물 제1157호 **성리대전서절요 性理大全書節要**
서울 용산구 서빙고로 137 국립중앙박물관

이 책은 조선 중종 32년(1538)에 김정국(1485~1541)이 방대한 '성리대전'의 내용 가운데 필요한 부분만을 간추려 4권으로 편집한 것이다. 원래 '성리대전'은 중국 명나라의 호광 등 42명의 학자가 송나라 때의 성리학설에 원나라 때 성리학자의 학설까지 편집해서 만든 것이다. 이 책은 조선시대에 학자들의 필독서인 '성리대전'을 우리의 실정에 맞게 새로 구성했다는 점과 임진왜란으로 인해 중종 때에 만들어진 지방관 목활자본이 거의 없어진 상태에서 그 전질을 새로 발견했다는 점에서 높이 평가된다.

보물 제1158호 고금운회거요 권27~30 [古今韻會擧要 卷二十七~三十]
서울 용산구 서빙고로 137 국립중앙박물관

고금운회거요는 중국 원나라 황공소가 편집한 것을 태충이 보완하여 해설을 달아 30권으로 편성한 음운서이다. 이 판본은 조선 세종 16년(1434)에 신인손이 '운회거요'가 간행되지 못한 것을 알고 세종에게 이를 아뢰어 경주부와 밀양부에서 간행한 것이다. 그 간행에 신인손 이외에 도사 박근, 경주부윤 김을신 등 여러 관리와 판을 새기는 데는 대선사 홍희 이하 20여 명의 승려와 이종생 이하 여러 민간인 등 총 109명이 참여하였다. 이 책은 세종 29년(1447)에 완성된 '동국정운'의 기본이 된다.

보물 제1159호 음주전문춘추괄례시말좌전구독직해 卷62~70 [音註全文春秋括例始末左傳句讀直解 卷六十二~七十]
서울 용산구 서빙고로 137 국립중앙박물관

이 책은 '춘추좌씨전'을 중국 송나라 임요수가 읽기 어려운 글자에 주를 달고 글 전체에 걸쳐 해설한 것으로 원래의 판본을 바탕으로 다시 새긴 것이다. 세종 13년(1431)에 전라도 관찰사 서선이 간행하였다. 이것의 간행 작업은 세종 12년(1430)에 전라도 관찰사 신개가 집안에서 소장하고 있던 본을 간행하여 널리 펴내고자 시도하였으나, 그가 대사헌으로 전직됨에 따라 완성을 보지 못하고 후임 관찰사 서선이 그 간행을 이어받아 세종 13년(1431)에 완성하였다.

보물 제1160호 진충귀 개국원종공신록권 [陳忠貴 開國原從功臣錄券]
서울 용산구 서빙고로 137 국립중앙박물관

의주목사를 지낸 진충귀에게 공신도감에서 태조 4년(1395)에 발급한 녹권이다. 종이질은 닥종이 두루마리로 가로 634cm, 세로 30.8cm이다. 한 행에 약 15~18자 정도의 글자가 쓰여 있으며, 적혀 있는 공신의 수는 106명이다. 만들었을 당시의 나무 축이 그대로 달려있고, 보존된 상태도 비교적 양호하다. 이들 공신에게는 각각 밭 30결, 노비 3명을 상으로 주고, 부모와 처에게도 작위를 내리도록 하며, 그 자손들에게는 과거시험을 치르지 않고 벼슬에 오를 수 있도록 하는 교시를 내리고 있다.

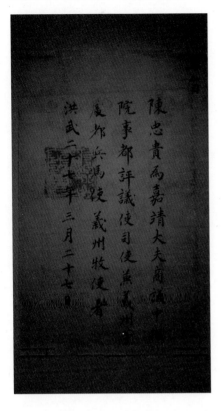

태조 3년(1394)에 진충귀를 의주목사로 임명하는 사령서이다. 진충귀는 태조 2년(1393)에 청절제사로 양광도에 파견되었으며, 태조 5년(1396)에 경사에 파견되고, 태조 6년(1397)에 양천식 등과 경사에서 돌아왔다. 태종 12년(1412)에 사망했다. 이러한 사실은 '조선왕조실록'에 간략히 기술되어 있을 뿐 다른 사서에서 진충귀에 대한 기록을 찾을 수 없다. 이 왕지는 조선을 세울 때 활약했던 인물들을 연구하는데 좋은 자료이며, 성주도씨 문중의 왕지와 함께 귀중한 자료로 평가된다.

1967년 경기도 여주에서 고철 수집 때 우연히 발견된 것으로, 크기는 길이 84cm, 입지름 55cm이다. 종을 매다는 용뉴는 단용으로 조성했으며, 소리의 울림을 돕는 용통은 6단으로 구분되어 있다. 용통의 각 부분마다 덩굴무늬를 양각하였다. 종 몸통 4곳에 비천상이 있으며, 특히 대칭되는 곳에 보관을 쓴 2구의 보살상이 있는 것이 특징이다. 종 몸통 아랫부분에는 제작 연대와 중량을 알 수 있는 글이 새겨 있어, 고려 문종 12년(1058)에 만들었음을 알 수 있다.

여주 출토 동종
1 제작 연대가 새겨진 명문
2 용뉴와 음통

보물 제1167호 청주 운천동 출토 동종 [淸州 雲泉洞 出土 銅鍾]
충북 청주시 상당구 국립청주박물관

청주시 운천동에서 금동불상, 금고와 함께 출토된 동종이다. 총 길이가 78cm, 종 몸체 높이 64cm, 입지름 47.4cm인 중간 크기의 종으로 위·아래 단에 어떠한 문양도 없이 단순하게 처리된 것이 이 종의 특징이다. 사각형의 유곽 너비 부분에는 3구의 비천상과 당초문, 3보 문양으로 꾸몄고, 그 안에 9개의 돌출된 유두가 있다. 종 몸통에는 2구의 비천상이 조각되어 있다. 당좌는 연꽃 문양이다. 현재 용통은 일부 없어졌으며, 용뉴는 단용이다. 조성 연대는 통일신라시대 말기(8~9세기경)로 추정된다.

보물 제1168호 청자 상감 매죽학문 매병 [靑磁 象嵌 梅竹鶴文 梅瓶]
서울 용산구 서빙고로 137 국립중앙박물관

고려시대 만들어진 높이 33cm, 아가리 지름 5.2cm, 밑지름 11cm인 고려시대 전형적인 매병이다. 바람에 흔들리는 가늘고 긴 매화와 대나무를 그렸고, 그 사이에는 세 마리의 학들을 섬세하고 회화적인 흑백 상감으로 나타냈다. 병 일부에 있는 빙렬의 틈으로 흙물이 스며있다. 굽다리는 안쪽을 깎아 세웠고 일부가 결손 되었다. 만든 시기는 병의 형태와 문양으로 보아 12세기 후반으로 추정되며, 파손된 청자 잔의 조각과 함께 경남 하동에서 출토되었다.

보물 제1169호 백자 태호 및 태지석 [白磁 胎壺 및 胎誌石]

서울 관악구 남부순환로152길 53 호림박물관

태지석

조선시대 백자 태항아리로서 외항아리는 전체 높이 30.9㎝, 아가리 지름 21.4㎝, 밑지름 14.1㎝이고, 내항아리는 전체 높이 19.2㎝, 아가리 지름 10.6㎝, 밑지름 8.3㎝이며, 태지석은 26.6㎝×26.7㎝×4.6㎝이다. 외항아리는 아가리가 넓으며 밖으로 살짝 말려있다. 짧은 목에 위쪽이 넓고 아래로 내려갈수록 좁아지는 모양을 하고 있다. 어깨의 4곳에는 고리를 달았다. 태지석은 정사각형 모양의 검은 돌로, 앞·뒷면에 새겨진 글로 보아 1643년에 제작된 태항아리이다.

보물 제1170호 상교정본 자비도장참법 권1~3 [詳校正本 慈悲道場懺法 卷一~三]

서울 관악구 남부순환로152길 53 호림박물관

이 책은 나무에 새긴 다음 닥종이에 찍어 낸 것으로, 권1~3이 1책으로 묶여있다. 원래는 두루마리 형태로 만들기 위해 한 판에 20행씩 글자를 새겼던 것을, 10행씩 찍어내어 책으로 만들었다. 크기는 세로 29.2㎝ 가로 17.4㎝이다. 검푸른 색의 표지에는 이 책의 다른 명칭인 '양무참문[梁武懺文]'이 붉은 글씨로 쓰여 있으며, 권의 첫머리에는 지장보살도와 불·보살이 묘사된 변상도가 있다. 종이의 질이나 책의 형태 등으로 보아 조선 초기에 찍어낸 것으로 추정된다.

보물 제1171호 대방광원각략소주경 권하 지2 [大方廣圓覺略疏注經 卷下 之二]

서울 관악구 남부순환로152길 53 호림박물관

이 책은 '원각경'에 당나라 종밀이 주석을 붙인 것으로, 권 하의 두 번째 책이다. 목판에 새겨 닥종이에 찍은 것을 호접장으로 만들었으며, 크기는 세로 34cm, 가로 19.8cm이다. 고려 문종 때 스님들이 저술한 문헌들을 망라하여 간행한 속장경 계열의 짜임새를 지니고 있다. 판을 새긴 기법이나 글자체가 대방광불화엄경소 권42(보물 제891호)와 비슷하고 다시 새긴 특징이 있다. 이 책은 송나라 판본을 입수하여 새긴 고려시대 판본으로 보이며 인쇄 상태로 보아 한번 찍어낸 목판에서 다시 찍은 후쇄본으로 추정된다.

보물 제1172호 몽산화상법어약록(언해) [蒙山和尚法語略錄(諺解)]

서울 관악구 남부순환로152길 53 호림박물관

원나라 승려였던 몽산화상의 법어 6편과 고려 나옹화상의 법어 1편을 1책으로 묶은 것이다. 몽산화상 덕이는 고려의 혜감국사 만항, 보감국사 혼구와 깊은 교류가 있던 인물로, 고려말 이후 한국 불교계에 커다란 영향을 끼쳤다. 이 책은 조선 혜각존자 신미가 토를 달고 한글로 번역한 것으로, 나무판에 새긴 뒤 닥종이에 찍어냈으며, 크기는 세로 30.4cm, 가로 18.8cm이다. 세조 13년(1467)에 처음 찍어낸 것으로 보인다. 특히 조선 후기의 고승인 초의 의순(1786~1866)이 사용하던 책이라는 점이 특기할 만하다.

보물 제1174호 이중로 정사공신교서 [李重老 靖社功臣敎書]

경기 용인시 기흥구 상갈로 6 경기도박물관

이 문서는 인조 3년(1625)에 청흥군 이중로에게 추증한 것으로서 그가 죽은 후에 내린 정사공신교서이다. 정사공신은 조선 인조 1년(1623)에 인조반정에 참가하여 공을 세운 사람에게 내린 공신호이다. 이중로는 정사공신 2등에 책록되었다. 정사공신교서에는 수급자명, 공적내용, 특전과 포상, 등위별 공신명단 그리고 발급 일자가 기록되어 있어 인조반정에 참여한 공신에 대한 포상의 내용을 알 수 있는 귀중한 자료이다. 초상화도 함께 문화재로 지정되었다.

보물 제1175호 심대 호성공신교서 [沈岱 扈聖功臣敎書]

경기 용인시 기흥구 상갈로 6 경기도박물관

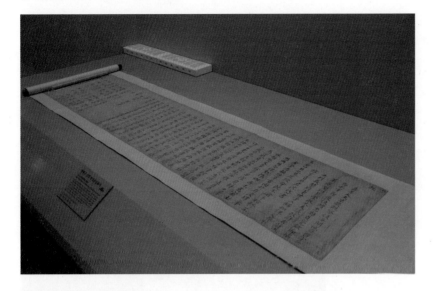

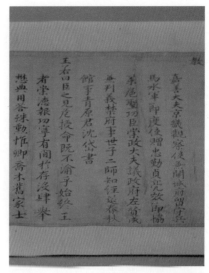

심대 호성공신교서 권수

　이 녹권은 선조 37년(1604)에 선조가 임진왜란 때 의주로 피난할 때 호종[扈從: 임금의 수레를 모시어 쫓음]하였던 청원군 심대(1546~1592)에게 내린 공신교서이다. 심대는 선조 5년(1572) 문과에 급제하여, 임진왜란이 일어나자 임금을 호종하여 의주로 모셨으며, 경기도 관찰사가 되어 서울을 탈환하고자 시민들과 함께 싸우다가 왜병들의 습격을 받고 사망하였다. 이 호성공신교서는 보존상태가 비교적 양호하고, 조선시대 공신연구 및 임진왜란 연구에 귀중한 자료이다.

보물 제1176호 유수 초상 [柳綏 肖像]

경기 용인시 기흥구 상갈로 6 경기도박물관

　조선 중기 문신인 유수의 초상화로 크기는 가로 88cm, 세로 165.5cm이다. 이 초상화는 의자에 앉아 오른쪽을 바라보는 전신상으로, 얼굴은 선으로 윤곽을 지연스럽게 묘사하여 온화한 성품을 표현하였다. 관리들이 쓰는 모자는 높게 만들어 당시의 모자 형태를 반영하였고 청록색 관복에 한 마리 학문양의 흉배와 허리띠는 당시의 지위를 나타낸다. 의자에 깔린 호랑이 가죽, 발 받침대 위의 돗자리문양 등에서 영조 때 초상화의 양식적 특징을 볼 수 있다. 영조 2년(1726) 왕실 초상 화가였던 진재해가 그렸다.

보물 제1177호 오명항 초상 및 양무공신교서 [吳命恒 肖像 및 揚武功臣敎書]
경기 용인시 기흥구 상갈로 6 경기도박물관

초상화는 가로 1.03m, 세로 1.74m로 비단에 채색하여 그린 전신상이다. 오른쪽을 바라 보고 있으며, 머리에는 사모를 쓰고 짙은 청록색의 관복을 입었다. 흉배의 모습에서 공신 책록 후에 그린 전형적인 공신도이다. 높이가 높은 사모와 호랑이 가죽이 깔린 의자, 팔 자로 벌린 발 모습에서 그 당시의 화풍을 엿볼 수 있다. 또한, 갈색의 얼굴에 윤곽선과 양 턱, 눈 주위에 붉은색을 사용하여 얼굴의 굴곡을 표현했고 종두 자국과 코 밑의 점까지 나타내 강직하고 진지한 그의 표정을 잘 살리고 있다.

교서는 가로 289.5cm, 세로 42.9cm로 닥종이로 만든 바탕에 비단을 배접하여 만들었다. 먼저 감색 천으로 위와 아래에 2cm 폭으로 덧붙 이고 다시 붉은색 선으로 사각의 테두리를 두른 다음 세로로 63개의 선을 그어 그 안쪽에 검은색으로 내용을 적었다. 내용에는 반란을 진정시킨 공로를 인정하여 1등 공신 1명, 2등 공신 7명, 3등 공신 7명을 공훈 한다는 글과 15명의 이름이 들어있다. 교서의 좌우에는 나 무로 축을 부착하여 말아두게 하였고 뒷면에는 신치근이 만들고 조명교가 글을 썼다는 명문이 있다.

보물 제1178호 향약제생집성방 권6 [鄕藥濟生集成方 卷六]
인천 연수구 청량로102번길 40-9 가천박물관

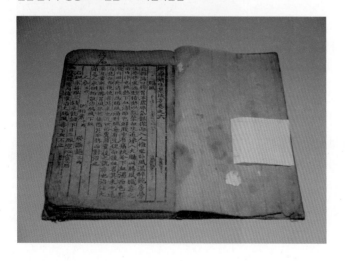

향약제생집성방은 고려시대 김희선 등이 모은 '삼화자향약방' 과 조선시대 권중화가 펴낸 '향약간이방'을 중심으로, 당시의 의 료 경험과 의학 서적을 참고, 보충하여 태조 7년(1398)에 펴내 고, 이듬해 강원감영에서 간행한 의학과 약학에 관한 서적이다. 총 30권 가운데 제6권으로 완질이 아니며 목판의 크기도 다소 차이가 있고 누락된 부분도 있어서 자세한 내용을 다 파악할 수 는 없다. 이 향약제생집성방은 세종 15년(1433)에 간행된 '향약 집성방'의 기초가 되며, 한국에서 자생하는 약초로 우리나라의 풍토와 체질에 맞는 향약을 개발, 적용하였다는 점에서 그 가치 가 있다.

보물 제1179호 태산요록 [胎産要錄]

인천 연수구 청량로102번길 40-9 가천박물관

이 책은 조선 세종 때의 의학자인 노중례가 세종 16년(1434)에 왕의 명을 따라 편찬한 것으로 임신과 육아의 질병 치료에 관한 전문 의학서이다.

상·하 2권으로, 상권은 임산(姙産)교양을 서술하고 태산문이라는 제목하에 태교론, 전녀위남법(여아를 남아로 바꾸는 법), 식기론(꺼려야 할 음식) 등 20항목이 수록되었다. 하권은 젖먹이의 보호법을 서술하고 있는데 '영아장호문'이라는 제목 아래 거아법, 식구법, 장포의법 등 27개의 항목이 수록되어 있다. 15종이나 되는 의학서적을 참고하여 실용에 편리하도록 편찬한 희귀본으로 의학 분야의 귀중한 자료이다.

보물 제1180호 신응경 [神應經]

인천 연수구 청량로102번길 40-9 가천박물관

신응경은 침구[鍼灸:침질과 뜸질] 관계를 다룬 전문 의학 서적으로, 성종 5년(1474)에 목판본으로 간행한 것이다.

머리말이 빠져 있어 손으로 써서 보충하여 넣고, 본문도 하단이 닳아 헤어져 간지(間紙)를 넣어 포개서 붙였다. 인조 21년(1643)에는 훈련도감자판으로 다시 간행한 일이 있다.

이 책은 서지학 및 한의학연구의 귀중한 자료로 평가된다.

보물 제1181호 태인 고현동 향약 [泰仁 古縣洞 鄕約]

전북 정읍시

고현향약안

향약은 권선징악과 상부상조를 목적으로 하여 마련된 향촌의 자치규약이다. 이 문헌은 임진왜란을 전후한 선조연간에 시작하여 1977년 최근에 이르기까지 약 400여 년 동안 전라도 태인현 고현동에서 결성하고, 시행한 향약에 관한 자료이다. 원본을 보고 옮겨 쓴 것으로 총 29책인데, 내용이 향약 자료로 분류되는 문헌이 24책이며, 나머지 5책은 향약 관련 자료들이다. 이 향약은 정극인(1401~1481)의 '향음서'를 기준으로 하며, 성종 6년(1475)이 그 시행 시초가 된다.

보물 제1182호 인제 백담사 목조아미타여래좌상 및 복장유물 [麟蹄 百潭寺 木造阿彌陀如來坐像 및 腹藏遺物]

강원 인제군 북면 백담로 746 백담사

이 아미타불은 조선 영조 24년(1748)에 만들어졌다. 머리는 나발로 조성하고 정수리 부분은 육계가 큼직하게 솟아 있다. 얼굴은 둥글고 단아하며 가는 눈, 작은 입, 오뚝한 코로 인해 독특한 인상을 나타낸다. 넓은 가슴과 둥근 어깨가 당당한 인상을 주는 상체는 다소 평판적이며, 하체는 넓고 큼직하여 상체와 조화되고 있는데 이러한 특징은 이 불상이 당시의 나무로 만든 불상 가운데 대표작임을 알려주고 있다. 이 목불상은 불상의 조성연대를 알려주는 발원문과 많은 복장물이 있어 특히 주목된다.

보물 제1183호 해남 미황사 응진당 [海南 美黃寺 應眞堂]

전남 해남군 송지면 미황사길 164 미황사

해남 미황사 응진당
내부 가구 구조

달마산 기슭에 자리 잡은 미황사는 우리나라 육지 가장 남쪽에 있는 절이다. 응진당은 나한전이라고도 하는데, 보통 십육나한이나 오백나한을 모신다. 미황사 응진당에는 안쪽 벽면에 그림으로 십육나한을 모시고 있다. 정면 3칸·측면 2칸 규모의 건물로, 지붕은 팔작지붕, 공포는 다포 양식이다. 기둥 윗부분에는 장식이 조각되어 있는 등 조선 후기의 양식 특징을 잘 보여주고 있다. 이 건물은 임진왜란으로 모두 소실되어, 지금의 응진당은 영조 27년(1751)에 지은 것이다.

보물 제1184호 순천 선암사 북 승탑 [順天 仙巖寺 北 僧塔]

전남 순천시 승주읍 선암사길 450 선암사

이 승탑은 선암사 중심에서 북쪽으로 약 400m 지나 한적한 산 중턱의 선조암이라는 암자에 세워져 있다. 기단의 하대석에는 사자상과 구름무늬를, 중대석에는 안상을 얕게 새겼으며, 상대석에는 연꽃잎을 새겼다. 탑신의 몸돌은 모서리에 기둥을 모각하고 앞뒷면에 자물쇠가 달린 문짝 모양을 새겼고, 앞면 양옆으로 인왕상을 배치했다. 지붕돌은 여덟 곳의 귀퉁이마다 큼직한 꽃장식이 솟아 있다. 꼭대기에는 머리 장식으로 보륜과 보주가 남아 있다. 조각 양식과 수법으로 보아 고려 전기의 작품으로 추정된다.

보물 제1185호 순천 선암사 동 승탑 [順天 仙巖寺 東 僧塔]

전남 순천시 승주읍 선암사길 450 선암사

기단부는 8각의 바닥돌 위에 안상을 새긴 괴임대를 마련하여 구름무늬를 조각한 하대석을 올렸다. 중대석과 상대석은 하나의 돌로 이루어져 있으며 물결무늬와 연꽃무늬로 장식되어 있다. 탑신의 몸돌은 윗부분이 좁아진 사다리꼴 모양으로, 앞면에는 봉황이 새겨진 문의 양옆을 지키는 인왕상을 새겼고, 뒷면에는 문고리가 달린 문짝을 조각해 두었다. 지붕돌 여덟 곳의 귀퉁이마다 꽃장식이 달려있다. 꼭대기에는 갖가지 모양의 머리 장식이 차례로 놓여 있다. 고려 전기에 만들어진 것으로 추정된다.

보물 제1186호 전 구미 강락사지 삼층석탑 [傳 龜尾 江洛寺址 三層石塔]

경북 김천시 대항면 북암길 89 직지사

이 탑은 1단의 기단 위에 3층을 탑신을 세우고 상륜부를 얹은 구조이다. 기단과 탑신의 몸돌에는 기둥을 모각하였다. 탑신은 몸돌과 지붕돌을 각기 한 돌로 짜고, 지붕돌의 옥개받침은 모두 5단으로 조성하였다. 빗물을 받는 낙수면은 반듯하다가 네 귀퉁이에서 살짝 치켜 올려져 있다. 꼭대기의 머리 장식은 1980년 탑을 옮겨 세울 때, 같은 시기의 석탑을 모방하여 복원해 놓은 것이다. 각 부의 세부적인 양식으로 보아 9세기경 통일신라시대의 탑으로 추정된다.

보물 제1187호 제주 불탑사 오층석탑 [濟州 佛塔寺 五層石塔]

제주 제주시 원당로16길 불탑사

탑은 1단의 기단 위로 5층의 탑신을 두고, 머리 장식을 얹어 마무리한 모습이다. 탑 주변에는 돌담이 둘려져 있다. 기단은 뒷면을 뺀 세 면에 안상을 얕게 새겼는데, 무늬의 바닥선이 꽃무늬처럼 솟아나도록 조각하였다. 탑신의 1층 몸돌 남쪽 면에는 감실을 만들어 놓았다. 지붕돌은 윗면의 경사가 그리 크지 않지만, 네 귀퉁이에서 뚜렷하게 치켜 올려져 있다. 꼭대기에 올려진 머리 장식은 아래의 돌과 그 재료가 달라서 후대에 만들어진 것으로 짐작된다. 고려 후기 조성된 것으로 추정된다.

보물 제1188호 경주 남산 천룡사지 삼층석탑 [慶州 南山 天龍寺址 三層石塔]

경북 경주시 내남면 용장리 875-2

천룡사의 옛터에 무너져 있던 탑으로, 1990년 부족한 부분을 보충하여 새로이 복원한 것이다. 1단의 기단 위에 3층의 탑신을 세운 모습인데, 1990년에 시행된 조사과정에서 기단이 1단임이 밝혀졌다. 탑신의 몸돌 아래에 새긴 괴임의 크기가 작아지고 있는 점과 지붕돌의 낙수면이 경쾌한 경사를 보이는 점 등으로 보아 통일신라 후기인 9세기경에 만들어진 것으로 추정된다. 기단 일부와 머리 장식의 대부분이 없어졌으나 최근 주변을 정리하면서 복원하였다.

보물 제1189호 박문수 초상 [朴文秀 肖像]

충남 천안시 동남구 천안대로 429 천안박물관

박문수 초상

1 보물 제1189-1호의 2 [천안박물관]
2 보물 제1189-2호 [부산 동구]

조선 영조 때 문신인 박문수를 그린 초상화 2점이다. 박문수(1691~1756)는 조선 영조 때의 문신으로 1723년 병과에 급제한 후 암행어사로 활약하였다. 종가에 전해오는 2점의 영정은 크기가 다른데, 1점은 가로 100cm, 세로 165.3cm이고 다른 1점은 가로 45.3cm, 세로 59.9cm이다. 2점 가운데 크기가 큰 초상화는 38세의 젊은 시절 모습을 그린 그림으로, 공신상 초상화의 전형적인 형식을 갖추고 있다. 다른 1점은 붉은색의 관복을 입고 있는 모습으로 화법이 정교한 반신상의 그림이다.

보물 제1197호 기묘제현수필 [己卯諸賢手筆]

경기도 성남시 분당구 하오개로 323 한국학중앙연구원

안처순(1492~1534)이 중종 13년(1518)에 구례현감에 제수되어 떠날 때, 조광조, 김정 등 24인의 친우들이 이별을 아쉬워하며 써준 송별 시문을 모아 하나의 첩으로 엮은 것이다. 안처순은 고려시대 성리학을 처음으로 소개한 안향의 9대손으로, 예문관 검열, 홍문관박사와 구례현감 등의 벼슬을 거쳤다.

이 수필첩은 안처순이 세상을 떠난 후인 선조 36년(1603)에 김인후의 발문과 함께 첩으로 만들어졌고, 순조 29년(1829)에 조인영에 의해 전라감영에서 다시 제본한 것이다.

보물 제1198호 기묘제현수첩 [己卯諸賢手帖]

경기도 성남시 분당구 하오개로 323 한국학중앙연구원

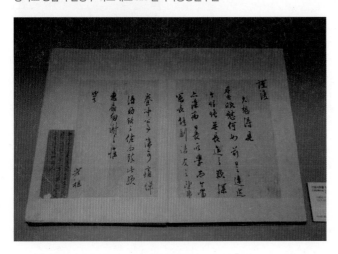

이 글씨첩은 기묘사화가 일어난 기묘년을 전후하여 안처순(1492~1534)이 중종 12년(1517)에서 중종 26년(1531)에 이르는 15년간 그의 동료 조광조, 김정 등 12명으로부터 받은 편지 39통을 모아 하나의 첩으로 만든 것으로, 3면부터 72면에 걸쳐 수록되어 있다. 수첩의 첫머리에는 한준겸의 식문이 실려 있고 첩 끝에는 조광조의 후손인 조성교가 이 첩에 대한 감회 및 경위 등을 서술한 발문이 있다. 편지글 대부분이 기묘사화에 연루된 인물들의 간찰이다.

안처순은 안향의 9대손으로, 예문관검열, 홍문관박사와 구례현감 등의 벼슬을 거쳤다.

보물 제1199호 유숙 필 매화도 [劉淑 筆 梅花圖]

서울 용산구 이태원로55길 60-16 삼성미술관 리움

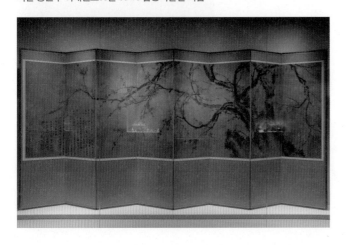

조선 후기 화가인 유숙(1827~1873)이 고종 5년(1868)에 그린 홍매화 그림의 8첩 병풍이다. 유숙은 그림을 담당하던 국가기관인 도화서 화원으로 인물화, 풍속화, 산수화에 뛰어났다. 매화를 그린 것은 이것이 유일한 작품이다. 가로 378㎝, 세로 112㎝의 커다란 화면 전체에 가지를 펼친 매화나무를 능숙한 필치로 처리하였다. 이 그림의 왼쪽 아래쪽에 자필로 쓴 찬문이 있다.

보물 제1200호 고창 선운사 동불암지 마애여래좌상 [高敞 禪雲寺 東佛庵址 磨崖如來坐像]

전북 고창군 아산면 도솔길 294 선운사

선운사 도솔암으로 오르는 길옆 절벽에 새겨진 마애여래좌상으로, 머리 주위를 깊이 파고 머리 부분에서 아래로 내려가면서 점차 두껍게 새기고 있다. 평판적이고 네모진 얼굴은 다소 딱딱하지만, 눈꼬리가 치켜 올라간 가느다란 눈과 우뚝 솟은 코, 일자로 도드라지게 나타낸 입술 등으로 얼굴 전체에 미소를 띠고 있다. 이 불상은 고려 초기의 거대한 마애불 계통 불상으로, 특히 가슴의 복장에서 동학 농민전쟁 때의 비밀 기록을 발견한 사실로 인해 더욱 주목받고 있다.

보물 제1201호 울진 불영사 대웅보전 [蔚珍 佛影寺 大雄寶殿]

경북 울진군 서면 불영사길 48 불영사

대웅보전의 내부

대웅보전의 규모는 정면과 측면이 모두 3칸씩이고 지붕은 팔작지붕, 공포는 다포 양식이다. 가장 주목할 만한 점은 건물에 색을 칠한 단청 부분인데 바깥쪽은 다시 칠하여 원래 모습을 잃었지만, 안쪽은 그 형태가 잘 남아 있다. 천장 부분을 비롯한 벽, 건물을 지탱하는 굵직한 재료들에 그림을 그린 기법들은 수준이 매우 높은 것으로 평가받고 있다. 건축양식, 불화, 단청 연구에 귀중한 자료가 되는 조선 후기 건축물이다. 건물은 안에 있는 탱화의 기록으로 영조 11년(1735)에 세운 것으로 추정된다.

이현보 종가 문적

1 애일당구경첩 2책
2 은대계회도

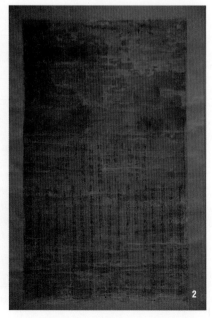

보물 제1202호 이현보 종가 문적 [李賢輔 宗家 文籍]

경북 안동시 태사길 69-7

이 문적류들은 조선 중종 때의 문신이며 시조 작가로 유명한 농암 이현보(1467~1555)와 그의 종손가에서 소장하고 있는 교지 고문서와 전적류, 회화류 등이다.

고문서는 교지 23매, 전적류는 '애일당구경첩'으로 2책, 회화류 '은대계회도' 등이 있다. 사진은 '은대계회도'로 이현보가 동부승지로 재직시 승정원 관원 10명과 계 모임 하는 모습을 그린 것이다. 훼손이 심하기는 하나, 다른 계회도 와는 달리 '은대계회도'가 처음 발견되었다는 점에서 계회도 연구에 귀중한 자료이다. 이 문적들은 조선 전기 인사행정을 연구, 국문학 연구 자료로 주요한 것들이다.

보물 제1203호 오운 종가 문적[전령] [吳澐 宗家 文籍]

경북 고령군

조선 중기 문신이며 학자였던 오운의 종손가에서 보관되어 왔던 고문서와 전적들이다.

고문서로는 명종~영조 년간의 재산과 노비의 분배기록인 분재기와 입안문서, 호구 관련 기록인 호적단자, 오운과 후손들의 교지, 오운이 죽은 뒤 광해군이 그의 죽음을 기리며 내린 제문 등으로, 총 7종 110점이다. 전적류로서는 대학장구대전[목판본] 1책, 동문선[훈련도감자본] 5책, 노주연송덕시[갑인자본] 1책, 한구소시[필사본] 2책, 매촌동약[필사본] 1책 등 총 7종 12책이다. 사회, 경제, 가족제도 및 서지학연구 및 향약 등을 살펴볼 수 있는 중요한 자료이다.

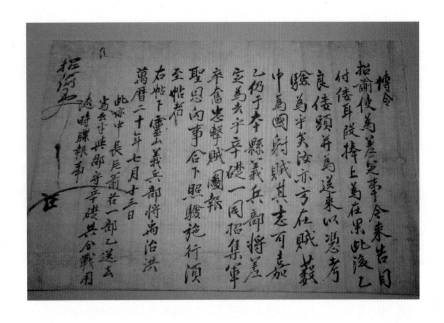

보물 제1204호 의겸 등 필 수월관음도 [義謙 等 筆 水月觀音圖]

서울 용산구 서빙고로 137 국립중앙박물관

이 그림은 크기가 가로 105.5cm, 세로 143.7cm로, 머리에 크고 높은 보관을 쓴 관음의 얼굴과 이목구비가 둥글고 예쁘게 묘사되어 화면 중앙을 가득히 채우고 있다. 옷은 녹색과 붉은색이 서로 대비를 이루고 있으나 약간 색이 바래져 보인다. 관음의 오른쪽 바위 위에는 버들가지가 꽂힌 화병이 있고 왼쪽에는 한 쌍의 대나무가 있는데 이것들은 고려시대 그림과 유사한 구도이다. 고려와 비교할 때 이런 배치구도는 비슷하지만, 정면을 바라보고 있는 관음의 모습과 옷의 색깔, 바위의 형태 등은 많이 달라진 모습으로 조선시대 특징을 엿볼 수 있다.

영조 6년(1730)에 18세기 최고의 승려 화가인 의겸이 그린 것으로 조선시대 그려진 수월관음도로는 드문 예이다.

의겸 등 필 수월관음도 하단의 기록

보물 제1205호 초조본 대방광불화엄경 주본 권67·77 [初雕本 大方廣佛花嚴經 周本 卷六十七·七十七]

인천 연수구 청량로102번길 40-9 가천박물관

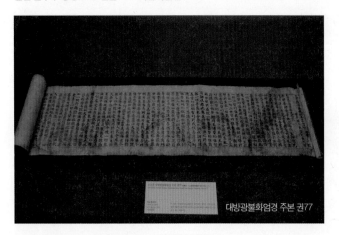

대방광불화엄경 주본 권77

당나라의 실차난타가 번역한 '화엄경' 주본 80권을 고려 현종 때 목판에 새긴 초조대장경이다. 권67·77의 2권을 닥종이에 인쇄한 목판본으로 종이를 이어붙인 권자장 형태이며, 2권 모두 표지와 첫째 장, 본문 등이 약간씩 없어졌다. 제목 아래 '신역'이란 표시가 있어 이 책이 주본임을 알 수 있다. 책 내용은 선재동자가 53인의 고승을 찾아가는 구도의 과정을 설명한 것이다. 간행 기록이 없지만, 종이질이나 인쇄 상태 등으로 보아 11세기에 간행된 것으로 추정된다.

보물 제1206호 초조본 십주비바사론 권17 [初雕本 十住毗婆沙論 卷十七]

인천 연수구 청량로102번길 40-9 가천박물관

고려 현종 때 부처님의 힘으로 거란의 침입을 극복하고자 만든 초조대장경 가운데 하나로, 후진의 구마라습이 번역한 십주비파사론 17권 가운데 마지막 권이다. 닥종이에 찍은 목판본으로 장정의 형태는 권자장이며, 세로 30㎝ 가로 47.3㎝의 종이를 28장을 이어 붙인 것이다. 장수를 표시하는 데 있어 '장[丈]'자를 쓰고, 책 끝에 간행 기록이 없는 점으로 보아 초조대장경 판본이며, 인쇄 상태와 종이 질 등을 고려해 볼 때 11세기에 찍어낸 것으로 추정된다.

보물 제1207호 산거사요 [山居四要]

인천 연수구 청량로102번길 40-9 가천박물관

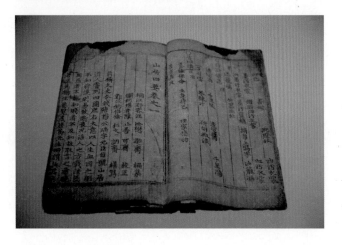

태사령 양우의 '산거사요'를 원나라 학자 왕여무가 증보·편집한 것으로, 4권 1책이다. 이 책에서는 산촌에 사는 사람이 일상생활에서 알아야 할 네 가지 요결을 사항별로 분류하여 기술하였다. 총 네 가지 요결을 74항목으로 나누고 각 항목 아래에 해당 사례 및 대증[對證:증거 조사를 하는 것], 처방 등을 서술하고 있다. 간행된 때는 우리나라 사람이 쓴 머리글이나 맺음말이 없어 알 수 없으나, 보존 상태로 보아 조선 성종 대로 추정된다.

이 책은 조선 전기 의학 서적 간행을 살필 수 있는 자료로 평가된다.

보물 제1208-1호 춘추경좌씨전구해 권60~70 [春秋經左氏傳句解 卷六十~七十]

인천 연수구 청량로102번길 40-9 가천박물관

이 책은 조선 세종 13년(1431)에 경상북도 청도에서 참의 박분이 집에 소장하고 있던 좌씨전을 구해서 청도지군사 주소의 책임 하에 청도에서 출간한 것이다. 현재 권1-59까지가 결본이며, 발문에도 간행 사실만 간략히 기록되어 있고 편제 등은 구체적으로 명시되지 않았다. 발문 뒤에 "선덕육년[宣德六年] 십일월 청도개판[淸道開板]"이란 간기가 있고, 그 다음에 간행에 참여한 사람의 관명 성명이 10행에 걸쳐 기록되어 있다. 발문에 의하면 좌씨전은 우리나라에서 이때 처음으로 출간된 것으로 추정된다.

보물 제1209호 우주두율 [虞註杜律]

인천 연수구 청량로102번길 40-9 가천박물관

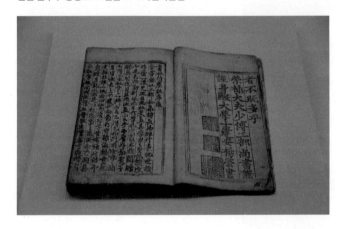

이 책은 중국 당나라의 시성인 두보의 칠언율시를 중국 원나라의 학자 우집[虞集]이 주를 붙이고 해설을 한 것을 성종 1년(1470)에 당시 청주목사 권지가 청주목에서 간행한 것이다.

이 책의 글씨는 괴산군수 박병덕이 썼고 교정은 이경방이 보았다. 또한, 책을 간행한 연월이 발문을 쓴 연월보다 1년 앞서며, 서[序]·발[跋] 및 간기 등이 완전하여 서지학연구의 귀중한 자료로 평가된다.

밀양 천황사 석조비로자나불좌상 대좌의 사자

보물 제1213호 밀양 천황사 석조비로자나불좌상 [密陽 天皇寺 石造毘盧遮那佛坐像]

경남 밀양시 산내면 남명리 1-7 천황사

머리 부분은 파손된 것을 새로 만들었다. 체구는 인체비례와 유사하고 우아한 어깨, 가슴, 허리에 얇은 옷의 표현 등은 사실성을 높여준다. 대좌는 우리나라에서는 처음 보이는 사자좌인데, 상대는 둥근 원판형에 연주문과 연꽃무늬를 조각하고, 중대에는 2줄의 띠를 새긴 얕은 원형받침이 있다. 하대는 연화문 위에 11마리의 사자를 환조로 새기고 정면에는 향로 같은 공양구를 끼웠을 것으로 보이는 구명받침이 있다. 8세기 후반의 가장 우수한 석불상이며, 유일하게 사자좌를 가진 석불좌상으로 주목된다.

보물 제1214호 파계사 영산회상도 [把溪寺 靈山會上圖]

대구 동구 파계로 741 파계사

이 영산회상도의 크기는 길이 340cm, 폭 254cm이며 비단 위에 채색되었다. 중심에 본존불인 석가여래를 두고 좌우대칭으로 여러 보살과 무리가 석가를 에워싸고 있다. 주로 녹색과 붉은색을 사용해 밝고 화려하며 옷에 칠해진 금빛이 매우 찬란하다. 이 그림은 다른 영산회상도와 구별되는 몇 가지 특징으로, 첫째, 신광만 표현한 점, 둘째, 부처님의 옷에 밭 전(田)자 무늬가 그려져 있지 않았고, 셋째는 부처의 오른쪽 발목에 꽃잎장식이 없는 점이 그러하다. 조선 숙종 33년(1707)에 왕실에서 제작한 것이다.

보물 제1215-1, 4호 이색 초상-목은영당본, 대전영당본 [李穡 肖像]

서울 종로구 종로5길 76[목은영당본] / 충청남도 부여군 금성로 5[대전영당본]

목은 이색(1328~1396) 선생의 초상화이다. 이색의 초상화는 원래 관복 차림과 평상복 차림의 두 종류가 있었으나 현재는 관복 차림만 전해진다. 관복차림의 그림도 원본은 전하지 않고 원본을 보고 옮겨 그린 것으로 모두 4본 5점이 전해진다. 사진은 목은영당본[대본] 크기 가로 81.5cm, 세로 149.8cm로 1711년에 그려 임강서원에 봉안한 것이며, 대전영당본은 가로 78.7cm, 세로 146.3cm 크기로 헌종 10년(1844)에 옮겨 그린 것으로 누산영당본과 동일한 형태와 규모이다. 뛰어난 화가에 의해 옛 그림 화풍이 잘 표현된 초상화이다. 이외에도 누산영당본, 문헌서원본 등이 있다.

목은영당본

대전영당본

보물 제1220호 명안공주 관련 유물 [明安公主 關聯 遺物]

강원 강릉시 율곡로3139번길 24 오죽헌시립박물관

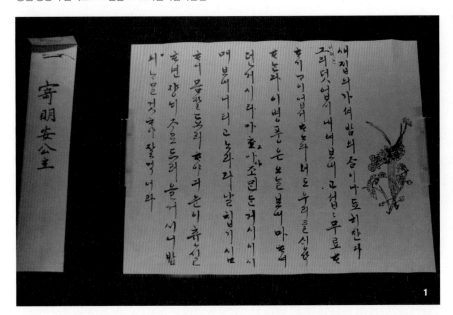

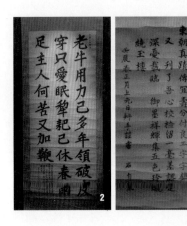

조선 현종의 셋째 딸인 명안공주(1664 1687)와 그가 거처하던 명안궁과 관련된 전적류, 고문서류, 유물 등이다. 명안공주의 본명은 온희[溫姬]로, 숙종 5년(1679) 오태주와 결혼하였다. 전적류는 현종과 명성황후, 숙종의 한글 편지 등이 수록된 어필첩과 각종 판본, 오태주 일가의 글씨를 모은 유묵첩, 영조의 환갑을 맞이하여 왕세손과 신하들이 만수무강을 기원하는 글모음집 등이 있다. 고문서류로는 각종 물품 단자와 진정서이고, 유물들은 궁중에서 명안공주에게 보낸 생활용품들이다. 특히, 명안공주 작명단자는 왕실의 것으로 현존하는 유일한 것이다.

인목왕후의 어필로 현재 강릉시립박물관에 소장되어 있다.

인목왕후(1584~1632)가 서궁에 유폐되었을 때 쓴 한시로 친필이 아닌 모본이다. 인목왕후는 대북파의 위세에 시달리던 자신을 늙은 소에 비유하고, 광해군을 그 늙은 소에 채찍을 가하는 주인에 비유했다.

왼쪽 아래에 숙종이 남긴 발문이 있다.

보물 제1224-2호 불조삼경 [佛祖三經]

부산 금정구 범어사로 250 범어사

이 책은 인도에서 가장 먼저 중국에 전래된 경전으로 알려진 '불설사십이장경'과 부처의 최후 가르침인 '불유교경', 그리고 중국 위앙종[僞仰宗]의 초조[初祖]인 영우[靈祐]의 '위산경책' 등 불경 3종이 합집된 것이다. 표지를 넘기면 바로 권수에 서제 없이 원나라 몽산 덕이[蒙山 德異]가 '지원병술[至元丙戌]'(1286)년에 초서로 쓴 서문이 있고, 이어서 차례로 세 종의 불경이 실려 있으며 끝부분에는 목은 이색의 발문이 수록되어 있다. 책의 맨 마지막에는 병술[丙戌(1286)]년의 비구 익대[比丘 益大] 발문이 수록되어 있어 앞의 덕이 서문 연대와 같아 원나라 판본을 가장 충실하게 번각한 책으로 보인다.

보물 제1227호 식물본초 [食物本草]

인천 연수구 청량로102번길 40-9 가천박물관

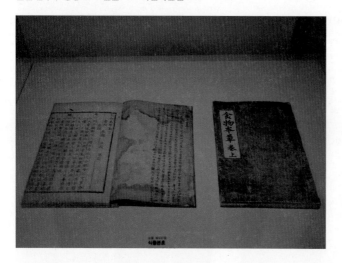

음식물로 병을 예방하는 내용을 담은 전문 의학 서적으로, 중종 21년(1526)에 중국 명나라 요문청[姚文淸] 등의 서문을 붙여 간행한 것을 중종~명종년간(1526~1556)에 다시 갑진자로 간행한 것이다.

이 책은 수[水]·곡[穀]·채[菜]·과[果]·금[禽]·수[獸]·어[魚]·미[味] 등 8류[類]로 나누어 상권과 하권에 수록하였다. 상권에는 수·곡·채·과 등 4류 212조가, 하권에는 금·수·어·미 등 4류 175조가 수록되었다. 각류에서는 조목마다 해당 식물의 맛, 본성, 이익, 해독 등을 적어 설명하고 말미에는 각류의 식물에 대한 총론을 적고 있다.

보물 제1232호 진주 청곡사 목조 제석천·대범천의상 [晋州 靑谷寺 木造 帝釋天·大梵天倚像]

경남 진주시 월아산로1440번길 138 청곡사

사천왕상이 위엄을 나타내는 무서운 인상임에 비해 제석천·대범천상은 보살상 같은 자비로운 인상이다. 탱화의 경우 보살은 양손에 물건을 들고 그 기능을 상징적으로 표현한 것과 얼굴이 금색인 데 비해, 제석천과 대범천은 두 손을 합장한 경우가 많고 얼굴에 호분으로 흰색을 칠하고 있다. 회화로서는 조선 후기 불교 그림에서 흔히 볼 수 있지만, 새겨져 있는 것은 청곡사의 것이 처음이다. 조각기법은 조선 후기 양식을 따르고 있으며, 중국, 일본에서 만든 예와는 현저한 차이를 보인다.

보물 제1233호 현자총통 [玄字銃筒]

광주 북구 하서로 110 국립광주박물관

이 현자총통(사진의 왼쪽)은 1992년 전라남도 여천시(현재 여수시) 백도 근방 해저에서 파손된 지자총통, 별승자총통과 함께 끌어올린 것으로, 총 구경 6.5㎝, 전체 길이 75.8㎝의 크기이다. 몸체에는 양내요동[梁內了同]이라는 제작자의 이름이 기록되어 있는데, 그는 천자총통(보물 제647호)을 제작하였던 자이기 때문에, 이 총통의 제작 시기도 조선 명종 10년(1555) 즈음으로 추정할 수 있다. 현재 남아 있는 7기의 현자총통 중 가장 오래된 것으로, 기록이 남아 있고 보존 상태도 양호하다.

보물 제1234호 의방유취 권201 [醫方類聚 卷二百一]

충북 음성군 대소면 대풍산단로 78 한독의약박물관

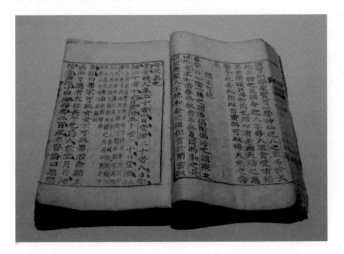

세종 27년(1445)에 왕의 명에 의해 편찬된 한방의학의 백과사전으로, 이는 성종 8년(1477)에 활자로 다시 찍어낸 총 266권 264책 가운데 201권 1책이다.

이 책은 집현전 부교리 김예몽, 저작랑 유성원 등에 의해 총 365권으로 편성되었으나 수차례의 교정과 정리를 거쳐 266권 264책으로 편성되어 성종 8년(1477)에 한계희·임원준 등이 30부를 인출하였으나 대부분 임진왜란 때 없어지고, 현재 일본 궁내청 도서료에 가등청정이 약탈해간 한 부의 264책 중 252책이 유일하게 남아있다. 한독의약박물관에 있는 이 책은 국내에서 처음 발견된 유일한 초판본이다.

보물 제1235호 향약제생집성방 권4~5 [鄕藥濟生集成方 卷四~五]

충북 음성군 대소면 대풍산단로 78 한독의약박물관

고려시대 김희선 등이 모은 '삼화자향약방'과 조선시대 권중화가 펴낸 '향약간이방'을 중심으로, 당시의 의료 경험과 의학 서적을 참고·보충하여 태조 7년(1398)에 펴내고, 이듬해 김희선이 강원도에서 간행한 의학과 약학에 관한 서적이다. 이 책은 총 30권 가운데 제4, 5권의 영인본이다. 권4는 12항 24자, 권5는 12항 22자로 글자 수와 판식[板式]에서도 약간 차이가 있다. 전 30권에는 338종의 질병 증상과 2,803종의 약방문을 수록하고 있었던 것으로 추정하고 있다.

보물 제1236-1호 구급간이방 권6 [救急簡易方 卷六]

충북 음성군 대소면 대풍산단로 78 한독의약박물관

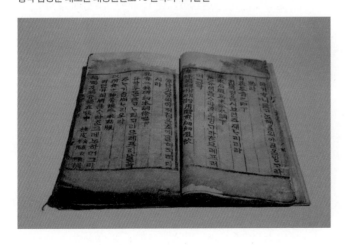

구급간이방은 조선 성종 20년(1489)에 구급의 의방을 집대성하여 편찬 간행한 민간용 한의서로 총 8권 8책이다. 우리나라의 구급방서로서는 가장 완비된 책으로 질병을 중풍·두통 등 127종으로 나누고 그 치료방문을 모아 엮었으며, 시골에서도 이 책만 있으면 누구나 알기 쉽도록 한글로 번역하여 쉽게 편찬하였다.

현재 구급간이방은 한독의약박물관과 허준박물관에서 소장하고 있다.

보물 제1238호 **아미타여래도 [阿彌陀如來圖]**

경기 용인시 처인구 용인대학로 134 용인대학교

이 그림은 수행자들을 맞이하는 아미타여래를 그린 것이다. 붉은색의 가사와 녹색의 장삼을 입고 있는 아미타여래는 왼손을 가슴 앞쪽에 놓고, 오른손은 아래로 내린 채 양발을 약간 벌리고 서 있다. 금가루로 아미타여래의 머리 뒤에 원을 그렸다. 붉은 가사와 녹색 장삼, 금가루로 그려진 원무늬 등은 전형적인 고려 불화의 특징을 보여주는 것이다. 불화에 명문이 없어 정확한 조성 연대는 단정하기 어려우나 고려시대 그려진 타 작품과 견주어 볼 때 고려시대 제작된 것으로 추정된다.

가슴의 만(卍)자 문양

보물 제1242호 **합천 해인사 길상탑 [陜川 海印寺 吉祥塔]**

경남 합천군 가야면 해인사길 85 해인사

2단의 기단 위로 3층의 탑신을 세운 구조로, 통일신라시대의 석탑 양식을 갖추고 있다. 탑에서 유물이 발견되었는데 그 중 소탑이 157개가 있으나, 소탑은 원래 99개, 77개를 두는 것이 원칙이므로 19개는 없어진 듯하다. 탑에 대한 기록인 탑지는 4장인데, 대문장가인 최치원이 지은 것으로 유명하다. 이 글에는 신라 진성여왕 8년(895) 통일신라 후기의 혼란 속에 절의 보물을 지키려다 희생된 스님들의 영혼을 달래기 위해서 탑을 건립했다는 내용으로, 당시의 사회경제적 상황을 이해하는 데 중요한 자료이다.

합천 해인사 길상탑 탑지

보물 제1243호 완주 송광사 대웅전 [完州 松廣寺 大雄殿]

전북 완주군 소양면 송광수만로 255-16 송광사

완주 송광사 대웅전
1 의창군이 쓴 대웅전 현판
2 대웅전 내부 가구 구조

　　송광사 대웅전은 정면 5칸, 측면 3칸 규모에 지붕은 팔작지붕, 공포는 다포 양식이다. 대웅전의 현판은 의창군이 썼는데, 의창군은 선조의 8번째 아들이며 광해군의 동생이다. 인조 14년(1636)에 세운 송광사개창비의 글도 의창군이 썼다. 현판은 이때 쓴 것으로 보이는데 대웅전을 세운 시기를 아는데도 참고가 되고 있다. 기록에 따르면 조선 인조 14년(1636)에 벽암국사가 다시 짓고, 철종 8년(1857)에 제봉선사가 한 번의 공사를 더하여 완성하였다고 한다.

보물 제1244호 완주 송광사 종루 [完州 松廣寺 鍾樓]

전북 완주군 소양면 송광수만로 255-16 송광사

　　송광사 종루는 십자각이라고도 부르는데, 십자각은 열 십[十]자 모양을 하는 2층 누각이다. 종이 걸려 있는 중앙칸을 중심으로 동·서·남·북에 각각 1칸씩 덧붙인 모양인데, 지붕 역시 중앙에서 모이는 화려한 모습을 하고 있다. 가운데 칸에는 종을 두고 목어·법고·운판은 돌출된 칸에 각각 보관되어 있다. 마루 밑의 기둥들은 원형 기둥과 사각 기둥이 섞여 있으며, 위의 기둥들은 모두 원형기둥을 세워 놓았다. 조선시대의 유일한 열 십[十]자형 2층 누각으로 그 가치가 크다.

보물 제1246호 천안 광덕사 감역교지 [天安 廣德寺 減役敎旨]

충남 천안시 동남구 광덕면 광덕사길 30 광덕사

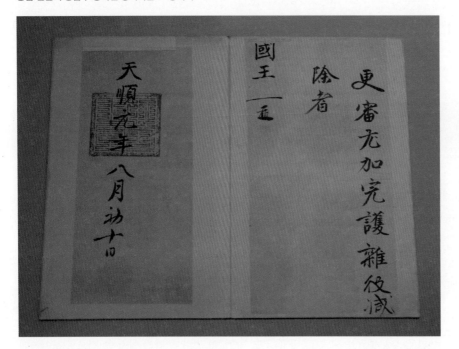

조선 세조 3년(1457) 8월 10일에 왕이 충청남도 천안에 있는 광덕사와 개천사에 내린 교지이다. 이것은 두 사찰의 잡역을 경감하라는 내용이며, 체제와 형식에 있어서 예천 용문사 감역교지(보물 제729호), 능성 쌍봉사 감역교지(보물 제1009호)와 같으며, 대상 사찰명과 발급일자가 다를 뿐이다. 단, 쌍봉사에 발급한 교지와는 날짜까지도 같다.

이 문서는 국왕이 직접 내린 것으로 조선 전기 사패교지의 형식을 알려주는 자료이며, 세조 때의 불교 정책을 살필 수 있는 자료로 평가된다.

보물 제1247호 천안 광덕사 조선사경 [天安 廣德寺 朝鮮寫經]

충남 천안시 동남구 광덕면 광덕사길 30 광덕사

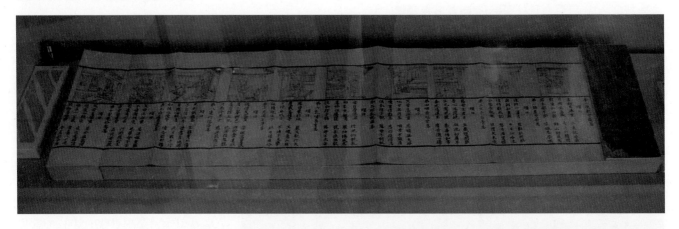

충남 천안 광덕사에 전해지는 조선사경은 백지에 먹으로 쓴 '부모은중경'과 '장수멸죄호제동자다라니경'으로 절첩장 형태이다.

부모은중경은 부모의 은혜를 크게 10가지로 나누어 설명하고 은혜를 갚기 위해 공양하며 경전을 읽고 외울 것을 권장하고 있다. 다른 경전과 달리 각 내용에 따른 그림이 그려져 있는 것이 특징이다.

부모은중경의 끝에 남은 기록을 통해 조선 태종의 둘째 아들 효령대군(1396~1486)이 부인·아들과 함께 시주하여 만든 책으로, 조선 전기 불교 진흥에 큰 역할을 했던 효령대군의 불교 신앙을 살펴볼 수 있다.

보물 제1248호 대불정여래밀인수증요의제보살만행수릉엄경 [大佛頂如來密因修證了義諸菩薩萬行首楞嚴經]

서울 관악구 남부순환로152길 53 호림박물관

이 책은 송나라 계환이 중요 부분을 요약하여 풀이한 '능엄경' 중 권 제1~4인데, 4권이 하나의 책으로 묶여 있다. 나무에 새겨서 종이에 찍은 것으로, 조선 성종 19년(1488)에 충청도 홍산 무량사에서 홍산현감 등의 시주로 박경이 글을 써서 간행한 것이다. 15세기 말에 사찰에서 만들어진 것으로 당대 명필이 쓴 글을 판각하였고, 권 끝부분에 간행과 관련된 기록까지 남아있어 중요한 자료로 평가된다. 특히 한글과 이두로 토가 달려 있어 중세국어의 모습도 살펴볼 수 있다는 점에서 국어사 자료로도 가치가 있다.

보물 제1249호 간이벽온방(언해) [簡易辟瘟方(諺解)]

인천 연수구 청량로102번길 40-9 가천박물관

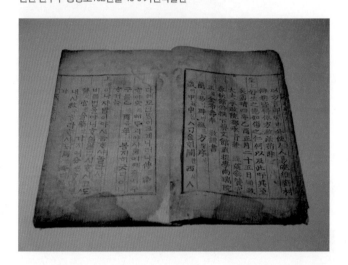

간이벽온방은 조선 중종 때 의관 박순몽, 박세거 등이 임금의 명에 의해 온역[瘟疫:전염병]치료에 대한 약방문을 모아 엮은 의학 서적이다.

중종 19년(1524) 가을에 평안도 전 지역에 여역(전염성 열병)이 번지자 치료에 필요한 약방문을 책으로 엮어 한글로 번역하여 중종 20년(1525)에 널리 보급하였다. 현재 초간본은 전해지지 않고 선조 11년(1578)의 을해자와 광해군 5년(1613) 훈련도감자로 발행한 중간본이 전한다. 이 책은 선조 11년(1578)의 중간본으로서 방점이 없는 16세기 국어연구 및 의학사 연구 자료로 그 가치가 있다.

보물 제1250호 세의득효방 권10~11 [世醫得效方 卷十~十一]

인천 연수구 청량로102번길 40-9 가천박물관

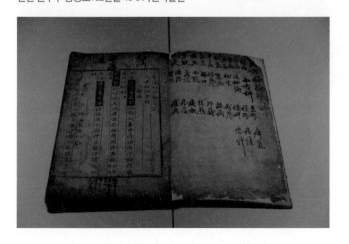

1328~1337년에 원나라 위역림[危亦林]이 조상인 고조부부터 이후 5대 동안 치료했던 경험방을 모아 편찬한 의학책을 조선세종 7년(1425)에 활자로 다시 새겨 찍은 것으로 총 20권 22책 가운데 2권 1책이다.

이 책의 내용은 권 10에는 두통, 면병 등 10항목, 권 11에서는 활유론[活幼論], 초생[初生] 등 22항목이 수록되었다. 갑진자의 활자본으로 세종 때의 판본이 일본 내각문고와 궁내청 도서료, 오사카부립도서관 그리고 대만 등에 소장되어 있다.

보물 제1253호 해인사 동종 [海印寺 銅鐘]

경남 합천군 가야면 해인사길 122 해인사

해인사의 대적광전 안에 있는 높이 85cm, 입지름 58cm, 두께 6cm의 종
이다. 용뉴는 두 마리의 용으로 조성하고 어깨 부분에는 연꽃을 새겼다.
밑으로는 돌출된 9개의 유두가 사각형 모양의 유곽 안에 있으며, 유곽
사이사이에는 보살상이 있다. 종 중앙에는 3줄의 굵은 가로줄을 돌리고
그 위쪽에는 꽃무늬를, 아래로는 용무늬를 새겨 종 전체가 무늬로 가득
차 매우 화사한 느낌을 주고 있다. 유곽 아래에는 조선 성종 22년(1491)
에 만들었다는 글이 있다.

해인사 동종
홍치4년(명나라 효종의 연호로 1491년) 명문

보물 제1254호 장흥 보림사 목조사천왕상 [長興 寶林寺 木造四天王像]

전남 장흥군 유치면 봉덕리 45 보림사

왼쪽부터 : 남방 증장천왕 / 서방 광목천왕 / 북방 다문천왕 / 동방 지국천왕

　조선시대 사천왕상 대부분이 중국식 갑옷에 각기 다른 상징물을 들고 있으며 발밑에는 악귀를 밟는 형태상의 특징을 갖는다. 또한, 무
장한 분노상에 화려한 보관을 쓰고 천의자락을 휘날리며 보관 밑으로 흘러내린 머리카락이 귓바퀴를 돌아 어깨 위에서 여러 갈래로 갈
라지는 자비로운 보살상의 모습이 추가되고 있다. 보림사의 사천왕상은 이러한 특성을 가장 앞서 선도하고 있다는 점에서 불교 조각사
적 비중이 매우 크다고 할 수 있다. 중종 10년(1515)에 조성되고 이후 2차례에 걸쳐 중수되었다.

보물 제1255호 완주 송광사 소조사천왕상 [完州 松廣寺 塑造四天王像]

전북 완주군 소양면 대흥리 569 송광사

왼쪽부터 : 남방 증장천왕 / 서방 광목천왕 / 북방 다문천왕 / 동방 지국천왕

송광사의 동방 지국천왕상은 오른손에 칼을 잡고, 왼손은 엄지와 검시를 길게 펴서 칼 끝을 잡으려는 자세를 취하고 있다. 북방 다문천왕상은 양손으로 비파를 들고 있으며, 남방 증장천왕상은 왼손에는 보주를 잡고 오른손으로 용을 움켜쥐고 있다. 서방 광목천왕 상은 오른손을 들어 깃발을, 왼손은 손바닥 위에 보탑을 올려놓았다. 광목천왕상 왼쪽 머리끝 뒷면에는 조선 인조 27년(1649)에 조성한 글이 있으며, 왼손의 보탑 밑면에는 정조 10년(1786)에 새로 보탑을 만들어 안치했다는 기록이 있다.

청나라 군사의 모자를 쓴 악귀

보물 제1257호 청룡사 영산회괘불탱 [青龍寺 靈山會掛佛幀]

경기 안성시 서운면 청룡길 140 청룡사

이 영산회상도는 석가불을 중심으로 6대 보살, 10대 제자 등이 에워싼 모습인데, 중앙의 석가불은 머리에서 빛이 나고 특이하게도 오른손은 어깨 위로 들고 왼손은 무릎에 올린 시무외인의 수인을 하고 있으며, 다리는 결가부좌한 모습이다. 주로 진한 붉은색과 청색이 많이 사용되었고 복잡한 구도로 인해 무거운 느낌이 들지만, 윗부분에서 보여주는 화려함과 아랫부분의 무늬로 인해 여유 있어 보인다. 이 그림은 효종 9년(1658)에 승려 화가인 명옥 등이 그린 것으로 17세기 중엽 영산회상도를 대표할 만한 작품으로 평가된다.

보물 제1261호 광덕사 노사나불괘불탱 [廣德寺 蘆舍那佛掛佛幀]

충남 천안시 동남구 광덕면 광덕사길 30

전체적인 구도는 머리에 보관을 쓴 노사나불을 다른 형상보다 크게 그려 중앙에 배치하고 주위에 2대 보살, 2대 제자, 사천왕을 그려 넣었다. 본존은 타원형의 얼굴을 하고 있고 둥근 머리광배에는 작은 부처 7구를 표현하였다. 가슴에는 만[卍]자가 새겨져 있고 양손은 어깨높이 정도로 올려 엄지와 중지를 맞대고 있는 손 모양을 취하고 있다. 조선 영조 25년(1749) 사혜·광감 등 6명의 화사 비구[畵師 比丘]가 그렸다.

광덕사 노사나불괘불탱
가슴의 만(卍)자 문양

보물 제1266호 금당사 괘불탱 [金塘寺 掛佛幀]

전북 진안군 마령면 동촌리 41 금당사

이 괘불은 길이 8.70m, 폭 4.74m의 관음보살 입상으로 광배의 끝부분은 화려한 색을 이용하여 불꽃무늬를 표현하였고, 불꽃무늬 안에는 좌우에 각각 작은 불상을 10구씩 두었다. 머리에는 수많은 부처의 얼굴이 있는 보관을 쓰고 있으며, 그 좌우에는 봉황이 그려져 있다. 연꽃 가지를 들고 있으며, 화려한 장식과 문양의 옷 모습이 화면을 압도한다. 채색은 주홍색을 주로 사용하였으며 녹색과 분홍색, 흰색을 이용하여 은은한 분위기를 표현하였다. 숙종 18년(1692)에 화가 명원 등 4인이 그렸다.

보물 제1268호 내소사 영산회괘불탱 [來蘇寺 靈山會掛佛幀]

전북 부안군 진서면 내소사로 243 내소사

이 괘불탱은 길이 10.5m, 폭 8.17m로 본존불인 석가불은 중앙에 화면 가득 그리고 좌우로 문수보살과 보현보살을, 그 뒤로 다보여래와 아미타여래, 관음보살, 세지보살 등의 4대 보살이 서 있는 7존 형식 구도를 이루고 있다. 각 존상들은 둥근 얼굴에 원만한 체구를 지니며 뺨과 눈자위, 턱밑, 손과 발은 옅은 분홍색으로 처리해 밝아 보인다. 주로 붉은색과 녹색을 사용하였다. 숙종 26년(1700)에 그려진 작품으로 17세기 말에서 18세기 초의 선형적인 특징을 보여준다.

보물 제1269호 개암사 영산회괘불탱 및 초본 [開巖寺 靈山會掛佛幀 및 草本]

전북 부안군 상서면 개암로 248 개암사

석가가 영축산에서 설법하는 장면을 그린 영산회괘불탱이다. 길이 14m, 폭 9m의 이 괘불은 석가를 중심으로 좌우에 문수·보현보살이 서 있고 뒤쪽에는 다보여래, 아미타여래, 관음보살, 세지보살이 있으며, 앉아 있는 2구의 작은 불상도 보인다. 채색은 주로 붉은색과 녹색에 금색을 사용하였고 군청색을 넣어 색채 대비도 보여주고 있다.

조선 영조 25년(1749) 승려 화가 의겸이 참여한 그림으로 화면을 꽉 채운 구도와 경직된 형태, 강렬한 색채 등으로 18세기 중엽의 양식적 특징을 보여주는 뛰어난 작품이다.

보물 제1272호 불영사 영산회상도 [佛影寺 靈山會上圖]

경북 울진군 서면 불영사길 48 불영사

이 영산회상도의 석가여래는 오른쪽 어깨가 드러나는 우견편단의 옷을 걸쳤으며, 수인은 항마촉지인을 취하고 있다. 석가여래 주변으로 10대 보살, 사천왕상, 상단의 10대 제자 등이 배열되어 있다. 주로 영산회상도에서는 8대 보살이 그려지는데, 이 그림에서는 10대 보살을 표현한 점과 석가불 아래의 보살이 유난히 큰 점이 특징이다. 석가의 옷이 붉은색이고 석가 뒤의 광배가 이중으로 붉은 테를 두른 점 등은 조선 후기의 불화 양식보다 약간 앞선 양식적 특징을 지니고 있다. 조선 영조 9년(1733)에 그렸다.

보물 제1274호 완주 송광사 소조석가여래삼불좌상 [完州 松廣寺 塑造釋迦如來三佛坐像]

전북 완주군 소양면 송광수만로 255 송광사

이 삼불좌상은 본존불인 석가불을 중앙에, 오른쪽에는 아미타불, 왼쪽에 약사불을 배치하고 있다. 거대한 소조불상이면서도 신체 각 부분이 비교적 조화를 잘 이루고 있는 작품이다.

조성기에는 숭정 14년(인조 5년, 1641) 임금과 왕비의 만수무강을 빌고 병자호란으로 청나라에 볼모로 잡혀가 있던 소현세자와 봉림대군의 조속한 환국을 기원하면서 만들었다.

완주 송광사 소조석가여래삼불좌상
왼쪽 사진 : 아미타불
가운데 사진 : 석가모니불
오른쪽 사진 : 약사불

보물 제1275호 인제 한계사지 남 삼층석탑 [麟蹄 寒溪寺址 南 三層石塔]

강원 인제군 북면 한계리 90-4

쌍탑으로 보기도 하는 두 삼층석탑 가운데 금당지 앞에 위치하고 있다. 기단을 2층으로 두고, 그 위로 3층의 탑신을 올렸다. 아래층 기단에는 동그란 안상[眼象]이 얕게 조각되어 있고, 위층 기단은 네 모서리와 각 면의 중앙에 기둥을 모각하였다. 탑신의 옥개받침은 1·2층이 5단, 3층은 4단으로 줄어 있으며, 처마는 수평을 이루다 끝부분에 이르러 살짝 들려 있다. 상륜부에는 머리 장식이 없었으나, 최근에 복원하여 얹어놓았다. 통일신라 양식의 일반형 석탑으로, 9세기 중반을 전후하여 만들어진 것으로 추정된다.

보물 제1276호 인제 한계사지 북 삼층석탑 [麟蹄 寒溪寺址 北 三層石塔]

강원 인제군 북면 한계리 산1-67

두 기의 삼층석탑 중 북 삼층석탑은 산기슭에 위치하고 있다. 기단을 2단으로 두고, 그 위로 3층의 탑신을 올렸다. 금당터 앞의 남 삼층석탑(보물 제1275호)과 비슷한 모습이나, 아래층 기단의 밑돌과 가운데 돌이 다른 돌로 되어 있고, 탑신의 지붕돌 받침 수가 1·2·3층 모두 4단인 점이 다르다. 상륜부에는 노반만 남아 있다.

원래 무너져 있던 것을 1984년 복원하였다. 통일신라의 일반적인 석탑 양식을 보이는 탑으로, 9세기 중반에 만들어진 것으로 추정된다.

보물 제1277호 동해 삼화사 삼층석탑 [東海 三和寺 三層石塔]

강원 동해시 무릉로 584 삼화사

이 석탑은 2단의 기단 위에 3층의 탑신을 올렸다. 기단과 탑신의 몸돌에는 기둥을 모각하였다. 기단의 맨 윗돌에는 별도의 탑신 괴임돌을 두었다. 탑신은 몸돌과 지붕돌이 한 개의 돌로 조성했으며, 옥개받침은 4단이다. 기단의 구성이나 별도의 석재로 탑신 괴임을 둔 점 등으로 보아 9세기 후반에 조성된 것으로 추정된다. 해체·복원 때 위층 기단에서 나무 궤짝이 발견되었다. 그 안에는 곱돌로 만든 소형탑 25기와 청동제 불대좌 조각 2점, 철 조각 6점, 문서를 기록한 종이 1매 등이 발견되었다.

보물 제1278호 북장사 영산회괘불탱 [北長寺 靈山會掛佛幀]

경북 상주시 내서면 북장리 38 북장사

길이 13.2m, 폭 8.07m에 이르는 거대한 화폭으로 중앙에서 화면 가득히 잡아 크게 그린 입상의 석가불을 중심으로 어깨 아래쪽 좌우에는 문수와 보현보살을 위시한 10대 보살과 4천왕, 팔부중상을 배치하고, 머리 좌우에는 10대 제자를 그린 군도 형식의 영산회괘불탱이다. 조선시대 후기 불화에서 보이는 전형적인 키 형태의 광배를 지니고 있다. 이 괘불도는 조화로운 신체 각부의 표현과 밝고 선명한 채색과 다양한 꽃무늬의 장식성 등이 돋보인다. 숙종 14년(1688) 승려 화가인 학능 등이 그렸다.

2003년 4월 초파일 행사의 영산회괘불탱

보물 제1280호 포항 오어사 동종 [浦項 吾魚寺 銅鍾]

경북 포항시 남구 오천읍 오어로 1 오어사

오어사 동종은 용뉴를 단룡으로 표현하고 용통을 두었다. 몸통 부분의 위와 아래에는 횡선의 띠를 두르고, 같은 무늬를 새겨 넣었다. 3분의 1되는 곳 위쪽으로는 사각형의 유곽을 만들고, 그 안에 9개의 돌출된 모양의 유두가 있다. 이 종 몸통의 문양을 보면 서로 마주 보고 꽃방석 자리에 무릎을 꿇고 합장하는 보살을 새겼고, 다른 두 면에는 범자가 들어간 위패형 명문으로 장식하였다. 고려 고종 3년(1216) 주조되었고, 무게가 300근이나 되며, 오어사에 달았다는 기록이 남아 있다.

동종 몸통에 새겨진 보살상

보물 제1281호 자치통감 권236~238 [資治通鑑 卷二百三十六~二百三十八]

서울 용산구 서빙고로 137 국립중앙박물관

사마광이 편찬한 편년체의 중국통사를 조선시대 세종의 명령으로 윤회, 권제 등이 교정하고 주석을 덧붙이거나 빼서 세종 18년(1436)에 간행한 역사서이다.

크기는 가로 14.7cm, 세로 27.7cm이며, 간행에 관한 기록은 없으나, 완질이 전하는 중간본이며, 책 끝에 '정통원년(1436) 8월 인출'이란 원간의 기록으로 그해에 간행되었음을 알 수 있다. 이 책은 세종 16년(1434)에 주조한 '초주 갑인자'로 찍어내었다.

드물게 원간본이 전해지는 것으로 서지학연구의 귀중한 자료로 평가된다.

보물 제1283호 영암 월출산 용암사지 삼층석탑 [靈巖 月出山 龍巖寺址 三層石塔]

전남 영암군 영암읍 회문리 산26-8

이 탑은 일명 '탑봉'이라 불리는 바위 위에 세워져 있다. 2단의 기단 위로 3층의 탑신을 쌓아 올렸다. 기단과 탑신의 몸돌에는 기둥을 모각한 것 이외에 장식적인 요소는 없다.

지붕돌의 받침은 1층은 5단, 2층은 4단, 3층은 3단으로 조성하였다. 상륜부에는 노반만 남아 있다. 1966년 무너진 탑을 복원할 때 아래층 기단에서 백자 사리호, 금동보살좌상, 사리, 철편 등이 발견되었다. 조성 연대는 고려 초기로 추정되고 있다.

영암 월출산 용암사지 삼층석탑
금동보살좌상과 백자 사리호

보물 제1284호 공주 청량사지 오층석탑 [公州 淸凉寺址 五層石塔]

충남 공주시 반포면 동학사1로 346

이 탑은 1단의 기단 위에 5층의 탑신을 올렸다. 바닥돌과 그 위에 둔 기단의 아랫돌은 각 4장의 돌로 짰다. 특이한 점은 기단의 가운데 기둥을 별도의 돌로 끼웠다. 탑신의 각 층 지붕돌은 얇고 넓어서 균형과 안정감을 잃고 있다. 지붕돌의 받침은 1~3층은 2단인데, 모두 딴 돌을 끼워 넣은 구조이다. 3~4층의 몸돌과 지붕돌은 따로 한 돌씩이다. 상륜부에는 노반과 그 위에 보주를 얹었다. 전체적인 수법으로 보아 부여 정림사지 오층석탑계열의 백제 석탑 양식을 따르고 있는 고려시대 탑이다.

보물 제1285호 **공주 청량사지 칠층석탑 [公州 淸凉寺址 七層石塔]**

충남 공주시 반포면 동학사1로 346

이 탑은 1단의 기단 위에 7층의 탑신을 세워 두었으며, 전체적으로 폭이 좁고 길쭉한 형태이다. 기단은 각 면의 네 모서리마다 기둥을 딴 돌로 세운 점이 특이하다. 탑신은 1층 몸돌의 한 면에 직사각형 모양의 감실을 새겼다. 지붕돌의 옥개받침은 현재 1~6층이 2단이고 7층이 1단이다. 2·3·4층은 후대에 만든 것이라서 원래의 모습을 확인하기가 어렵다. 상륜부는 노반만 남아 있다. 전체적인 수법으로 보아 익산 미륵사지 석탑 계열의 석탑 양식을 보여주는 고려 중기의 석탑이다.

보물 제1286호 **수월관음도 [水月觀音圖]**

경기 용인시 처인구 용인대학로 134 용인대학교

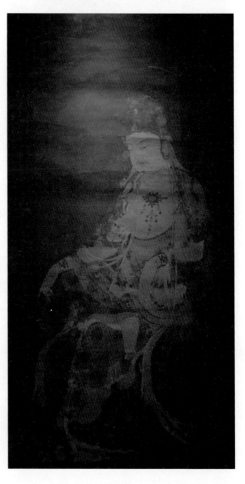

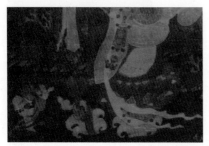

선재동자(좌측 하단)

이 수월관음도는 관음보살이 오른발을 왼쪽 무릎에 올린 반가좌 자세로 바위 위에 걸터앉아 선재동자를 굽어보고 있는 모습으로 '화엄경'의 내용 중 한 장면을 그린 것이다. 관음보살의 등 뒤로는 한 쌍의 대나무가 표현되어 있고, 앞쪽으로는 버들가지가 꽂힌 꽃병이 있으며 주위에 금가루로 원형을 그려 놓았다. 윤곽선과 세부 묘사는 붉은색을 주로 사용하였는데, 고려문양의 특징인 연꽃 덩쿨무늬를 원안에 넣었다. 이 수월관음도는 1994~1996년까지 보수작업을 통해 원래의 모습을 거의 되찾았다.

보물 제1288호 여수 타루비 [麗水 墮淚碑]

전남 여수시 고소3길 13

이순신 장군의 덕을 기리기 위하여 세운 비로 '타루[墮淚]'란 눈물을 흘린다는 뜻으로, 중국의 양양 사람들이 양호를 생각하면서 비석을 바라보면, 반드시 눈물을 흘리게 된다는 고사성어에서 인용하였다. 네모난 대석 위에, 비신을 세우고, 머릿돌을 얹은 모습이다. 대석에는 꽃무늬를 새겼고, 머릿돌은 구름무늬를 새기고, 꼭대기에는 보주를 표현하였다.

비문은 '타루비'라는 비의 명칭을 앞면에 크게 새기고, 그 아래로 명칭을 붙인 연유와 비를 세운 시기 등을 적고 있다. 선조 36년(1603)에 이 비를 세웠다.

보물 제1291호 대악후보 [大樂後譜]

서울 서초구 남부순환로 2364 국립국악원

조선 영조 35년(1759) 서명응이 세조 때의 음악을 모아 편집한 7권 7책의 악보이다. 크기는 가로 31.4cm, 세로 44.5cm이며, 세종 때의 음악 22곡을 모아 수록한 '대악전보'는 청일전쟁 때 없어져 전하지 않는다. 이 책은 18세기 간행된 악보이다. 세조 때의 음악을 비롯하여 여러 시기 음악을 담고 있으며, 고려에서 전래된 정읍 등 다양한 향악곡 및 조선 후기까지 다양한 변화와 생성 과정을 거친 정악곡의 초기 형태를 수록하고 있다는 점에서 높이 평가되는 역사적인 자료이다.

보물 제1292호 동해 삼화사 철조노사나불좌상 [東海 三和寺 鐵造盧舍那佛坐像]

강원 동해시 무릉로 584 삼화사

머리는 나발로 표현하고 얼굴은 비교적 단아하여 통일신라시대의 풍이 엿보인다. 복원과정 중 오른쪽 등판 면에서 약 10행 161자의 기록이 발견되었는데, 이두의 사용과 한자를 국어 어순에 맞추어 기록되어 있다. 명문 내용에는 노사나불이란 명칭이 2번 나와 이 불상의 이름을 알 수 있다.

조성 시기는 시주자의 부모를 위해 880년대에 활약한 결언 스님을 중심으로 화엄경에 따라 불상을 조성했다는 기록을 통해 신라말 고려초에 만든 것으로 추정된다.

보물 제1293호 공주 계룡산 중악단 [公州 鷄龍山 中嶽壇]

충남 공주시 계룡면 양화리 산8 신원사

중악단은 국가에서 계룡산 신에게 제사 지내기 위해 마련한 조선시대의 건축물이다. 1.5m의 돌로 쌓은 기단 위에 지었다. 정면 3칸, 측면 3칸의 규모에 지붕은 팔작지붕, 공포는 다포양식이다. 조선 후기의 특징적인 수법으로 조각과 장식을 더하여 화려하고 위엄 있게 하였다. 지붕의 추녀마루에는 각각 7개씩 잡상을 배치하여 궁궐의 전각과 같이 처리한 점이 특이하다. 조선시대 상악단과 하악단은 없어졌으나, 중악단이 잘 보존되어 있어 나라에서 산신에게 제사 지냈던 유일한 유적으로 역사적 의미가 있다.

중악단 내부 중앙에 〈계룡산신위〉라는 위패가 봉안됨

보물 제1295호 괴산 각연사 통일대사탑비 [槐山 覺淵寺 通一大師塔碑]

충북 괴산군 칠성면 각연길 451 각연사

고려 전기의 승려인 통일대사의 행적을 기록하고 있는 비로, 돌로 쌓은 축대 위에 세웠다. 비는 귀부 위로 비신을 세우고, 그 위에 이수를 얹은 구조이다. 거북받침돌은 등에 6각형의 문양을 새기고, 거북 머리는 용의 머리를 하고 여의주를 물고 있는데 이는 고려 전기로 오면서 나타나는 특징이다. 비신에 새겨진 글씨는 해서체로 약 3,500자가 새겨져 있었는데 현재는 260자 정도만 판독 가능하다. 이수의 네 면에는 4마리의 용과 보주가 새겨져 있다. 고려 광종 9년(958)에 건립되었다.

보물 제1296호 제천 신륵사 삼층석탑 [堤川 神勒寺 三層石塔]

충북 제천시 덕산면 월악산로4길 180 신륵사

신륵사에 세워져 있는 탑으로, 2단의 기단 위에 3층의 탑신을 올렸다. 기단과 탑신의 몸돌에는 기둥을 모각하였다. 탑신의 몸돌과 지붕돌은 한 개로 조성하고 옥개받침은 4단이다.

상륜부는 노반, 복발, 앙화, 보륜, 보개 등이 올려져 있으며, 머리 장식부의 무게 중심을 지탱하기 위한 찰주가 뾰족하게 꽂혀 있다.

통일신라의 석탑양식을 잘 계승하고 있는 고려 전기의 탑이다.

보물 제1298호 조영복 초상 [趙榮福 肖像]

경기 용인시 기흥구 상갈로 6 경기도박물관

조선 숙종 때의 문신인 조영복(1672~1728)의 초상화 2점으로 하나는 흰색의 도포를 입고 있는 모습이고, 다른 하나는 공복을 입고 있는 모습이다. 도포를 입은 모습의 초상화[사진]는 길이 125㎝, 폭 76㎝ 크기이며, 앉아 있는 전신상이다. 오른쪽을 바라보고 있는 모습인데, 조선 초상화에서는 드물게 양손이 나와 있는 것이 특징이다. 이 영정은 유학자의 기품이 잘 드러난 사대부의 모습을 생생하고 실감 나게 담아낸 매우 가치 있는 그림이다. 경종 4년(1724)에 동생인 조영석(1686~1761)이 그렸다.

보물 제1299호 괴산 보안사 삼층석탑 [槐山 寶安寺 三層石塔]

충북 괴산군 청안면 효근1길 23

이 석탑은 1단의 기단 위에 3층의 탑신을 올렸다. 기단은 네 모서리에 기둥을 모각하고, 탑신의 1층 몸돌 남쪽 면에 감실을 본떠 간략히 조각하였다. 충북지역에서 발견된 석탑 중 이처럼 탑신에 감실을 새긴 예가 드물어 특이한 양식이라 할 수 있다. 석탑의 각 부분이 훼손되지 않은 비교적 완전한 모습으로 남아 있다. 옥개받침이 3단으로 줄어들고 뭉툭하게 표현된 점이나, 기단이 완전하지 않고 간략하게 표현된 점 등으로 보아 고려 후기에 조성된 것으로 추정된다.

보물 제1300호 합천 해인사 홍제암 [陜川 海印寺 弘濟庵]

경남 합천군 가야면 해인사길 154 홍제암

홍제암은 해인사에 속해 있는 암자로 임진왜란(1592)과 정유재란 때 승병장으로 큰 공을 세운 사명대사가 수도하다 세상을 떠난 곳이다. 법당과 생활 공간의 기능을 겸한 건물 1동으로 되어 있으나, 사명대사와 관련이 있는 여러 기능의 공간들이 한 곳에 모여 있는 특이한 형태를 이루고 있다. 기본 평면은 공[工]자형으로 가운데 법당을 중심으로 조사전, 영각 등이 있으며, 각각의 공간은 툇마루를 통해 모두 연결되고 있다. 광해군 6년(1614) 혜구대사가 사명대사의 초상을 모시기 위해 건립하였다.

보물 제1301호 합천 해인사 홍제암 사명대사탑 · 석장비 [陜川 海印寺 弘濟庵 四溟大師塔 · 石藏碑]

경남 합천군 가야면 해인사길 154 홍제암

사명대사탑

석장비

홍제암의 북동쪽 약 20m 지점의 산기슭에 자리 잡고 있는 사명대사탑은 조선 후기를 대표할 수 있는 거대한 석종형 탑이다. 기단은 하나의 돌로 2단을 이루었는데, 아랫단은 사각형이고 윗단은 둥근 형태이며, 그 위에 종 모양의 몸돌을 올려놓은 모습이다. 탑의 꼭대기에는 연꽃 봉오리 모양의 보주를 올려놓았다. 탑과 석장비는 하나의 짝을 이루고 있던 것으로, 이런 형식은 신라시대 이래의 전통이 계승되고 있다고 보아야 할 것이다.

사명대사 석장비는 대사의 일대기를 기록한 비석으로, 광해군 4년(1612)에 세웠으며 '홍길동전'을 지은 허균이 비문을 지었다. 일본강점기(1943년)에, 비문의 내용이 민족혼을 불러일으킬 우려가 있다 하여 일본인 합천 경찰서장이 네 조각으로 깨뜨린 것을 1958년에 다시 접합하여 세웠다. 이 석장비는 현존하는 사명대사비 가운데 가장 먼저 건립되었으며, 문장이 매우 빼어날 뿐 아니라 비문에 대사의 행적이 비교적 소상하게 적혀 있어 역사적인 가치도 높다.

보물 제1303호 백지 금니 금강 및 보문발원 [白紙 金泥 金剛 및 普門發願]

경북 김천시 대항면 북암길 89 직지사

백지 금니 금강 및 보문발원
금니로 그린 불성과 관음보살상

고려 공민왕 20년(1371)에 비구니 묘지, 묘수의 시주에 의해서 필사히어 만든 것이다.

권수에는 일반적인 변상도와는 구도가 다른 협시보살을 거느린 불상과 관음보살상이 각각 금니[金尼]로 묘사되어 있고, 이어 금강반야바라밀경, 묘법연화경 관세음보살 보문품 제25, 영가대사 발원문이 필사되어 있다. 권말에는 홍무 4년 신해 7월 일지[洪武四年 辛亥七月 日誌]라는 기록과 시주자가 쓰여 있어 제작 연대 등을 알 수 있다. 서체는 고려 말에 일반적으로 쓰인 안진경체로 쓰였으며, 당시 불교 신앙의 한 단면을 살필 수 있는 자료이다.

보물 제1307호 고흥 능가사 대웅전 [高興 楞伽寺 大雄殿]

전남 고흥군 점암면 팔봉길 21 능가사

고흥 능가사 대웅전
내부 공포 배열

능가사는 평지에 위치한 사찰로 일명 보현사라고 불리었으나, 임진왜란 때 불에 탔던 것을 조선 인조 22년(1644) 벽천대사가 다시 지어 능가사라고 하였다.

능가사 대웅전은 18세기 중엽 중건된 조선 후기의 건물이다. 규모는 정면 5칸, 측면 3칸으로 지붕은 팔작지붕, 공포는 다포 양식이다. 일반적으로 사찰의 금당이 남향을 하고 있는 것에 비하여 능가사 대웅전은 건물 방향이 입구에 맞춰 북향을 하고 있다는 점에서 특이하다.

영암 엄길리 암각 매향명 [靈巖 奄吉里 岩刻 埋香銘]

전남 영암군 서호면 엄길리 산85

매향 관련 명문

철암산의 자연 암반에 새겨진 암각 매향명은 21행 118자가 음각되어 있다. 조성 시기는 고려 충혜왕 5년(1344)으로 사천 흥사리 매향비(보물 제614호: 고려 우왕 13년, 1387) 보다 43년 빠르고, 명문이 전해오지 않는 평북 정주의 침향석각(고려 충숙왕 4년, 1335) 보다 9년이 늦지만 국내 현존 매향비 가운데 연대가 가장 앞서고 있다. 보존 상태가 좋아 대부분의 명문을 판독할 수 있으며, 조성 시기, 목적, 매향 장소, 매향 집단, 발원자, 화주와 각주 등이 모두 기록되어 있어 고려말 매향 풍속의 일면을 알 수 있다.

나주 불회사 대웅전 [羅州 佛會寺 大雄殿]

전남 나주시 다도면 다도로 1224-142 불회사

대웅전 내부 공포 배열

불회사 대웅전은 정면 3칸, 측면 3칸이며, 지붕은 팔작지붕, 공포는 다포 양식이다. 자연석 기단 위에 세웠으며, 정면에는 모두 궁창판이 있는 4분합의 빗살문인데 한국전쟁 이전에는 꽃살문으로 장식되어 있었다. 기둥을 받치고 있는 초석은 덤벙주초로 비교적 큰 편이며 그 위에 세워진 기둥은 민흘림 수법을 보여주고 있다. 상량문 및 건축수법 등으로 볼 때 정조 23년(1799) 중건했으며, 용을 목각으로 조각한 수법, 건물 내부에 연꽃 봉오리를 장식하는 등 화려한 조선 후기의 다포집이다.

보물 제1311호 순천 선암사 대웅전 [順天 仙巖寺 大雄殿]
전남 순천시 승주읍 선암사길 450 선암사

대웅전 내부 천장과 공포 배열

　대웅전은 조선시대 정유재란(1597)으로 불에 타 없어져 현종 1년(1660) 새로 지었다. 그 후 영조 42년(1766)에 다시 불탄 것을 순조 24년(1824)에 지어 오늘에 이르고 있다. 정면 3칸, 측면 3칸 규모의 대웅전은 자연석 기단 위에 민흘림 기둥을 세워 지어졌는데 기둥머리에는 용머리 장식을 하였다. 지붕은 팔작지붕, 공포는 다포 양식이다. 특히 건물 안쪽 공포 구조에서는 화려한 연꽃 봉오리 장식으로 마감하여 조선 후기의 화려하고 장식적인 수법을 나타내고 있다.

보물 제1312호 강진 무위사 아미타여래삼존좌상 [康津 無爲寺 阿彌陀如來三尊坐像]
전남 강진군 성전면 무위사로 308 무위사

　극락보전에 모셔져 있는 아미타여래삼존좌상이다. 가운데 아미타불상을 중심으로 왼쪽에는 관음보살상이 배치되고 오른쪽에는 지장보살상이 자리하고 있다. 연꽃대좌 위에 결가부좌한 본존불은 건장한 체구에 무릎이 넓어 안정감 있는 신체 비례를 지닌 모습이다. 둥근 얼굴을 하고 가슴 부분은 약간 쳐진 듯 표현되었으며, 양어깨를 모두 감싼 옷을 입고 있다. 이 아미타불은 약간 앞으로 구부린 자세이다. 이 삼존불좌상은 고려 후기의 양식을 계승하여 조선 초기에 조성된 것으로 추정된다.

보물 제1314호 무위사 극락전 백의관음도 [無爲寺 極樂殿 白衣觀音圖]

전남 강진군 성전면 무위사로 308 무위사

하얀 옷을 입고 있는 백의관음보살은 당당한 체구에 흰 옷자락을 휘날리며, 오른쪽으로 몸을 약간 돌린 채 두 손을 앞에 모아 서로 교차하여 오른손으로는 버들가지를 들고 왼손으로는 정병을 들고 서 있다. 옷주름과 더불어 팔찌와 가슴 장식 역시 간소화되어 있긴 하나, 힘 있고 빠른 필치로 바람에 심하게 흩날리는 듯한 옷자락과 넘실대는 듯한 파도를 표현함으로써 강한 인상을 보여주고 있다. 조선 성종 7년(1476)경 조성된 것으로 추정된다.

보물 제1315호 무위사 극락전 내벽 사면벽화 [無爲寺 極樂殿 內壁 四面壁畵]

전남 강진군 성전면 무위사로 308 무위사

극락보전 안쪽 벽에 그려진 벽화로 총 29점이다. 지금은 모두 해체되어 보존각에 보관·진열되어 있다. 이 벽화는 삼존불화, 아미타래영도, 오불도 2점, 관음보살도를 비롯한 보살도 5점, 주악비천도 6점, 연화당초향로도 7점, 보상모란문도 5점, 당초문도 1점, 입불도 1점 등으로 극락보전 안쪽 벽을 장식하고 있었다. 이들 벽화 중 삼존불화와 아미타래영도 2점과 15세기 추정의 관음보살도, 당초문도 2점 등 4점은 특히 고려식 조선 초기 불화연구에 중요한 자료이다.

보물 제1317호 운흥사 괘불탱 및 궤 [雲興寺 掛佛幀 및 櫃]

경남 고성군 하이면 와룡2길 248

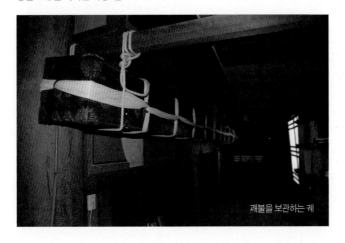

괘불을 보관하는 궤

괘불을 보관하는 궤는 뚜껑 윗부분 일부가 결손된 것 외에는 보존상태가 양호한 편이다.

괘불탱 조성 1년 뒤인 조선 영조 7년(1731)에 만들어진 이 궤는 '만·왕·십자[卍·王·十字] 및 범자[梵字]' 무늬가 투각되어 있는데, 궤 부착의 정교하고 다양한 형태의 금속장식 또한 보기 드문 예로 당시의 금속공예 연구에 귀중한 예라 할 수 있다.

보물 제1318호 신·구법천문도 [新·舊法天文圖]

서울 종로구 삼청로 37 국립민속박물관

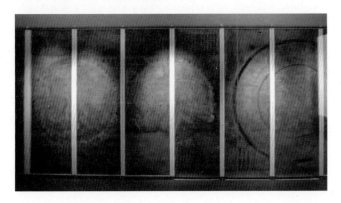

이 천문도는 전통 천문도인 천상열차분야지도와 17세기 이후 서양식 천문도인 신법 천문도가 함께 구성되어 있다. 처음 3폭에는 '천상열차분야도'를 그렸으며, 다음의 4폭에는 '신법천문도'를 묘사했다. 그리고 마지막 1폭에는 '일월오성도'를 그렸는데, 그 오행성의 명칭이 전통적 이름인 진성[鎭星-토성], 세성, 형혹, 태백, 진성[辰星-수성]으로 표시되어 있다. '신법천문도' 역시 차례는 같지만, 보다 근대적 표현(토성, 목성, 화성, 금성, 수성)으로 되어 있다. 1720~30년대에 그려진 것으로 여겨진다.

보물 제1319호 경진년대통력 [庚辰年大統曆]

서울 종로구 삼청로 37 국립민속박물관

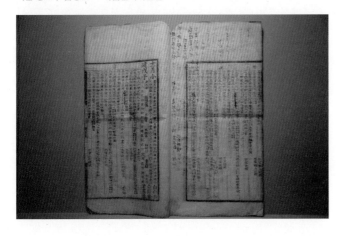

이 경진년 대통력은 모두 15장으로 구성되어 있다. 그 중 첫 장은 정월에서 12월까지 윤사월을 포함한 13개월의 24절기에 관한 내용과 연신방위지도이고, 제2장~제14장은 책력의 본체인 1월에서 12월까지의 월력이다. 달력에는 날짜별로 일상생활에서 그날그날 하기에 좋은 일과 해서는 좋지 않은 일을 기록하고 있다. 마지막 제15장은 부록 격으로, 간지별로 피해야 할 일들을 열거한 부분과 이 책력의 편찬·인쇄에 관여한 사람들의 이름이 적힌 목록이다. 이 대통력을 인쇄한 것은 선조 12년(1579)으로 추정된다.

보물 제1322호 곡성 가곡리 오층석탑 [谷城 柯谷里 五層石塔]

전남 곡성군 오산면 가곡리 2

이 석탑은 2단의 기단 위에 5층의 탑신을 올렸다. 탑의 아래 기단에는 기둥 모양이 없으나 윗기단에는 모서리에 기둥을 모각하였다. 1층부터 4층까지의 옥개받침은 3단이고, 5층 옥개받침은 2단으로 되어 있다. 매 층 지붕돌 위에 또 다른 돌로 몸돌받침을 만들어 몸돌을 괴고 있는 점이 특이하다. 지붕돌 모서리에는 풍경을 달았음직 한 구멍이 있다. 2층부터 5층까지의 몸돌 남쪽 면에는 네모난 홈을 파서 감실의 효과를 내었다. 백제계 석탑의 양식을 이어받은 고려시대 석탑이다.

보물 제1323호 파주 공효공 박중손묘 장명등 [坡州 恭孝公 朴仲孫墓 長明燈]

경기 파주시 탄현면 방촌로879번길 172-34

공효공 박중손과 정경부인의 묘 앞에 있는 2기의 장명등이다. 박중손(1412~1466)은 조선 전기의 문신이다. 공효공 박중손 묘 앞 장명등의 앞면과 뒷면 화창 모양은 사각형이나 동쪽의 화창은 동그란 원형[日]이며 서쪽의 화창은 반달 모양[月]으로 화창의 모양이 매우 특이하다. 정경부인의 장명등은 전체적으로 가늘고 긴 모양을 하고 있다. 화창은 4면 모두 사각형이다. 이 장명등은 화사석과 대좌가 하나의 돌로 만들어졌고, 특히 화창의 모양이 각각 땅과 해, 달을 상징하여 매우 독특하다.

보물 제1324호 시흥 소래산 마애보살입상 [始興 蘇萊山 磨崖菩薩立像]

경기 시흥시 대야동 산140-3

소래산의 마애상은 약 5㎜ 정도의 얕은 선으로 새긴 마애불이나 전체 높이가 14m에 달하는 거불로 보존상태도 양호하다. 특히 무늬가 새겨진 모자 모양의 둥근 보관을 쓰고 있는데, 보관의 옆에 뿔처럼 생긴 장식물은 서역 지역에 흔히 볼 수 있다는 점을 고려할 때 당시 서역과의 교류가 있었음을 시사하고 있다.

화려한 보관과 자비스럽고 원만한 얼굴의 형상, 양어깨를 덮은 옷과 연화좌의 표현 양식 등은 고려 초기 석조상의 특징으로 조성 연대를 추정할 수 있는 근거가 된다.

종의 윗면은 수평에 가까우며, 어깨 부
분인 상대와 맨 아래 부분인 하대에는 띠
를 돌리고 그 안쪽으로 반원무늬와 덩굴
무늬가 장식되어 있다. 유곽 테두리에도
덩굴무늬를 얕게 조각하였으며, 유곽 안
에는 작은 꽃받침을 갖춘 유두가 돌출되
어 있다. 당좌를 중심으로 대칭을 이루며
배치된 4개의 비천상은 구름 위에 꿇어앉
고 두 손을 모아 합장한 형태를 하고 있
다. 종에 기록이 없어 종의 제작 연대를
정확히 알 수는 없으나, 형태와 문양 및
성분 비율 등을 살펴볼 때 고려 초에 제
작된 범종으로 추정된다.

전 낙수정 동종 비천상

약사불, 아미타불, 석가불, 미륵불 등 4불 각각의 법회 장면을 한
화면에 압축하여 그린 독특한 형식의 불화이다. 화면 윗부분부터
시계 반대 방향으로 약사불, 아미타불, 석가불, 미륵불을 배치하고
그 아래쪽에 서 있는 모습의 보살과 사천왕상을 그려 넣은 다음 맨
아랫부분에 그림에 대한 내용을 적어 놓았다. 사불 구성은 사방석
불의 신앙에서 비롯한 것으로 죽은 사람의 명복을 빌고 현세에 사
는 사람의 편안함을 기원하는 두 가지 면을 모두 담고 있다. 조선
명종 17년(1562)에 그린 이 그림은 이종린이 자신의 외조부인 권
찬 등의 명복을 빌기 위해 조성한 것이다.

함창 상원사 사불회탱 하단의 보살과 사천왕 및 조성기

보물 제1327호 석조지장보살좌상 [石造地藏菩薩坐像]

서울 용산구 서빙고로 137 국립중앙박물관

대좌 뒷면의 조성 배경 기록[사진 재촬영]

　머리에 두건을 쓴 지장보살상으로 바위 형태의 대좌에 앉아 있는 모습이다. 전체 높이가 33.4㎝ 정도의 작은 불상으로 몸체는 두껍게 도금이 되어 있고 대좌는 붉은빛이 도는 칠을 하였다. 결가부좌한 모습의 지장보살상은 약간 앞으로 고개를 숙이고 있으며 목은 짧게 표현되었다. 양어깨를 모두 감싼 옷을 입고 왼손에 보주를 들고 있다. 특이한 바위 형태의 대좌 뒷면에는 이 불상 조성 배경 및 시주자와 제작자, 제작 연대를 밝혀주는 글이 새겨져 있다. 조선 중종 9년(1515)에 만들어졌다.

보물 제1328호 기영회도 [耆英會圖]

서울 용산구 서빙고로 137 국립중앙박물관

　이 그림은 조선 중기 국가의 원로[홍성, 노수신, 정유길, 원혼, 정종영, 박대립, 임열]들이 참석한 기영회 모임을 기념하여 그린 그림이다. 그림의 맨 윗부분에는 기영회도라고 제목을 적고, 가운데는 연회 장면, 맨 아랫부분에는 모임에 참석한 사람들의 이름, 자, 호, 본관, 품계와 관직 등을 앉은 순서대로 차례로 적고 시문 등을 적어 놓았다.

　특히 모임 참석자들의 모습의 자세한 표현 및 악대나 시녀, 시종들과 같이 부수적인 인물의 다양한 동작과 자세가 사실적으로 묘사되어 당시의 풍속과 기물, 복식 등의 정보도 제공하고 있다.

보물 제1329호 백자 청화 소상팔경문 팔각연적 [白磁 靑畵 瀟湘八景文 八角硯滴]

서울 용산구 서빙고로 137 국립중앙박물관

옆면이 여덟 면으로 이루어진 크기가 비교적 큰 백자연적이다. 이 연적의 윗면에는 구름과 용무늬를 매우 입체적으로 표현하였고, 옆의 여덟 면에는 중국의 소강과 상강이 만나는 곳의 대표적인 경치인 소상팔경을 능숙한 필치로 그려 넣었다. 중앙에 '동정추월[洞庭秋月]'이라 쓰고, 그 양옆에 각각 한 구절씩 시구를 적어 놓았다. 청화 안료를 사용하여 무늬를 표현한 이 백자연적은 다양한 표현 기법을 사용하는 등 도자기 제작의 새로운 방향을 모색하는 19세기에 만들어진 것으로 추정된다.

보물 제1330호 예천 용문사 팔상탱 [醴泉 龍門寺 八相幀]

경북 예천군 용문면 용문사길 285-30 용문사

팔상탱화는 석가모니의 일생을 잉태로부터 열반에 이르기까지 여덟 장면으로 나누어 묘사한 그림이다. 예천 용문사 팔상탱화는 한 폭에 두 장면씩 네 폭으로 이루어져 있어 형식상의 특징을 보여 준다. 황토색 바탕에 붉은색과 녹청색을 주로 사용하여 주된 장면만을 강조하여 나타낸 비교적 간단한 구성을 하고 있다.

용문사의 팔상탱화는 조선 전기의 도상과 화풍의 흐름을 이은 것으로, 이후 제작된 팔상도 작품과는 차별화된 특징을 지닌 작품이다.

흥국사 노사나불괘불탱
아래 부분

보물 제1331호 흥국사 노사나불괘불탱 [興國寺 盧舍那佛掛佛幀]

전남 여수시 중흥동 산 17 흥국사

흥국사 노사나괘불탱은 본존불만을 전체 화면에 꽉 차도록 그린 단독불화 형식이다. 거대하고 화려한 몸광배에 둥근 머리광배를 하고 있는 노사나불은 머리에 조그만 불상이 있는 보관을 쓰고 있으며 두 손을 어깨 위까지 들어 좌우로 벌리고 있는 모습이다. 화면 상단에는 노사나불과 관련이 있는 천궁과 같은 건물의 처마 끝이 표현되어 있고 하단에는 좌우로 보탑이 배치되어 있다.

18세기 최고 화승으로 꼽히던 의겸과 함께 활동했던 비현이 참여해 그린 탱화로, 색채가 선명하고 장식성이 돋보인다.

보물 제1333호 흥국사 십육나한도 [興國寺 十六羅漢圖]

전남 여수시 중흥동 산 17 흥국사

여섯 폭 가운데 좌 1폭(상단 첫째)은 중앙 본존불을 향하여 예를 갖추고 서 있는 늙은 비구 모습의 가섭존자와 1·3·5존자가 차례로 자리하고 있다. 좌 2폭(상단 둘째)은 7·9·11·13존자 순서로 배치되어 있으며, 좌 3폭(상단 셋째)은 15존자와 대범천 및 그 권속들이 그려져 있다. 우 1폭(하단 첫째)에는 중앙을 향해 단정하게 서 있는 청년 비구 모습의 아난존자와 함께 2·4·6존자를 그렸고, 우 2폭(하단 둘째)은 8·10·12·14존자가 그려져 있다. 우 3폭(하단 셋째)은 다소곳이 앉아 합장하고 있는 청년 비구 모습의 16존자와 하원장군과 직부사자를 거느리고 있는 제석천으로 이루어져 있다.

불화에 수묵화 기법을 도입한 의겸 스님의 화풍을 잘 보여주는 십육나한도이다.

흥국사 십육나한도
1 가섭존자·1빈도라발리타사·3가락가발리타사·5낙거라
2 7가리가·9수박가·11나호라·13인게타
3 15아대다·범천·임제사자·상원장군
4 6발타라·4소빈타·2가락가벌차·아난존자
5 14벌나파사·12나가서나·10반탁가·8벌사라불다라
6 하원장군·직부사자·제석천·16주다반탁가

보물 제1334호 화원 우배선 의병진 관련자료 [花園 禹拜善 義兵陳 關聯資料]

대구 달서구 월배로 219

조선 중기의 의병장·문신인 월곡 우배선(1569~1620) 장군의 임진왜란 때 의병활동과 그와 관련된 자료들이다. 위 사진들은 국립진주박물관의 특별전 '남명 조식과 내암 정인홍'전에 전시된 월곡 우공 창의유록과 우배선이 합천군구 재직 당시 정인홍이 보낸 서간이다.

화원 우배선 의병진 관련자료
1 월곡 우공 창의유록
2 합천군수 우배선에게 보낸 정인홍의 편지

보물 제1336호 고성 건봉사 능파교 [高城 乾鳳寺 凌波橋]

강원 고성군 거진읍 건봉사로 723 건봉사

고성 건봉사의 대웅전 지역과 극락전 지역을 연결하고 있는 무지개 모양의 다리로, 규모는 폭 3m, 길이 14.3m, 다리 중앙부의 높이는 5.4m이다. 다리의 중앙 부분에 무지개 모양의 홍예를 틀고 그 좌우에는 장대석으로 쌓아서 다리를 구성하였다. 홍예는 하부 지름이 7.8m이고 높이는 기석의 하단에서 4.5m이므로, 실제 높이는 조금 더 높다. 조선 숙종 34년(1708)에 건립된 경내 불이문 옆의 '능파교신창기비'에 이 다리가 숙종 30년(1704)부터 숙종 33년(1707) 사이에 처음 축조되었음을 기록하고 있다.

보물 제1337호 고성 육송정 홍교 [高城 六松亭 虹橋]

강원 고성군 간성읍 해상리 1041

하천의 폭이 12.3m 정도 되는 곳에 석축을 쌓고, 길이 10.6m의 다리를 놓았다. 홍예의 기초는 자연지형을 잘 활용하여 동쪽은 암반(높이 1.7m)을 그대로 이용하여 그 위에 홍예돌과 비슷한 크기의 장대석으로 1단의 지대석(높이 30㎝)을 두었다. 서쪽에서는 3단의 지대석을 쌓은 후 그 위에 홍예를 올렸다. 서쪽 지대석의 높이는 1단이 묻혀 있어 정확히 알 수 없으나 2단이 70㎝, 3단이 60㎝로 매우 거대하다. 건립 연대는 알 수 없으나 능파교 (1704~1707)와 비슷한 시기에 건립된 것으로 추정된다.

보물 제1338호 옥천 용암사 동·서 삼층석탑 [沃川 龍岩寺 東·西 三層石塔]

충북 옥천군 옥천읍 삼청리 산51 용암사

이 탑은 금당 앞에 위치하는 일반적인 석탑과는 달리 북쪽 낮은 봉우리에 위치한다. 이는 고려시대 성행했던 산천비보 사상에서 건립된 것으로 추정되며, 이러한 사상에 의해 건립된 유일한 쌍탑이다.

석탑 2기는 2층 기단 위에 3층의 탑신을 올렸다. 자연 암반 위에 건립되었음에도 2층 기단을 갖추고 있으며, 동탑은 4.3m, 서탑은 4.1m로 규모 면에서 약간의 차이가 있다. 서탑의 경우 2층과 3층 탑신의 몸돌이 결실되어 새로이 보충해 놓은 것이다. 각 부의 양식과 석재의 결구 수법에서 매우 간략화된 수법을 보이고 있다.

보물 제1340호 천은사 괘불탱 [泉隱寺 掛佛幀]

전남 구례군 광의면 노고단로 209 천은사

천은사 괘불탱은 석가의 모습이 단독으로 그려진 괘불이다. 크기는 길이 894cm, 폭 567cm로, 거대한 화면에 꽉 차게 정면을 향하여 서 있는 석가의 모습을 그렸다. 조선 현종 14년(1673)에 경심·지감·능성 등의 화원이 그린 이 괘불은 단독상으로 괴체적인 형태, 황토색이 강한 독특한 채색, 필선, 문양 등에서 17세기 후반의 새로운 경향을 보여주는 중요한 자료로 평가된다.

장성 백양사 소요대사탑
탑신 중앙의 용 문양

보물 제1346호 장성 백양사 소요대사탑 [長城 白羊寺 逍遙大師塔]

전남 장성군 북하면 약수리 20 백양사

이 부도는 소요대사(1562~1649)의 묘탑이다. 화강암으로 만들어진 높이 156cm 규모의 탑으로, 기단부는 8각형으로, 초화무늬를 조각했고, 1면에만 거북 동물이 양각하고 그 위는 연꽃을 새겼다. 탑신부는 종 모양으로 아랫부분은 그 안에는 게를 비롯한 8마리의 동물을 사실적으로 표현하였다. 중앙부에는 유곽과 유두, 4마리의 용을 새기고, '소요당[逍遙堂]'이라 새겨서 소요대사의 부도임을 밝히고 있다. 상륜부는 4마리의 용두가 새겨져 있다. 건립 연대는 조선 효종 원년(1650)으로 추정하고 있다.

해남 대흥사 서산대사탑 [海南 大興寺 西山大師塔]

전남 해남군 삼산면 구림리 산8 대흥사

해남 대흥사 서산대사탑
1 지붕돌과 머릿돌 장식
2 기단부의 문양

 이 탑은 8각 원당형 부도로 전체 높이는 2.7m이다. 하대석에는 연꽃무늬를 조각하고, 상대석에는 아래와 대칭되는 위로 향한 연꽃무늬를 새겼다. 중대석에는 동물상이 조각되었다. 탑신 전면에 '청허당'이라 새겨서 서산대사임을 밝혔다. 옥개석은 목조 건축 양식에서 보여지는 기왓골, 겹처마 등이 표현되어 있다. 상륜부는 용을 사실적으로 조각하고 높은 보주형을 이루었는데, 표면에 가득 조각 장식을 하였다. 인근에 있는 서산대사 탑비 기록으로 보아 조선 인조 25년(1647)에 건립된 것으로 추정된다.

곡성 태안사 동종
용뉴와 용통[음통] 및 입상화문

보물 제1349호 **곡성 태안사 동종 [谷城 泰安寺 銅鍾]**

전남 곡성군 죽곡면 태안로 622 태안사

 태안사 동종은 종견에 입상화문이 있고, 그 밑의 넓은 띠에는 연꽃무늬를, 아래 작은 원 속에 범자를 새겨 넣었다. 몸체에는 네 곳에 당초문으로 장식한 유곽을 조성하고 그 안에 9개의 유두를 연꽃 속에 넣었다. 종의 하단에도 어깨띠와 비슷한 넓은 띠를 조성하고 연꽃무늬와 당초문을 새겨 넣었다. 용뉴는 단용이며 용통을 두었다. 종 몸체에 새겨진 명문에 의하면, 조선 세조 3년(1457)에 이 종을 처음 주조했으나 파손되어 선조 14년(1581)에 다시 만들어졌음을 알 수 있다.

보물 제1350호 통도사 석가여래괘불탱 [通度寺 釋迦如來掛佛幀]

경남 양산시 하북면 통도사로 108 통도사

통도사 석가여래괘불탱은 꽃가지를 든 석가여래의 모습이 단독으로 그려진 괘불이다. 이 괘불탱은 화면 좌우와 윗부분 바깥쪽을 범자 원문대로 테두리 지은 다음, 거대한 화면에 꽉 차게 정면을 향하여 서 있는 석가의 모습을 그렸다. 머리에는 보관을 쓰고 있으며, 두광과 신광이 있고, 광배 밖 윗부분에는 옅은 녹색과 적색의 구름을 적절히 배치하고 바탕을 검은색으로 처리하였다.

그림 하단 기록에 의하면 이 괘불탱은 조선 영조 43년(1767)에 두훈을 비롯한 14인의 화승들이 참여하여 조성하였다.

보물 제1355호 초조본 아비달마계신족론 권하 [初雕本 阿毗達磨界身足論 卷下]

서울 종로구 새문안로 55 서울역사박물관

이 불경은 대표적인 논장[論藏]인 육족론[六足論] 가운데 하나로, 설일체유부의 논장에 통달한 세우존자가 저술한 것을 당나라의 승려인 현장이 한역한 것이다.

이 판본은 책의 장수 표시가 '장[丈]'으로 되어 있고, 책 끝에 있는 간행기록이 없는 점 등으로 보아 고려 현종 때 조성한 초조대장경 판본 가운데 하나로, 보존 및 인쇄 상태가 뛰어난 불서이다.

보물 제1356호 초조본 현양성교론 권3 [初雕本 顯揚聖教論 卷三]

서울 종로구 새문안로 55 서울역사박물관

북인도의 무착보살이 저술하고 당나라 승려인 현장이 한역한 '현양성교론' 20권 가운데 제3권 1축이다. 성교[聖教]를 현양하기 위한 논서[論書]라는 뜻으로 법상종의 가장 중요한 책인 '유가사지론'을 널리 펼치기 위해 저술한 것이다.

이 판본은 책의 장수 표시가 '장[丈]'으로 되어 있고, 책 끝에 있는 간행기록이 없는 점 등으로 보아 고려 현종 때 조성한 초조대장경 판본 가운데 하나로, 보존 및 인쇄 상태가 뛰어난 불서이다.

보물 제1357호 해남 대흥사 서산대사유물 [海南 大興寺 西山大師遺物]

전남 해남군 삼산면 대흥사길 400 대흥사

해남 대흥사에 있는 서산대사의 유물로, 임진왜란 때 승군으로 나선 서산대사를 승군 대장 도총섭으로 임명한 교지와 정조가 서산대사의 충절을 기리는 내용을 친히 적은 서산대사화상당명이다. 교지는 임진왜란 초 발급되었다가 화재로 소실된 서산대사의 도총섭 교지를 만력 30년, 즉 선조 35년(1602)에 재발급한 것이다. 꽃, 구름무늬 채화가 그려진 담황색 비단에 내용이 적혀있고, 끝부분에는 정조의 친필임을 상징하는 '홍재'라는 도장이 찍혀있다. 글의 내용은 서산대사의 충절을 기리는 내용이다.

보물 제1358-1호 동여도 [東輿圖]

서울 종로구 새문안로 55 서울역사박물관

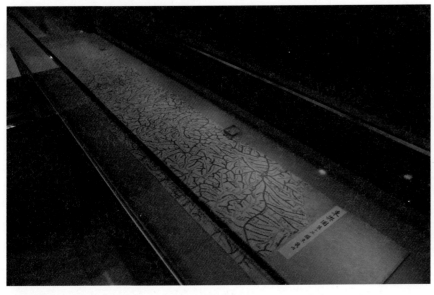

동여도 제13첩(부분)

동여도는 철종·고종 연간에 고산자 김정호가 만든 필사본의 전국 채색지도로, 병풍처럼 접고 펼 수 있는 분첩절첩식[分疊折帖式] 형태로 되어 있다. 총 23첩으로 맨 앞첩은 목록집이고, 제1첩부터 제22첩까지는 각 지역의 지리가 그려져 있다. 지도는 산천표시와 함께 주현별 경계선을 그어, 주현간의 도로를 표시하였다. 그 바탕 위에 영진, 주현, 진보, 역도, 목소, 창고, 봉수, 능침, 성, 도로, 파수 등을 표시하였다. 지도상의 거리는 제1첩 1면에 방안을 그려놓고 '방십리매편[方十里每片]'이라고 하여 매방[每方]의 실거리가 10리임을 표시하였다.

보물 제1359호 감은사지 동삼층석탑 사리장엄구 [感恩寺址 東三層石塔 舍利莊嚴具]

서울 용산구 서빙고로 137 국립중앙박물관

감은사지 동삼층석탑 사리장엄구
내함

감은사지 동 삼층석탑을 1996년도에 해체·수리하면서 발견된 사리기이다. 외함의 네 벽면에는 사리를 수호하는 사천왕상이 표현되어 있으며, 사천왕상의 주변에는 구름무늬를 새겼고 좌우에는 귀신의 얼굴 모양을 새긴 고리가 배치되어 있다. 사리를 모셔 둔 내함은 기단부, 몸체, 천개의 3부분으로 이루어져 있다. 수정으로 만든 사리병은 높이가 3.65cm이며, 정교하게 금알갱이로 장식된 뚜껑과 받침, 그리고 원판 수정제 받침 등 통일신라시대 공예 기술의 정수를 보여주고 있다.

보물 제1360호 보은 법주사 소조비로자나삼불좌상 [報恩 法住寺 塑造毘盧遮那三佛坐像]

충북 보은군 속리산면 법주사로 405 법주사

보은 법주사 소조비로자나삼불좌상

이 삼불좌상은 본존불인 비로자나불상을 중심으로 왼쪽에 아미타불상, 오른쪽에 석가여래상을 배치한 삼불상으로 보존 상태는 양호한 편이다. 전체적으로 장대한 체구에 비하여 동안이며, 옷주름을 두텁게 표현한 이 불상은, 조형성이 탄탄하여 임진왜란 후의 새로운 조형을 보여주는 작품이다. 비록 불상 안에 넣어둔 유물들이 대부분 도난당했으나 남아있는 연기문에 조선 인조 4년(1626)에 조성되었고, 그 후 121년이 지난 조선 영조 23년(1747)에 개금 불사하였음을 기록되어 있다.

보물 제1361호 보은 법주사 목조관음보살좌상 [報恩 法住寺 木造觀音菩薩坐像]
충북 보은군 속리산면 법주사로 405 법주사

법주사에 모셔져 있는 나무로 만든 관음보살좌상이다. 머리에는 화염보주로 호화롭게 꾸민 보관을 쓰고 있는데, 관의 가운데에는 작은 부처가 새겨져 있다. 배 부분에는 복갑 같은 둥근 꽃 장식 판을 두르고 있어서 전반적으로 장식성이 두드러져 보인다. 네모꼴에 가까운 얼굴은 근엄한 표정을 짓고 있으며, 오른손은 가슴에 올리고 왼손은 배에 두었으며 엄지와 중지를 맞댄 손 모양을 하고 있다. 불상 안에서 나온 유물 중 불상 조성기가 발견되어 순치 12년 효종 6년(1655)에 조성되었음을 알 수 있다.

보물 제1362호 양양 낙산사 건칠관음보살좌상 [襄陽 洛山寺 乾漆觀音菩薩坐像]
강원 양양군 강현면 낙산사로 100 낙산사

이 보살좌상은 금속으로 만든 팔각 대좌 위에 결가부좌한 채 앉아 있는데, 적당한 크기로 허리를 곧추세우고 고개만을 앞으로 약간 숙여 마치 굽어보는 듯한 느낌을 준다. 머리에는 화려한 높은 보관을 썼으며, 각지지 않은 둥글고 탄력적인 얼굴에는 이목구비가 단정하게 묘사되어 있다. 오른손은 가슴에 올리고 왼손은 배에 두었으며 엄지와 중지를 맞대고 있다. 가냘픈 듯 섬세하게 표현되었다. 온몸에는 화려한 구슬 장식이 드리워져 있다. 표현 수법으로 보아 조선 초기 조성된 것으로 추정된다.

보물 제1363호 화엄사 대웅전 삼신불탱 [華嚴寺 大雄殿 三身佛幀]
전남 구례군 마산면 화엄사로 539 화엄사

화엄사 대웅전에 보존되어 있는 탱화로 비로자나불, 노사나불, 석가모니불 등 삼신불을 그린 탱화이다. 이 삼신불탱은 3폭으로 되어 있는데, 중앙의 비로자나불탱을 중심으로 왼쪽에는 노사나불탱, 오른쪽에는 석가모니불탱을 각 한 폭씩 그렸다. 이 삼신불탱은 1781년 제작된 것으로 세기 의겸 스님 외 13명의 화원이 동원되어 그린 탱화로 필선이 섬세하며 녹색을 많이 사용한 것이 특징이다. 길이가 4m를 넘는 거대한 3폭의 화면에 삼신불을 완전히 갖춘 매우 드문 예로, 18세기 삼신불도의 전형을 보여주는 작품이다.

보물 제1364호 쌍계사 대웅전 삼세불탱[복제] [雙磎寺 大雄殿 三世佛幀]

경남 하동군 화개면 쌍계사길 59 쌍계사

쌍계사 대웅전에 보존돼 있는 탱화로, 중앙의 석가모니불도를 중심으로 왼쪽에는 약사불도, 오른쪽에는 아미타불도를 배치한 삼세불탱화이다. 이 삼세불도는 1781년 제작된 것으로 석가모니불도는 불화승 승윤, 만휘 등이, 약사불도는 불화승 함식, 왕인 등이, 아미타불도는 불화승 평삼, 함식 등이 제작하였다.

삼세불탱의 보존을 위하여 원본은 쌍계사 성보박물관에 봉안하고 현재는 대웅전 내에 복제본을 게시하고 있다.

보물 제1365호 쌍계사 팔상전 팔상탱[복제] [雙磎寺 八相殿 八相幀]

경남 하동군 화개면 쌍계사길 59 쌍계사

이 팔상탱은 모두 8폭으로 이루어져 있는데, 각 폭의 장면은 건물과 구름·나무·산을 이용하여 구분 짓고, 장면마다 이에 따른 내용을 적어 놓고 있어 그림을 이해하기에 쉽다는 특징이 있다. 그 가운데에서도 각 상에 빠지지 않고 등장하는 수목의 표현은 도식적이지 않고, 일반 회화 속의 나무와도 같이 매우 자연스럽고 사실적이다.

각 폭마다 동일하게 화면의 아랫부분에 그림에 대한 내력을 적어 놓았는데, 이 기록을 통해 옹정 6년, 즉 1728년에 일선·후경·명정·최우·원민·처영·신영·영호 등 8명의 승려 화가들에 의해서 조성되었음을 알 수 있다.

쌍계사 팔상전 팔상탱

1 도솔의래상
2 비람강생상
3 사문유관상
4 유성출가상
5 설산수도상
6 수하항마상
7 녹야전법상
8 쌍림열반상

전남 순천시 송광면 송광사안길 100 송광사

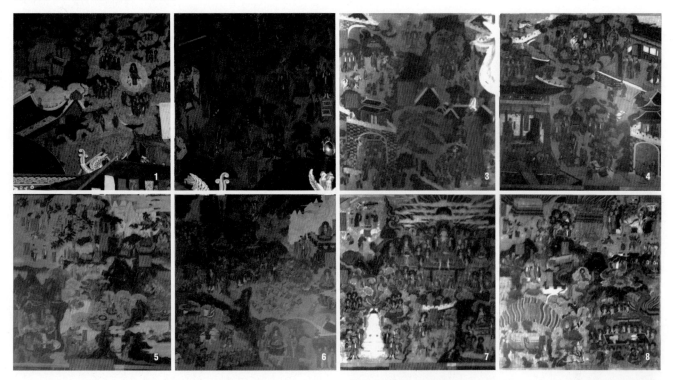

송광사 영산전 후불탱.팔상탱

1 도솔의래상
2 비람강생상
3 사문유관상
4 유성출가상
5 설산수도상
6 수하항마상
7 녹야전법상
8 쌍림열반상

후불탱은 영산전의 주불인 석가모니불의 후불화이면서도 다른 영산회도 및 기타 전각의 석가후불도와는 다르게 그림 하단부에 설법을 듣는 청중들과 사리불까지 배치함으로써 법화경 내용에 매우 충실한 대표적인 영산회도라는데 의의가 있다. 팔상도 또한 구성이 복잡하지 않고 간단한 초기 팔상도의 경향을 띠고 있으며, 자연스럽고 사실적인 나무 표현기법과 여유로운 경물의 배치를 보여주고 있어 당시 또는 앞선 시기 일반 회화와의 관계를 가늠할 수 있는 자료이다. 조선 영조 원년(1725)에 그려졌다.

충북 영동군 황간면 백화산로 652 반야사

지대석 위에 1층의 기단을 이루고 그 위에 3층의 탑신을 올린 석탑으로 높이는 3.35m이다. 토단 위에 건립되어 있는데, 지대석으로부터 마지막 층까지 대체로 완전한 편이다. 기단과 탑신의 몸돌에는 기둥을 모각하였다. 1층 탑신은 4매의 판석으로 구성하고, 2·3층 탑신과 옥개석은 모두 1석으로 조성되었다. 옥개받침은 1층 5단, 2·3층에서는 4단으로 되어 있다. 상륜부는 찰주공이 관통된 노반과 복발이 남아있다. 조성 연대는 고려시대이다.

보물 제1372호 함평 고막천 석교 [咸平 古幕川 石橋]

전남 함평군 학교면 고막리 629

이 석교는 함평군과 나주시 경계 사이를 흐르는 고막천을 가로지르는 다리이다. 총 길이 20m, 폭 3.5m, 높이 2.5m로서 5개의 교각 위에 우물마루 형식의 상판을 결구한 널다리로서 동쪽으로는 돌로 쌓은 석축 도로가 7~8m 연결되고, 최근 다리와 도로를 연결하기 위해 세운 콘크리트 다리가 이어지고 있다. 1390~1495에 조성된 것으로 추정되는 고막천 석교는 널다리 형식으로 원래의 위치에 원형을 간직하고 남아있는 우리나라의 가장 오래된 다리이다.

보물 제1373호 양산 통도사 금동천문도 [梁山 通度寺 金銅天文圖]

경남 양산시 하북면 통도사로 108 통도사

금동천문도의 전면에는 천구의 북극을 중심으로 둥글게 북극으로부터 적도 부근에 이르는 영역의 별자리들이 표시되어 있다. 동판 위에 표시된 별자리는 천상열차분야지도의 모든 별 가운데 중요하게 여겨지는 109개의 별자리이며 별의 총 개수는 481개이다. 별 하나하나마다 구멍을 뚫어 진주를 박아 넣어 아름답게 조립했던 것으로 보인다. 현재는 24개의 진주만이 남아있다. 명문이 점각되어 있어 이 천문도는 조선 효종 3년(1652)에 비구니 선화자가 조성하였음을 알 수 있다.

보물 제1375호 월정사 팔각구층석탑 사리장엄구 [月精寺 八角九層石塔 舍利莊嚴具]

강원 평창군 진부면 오대산로 374 월정사

청동 거울

은제 도금 여래입상, 수정 사리병

평창 월정사 팔각 구층석탑(국보 제48호) 내 발견 유물 일괄은 1970년 기울어졌던 팔각구층석탑을 해체 복원할 때 발견된 것으로 모두 9종 12점이다. 이들 일괄 유물은 대체로 10~11세기경에 제작된 유물들이어서 석탑이 건립될 때 함께 내장된 것으로 추정된다.

일괄 유물로는 은제도금여래입상과 청동사리외합을 비롯하여 은제내합, 호리병 모양의 수정사리병, 금동제 사각향갑, 청동거울, 전신사리경 두루마리, 수라향갑 주머니, 명주보자기 등이 남아 있다.

보물 제1376호 순천 송광사 티베트문 법지 [順天 松廣寺 티베트文 法旨]

전남 순천시 송광면 송광사안길 100 송광사

송광사에 소장되어 있는 티베트문 법지로, 송광사 16국사 중 제6세인 원감국사가 당시 충렬왕의 명을 받고 원나라를 방문하고 돌아오는 길에 원나라 세조인 쿠빌라이로부터 받아온 것이라 전해진다. 이 티베트문 법지는 현재 크고 작은 6장의 조각으로 나뉘어 있는데, 종이의 두께, 색깔, 필체 등으로 보아 본래는 1매의 문서였을 것으로 추정된다. 내용은 ①문서 소지자에 대한 신분과 신분보장 ②신분을 보장해줄 자들에 대한 명시와 협조요청 ③문서 발급자의 증명 부분 등이다.

보물 제1377호 영광 불갑사 목조석가여래삼불좌상 [靈光 佛甲寺 木造釋迦如來三佛坐像]

전남 영광군 불갑면 불갑사로 450 불갑사

대웅전에 모셔져 있는 목조석가여래삼불좌상으로, 중앙의 석가모니불을 중심으로 하여 왼쪽에는 약사불이 배치되고 오른쪽에는 아미타불이 자리하고 있다. 불상 안에서 발견된 불상 조성기에 의하여 1635년 무염스님을 비롯한 승일, 도우, 성수 등 10인의 화승들에 의해 조성되었음을 알 수 있다.

이 불상은 지금까지 전해지고 있는 무염비구의 작품들 가운데 가장 초기의 것으로, 전라도, 충청도, 강원도지역을 거쳐 폭넓게 활약하던 무염일파의 작품과 경향을 파악할 수 있는 작품이다.

보물 제1378호 쌍계사 목조석가여래삼불좌상·사보살입상 [雙磎寺 木造釋迦如來三佛坐像·四菩薩立像]

경남 하동군 화개면 쌍계사길 59 쌍계사

중앙의 석가모니불

하동 쌍계사 대웅전에 모셔져 있는 나무로 만든 삼불좌상 중 석가모니불과 아미타불, 약사불, 그리고 일광, 월광, 관음, 세지보살로 추정되는 네 보살입상이다. 중앙에 모셔져 있는 석가모니불은 본존불로서 삼불상 중 가장 크고 건장한 신체에 넓은 무릎을 하여 안정되어 보인다. 불상 안에서 발견된 조성기에 의하면, 조선 인조 17년(1639)에 청헌비구를 비롯한 11명의 화승에 의해 조성되었음을 알 수 있다.

이 불상들은 조선시대 17세기 전반 무렵의 불상 연구에 중요한 자료로 평가된다.

보물 제1381호 예산 수덕사 목조석가여래삼불좌상 [禮山 修德寺 木造釋迦如來三佛坐像]

충남 예산군 덕산면 수덕사안길 79 수덕사

주불인 석가모니불은 굽어보는 듯한 자세에 당당한 어깨와 넓은 무릎을 하여 안정되어 보인다. 육계의 구분이 불분명한 머리에는 중앙계주와 정상계주가 표현되어 있으며, 네모꼴의 각진 얼굴에는 근엄한 듯 부드러운 미소가 엿보인다. 약사불과 아미타불 또한 머리 모양, 얼굴 형태와 이목구비의 표현, 양손과 옷주름 선의 사실적 묘사 등이 본존불과 동일한 양식적 특징을 보여주고 있다. 불상 안에서 발견된 '조성기'에 의하면 조선 인조 17년(1639)에 수연비구를 비롯한 7명의 화원이 참여하였다.

보물 제1382호 청자 상감 '신축' 명 국화모란문 연 [靑磁 象嵌 '辛丑' 銘 菊花牡丹文 硯]

서울 용산구 이태원로 55길 삼성미술관 리움

벼루 양 측면에는 흑백상감으로 모란당초문을 단정하게 새겨 넣고, 앞·뒷면에는 국화당초와 구름 문양을 상감하고 윗면에는 음각의 뇌문대를, 안바닥에는 국화절지문을 가늘게 새겼다. 안바닥 넓은 면 오른편으로 '신축오월십일조[辛丑伍月十日造] 위대구전호정서감부[爲大口前戶正徐敢夫]'라 새겨 넣고, 왼편에는 '청사연대쌍황하사[淸沙硯壹雙黃河寺]'라는 명문을 백상감하였다. 신축년은 1121년, 1181년, 1241년에 해당하는데, 유약의 상태와 상감문양 등으로 볼 때 1181년일 가능성이 가장 높다.

보물 제1392호 이암 필 화조구자도 [李巖 筆 花鳥狗子圖]

서울 용산구 이태원로55길 삼성미술관 리움

이암 필 화조구자도의 작자인 이암(1499~?)은 세종의 넷째 아들 임영대군(1418~1469)의 증손으로 영모화[翎毛畵]와 조화에 뛰어났다고 한다. 이 작품은 따스한 봄날 꽃나무를 배경으로 하여 세 마리 강아지가 한가롭게 햇볕을 즐기고 있는 장면을 그린 것이다. 굽어진 가지에는 두 마리의 새가 앉아 있는데, 이 새들은 서로 마주 보고 있는 것이 아니라, 가지를 향해 날아오는 나비와 벌을 마치 호응하듯 바라보고 있다. 화면의 구성 요소들이 자연스럽고 조화를 이루며 따스한 봄날의 평화로운 분위기를 느끼게 한다.

보물 제1394호 경기감영도 병풍[모사본] [京畿監營圖 屛風]

서울 용산구 이태원로55길 삼성미술관 리움

모사본[경기노박물관 촬영]

경기감영도 병풍은 서대문 밖 경기감영의 풍경을 12폭의 화폭에 담아낸 것이다. 전경은 부감법의 높고 넓은 시점으로 처리되어 있으며, 건물들은 오른쪽 위에서 왼쪽 아래를 향하는 사선방향의 평행 투시도법으로 표현되어 있다. 병풍은 오른쪽부터 1폭에 돈의문과 수문장청, 제4폭에는 솟을대문에 기영이라 쓰여진 것이 보인다. 제6폭 중앙에 선화당, 8폭 위쪽에는 영은문과 보화관, 제8폭과 9폭에 걸쳐 연꽃이 만발한 연지가 보이며, 제10폭에는 유숭성, 제12폭에는 시정이 보인다.

조선 후기에 그린 것이다.

보물 제1395호 영암 도갑사 도선국사 · 수미선사비 [靈巖 道岬寺 道詵國師 · 守眉禪師碑]

전남 영암군 군서면 도갑사로 306 도갑사

영암 도갑사 도선국사 · 수미선사비
1 비신
2 비신의 측면 용 문양

도갑사 도선 · 수미비는 통일신라시대의 승려인 도선국사와 조선시대 수미왕사의 행적을 기록한 높이 5.17m 규모의 석비로 비신은 대리석이다.

일반적으로 대부분의 석비가 1명을 대상으로 조성하나 이 비는 도선과 수미 두 인물을 대상으로 하고 있다. 또한 비문의 찬자가 이경석, 이수인, 정두경 세 사람인데, 세 글 모두 조성 연대는 '숭정[崇禎] 병자 사월 일 입'이라 기록되어 있다. 이는 조선 인조 14년(1636)에 건립이 시작되어 조선 효종 4년(1653)에 준공되기까지 18년의 긴 시간이 걸렸기 때문으로 판단된다.

보물 제1396호 강진 백련사 사적비 [康津 白蓮寺 事蹟碑]

전남 강진군 도암면 백련사길 145 백련사

강진 백련사 사적비
1 이수
2 귀부

　백련사 사적비는 높이 4.47m 규모로, 귀부, 비신, 이수를 갖추었다. 귀부는 고려시대, 비신과 이수는 숙종 7년(1681)에 조성되어 각기 다른 건립 연대를 보인다. 비신은 전·후면에는 비문이, 양 측면에는 초화문을 양각했다. 비신 전면의 상단에는 전서체로 '만덕산백련사 비'라 새겼다. 뒷면에는 당시 불사에 참여한 사람의 인명이 기록되어 있다. 비문은 조정저가 지었고, 이우가 썼으며, 전서는 이간이 썼다. 숙종 7년(1681) 조성하였다.

보물 제1397호 영국사 영산회후불탱 [寧國寺 靈山會後佛幀]

서울 종로구 우정국로 55 불교중앙박물관

　중앙의 석가모니불을 중심으로 좌우 대칭되게 문수·보현 등 보살과 성중[聖衆]들을 빽빽하게 배치하였으며, 조선시대 불화 가운데 비교적 제작 시기가 이르다.

　이 그림은 군도[群圖]형식으로 표현하였으며, 하단 중앙에 먹으로 쓴 화기에 "강희 사십팔년 사월 일[康熙肆拾捌年四月日]"이라 쓰여 있어 숙종 35년(1709) 제작됨을 알 수 있고 또한 인문, 민기, 세정 3명의 불화승이 참여하여 그렸음을 알 수 있다. 주 색조는 적·녹색으로 담채 계통의 밝은 홍색을 많이 사용하여 조선 초기적 경향이 강하게 나타나고 있다.

보물 제1401호 충주 봉황리 마애불상군 [忠州 鳳凰里 磨崖佛像群]

충북 충주시 가금면 봉황리 산27

두 곳의 커다란 암벽에 시기를 약간 달리하여 부조로 조각된 9구의 불·보살상이다. 상부에는 높이 3.5m, 폭 8m의 바위 면에 불좌상 1구가 양각되어 있고, 하부에는 불좌상 1구와 공양상, 반가상을 중심으로 5구의 보살상 등 모두 8구가 새겨져 있다. 비바람에 의한 마멸로 부분에 걸쳐 윤곽이 뚜렷하지 않지만, 마애불상 중 비교적 초기의 예로 한강 유역과 낙동강 유역을 연결하는 중간지역이라는 특수한 역사적, 지정학적 배경을 바탕으로 조성되어 신라와 고구려 불상의 경향까지 보여주고 있다. 조성 시기는 6세기 후반~7세기 초로 추정된다.

보물 제1402호 영주 소수서원 문성공묘 [榮州 紹修書院 文成公廟]

경북 영주시 순흥면 소백로 2740 소수서원

영주 소수서원 문성공묘 전경

영주 소수서원 문성공묘는 안향을 주향으로, 문정공 안축, 문경공 안보, 문민공 주세붕의 위패를 함께 봉안하고 있다. 규모는 정면 3칸, 측면 3칸의 맞배지붕이다. 맞배지붕의 양측 박공에는 풍판을 달았다. 건물의 좌측과 뒤편에 장대석으로 축대를 쌓았으며, 사방에 돌담을 두르고, 정면에 외단문을 설치하고 우측에 협문을 두었다.

매년 3월, 9월 초정일[初丁日]날 제향을 올리고 있으며, 주세붕이 직접 쓴 제향 의식과 절차를 기록한 홀기문서가 전하고 있다.

보물 제1403호 영주 소수서원 강학당 [榮州 紹修書院 講學堂]

경북 영주시 순흥면 소백로 2740 소수서원

소수서원 강학당은 학문을 강론하던 장소로 규모는 정면 4칸, 측면 3칸의 팔작지붕 겹처마집이다. 기단 네 모서리에 활주를 설치하였다. 강학당 정면은 동쪽을 향하고 있으며, 서원 입구에서 바로 강학당으로 들어갈 수 있도록 남쪽 기단에 계단을 설치하였다. 내부 대청의 북면에는 명종의 친필인 '소수서원'이란 편액이 걸려있다. 정면 4칸 중 좌측 3칸은 마루이며, 우측 1칸에는 방을 2개 설치하였다. 조성 시기는 주세붕이 백운동서원을 설립한 중종 38년(1543)이다.

보물 제1404호 봉사조선창화시권 [奉使朝鮮倡和詩卷]

서울 용산구 서빙고로 137 국립중앙박물관

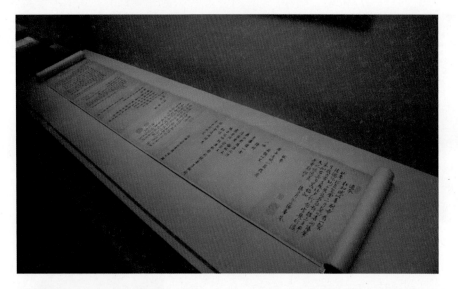

봉사조선창화시권 부분

　봉사조선창화시권은 왕숙안이 전서로 '봉사조선창화시책[奉使朝鮮倡和詩册]'이라 쓴 제전[題篆]과 창화시 본체 및 청나라 당한제와 나진옥이 쓴 발문의 세 부분으로 구성되어 있다. 명나라 봉사 예겸과 집현전 학사인 성삼문, 신숙주, 정인지 사이에 서로 나눈 창화시를 모아 권축으로 만든 것을 광서 을사년에 개장한 것이다. 이 자료는 당시의 대명외교의 생생한 기록이라는 점에서 중요한 의미가 있을 뿐만 아니라 조선 초기 서예사 연구에 매우 귀중한 자료로 평가되고 있다.

보물 제1405호 비해당 소상팔경시첩 [匪懈堂 瀟湘八景詩帖]

서울 용산구 서빙고로 137 국립중앙박물관

김종서의 시

　비해당 소상팔경시첩은 세종 24년(1442)에 안평대군(호: 비해당)의 주선으로 송영종의 팔경시, 고려의 이인로와 진화의 팔경시, 김종서, 성삼문, 박팽년, 신숙주, 안지, 강석덕, 최항, 남수문, 신석조 등 19명의 시문을 받아 처음 두루마리로 꾸민 시권이다. 이중 팔경도와 송영종의 팔경시가 빠진 상태에서 두루마리 형태의 권자장에서 첩장[帖裝]으로 개장한 것이다. 작자는 모두 21인(고려 2, 조선 19)인데, 이 중 조선조 19인의 시문은 지은이 자신의 진필[眞筆]로 판단된다.

보물 제1406호 이십삼 상대회도 [二十三 霜臺會圖]

경기 용인시 기흥구 상갈로 6 경기도박물관

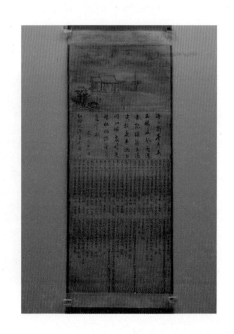

이 계회도는 김종한 등 23명이 가졌던 계회를 토대로 제작된 계회도이다. 상단에는 전서로 쓴 표제가 있으며, 그 아래에는 계회를 하는 장면과 찬시가 쓰여 있다. 하단에는 참가자들의 이름 및 품계, 그리고 그 부친의 관직 및 이름 등을 기록한 좌목이 있다. 이러한 체제는 조선 초기 계회도에서 볼 수 있는 형식으로서 그림 자체의 비중이 작으며, 참가자 부친에 대한 정보를 기재하기 위해 단을 따로 설정한 점도 이채롭다. 하단에 좌목 추기가 있는데 이는 후손에 의해 정서된 것으로 정확한 작성 연대는 불명이다.

보물 제1408호 금강반야바라밀경 [金剛般若波羅蜜經]

충북 청주시 흥덕구 직지대로 청수고인쇄박물관

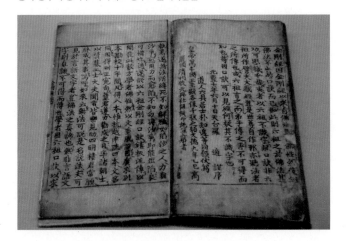

이 책은 목판본으로 구마라즙이 번역한 금강경을 바탕으로 육조 혜능이 금강경에 대해 해석한 내용을 붙인 것이다. 우리나라에서 조계종의 근본 경전으로 반야심경과 함께 가장 많이 읽히는 경전이다.

고려 충렬왕 31년(1305) 청주 원흥사에서 개판된 경서로, 1377년의 흥덕사 간행 '백운화상초록불조직지심체요절' 이전에 간행된 판본이다. 비록 목판본이기는 하나 청주 지역이 우리나라 인쇄 문화의 발흥지임을 나타내는 중요한 자료이다.

보물 제1409호 대방광불화엄경소 권48, 64, 83 [大方廣佛華嚴經疏 卷四十八,六十四,八十三]

충북 청주시 흥덕구 직지대로 청주고인쇄박물관

대방광불화엄경소 권48

대방광불화엄경소는 대승경전의 하나인 화엄경 주본[周本]을 저본으로 당나라 징관이 주소하고 여기에 송나라 정원이 주해한 교장류의 일종이다.

이 판본은 저자인 정원이 의천에게 보낸 목판으로 주본 화엄경을 주해한 주소본[註疏本] 120권을 찍어낸 것 가운데 권48, 64, 83에 해당하는 것으로 상태가 비교적 양호한 편이다. 권83의 말미에 '가정[嘉靖] 31년(1552) 임자[壬子]…시봉[侍奉]…'라는 묵서가 남아 있는데, 인출한 시기라기보다는 소유하게 된 시기를 기록한 것으로 보인다. 제작 시기는 고려 후기로 추정된다.

보물 제1410호 금동당간용두 [金銅幢竿龍頭]

대구 수성구 청호로 321 국립대구박물관

금동 당간 용두는 금방이라도 튀어나올 듯 두 눈을 크게 부릅뜬 채 윗입술이 S자형을 이루며 위로 길게 뻗친 입을 벌려 여의주를 물었다. 목을 앞으로 쑥 내밀어서 휘어진 역동적인 몸통에는 두 가닥의 선으로 비늘을 촘촘히 음각하였다. 목과 만나는 입 안쪽으로 도르래가 장착된 구조로 되어 있어, 턱밑을 뚫고 어금니 부분의 못으로 고정해 놓아 실제로 사용할 수 있도록 고안한 것으로 보인다. 통일신라 간두로는 매우 희귀한 예로 통일신라의 조각사, 공예사 및 건축사적으로도 중요한 유물이다.

보물 제1411호 임신서기석 [壬申誓記石]

경북 경주시 일정로 186 국립경주박물관

임신서기석은 한 면에 5줄 74글자의 글씨가 새겨져 있다. 비석의 첫머리에 '임신[壬申]'이라는 간지가 새겨져 있고, 또한 그 내용 중에 충성을 서약하는 글귀가 자주 보인다. 한자·한문을 받아들여 우리의 표기 수단으로 삼을 때 향찰식 표기, 한문식 표기 외에 훈석식 표기가 실제로 있었다는 것을 증거 해주는 유일한 금석문 유물이다. 명문의 임신년은 552년(진흥왕 13) 또는 612년(진평왕 34)의 어느 한 해일 것으로 보이며 명문의 새김방식에서 6세기 신라시대 금석문의 일반적 특징을 보여주는 자료이다.

보물 제1412호 감지 금니 대방광불화엄경 권15 [紺紙 金泥 大方廣佛華嚴經 卷十五]

서울 강남구 언주로 827 코리아나화장박물관

이 사경은 고려 충숙왕 복위 3년(1334) 감색의 종이에 금니로 쓴 것 가운데 제15권이다.

내용은 화엄경 39품 가운데 제12 현수품의 후반부로 문수보살의 요청으로 현수보살[賢首菩薩]이 체험하고 증득한 광명과 삼매의 위신력 등의 수행공덕을 게송[偈頌]으로 읊은 것이다. 권수에는 사성 발원문과 변상도가 붙어 있는데, 사성 발원문에 의하면 영록대부 휘정사 정독만달아[鄭禿滿達兒]가 부모, 원나라 황제, 고려 왕 등을 축원하기 위해 화엄경 81권과 수능엄경 10권을 사성하였음을 알 수 있다. 감지금니대방광불화엄경입불사의해탈경계보현행원품(보물 제752호)과 동시에 조성된 사경으로 보인다.

보물 제1413호 보은 법주사 철확 [報恩 法住寺 鐵鑊]

충북 보은군 속리산면 법주사로 379 법주사

큰 사발의 형상을 한 보은 법주사 철솥은 높이 1.2m, 지름 2.7m, 둘레 10.8m, 두께 3~10㎝의 거대한 크기로, 상부의 외반된 전이 달린 구연부는 둥글게 처리하였고 기벽의 두께는 3~5㎝ 정도이며 무게는 약 20여 톤으로 추정된다. 비교적 단순한 구조에, 몸체에는 아무런 문양이나 기록이 주조되지 않아 제조 연대·제작자 및 제조 방법 등을 알 수 없지만, 용해 온도가 청동보다 훨씬 높은 철로 주조된 대형의 주물 솥이라는 점에서 기술사적 측면에서 매우 귀중한 자료이다.

보물 제1415호 삼현수간 [三賢手簡]

서울 용산구 이태원로55길 삼성미술관 리움

삼현수간은 구봉 송익필, 우계 성혼, 율곡 이이 사이에 왕래한 편지를 후대에 4첩으로 제작한 것이다. 구봉, 우계, 율곡은 성리학의 대가일 뿐 아니라 절친한 친구들로서 주로 이기[理氣]·심성[心性]·사단[四端]·예론[禮論] 등 성리학을 둘러싼 문제들을 편지를 통하여 토론·논의하였다.

이 책은 사상사적, 학술사적으로 매우 중요하며, 특히 구봉의 흐트러짐 없이 정연한 초서는 초서 교본을 대하는 듯하며, 율곡의 친필 글씨는 현전하는 것이 희귀한데, 여기에 율곡이 구봉에게 보낸 편지가 13편이나 실려 있어 그 글씨만으로도 서예사적으로 중요한 자료가 되고 있다.

보물 제1416호 보은 법주사 복천암 수암화상탑 [報恩 法住寺 福泉庵 秀庵和尚塔]

충북 보은군 속리산면 법주사로 658-138 복천암

보은 법주사 복천암 수암화상탑은 고려시대 8각 원당형 탑의 양식을 계승한 조선시대 초기의 탑으로서 조형수법이 뛰어나다. 복천암 학조화상탑과 나란히 건립되어 있다. 이 탑에서 특히 주목되는 것은 탑신에 '수암화상탑[秀庵和尚塔]'이라 하였고, 중대석에 '성화십육년팔월일입[成化十六年 八月日立]'이라고 2행의 명문이 음각되어 탑의 주인공과 조성 연대를 알게 하는 점이다.

성종 11년(1480)에 조성되었으며, 수암화상은 복천암과 관계된 조선 초기의 고승으로 짐작된다.

보물 제1417호 보은 법주사 석조희견보살입상 [報恩 法住寺 石造喜見菩薩立像]

충북 보은군 속리산면 법주사로 658 법주사

보은 법주사 석조희견보살입상은 지대석 위에 비교적 큰 향로를 머리에 이고 서 있는 흔치 않은 조각상이다. 희견보살상으로 불리어 오고 있으나 그 유래에 대해서는 자세히 알 수 없다. 하부 대석과 신체, 그리고 향로 받침까지가 1석이고 그 위에 발우형 향로가 올려져 있다. 부처님께 향불을 공양 올리는 독특한 조각상이다. 조각은 얼굴 부분이 심하게 파손되었으나, 그 밖의 부분은 비교적 양호하다. 조각 수법 등으로 보아 쌍사자석등을 제작한 동일한 작가의 작품으로 추정된다.

보물 제1418호 보은 법주사 복천암 학조화상탑 [報恩 法住寺 福泉庵 學祖和尙塔]

충북 보은군 속리산면 법주사로 6588-138 복천암

학조화상은 성종 19년(1488) 인수대비의 명으로 해인사를 중수하였고, 연산군 6년(1500)에는 왕비 신씨의 명으로 해인사 고려대장경 3부를 인행하여 발문을 짓는 등 조선 전기에 활동한 고승이다. 탑의 형태는 팔각원당형의 고려 탑을 계승하고 있으나 탑신이 구형인 점이 크게 다르다. 팔각 중대석 두 면에 걸쳐 '정덕구년 갑술오월 일립[正德九年 甲戌伍月 日立]' 그리고 '학조등곡 화상탑[學祖燈谷 和尙塔]'이란 명문이 있어 조선 중종 9년(1514) 건립되었음을 알 수 있다.

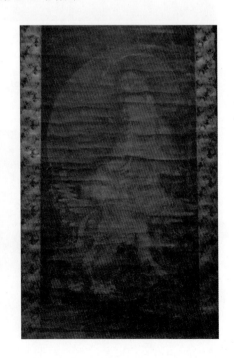

보물 제1426호 수월관음도 [水月觀音圖]

경기 용인시 기흥구 용구대로 1920 아모레퍼시픽미술관

수월관음도는 비록 조성 연대와 작가가 명확하지 않고 부분적으로 변·퇴색과 수리 및 덧그린 흔적이 엿보이고 있다. 그러나 일본 소재의 1323년 작 서구방 필 수월관음도를 위시한 고려시대 14세기 관세음보살도들과 비교해 보면 마치 한 본을 사용하기라도 한 듯 구도와 인물의 형태가 거의 같다. 이 작품 또한 고려 불화의 특징적인 화사한 색채와 세련되고 우아한 선을 구사한 인물 묘사 등 세부 묘사에 있어서도 서로 유사한 점이 엿보여 동일 시기의 작품으로 추정된다. 화면 구성이 충실하며 표현 기법 역시 고려 불화의 전형을 잘 보여주고 있다.

보물 제1427호 경주 괘릉석상 및 석주일괄 [慶州 掛陵石像 및 石柱一括]

경북 경주시 외동읍 괘릉리 산17

사진 (왼쪽부터) : 문인석, 무인석, 사자상, 사자상

경주 원성왕릉(사적 제26호)을 중심으로 좌·우 입구에 한 쌍씩 석조상들이 배치되어 있으며 수량은 문·무인 4점, 사자상 4점, 석주 2점으로 총 10점이다. 무인상은 서역인 또는 서역풍을 나타내고 있어서 동서 문화의 교류적 측면에서 크게 중시되고 있는 자료이며, 통일신라시대 절정기의 사실적인 조각인 성덕대왕 능 석인상을 계승하여 매우 기신적으로 주각된 상이다. 8세기의 이상적 사실 조각과 함께 당대의 찬란한 신라 문화의 진수를 알려주는 귀중한 자료이다.

보물 제1429호 경주 원원사지 동·서 삼층석탑 [慶州 遠願寺址 東·西 三層石塔]

경북 경주시 외동읍 모화리 산12-3

동 삼층석탑   서 삼층석탑

동·서 삼층석탑(높이 약 7m)은 무너져 있던 것을 1931년 경주고적보존회에서 복원하였다. 두 탑은 같은 구조와 양식으로 조성된 2중 기단의 삼층석탑이며, 하층기단 면석과 갑석 및 상층기단 면석은 각각 8매, 상층기단 갑석은 4매로 구성되어 있다. 상층 기단 면석에는 12지신상이 양각되고, 1층 탑신에는 사천왕상이 조각되었다. 상륜부에는 노반과 앙화석이 남아 있다. 옥개석의 돌 다듬기 수법, 기단부와 탑신부에 구현된 양식, 석재의 조립 방법 등으로 보아 8세기 중엽에 조성된 석탑으로 추정된다.

보물 제1430-2호 봉수당 진찬도 [奉壽堂 進饌圖]

서울 중구 장충단로 127 동국대학교박물관

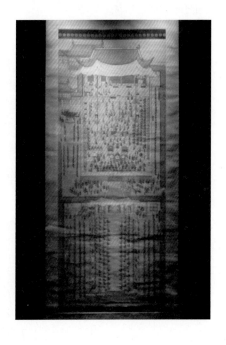

동국대학교에 소장된 '봉수당 진찬도'는 8폭으로 구성된 '화성행행도병' 중 한 폭이다. '봉수당 진찬'이란 1795년의 현륭원 원행 가운데 가장 중요한 행사였던 혜경궁 홍씨의 탄신 일주갑을 기념하여 베풀어진 진찬 장면을 그린 것이다. 비록 단폭이지만, 작품성만을 두고 판단할 때에는 어떤 8폭 병풍이나 다른 낱폭보다 압도적으로 뛰어난 작품이다. 또한, 장황은 현재 화성행행도 병풍(보물 제1430-1호, 삼성미술관 리움 소장) '환어행렬도'와 비단의 문양이나 표구 방식이 동일하며, 크기도 대동소이하다.

보물 제1432호 적천사 괘불탱 및 지주 [磧川寺 掛佛幀 및 支柱]

경북 청도군 청도읍 원동길 304 적천사

괘불대 지주에 새긴 명문

　적천사 괘불탱은 머리에 보관을 쓰고 오른 어깨로 비켜 올려 연꽃 가지를 들고 서 있는 보살 형태의 독존도 형식 그림이다.

　이 괘불을 걸기 위한 괘불대 지주는 대웅전 앞에 석조로 한 쌍이 서 있는데, 강희 40년 (1701)에 거사 경순 등이 참여하여 만들었음을 알려주는 명문이 있다. 이 자료들은 17세기 말 괘불 및 괘불을 거는 지주의 모습을 알려 주는 좋은 자료가 된다.

보물 제1433호 영암 도갑사 오층석탑 [靈巖 道岬寺 五層石塔]

전남 영암군 군서면 도갑사로 306 도갑사

　영암 도갑사 오층석탑은 하층기단을 잃은 채 단층기단 위 5층 탑신부 및 노반석으로 구성되어 있었으나, 1995년 이후 목포대학교 박물관에 의한 도갑사경내 발굴 조사 중 하층 기단부가 발견되어 2002년 2월 현 대웅전 앞에 2층 기단의 5층 석탑으로 복원되었다.

　조각 및 구조수법 등의 특징으로 보아 고려 초기에 조성된 것으로 추정되고 있고 각 부재도 온전하게 잘 남아있으며 전체적으로 균제된 체감율과 안정된 조형미가 돋보이는 석탑이다.

보물 제1434호 **완주 안심사 금강계단 [完州 安心寺 金剛戒壇]**

전북 완주군 운주면 안심길 372 안심사

안심사 금강계단은 17세기 중반 이후 1759년 이전에 조성된 부처의 치아사리와 의습을 봉안한 불사리탑으로, 중앙의 불사리탑[높이 176㎝] 네 구의 신장상[높이 110㎝~133㎝], 그리고 넓은 기단을 형성한 방단의 석조 조형물들은 그 조형 수법이 매우 뛰어나다. 특히 단층 계단 면석의 연화문과 격자 문양 등의 조각수법은 장식성과 섬세함이 부각되어 매우 우수한 조형미를 표현하고 있으며, 신장상의 조각 또한 갑옷과 신체의 세부 표현에 있어 매우 세련되고 풍부한 양감을 표현하고 있다.

완주 안심사 금강계단 신장상

보물 제1435호 **이원익 초상 [李元翼 肖像]**

경기 광명시 오리로347번길 5-6 충현박물관

영정의 주인공인 오리 이원익은 선조 2년(1569) 별시 문과에 급제하여 대사헌, 호조판서, 이조판서 등을 지냈으며 조선시대 대표적인 청백리로 유명하다. 영정의 형태는 축으로 장정 되어 있으며 의자에 앉아 있는 모습의 전신상으로 그 모습은 오사모에 흑단령을 입고 공수 자세를 취하고 있는데 사모의 양쪽에는 운문이 들어가 있다. 얼굴에는 음영 효과가 거의 들어가 있지 않고 이목구비의 형용은 선묘 위주로 되어 있으며 족좌대 위에 흑피혜와 채전이 깔려 있어 공신상의 전형을 보여주고 있다.

보물 제1436호 거창 농산리 석조여래입상 [居昌 農山里 石造如來立像]

경남 거창군 북상면 농산리 산53

거창 농산리의 낮은 야산 기슭에 있는 이 석불은 전형적인 통일신라시대 불상 양식을 따르고 있다. 입불상으로 자연석을 적당히 다듬어 윗면에 두 발을 새겨 놓은 1매의 대석과 대석에 꽂아 세울 수 있도록 한 돌에 광배를 함께 조성한 불신 등 두 개의 돌로 구성되었다. 비록 부분적인 파손이 있으나 이 불상은 야산의 구릉에서 원위치를 지키고 있는 귀중한 불상으로 규모가 비교적 크고 정제된 조각수법을 보여주고 있으며 비슷한 예가 많지 않은 점에서 가치가 있다.

보물 제1437호 백자 호 [白磁 壺]

서울 용산구 서빙고로 137 국립중앙박물관

백자 호는 높이에 비해 몸통이 약간 벌어져 보이는 둥근 구형이지만, 입지름에 비해 굽 지름이 80% 정도 작지만, 전체적인 비례는 단정하고 안정적이다. 입과 굽의 높이도 서로 적당하여 잘 어울리며, 몸통의 접합부가 비교적 완전하여 부분적인 처짐이나 비틀림도 거의 없다. 유태는 비교적 안정적이며 유약의 두께는 얇지만 태토에 완전하게 융착되어 있고 맑은 황갈색을 아주 엷게 띠고 있다. 구연부 일부를 수리하였지만, 전체적인 보존 상태가 매우 양호하다.

보물 제1441호 백자 호 [白磁 壺]

경기 용인시 기흥구 용구대로 1920 아모레퍼시픽미술관

높이에 비례하여 몸통의 크기도 적당하며 입과 굽 지름의 비례도 좋아서 전체적으로 안정적이며 단정해 보인다. 입과 굽은 급하게 외반되고 몸통도 둥근 모습보다 마름모 형태로 연결되어 비교적 직선적인 느낌을 주고 있다. 좌우대칭은 비교적 잘 이루어졌고 유약은 비교적 두껍고 윤택하며 태토의 색은 엷은 유백색을 띤다.

대체적인 비례는 적당하며, 입술이 얇고 작아 짧게 벌어져 듬직한 맛은 없지만, 백자 호의 둥글고 큰 맛과 절도 있는 모습을 보여주고 있다.

보물 제1442호 일월반도도 병풍 [日月蟠桃圖 屛風]

서울 종로구 효자로 12 국립고궁박물관

　일월반도도 병풍은 각 4폭으로 구성된 2점의 대형 궁중 장식화 병풍으로 해와 달, 산, 물, 바위, 복숭아나무 등을 소재로 하여 십장생도와 같은 의미를 나타낸 것으로 여겨지며 특히 복숭아에 대한 길상 관념이 강하게 내재되어 있다. 이 그림에는 왕과 왕비를 상징하는 붉은 해와 흰 달, 한 개만 먹어도 천수를 누린다는 천도와 청록색의 바위산, 넘실거리는 물굽이, 억센 바위 등이 극채색 극세필로 그려져 있다. 해와 달과 산, 물결이 대칭으로 배치된 점은 그 소재와 상징성에서 어좌 뒤에 세워졌던 일월오봉병과도 유사하다.

보물 제1443호 왕세자탄강진하도 병풍 [王世子誕降陳賀圖 屛風]

서울 종로구 효자로 12 국립고궁박물관

　왕세자탄강진하도 병풍은 전체 10폭으로, 부감법을 써서 표현하였다. 8폭에 걸쳐 진하례 광경을 그리고, 좌우 양쪽 폭에는 관원들의 좌목과 성명이 적혀 있다. 그림에는 진하례가 열리고 있는 창덕궁 인정전을 중심에 배치하고 양쪽 옆으로 주변의 다른 건물들과 나무, 산봉우리 등을 그렸으며, 각 인물과 건물 등이 모두 짙은 색채로 섬세하게 묘사되었다. 고종 11년(1874) 왕세자(순종)가 태어난 것을 축하하기 위하여 그해 2월 14일에 창덕궁 인정전에서 거행한 진하례 의식 광경을 그린 궁중 기록화이다.

보물 제1444호 은입사 귀면문 철퇴 [銀入絲 鬼面文 鐵鎚]

서울 종로구 효자로 12 국립고궁박물관

은입사 귀면문 철퇴는 19세기경 의장용으로 제작된 것으로 쇠로 만들어졌으며 외면을 쪼이질 하여 상하로 화문을 은으로 입사하였다. 퇴부는 연봉 상태인데 좌우에 도깨비 문양을 은으로 입사하였다. 퇴위에는 뇌문과 연봉 하단에는 화판문이 시문되어 있다. 이러한 쪼음입사는 주로 철제품에 이용되었으며 조선 중·후기에 등장하여 입사기법의 주류를 이루며 귀면문은 각종 재앙과 질병 그리고 사악한 모든 것들을 막아내는 초자연적인 존재를 상징적으로 도안한 것이다.

보물 제1445호 예천 용문사 영산회괘불탱[복제] [醴泉 龍門寺 靈山會掛佛幀]

경북 예천군 용문면 용문사길 285 용문사

예천 용문사 영산회괘불탱은 입상의 삼존불상을 배경으로 본존불상 머리 좌우에 가섭존자와 아난존자를 배치시켜 5존도 형식을 취하였다. 이 괘불탱은 괘불탱으로서는 비교적 빠른 시기에 해당하는 1705년 조성된 작품이다. 둥글넓적해진 얼굴에 근엄함이 엿보이며, 어깨가 약간 올라가는 등 17세기로부터 18세기로 넘어가는 과도기적 특징을 잘 보여주고 있다. 그뿐만 아니라 보살상이 아닌 부처상으로써 지물[연꽃 가지]을 드는 새로운 도상의 예를 보여주고 있다.

보물 제1451호 청자 상감 운학국화문 병형 주자 [靑磁 象嵌 雲鶴菊花文 瓶形 注子]

서울 관악구 남부순환로152길 53 호림박물관

이 청자 상감 운학국화문 병형 주전자는 고려시대 청자 상감 병형 주자를 대표하는 작품으로 기형, 상감의 문양 및 유색 등 전반적 조형 요소들이 빼어난 수준을 보여주고 있다.

상감 문양은 구조적으로 짜임새가 있으며 완성도가 높다. 청자 토와 백토, 흑토의 성질이 잘 조화되어 상감한 부분이 편평하고 일정하며 발색도 밝고 우수한 편이다. 유층은 다소 두꺼운 편이나 맑고 투명하며 광택도 좋고 전체에 일정하게 씌워져 있다.

보물 제1452호 청자 상감 '덕천'명 연화양류문 매병 [靑磁 象嵌 '德泉'銘 蓮花楊柳文 梅瓶]

서울 관악구 남부순환로152길 53 호림박물관

'덕천'명 청자는 여러 예가 있지만, 이 매병의 경우와 같이 입체적인 기형에 문양 및 유태 등 상태가 양호한 것은 드문 편이다.

특히 변형된 여의두문대와 파초연화문, 유문의 형태가 고려 상감청자의 기본형에서 크게 벗어나지 않아서 15세기 분청사기와 구분되는 예로 볼 수 있다.

상감청자에서 분청으로 변천하는 과정에서 중요한 기준으로 삼을만한 자료로서 가치가 크다.

보물 제1453호 청자 주자 [靑磁 注子]

서울 관악구 남부순환로152길 53 호림박물관

이 청자 주전자는 고려시대 청동주자의 형태를 모델로 제작한 작품으로 유약과 태토, 굽받침 기법에서 고려청자 초기의 특징을 잘 보여주고 있다.

손잡는 부분과 뚜껑에는 구멍 뚫린 부분을 돌출시켜 놓았는데 이는 뚜껑과 손잡이를 끈으로 연결하기 위해서인 것으로 보인다.

이와 유사한 작품이 일부 있지만, 주전자로서 최고의 상태를 보이고 있으며 전체적으로 그 형태 및 제작이 뛰어나다.

보물 제1454호 청자 음각 연화문 팔각장경병 [靑磁 陰刻 蓮花文 八角長頸瓶]

서울 관악구 남부순환로152길 53 호림박물관

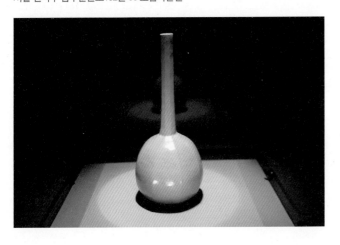

이 청자는 몸통과 목을 면깎기 하여 8개의 면으로 만든 팔각병이다. 유태의 상태는 매우 우수한 편이어서 엷은 녹색을 띠는 회청색을 띠고 있다. 유층에 기포가 많고 약간 불투명하나, 광택이 은은하고 차분한 느낌을 주고 있다. 몸통의 8면에는 활짝 핀 연화절지문을 음각하고 굽 주위에는 양각의 연판문대를 둘렀다. 이 팔각병은 같은 종류의 병 가운데 가장 뛰어난 세련미를 보인다. 유층의 상태와 정교하며 단정한 형태, 숙련된 문양의 시문 기법이 잘 조화된 작품이다.

보물 제1455호 분청사기 상감 파도어문 병 [粉靑沙器 象嵌 波濤魚文 瓶]
서울 관악구 남부순환로152길 53 호림박물관

이 분청사기 상감 파도어문 병은 조선 초기 분청의 전형적인 병 형태로써 전면에 굵고 대담한 상감문양을 새겨 넣었다. 목 부분에는 연주문이 상감되고 그 아래의 어깨 부분에는 두 개의 문양대로 나누어 인화기법을 사용하여 국화문을 꽉 차게 배치하였다. 몸통에는 파도 위로 헤엄치는 물고기를 크게 두 군데 상감하고 그 밑에는 당초문대를 둘렀는데 모두 백상감으로 하였다. 파어문의 해학성이 뛰어나고 활달한 문양과 굽까지 문양을 넣어 제작한 점 등이 돋보인다.

보물 제1456호 분청사기 박지 태극문 편병 [粉靑沙器 剝地 太極文 扁瓶]
서울 관악구 남부순환로152길 53 호림박물관

이 분청사기는 둥근 몸통을 눌러 만든 편병으로 몸통의 무게 중심이 아랫부분에 있어서 안정감을 주는 형태이다. 백토의 두께가 얇으며 농담의 차이가 뚜렷한 편이다. 유층은 얇고 부분적으로 가는 빙렬이 있으며 광택은 은은하다. 어깨에 국화문대를 두르고 몸통은 앞·뒷면과 양 옆면으로 사분한 후 박지, 조화기법을 써서 중앙에 큰 태극문양을 그린 후 그 주변에 모란문을 새겼다. 비슷한 예로 '분청사기 박지 연화어문 편병'이 국보 제179호로 지정되어 있으며 서로 같은 가마의 작품으로 보인다.

보물 제1457호 백자 사각발형 제기 [白磁 四角鉢形 祭器]
서울 관악구 남부순환로152길 53 호림박물관

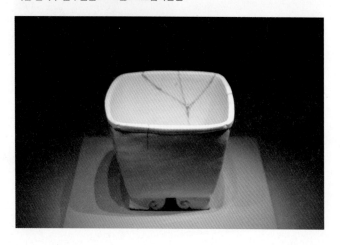

이 제기는 마치 화분과 같이 넓고 깊은 푼주 형태를 사면을 눌러서 둥근 사면형으로 만든 것이다. 입술 전 부분과 네 면은 넓은 칼로 툭툭 깎아서 마치 목제품을 자귀로 깎은 듯한 표면을 만들었다. 굽은 'ㄱ'자형을 밑바닥 네 군데에 붙여서 만들었고 접지면에 유약을 긁어낸 후 모래를 받쳐 구웠다. 목공예품의 형식과 제작 방법이 응용되었다는 점에서 중요한 가치를 갖고 있으며 이러한 제작·장식 기법이 현대 도자에서도 자주 응용되고 있고 조선백자의 새로운 성격을 보여준다는 면에서 높게 평가된다.

보물 제1458호 백자 청화 철화 '시' 명접문 팔각연적 [白磁 靑畵 鐵畵 '詩' 銘蝶文 八角硯滴]

서울 관악구 남부순환로152길 53 호림박물관

단정한 비례의 팔각연적으로 윗면은 편평하며 가장자리에서 8각 형태의 단을 이루었다. 그리고 밑면의 각 모서리에는 작은 굽다리를 8개 세웠다. 윗면의 중앙부에 물구멍을 뚫고 옆면의 한 모서리에는 주구를 붙였다. 윗면에 청화와 철화기법을 사용하여 나비를 그렸으며 옆면에도 청화와 철화기법을 번갈아 가며 사용하여 칠언절구를 써넣었다. 유색은 엷은 청색을 띠는 맑은 투명유로서 광택은 은은하고 빙렬이 없다. 18세기 선비문화의 일단을 보여주는 수작이라 할 수 있다.

보물 제1459호 해동조계복암화상잡저 [海東曹溪宓庵和尙雜著]

서울 종로구 효자로 12 국립고궁박물관

이 책은 고려 조계산 수선사 제6세주인 원감국사 충지[沖止] (1226~1292)의 저술이다. 그의 저술로는 현재 '원감국사 가송'과 '해동조계복암화상잡저'가 전하고 있다.

판본은 고려 말에 판각된 책판에서 찍은 후쇄본 것으로 추정하는 견해도 있으나 '원감국사 가송'과 함께 판각된 조선조 초기인 세종 29년(1447)의 판본으로 추정된다. 고려시대 원감국사의 문집 중에 잡저만을 간행한 현전하는 유일본이다.

상대의 보살상과 유곽

보물 제1460호 흥천사명 동종 [興天寺銘 銅鍾]

서울 중구 세종대로 99 덕수궁

흥천사 종은 고려 말부터 수용된 중국종적인 요소 가운데 한국 전통 종에서 보였던 형식과 요소가 가미되어 새로운 조선 전기의 종으로 정착되는 과정을 잘 보여주는 범종이다. 이후 만들어지는 조선 전기 범종의 하나의 기준이 되는 작품이다. 크기나 문양·주조 기술의 탁월함 외에도 왕실에서 발원한 종이어서 각 분야의 기술자들이 대거 참여해 만들어졌다. 명문은 주성시의 조직 체계를 알려 주고 있으며 당시의 사회 제반 사항을 이해할 수 있는 귀중한 자료이기도 하다.

보물 제1461호 부산 범어사 조계문 [釜山 梵魚寺 曹溪門]

부산 금정구 범어사로 250 범어사

이 건물을 세운 시기를 알 수는 없으나 조선 광해군 6년(1614)에 묘전화상이 사찰 내 여러 건물을 고쳐 지을 때 함께 세운 것으로 추정된다. 정조 5년(1781)에 백암선사가 현재의 건물로 보수했다. 정면 3칸 규모이며 지붕은 맞배지붕, 공포는 다포 양식이다. 기둥은 높은 돌 위에 짧은 기둥을 세운 것이 특이하며 모든 나무 재료들은 단청을 하였다. 부산 범어사 조계문은 모든 법이 하나로 통한다는 법리를 담고 있어 삼해탈문이라고도 부른다. 우리나라 일주문 중에서 걸작품으로 평가할 수 있다.

보물 제1462호 서울 인조별서 유기비 [서울 仁祖別墅 遺基碑]

서울 은평구 역촌동 8-12

귀부

이 석비는 조선왕조 제16대 임금 인조가 반정으로 왕위에 오르기 전에 머물렀던 별서[別墅]를 기념하고자 숙종 21년(1695)에 세운 것으로 인조반정에 관련된 중요한 역사적 사실과 그 현장을 증명해 주는 사료로서 가치가 있다. 표제는 조선 19대 숙종의 어필로 '인조대왕용잠지시별서유기비[仁祖大王龍潛之時別墅遺基碑]'라고 쓰고 뒷면 음기는 숙종의 어제를 동평군 이항이 썼다. 석비의 조형적 측면에서도 귀부를 중국의 영향을 받아 새롭게 등장한 조선시대 초기 양식의 전통을 잇고 있다.

보물 제1463-2호 용비어천가 권3, 4 [龍飛御天歌 卷三, 四]
서울 종로구 새문안로 55 서울역사박물관

용비어천가는 최항의 발문에 의하면 권제, 정인지, 안지 등이 1445년에 본문을 만들고, 세종이 최항, 박팽년, 강희안 등에게 주해를 덧붙이게 하여 1447년 간행한 것이다. 이 책은 용비어천가의 초간본 중 권3~4부분이다. 비록 권3의 첫 부분과 권4의 말미에 결락이 있지만 다른 부분은 보존 상태가 좋고 인쇄 상태도 매우 뛰어나다.

용비어천가는 한글 창제 이후 간행된 최초의 한글 문헌으로 125장의 한글 가사는 한글 사용의 가장 오래된 모습을 보여주고 있다.

보물 제1467호 순천 송광사 소조 사천왕상 [順天 松廣寺 塑造 四天王像]
전남 순천시 송광면 송광사안길 100 송광사

순천 송광사 소조 사천왕상 (사진 왼쪽부터)
북방 다문천왕
동방 지국천왕
남방 증장천왕
서방 광목천왕

사천왕상의 배열은 천왕문의 향 우측으로 비파를 든 북방 다문천왕과 검을 든 동방 지국천왕이, 향 좌측으로는 당[幢]을 든 서방 광목천왕과 용·여의주를 든 남방 증장천왕이 각각 시계방향으로 북→동→남→서방의 순서로 안치되어 있다. 네 상 모두 의자에 걸터앉은 자세로 전형적인 분노형 얼굴에 머리에는 용[龍]·봉[鳳]·화[花]·운문[雲紋]이 장식된 관을 쓰고 갑옷을 입은 무인상이다. 송광사 사천왕상은 묵서명과 송광사사고, 사지 등의 기록으로 보아 정유재란으로 훼손된 상을 1628년에 다시 만든 것으로 추정된다.

보물 제1469호 마천목 좌명공신녹권 [馬天牧 佐命功臣錄券]
서울 종로구 효자로 12 국립고궁박물관

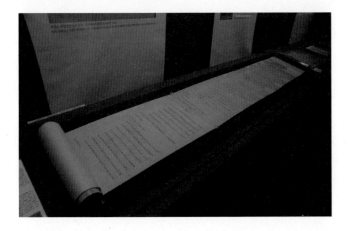

마천목 좌명공신녹권은 조선 태종 1년(1401) 공신도감에서 마천목에게 발급한 것으로 필사본이다.

좌명공신은 조선 초기 제2차 왕자의 난을 평정하는 데 공을 세운 사람에게 내린 공신호로 마천목은 후에 태종이 되는 정안군을 도와 난을 평정하는 데 앞장섰다. 태종은 자신을 도운 47명의 공신을 선정하여 좌명공신으로 칭하[稱下]고 4등급으로 나누어 포상하였는데 이때 마천목은 3등 공신으로 녹권을 사급 받았다. 이 공신녹권은 좌명공신 47명에게 발급된 것 중의 하나로 현재까지는 유일본이다.

보물 제1471호 양산 통도사 삼층석탑 [梁山 通度寺 三層石塔]

경남 양산시 하북면 통도사로 108 통도사

양산 통도사 삼층석탑은 2층 기단 위에 3층 탑신을 올린 통일신라시대의 일반형 석탑이다. 석탑의 높이는 3.9m 기단 폭은 1.8m이며, 기단은 여러 매의 장대석을 사용해 지대석을 구축한 후 올려놓았다.

양식적 특징으로는 첫째, 초층 기단의 각 면에 우주와 탱주를 생략하고 안상을 조각했고, 둘째, 옥개석의 양식으로 전각의 경쾌한 반전과 낙수홈을 들 수 있다. 이와 같은 특징을 지닌 탑들은 모두 9세기 후반에 조성된 것으로 볼 때 통도사 석탑도 같은 시기에 조성된 것으로 추정된다.

보물 제1473호 여주이씨 옥산문중 고문서 [驪州李氏 玉山門中 古文書]

경북 경주시 안강읍 옥산서원길 300-3 독락당

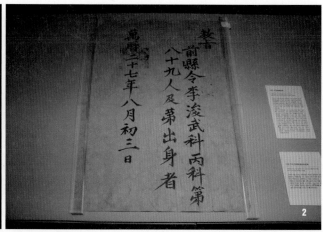

여주이씨 옥산문중에는 이언적(1491~1553)을 비롯하여 이 가문의 세대별 고문서가 잘 보전되어 있다. 이들 문서는 16~20세기 초까지 그 어느 문중보다 수량이 많고 종류가 다양하나 보물로 지정된 것은 선조 이전의 문서로 한정하여 교서, 유지, 급첩 [給牒], 상소초, 입안, 노비문기, 간찰 등 총 98건이다.

사진은 1583년 12월 예조에서 이준(이언적의 유일한 혈손 얼자[孽子] 이전인의 맏아들)에게 전후 소생 자손을 모두 허통한다는 예조급첩으로, 조선시대 신분사 및 사회·경제사 연구에 중요한 자료가 되고 있다.

여주이씨 옥산문중 고문서
1 예조급첩(이준 소생의 자녀에게 천인[賤]시을 면한다는 허락서)
2 이준의 무과 홍패

보물 제1475호 안압지 출토 금동판 불상 일괄 [雁鴨池 出土 金銅板 佛像 一括]

경북 경주시 일정로 186 국립경주박물관

안압지 출토의 삼존불상 등 판불상 10점은 조각 수법이 우수하고 표현이 사실적이며 입체감이 두드러진다. 양식적으로는 7세기 말 통일신라와 중국, 일본을 포함한 국제적인 조각 양식의 특징을 잘 보여준다. 특히, 도상이나 양식 면에서 일본 법륭사 헌납 보물에 있는 판불들과 비교된다. 둥글고 통통한 얼굴과 자연스러운 옷주름 처리에 보이는 조각의 사실적인 표현은 중국 당나라 전성기 불상양식을 반영하면서도 7세기 후반 통일신라 불교 조각의 뛰어난 표현력을 잘 대변해준다.

보물 제1476호 김시민 선무공신 교서[복제] [金時敏 宣武功臣 敎書]

경남 진주시 남강로 626 국립진주박물관

임진왜란 3대 대첩 가운데 하나인 진주대첩을 승리로 이끈 진주목사 김시민(1554~1592)에게 내린 선무공신 교서이다. 선무공신 교서는 선조 37년(1604) 10월에 임진왜란 때 전공을 크게 세운 장군들에게 내린 것으로, 이순신, 권율, 원균 등 총 18명의 명단이 적혀 있다. 이 공신 교서는 김시민 장군의 공적과 그에 따른 포상 내용이 자세히 언급되어 있을 뿐 아니라 현존하는 선무공신 교서 가운데 보존상태가 가장 좋은 것으로 임진왜란사 연구와 고문서 연구의 중요 자료가 된다.

보물 제1477-1호 채제공 초상 일괄-시복본 [蔡濟恭 肖像 一括-時服本]

경기 수원시 팔달구 창룡대로 21 수원화성박물관

조선 후기의 문신으로 사도세자의 신원 등 자기 정파의 주장을 충실히 지키면서 정조의 탕평책을 추진한 채제공의 초상화이다. 수원시 소장 시복본(1792년작)은 채제공 73세 상으로 사모에 관대를 한 옅은 분홍색의 관복 차림에 손부채와 향낭을 들고 화문석에 편하게 앉은 전신 좌상이다. 이어서 우측 상단에 채제공이 직접 쓴 자찬문이 있다. 시의 내용대로 정조로부터 부채와 향낭을 선물 받은 기념을 표시하기 위해서인 듯 손을 노출시켜 부채와 향낭을 들고 있는 모습으로 연출되었다. 이명기가 그렸다.

보물 제1478호 조씨 삼형제 초상 [趙氏 三兄弟 肖像]

서울 종로구 삼청로 37 국립민속박물관

조씨 삼형제상은 조계(1740~1813), 조두(1753~1810), 조강(1755~1811) 삼형제를 하나의 화폭 안에 그린 작품이다. 좌안 8분면의 복부까지 내려오는 반신상으로서, 맏형을 중심으로 하여 삼각형 구도를 취하고 있어, 조선조 초상화 대부분이 화폭 안에 대상 인물 일인만을 그려 넣는 데 반해 특이한 화면 구성을 보인다. 세 형제 모두 오사모에 담홍색 시복을 입고 있는데, 맏형은 학정금대를, 두 아우는 각대를 두르고 있다. 우리나라에서 희귀한 형식의 집단 화상으로서 의의를 지닌다.

보물 제1480호 심환지 초상 [沈煥之 肖像]

경기 용인시 기흥구 상갈로 6 경기도박물관

심환지 영정은 양손을 소매 속에 감추고 의자에 앉아 있는 좌안 9분면의 전신상으로 바닥에는 화문석 자리가 깔려있다. 화면 상단에는 '영의정문충공만포심선생진[領議政文忠公晩圃沈先生眞]'이라고 쓰여 있어 심환지가 영의정이 된 1800년 이후의 작품일 가능성이 크다. 높은 오사모에 짙은 녹색의 단령을 입고 가슴에는 쌍학 흉배가 붙어있으며 서대를 허리에 두르고 있다. 낮은 족좌대와 원근법으로 처리된 화문석, 의복의 두드러진 명암법 등에서 19세기 초반의 사실적인 초상화 양식을 잘 보여준다.

보물 제1481호 김유 초상 [金楺 肖像]

경기 용인시 기흥구 상갈로 6 경기도박물관

조선 중후기의 문신 관료인 김유(1653~1719)의 초상으로 18
세기 초반경에 가장 유행했던 반우향의 단령본 전신 교의좌상
형식이다. 우상변에 '검재김선생화상 육십사세시사[儉齋金先生
畵像 六十四歲時寫]'의 표제가 있어 숙종 42년(1716)의 64세 때
모습을 그린 것임을 알 수 있다. 1710년대의 단령본 전신 교의
좌상으로는 그리 많지 않은 예일 뿐만 아니라, 회화적인 기량과
예술적인 수준도 뛰어나고, 보존 상태도 양호한 편이다. 18세기
유행한 조선 후기 초상화의 특징이 잘 나타나 있다.

보물 제1482호 이시방 초상 [李時昉 肖像]

대전 유성구 노은동길 100 대전선사박물관

이시방은 아버지와 형을 따라 1623년의 30세 때 인조반정에
참여하여 정사공신 2등으로 연성군에 봉해지고, 이후 여러 판
서와 판의금부사를 지냈다. 현재 대전의 후손가에 전하는 이시
방의 영정은 모두 6점인데, 보물로 지정된 것은 1점이다. 1623
년의 인조반정에 참여하여 정사공신에 녹훈되던 30세 때의 젊
은 모습을 그린 것이 3점인데, 이 중에서 관복본 전신상 1점은
17세기 초반의 전형적인 공신도상의 형식과 화법을 보여주고
있기 때문에 이것이 바로 이시방의 정사공신상 원작으로 추정
된다.

조선 후기의 성리학자이자 문신인 이채의 초상이다. 이 상은 심의를 입고 정자관을 쓴 뒤 두 손을 공수한 채 정면을 바라보고 있는 반신상인데, 수려한 용모를 뛰어난 화법으로 묘사하고 있을 뿐만 아니라, 화면 상부에 경산 이한진(1732~1815)과 기원 유한지(1760~1834) 등 당대 명필들의 미려한 찬문이 조화롭게 어우러져 있어 조선 후기 연거복 초상화의 가장 아름다운 걸작 가운데 하나로 일컬어진다. 이 초상화의 정교한 얼굴의 묘사는 당시 초상화가 도달했던 높은 수준을 보여준다.

남구만(1629~1711)은 숙종 초 대사성, 형조판서를 거치고 1683년 노소론이 나뉠 때 소론의 영수가 된 인물이다. 화면의 좌상단에 최창대가 쓴 찬문이 있어 당시 최창대가 대사성으로 있었던 것은 1711년뿐이기 때문에 이 초상은 1711년에 제작되었을 가능성이 높다. 초상은 관복을 입고 교의에 앉은 전신 교의 좌상으로 얼굴이 정면상으로 묘사되었다. 오사모에 녹포단령을 착용하고 쌍학문 흉배와 서대를 하고 있다. 이 초상은 18세기 초 새로운 영정 유형과 기법의 대두라는 점에서 중요한 사례가 된다.

보물 제1485호 강이오 초상 [姜彝五 肖像]

서울 용산구 서빙고로 137 국립중앙박물관

강이오는 강세황의 손자로 이 초상은 오사모를 쓰고 분홍 시복을 입은 정면 반신상으로 배경은 없다. 당시 초상화로 이름이 높았던 이재관이 그리고, 김정희가 이 초상을 보고 우측 상단에 글을 짓고 해서체로 직접 적어 놓았다.

얼굴, 수염, 복식 등으로 미루어 40대 정도의 중년기의 초상으로 추정된다. 서양화법을 일부 반영하면서도 이전의 전통을 비교적 충실히 따르고 있는 19세기 초상화의 수작이다.

보물 제1487호 서직수 초상 [徐直修 肖像]

서울 용산구 서빙고로 137 국립중앙박물관

서직수상 화면의 오른편 상단에는 서직수의 자찬[自贊]이 있어 서직수 62세인 1796년 당대 최고의 초상화가인 이명기가 얼굴을 그리고 김홍도가 몸체를 그렸다. 서직수상은 동파관에 도포를 입고 흑색 광다회를 두르고, 버선발로 서 있는 좌안 8분면의 전신입상이다. 조선시대 초상화의 대부분이 좌상인데 반해 입상일뿐더러, 당대 최고 화가들의 합작이라는 점 등에서 중요성을 지닌다. 그리고 매우 뛰어난 형태 묘사와 투시법, 명암법을 구사하면서도 높은 품격을 보여주어 정조대 초상화의 백미로 꼽히는 걸작이다.

보물 제1488호 심득경 초상 [沈得經 肖像]

광주 북구 하서로 110 국립광주박물관

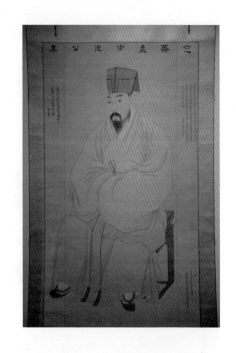

이 초상은 동파관에 유복 차림을 하고 의자에 앉아 있는 좌안 7분면 전신 좌상이다. 우측 상단에는 이서(1662~1723)가 지은 찬을 윤두서(1668~1715)가 썼으며, 왼쪽 상단에 다시 이서의 찬이 적혀있다. 그리고 우측 아래쪽 기록으로 보아 윤두서가 숙종 36년인 1710년 11월에 추사한 것임을 알 수 있다. 얼굴이나 의복의 묘사는 다소 과장과 형식화가 엿보이고 있으나, 사실적 묘사, 유형화된 표현을 위주로 하는 일반 인물화의 요소를 함께 지니고 있다.

보물 제1489호 박유명 초상 [朴惟明 肖像]

경기 수원시 영통구 창룡대로 265 수원역사박물관

박유명(1582~1640)은 광해군 12년(1620) 무과에 급제하고, 1623년에 인조반정에 참여하여 정사공신 3등에 책록되었다. 이 초상은 낮은 오사모를 쓰고 과장된 둥근 어깨를 하고 있으며 단령이 뒤로 뾰족하게 뻗친 모양, 바닥의 채전 등에서 17세기 공신 도상의 형상을 잘 보여주며, 호랑이 흉배를 한 무관 초상화로서 주목된다. 이 초상과 함께 후대의 이모본으로 추정되는 작품이 있는데 형상이 거의 동일하고 선명하나 작품의 수준이 다소 떨어진다(이모본은 경기도 문화재자료 142호로 지정되어있다).

보물 제1490호 이성윤 초상 [李誠胤 肖像]

서울 종로구 효자로 12 국립고궁박물관

이 초상화는 이성윤(1570~1620)이 광해군 5년(1613)에 위성공신 2등에 녹훈될 때 하사받은 위성공신상일 가능성이 크다고 생각되는 초상화이다.

도상은 17세기 초반의 가장 전형적인 공신도상의 모습으로서 단령을 입고 공수한 뒤 교의자에 반우향 정도로 앉은 모습이다. 비록 2등의 공신상이지만 묘사도 전체적으로 정교하고 치밀하여 17세기 초반의 공신상 중에서도 잘 그려진 초상화로 꼽히고 있다.

보물 제1491호 연잉군 초상 [延礽君 肖像]

서울 종로구 효자로 12 국립고궁박물관

이 초상화는 영조가 임금이 되기 이전에 제작된 연잉군 시절 도사본이다. 사모, 백택 흉배를 부착한 녹포단령, 서대, 검은색 녹피화 등으로 구성되어 있는 정장관복차림에 공수자세로 앉아 있는 좌안8분면의 전신교의좌상이다. 이 상은 영조 21세(1714)때 진재해가 그린 것으로 영조 21년(1745)에 경희궁 태녕전에 봉안되었다가 정조 2년(1778) 3월에 선원전으로 이봉되었다. 이 본은 가장자리가 불에 타서 1/3이 결손되었으나 얼굴, 흉배, 관대, 족좌 부분이 완전한 상태로 남아 있다.

보물 제1492호 철종 어진 [哲宗 御眞]

서울 종로구 효자로 12 국립고궁박물관

철종 어진은 오른쪽 1/3이 소실되었지만 남아 있는 왼쪽 상단의 기록으로 이 어진이 철종 12년(1861) 도사된 것임을 알 수 있다. 규장각에서 펴낸 '어진도사사실'에 의하면, 당시 1개월여에 걸쳐 강사포본과 군복본을 모사했으나 현재 군복본만 전한다. 또한, 이 철종어진은 임금이 구군복으로 입고 있는 초상화로는 유일한 자료이다. 군복의 화려한 채색, 세련된 선염, 무늬의 섬세한 표현 등에서 이한철과 조중묵 등 화원 화가들의 필력을 확인할 수 있다.

보물 제1493호 오재순 초상 [吳載純 肖像]

서울 용산구 이태원로55길 삼성미술관 리움

오재순(1727~1792)은 정조 때 관리이자 제자백가에 두루 달통한 학자로 유명하다. 이 영정은 현재 족자 반달축 뒷면에 "순암오문정공육십오세진상 이명기사[醇庵嗚文靖公六十伍歲眞像 李命基寫]"라는 종이 제첨이 붙어 있는데, 비록 오재순 사후에 쓰여진 것이지만 당시 초상화를 잘 그렸던 화원 이명기가 오재순의 나이 65세 때의 모습을 그린 것으로 생각된다.

이전의 선염법을 사용하던 것과는 달리 세세한 붓질의 반복을 통해 얼굴의 형태와 명암을 자세히 표현하였다. 조선 후기 초상화의 높은 수준을 대변해주는 수작이다.

보물 제1494호 황현 초상 및 사진 [黃玹 肖像 및 寫眞]

전남 순천시

이 초상화는 구한 말 우국지사 황현이 자결한 다음 해인 1911년 5월에 일찍이 황현이 1909년 천연당 사진관에서 찍어두었던 사진을 보고 추사한 것이다. 사진에는 두루마기를 입고 갓을 쓴 뒤 의자에 앉아 책을 펼쳐 들고 있는 모습인데, 초상화는 심의를 입고 정자관을 쓴 뒤 화문석 돗자리를 깔고 앉아있는 모습으로 약간 바뀌어 있다. 사후에 사진을 보고 추사한 것이지만, 실제 인물을 보고 있는 것 같은 착각이 들 만큼 매우 뛰어난 사실적 묘사를 보여주고 있다.

보물 제1495호 윤증 초상 일괄 [尹拯 肖像 一括]

충남 공주시 연수원길 103 충남역사문화연구원

1788년 작 윤증 초상 2점은 '영당기적'의 내용을 통해 이명기가 모사했음을 알 수 있다. 영당기적에 따르면 정면 1본과 측면 1본은 신법을 가미하여 그리고, 구본의 화법을 후대에 전하지 않을 수 없어 구법을 따라 측면 1본을 그렸다고 한다. 이명기가 제작한 현전하는 초상화 2점은 장경주 필 윤증상과 그 모습이 흡사한 구법에 따라 그린 측면상과 이명기의 개성적 화풍으로 그린 입체표현이 선명한 신법의 측면상이다. 아울러 영당기적은 초상화 제작과 이모과정 그리고 세초의 전통을 알 수 있는 귀중한 자료이다.

이명기필 구법 　　　　　　　　　　　　　　이명기필 신법

보물 제1496호 윤급 초상 [尹汲 肖像]

서울 용산구 서빙고로 137 국립중앙박물관

조선 후기 문신 근암 윤급(1697~1770)의 영정이다. 사모와 흑단령을 착용하고 교의자에 공수하고 앉은 전신상이다. 쌍학흉배와 서대를 하고 있어 윤급이 판의금부사를 지내 1품에 오른 영조 38년(1762)의 66세 무렵에 그린 것으로 생각된다.

오세창의 저서 근역서화징에 당대 최고 어진 화사였던 변상벽이 윤급의 초상화를 그렸다는 "화재화정[和齋畫幀]"의 기록이 인용되고 있어, 변상벽이 그린 것으로 보인다. 족자표장도 18세기 후반의 원형을 잘 간직하고 있다.

서울 종로구 우정국로 55 불교중앙박물관

김시습 초상은 좌안 7분면의 반신상으로, 밀화영의 끈이 달린 평량자형의 입[笠]
을 쓰고 담홍색 포를 입고 있으며 공수자세를 취하고 있다. 얼굴과 의복은 엷은 살색
과 그보다 약간 짙은 색상의 미묘하고 절제된 조화로 묘사되고 있다. 양미간을 찌푸
리고 있는 표정을 서유영(1801~1874)은 "찌푸린 눈썹에 우수 띤 얼굴이라"고 묘사
했다.

이 초상은 매월당 김시습(1435~1493)의 초상화라는 인물사적 가치 위에 조선시대
야복초상화의 가작이란 점에서 중요성을 지닌다.

보물 제1499호 **이하응 초상 일괄 [李昰應 肖像 一括]**

서울 종로구 새문안로 55 서울역사박물관

왼쪽부터: 금관조복본, 와룡관학창의본, 흑건청포본

이하응 초상 5점은 모두 조선 말기 최고의 어진화사인 이한철이 그렸는데, 먼저 그
린 3점[흑단령포본 · 금관조복본 · 와룡관학창의본]은 고종 원년(1863) 44세 때 그
린 초본을 토대로 하여 50세가 되던 고종 7년(1869)에 이모한 것이고 뒤에 그린 2
점[복건심의본 · 흑건청포본]은 환갑을 맞은 고종 17년(1880)의 61세 상이다. 5점의
초상 모두 복식이 다르며 의관과 기물이 매우 화려할 뿐만 아니라 당대 최고의 초상
화가 이한철이 그려 수준 높은 묘사력을 보여주는 최상급의 걸작들이다.

보물 제1500호 김이안 초상 [金履安 肖像]

서울 서대문구 연세로 50 연세대학교박물관

김이안(1722~1791)은 김상헌의 후손이며 김원행의 아들로 정조대 산림으로 우대
되었던 인물이다. 김이안 초상은 연세대학교박물관에 반신상이 1점, 이화여대박물
관에 전신입상이 한 점 전하고 있는데, 두 박물관 소장의 초상은 동일한 상호와 복식
을 하고 있다. 연세대박물관 소장 반신상은 정교하면서도 이상화된 안면 묘사로 주
인공을 사실적으로 잘 표현한 수작이다. 머리에 쓴 복건이 자주색을 띠는 점이 이채
롭다. 이화여대박물관 소장본은 연세대박물관 소장본에 비해 화풍에 있어 경직된 면
모를 보여주어 연세대박물관 소장본만이 보물로 지정되었다.

보물 제1501호 이덕성 초상 및 관련자료 일괄 [李德成 肖像 및 關聯資料 一括]

부산 남구 유엔평화로 63 부산시립박물관

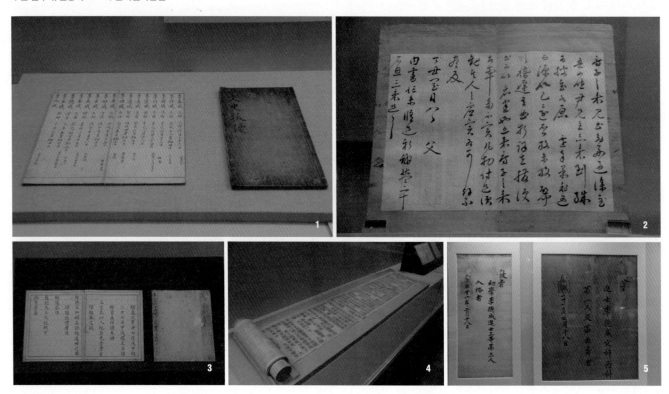

이덕성 초상 및 관련자료 일괄

1 문사발우
2 반곡공수묵
3 자의대비 옥책 초본
4 헌릉 신도비명 원문
5 백패 홍패

이덕성 관련 고문서는 교서 3점, 유서 3점, 교지 · 교첩 114점, 시권 1점 등 모두 121점
으로 백패와 홍패를 비롯하여 관직을 제수받았을 때의 관련 교지가 흩어짐 없이 고스란
히 남아 있어 이덕성의 이력사항 및 전기 자료로서 사료적인 가치가 있으며 인사 · 행정
에 관한 연구 자료가 된다. 또한, 그의 몇몇 필적도 왕실유물 및 서예사 자료로서 가치가
높다.

보물 제1504호 유언호 초상 [兪彦鎬 肖像]

서울 관악구 관악로 1 규장각한국학연구원

조선 후기의 학자 유언호(1730~1796)의 58세 때의 초상화이다. 유언호는 정조 연간의 대표적인 문신이다. 세손 시절부터 정조를 잘 보좌하여 총애를 받았으며, 정조가 왕위에 오른 이후 규장각 창설에 참여하여 규장각 직제학을 역임했고 좌의정에까지 올랐다. 유언호 초상은 그림 왼편에 "숭정삼정미 화관 이명기 사[崇禎三丁未 畫官 李命基 寫]"란 기록이 있어 1787년에 이명기가 그렸음을 알 수 있다. 이명기는 정조의 어진 제작에도 참여했던 당대 최고의 화가 중 한 사람이었다. 또, 그림의 윗부분에는 정조의 어평이 기록되어 있다.

보물 제1505호 대구 동화사 사명당 유정 진영 [大邱 桐華寺 泗溟堂 惟政 眞影]

대구 동구 팔공산로201길 41 동화사

등받이가 높다란 의자에 우향하여 앉아 있는 좌안 7분면의 의좌상이다. 기품 있으면서도 은은한 회백색의 색채와 간결하고 유려한 필선이 사용된 장삼, 섬세하고 화려한 무늬를 나타낸 선홍색 가사의 조화는 바르고 단정한 사명당의 승려가 지녀야 할 품위와 승병대장으로서의 권위를 잘 나타내주고 있다. 왼쪽 하단의 묵서명에 "가경원년병진[嘉慶元年丙辰]이란 연호가 있어 1610년 입적한 이후 늦어도 1796년에는 조성되었을 것으로 추정된다.

보물 제1506호 순천 선암사 선각국사 도선 진영 [順天 仙巖寺 先覺國師 道詵 眞影]

전남 순천시 승주읍 선암사길 450 선암사

도선국사(827~898)는 신라 말기에 활동한 선승으로, 선암사를 중창하였다. 도선국사 진영은 두 발을 받침대 위에 올려놓은 의좌상으로, 오른손에는 주장자를 세워 들고 있다. 옷주름의 표현이 특이한데 녹색장삼은 색의 농·담으로, 붉은 가사의 옷주름은 먹선과 흰 선을 중첩하여 표현하고 있다.

화기에 따르면 1805년에 도일비구가 순천 선암사 대각국사 의천 진영(보물 제1044호)과 함께 중수한 것이다.

서울 종로구 효자로 12 국립고궁박물관

이성윤 위성공신교서는 광해군 5년 (1613) 3월에 임진왜란 당시 광해군을 호종하는데 공을 세운 승헌대부 금산군 이성윤에게 내린 위성공신교서이다. 위성공신은 광해군이 폐위된 후 삭훈[削勳]되었다. 그 결과 구체적인 내용은 실록을 비롯한 모든 기록에서 삭제되었으므로 인적사항 등 자세한 사항이 전하지 않고 대강만 알려져 있을 뿐이었는데 본 교서를 통하여 알 수 있게 되었다. 이 문서는 광해군 때 공신에게 내려진 교서의 형태를 완벽하게 간직하고 있으며 뒷면에는 제진자[製進者] 및 서사자가 밝혀져 있다.

보물 제1509호 허목 초상 [許穆 肖像]

강원 춘천시 우석로 70 국립춘천박물관

조선중기 대표적 학자이자 문신인 미수 허목(1595~1682)의 초상으로 오사모에 담홍색의 시복을 입고 서대를 착용한 좌안7분면의 복부까지 오는 반신상이다. 화폭 상부의 제발문에 따르면 정조 18년(1794) 정조가 허목의 인물됨에 크게 감동하여 그 '칠분소진'을 얻고자 채제공으로 하여금 사람들과 의논하도록 하였으며 이에 은거당[1678년 숙종이 하사한 집]에서 선생의 82세 영정을 모셔다가 이명기가 모사한 것이라고 한다. 영정의 오른 쪽에는 채제공이 당시에 쓴 표제가 붙어 있다.

보물 제1510호 최익현 초상 [崔益鉉 肖像]

제주 제주시 일주동로 17 국립제주박물관

구한말의 대표적 우국지사인 면암 최익현 선생(1833~1906)의 초상화로, 우측 상하단의 기록을 통해 1905년에 채용신이 그린 작품임을 알 수 있다. 심의를 입고 털모자를 쓴 모습인데 심의는 그가 위정척사에 노력한 전통 성리학자임을 잘 전해주고 털모자의 모관은 의병장으로 활동하기도 했던 최익현의 애국적 풍모를 잘 보여준다. 채용신의 초기 작품에서 풍기는 조심스럽고 근실한 화법과 소박한 화격이 최익현의 우국지사적인 분위기를 더욱 잘 살려주고 있다.

보물 제1511호 국조정토록 [國朝征討錄]

경기 성남시 분당구 허오개로 323 한국학중앙연구원

이 책은 조선 세종에서 중종조에 이르는 동안 대마도, 파저강, 건주위, 이마차, 서북로구, 삼포왜란 등을 정벌한 역사를 기록한 것이다. 서술의 체재는 각 전쟁 별로 연대에 따라 강목체[綱目體]로 기술되어 있다. 조선의 군사 행동은 정[征] 또는 토[討]로 칭하고 적병은 구[寇] 또는 반[叛], 적을 격파한 경우는 참[斬] 또는 로[虜]로 표현하는 등 역사적 사실에 포폄[褒貶]을 행한 통감강목의 서례를 따르고 있다.

초기 사본의 형태로 유포되고 있었던 '국조정토록'은 광해군 6년(1614) 이후에 활자로 인출하였으며, 아직까지 국내에서는 유일본이다.

보물 제1512호 이십공신회맹축 - 영국공신녹훈후 [二十功臣會盟軸 - 寧國功臣錄勳後]

경기 성남시 분당구 하오개로 323 한국학중앙연구원

"이십공신회맹축-영국공신녹훈후"는 인조 24년(1646) 9월에 영국공신을 녹훈한 것을 계기로 국왕이 개국공신으로부터 영국공신에 이르는 20공신과 그 자손들을 거느리고 회맹제[會盟祭]를 행하고 이때의 회맹문과 참여자의 명단 등을 적어 권축장으로 꾸민 것이다.

말미에 '순치3년구월초삼일[順治三年九月初三日]'라는 년기가 있다. 순치 3년은 인조 24년(1646)에 해당한다.

이 이십공신회맹축은 왕실이나 충훈부에서 보관할 목적으로 최고의 재질로 거대하게 제작한 것으로 추정된다. 또한, 현존하는 완전한 상태의 회맹축이 희소하다는 점에서 높은 가치를 지닌다.

　지권인의 비로자나불을 본존으로 하고 좌우에 약사불과 아미타불을 배치한 삼불형식으로, 흙으로 제작한 소조상이다. 임진왜란 이후 17세기에는 대형의 소조불상이 많이 만들어졌는데 이 삼불좌상은 규모가 매우 커서 보는 이를 압도하게 하는데, 인자하고 부드러운 얼굴 표현과 허리가 긴 장신형의 불신은 매우 우아하고 품격 있는 불격을 보여준다. 이 삼불좌상은 조선시대 1633년에 작성된 귀신사 나한전 낙성문과 중건연도가 1624년이라고 볼 때 1624~1633년 사이에 조성된 것으로 추정된다.

보물 제1517호 **남원 선국사 건칠아미타여래좌상 [南原 善國寺 乾漆阿彌陀如來坐像]**
전북 남원시 산곡동 419 선국사

　선국사 건칠아미타여래좌상은 고려 말에서 조선 초기에 유행한 건칠기법으로 조성된 상으로, 체구가 장대하고 각 부의 비례가 균형감 있게 느껴진다. 상호는 원만하고 머리는 나발이다. 착의형식이나 가사의 금구장식, 내의를 묶은 매듭의 표현 등 양식적으로 1346년 제작된 청양 장곡사 금동약사여래좌상(보물 제337호)과 같은 고려후기 14세기 전반 불상들과 공통된 양식적 특징을 잘 보여주고 있다. 현존하는 건칠상은 그 수가 많지 않으며 대부분이 보살상으로, 불상 제작의 예는 그리 많지 않다. 이 아미타불좌상은 14세기 중반의 조각양식을 잘 보여주고 있다.

보물 제1518호 대방광원각수다라요의경 권1 [大方廣圓覺脩多羅了義經 卷一]

서울 종로구 북촌로 39 북촌박물관

대방광원각수다라요의경은 줄여서 '원각경[圓覺經]'이라고도 하며, 불교 수행의 길잡이 구실을 하는 경전이다.

보물 제1518호는 권말에 이색의 발문 및 간행에 참여한 명단과 아울러 '경신사월 개판[庚申四月 開版]'이란 간기가 있다. 이를 통해 이 경이 고려 우왕 6년(1380)에 제작됨과 필사에 참여한 승려와 시주자 등을 알 수 있다. 송나라 효종의 주가 달린 원각경으로 이색의 발문이 실려 있어 제작 연대가 확실한 희귀한 판본으로 가치가 높다.

보물 제1519호 묘법연화경삼매참법 권상 [妙法蓮華經三昧懺法 卷上]

대전 유성구

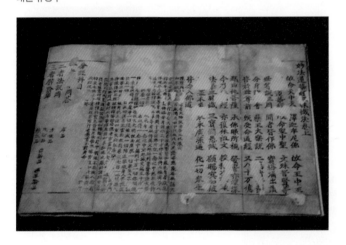

이 책은 천태종의 전교승 산긍[山亘]의 저술이다. 묘법연화경은 묘한 법이 더러운 곳에서도 항상 깨끗하고 아름다운 연꽃과 같다는 뜻으로 법화삼매의 수행법에 관한 책이다. 상·중·하 3권으로 구성한 것 중 상권이다. 이 참법은 묘법연화경 28품 가운데 서품[序品]에서 화성유품[化城喩品]까지 7품을 수록하고 있다. 이 책에는 판각간기가 기재되어 있지 않아 정확히 언제 판각했는지 알 수 없으나 전엽[全葉] 30항 19자를 새기고 장차[張次] 표시에 '복(卜)'자를 사용하고, 절첩장 형식의 제본 형태 등을 보면 고려 말에 판각된 것으로 추정된다.

보물 제1520호 대불정여래밀인수증료의제보살만항수릉엄경 권1 [大佛頂如來密因修證了義諸菩薩萬行首楞嚴經 卷一]

전남 순천시 정혜사길 32 정혜사

이 능엄경 국역본은 세조 7년(1461) 5월 효녕대군의 청에 의하여, 세조가 혜각존자 신미·한계희·김수온 등에게 국역과 교정을 명하여 찍어낸 것이다. 이 을해자[乙亥字]본 능엄경은 이듬해인 1462년에 그 교정본을 수정하여 간경도감에서 목판으로 간행하였다. 본문에는 주서[朱書]로 교정한 흔적이 여러 곳에서 나타나고 있어 활자를 조판하여 처음으로 인출하여 수정을 가한 교정본으로 서지적인 가치가 있으며, 또한 한글에 방점[傍點]이 붙어 있어 한글 창제 무렵의 국어 특징과 을해자 대·중·소자와 한글 활자가 혼용되고 있어 조선 초기 활자사 연구에도 귀중한 판본이다.

보물 제1523호 경주 불국사 석조 [慶州 佛國寺 石槽]

경북 경주시 불국로 385 불국사

경주 불국사 석조는 통일신라시대에 제작된 것으로 수조의 형상이 원형인 백제시대의 석조와 달리 통일신라시대 이후의 형상인 직사각형을 유지하고 있으며, 내·외면에 조각이 있는 점과 다른 직사각형의 석조와는 달리 모서리를 둥글게 한 것이 특이하다.

특히 내부 바닥 면의 화려한 연화문 조각은 통일신라시대 불교 미술의 뛰어난 조형 의식과 높은 예술 수준을 보여주고 있다.

서울 이윤탁 한글영비
새로 조성한 비신의 측면 경고문

보물 제1524호 서울 이윤탁 한글영비 [서울 李允濯 한글靈碑]

서울 노원구 하계동 12

이 비석은 묵재 이문건이 부친인 이윤탁의 묘를 모친인 고령 신씨의 묘와 합장하면서 1536년에 묘 앞에 세운 묘비이다. 이 묘비에는 앞면과 뒷면에 각각 묘주의 이름과 그 일대기가 새겨져 있고, 왼쪽과 오른쪽에도 한글과 한문으로 경계문이 새겨져 있다.

이 비석의 특징적 가치는 비석 왼쪽 면에 쓰여진 한글 경고문인데, 우리나라 비문으로서는 한글로 쓰인 최초의 묘비문으로 알려져 있어 그 역사적 가치가 높으며 국어사에 중요한 자료가 된다.

보물 제1525호 금장요집경 권1~2 [金藏要集經 卷一~二]
부산 금정구 범어사로 250 범어사

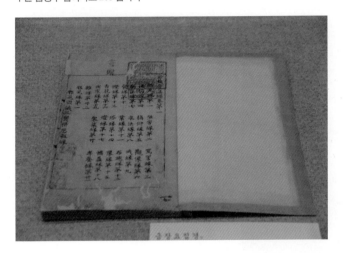

이 책은 북제[北齊]의 승려 도기가 각 경전에서 불교 교화에 도움이 되는 인과응보에 관한 설화를 중심으로 편찬한 7권 가운데 권1~2이다. 판식은 고려 13~14세기 불서에 흔히 보이는 특징이 나타나고 있으며 판심부의 하단에 각수명[刻手名]이 새겨져 있다. 이들은 재조대장경에도 참여했던 인물로 나타나는데 판각의 상태로 보아 고려 말에 새겨 조선 전기에 인출한 것으로 생각된다. 이 책은 권1~2의 2권 1책만이 있는 결본 상태이나 현재 국내외에 전존이 드문 판본이라 희소성이 높고, 목차에 22개 연기의 이름이 구체적으로 나타나고 있어 전체 내용을 알 수 있다.

보물 제1526호 부산 범어사 목조석가여래삼존좌상 [釜山 梵魚寺 木造釋迦如來三尊坐像]
부산 금정구 범어사로 250 범어사

이 삼존좌상은 범어사 대웅전의 주불로서 개금시 복장에서 발견된 불상기문과 불상기인발원축을 통하여 석가불과 미륵보살, 제화갈라보살의 수기삼존불로 조성되었다. 아울러 순치 18년(조선 현종 2년, 1661년)이라는 정확한 조성 연대와 희장을 비롯한 보해, 경신, 쌍묵, 뇌영, 신학, 청언 등이 조각한 것임을 확인할 수 있다. 이 삼존불은 비례가 적당하여 당당하고 균형 잡힌 형태를 보인다.

보물 제1527호 충주 백운암 철조여래좌상 [忠州 白雲庵 鐵造如來坐像]
충북 충주시 엄정면 내창로 617-80 백운암

백운암 철불은 인근에 있는 고려시대 절터 억정사지가 있어서 이곳에서 옮겨온 것이 아닌가 추정되고 있다. 충주는 철의 산지로 백운암의 철조여래좌상은 대원사 충주철조여래좌상(보물 제98호)과 단호사 철조여래좌상(보물 제512호)과 더불어 충주 지방의 3대 철불로 알려져 있다.

이 철불은 높이 87cm로 크지 않은 편이며 수인은 항마촉지인이다. 얼굴은 몸 전체에 비해 작은 편이나 이목구비의 표현이 뚜렷하고 근엄한 표정이 잘 표현되어 있다. 형식은 8세기 불상 양식을 따르고 있으나 조성 시기는 통일신라 말에서 고려 초 정도로 추정된다.

보물 제1529호 초조본 잡아비담심론 권9 [初雕本 雜我毘曇心論 卷九]

서울 서대문구 연세로 50 연세대중앙도서관

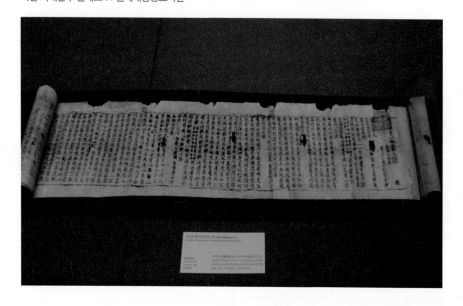

이 경전은 천축국의 법구 존자가 지었고, 승가발마 등이 번역한 경전이다. 11세기에 대장도감에서 판각한 초조대장경 중 하나로 전 11권 중 9권이다. 본문은 계선이 없고 각 행이 대체로 14자이기 때문에 글자의 크기가 같고 각 장의 행수는 판 크기에 따라 차이는 있지만 주로 23행이다. 판식이 권자장의 장정으로 각지 장을 이어 붙일 때 바짝 연결하여 판심제인 약서명을 확인할 수 없다. 권말에는 양쪽 노출부에 주칠한 길이 30.3cm, 직경 0.8cm의 목축이 있다.

보물 제1531호 영조 기로연 · 수작연도 병풍 [英祖 耆老宴 · 受爵宴圖 屏風]

서울 종로구 새문안로 55 서울역사박물관

이 병풍에는 크게 두 개의 행사장면이 실려 있다. 첫 번째 장면에 해당하는 병풍의 제 2 · 3 · 4폭에는 을유년(1765) 8월 18일 영조가 왕세손을 데리고 기로소를 방문하여 영수각에서 전배례[展拜禮]를 행하고 기로신들에게 선온[宣醞]한 행사가 그려져 있다. 두 번째 장면인 제5 · 6 · 7폭은 그해 10월 11일 경희궁의 경현당에서 영조의 망팔[望八]을 기념하여 수작례[受爵禮]를 행한 장면을 그린 것이다.

제1폭에는 영수각에서의 전배례와 기영관에서 선온한 일 등에 대해 이정보가 기록한 서문이 있고 제8폭에는 좌목이 적혀있다.

보물 제1532호 여주 효종 영릉재실 [驪州 孝宗 寧陵齋室]

경기 여주군 능서면 왕대리 산83-1

여주 효종 영릉재실 전경

영릉[寧陵]은 조선 제17대 효종대왕(재위 1649~1659)과 인선왕후 장씨의 능이며, 재실은 제관의 휴식, 제수 장만 및 제기 보관 등의 제사 기능을 수행하기 위한 능의 부속건물이다. 효종대왕릉은 1659년 경기도 양주시 건원릉의 서쪽에 조성하였으나, 이후 1763년 석물에 틈이 생겨 현 위치로 옮기면서 능호를 영릉으로 고치고 재실도 함께 옮겨왔다. 현재 남아있는 조선 왕릉의 재실은 일제강점기와 6·25전쟁을 거치면서 대부분 멸실되었는데 영릉 재실은 조선 왕릉 재실의 기본 형태가 가장 잘 남아있다.

보물 제1535호 숙빈최씨 소령원도[복제] [淑嬪崔氏 昭寧園圖]

경기 성남시 분당구 하오개로 323 한국학중앙연구원

이 그림은 숙빈 최씨(1670~1718)의 무덤인 양주의 소령원을 그린 묘산도로, 묘소도형여산론, 소령원도, 소령원화소정계도, 소령원배치도 4점이 있는데 이 중 사진은 소령원도이다.

소령원도는 산도의 형식을 취했으며 가운데 묘소와 좌측의 제청, 우측의 비각을 배열하고 아래쪽에는 전답이 그려져 있다.

산수 표현에서 가늘고 기다란 피마준[披麻皴]이 미점[米點]과 더불어 사용되었으며, 화면 곳곳에 밝은 담채를 가하였다.

보물 제1538호 동국대지도[복제] [東國大地圖]
서울 용산구 서빙고로 137 국립중앙박물관

1축이 272.2×137.9cm에 달하는 대형 조선전도의 족자로서, 표현된 범위는 조선과 만주의 일부를 아우르고 있다. 지도의 재질은 비단으로 세 폭을 이어 만들었는데, 정교하게 그려진 솜씨로 볼 때 도화서의 화원이 묘사한 것으로 추정된다. 조선의 전체적인 모습, 수록된 정보의 종류와 양이 정상기(1678~1752)의 동국지도 원본 계통과 동일하다. 1767년에 산청과 안의로 바뀌는 산음과 안음이 명칭변경 이전의 지명으로 기록되어 있는 점 등에서 1755년에서 1757년 사이에 제작된 것으로 추정된다.

보물 제1540호 청자 표형 주자 [青磁 瓢形 注子]
서울 관악구 남부순환로152길 53 호림박물관

고려시대(12세기)의 조형적 특징을 보이는 표주박 형태의 청자 주자이다. 표주박 형태의 병에 참외 같은 골 주름 여덟 줄을 깎아내고, 물대는 둥글고 넓은 박 잎을 대롱처럼 말아 붙여 만들고 손잡이는 박 넝쿨을 꼬아 붙인 것 같이 만들었다. 뚜껑 역시 작은 박 잎을 엎어 놓은 형태처럼 만들었으며 밑바닥도 굽을 별도로 깎아내지 않아 마치 표주박의 밑동을 연상되는 모습으로 만들었다. 이 주자는 12세기의 전형적인 비색 청자 중 하나로, 각각의 구성 요소들이 이상적으로 조화된 청자이다.

보물 제1541호 분청사기 상감 모란양류문 병 [粉青沙器 象嵌 牡丹楊柳文 瓶]
서울 관악구 남부순환로152길 53 호림박물관

양감이 좋은 15세기의 전형적인 분청사기 형태에 특징적인 상감 문양이 장식된 병이다. 앞·뒷면에는 각기 모양이 다르게 모란을 큼직하게 장식하고 그사이에는 늘어진 버드나무를 흰 선상감으로 도안화시켰다. 특히 강하게 추상화된 매우 율동적인 모란문을 면상감으로 처리하고 검은 윤곽선을 돌려 대담하게 표현한 부분이 눈길을 끈다. 상감 분청사기 전성기인 15세기 전반에 제작된 것으로 추정된다.

보물 제1544호 나주 심향사 건칠 아미타여래좌상 [羅州 尋香寺 乾漆 阿彌陀如來坐像]

전남 나주시 건재로 41 심향사

이 불상은 고려 말 조선 초에 특히 많이 조성된 건칠불상 중 하나이다. 고려 후기 불상의 특징인 이국적이면서도 단정하고 근엄한 표정을 지니고 있으며, 왼쪽 어깨 위에 부채살처럼 흘러내린 세밀한 잔주름은 13세기 후반에 조성된 개운사 목조 아미타여래좌상(1276년), 화성 봉림사 목조아미타불좌상(1362년 이전) 등에서도 확인되는 공통된 특징이다. 나주 지역에서는 이 불상 외에도 불회사와 죽림사 등 고려말 조선초에 조성된 건칠불이 전하고 있는데, 그중에서도 조형적 완성도가 가장 높다.

보물 제1545호 나주 불회사 건칠 비로자나불좌상 [羅州 佛會寺 乾漆 毘盧遮那佛坐像]

전남 나주시 다도면 다도로 1224-142 불회사

불회사 대웅전의 주존으로 모셔진 이 불상은 고려 말 조선 초에 특히 많이 조성된 건칠불상이다. 양식적으로 이 불상은 다소 길어진 신체의 비례와 형태, 작아진 얼굴, 착의형식, 옷 주름의 표현 등에서 고려 후기 불상 양식을 계승하여 조선 초기에 제작된 상으로 추정된다. 특히 수인은 주먹 쥔 왼손을 오른손으로 감싸 쥔 형태의 지권인이다. 이 수인은 고려 후기의 화엄경 변상도에 등장하는 비로자나불의 수인이다. 불회사 불상은 현존하는 조각에서 이 수인이 표현된 이른 예이며, 조각적으로도 우수한 불상이다.

보물 제1548호 구례 화엄사 목조비로자나삼신불좌상 [求禮 華嚴寺 木造毘盧遮那三身佛坐像]

전남 구례군 마산면 화엄사로 539 화엄사

화엄사 대웅전에 모셔진 삼존불은 화엄 사상의 삼신불인 비로자나불, 노사나불, 석가불을 표현한 것인데, 도상면에서 법신, 보신, 화신을 나타내는 귀중한 예이다. 이러한 삼신불은 불화에서는 많이 보이지만 조각으로는 드문 편이다. 특히 보관을 쓴 노사나불이 조각으로 남아 있는 예는 별로 알려져 있지 않다. '화엄사사적기'(1697년 간행)에 의하면 1636년 조각승 청헌, 영이, 인균, 응원 등 전라도와 경상도 지역에서 활약했던 17세기의 대표적인 승려 장인들이 공동으로 제작하였다.

구례 화엄사 목조비로자나삼신불좌상
1 석가모니불
2 비로자나불
3 노사나불

보물 제1550호 여수 흥국사 목조석가여래삼존상 [麗水 興國寺 木造釋迦如來三尊像]

전남 여수시 흥국사길 160 흥국사

흥국사 대웅전의 삼존상은 협시 보살상의 보관 뒷면에 각각 자씨보살대명숭정 [慈氏菩薩大明崇禎], 제화보살대명숭정 [提花菩薩大明崇禎]이라는 명문이 타출 기법으로 새겨져 있다. 따라서 이 삼존상이 수기삼존상(석가불, 미륵보살, 제화갈라보살을 칭함)으로 17세기 전반의 숭정 연간(1628~1644)에 조성된 것임을 알 수 있다. 조각수법이 매우 뛰어나서 양감이 잘 표현되었으며, 손과 발의 표현이 잘 되어 있고, 옷주름이나 장신구의 표현도 유려하다. 불상은 17세기 조각의 단순함을 잘 반영하고 있다.

보물 제1555호 담양 용흥사 동종 [潭陽 龍興寺 銅鍾]

전남 담양군 월산면 용흥사길 442 용흥사

높이가 102㎝인 이 종은 조선시대 주종장 중 김애립, 김성원 등과 함께 사장계[私匠系]를 대표하는 김용암이 주가 되어 1644년에 주성한 종으로, 규모도 비교적 클 뿐만 아니라 비례감과 조형성이 뛰어나다.

또한, 용뉴를 쌍룡 대신 활력 넘치는 사룡을 채용하여 특이함을 보이고, 종신에 시문된 각종 문양의 표현에서도 세련미가 넘친다. 따라서 이 종은 다른 조선 후기 범종에 비해 뛰어난 조형미와 문양 표현 등의 주조 기술이 돋보이는 수작이다.

보물 제1556호 여수 흥국사 동종 [麗水 興國寺 銅鍾]

전남 여수시 중흥동 산 17 흥국사

조선시대 주종장 김애립이 순천 동리산의 대흥사 종으로 1665년에 주성하였다. 높이가 121㎝에 이르는 대종에 해당한다.

용뉴는 간단하면서도 힘이 있는 쌍룡으로 조성하고 천판에는 큼직한 연화문대를 돌렸다. 천판과 만나는 종의 어깨 부분에는 육자대명왕진언이 둘려 있으며, 몸체에는 연곽대와 보살상 및 왕실의 안녕을 기원하는 전패가 있다.

종신에 새겨진 문양은 전반적으로 섬세하고 화려하며 잘 정돈된 느낌을 보여준다.

보물 제1557호 고흥 능가사 동종 [高興 楞伽寺 銅鍾]

전남 고흥군 점암면 성기리 37 능가사

고흥 능가사 동종 용뉴와 종견 부분

현존하는 김애립의 작품 가운데 가장 뒤늦은 시기인 1698년에 제작된 작품이지만, 그의 작품 중 가장 뛰어난 역량을 보여주는 대표작이다. 종신의 전체적인 외형은 상부가 좁고 아래로 가면서 점차 넓게 벌어져 있고, 용뉴는 쌍룡으로 구성되었다. 4구의 보살입상이 유려한 모습으로 부조되었고, 종신 한쪽에는 왕실의 안녕을 기원하는 전패 그 아래로는 팔괘가 있다. 이 종은 단정한 보살입상, 세부 문양의 정교함 등 김애립 범종의 완숙한 기량이 유감없이 발휘된 수작이다.

보물 제1560호 도성도 [都城圖]

서울 관악구 관악로 1 서울대학교 규장각한국학연구원

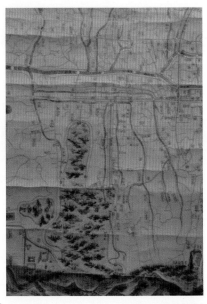

도성 안 시가지

18세기 후반에 제작된 서울 지도로 서울의 자연환경을 산수화처럼 그린 걸작품이다. 정확한 제작 시기는 미상이지만, 1785년에 설치되었다가 1802년에 폐지된 장용영[壯勇營]이 그려져 있는 것으로 보아 18세기 말에 제작되었음을 추정할 수 있다. 지도는 국왕의 시각에 맞추어 남쪽이 지도 상단으로, 북쪽이 지도 하단으로 배치되어 있다. 도성 안 시가지는 평면적으로 처리했고, 풍부한 지명을 기록하여 주위의 산세와 대비되도록 하였다. 여백에는 행정 구역, 도성의 크기와 도로 상황 등을 기록하고 있다.

보물 제1563호 대구 동화사 대웅전 [大邱 桐華寺 大雄殿]

대구 동구 팔공산로201길 41 동화사

대웅전은 정면 3칸, 측면 3칸 규모이며 지붕은 팔작지붕, 공포는 다포 양식이다. 문짝은 여러 가지 색으로 새긴 꽃잎을 장식해 놓은 소슬꽃살창을 달았다. 또한, 기둥은 다듬지 않은 나무를 그대로 사용해서 건물의 안정감과 자연미를 나타내고 있다. 동화사는 신라시대에 지어진 후 8차례에 걸쳐서 새로 지었으며, 대웅전 또한 여러 차례 다시 지은 것이다. 지금 있는 대웅전은 조선 후기인 영조 3년(1727)에서 영조 8년(1732)에 지은 것으로 추정된다.

충남 아산시 염치읍 현충사길 48 현충사

보물 제1564-1호 선무공신교서[복제]

보물 제1564-3호 기복수직교서

보물 제1564-4호 사부유서

보물 제1564-5호 사부유서

보물 제1564-6호 사부유서

보물 제1564-7호 무과급제교지

보물 제1564-9호 정경부인 교지

보물 제1564-12호 충무공 증시 교지

보물 제1564-16호 영의정 증직 교지

　임진왜란에 빛나는 전공을 세운 충무공 이순신(1545~1598)에게 내린 선무공신교서이다. 충무공 사후 6년 후인 1604년(선조 37, 만력 32)에 내린 선무공신은 임진왜란에서 큰 공을 세운 장군 18명에게 내린 공신 칭호로 1등은 이순신, 권율, 원균 등 3인이다. 이 교서는 77행에 걸쳐 이순신이 세운 공적에 대한 찬양과 공신으로 책훈함에 따른 상으로 본인과 부모, 처자를 3계급 승진시키고, 노비 13구와 토지 150결, 은자 10량, 표리 1단, 내구마 1필을 하사한다는 내용을 밝히고 있다. 교서의 이면에는 본 교서를 필서한 사자관인 이경량의 성명이 작은 글자로 필서 되어 있다. 이순신 관련 고문서로는 이 외에도 임금이 명을 내리는 유서, 무과급제 교지(홍패), 교지 등이 있다.

보물 제1565호 부여 무량사 소조아미타여래삼존좌상 [扶餘 無量寺 塑造阿彌陀如來三尊坐像]

충남 부여군 외산면 무량로 203 무량사

부여 무량사 소조아미타여래삼존좌상은 17세기 대규모 사찰에서 널리 조성되었던 대형의 소조 불상 양식을 따르고 있다. 이 삼존상은 아미타여래, 관음보살, 대세지보살이라는 분명한 아미타삼존 도상을 보여주고 있다. 발견된 복장발원문을 통해 조각승 현진이 만들었고 1633년 조성되었음을 알 수 있다. 특히 임진, 병자 양대 전란 이후 조성되어 당시 자신감 회복을 위해 노력했던 불교계의 저력을 느낄 수 있다.

보물 제1566호 여수 흥국사 목조지장보살삼존상 · 시왕상 일괄 [麗水 興國寺 木造地藏菩薩三尊像 · 十王像 一括]

전남 여수시 흥국사길 160 흥국사

여수 흥국사 목조지장보살삼존상 · 시왕상 일괄
1 전륜 · 평등 · 변성 · 오관 · 초강대왕
2 진광 · 송제 · 염라 · 태산 · 도시대왕

흥국사의 지장보살삼존상을 비롯한 시왕 · 권속 일괄은 1648년 수조각승 인균[印均]을 비롯한 12명의 조각승이 참여하여 조성한 작품이다. 지장보살상은 단정한 신체에 표현된 옷 주름은 강직한 직선과 부드러운 곡선을 잘 조화시켜 신체의 굴곡과 양감을 잘 살려내었다. 시왕과 권속상은 그들이 지니고 있는 개성적인 특징과 역할을 다양한 표현력과 연출력으로 생동감 있게 묘사하였다. 이 조각들은 17세기 불상 양식을 잘 반영하고 있을 뿐만 아니라 지장보살삼존을 비롯한 권속들이 모두 남아 있고, 발원문을 통해 조성 주체와 조성 연대를 알 수 있다는 점에서 가치를 지니고 있다.

보물 제1568호 상주 양진당 [尚州 養眞堂]

경북 상주시 낙동면 양진당길 27-4

상주 양진당
1 양진당 전경
2 네모지게 다듬은 서까래

양진당은 조정이 1626년 처가인 안동에 있던 가옥을 옮겨 지은 것이다. 또한, 종도리의 기록은 순조 7년(1807)에 중수한 사실을 확인할 수 있다. 정면 9칸, 측면 7칸 규모의 'ㅁ'자형 평면을 한 고상식 건물로서 퇴칸 전면에 세운 6개 기둥은 특이하게 하층 부분은 방형으로 상부는 원형으로 다듬었다. 지붕은 정침의 툇마루 상부만 겹처마로 하고 나머지는 홑처마로 하였는데, 겹처마의 경우 일반적으로 원형 서까래에 방형 부연을 얹는 데 비해 양진당은 서까래를 네모지게 다듬어 부연과 같은 모습을 취하게 했다.

보물 제1569호 논산 돈암서원 응도당 [論山 遯岩書院 凝道堂]

충남 논산시 연산면 임리 72

돈암서원은 인조 12년(1634)에 세웠다. 김장생(1548~1631)을 중심으로 김집, 송준길, 송시열의 위패를 모시고 있으며, 흥선대원군의 서원철폐령이 내려졌을 때도 없어지지 않은 전국 47개 서원 중 하나이다.

응도당은 서원 옛터에 남아있던 것을 1971년 지금 있는 곳으로 옮겼다. 규모는 정면 5칸, 측면 3칸이며 지붕은 맞배지붕, 공포는 주심포 양식이다. 응도당 측면에는 풍판을 설치하고 그 하단에 눈썹지붕을 퇴칸처럼 달았다. 기와에 쓰여 있는 명문으로 보아 인조 11년(1633) 건립되었음을 알 수 있다.

보물 제1570호 **청송 대전사 보광전 [青松 大典寺 普光殿]**

경북 청송군 부동면 공원길 226 대전사

대전사 보광전은 화강석 기단 위에 화강석 초석을 놓고 약간 흘림이 있는 원주를 세워 구성된 정면 3칸, 측면 3칸 규모로 지붕은 맞배지붕, 공포는 다포 양식이다.

1976년 중수 시 발견된 상량문에 의하면 임진왜란 때 불탄 것을 조선 현종 13년(1672)에 중창하였음을 알 수 있다.

보물 제1571호 **안동 보광사 목조관음보살좌상 · 복장유물 [安東 普光寺 木造觀音菩薩坐像 · 腹藏遺物]**

경북 안동시 도산면 서부2리 산50-7 보광사

 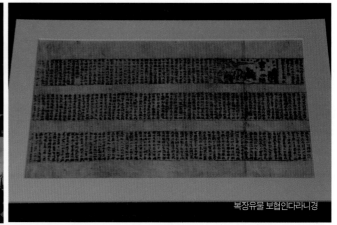

복장유물 보협인다라니경

보광사 목조관음보살좌상은 정교성과 화려함을 두루 갖춘 보관, 우아한 얼굴 모습, 안정된 신체비례, 옷주름의 표현, 불신 전반에 걸쳐 정교하게 장엄된 영락 장식 등 품격 높은 고려 불교 문화의 한 단면을 뚜렷이 보여준다.

조성발원문이 남아있지 않지만 현존하는 작품과의 비교를 통해 13세기 전반기에 조성된 보살상으로 추정되는데, 현재 이 시기의 보살상이 거의 남아 있지 않다.

안동 보광사 목조관음보살좌상에서는 10종 194점에 이르는 복장유물이 함께 발견되었으며, 복장전적 중 '보협인다라니경'과 '범서총지집'의 인출 시기는 불상 조성 시기인 13세기 전반으로 추정된다. '보협인다라니경'은 1007년 총지사에서 간행한 목판의 원형을 살필 수 있는 중요한 자료로 주목된다. 또한, '범서총지집'은 1150년 평양 광제포에서 선사 사원이 교정하여 개판한 간행 기록이 있어 서지학, 밀교 사상, 다라니 연구 자료로서 가치가 있으며, 지질 및 판각술은 고려 인쇄 문화의 특징을 보여주는 자료이다.

서산 문수사 금동여래좌상 복장유물 [瑞山 文殊寺 金銅如來坐像 腹藏遺物]

충남 예산군 덕산면 수덕사안길 79 수덕사

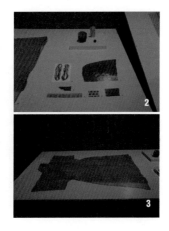

서산 문수사 금동여래좌상 복장유물
1 발원문 등
2 오색실과 직물 등
3 답호 (소매가 달리지 않은 포)

서산 문수사 금동여래좌상 복장유물은 충청남도 유형문화재 제34호로 지정된 금동여래좌상에서 나온 것인데, 1993년 불상은 도난당하고 복장 유물만이 전해진다.

문수사 금동여래좌상의 복장에서는 경전·다라니 등의 인쇄 자료와 발원문 및 물목을 기재한 필사 자료 등 17종 504종에 이르는 다양한 전적류와 함께 고려말 제작된 복식(답호)과 각종 직물류 및 팔엽통 등의 유물이 발견되었다. 필사자료 중 '지정육년[至正六年] (1346)'의 연기[年記]를 지닌 발원문과 복장 물목은 불상의 조성 연대와 복장 시기 및 복장된 품목을 확인할 수 있는 중요한 자료이다.

문경 봉암사 극락전
공포와 천장

보물 제1574호 **문경 봉암사 극락전 [聞慶 鳳巖寺 極樂殿]**

경북 문경시 가은읍 원북길 313 봉암사

극락전은 신라 경순왕이 피난 시 원당으로 사용한 건물로, 현재 극락전 내부에는 어필각이란 편액이 걸려 있다. 일제강점기 때 옥개보수가 있은 듯 망와에 소화 16년(1941)이란 기록이 남아 있다. 봉암사에서 극락전은 가장 오래되고 원형을 잘 보존하고 있는 전각이다. 그 형태나 위치로 보아 조선 중후기에 세워진 왕실 원당일 가능성이 높으며, 기단과 초석은 고려조의 것으로 보인다. 높은 단층 몸체에 차양칸을 둘러 마치 중층건물 같은 외관을 구성했고, 몸체와 채양칸의 기둥 열을 다르게 배치하였다.

보물 제1575호 성주향교 대성전 및 명륜당 [星州鄕校 大成殿 및 明倫堂]

경북 성주군 성주읍 예산2길 36-12

대성전

명륜당

　성주향교는 전면에서 볼 때 명륜당이 좌측에 자리하고 우측에 대성전이 위치하는 좌묘우학의 배치를 하고 있다. 대성전은 다포형식으로 우리나라 향교 가운데 문묘, 익산향교 대성전 이외에 그 예가 드문 다포형식으로 중기의 수법들이 잘 보존되고 있다. 특히 다포 건축이면서도 유교건축에 맞게 내부 구성을 매우 간략하게 처리한 점 등은 주목된다. 대성전은 건립 연대가 명확히 밝혀진 17세기 초기 다포식 건축물로 건축 양식에서 당시의 모습들이 잘 보존되고 있다.

　명륜당은 전면 퇴칸을 두고 가운데 마루가 깔린 전형적인 중당협실형의 평면구성이다. 온돌방 상부는 다락을 설치하여 수장 공간으로 활용한 듯하며 창호의 구성에서 옛 방식이 남아있다. 규모는 정면 5칸, 측면 3간이며, 지붕은 맞배지붕이다. 좌측, 우측에는 각각 2칸 규모의 온돌방을 배치하고, 좌측 온돌방 측면에 문틀의 흔적이 남아있다. 중앙 정면 3칸은 대청마루로 조성하였다.

보물 제1576호 김천 직지사 대웅전 [金泉 直指寺 大雄殿]

경북 김천시 대항면 북암길 89 직지사

대웅전 내부 가구 구조

　직지사 대웅전은 정면 5칸, 측면 3칸 규모, 지붕은 팔작지붕, 공포는 다포 양식이다. 조선 전기에는 대웅대광명전이란 건물이 있었으나, 임진왜란 때 소실되어 선조 35년(1602) 새로 지었다. 이후 영조 11년(1735) 중창하였다. 대웅전에 석가모니불을 중심으로 약사불과 아미타불을 모시는 수미단(보물 제1859호)은 효종 2년(1651) 조성한 것이다. 직지사 대웅전 가구의 구성 및 부재의 표현 기법은 조선 후기의 건축적 특징이 잘 표현하고 있는 건축물이다.

보물 제1577호 증급유방 [拯急遺方]

경기 용인시 기흥구 상갈로 6 경기도박물관

조선시대(15세기) 이 책은 명나라 임강, 통수, 섭윤현이 증험하여 편집한 의가비전의 질병 처방을 한데 모아 조선 전기에 간행한 의서이다. 감기, 독감, 복통 등 13방에 대한 처방, 쓰이는 약재 등과 건강 장수 베개를 만드는 부록이 있으며, 권하에는 치곽난토사부터 구사부지에 이르는 37방에 대한 구급의 의방과 약방문을 집성한 내용이 있다. 간행기록이 없어 정확한 제작 시기는 알 수 없지만, 판각 상태, 판의 형식, 서체, 지질 등으로 보아 15세기에 간행된 판본으로 추정된다.

보물 제1578호 전주 경기전 정전 [全州 慶基殿 正殿]

전북 전주시 완산구 풍남동 3가 102

경기전에 봉안된
조선태조어진(국보 제317호)

경기전은 조선 왕조를 개국시킨 태조 이성계의 어진[국보 제317호]을 봉안한 곳이다. 1410년에 창건된 경기전은 1597년 정유재란 때 소실되고 1614년에 중건했다. 1872년 태조 어진을 새롭게 모사하여 봉안하면서 경기전의 전반적인 보수가 이루어졌다. 정전의 지붕은 맞배지붕이고, 공포는 다포 양식이다. 정면의 배례청은 이익공을 가진 익공계 양식으로 맞배지붕이다. 조선 중기의 전통 건축 기법이 잘 전수된 안정된 구조와 부재의 조형 비례는 건축적 품위를 돋보여준다.

보물 제1579호 초조본 성지세다라니경 [初雕本 聖持世陀羅尼經]

경기 용인시 기흥구 상갈로 6 경기도박물관

이 불경은 10세기 말에 인도의 학승 시호가 번역한 초조대장경 가운데 하나이다. '성지세다라니'라는 이름은 '덕망이 높은 지세보살[持世菩薩]의 주문'이라는 뜻이다. 각자가 정교하고, 글자의 먹색 및 지질 등으로 보아 11세기에 인출된 정각본으로서 초조판의 원형을 살필 수 있다. 권말에는 신역할 때의 증의자[證義者], 철문[綴文], 필수[筆授], 증범문[證梵文], 증범의[證梵義], 윤문[潤文]자의 기록이 있어 그 당시 불경을 한역하는 방법 및 역경 과정을 알 수 있는 자료이다.

보물 제1580호 서울 수국사 목조아미타여래좌상 [서울 守國寺 木造阿彌陀如來坐像]

서울 은평구 서오릉로23길 8 수국사

수국사 목조아미타여래좌상은 제작 연대가 적힌 발원문이 없어 정확한 조성 시기는 알 수 없다. 불상의 얼굴과 이중으로 입은 착의법 및 자연스러우면서 특징 있는 옷주름 등에서 13세기에서 14세기 전반기에 조성된 불상들과 양식적 특징이 유사하다. 특히 이 불상에서 느껴지는 중량감 넘치는 건장한 남성적인 형태미는 고려 후기 귀족풍의 단정하고 아담한 형태미를 추구했던 하나의 조류와는 또 다른 불교조각의 흐름과 미의식을 알려 주고 있다.

보물 제1581호 대동여지도 목판 [大東輿地圖 木板]

서울 용산구 서빙고로 137 국립중앙박물관

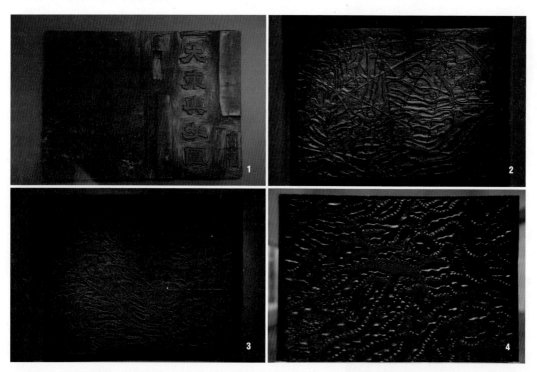

고산자 김정호 선생이 제작한 목판으로, 현전하는 것으로 알려진 12장의 목판 중 11장이다. 재질은 수령 100년 정도의 피나무이다. 목판에는 남북으로 120리, 동서로는 160리 정도 되는 공간의 지리 정보가 조각되어 있다. 지도는 목판의 앞뒤 양면에 모두 조각이 되어 있다. 일부 해안 도서 지역을 판각할 경우 전체 목판면의 일부만을 활용하게 되는데, 이때 여백으로 남는 공간에는 다른 지역의 지도를 판각하여, 목판의 활용도를 높였다.

대동여지도 목판
1 표제
2 전라도 무안 지역
3 평안도 안주 지역
4 함경도 장백산 지역

보물 제1586호 전주지도[모사본] [全州地圖]
서울 관악구 관악로 1 서울대학교 규장각한국학연구원

  조선의 태조 이성계의 관향[貫鄉]인 전주를 그린 지도이다. 전주부의 읍성과 주변의 산세, 내부의 관아 건물들을 산수화풍으로 그린, 회화식 지도의 대표작이다.

  전주성 전체를 부감법으로 묘사하여 화면의 중앙에 배치하고 그 주변에 봉우리가 이어지는 모습을 그렸다. 읍성의 내부에는 관찰사의 청사인 선화당을 비롯한 감영 건물과 객사 등이 그려져 있다. 가옥과 건물들은 다소 옅은 먹선을 사용하여 정교하게 묘사했다. 전체적인 구성과 필력이 세련되고 화격이 높으며 묘사력도 뛰어나 회화식 지도 가운데 가장 뛰어난 작품 중 하나이다. 제작 시기는 18세기 이후로 추정된다.

보물 제1590호 화동고지도[모사본] [華東古地圖]
서울 관악구 관악로 1 서울대학교 규장각한국학연구원

  조선과 중국을 중심으로 동아시아 지역을 그린 세계지도이다. 바다의 물결무늬, 중국의 연호와 지명 등을 볼 때 16세기 중엽에 제작된 것으로 추정된다. 지도의 전체적인 윤곽은 1402년에 만들어진 '혼일강리역대국도지도'와 유사하지만, 조선 부분은 더 자세하고 정확하게 그려졌다. 반면, 일본은 지도가 생략된 채 조선 남쪽에 위치만 표시하였다. 이처럼 중국과 조선만 자세히 그리고 그 외의 지역은 위치만 간략히 표시한 방식은 16세기에 등장하는 중국 중심의 세계관이 반영된 결과로 생각된다.

보물 제1592호 여지도[모사본] [輿地圖]
서울 관악구 관악로 1 서울대학교 규장각한국학연구원

  이 지도는 3첩 30장의 지도로 구성된 여지도의 제1첩에 수록된 조선전도이다. 1740년대 정상기는 이전의 지리지와 고을별 지도 등의 위치 정보를 비교 검토하여 현대 지도와 비슷한 수준의 정확도를 지닌 우리나라의 대형 지도를 제작하였다. 이후 다양한 크기의 내용으로 필사되었다. 이 지도도 정상기의 지도를 이용하기 편리한 크기로 축소 필사한 조선전도이다.

  도별로 고을의 색을 달리하여 쉽게 구별할 수 있게 하였고, 서울 · 감영 · 병영 · 수영 · 고을 · 진보 · 찰방역의 정보를 구분할 수 있는 기호를 사용하였다(규장각 해설).

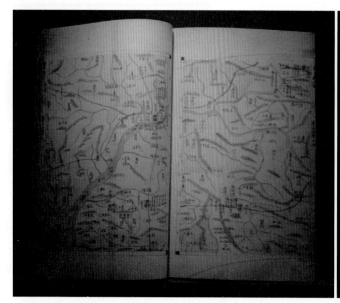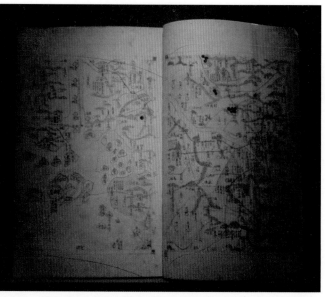

청구도는 김정호가 처음 제작한 전국지도로 완성 시기는 1834년이다. 김정호는 18세기 말부터 진행되어 왔던 기존 지도의 문제점 극복을 위한 노력에 공감하고, 이에 한 걸음 더 나아가 자신 나름의 독창적인 생각을 반영하여 청구도를 제작하였다.

즉 모든 고을마다 호구 수, 토지 면적, 군사의 총수, 세금으로 거두어들인 곡식의 총량, 한성까지의 거리 등을 기록하고 중요한 역사적 사건이 있었던 곳에는 그 내용을 기록하는 등 역사 지리 정보를 첨가하여 기록하였다. 영남대학교 소장본은 2책으로 구성되어 있다.

진헌마정색도 서울역사박물관 촬영[복제]

1678년에 완성된 필사본 채색지도첩이다. 1권 42면으로 구성된 이 지도첩은 모두 3장으로 구성되었다. 첫 장에는 진헌마정색도[進獻馬正色圖], 두 번째 장에는 도군별 목장 상황을 담은 회화식 지도, 세 번째 장에는 이 지도첩의 제작 동기와 시기를 알려주는 허목의 기문[記文]이 실려 있다. 허목은 당시 사복시의 제조였는데, 그 이전에 작성되었던 목장지도를 수정 편찬하여 목장지도를 제작하게 하였다.

효종이 북벌 계획을 추진함에 따라 군마 양육지로 전국의 초원 지대와 도서 · 황무지 등에 목장을 확충하였는데, 이 지도첩은 그 위치와 크기, 상황을 시각적으로 기록한 것이다.

보물 제1602호 조선팔도고금총람도 [朝鮮八道古今總攬圖]

서울 종로구 새문안로 55 서울역사박물관

이 지도는 목판본 조선전도로 조선시대 우리나라의 각 지역에 대한 역사적인 기록을 수록하여 고금 [古今]을 함께 볼 수 있도록 한 지도이다. 지도의 제작자인 김수홍(1602~1681)은 병자호란 때 강화성에서 순절한 김상용의 손자로, 현종 7년(1666)에는 '천하고금대총편람도'를 목판으로 간행하였다. 지도 좌측에 쓰여 있는 발문의 말미에 '계축맹하[癸丑孟夏]'라는 기록으로 보아 제작연대는 현종 14년(1673)임을 보여준다. 이 지도는 조선 전도에 역사적인 기록을 첨가하였으며, 고지도 중 드물게 제작연대와 제작자가 정확하게 알려져 있다.

보물 제1604호 영천 은해사 청동금고 및 금고거 [永川 銀海寺 靑銅金鼓 및 金鼓虡]

경북 영천시 청통면 청통로 951 은해사

이 금고는 청동으로 되어 있고, 크기는 직경 77.2cm, 두께 12.7cm이다. 표면의 공간은 큰 동심원을 그린 다음, 당좌의 원과 안쪽 원, 바깥쪽 원으로 나누었다. 당좌는 3중의 연꽃무늬를 돋을새김하였고, 안쪽 원에는 봉황무늬 3개와 구름무늬 3개를 배치하였다. 바깥쪽 원에는 연꽃무늬 5개와 이중의 연꽃무늬 5개를 교대로 배치하여 장식하였다. 측면에는 금고를 매달 수 있도록 위쪽과 옆구리에 3개의 고리를 달았다. 금고 뒷면에 새긴 명문을 통해 1646년에 만들어졌음을 알 수 있다.

보물 제1605호 **칠곡 송림사 목조석가여래삼존좌상 [漆谷 松林寺 木造釋迦如來三尊坐像]**

경북 칠곡군 동명면 송림길 73 송림사

우협시 보살

석가모니불

좌협시 보살

대웅전에 봉안된 이 삼존좌상은 석가여래와 문수 · 보현보살로 구성된 석가삼존 형식으로 본존불의 높이가 2.77m에 달하는 거대한 목조불상이다. 이 삼존상은 규모가 큰 불상임에도 불구하고 신체 비례가 적당하고 안정적이다. 이 삼존상은 복장에서 발견된 발원문을 통하여 정확한 조성 연대와 발원자, 조각승을 알 수 있으며, 특히 17세기 전반에 활약했던 조각승 무염[無染]계에 속하는 수화원 도우를 비롯하여 18명의 조각승이 참여하여 제작한 대형 작품이다.

보물 제1606호 **칠곡 송림사 석조아미타여래삼존좌상 [漆谷 松林寺 石造阿彌陀如來三尊坐像]**

경북 칠곡군 동명면 송림길 73 송림사

이 삼존좌상은 아미타여래와 관음 · 지장보살로 구성된 아미타삼존 형식이다. 이 삼존상은 '불석(Zeolite)'이라고 불리는 돌로 제작되었다. 불석은 경주 지역에서 채석되는 연질의 석재로서 목조각을 전문으로 하는 조각승들도 비교적 쉽게 다룰 수 있는 재료였다고 생각된다. 아미타여래상의 복장에서 나온 발원문을 통해 효종6년(1655) 무염[無染]유파의 조각승 도우가 현재까지 밝혀진 작품 가운데 처음으로 수화원이 되어 조성한 작품이다.

보물 제1611호 경주 기림사 비로자나삼불회도 [慶州 祇林寺 毘盧遮那三佛會圖]

경북 경주시 양북면 기림로 437-17 기림사

비로자나불회도 (부분)   아미타불회도 (부분)

　기림사 대적광전의 후불탱화로 봉안되어 있는 비로자나삼불회도로서, 중앙에 비로자나불회도 중심으로 왼쪽에 약사불회도, 오른쪽에 아미타불회도가 배치되어 있다. 이 삼불회도는 전반적으로 한 화면에 많은 존상을 배치하고 있는데, 중앙의 주불을 중심으로 점차 화면의 아래쪽에서 위쪽으로 상승하면서 높은 존격에서 낮은 존격으로 배치하고, 인물의 표현도 점점 작아지게 하여 화면에서 원근감과 입체적인 공간감을 살리고 있다.

　이 불화는 천오, 금명, 최훈, 적조, 지순, 조한, 임한 등의 화원이 참여하여 숙종 44년(1718)에 그렸다.

보물 제1612호 영천 봉림사 영산회상도 [永川 鳳林寺 靈山會上圖]

경북 영천시 화북면 천문로 2149 봉림사

　이 불화는 17세기 말에서 18세기 초 팔공산 일대에서 활발한 활동을 펼친 의균의 제자인 쾌민과 체준 등이 함께 1724년에 제작한 영산회상도로서 중앙의 석가모니불을 중심으로 보살과 제자, 호법신 등이 빽빽하게 둘러싸는 전형적인 군도 형식을 보여주고 있다. 본존의 키형 광배와 뾰족한 육계 표현, 양감 있는 인물 표현, 중후한 사천왕의 신체 표현 등은 스승인 의균이 제작한 기림사 비로자나삼불회도(보물 제1611호)와 유사한 특징을 보여주고 있어 스승의 양식을 잘 계승하고 있다.

보물 제1613호 청도 운문사 비로자나삼신불회도 [清道 雲門寺 毘盧遮那三身佛會圖]
경북 청도군 운문면 운문사길 264 운문사

운문사 보광명전에 봉안되어 있는 삼신불회도는 1755년 처일의 주도로 총 19명의 화승이 모여 제작한 불화이다. 18세기의 삼신불화는 비로자나불과 석가불, 노사나불을 세 폭으로 나누어 그리는 3폭 형식이 유행하였지만, 이 불화는 거대한 화폭에 비로자나불과 석가모니불, 노사나불 등 삼신불을 중심으로 여러 권속을 함께 그린 1폭 형식을 취하고 있다. 이러한 구성은 19세기에 이르러 본격적으로 유행한 형식이다.

보물 제1615호 경주 왕룡사원 목조아미타여래좌상 [慶州 王龍寺院 木造阿彌陀如來坐像]
경북 경주시 강동면 국당길 283 왕룡사원

이 불상은 복장에서 발견된 '환성사미타삼존조성결원문'을 통해 1466년에 조성을 시작하여 1474년에 완성되었다. 불상의 조성 발원에는 왕실종친부 및 지방 관료, 양반, 양민 등 수많은 사람이 참여하였다. 불상의 제작은 양수 대선사 성료와 부양수 선사 혜정에 의해서 이루어졌다. 특히 이 불상은 전통 불상의 토대 하에 조선 초 새롭게 유입된 외래 양식을 적절하게 수용하여 만든 불상으로 모든 면에서 국보 제282호 영주 흑석사 목조아미타여래좌상과 비교되는 수준 높은 작품으로 평가된다.

보물 제1618호 대한제국 고종 황제어새 [大韓帝國 高宗 皇帝御璽]
서울 종로구 효자로 12 국립고궁박물관

고종의 '황제어새'는 보인부신총수라는 책에 수록되어 있지 않아 논란의 여지가 있다. 대한제국의 어새류는 그 크기가 대개 방[方:한 변의 길이] 10cm 전후로서, 큰 것은 방 12cm에서 작은 것은 방 9cm 정도인데 이 황제어새는 방 5.3cm 밖에 되지 않는다. 그러나 국가의 안위가 풍전등화에 놓인 상황에서 현재까지 확인한 이 어새의 사용례로 볼 때, 이 어새가 공개적으로 사용하기 어려운 특별한 사정 아래 만들어진 것임을 알 수 있으며, 그러한 시대적 배경을 고려해야 할 것이다.

보물 제1619호 서산 개심사 목조아미타여래좌상 [瑞山 開心寺 木造阿彌陀如來坐像]

충남 서산시 운산면 개심사로 321-86 개심사

서산 개심사 목조아미타여래좌상
대웅전에 봉안된 삼존불

　이 불상은 상의 형상이 단정하면서도 알맞은 신체비례를 보여 줄 뿐만 아니라 조각 기법도 매우 정교하고 세련되었다. 특히 뚜렷하면서도 엄숙하게 표현된 이국적인 얼굴, 왼쪽 어깨에 몇 가닥의 짧은 종선으로 처리된 옷 주름 등은 13세기 작품으로 추정된다. 개운사 목조아미타불상, 봉림사 목조아미타불좌상, 심향사 건칠아미타불좌상 등과 시대 양식을 공유하면서도, 이들 불상보다 훨씬 생동감 넘치는 조각기법을 보여주고 있어 고려 후기 목조불상 중 최고[最古]의 작품일 가능성을 보여 주고 있다.

서울 지장암 목조비로자나불좌상
조성 발원문

보물 제1621호 서울 지장암 목조비로자나불좌상 [서울 地藏庵 木造毘盧遮那佛坐像]

서울 종로구 창신2동 626-3 지장암

　이 불상은 높이가 117.5cm로 중형의 목조불상이다. 불상에서 푸른 명주 바탕에 붉은 글씨로 쓴 조성발원문이 발견되었는데, 광해군의 정비인 장열왕후가 광해군과 세자, 세자빈, 본인 및 작고한 친정부모, 작고한 대군과 공주의 천도를 위해 모두 11존의 불상과 불화를 동시에 조성하였다고 밝히고 있다. 이 상은 11존상 중 하나이며, 현재까지 밝혀진 유일한 예에 속한다. 이 불상은 당대 최고의 고승 벽암 각성의 감수 아래 현진 등 13명의 조상 화원과 성옥 등 4명의 치장[治匠]이 참여하였다.

보물 제1622호 서거정 필적 [徐居正 筆蹟]

경기 용인시 기흥구 상갈로 6 경기도박물관

조선 초기의 서예유물은 매우 희귀한데, 이 서첩은 원형 그대로 남겨진 15세기 조선의 문인 명필 서거정의 대표적인 필적이다. 그뿐만 아니라 명나라 사신의 필적이 함께 실려 있어 양국의 교류를 살필 수 있는 귀중한 필적이다. 각 글씨 끝에는 연월일과 관직, 인명 그리고 자호가 기록되어 있고 이 필적의 전래 과정을 알려주는 영조 12년의 발문은 작품의 가치를 한층 높여 주고 있다. 서거정이 행서로 쓴 원문은 그의 문집인 '사가집'[四佳集]에 실려 있으며, '통문관지'[通文館志]에도 수록되어 전해지고 있다.

보물 제1623호 성수침 필적 [成守琛 筆蹟]

대전 유성구 노은동로 126 대전선사박물관

표지에 '청송서[聽松書]'라고 쓰인 이 서첩은 16세기 학자 청송 성수침(1493~1564)이 당나라 가도, 두목, 이상은과 송나라 구양수의 칠언시를 쓴 것이다. 종이 바탕을 행에 따라 잘라 첩장하였다. 성수침은 이황과 함께 16세기를 대표하는 도학자, 명필로 필적은 드문 편이다. 현재 그의 소자[小字]는 몇몇 전하고 있지만 대자[大字]는 목판밖에 전하지 않는다. 이처럼 큰 글자로 쓴 작품이 현존하는 것은 매우 드문 예이다. 담묵[淡墨]을 즐겼던 그의 특징이 잘 나타나 있으며, 서예사적으로 매우 가치가 높은 것으로 평가된다.

보물 제1625-1호 황기로 초서 [黃耆老 草書]

강원 강릉시 율곡로 3139번길 24 오죽헌시립박물관

16세기를 대표하는 명필 황기로(1525~1575 이후)가 당나라 이군옥의 오언율시를 쓴 것이다. 그는 낙동강 지류 천보탄 주변에 매학정을 짓고 살면서, 회소의 초서를 애호하고 또 회소를 바탕으로 독특한 서풍을 보인 명나라 장필(1425~1487)을 따랐다. 이 초서는 회소와 장필을 배워 활달한 획법과 변화로운 짜임을 잘 구사한 예이다.

이 필적은 황기로의 사위 이우(1542~1609)의 후손에 의해 기증되었다. 하단 부분에 몇 글자 탈락하였으나 황기로의 묵적 가운데 대폭이며 그의 특징이 잘 나타난 대표작이다.

보물 제1629-1호 신한첩 [宸翰帖]

충북 청주시 상당구 명암로 143 국립청주박물관

효종, 현종, 인조계비 장렬왕후, 효종비 인선왕후가 효종의 셋째 딸 숙명공주에게 보낸 한글 어찰을 모은 첩이다. 숙명공주는 청평위 심익현과 혼인하였다. 수록된 어찰은 효종 7통, 현종 2통, 장렬왕후 2통, 인선왕후 54통 등 모두 65통이다. 현재 제1면은 따로 떼어져 액장[額裝]되어 있으며, 제2면은 분실되었으나 사진은 남아 있어 원래 66통이었음을 알 수 있다.

사진은 효종의 비 인선왕후 장씨가 숙명공주에게 보내는 편지이다.

보물 제1630호 숙종어필 칠언시 [肅宗御筆 七言詩]

경기 용인시 기흥구 상갈로 6 경기도박물관

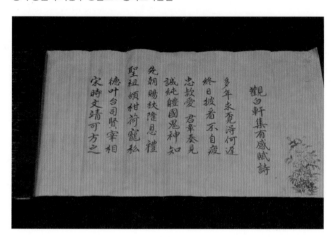

숙종(1661~1720)이 인조 때의 명재상이던 이경석(1595~1671)의 문집 '백헌집'을 살펴본 뒤 이경석 후손에게 내려준 어제어필의 칠언시이다. 현재까지 알려진 묵적의 숙종어필 가운데 가장 신빙할 만한 예로서 채색 꽃무늬를 찍은 어찰지를 사용한 이 어제어필은 열성어제인 '숙종어제'에도 실려 있어 어필 자료로서 가치가 높다. 전서로 '숙종성제보묵[肅宗聖製寶墨]'이라고 음각한 갑에 보관하고 있으며 보존상태도 양호하다. 이경석이 1668년 11월에 현종으로부터 하사받은 궤장 등과 함께 의미 있는 필적이다.

보물 제1632-2호 정조어필-제문상정사 [正祖御筆-題汶上精舍]

서울 용산구 서빙고로 137 국립중앙박물관

1798년 9월에 정조가 정민시(1745~1800)의 문상정사[汶上精舍]에 대하여 지은 어제어필 칠언시이다. 옅은 분홍 종이에 금니로 운룡문을 그린 화려한 바탕에 행서로 쓴 것이다. 머리와 말미에 각각 '규장지보'와 '홍재'[弘齋]·'만기지가'[萬幾之暇]라는 정조의 어용인이 찍혀 있다. 현존하는 정조어필 가운데 크기가 가장 크며 보존 상태도 매우 좋다. 또한 연청색과 상아색 비단으로 꾸민 조선 후기의 전형적인 궁중 표장을 보여주고 있다. 정조 만년의 대표작으로 예술성이 뛰어나 정조어필의 최고작으로 평가된다.

보물 제1633호 **구미 대둔사 건칠아미타여래좌상 [龜尾 大芚寺 乾漆阿彌陀如來坐像]**

경북 구미시 옥성면 산촌옥관로 691 대둔사

대둔사 건칠아미타여래좌상은 정상계주만 이후의 보수했을 뿐 원래의 상태가 잘 남아 있는 작품이다. X-ray 촬영 결과 상호와 불신은 건칠로 제작되고 양손은 나무로 만든 것으로 밝혀졌다. 균형 잡힌 비례와 이중의 대의를 입은 착의법, 감탕기법으로 만들어 붙인 나발, 양 무릎 밑으로 모인 양쪽의 대의자락 그리고 왼쪽 무릎에 늘어진 소매 자락 등에서 고려 후기 14세기 불상의 전형적인 특징을 보이며, 13세기의 복잡한 형식에서 점차 단순해져 가는 단계에 해당하는 양식을 보이는 작품이다.

보물 제1634호 **문경 대승사 금동아미타여래좌상 [聞慶 大乘寺 金銅阿彌陀如來坐像]**

경북 문경시 산북면 대승사길 283 대승사

대승사 금동아미타여래좌상의 과학적 조사를 하던 중 불상의 머리에서 '대덕오년신축오월이십일 궁궐도감녹사별장정승설인출'[大德五年辛丑五月二十日 宮闕都監錄事別將丁承說印出]의 묵서가 적힌 기록이 발견되어 연대는 1301년에 쓰인 것을 알 수 있으며, 그 외 일체보협인다라니(1292년)와 태장경만다라에도 연대가 있고, 묵서가 적힌 향낭 등도 출토되었다. 이 다라니를 포함한 복장물은 처음 불상을 제작하였을 때에 납입한 것으로 추정되어 이 아미타여래좌상이 14세기 초에 제작되었을 가능성이 크다.

보물 제1635호 **상주 남장사 목조아미타여래삼존좌상 [尚州 南長寺 木造阿彌陀如來三尊坐像]**

경북 상주시 남장1길 259 남장사

이 불상은 복장에서 발견된 조성원문에 따르면, 순치 2년(조선 인조 23년, 1645)에 많은 사부대중이 참여하고, 지희스님의 증명 아래 청허 등이 조성하였다. 이 불상 제작의 수조각승 청허는 17세기 대표적인 조각승 청허과 동일 인물로 추정되는 인물이다. 이 불상은 양감이 강조된 방형의 큼직한 얼굴, 당당한 어깨, 넓고 안정된 무릎, 강직한 힘이 느껴지는 선묘의 추구 등 17세기 전반기의 특징을 잘 반영하고 있다.

보물 제1636호 영주 부석사 석조석가여래좌상 [榮州 浮石寺 石造釋迦如來坐像]

경북 영주시 부석면 부석사로 345 부석사

부석사 자인당에는 거의 같은 규모의 여래삼존상이 봉안되어 있다. 2구는 지권인의 비로자나불상이며, 1구는 항마촉지인의 석가모니불이다. 이들 삼존 중 비로자나불 2구는 1963년 보물 제220호 영주 북지리 석조여래좌상으로 지정되었다. 이 석조여래좌상은 동그란 얼굴, 항마촉지인의 수인과 꽃문양이 조각된 승각기[僧脚崎], 부드러우면서도 사실적인 옷주름의 표현, 높은 삼단대좌에 부조된 향로와 7사자, 합장한 보살상 등에서 통일신라 9세기의 작품으로 추정된다.

영주 부석사 석조석가여래좌상
대좌 중대석의 문양

보물 제1637호 예천 용문사 목조아미타여래좌상 [醴泉 龍門寺 木造阿彌陀如來坐像]

경북 예천군 용문면 용문사길 285 용문사

이 여래상의 몸 안에서는 원문과 시주자 목록 두 장이 발견되었는데, 1515년 4월 9일에 고쳐 만들었다는 개조[改造]라는 기록을 비롯하여 이를 만든 화원과 목수 철장의 이름 그리고 수백명에 이르는 시주자의 이름들이 기재되어 있다. 상화원 이영문의 주도하에 만들어졌음을 밝혀 승려가 아닌 일반 장인에 의해 주도된 16세기 전반의 중요한 작품임을 알 수 있다.

이 불상은 이중의 대의를 걸친 불상으로 가슴과 옷주름, 무릎과 발 등의 표현이 자연스러우면서도 신체의 볼록한 양감이 강조된 모습이 특징이다.

보물 제1643호 안동 봉정사 아미타설법도 [安東 鳳停寺 阿彌陀說法圖]

경북 안동시 서후면 봉정사길 222 봉정사

이 그림은 조선 후기 아미타설법도상의 규범이 되며 또한 17세기와 다른 18세기 초반의 화풍 경향을 잘 보여주고 있다. 1713년 도익 등이 조성한 아미타 불화로서, 본존 아미타불을 중심으로 좌우에 10대 보살과 범천, 제석천, 10대 제자, 벽지불, 사천왕, 팔금강 등을 배치하였다. 다른 불화에 비해 본존의 비중을 작게 함으로써 다수의 권속을 표현하지만, 안정적이면서도 답답하지 않은 화면을 구성하였다. 18세기 전반 경상북도 지역 불화의 특징이 잘 표현된 작품이다.

보물 제1644호 예천 용문사 천불도 [醴泉 龍門寺 千佛圖]

경북 예천군 용문면 용문사길 285-30 용문사

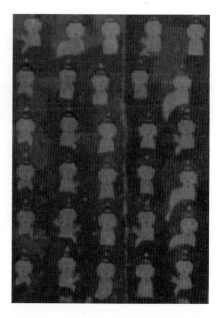

　천불도는 유존 사례가 극히 드물어, 1709년에 화승 도문, 설잠, 계순, 해영이 제작한 용문사 천불도는 그 중요성이 부각된다. 이 천불도는 석가팔상도와 같은 시기인 1709년 제작된 그림으로 당시 불사와 후원자의 상황을 잘 알려주고 있다.

　질서 정연한 배치, 이지러짐이 없는 형상과 필선 등 18세기 초반의 화풍 경향을 엿볼 수 있는 좋은 자료이다. 현존하는 천불도는 선운사와 동국대학교박물관에 분산 소장되어 있는 1754년 작품이 있을 뿐 매우 희귀하다. 조선 후기 천불신앙을 알 수 있는 예이다.

보물 제1645호 안동 광흥사 동종 [安東 廣興寺 銅鍾]

서울 종로구 우정국로 55 불교중앙박물관

　광흥사 동종은 17세기 전형적인 전통형 종으로 정착을 이루어 나가는 과도기적 경향을 보인다. 이러한 경향은 갑사동종이 중국종 양식을 따르면서도 한국종 양식을 가미하여 적절히 혼합을 이루는 데서도 잘 살펴볼 수 있다. 광흥사 동종은 얼마 되지 않는 16세기 조선 중기의 대표적인 작품이며, 비록 크기가 60cm 정도에 불과하지만 전체적으로 보존 상태가 양호하다. 특히 섬세한 보관과 얼굴을 지닌 보살입상은 4면에 새겨져 이 범종에서 가장 돋보이는 요소이기도 하다.

<u>보물 제1646호</u> **초조본 불설가섭부불반열반경 [初雕本 佛說迦葉赴佛般涅槃經]**

서울 종로구 우정국로 55 불교중앙박물관

이 불설가섭부불반열반경은 11세기에 판각한 초조대장경에서 인출한 것으로, 이번에 처음 발견된 것이다. 재조대장경인 해인사대장경 소재 본은 서명이 '가섭부불반열반경'[迦葉赴佛般涅槃經]으로 되어 있다. 3장에 불과한 짧은 단권 경임에도 문자 간에 차이가 있어서, 초조장경과 재조장경의 비교 연구 및 서지학 연구에 중요한 자료가 된다는 점에서 가치가 있다. 판각술도 뛰어나고 지질도 대단히 우수하여 광택이 나며 보존 상태도 양호하다. 원형을 그대로 유지하고 있어 고려의 우수한 인쇄술을 보여주고 있다.

<u>보물 제1648호</u> **예천 명봉사 경청선원자적선사능운탑비 [醴泉 鳴鳳寺 境淸禪院慈寂禪師凌雲塔碑]**

경북 예천군 상북면 명봉사길 62 명봉사

이 탑비는 신라말 고려초에 활동한 자적선사(882~939)의 행적을 기록한 석비로 선사의 덕을 추모하기 위하여 고려 태조의 명으로 태조 24년(941)에 세운 탑비이다. 이 비의 음기에는 10행의 음기가 이두문으로 기록되어 있는데, 특히 이두문으로 작성된 첩문은 고려 초기의 공문서의 양식과 당시 이두의 용법을 보여주는 귀중한 자료이다. 현재 비문의 일부가 결락되어 있으나 비문의 중요 내용은 거의 파악이 가능하다. 현재 귀부의 머리 부분이 결손되어 있다.

<u>보물 제1649호</u> **서울 개운사 목조아미타여래좌상 및 발원문 [서울 開運寺 木造阿彌陀如來坐像 및 發願文]**

서울 종로구 우정국로55 불교중앙박물관

화광선사 발원문

화광선사 발원문 (부분)

중간대사 원문

개운사 목조아미타불좌상 복장유물로 발견된 발원문은 1274년과 1322년에 쓴 것이다. 이 중 화광선사 발원문은 1274년 8월 아산의 취봉사에 머물고 있던 승려 천정[天正] 혜흥[惠興]이 아미타불을 개금하면서 작성한 10종의 대원[大願]을 담은 장편의 발원문이다.

이 발원문들은 개운사 아미타불상이 1274년 개금에 이어 1322년에 다시 한 차례 개금과 함께 복장물을 조성하였음을 알 수 있을 뿐만 아니라 1274년 이전에 조성되었음을 알려주는 귀중한 자료이다.

보물 제1650호 서울 개운사 목조아미타여래좌상 복장전적 [서울 開運寺 木造阿彌陀如來坐像 腹藏典籍]

서울 종로구 우정국로55 불교중앙박물관

대방광불화엄경 (진본 권36)

대방광불화엄경 (주본 권28)

대방광불화엄경 (정원본 권16)

서울 개운사 목조아미타불좌상 복장 전적의 고사경[古寫經]과 고판경[古板經]은 국내에서 전해지고 있는 것과는 다른 새로운 판본이 다수 포함되어 있다. 대체로 9세기에서 13세기에 걸쳐 사성[寫成] 또는 간행된 화엄경으로 진본[晉本, 60권], 주본[周本, 80권], 정원본 [貞元本, 40권] 등 3본 화엄경이 모두 고루 들어 있다. 시기적으로 형태적으로 매우 희귀한 자료로서 역사적 가치와 함께 서지학, 서예, 화엄경 판본 연구 및 불교사 연구 자료로서 중요하다.

보물 제1651호 공주 갑사 석가여래삼세불도 및 복장유물 [公州 甲寺 釋迦如來三世佛圖 및 腹藏遺物]

충남 공주시 계룡면 갑사로 567-3 갑사

석가여래삼세불도는 18세기 초·중반 전라도를 중심으로 활동한 의겸[儀謙]이 제작한 불화이다. 현재까지 알려진 의겸의 작품은 39건으로 이 가운데 길이 4m에 이르는 3폭 형식의 삼불도는 갑사 삼세불도를 비롯해 운흥사 삼세불도, 화엄사 삼신불도 등 3건에 불과하다. 비록 약사회 1폭은 없어졌지만, 450cm에 육박하는 대형의 화폭에 각 설법장면을 세련되고 유려한 필치, 짜임새 있는 구도와 조화롭고 안정감 있는 색채로 부처의 세계를 장엄하게 묘사한 18세기 전반기의 대표적인 작품이다.

보물 제1653호 자비도장참법집해 [慈悲道場懺法集解]

충북 청주시 흥덕구 직지대로 713 청주고인쇄박물관

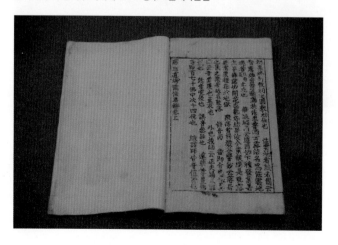

'자비도량참법집해'는 활자본을 번각한 목판의 인본[印本]이며 조판의 형식, 글자의 모양 및 크기 등을 비교하여 볼 때 이 책의 저본이 된 활자는 '직지[直指]'를 찍은 '흥덕사자[興德寺字]'로 추정되었다. 비록 고려 후기에 찍은 바탕본(금속활자본)은 전하지 않지만, 이 책을 통해 고려 후기에 '직지'외에 또 다른 금속활자본의 존재 사실을 확인할 수 있어, 간접적이나마 우리나라 금속활자 인쇄의 계통을 보여주는 귀중한 자료이다.

보물 제1656호 성주 법수사지 삼층석탑 [星州 法水寺址 三層石塔]

경북 성주군 수륜면 백운리 1215-1

성주 법수사지 삼층석탑은 신라 애장왕 (800~809) 때 창건한 법수사지 내에 있다. 석탑의 높이는 5.8m이며, 2층 기단에 3층의 탑신부를 올린 양식으로 상륜부는 노반 위에 보주만 남아 있으나 보존 상태는 대체로 양호하나. 석탑은 규모가 작아지고 하층기단이 높고, 안상이 음각된 점 등의 9세기 후반기 특징을 보이나 지붕돌의 옥개받침이 5단인 점 등은 전형적인 신라 석탑의 모습을 보여 사찰의 창건시기인 9세기에 조성된 것으로 추정된다.

보물 제1657호 이형좌명원종공신록권 및 함 [李衡佐命原從功臣錄券 및 函]

서울 종로구 효자로 12 국립고궁박물관

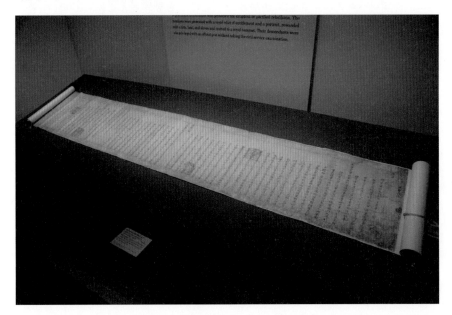

이형좌명원종공신록권 권수

이 녹권은 태종이 잠저[동궁]에 있을 때 밤낮으로 보좌한 신하들의 공로를 가상히 여겨 포상하고 수여한 원종공신록권으로, 태종 11년(1411) 11월에 당시 통훈대부 판사재감사였던 이형에게 발급한 3등공신록권이다. 크기는 가로 243cm, 세로 34.7cm이며, 종이질은 닥나무종이이다. 태조 이성계가 봉한 원종공신 이후 두 번째로 발급된 록권으로, 조선 전기 공신에 대한 대우와 공신록 양식을 연구하는 귀중한 역사적 자료로 평가된다.

발원문과 시주자을 기록한 저고리[저고리 안쪽에 기록]

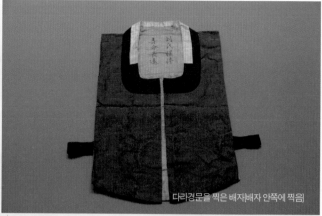

다라경문을 찍은 배자[배자 안쪽에 찍음]

시주자 명단[좌측]과 다라니

수[ ]자와 연꽃무늬 직금 비단

황색 천으로 싼 후령통과 유리 조각

이 불상은 발원문을 통해 경안군과 직 · 간접적으로 인연을 맺고 있던 나인 노예성이 경안군의 수명장원을 위해 발원 조성한 관음보살상이다. 특히 복장유물 중 경안군의 것으로 추정되는 쪽빛 저고리 안쪽 면에 적힌 발원문은 당시 정세의 단면을 읽을 수 있는 함축적인 메시지가 담겨있다. 섬유류의 유물이 존속하기 어려운 우리나라의 기후 · 환경 조건 등을 고려한다면 송광사 목조관음보살좌상의 복장 섬유류 유물은 복식사뿐만 아니라 직물, 염색, 민속 연구에 있어 중요한 자료이다.

이 복장전적은 순천 송광사 목조관음보살좌상에 복장되어 있던 복장유물 중 중요 불교 경전 8점이다. 이 경전 중 대방광불화엄경합론은 이권생, 박문손, 유약 등이 판하본을 쓰고, 전라도 광주목으로 하여금 판각, 간행하게 한 간경도감본 교장이다.

복장 전적에서 발견된 재조대장경은 해인사대장경[팔만대장경]의 15세기경의 인본으로 희귀한 자료이다.

순천 송광사 목조관음보살좌상 복장전적
1 대운륜청우경[좌] 대방등무상경[우]
2 대방광불화엄경 합론[권73, 74, 75]
3 대운경청우품[좌] 대방등운청우품[우]

보물 제1666호 **봉화 청량사 목조지장보살삼존상 [奉化 清凉寺 木造地藏菩薩三尊像]**

경북 봉화군 명호면 북곡리 247 청량사

삼존불 중 좌측의 지장보살상과 기둥 좌측의 도명존자상이 보물 제1666호

지장보살상은 지옥 중생의 구제를 위해 깊은 사유에 잠긴 듯 고요하게 처리된 표정에서 높은 종교성을 읽을 수 있다. 불신의 구성 요소요소가 상호 유기적이고 이지러짐이 없어 조각적 완성도도 높다.

복장에서 발견된 발원문과 양식 분석을 통해 이 삼존상의 제작 연대를 1578년으로 추정하고 있다. 이 지장보살삼존상과 비교할만한 상이 없을 정도로 이 시기에 소성된 불상이 매우 드물고, 그뿐만 아니라 1578년이라는 제작 시기에서 알 수 있듯 조선 전기와 임진왜란 이후 전개되는 조선 후기 불교 조각의 흐름을 파악하는 데 기준이 되는 자료이다.

보물 제1671호 **윤순거 초서 무이구곡가 [尹舜擧 草書 武夷九曲歌]**

서울 용산구 서빙고로 137 국립중앙박물관

무이구곡가는 중국 남송의 성리학자 주희(1130~1200)가 뛰어난 절경의 무이산 아홉 구비를 무릉도원으로 극찬하며 지은 시로 우리나라 유학자들이 애송하던 시 가운데 하나이다. 이 글씨는 동토 윤순거의 대표적인 초서 작품으로 넉넉한 짜임과 쾌속한 운필을 느낄 수 있다. 윤순거의 글씨는 황기로와 양사언의 초서풍을 잇는 17세기 대표적인 작품으로 평가받는다. 그의 서풍은 17세기 초서 대자[大字]의 새로운 면모를 보여주고 있으며, 이후 18세기 초서 서풍에 많은 영향을 미쳤다(국립중앙박물관 해설).

보물 제1673호 이하진 필적 천금물전 [李夏鎭 筆蹟 千金勿傳]
경기 안산시 상록구 성호로 131 성호기념관

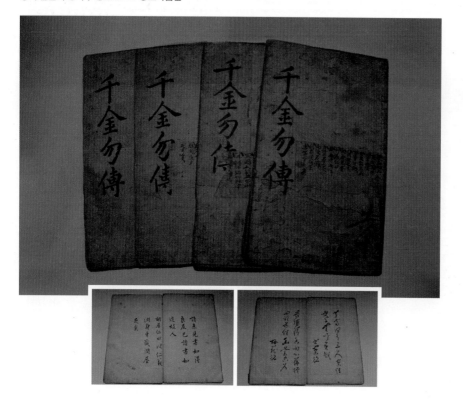

이하진은 조선 중기 17세기의 문인·명 필이다. '천금물전'은 전체 10첩이나 표지에 공십[共十]이라 쓴 것을 제외하고 각 첩의 순서는 적혀있지 않다. 표지에는 각 첩에 실린 글씨의 첫 구절이나 제목을 쓴 목록이 붙어 있다. 수록된 필적은 자신의 애호물, 오언절구나 칠언절구의 당시[唐詩], 경서[經書] 구절, 자신이 애호하는 12가지 향기 나는 완상물에 관한 시[詩], 독서와 풍류를 즐겼던 옛 문인들에 관한 일화(逸話) 등이다. 필사 시기는 적혀 있지 않다.

글씨는 여러 크기의 해서·행서·초서로 쓰여 있다. 서풍은 황기로의 필법을 배운 숙부 청선 이지정(1588~1650)으로부터 영향을 받은 것으로 여겨진다. 그의 서풍은 아들 이서·이익 형제 및 제자 공재 윤두서(1668~1715) 등이 따랐다.

보물 제1674호 박세당 필적 서계유묵 [朴世堂 筆蹟 西溪遺墨]
경기 성남시 분당구 하오개로 323 한국학중앙연구원

박세당 필적 서계유묵
1 과거에 급제한 제자 이정신에게 써준 귀거래사
2 1699년 4월 19일 간찰

서계유묵은 상·중·하 3첩이다. 학자이며 문신인 서계 박세당(1629~1703)의 필적으로, 제자 이정신에게 써준 것이다. 상첩은 자연을 사랑하는 박세당의 심정과 그의 서예적 풍격을 잘 보여주며, 중첩·하첩에는 간찰을 연대순으로 실었다. 서계유묵은 해서와 행서, 초서로 크기를 달리하여 싣고 있다. 작품들은 서계가 의정부 수락산에 은거한 이후의 것이다. 간찰은 1679~1702년에 쓴 것으로 내용은 박세당이 이정신에게 중국 서화첩을 열람·품평하게 한 것과 박태보가 서계 초상 제작에 따른 제반사를 언급한 내용이다.

보물 제1679호 이인상 전서 원령필 [李麟祥 篆書 元靈筆]

서울 용산구 서빙고로 137 국립중앙박물관

원령필 3첩은 능호관 이인상(1710~1760)이 종이에 중국과 우리나라의 시문을 전서로 쓴 필적들을 모은 것이다. 간간이 시문의 명칭을 쓰거나 "인상[麟祥]"·"원령[元靈]" 등으로 마치기는 했지만, 글씨를 쓰게 된 내력은 밝혀 있지 않다. 표지에 '원령필[元靈筆]'이라 쓰여 있으며 그 아래 상중하를 표시하였다. 장황 형식은 종이 바탕을 첩장[帖裝]처럼 배접하고 이를 표지와 함께 선장[線裝]했는데, 상첩 표지가 떨어져 나간 것 외에 보존 상태는 비교적 양호하다. 이 필첩은 이인상의 다양한 전서풍을 보여주고 있다.

보물 제1683-1호 정약용 행초 다산사경첩 [丁若鏞 行草 茶山四景帖]

서울 광진구 [개인 소장]

다산사경첩은 정약용(1762~1836)이 강진에 유배되었을 때 조영했던 다산초당의 전후좌우에 있는 다조[茶竈]·약천[藥泉]·정석[丁石]·석가산[石假山]의 네 가지 경물을 읊은 칠언율시를 행서로 쓴 것으로 어느 필적보다도 그 의미가 깊다. 표지 제첨은 예서로 "다산사경첩 다산친묵귤송당진장[茶山四景帖, 茶山親墨橘頌堂珍藏]"이라 쓰여 있다. 정약용의 글씨는 초년에는 전대의 명필 이광사·강세황의 서풍을 따르다가 강진 유배 이후로는 특유의 서풍을 이루었다. 이 첩은 강진 유배 시절 이후의 정약용의 서풍을 볼 수 있다.

보물 제1683-2호 정약용 필적 하피첩 [丁若鏞 筆蹟 霞帔帖]

서울 종로구 삼청로 37 국립민속박물관

왼쪽 : 정[丁] 중앙 : 을[乙] 오른쪽 : 갑[甲]

하피첩은 서문에 적혀있듯이 정약용이 강진에 유배되었을 때 아내 홍씨 부인이 바래고 해진 치맛감 여러 폭을 부쳐오자 이 치마폭에 두 아들에게 교훈이 될 만한 구절을 직접 짓고 써준 것이다. 제작 연대는 순조 10년(1810) 7월과 9월로 그의 나이 49세 때였다.

이 서첩의 수량은 원래 네 첩이었으나 세 번째 첩이 누락되어 현재 세 첩만 전해지고 있다. 남아 있는 세 첩 중에는 "두 아들에게 경계하는 구절을 지어 써주다[作戒語以遺二子·寫戒子句]라는 서문이 있어 정약용이 직접 짓고 쓴 것임을 알 수 있다. 또 강진 유배 이후 정약용의 전형적인 행초 서풍을 보여주고 있다.

보물 제1685-1호 김정희 해서 묵소거사자찬 [金正喜 楷書 黙笑居士自讚]

경서울 용산구 서빙고로 137 국립중앙박물관

묵소거사자찬은 추사 김정희가 친우였던 황산 김유근의 자찬문을 쓴 것이다. 제작 시기는 김유근의 만년 실어증과 사망 연도로 볼 때 1837~1840년으로 추정된다.

해서체에 관한 김정희의 시각을 잘 대변해주는 예이며, 그런 점에서 노년 해서의 기준작이 될 만하다. 표장에 찍힌 김유근의 인영으로 보아 초기 장황이 그대로 남겨진 예인데, 그간 세로 꺾임이 심했으나 2007년 추사 특별전을 위해 전면 수보하여 안정된 상태를 유지하게 되었다.

보물 제1687호 진주 응석사 목조석가여래삼불좌상 [晉州 凝石寺 木造釋迦如來三佛坐像]

경남 진주시 집현면 정평리 741 응석사

삼세불상 중 석가여래는 약사여래와 아미타여래보다 약간 크게 제작하였다. 삼세불상의 비례는 신체에 비해 머리가 큰 편이다. 얼굴은 방형에, 머리는 육계를 구별이 없이 낮고 둥글게 하고, 정상계주와 중앙계주를 표현하였다. 상호는 살짝 반으로 감은 두 눈에 반듯한 코, 입술 등이 조화를 이루어 단정한 인상을 풍긴다.

이 삼세불상은 1643년 청헌이 제작하였다. 조형성이 우수하며 당시 청헌의 불상 양식의 흐름을 알 수 있는 불상이다.

보물 제1688호 진주 청곡사 목조석가여래삼존좌상 [晉州 靑谷寺 木造釋迦如來三尊坐像]

경남 진주시 금산면 월아산로1440번길 138 청곡사

석가모니불좌상을 중심으로 좌측에는 문수보살좌상이 우측에는 보현보살좌상이 봉안되어 있다. 이 삼존불은 제작 당시에 기록된 자료가 발견되지 않아 제작자 등 불상에 대한 정확한 유래는 알 수 없다. 하지만 건륭 15년(1750)에 기록된 '불사동참결연작복록' 문서에 "만력사십삼년을묘불상조성[萬曆四十三年乙卯佛像造成]"이라는 불상의 제작 연대가 적혀있어 1615년 조성한 것으로 추정된다.

제작자 역시 기록이 없으나 상호의 표현 등이 1629년 조각승 현진이 조성한 관룡사 목조석가여래삼불과 유사하여 현진이 만든 것으로 추정하고 있다.

진주 청곡사 목조지장보살삼존상 · 시왕상일괄 [晉州 靑谷寺 木造地藏菩薩三尊像 · 十王像一括]

경남 진주시 금산면 월아산로1440번길 138 청곡사

진주 청곡사 목조지장보살삼존상 · 시왕상일괄
시왕상 및 권속

지장보살삼존상을 포함해 시왕상 및 권속을 살펴보면, 일반적으로 좌상의 지장보살은 입상이나 의자상인 다른 권속보다 크게 조성해 위용 있게 표현하지만, 청곡사 지장보살좌상은 도명존자와 무독귀왕, 시왕 등과 비슷한 크기로 주존을 제작하였다. 모든 존상의 상호는 둥근 얼굴형에 두 눈은 눈꼬리가 길게 빠졌으며, 코는 높고 콧등이 반듯하고 입술은 작아 아이 같은 인상을 준다.

지장보살좌상에서 발견된 발원문에 의하면, 이 상들은 1657년 조성되었다.

거창 심우사 목조아미타여래좌상 [居昌 尋牛寺 木造阿彌陀如來坐像]

경남 거창군 거창읍 하동4길 77 심우사

이 불상은 1640년 수화승 청허, 법현 등의 조각승이 제작하였다. 발원문에 의하면 이 불상은 원래 거창 덕유산 연수사에 모셔져 있었던 불상 중 하나였다. 청허는 17세기 초·중반에 활동한 조각승으로 수화승을 맡아 제작에 참여한 불상은 거창 심우사 불상 외에 1645년 상주 남장사 목조아미타여래삼존좌상(보물 제1635호) 등이 있다. 청허가 제작한 불상은 상호가 단정하고, 법의의 옷주름과 무릎 사이로 늘어진 옷자락을 볼륨감 있게 표현하는 점이 특징이다. 상호는 단정한 얼굴로 전체적인 표현에서 근엄한 모습을 보인다.

보물 제1691호 함양 법인사 목조아미타여래좌상 [咸陽 法印寺 木造阿彌陀如來坐像]

경남 함양군 안의면 금성길 14 법인사

현재 극락보전에 봉안된 목조아미타여래좌상은 1657년에 영규와 조능 등이 조성한 불상이다. 이 상은 타원형의 원만한 상호에 신체는 허리가 길고, 어깨는 넓고 완만한 어깨선을 갖추었으며, 결가부좌한 다리는 높이가 낮고, 폭이 넓어 전체적인 비례가 알맞고 안정감이 있다. 수인은 하품중생인이다. 이 불상은 경남 유형문화재로 지정할 당시 발원문과 복장 유물이 확인되었으나 발원문은 현재 불상에 다시 납입한 것으로 추정된다.

보물 제1693호 고성 옥천사 지장보살도 및 시왕도 [固城 玉泉寺 地藏菩薩圖 및 十王圖]

경남 고성군 개천면 연화산1로 471-9 옥천사

고성 옥천사 지장보살도 및 시왕도
1 지장시왕도
2 명부시왕도[왼쪽-제8평등대왕도/오른쪽-제7태산대왕도]

옥천사 지장보살도 및 시왕도는 1744년 화승 효안(曉岸) 등 11명의 화승이 참여하여 조성되었다. 시왕도는 현재 제1진광대왕도와 제2초강대왕도가 결실되어, 지장보살도 1점과 시왕도 8점이 남아 있다.

지장보살도는 화면 중앙에 두건을 쓴 지장보살을 배치하고, 그 좌우를 2단으로 나누어 하단에 무독귀왕과 도명존자, 2보살을 그리고, 상단에 대칭으로 6보살을 배치하였다. 전체적으로 화면의 구도가 짜임새 있고 안정적이다.

시왕도는 한 폭에 각 1위의 시왕을 묘사하였다. 각 화면은 용두가 장식된 의자에 좌정한 시왕과 권속을 상단에 크게 배치하고, 하단에는 각 시왕에 해당하는 지옥 장면을 묘사하였다.

보물 제1699호 통영 안정사 동종 [統營 安靜寺 銅鍾]

경남 통영시 광도면 안정1길 363 안정사

안정사 종각에 봉안된 이 작품은 원래 선조 13년(1580) 담양 용천사의 대종으로 제작된 것이다. 현재 만세루에 걸려 있는 '진남군벽발산안정사대종연기' 현판에 따르면 이 동종은 총 1,000여 금을 주고 1908년 용추사에서 구입하여 이안 하였다고 한다. 동종에는 용천사라는 사명이 기재되어 있다. 동종은 전체높이가 115cm이고, 입지름이 68cm로 조선 전기에 제작된 동종 가운데 대형에 속한다. 명문을 통해 동종의 제작 장인은 계당, 진옥, 문헌으로 그들은 승장으로 추정된다.

보물 제1700호 거창 고견사 동종 [居昌 古見寺 銅鍾]

경남 거창군 가조면 의상봉길 1049 고견사

거창 고견사 동종
1 용뉴 용머리의 왕(王)자 문양
2 종의 문양과 명문

거창 고견사 동종은 인조 8년(1630)에 견암사(고견사와 동일 사찰) 동종으로 제작한 것이다. 이 종은 전체 높이가 97.2cm이고, 입지름이 59.7cm로 17세기 전반에 제작된 동종 가운데 그 규모가 큰 편이다. 종의 천판위에 음통은 없으며, 종뉴는 쌍룡으로 표현하였는데 특이하게 용의 이마에 '왕(王)'자를 새겨 놓았다. 종신에는 불좌상, 불탑, 범자문, 위패 등을 배치하였는데, 4면 모두 동일한 형태이다. 명문을 통해 동종의 제작 장인은 천보를 비롯하여 치죽, 득남, 득일 등이 참여하였다.

보물 제1706호 초조본 집대승상론 권하 [初雕本 集大乘相論 卷下]

대구 달서구 달구벌대로 1095 계명대학교

'집대승상론'은 대승불교의 요체를 집대성해 놓은 논서로, 각길상지가 짓고, 시호가 한역하였다. 이 책은 전체적으로 먹색이 흐릿하다. 권의 끝에는 후대에 만든 것으로 보이는 권축이 있고, 이 축에 두루마리를 마는데 편리하도록 종이를 연미형으로 잘라 놓았다. 이 자료와 재조본의 해당 권수와 대비한 결과, 이 논의 제3장에 있는 '청'[請]자는 '청'[淸], 제5장의 '편'[徧]자는 '편'[遍]으로 바뀌어 있고, 또한, '저'[著]자는 '착'[着]으로 모두 고쳐져 있는 점이 주목된다. 공개된 국내 전본으로는 현재까지 유일하다. 제작 연대는 현종 2년(1011)부터 선종 4년(1087) 사이에 완성된 것으로 추정된다.

보물 제1709호 수원 방화수류정 [水原 訪花隨柳亭]

경기 수원시 팔달구 매향동 151

조선 정조 18년(1794) 건립되었으며, 화성의 동북각루인 방화수류정은 전시용 건물이지만 정자의 기능을 고려해 석재와 목재, 전돌을 적절하게 사용하여 조성된 건물이다. 수원 방화수류정은 송나라 정명도의 시 '운담풍경오천[雲淡風輕吾天], 방화류과전천[訪花隨柳過前川]'에서 따왔으며, 편액은 조윤형(1725~1799)의 글씨이다. 평면은 'ㄱ'자형을 기본으로 북측과 동측은 '철[凸]'형으로 돌출되게 조영하여 사방을 볼 수 있도록 꾸몄으며, 조선 헌종 14년(1848)에 중수하고, 일제강점기 이후 부분적으로 수리하였다.

보물 제1710호 수원 서북공심돈 [水原 西北空心墩]

경기 수원시 팔달구 장안동 332

화성의 화서문 옆에 위치하고 있으며, 조선 정조 20년(1796)에 건립되었다. 수원 서북공심돈은 화성 서북 측 성벽에서 돌출시켜 남측 면만 성곽에 접하고 있다. 3층 구조로 하부 치성은 방형의 석재를 사용하였고 1층과 2층 외벽과 3층 하부는 벽돌로 쌓았다. 수원 서북공심돈의 양식은 현존 성곽 건축 중 화성에서만 볼 수 있는 것으로 재료의 유연성과 기능성이 우수하며, 치성의 석재 쌓기 기법과 상부 공심돈의 전돌 축조 기법, 현안과 총안, 전안 등의 중요한 시설의 배치가 독창적이다.

보물 제1711호 양산 통도사 영산전 벽화 [梁山 通度寺 靈山殿 壁畵]

경남 양산시 하북면 통도사로 108 통도사

양산 통도사 영산전 벽화
전면의 벽화

　영산전 벽화는 벽체와 포벽은 물론 내목도리 윗벽과 대량·창방 등 내·외부 전체에 고루 그려져 있으며, 그 내용 또한 매우 다양하게 구성되어 조선 후기 사찰 벽화의 백미라 할 수 있다. 외벽에는 총 17점의 벽화가 남아 있으나 현재 훼손이 심해 윤곽이 뚜렷하게 드러나지는 않는다. 그러나 내부는 총 52면의 벽면에 벽화가 조성된 것을 알 수 있다. 하지만 서벽에 묘사된 '묘법연화경'의 '견보탑품'의 내용은 3면으로 분할되어 있으나 하나의 내용을 표현한 것이므로 한 장면으로 볼 경우 총 50장면의 벽화가 도상화되어 있다. 영산전 내벽에 그려진 '법화경 견보탑품' 벽화는 국내 유일의 견보탑품 벽화라는데 그 가치를 높게 평가할 수 있다.

보물 제1715호 해남 서동사 목조석가여래삼불좌상 [海南 瑞洞寺 木造釋迦如來三佛坐像]

전남 해남군 화원면 금평리 571 서동사

　본존 석가여래는 변형된 우견편단으로 연화좌를 놓고 그 위에 결가부좌하였다. 좌협시 약사불상과 우협시 아미타불상은 엄지와 중지를 맞댄 수인을 좌우대칭으로 표현하였고, 착의는 두 장의 대의를 걸친 이중 착의법으로 표현하여 본존불과의 차이를 두었다. 불상과 관련된 기록으로는 조성발원문과 중수발원문이 남아 있다. 이 발원문에 의하면, 스님과 평신도들이 주축이 되어 옥보스님의 증명[證明] 아래 운혜를 비롯한 8명의 조각승이 참여하여 순치 8년(효종 2년, 1651) 조성하였다.

보물 제1716호 중수정화경사증류비용본초 권17 [重修政和經史證類備用本草 卷十七]
인천 연수구 청량로102번길 40-9 가천박물관

증류비용본초, 정화본초 등으로 약칭하기도 하며 전 30권이다. 당나라 신미의 '경사증류비급본초'와 구종석의 '본초연의[本草衍義]'를 합편한 형태로 편찬된 것으로 본초학의 명저로 불린다.

이 책은 송대에 이룩한 본초학의 권위서로서 중국 간본을 수입하여 16세기 후반에 을해자로 인출한 책이다. 비록 1권 1책(권17)에 지나지 않는 잔본이기는 하지만 표지를 개장한 이외에는 낙장이 없이 완전하고, 보존 상태도 양호하다. 조선 전기 한의학과 본초학의 연구에도 중요한 자료가 되며, 국내에는 유일한 책이다.

보물 제1718호 군산 동국사 소조석가여래삼존상 및 복장유물 [群山 東國寺 塑造釋迦如來三尊像 및 腹藏遺物]
전북 군산시 금광동 135-1 동국사

군산 동국사의 소조석가여래삼존상은 석가여래와 2대 제자인 가섭과 아난존자로 구성된 삼존이다.

150cm가 넘는 대형상으로는 유일한 아난과 가섭을 협시로 한 석가여래삼존상이다. 이 불상들에서 나온 전적물이나 복장물의 기록으로 이 상이 전라도 지역에서 활약하였던 조각승에 의해 제작되었음을 알 수 있다. 조선시대 불상 양식이 형식적으로 흐르기 전 단계의 소조불상으로도 매우 중요하며 세 불상에서 나온 복장물은 후령통의 제작 기법, 내용물, 재질 등을 밝히는 데 중요한 자료이다.

보물 제1719호 공주 동학사 목조석가여래삼불좌상 [公州 東鶴寺 木造釋迦如來三佛坐像]
충남 공주시 반포면 학봉리 789 동학사

공주 동학사 목조석가여래삼불좌상 및 복장유물은 복장에서 발견된 조성발원문을 통해 17세기 불교 조각계를 주도하던 석준과 각민 및 문하에서 수학한 조각승들이 1606년 제작하였음을 알 수 있다.

이 삼존불은 16세기 조각 전통을 계승하면서 17세기 새롭게 대두한 대중적인 미의식도 반영하고 있다. 1600년을 전후한 시기의 화승들의 활동과 교류사 연구에도 매우 중요한 불상이다.

보물 제1721호 속초 신흥사 목조아미타여래삼존좌상 [束草 神興寺 木造阿彌陀如來三尊坐像]

강원 속초시 설악동 170 신흥사

이 삼존불상은 안정적으로 자리 잡은 무릎, 당당한 어깨, 알맞은 허리 등 안정된 비례와 조화로운 형태미를 갖추고 있다. 상체의 불필요한 주름들은 과감하게 생략하였다.

복장유물에서 발견된 조성발원문을 통해 1651년에 조성되었으며, 당대 최고의 조각승인 무염이 제작하였음을 알 수 있다. 이 불상은 무염의 조각적 역량을 느낄 수 있으며, 17세기 중엽 불교 조각사 연구에 기준이 되는 자료이다.

보물 제1723호 양양 낙산사 해수관음공중사리탑 [襄陽 洛山寺 海水觀音空中舍利塔]

강원 양양군 강현면 전진리 55 낙산사

공중사리탑은 예술적 측면에서는 일급의 석조물이라고 말하기는 어렵지만 건립의 절대 연대가 1692년으로 비슷한 시기의 승탑을 비롯한 관련 석조물의 편년에 소중한 준거가 된다. 또한, 매우 드물게 현존하는 승탑형 불사리탑이다. 양식적으로나 세부에 있어서나 조선시대 왕릉의 장명등과 유사성이 다분하여 양자 사이의 교류 관계를 살필 수 있는 단초를 제공한다. 또한, 공중사리탑에서 수습된 사리장엄구 일괄은 인위적인 손상 없이 처음 매납된 상태 그대로 수습되어 학술 가치가 높다.

보물 제1726호 화순 쌍봉사 목조지장보살삼존상 · 시왕상일괄 [和順 雙峰寺 木造地藏菩薩三尊像 · 十王像一括]

전남 화순군 이양면 증리 741 쌍봉사

화순 쌍봉사 지장보살삼존상 및 시왕상 일괄 상에서 발견된 조성발원문과 쌍봉사사적기 등을 통해서 볼 때 이 상은 1667년경 운혜를 비롯한 그의 일파 조각승들이 참여하여 제작한 불상이다.

작품의 경향은 조선 후기 17세기 중 · 후반 전라도 일대에서 크게 활약했던 조각승 운혜의 조각 경향을 잘 간직하고 있고, 더불어 과거에 시문 된 고색 찬연한 채색 문양이 잘 보존되어 있다.

보물 제1727호 경주향교 대성전 [慶州鄕校 大成殿]

경북 경주시 교동 17-1

경주향교는 문묘영역이 강학영역 앞쪽에 위치하는 전형적인 전묘후학의 배치 형식을 따르고 있다. 경주향교는 임진왜란 때 소실된 것을 1600년에 중건하였으며, 이후 부속 건물들을 중건하여 17세기 현재와 같은 배치를 갖추게 되었다. 대성전은 정면 3칸, 측면 3칸 규모이며, 지붕은 맞배지붕이다.

2000년 보수 공사 때 대성전 종도리에서 발견된 상량 묵서명을 통하여 대성전의 중건 연대와 당시 참여한 장인 등 역사적 사실을 확인할 수 있다.

보물 제1729호 창원 성주사 목조석가여래삼불좌상 [昌原 聖住寺 木造釋迦如來三佛坐像]

경남 창원시 성산구 곰절길 191 성주사

이 삼존불상은 17세기에 들어 크게 유행한 석가여래, 약사여래, 아미타여래로 구성된 공간적 삼존불이다. 조성시주기에 따르면, 이 불상은 1655년 봄부터 불상 제작을 시작하여 그해 가을에 조성 공사를 마치고 복장 점안을 하여 마무리하였다고 한다.

조성에 참여한 조각승은 녹원 등인데 이 삼존불은 수화승 녹원의 가장 이른 시기 작품이자 그의 작품 중에서 단연 돋보이는 작품이다.

보물 제1730호 창녕 관룡사 목조석가여래삼불좌상 · 대좌 [昌寧 觀龍寺 木造釋迦如來三佛坐像 · 臺座]

경남 창녕군 창녕읍 화왕산관룡사길 171 관룡사

관룡사의 목조석가여래삼불좌상은 좌우에 약사여래와 아미타여래로 구성된 삼불상이다. 본존불의 대좌 밑쪽에 묵서를 통해 숭정 2년, 인조 7년(1629)에 불상 조성을 시작해서 그다음 해인 1630년에 완성되었다. 조각에는 현진 등 8인이 참여하였다. 본존 석가여래불좌상은 높이가 150cm로 비교적 큰상에 속하며 양쪽의 불상들은 본존보다 크기가 작은 120cm 정도의 크기이다. 불상들은 얼굴형이 네모나고 인상이 엄숙한 표정에서 벗어나 약간 어린 아이와 같은 천진한 표정으로 표현되고 있다.

보물 제1738호 서울 살곶이다리[전관교] [서울 살곶이다리[箭串橋]]

서울 성동구 행당동 58

이 다리는 정종과 태종의 잦은 행차 때문에 세종 2년(1420) 5월에 처음 만들어지기 시작했으나 태종이 죽자 왕의 행차가 거의 없어 완성되지 못하였다. 그 후 이 길을 자주 이용하는 백성들 때문에 다시 만들 필요성이 제기되어 성종 6년(1475)에 다시 공사를 시작하여 성종 14년(1483)에 완성했다. 조선 전기에 만들어진 다리 중에서 가장 규모가 큰 다리이다. 돌기둥은 흐르는 물의 저항을 줄이기 위해 마름모형으로 고안되었다. 1920년대 홍수로 일부가 훼손되어 다리의 오른쪽 부분을 콘크리트로 복원하였다.

보물 제1739호 창녕 영산 석빙고 [昌寧 靈山 石氷庫]

경남 창녕군 영산면 교리 산10-2

정확한 축조 시기는 알 수 없으나 '여지도서'와 조선 후기의 읍지에 따르면 현감 윤이일이 조성한 것으로 추정된다. 들어가는 입구가 높고 뒤로 갈수록 낮은, 전체적으로 둥근 모양으로 되어 있다. 내부는 거칠게 다듬은 큰 돌로 쌓은 네모진 형태이다. 창고가 있는 곳에서 바라다보면 빙고 뒤쪽 끝으로 개울이 있는데 지금은 개울에 물이 말랐지만, 이는 상류에 제방을 쌓았기 때문이며 옛날에는 수량이 풍부했다고 한다. 다른 석빙고에 비해 약간 작은 규모이나, 쌓은 수법은 같다.

보물 제1740호 서울 관상감 관천대 [서울 觀象監 觀天臺]

서울 종로구 원서동 206

세종 16년(1434)에 설치된 서운관의 관측대로서, 서운관은 천문, 지리, 측후, 물시계와 관련된 일을 관장하는 곳이었다. 서운관은 조선 세조 12년(1466)에 관상감, 고종 31년(1894)에 관상소, 1907년에 측후소로 바뀌어 현대식 시설을 갖추기 시작할 때까지 업무를 수행했던 곳이다. 관천대는 다듬은 돌을 높이 4.2m, 가로 2.8m, 세로 2.5m 크기로 만들었고, 그 위에 직사각형의 돌로 난간을 둘러놓았다. 지금은 없어졌지만, 원래는 대 위로 올라가는 돌계단이 있었다고 전한다.

보물 제1741호 **구리 동구릉 건원릉 정자각 [九里 東九陵 健元陵 丁字閣]**
경기 구리시 인창동 66-10 동구릉

건원릉 정자각은 태종 8년(1408) 건원릉을 조성하면서 함께 지어졌다. 이후 선조 19년(1586)에 중수했다고 전하며 선조 25년(1592) 임진왜란 때에는 왜군이 방화하려 했으나 불이 붙지 않았다는 이야기가 전해 내려온다. 숙종은 건원릉을 수리하려 했지만 왜란의 신기한 사연을 듣고 손대지 않았다고 숙종실록에 전한다.

그러나 영조 40년(1764) 건물이 크게 퇴락하여 중수도감을 설치하고 건물을 수리했다. 정조 8년(1784)에도 소규모 수리가 있었으며 고종 16년(1879)에는 건원릉 등의 정자각을 수리하였다.

보물 제1742호 **구리 동구릉 숭릉 정자각 [九里 東九陵 崇陵 丁字閣]**
경기 구리시 인창동 66-25 동구릉

숭릉은 조선 18대 현종과 비 명성왕후의 능으로 정자각을 팔작지붕으로 조성한 것이 특징이다. 정자각의 지붕을 팔작으로 조성한 것은 인조 장릉의 정자각부터였다. '현종산릉도감의궤'에는 숙종 즉위년(1674)에 숭릉을 동구릉에 조성하면서 영릉의 정자각을 표본으로 조성하였다고 기록하고 있다. 현존하는 8칸 정자각은 숭릉을 비롯하여 익릉, 휘릉, 의릉의 정자각이 있다. 그러나 숭릉을 제외한 나머지 정자각은 맞배지붕의 형태이며, 숭릉 정자각은 조선왕릉 42기(남한 40, 북한 2)중 유일한 팔작지붕 정자각이다.

보물 제1743호 **구리 동구릉 목릉 정자각 [九里 東九陵 穆陵 丁字閣]**
경기 구리시 인창동 66-6 동구릉

목릉은 조선 14대 선조와 원비 의인왕후, 계비 인목왕후의 능으로, 기단은 장방형으로 정전이 배위청보다 한 단 높다. 정전은 정면 3칸, 측면 2칸에 다포식으로 공포를 짰다. 현존하는 정자각 중에 다포식 공포를 갖춘 건물은 이 건물이 유일하다. 전체적으로 17세기 초에 다시 지은 문묘 대성전의 공포 짜임과 유사한 분위기를 갖추고 있다. 목릉 정자각은 초창과 이건한 모습에 약간의 차이가 있으나 현재의 모습은 인조 8년(1630) 이건 할 때의 모습을 그대로 유지하고 있다.

보물 제1744호 경주 불국사 대웅전 [慶州 佛國寺 大雄殿]

경북 경주시 진현동 15-1 불국사

불국사 대웅전은 창건 당시의 유구 위에 영조 41년(1765)에 중창된 건물로 중창 기록과 단청에 대한 기록이 함께 보존되어 있는 매우 중요한 건축물이다. 대웅전은 정면 5칸, 측면 5칸 규모이며, 지붕은 팔작지붕, 공포는 다포 양식이다. 기둥을 생략한 내부 공간 구성 및 살미첨차의 초화 문양과 봉황 머리 조각, 평방에서 돌출된 용머리 조각 등 내·외부를 매우 화려하게 장식하였다. 임진왜란 때 소실되어 효종 10년(1659)에 중창하였다.

보물 제1745호 경주 불국사 가구식 석축 [慶州 佛國寺 架構式 石築]

경북 경주시 진현동 15-1 불국사

범영루 앞의 석축

안양문과 자하문 앞에는 아름답게 꾸민 가구식 석축이 동서로 놓였는데, 동쪽 자하문 앞에 있는 것은 백운교의 계단 위에서 단을 달리하여 상단의 석축을 변화 있게 꾸며 조화를 이루었다. 안양문 앞에서는 밑에서부터 수직으로 석축을 쌓되 중간중간 칸을 이루어 다듬은 석주와 인방석을 가구식으로 걸고, 그 가운데를 자연석으로 채운 형태이다. 자하문이나 범영루 앞의 하층 석축은 밑에서부터 거대한 자연석을 쌓고 그 위에 가공 석재를 가구식으로 짜 올린 특이한 형태를 하고 있다.

보물 제1746호 논산 노강서원 강당 [論山 魯岡書院 講堂]

충남 논산시 광석면 오강리 227

노강서원은 1675년에 건립한 이후 한 차례도 이건하지 않고 대원군 때 훼철되지 않은 기호학파의 대표적 서원이다. 전학후묘 형식으로 기호 지역의 배치적 특성을 잘 보여주고 있다. 강당은 충남지역에서 대표적으로 큰 규모이며, 이에 적질한 모양세의 기단과 초석이 화려함과 소박함으로 융합된 1출목 3익공의 공포 형식이 돋보인다. 맞배지붕에 덧붙은 '영[榮]'은 아주 귀한 시설로 풍우로부터 훼손을 방지하고 어색하게 높은 건물의 외관을 시각적으로 안정되게 하고 있다.

보물 제1749호 속초 신흥사 목조지장보살삼존상 [束草 新興寺 木造地藏菩薩三尊像]

강원 속초시 설악산로 1137 신흥사

속초 신흥사 목조지장보살삼존상은 복장에서 발견된 축원문 통해 1651년이라는 정확한 조성 시기와 제작자 그리고 제작에 참여한 제작 주체를 분명히 하고 있다. 특히 불상의 제작과 개금·개채를 분리해서 작업이 진행되고 있어 당시 불상의 제작 과정을 이해하는 데 중요한 정보를 제공하고 있다. 이 불상을 만든 무염은 대화사 현진, 청헌 등과 함께 17세기 전·중엽 경을 대표하는 조각승이다. 이 작품은 조각승 무염의 작품세계와 그의 조각 경향이 제자들에게 어떻게 계승되어 가는지를 이해하는데 매우 중요한 작품이다.

보물 제1750호 경산 경흥사 목조석가여래삼존좌상 [慶山 慶興寺 木造釋迦如來三尊坐像]

경북 경산시 남천면 산전리 806 경흥사

경흥사 목조석가여래삼존좌상은 석가여래좌상에서 발견된 복장 발원문과 대좌의 묵서명을 통해 사찰의 창건연기는 물론 1644년이라는 정확한 불상의 조성 시기와 명확한 조성 주체, 불상을 제작한 제작자 등을 알 수 있다. 조각적인 경향에서도 양감이 절제된 단엄하면서도 고요한 상호, 당당한 신체 비례, 강직한 직선 위주의 선묘, 주름 표현 등에서 1640년대 청헌이나 청허의 작품과 양식적으로 상통하고 있다. 이 삼존상은 조각승 청허의 조각 세계를 이해하는 데도 매우 중요한 자료이다.

보물 제1751호 서천 봉서사 목조아미타여래삼존좌상 [舒川 鳳棲寺 木造阿彌陀如來三尊坐像]

충남 서천군 한산면 호암리 159 봉서사

봉서사 목조아미타여래삼존좌상은 아미타여래를 본존으로 관음, 대세지보살이 협시하는 아미타삼존 형식이며, 조선 후기의 예 중에서 이른 시기에 해당한다. 삼존상에서 발견된 발원문을 통해 1619년이라는 정확한 조성 시기와 조성 주체, 시주자 등 조성과 관련된 기록이 전하고 있다.

이 불상을 만든 수연은 17세기 전반기에서 중반기에 걸쳐 활동한 조각승인데, 이 작품은 지금까지 알려진 그의 작품 가운데 가장 이른 시기의 작품이다.

보물 제1752호 고창 선운사 소조비로자나삼불좌상 [高敞 禪雲寺 塑造毘盧遮那三佛坐像]

전라북도 고창군 선운사로 250 선운사

고창 선운사 소조비로자나불좌상은 규모 면에서 장대하고 웅장한 형태미를 보여주고 있다. 대형의 소조 불상의 조성 목적은 이전 시대와 달리 새로워진 불교계의 위상을 드러내고, 전란으로 소실된 불상을 빠른 시간 내에 재건하고자 하는 의지가 담겨있는 것으로 볼 수 있다.

대좌의 밑면 기록된 묵서명에는 불상의 조성 과정을 상세히 기록하고 있다. 그리고 1633년이라는 정확한 제작 시기와 17세기 전반기의 대표적 조각승 무염과 그의 문하승에 의해 제작되었다는 조성 주체를 밝히고 있다.

보물 제1753호 익산 미륵사지 금동향로 [益山 彌勒寺止 金銅香爐]

전북 익산시 금마면 미륵사지로 428

익산 미륵사지 금동향로
다리와 하단부의 수면(동물의 얼굴) 장식

미륵사지 금동향로의 조형에 대해서는 국내의 자료가 전무하여 중국과 일본 수각형 향로를 중심으로 살펴볼 수밖에 없다. 우선 중국 수각형 향로 가운데 미륵사지 향로와 비교되는 당대의 작품이 여러 점 확인된다. 그중에서도 6개의 다리와 6수면[獸面]을 지닌 741년의 경산사지 출토의 향로가 미륵사지 향로의 조형과 유사한 점을 발견할 수 있다. 이 작품은 출토 경위가 확실하며 완벽한 보존 상태를 지닌 작품인 동시에 우리나라에서 첫 예가 되는 통일신라의 금동 수각형 향로라는 점에서 큰 의의가 있다.

경기 화성시 용주로 136 용주사

불설대보부모은중경판
1 목판
2 동철판
3 석판

　용주사의 불설대보부모은중경판은 1796~1799년 사이에 조성되었는데 목판 42판, 동철판 7판, 석판 24판의 세 종류로 모두 73판이다. 목판은 변상도, 과판[科判], 한문본, 국문본 등이 양면으로 양각되어 있으며, 동철판은 변상도 7판이 단면에 양각되어 있다. 특히 목판의 도각[刀刻]형태까지 동일하게 보여주고 있다. 석판은 과판과 한문본 등으로 단면에 음각되어 있다.

　이 경판들은 정조의 명으로 조성되어 주자소에 보관되었다가 화성 용주사에 보내졌다는 기록이 '주자소응행절목[鑄字所應行節目]'에 수록되어 있다.

보물 제1757호 **양산 신흥사 대광전 벽화 [梁山 新興寺 大光殿 壁畵]**

경남 양산시 원동면 영포리 268

　신흥사 대광전의 벽화는 건물 내·외벽과 포벽, 건물 내부의 대량과 고주에 그려진 별화 등을 포함하여 50여 점에 이른다. 내부의 벽화는 동·서면의 벽체와 남·북면의 포벽과 내목도리 윗벽 그리고 후불벽 뒷면 등 빈 공간 없이 부처의 세계로 벽을 가득 채우고 있다. 벽화는 비록 일부가 개채되었고 19세기 초 중수 시에 그려진 사례가 있기는 하지만 동·서면의 약사삼존도와 아미타삼존도의 경우는 도상과 형상 등에서 전형적인 17세기 불화 양식을 보여주고 있다.

보물 제1759호 경복궁 사정전 [景福宮 思政殿]
서울 종로구 사직로 161 경복궁

사정전은 만춘전, 천추전과 더불어 경복궁의 편전으로 왕이 정사를 보았던 곳이다. 경복궁 창건 당시인 태조 4년(1395)에 처음 지었으나, 소실되고 중건했으나 임진왜란 때 다시 전소하였다. 현재의 건물은 고종 4년(1867)에 근정전, 경회루, 수정전 등과 함께 중건 당시의 모습이다.

규모는 정면 5칸, 측면 3칸이며, 지붕은 팔작지붕, 공포는 다포 양식이다. 기단은 장대석 3벌대 기단이고, 어칸에 소맷돌이 있는 계단이 설치되어 있으며, 초석은 원형 초석이다. 용마루와 내림마루에는 취두, 용두, 잡상을 배열했다.

보물 제1760호 경복궁 수정전 [景福宮 修政殿]
서울 종로구 사직로 161 경복궁

수정전이 있는 권역은 세종 연간에는 학문을 연구하며, 왕에게 주요 정책을 자문하고 건의하던 기관으로 한글을 창제하는 등 문치의 본산이었던 집현전이 있던 궐내 각사의 지역에 해당한다. 이후 고종 때 중건되어 잠시 왕의 편전으로도 사용되었다. 1894년 갑오개혁 때에는 대한제국의 군국기무처를 여기에 두고, 이후 내각청사로 사용되었다. 규모는 정면 10칸, 측면 4칸이며, 지붕은 팔작지붕, 공포는 익공 양식이다. 지붕의 용마루 및 내림마루, 추녀마루에는 취두, 잡상을 배열하였다.

보물 제1761호 경복궁 향원정 [景福宮 香遠亭]
서울 종로구 사직로 161 경복궁

향원정은 고종이 아버지 흥선대원군의 간섭에서 벗어나 친정 체제를 구축하면서 정치적 자립의 일환으로 건청궁을 지으면서 그 건청궁 앞에 연못을 파서 가운데 섬을 만들고 세운 육각형 2층 정자이다. 고종 4년(1867)부터 고종 10년(1873) 사이에 지어진 것으로 추정된다. 향원정에 들어가는 다리인 '취향교'는 본래 목교로서 1873년에 향원정의 북쪽에 건청궁 방향으로 설치되어 있었다. 그러나 취향교가 6·25전쟁으로 없어지자 1953년 원래 위치가 아닌 남쪽으로 다리를 놓아 현재에 이르고 있다.

보물 제1762호 창덕궁 금천교 [昌德宮 錦川橋]

서울 종로구 율곡로 99 창덕궁

창덕궁 금천교
교각의 문양과 조각상

금천교는 창덕궁의 돈화문과 진선문 사이를 지나가는 명당수 위에 설치되어 있다. 창덕궁의 금천은 북쪽에서 남쪽으로 흘러내려 돈화문 오른쪽까지 와서 궐 밖으로 빠져나가게 되어 있다. 금천교는 창덕궁이 창건되고 6년 뒤인 태종 11년(1411) 3월 진선문 밖 어구에 설치되었다. 이후 숱한 화재와 전란에도 불구하고 창건 당시의 모습을 보존하고 있으며, 이 외에도 여러 조각상과 아름다운 문양, 축조 기술 등이 돋보이는 홍예교로 현존하는 궁궐 안 돌다리 가운데 가장 오래된 것이다.

보물 제1763호 창덕궁 부용정 [昌德宮 芙蓉亭]

서울 종로구 율곡로 99 창덕궁

부용정의 평면은 정면 5칸, 측면 4칸, 배면 3칸의 누각으로 연못 남쪽 위에서 봤을 때 십[十]자 모양을 기본으로 구성되었으며, 남동과 남서쪽에 반 칸을 덧대서 조성하였다. 연못 안에 2개의 팔각 석주를 세운 다음 그 위에 가느다란 원기둥을 세웠다. 지붕은 팔작지붕이며, 공포는 2익공 양식이다. 부용정은 창덕궁 후원 초입에 천원지방의 조형 원리에 따라 조성한 대표적 연못인 부용지에 지은 마루식 정자로 연못에 인접하여 자연의 선경을 인공적으로 만든 한국 정자 건축의 대표적 작품이다.

보물 제1764호 창덕궁 낙선재 [昌德宮 樂善齋]

서울 종로구 율곡로 99 창덕궁

창덕궁 낙선재

전경

낙선재는 정면 6칸, 측면 2칸 규모로 헌종 13년(1847)에 왕이 왕비와 대왕대비를 위해 마련하였다. 1884년 갑신정변 직후 고종의 집무소로 사용하고 그 후 조선왕조 마지막 영친왕 이은이 1963년부터 1970년까지 살았다. 1966년부터 1989년까지는 이방자여사가 기거하였다. 낙선재는 궁궐 내의 침전 건축과는 달리 단청을 하지 않고 사대부 주택 형식으로 건축되었으나, 궁궐 침전 형식이 응용되면서 다른 곳에서는 쉽게 찾아볼 수 없는 다양한 문양의 장식을 두었다.

보물 제1767호 부여 왕흥사지 사리기 일괄 [扶餘 王興寺址 舍利器 一括]

충남 부여군 규암면 충절로 2316번길 34 국립부여문화재연구소

은제 사리호

금제 사리병

원통형 사리합

부여 왕흥사지 사리기는 목탑지의 심초석 남쪽 중앙 끝단에 마련된 장방형 사리공 내부에서 발견되었다. 발견된 사리장엄구는 가장 바깥에 청동제의 원통형 사리합을 두고 그 안에 은으로 만든 사리호, 보다 작은 금제 사리병을 중첩하여 안치한 삼중의 봉안 방식을 취하였다. 사리를 보호하기 위해 가장 귀한 재질인 금, 은, 동을 순서대로 사용한 백제 사리장엄의 면모를 보여주는 귀중한 자료이다. 특히 청동제 사리합에는 6행 29자의 명문이 있어 사찰의 건립, 사리기의 제작 시기 등을 알 수 있다.

보물 제1768호 백자 청화 흥녕부대부인 묘지 · 석함 [白磁 靑畫 興寧府大夫人 墓誌 · 石函]

서울 성북구 안암로 145 고려대학교박물관

흥녕부대부인 묘지는 백자 지석 6장 중, 맨 앞, 뒤 2매는 순백자이며, 그 사이의 4장의 지석 앞면에는 청화로 지문[誌文]을 적고 있다. 이 4장의 지석 뒷면에는 순서를 1장~4장이라고 청화로 적었다. 묘지에는 경태[景泰] 7년 병자년인 1456년 7월 14일에 대부인이 졸하여 예를 갖춰 매장하였다는 장례 경위와 생전의 덕행, 가계 및 후손들의 현황 등을 기록하였다. 경태 7년은 1456년으로 지금까지 알려진 기년명 청화백자의 제작 시기 중 가장 이른 시기로, 청화백자의 개시 시기를 알 수 있는 자료이다.

백자 청화 흥녕부대부인 묘지 부분

보물 제1769호 창덕궁 주합루 [昌德宮 宙合樓]

서울 종로구 율곡로 99 창덕궁

창덕궁 주합루는 정조 즉위년(1776) 창덕궁 후원에 어제 · 어필을 보관할 목적으로 건립한 2층 건물이다. 건물은 정면 5칸, 측면 4칸의 2층 건물로 기둥은 모두 상하층 통주로 사용하였고, 사방을 외부 기둥에서 1칸씩 물려서 퇴를 두었으며, 내부는 정면 3칸, 측면 2칸으로 구성하였다. 공포는 궁궐에서 전형적으로 사용되는 이익공이다. 정조의 정책개발과 개혁정치, 조선 중기 문예 부흥의 산실로서 정약용과 박제가, 유득공, 이덕무 등 다양한 인재들이 활동하던 중요한 공간으로 역사적 가치가 높다.

보물 제1710호 창덕궁 연경당 [昌德宮 演慶堂]

서울 종로구 율곡로 99 창덕궁

연경당은 효명세자가 순조와 순원왕후를 위한 잔치를 베풀고자 순조 27~28년(1827~1828)경 지은 효심이 담긴 집이다. 창건 직후 연경당에서는 효명세자가 신하를 접견하거나 진작례를 거행하였다. 헌종 대 이후에는 한 때 익종[효명세자]의 어진과 모훈을 보관하는 곳으로 사용되었다. 그 후 고종 대에 이르러 외국 공사를 접견하고 연회를 베푸는 등 중요한 정치 공간으로 이용하였다. '궁궐지'에는 순조 28년에 총 120칸으로 건립했다고 기록되어 있으며, 조선시대 궁궐 내 사대부 건축으로서 그 가치가 크다.

창덕궁 연경당
사랑채 전경

보물 제1711호 기장 장안사 대웅전 [機張 長安寺 大雄殿]

부산 기장군 장안읍 장안리 598 장안사

대웅전은 조선 효종 5년(1654)에 새로 지었고, 1948년에 전 주지스님이 보수한 후에, 1975년 처마의 채색을 다시 하였다. 정면 3칸, 측면 3칸 규모로, 지붕은 팔작지붕, 공포는 다포 양식이다.

앙곡이 강한 지붕, 정·배면의 공포 짜임새, 정면의 어칸 및 좌, 우 협칸의 창호 구성, 내부의 보개천장 등의 양식적 특징을 보여주고 있다. 또한, 주요 구조재와 단청이 중창 때의 모습을 잘 간직하고 있다.

보물 제1712호 대구 동화사 삼장보살도 [大邱 桐華寺 三藏菩薩圖]

대구 동구 팔공산로201길 41 동화사

삼장보살도는 죽은 이들의 영혼을 천도하기 위한 의식용 불화로 천장보살, 지지보살, 시장보살로 구성되는데, 고려시대의 사례로 알려진 것이 없고 조선시대에만 보이는 도상이다.

화기를 통해 18세기 초 대표적인 화승 중 하나인 의균이 그렸으며, 당시 동화사 불화 외에 다른 지역의 불화 등도 함께 제작되었다고 한다. 동화사 삼장보살도는 안정된 구도와 비례, 인물의 세부묘사, 채도가 높은 적·녹색의 안정감 있는 대비와 조화 등 전반적으로 높은 완성도를 보인다.

보물 제1773호 대구 동화사 지장시왕도 [大邱 桐華寺 地藏十王圖]

대구 동구 팔공산로201길 41 동화사

이 불화는 영조 4년(1728) 동화사 대웅전에 봉안할 삼단불화를 조성할 때, 삼장보살도와 함께 중단 불화로 조성되었다. 의균, 명찰 등이 불화를 조성하는데 필요한 재원을 마련하고, 장육의 증명 아래 수화승 쾌민, 체환 등 모두 7명의 승려 화원들이 참여하였다.

이 불화는 한 화면에 본존인 지장보살과 도명존자, 무독귀왕, 그리고 십대왕, 판관, 사자, 동자, 양발옥졸, 장군, 여섯 보살 등을 엄격한 좌우대칭에 따라 그린 군도 형식의 지장시왕도이다.

보물 제1777호 합천 해인사 법보전 목조비로자나불좌상 [陜川 海印寺 法寶殿 木造毘盧遮那佛坐像]

경남 합천군 해인사길 132-13 해인사

이 불상은 통일신라 말~고려 초에 제작된 목조불상으로 1m가 넘는 크기에, 조형성은 물론 조각적인 완성도까지 갖춘 작품이다. 당당한 신체 표현, 우견편단의 착의형식과 지권인의 형태, 조각된 옷주름 등은 통일신라 말에서 고려 초에 제작된 불상들과 양식적으로 비교될 수 있다.

복장 유물로는 다라니, 발원문 그리고 후령통 등 여러 종류의 유물이 발견되었는데 대부분 1167년경과 1490년의 중수 때 납입된 것이다.

보물 제1779호 합천 해인사 대적광전 목조비로자나불좌상 [陜川 海印寺 大寂光殿 木造毘盧遮那佛坐像]

경남 합천군 해인사길 132-13 해인사

이 불상은 법보전 목조비로자나불좌상과 크기나 착의법 그리고 표현 양식이 거의 동일하여 시대적으로 큰 차이가 없는 것으로 보인다. 발원문이 복장에서 발견되어 이 불상이 늦어도 고려 1167년 이전에 제작된 상임을 알 수 있다.

1167년 조성 이후 고려 14세기 후반 화살 명장 송부개가 중수에 참여했고, 1490년에는 조선 왕실 주도로 개금 중수가 이루어졌다. 불상에서는 고려와 조선시대의 섬유류 유물이 함께 복장되었음이 밝혀졌다.

보물 제1781호 **대혜원명 동종 [大惠院銘 銅鍾]**

경기 용인시 처인구 용인대학교박물관

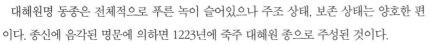

대혜원명 동종
1 용뉴와 음통
2 명문이 새겨진 부분

대혜원명 동종은 전체적으로 푸른 녹이 슬어있으나 주조 상태, 보존 상태는 양호한 편이다. 종신에 음각된 명문에 의하면 1223년에 죽주 대혜원 종으로 주성된 것이다.

형태는 음통이 있는 종뉴 아래 입상화문대가 장식된 불룩한 종신이 연결된 모양인데, 종뉴와 종신의 외형, 상·하대의 위치, Ω식의 종유는 신라종 양식을 따르고 있으나 입상화문대의 배치는 고려 후기 종의 특징이다. 현재 알려진 고려종 가운데 포항 오어사 동종(보물 제1280호)이나 국립중앙박물관 소장 을사명 동종[乙巳銘 銅鍾]과 전체적인 형태와 구성, 문양 등에서 매우 유사해 비교된다.

보물 제1782호 **청자 퇴화문섬형 연 [青磁 堆花文蟾形 硯]**

전남 목포시 남농로 136 국립해양문화재연구소

청자 퇴화문두꺼비모양 벼루는 태안 대섬 해저에서 목간과 함께 출토되었다. 특히 목간에서 '탐진현재경대정인수호부사기일과[耽津縣在京隊正仁守戶付沙器壹裹]'라는 묵서가 적혀 있는데, '탐진(현재의 강진)에서 개경에 있는 대정 인수 집에 도자기 한 꾸러미를 보낸다'는 내용임을 알 수 있다. 이러한 목간의 내용으로 보아 강진에서 제작된 후 운반 중이었음을 알 수 있다. 청자 벼루는 고려시대 보기 드문 것으로 유물이 그리 많지 않다. 이에 비해 이 유물은 출토지와 제작 시기가 비교적 정확한 편이다.

보물 제1783호 **청자 상감국화모단유로죽문 매병 및 죽찰 [靑磁 象嵌菊花牡丹柳蘆竹文 梅瓶 및 竹札]**

전남 목포시 남농로 136 국립해양문화재연구소

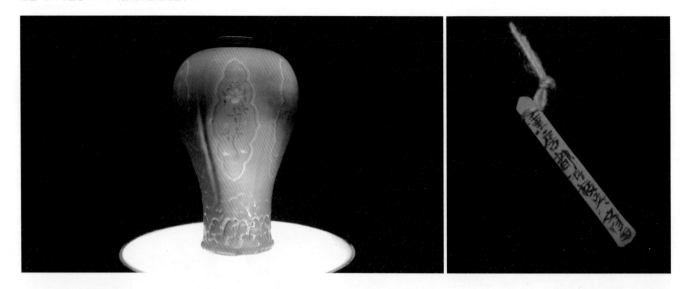

이 청자 매병과 죽찰은 충청남도 태안군 근흥면 마도에서 '마도2호선'이라 명명된 고려시대 선박에서 출토되었으며 그 제작 시기는 12세기 후반에서 13세기 초반경으로 추정된다. 이 매병은 몸체를 6개의 면으로 음각하여 나누고 상하 종속문으로 뇌문과 연판문을 상감하고 몸체 가운데 흑백 상감으로 된 능화형 창 안에 다양한 문양 조합을 표현하였다. 죽찰 앞면에는 "중방도장교오문부[重房都將校吳文富]"가 적혀 있는데 수취인을 적은 것이다. 뒷면에는 "택상진성준봉[宅上眞盛樽封]"이라고 쓰여 있어 준[樽]에 참기름을 담아 올린다는 내용이다.

보물 제1784호 **청자 음각연화절지문 매병 및 죽찰 [靑磁 陰刻蓮花折枝文 梅瓶 및 竹札]**

전남 목포시 남농로 136 국립해양문화재연구소

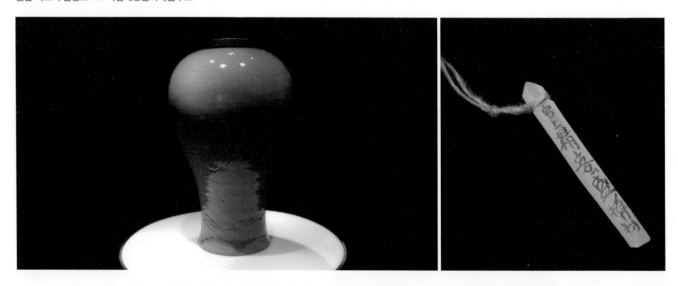

청자 음각연화절지문 매병과 죽찰은 충청남도 태안군 근흥면 마도에서 '마도2호선'이라 명명된 고려시대 선박에서 출토되었으며 그 제작 시기가 12세기 후반에서 13세기 초반경으로 추정된다. 청자 음각연화절지문 매병은 11~12세기 제작된 것으로 보이는 국립중앙박물관 소장 청자 음각연화문 매병과 연화의 가지와 꽃잎, 꽃봉오리 등의 표현 방식이 매우 유사하다. 죽찰 앞면에는 "중방도장교오문부[重房都將校吳文富]"라 하여 수취인을 적고 뒷면에는 "택상정밀성준봉[宅上精蜜盛樽封]"이라고 적혀 있어서 준[樽]에 꿀을 담아 올린다는 내용임을 알 수 있다.

보물 제1785호 강화 전등사 목조석가여래삼불좌상 [江華 傳燈寺 木造釋迦如來三佛坐像]

인천 강화군 길상면 전등사로 37 전등사

전등사 목조석가여래삼불좌상은 17세기 전반에 전북, 충남 등지에서 활동하던 수연이 수화승으로 참여하여 1623년에 조성한 불상이다. 삼불의 구성은 석가불을 본존으로 아미타불과 약사불이 좌우에 협시하는 형식으로서 조선 후기에 전국적으로 유행했던 삼세불의 도상이다. 복장 유물의 조성원문을 통하여 정확한 조성 연대를 알 수 있을 뿐 아니라, 조각이 우수하다. 조각승들과 발원 시주자들의 세부적인 시주 항목이 기록된 점 등에서 조선시대 불교 조각 연구에 중요한 자료가 되고 있다.

보물 제1786호 강화 전등사 목조지장보살삼존상 · 시왕상 일괄 [江華 傳燈寺 木造地藏菩薩三尊像 · 十王像 一括]

인천 강화군 길상면 전등사로 37 전등사

전등사 목조지장보살삼존상과 시왕상은 조성원문을 통하여 숭정[崇禎] 9년(인조 14년, 1636)에 조성되었음을 알 수 있으며, 대웅전 목조석가여래삼불좌상이 조각승 수연에 의해 조성된 지 13년이 지난 뒤에 역시 수연이 수화승이 되어 제작한 상들이다. 지장보살상과 그 좌우에 무독귀왕, 도명존자, 시왕과 귀왕, 판관, 사자상, 동자상, 인왕상 등 명부전의 권속이 많다 보니 조각승도 12명이나 참여하여 수연의 지휘 아래 제작을 맡았던 것으로 보인다.

보물 제1787호 강화 청련사 목조아미타여래좌상 [江華 靑蓮寺 木造阿彌陀如來坐像]

인천 강화군 강화읍 고비고개로 188 청련사

청련사 목조아미타여래좌상은 단정하고 우아한 상호, 단아하고 세련된 조형미, 완급 조절이 잘 표현된 옷주름 등에서 세련되고 높은 품격을 드러내고 있다. 이 불상이 가진 양식적 특성으로 볼 때, 13세기 전반부터 중반 사이에는 제작되었을 것으로 추정된다. 특히 이 불상은 다른 지역에서 이운해 온 것이 아니라 예전부터 청련사의 주불로 모셨기 때문에, 몽고병란을 피해 개경에서 강화도로 천도한 1232년에서 1270년 사이에 개경의 수준 높은 조각 장인이 조성하였을 가능성이 높다.

남양주 수종사 팔각오층석탑 출토유물 일괄

1 금동삼존불상

2 금동불감

15세기 불상으로 보이는 일련의 상들은 고려 후기 불상의 전통을 계승하고 있는 듯하며, 17세기 불상으로 보이는 웅크린 자세의 무거운 존상들은 비례가 맞지 않아 약간은 해학적인 면도 없지 않다. 수종사 불감 및 불상 일괄은 수종사 탑에 납입될 조선시대의 상황과 발견 당시의 정황을 알 수 없고, 함께 봉납되었던 것으로 추정되는 불상들이 여러 곳에 흩어져 있는 상태이지만, 조선시대 초기의 왕실 불교 미술을 대표하고, 발원문과 명문도 수반하고 있다.

보물 제1789호 **안성 청룡사 소조석가여래삼존상** [安城 靑龍寺 塑造釋迦如來三尊像]

경기 안성시 서운면 청룡길 140 청룡사

안성 청룡사 소조석가여래삼존상은 임진왜란 이후 대형 소조 불상의 제작이 유행하기 시작하던 시기의 불상이다. 삼존불상은 본존불의 복장에서 발견된 조성원문을 통해서 만력 31년(선조 36년, 1603)화원 광원이 수화승을 맡아 조성한 것이 밝혀졌다. 푸른색 비단에 붉은 경명주사로 쓰인 발원문에 커다란 글씨로 화원[조각승]들의 이름이 쓰여 있는데 6명의 화원 가운데 승려가 아닌 화원 이금정도 참여한 것으로 보인다. 이 삼존불상은 조선 후기 불교 조각의 첫 장을 여는 17세기 초의 소조삼존불상이다.

보물 제1790호 **양평 용문사 금동관음보살좌상 [楊平 龍門寺 金銅觀音菩薩坐像]**

경기 양평군 용문면 용문산로 782 용문사

양평 용문사 금동관음보살좌상은 고려 후기 14세기에 크게 유행하여 전국적으로 확산되었던 금동보살상의 전형을 보여주는 상이다. 이 형식의 보살상은 살이 많은 방형의 얼굴에, 사실적인 이목구비, 가지런한 앞머리, 어깨 위에 흘러내리는 머리카락, 가슴에는 화려한 목걸이 장식, 양 무릎 위에 표현된 영락 등으로 그 특징을 요약해 볼 수 있다. 이 보살좌상은 보관이 후보[後補]되었다는 점을 제외하면 보존 상태가 양호하고 조각도 우수하며 고려 후기 14세기 금동보살상의 특징을 잘 보여주고 있다.

보물 제1791호 **여주 신륵사 목조아미타여래삼존상 [驪州 神勒寺 木造阿彌陀如來三尊像]**

경기도 여주시 신륵사길 73 신륵사

이 목조아미타여래삼존상은 보살상의 보관과 대좌가 후보[後補]된 것을 제외하곤 보존 상태가 양호하다. 주존인 불상을 좌상으로 하고 협시상을 입상으로 한 구성은 고려시대부터 이어져 내려오던 전통이다. 불상의 눈언저리에 보이는 다크서클 같이 처리한 음영 기법이나 아랫 입술을 도톰하게 만들어 처지게 표현한 것 등은 조각승 인일과 수천의 조형 미감과 관련될 가능성이 있다.

보살상들은 조성발원문에 기록되어 있는 것과 같이 조선시대 1610년 조성되었다.

보물 제1792호
남양주 봉선사 비로자나삼신괘불도 [南楊州 奉先寺 毘盧遮那三身掛佛圖]

경기 남양주시 진전읍 봉선사길 32 봉선사

봉선사 비로자나삼신괘불도는 상부의 중앙에 비로자나불, 좌우에 석가불, 노사나불, 하단 좌우로는 6구의 보살과 범천 및 제석천, 10대 제자, 하단 중앙에는 주악천인과 용왕, 용녀 등을 배치하였다. 이 괘불도는 1735년 상궁 이성애가 숙종의 후궁인 영빈 김씨(1669~1735년)의 명복을 빌며 제작한 것이다. 맑은 담채의 황색과 청색, 양록색, 녹색, 하늘색 등 밝고 화사한 색이 굵고 대담하면서도 능숙한 묵선으로 묘사된 인물들의 움직임과 옷자락의 자연스러움이 전체적으로 잘 조화를 이루고 있다.

보물 제1793호 가평 현등사 동종 [加平 懸燈寺 銅鍾]

경기 가평군 하면 운악청계로 589번길 현등사

이 동종은 원래 현등사의 본사인 남양주 봉선사에 봉안되어 있었던 것인데, 일제강점기에 현재의 현등사로 옮겨온 것으로 알려져 있다. 이 종은 73.5cm의 아담한 크기로, 종신을 여러 개의 구획선으로 나누고 그 안에 연잎무늬, 당초무늬, 파도무늬 등을 화려하게 새겨 넣어 장식성을 강조한 범종이다. 용뉴는 쌍룡으로 조성하였다. 주종기는 광해군 11년(1619)에 천보가 짓고 새겼으며, 종을 만들게 된 연유, 종 제작에 사용된 재료의 양과 무게, 발원하는 내용, 참여한 사람 등을 질서 있게 적었다.

보물 제1794호 대불정여래밀인수증료의제보살만행수능엄경(언해) 권9 [大佛頂如來密因修證了義諸菩薩萬行首楞嚴經(諺解) 卷九]

경기 고양시 일산동구 동국로 137-48 원각사

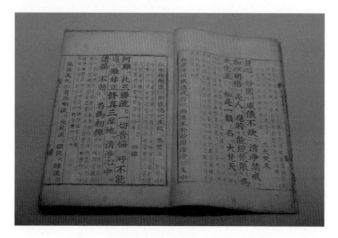

이 능엄경언해는 당나라의 반자밀제가 번역하고, 송나라의 계환이 해설한 것이다. 세종 31년(1449) 수양대군이 세종의 명에 따라 번역을 시작하였으나, 미루어졌다가 혜각존자 신미, 한계희, 김수온 등에게 국역과 교정을 명하여 세조 7년(1461)에 완성한 것이다.

인출은 세조 원년(1455) 강희안의 글씨를 자본으로 만든 을해자의 대자·중자·소자를 사용하고, 한글은 이 능엄경 국역본을 찍기 위해 새로 주조한 한글 활자를 사용하여 세조 7년(1462)에 이루어졌다.

보물 제1798호 남양주 흥국사 소조석가여래삼존좌상 [南楊州 興國寺 塑造釋迦如來三尊坐像]

경기 남양주시 별내동 2331 흥국사

남양주 흥국사 불상의 조성 시기는 발원문은 발견되지는 않아 정확한 연대는 알 수 없으나 1650년에 세 번째 중수된 기록과 중수 시 참여한 화원의 이름이 발견되어, 적어도 이보다는 훨씬 앞선 시기에 조성되었음을 알 수 있다. 석가여래삼존상과 16나한상은 이마가 넓고 턱이 좁은 역삼각형의 얼굴 형상에, 얼굴은 작고 늘씬한 신체비례를 보인다. 이러한 조형감은 조선전기 15세기 후반에서 16세기 초에 조성된 불상들과 양식적으로 상통하면서, 인물의 표현, 신체의 비례, 양감, 선 등에서 변화의 요소도 감지된다. 따라서 이 상들은 조선 전기 16세기 불교 조각사 연구 및 나한상 연구에 귀중한 자료로 판단된다.

보물 제1799호 합천 해인사 지장시왕도 [陜川 海印寺 地藏十王圖]

경상남도 합천군 해인사길 132-13 해인사

이 지장시왕도는 1739년에 대시주 처옥의 발원에 의해 수화원 혜식을 비롯한 6명의 화승이 관음전 불화로 조성하였다. 구도에서는 지장삼존과 시왕, 판관, 지옥사자, 선악동녀, 옥졸 등 31명에 달하는 인물들을 밀도 높게 표현하였다.

채색은 녹색과 적색을 중심으로 차분하면서도 안정된 색감을 느끼게 한다. 이 불화는 현존하는 명부전 지상보살도 가운데 비교적 이른 시기에 조성된 불화로, 18세기 전반 경상남북도 지역 불화 화풍을 잘 보여주고 있다.

보물 제1800호 보성 대원사 지장보살도 및 시왕도 일괄 [寶城 大原寺 地藏菩薩圖 및 十王圖 一括]

전남 보성군 죽산길 506-8 대원사

보성 대원사 지장보살도 및 시왕도 일괄
1 지장시왕도
2 복장 유물

이 지장보살도와 시왕도는 1766년 명부전 봉안용으로 조성된 불화로 18세기 호남 지역에서 활동하던 대표적 화승인 색민을 수화원으로 하여 제작되었다.

현재 국내에 남아 있는 조선 후기 명부전 불화 가운데 지장보살도와 시왕도, 사자도가 함께 남아있는 예가 거의 없고, 화면 구성이나 채색 등에서 18세기 불화의 특성을 잘 반영하고 있다. 또한, 각 그림마다 제작 시기와 봉안처 등을 기록한 화기가 남아 있어 당시 불화의 제작 상황을 살펴보는 데에 중요한 자료로 평가된다.

보물 제1801호 대구 보성선원 목조석가여래삼존좌상 및 복장유물 [大邱 寶聖禪院 木造釋迦如來三尊坐像 및 腹藏遺物]

대구광역시 달서구 송현로8안길 35 보성선원

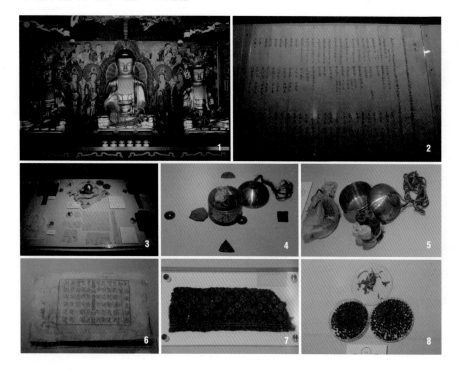

대구 보성선원 목조석가여래삼존좌상 및 복장유물은 삼존상과 함께 복장후령통, 조성발원문 등 조성 당시의 원형을 갖추고 있다. 특히 조성발원문을 통해 1647년이라는 정확한 조성 시기, 봉안사찰, 조성주체, 제작자 등을 알 수 있다. 삼존좌상에서 나온 복장 유물은 조성발원문을 비롯하여 후령통, 다라니, 약재류, 곡물류, 직물류 등이 석가여래, 문수, 보현보살에서 복장물이 발견되었다.

대구 보성선원 목조석가여래삼존좌상 및 복장유물

1 목조석가여래 삼존좌상[대구박물관 전시 사진 재촬영]

2 발원문

3 석가여래 복장유물

4 문수보살 복장유물

5 보현보살 복장유물

6 석가여래 다라니

7 직물류

8 약재 곡식류

보물 제1802호 대구 보성선원 목조석가여래삼존좌상 복장전적 [大邱 寶聖禪院 木造釋迦如來三尊坐像 腹藏典籍]

대구광역시 달서구 송현로8안길 35 보성선원

| 대불정여래밀인수증료의제보살만행수능엄경 언해 권5 | 금강반야바라밀경 | 인천안목 | 천태사교의집해 권하 |

불상에는 13종 73책의 전적류가 들어 있었는데 이 중 4책이 보물 제1802호로 지정되었다. 이 4책은 모두 조선 전기에 간행된 판본이다.

대불정여래밀인수증료의제보살만행수능엄경 언해 권5는 당나라의 반자밀제가 번역하고, 송나라의 계환이 해설한 것으로 을해자(乙亥字)를 사용하여 15세기에 간행되었다.

금강반야바라밀경은 세종 22년(1440)에 가평 화악산 영제암에서 판각된 목판본으로 끝 부분에 '정통5년경신(正統伍年庚申)'이라는 간기 및 시주자와 각수(刻手)의 명단이 표시되어 있다.

인천안목은 송나라 승려 회암, 지소가 당시 불교의 5개 종파 임제종, 위앙종, 조동종, 운문종, 법안종 등의 기본사상과 창시자의 행적과 법어를 요약, 정리한 것이다. 이 책은 조선 태조 4년(1395)에 무학대사에 의해 양주의 회암사에서 간행된 판본이다.

천태사교의집해 권하는 세조 10년(1464)에 간경도감에서 간행한 판본이다.

보물 제1803호 구리 태조 건원릉 신도비 [九里 太祖 健元陵 神道碑]

경기 구리시 동구릉로 197 동구릉

구리 태조 건원릉 신도비는 조선을 개국한 태조 이성계의 건국 과정을 비롯하여 생애와 업적 등을 기리기 위해 일대기를 새겨 넣은 비석이다. 이 신도비는 태종 9년(1409)에 세운 것으로 비신 및 귀부·이수가 양호하게 잘 보존되어 있는 조선 초기 신도비의 전형이다.

신도비의 비문은 권근이 짓고, 음기는 변계량이 지었으며, 비문의 글씨는 성석린이, 전액은 정구가 썼다.

건원릉의 신도비는 조선 건국 후 명나라의 석비 전통을 받아들여서 세운 신도비로, 고려시대 서비 조형을 탈피한 새로운 형식이며, 조선시대 석비의 기준작이 되고 있다. 비좌 부분은 새로 제작되었다.

보물 제1804호 서울 태종 헌릉 신도비 [서울 太宗 獻陵 神道碑]

서울 서초구 헌인릉길 34 헌인릉

서울 태종 헌릉 신도비는 태조의 다섯째 아들로 조선왕조 국기를 튼튼히 다졌던 제3대 임금 태종 이방원의 생애와 업적을 영원히 기리기 위해 세종 4년(1422)에 세운 것이다. 비문은 변계량이 지었고, 전액은 당대의 서예가 권홍이 썼으나, 비문의 서자는 밝혀지지 않았다.

태종 헌릉 신도비는 임진왜란으로 인해 귀부는 손상되었지만, 이수는 원형이 잘 보존되어 있어, 조선 초기 명나라의 석비 전통을 받아들이는 과정의 이수 양식을 연구하는데 기준작이 된다.

보물 제1805호 서울 세종 영릉 신도비 [서울 世宗 英陵 神道碑]

서울 동대문구 회기로 56 세종대왕기념관

서울 세종 영릉 신도비는 문종 2년(1452)에 세웠다. 비문은 훈민정음 창제에 크게 공헌했던 문신 정인지가 짓고, 세종대왕의 셋째 아들로 당대의 대표적 서예가였던 안평대군 이용이 글씨를 썼다.

비록 비신의 표면이 심하게 부식·박락되어 금석문의 내용을 거의 알아볼 수 없는 상태이지만 비문의 내용을 일부 파악할 수 있는 중요한 부분이 남아 있는 것만으로도 가치가 높다. 비신과 한 몸으로 제작된 이수는 원형을 거의 간직하고 있어, 조선 초기 왕의 신도비를 연구하는 데 중요한 자료가 되고 있다.

보물 제1807호 해남 대흥사 천불전 [海南 大興寺 千佛殿]

전남 해남군 대흥사길 400 대흥사

천불전은 과거, 현재, 미래에 어느 곳이나 부처님이 계신다는 의미에서 천불을 모시고 있는 전각이다. 왼쪽에는 봉향각이, 오른쪽에는 옛 강원이던 용화당이 마당을 둘러싸고 있어 독립된 공간을 구성하고 있다. 대웅전에 비하여 마당은 크지 않지만, 공간에 맞게 각 건물의 규모와 형식을 갖추었다.

정면 3칸, 측면 3칸의 규모로 지붕은 팔작지붕 공포는 다포 양식이다. 전형적인 조선 후기 건축물로 편액의 글씨는 당대의 명필 원교 이광사가 썼다.

보물 제1808호 남양주 수종사 팔각오층석탑 [南陽州 水鐘寺 八角五層石塔]

경기 남양주시 북한강로433번길 186 수종사

수종사 팔각오층석탑은 평창 월정사 팔각구층석탑(국보 제48호)이나 북한지역 묘향산 보현사 팔각십삼층석탑(북한 국보 문화유물 제144호)과 같은 고려시대 팔각석탑의 전통을 이은 조선 초기 석탑이다. 이 탑에서는 1957년 해체 수리를 할 때 여러 불상이 발굴되었는데, 성종의 후궁들이 홍치 6년(1493)에 납입했다고 하는 불상 2구와 인목대비의 발원으로 조성된 금동불과 보살상들, 숭정 원년(인조 6년, 1628)에 조각승 성인이 조성한 금동비로자나불좌상이 확인되었다. 이를 근거로 석탑 건립의 하한은 1493년이며 1628년에 중수된 것을 알 수 있다.

보물 제1811호 평창 상원사 목조문수보살좌상 및 복장유물 [平昌 上院寺 木造文殊菩薩坐像 및 腹藏遺物]

강원도 평창군 오대산로 산1211-92 상원사

상원사 보살상은 여의를 들고 있는 문수보살상으로 희귀한 예에 속한다. 또한, 지물뿐만 아니라 섬세한 보관도 조성 당시의 모습 그대로 남아 있다. 특히 안정감 있는 신체, 조용하면서도 중후한 느낌의 상호, 입체적이면서도 부드러운 선묘를 보여 조각적으로도 완성도가 높다.

이 불상은 회감이 조각하였는데 그는 17세기 인균과 함께 많은 불상을 제작했던 조각승이다. 발원문은 의천이 작성한 것인데 상원사의 세 번에 걸친 중창 내력과 성격, 문수보살상의 조성 과정 등을 상세히 밝히고 있다.

보물 제1813호 대구 용연사 목조아미타여래삼존좌상 및 복장유물 [大邱 龍淵寺 木造阿彌陀如來三尊坐像 및 腹藏遺物]

대구 달성군 용연사길 260 용연사

용연사 목조아미타여래삼존좌상 및 복장유물은 후령통을 비롯하여 조성발원문, 복장전적 등 조성 당시의 원형을 갖추고 있다.

조성발원문을 통해 1655년이라는 정확한 조성 시기, 봉안 사찰, 조성 주체, 제작자 등을 알 수 있기 때문에 17세기 불상 연구의 기준작이 된다. 또한, 1762년의 중수개금기까지 포함하고 있어 불상의 중수개금 연구에도 중요한 자료이다.

이 불상은 조각승 도우가 조성한 것이다.

보물 제1814호 대구 운흥사 목조아미타여래삼존좌상 [大邱 雲興寺 木造阿彌陀如來三尊坐像]

대구 달성군 헐티로 1068 운흥사

운흥사 목조아미타여래삼존좌상은 후령통, 조성발원문 등 복장 유물이 발견되었다. 조성발원문을 통해 조성 시기(1623), 봉안 사찰, 조성 주체, 제작자 등을 알 수 있다. 특히 대좌 아랫면에 벌목부터 불상 제작까지의 전 과정을 기록해 두고 있어 당시 불상 제작 과정을 이해할 수 있는 자료이다.

지금까지 밝혀진 불상 가운데 도우가 수조각승으로 제작한 첫 작품으로, 17세기 조각승의 계보, 작품 활동 및 화풍 전승 관계를 살필 수 있는 자료로 판단된다.

보물 제1816호 창녕 관룡사 대웅전 관음보살 벽화 [昌寧 觀龍寺 大雄殿 觀音菩薩 壁畵]

경남 창녕군 창녕읍 화왕산관룡사길 171 관룡사

작은사진: 벽화 좌측 하단의 선재동자

창녕 관룡사 대웅전 관음보살 벽화는 보타락가산에서 설법하는 관음보살을 선재동재가 방문하여 법을 청하는 장면을 그린 것으로, 벽면 전체에 관음보살을 채워 크게 부각시켜 그렸다. 여러 차례 중수를 거치면서 보채가 이루어졌지만, 좌우로 넓게 퍼진 보관과 영락장식, 옅은 수묵으로 그린 기암괴석과 대나무 표현, 버들가지가 꽂힌 정병의 모습, 유희좌[遊戲座]로 단정하게 앉은 보살의 자세 등에서 조선 후기 18세기 불화의 특징을 잘 볼 수 있다. 관음보살의 주처 보타락가산을 표현하면서도 특징적인 물가 표현을 하지 않은 것 등은 다른 후불벽 관음보살도에서 볼 수 없는 독특한 특징이다.

보물 제1817호 청도 운문사 대웅보전 관음보살 · 달마대사 벽화 [淸道 雲門寺 大雄寶殿 觀音菩薩 · 達摩大師 壁畵]

경북 청도군 운문면 운문사길 264 운문사

청도 운문사 대웅보전 관음보살 · 달마대사 벽화는 거대한 흙벽의 화면에 높고 험준한 바위산을 배경으로 온화하고 화려한 관음보살과 호방하고 대담한 달마대사를 조화롭게 그렸다. 한 화면에 관음과 달마를 나란히 표현한 벽화의 유일한 사례이다. 관음보살의 보관 표현과 선재동자의 복식 표현은 1628년의 칠장사 오불회괘불탱 및 17세기 후반경의 여수 흥국사 대웅전 관음벽화의 선재동자와 비슷하고, 이후 18세기 전반경 의겸 계통의 관음보살도와는 차이를 보이고 있어서 17세기 후반에서 18세기 초반경의 불화양식을 보여주는 자료로서 가치가 큰 것으로 평가된다.

보물 제1819호 서울 봉은사 목조석가여래삼불좌상 [서울 奉恩寺 木造釋迦如來三佛坐像]

서울 강남구 봉은사로 531 봉은사

서울 봉은사 목조석가여래삼불좌상은 조선 후기 1651년 조성하였으나, 1765년의 개금발원문을 통해 1689년에 화재로 본존 석가상은 소실되어 새로 조성했음을 알 수 있다. 승일이 제작한 본존 석가상은 좌우협시상에 비해 30cm 정도 크나, 옷의 형태와 수인 등은 17세기 중엽의 불상 양식을 따르고 있다. 화재로 새로 제작한 본존 석가불상은 좌우의 아미타불, 약사불과는 다른 조각가에 의해 제작되었지만, 조각적으로 우수하고 발원문과 개금문을 통해서 시주자, 조각을 담당했던 조각승들을 알 수 있다.

보물 제1820호 서울 옥천암 마애보살좌상 [서울 玉泉庵 磨崖菩薩坐像]

서울 서대문구 홍지문길 1-38 옥천암

서울 옥천암 마애보살좌상은 5m가 넘는 대형의 마애상으로 상 전면에 흰색 호분이 칠해져 있어 일반적으로 보도각 백불 또는 백의관음으로 불렸다. 이 마애보살좌상에 관해서 성현(1439~1504)의 '용재총화'에 정확히 기록하고 있는 것이 확인된다.

마애보살좌상의 상호는 사실적이고, 수인의 형태도 유려하며, 어깨에 드리워진 천의와 가슴에 대각선으로 걸쳐있는 넓은 띠주름도 유연하게 흘러내려 훌륭한 조각 표현을 보여준다. 고려 후기 조각의 특징을 잘 보여주면서 보존 상태도 양호하다.

보물 제1821호 서울 청룡사 석조지장보살삼존상 및 시왕상 일괄 [서울 靑龍寺 石造地藏菩薩三尊像 및 十王像 一括]

서울 종로구 동망산길 65 청룡사

서울 청룡사 석조지장보살삼존상 및 시왕상 일괄

시왕상 및 권속

서울 청룡사 석조지장보살삼존상 및 시왕상은 지장보살삼존상을 중심으로 시왕상 10점과 귀왕 2점, 판관 2점, 사자 2점, 동자상 1점, 장군상 2점이 잘 남아 있다. 승일이 수조각승으로 제작한 상들로 지장보살상의 높이가 92cm이다. 커다란 두부에 비해서 체구는 약간 움츠려 있는데 석조라는 재료상의 제약에 의한 것으로 보인다.

이 상들은 전체적인 구성이 거의 완전하고 보존 상태가 양호하다. 발원문에 의하면 현종 1년(1660) 조각승 승일, 변수, 성조 등에 의해 제작되었다.

보물 제1822호 서울 화계사 목조지장보살삼존상 및 시왕상 일괄 [서울 華溪寺 木造地藏菩薩三尊像 및 十王像 一括]

서울 강북구 화계사길 117 화계사

서울 화계사 목조지장보살삼존상 및 시왕상은 지장보살, 도명존자, 무독귀왕의 지장삼존상과 시왕, 판관, 사자, 동자, 인왕 등 총 25점으로 이루어져 있다. 모든 존상이 주존 지장보살상과 동일한 조각 양식을 갖고 있어 조각승 영철 등에 의해 조성된 것으로 판단된다. 비록 일부 동자상을 잃었지만, 명부전 내부의 주요 존상들은 대부분 남아있어 조선 후기 명부전의 구성을 잘 보여주는 예이다. 뛰어난 작품성과 함께 기록이 전해지고 있어 조성 연대, 조각가 및 봉안 사찰과 이안 사찰 등에 관해 알 수 있다.

보물 제1823호 농경문 청동기 [農耕文 靑銅器]

서울 용산구 서빙고로 137 국립중앙박물관

농경문 청동기는 한 면에 밭을 일구는
남성과 새 잡는 여성, 다른 한 면에는 나
뭇가지 위에 새가 앉아 있는 장면을 새
긴, 청동 의기[儀器]로 추정되는 유물이
다. 하반부가 결실되었으나 같은 시기의
다른 청동기와 달리 당대의 생업과 신앙
을 생생하게 보여준다는 점에서 문화사
적 가치가 높다. 농경문 청동기의 주문양

은 음각으로 새겼고 각 면의 테두리 문양 등은 양각으로 새기고 있어 고리를 매단 방식과 함께 상당히 복잡한 주조법으로 제작되었음을
추정할 수 있다. 농경문 청동기는 앞선 청동주조 기술을 바탕으로 기존의 청동기에서는 볼 수 없는 생생한 문화상을 표현하고 있다.

보물 제1824호 기장 장안사 석조석가여래삼불좌상 [機張 長安寺 石造釋迦如來三佛坐像]

부산 기장군 장안읍 장안로 482 장

기장 장안사 석조석가여래삼불좌상은 17세기 중엽 경에 활약
한 녹원이 수조각승을 맡아 제작한 작품이다. 이 불상은 보물 제
1606호 칠곡 송림사 석조아미타여래삼존좌상(1655), 양산 원효
암 석조약사여래좌상(1648)과 마찬가지로 불석[沸石]으로 만든
것으로, 불석제 불상 중 비교적 이른 시기에 제작되었다. 발원문
에 의하면 효종 10년(1659) 녹원, 명준, 학륜, 각인 등에 의해 제
작되었다.

보물 제1825호 의성 만취당 [義城 晩翠堂]

경북 의성군 점곡면 사촌리 207

의성 만취당
2014년 복원공사 모습

만취당은 퇴계의 제자 김사원(1539~1601)이 학문을 닦고 후
진을 양성하기 위해 세운 건물로 이곳을 찾은 온계 이해, 서애
류성룡 등 많은 인사의 시문이 남아 있다. 현판은 석봉 한호의
친필이다. 건립 연대는 만취당 중수기문에 선조 15년(1582)에
짓기 시작하여 1584년에 완공하였다고 적고 있다.

보물 제1832호 인제 봉정암 오층석탑 [麟蹄 鳳頂庵 五層石塔]

강원 인제군 북면 용대리 산77 봉정암

봉정암 오층석탑은 자연 암반을 기단으로 삼아 조성된 봉정암의 경내에 있는 높이 3.6m 규모의 석탑이다. 한용운이 쓴 '백담사사적기'(1923)에 수록된 '봉정암중수기'(1781)에 따르면 지장 율사가 당에서 얻은 석가불의 사리 7과가 이 탑에 봉안되었다고 기록되어 있다. 이를 근거로 봉정암은 통도사, 상원사, 정암사, 법흥사와 함께 진신사리가 봉안되어 있는 5대 '적멸보궁'의 하나로 인식되어 오고 있다. 그러나 탑의 전체적 양식으로 보아 고려후기 석탑으로 추정된다.

보물 제1836호 초조본 불정최승다라니경 [初雕本 佛頂最勝陁羅尼經]

서울 관악구 남부순환로 152길 호림박물관

불정최승다라니경은 당나라의 삼장 지파가나(613~687)가 한역한 불경으로, 조사본 '불정최승다라니경'은 송의 개보판대장경을 저본으로 하여 12세기 무렵에 간행된 초조대장경본으로 추정된다.

권수에 영순[永淳] 원년(682) 5월 23일에 사문 언종이 지은 서문이 있고 이어 '불정최승다라니경'의 경명과 역자 사항에 이어 경문이 계속되고 있다. 본서는 초조대장경으로 현재 전하는 것이 없는 유일본이다. 또한, 초조대장경의 다양한 장차표시[張次表示]의 형식을 확인할 수 있는 자료로서 중요한 가치를 지니고 있다.

보물 제1837호 초조본 불설문수사리일백팔명범찬 [初雕本 佛說文殊師利一百八名梵讚]

서울 관악구 남부순환로 152길 호림박물관

불설문수사리일백팔명범찬은 송의 법천(?~1001)이 990년 무렵에 한역한 것으로 108가지의 이름으로 문수사리를 찬양한 전체 19편의 약 900자에 불과한 경전이다. 개개의 범찬[梵讚]은 4구로 구성되어 있고 모두 범어를 음역하였다. 본서는 초조대장경으로 현재 전하는 것이 없는 유일본이다. 또한, 권말에 기록된 증의[證義], 필수[筆授], 철문[綴文], 증범문[證梵文], 증범의[證梵義], 윤문[潤文] 등 역경과 관련된 참여자 명단 등 초조대장경의 간행과 관련된 여러 사실을 확인할 수 있는 귀중한 자료이다

보물 제1838호 초조본 법원주림 권82 [初雕本 法苑珠林 卷八十二]

서울 관악구 남부순환로 152길 호림박물관

초조본 법원주림 권말[卷末]

법원주림은 당의 도세[道世(?~683)]가 불교에 관한 여러 가지 자료를 집대성한 백과 사전으로 분량이 방대하고 다양한 자료를 수록한 불서이다. 조사본 '법원주림'은 모두 100권 중 제82권에 해당하는 것으로 보시 · 지계 · 인욕 · 정진 · 선정 · 지혜 등의 육도편 중에서 지계와 인욕에 관한 내용이 수록되어 있는 초조대장경의 추조본이다. 본서는 초 조대장경의 조조[雕造]가 일단락된 선종 4년(1087) 이후에 대각국사 의천이 수집 · 편찬 한 '신편제종교장총록'에 수록된 불전이 추조[追雕]되어 초조대장경에 편입된 사례를 보 여주는 귀중한 자료이다.

보물 제1840호 청송 보광사 극락전 [靑松 普光寺 極樂殿]

경북 청송군 청송읍 덕리 429

극락전 내부

보광사는 신라 문무왕 12년(672) 의상 대사가 세웠다는 설과 조선 세종의 비 소 헌왕후의 조상 묘를 수호하기 위해 세웠 다는 설이 전하는 절이다. 극락전은 세종 10년(1428)에 지었다고 추정하지만 지금 있는 건물은 조선 후기에 다시 지은 것으 로 보인다. 정면 3칸, 측면 3칸 규모로 지 붕은 맞배지붕이고 공포 양식은 다포식 이다.

좌우 끝 칸에는 띠살무늬 창을 달았고 가운데는 8각 모양으로 꾸민 여닫이문을 달아 주택 건축에서 주로 쓰는 창살을 연 상하게 한다.

보물 제1842호 익산 관음사 목조보살입상 [益山 觀音寺 木造菩薩立像]

전북 익산시 갈산동 31-9 관음사

이 익삭 관음사 목조보살입상의 복장에서 발견된 발원문에서 임진왜란과 정유재란을 겪은 이후 황폐해진 사찰을 재건해 가는 일련의 과정을 상세히 전하고 있다.

이 불상을 조성한 원오는 1599년에 상원사 목조문수동자좌상(국보 제221호)을 개금한 수조각승으로, 16세기 후반에서 17세기 전반까지 활약한 중요한 인물이다. 보살상은 부드럽고 사실적인 조각 기법을 바탕으로 한 안정된 조형감을 보여 주고 있다. 또한, 17세기 조각의 첫 장을 장식하는 작품이며, 조선 후기 조각의 조형이 된다는 점에서 큰 의의가 있다.

오른손의 연꽃과 연잎, 왼손의 정병

보물 제1843호 강진 정수사 석가여래삼불좌상 [康津 淨水寺 釋迦如來三佛坐像]

전남 강진군 대구면 용운리 산26

정수사의 대웅전에 봉안된 석가여래삼불좌상은 조선시대에 정수사에서 조성되어 현재까지 원위치에서 보존되어 오고 있다. 석가여래삼불좌상은 대좌 윗면의 불상 받침 부분에 기록된 묵서 조상기 내용에 따르면 제작 시기와 중수 또는 중수 개금 시기가 조금씩 시차를 두고 이루어졌음을 알 수 있다.

임진왜란 이전인 1561년에 조성된 향좌상이나 1644년에 조성된 본존상과 향우상은 조상기를 통해 불상의 제작연대와 제작자 등을 명확하게 알 수 있으며, 각 시기의 양식을 잘 보여주고 있다.

보물 제1844호 경주 월지 금동촉협 [慶州 月池 金銅燭鋏]

경북 경주시 일정로 186 국립경주박물관

경주 월지 금동촉협은 월지[月池]에서 출토된 생활 금속 공예품 가운데 하나로서 일반적인 가위와 달리 초심지를 자르는 특수한 형태의 심지 가위로서 전면에 새겨진 섬세한 어자문을 통해 통일신라 전성기인 8세기에 제작된 작품으로 추정된다. 이 가위는 명확한 출토지, 당초문을 입체화시킨 조형성과 독창성, 동판재를 단조한 성형 기법 등 통일신라시대 금속 공예의 특징을 잘 보여주고 있다. 또한, 일본 정창원 소장 금동 가위의 생산지를 밝혀준 근거 유물로서 가치가 있다.

보물 제1845호 부여 사택지적비 [扶餘 砂宅智積碑]

충남 부여군 부여읍 금성로 5 국립부여박물관

사택지적비는 부여 부소산 남쪽에서 발견된 백제 대신 사택지적의 비석으로 잘 다듬어진 화강암으로 만들어져 있다. 비석의 왼쪽은 깨진 상태이며 오른쪽 면 윗부분에는 원안에 삼족오 무늬를 새긴 후 붉은 칠을 하였고 비면에는 4행의 글이 새겨져 있다. 비문의 갑인년은 의자왕 14년(654)이며, 사택지적은 오늘날 국무총리에 해당하는 대좌평을 지낸 인물이다. 비문의 내용은 당탑을 세운 동기와 인생의 무상함을 시처럼 표현하였는데 비문을 통하여 백제 말기 귀족 문화를 엿볼 수 있다.

보물 제1846호 대방광불화엄경 정원본 권8 [大方廣佛華嚴經 貞元本 卷八]

서울 관악구 남부순환로길 53 호림박물관

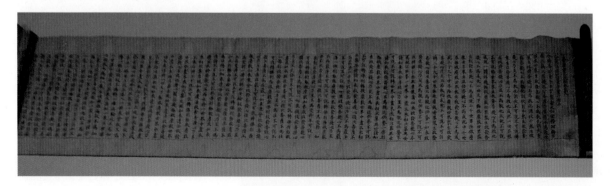

한문으로 번역된 대방광불화엄경 중 40권본을 정원본[貞元本]이라 부르는데, 정원본은 60권의 진본[晉本]과 80권의 주본[周本] 중에서 입법계품[入法界品]만을 번역한 것으로 세 종류의 화엄경 중 가장 늦게 한역되었다. 이 책은 정원본 중 8권으로 대방광불화엄경에 화[華]자가 아닌 화[花]를 쓴 것이 특이한데 이는 통일신라시대의 전통을 이은 것으로 보인다. 엄정한 자체와 인쇄 상태, 묵색, 종이의 상태 등 표제의 화[花]자로 보아 11세기 사찰에서 간행한 사간본으로 추정된다.

보물 제1847호 대방광불화엄경 주본 권34 [大方廣佛華嚴經 周本 卷三十四]

서울 관악구 남부순환로길 53 호림박물관

변상도 부분

대방광불화엄경 주본 권34는 권자장 1권으로 국보 제204호로 지정된 성암고서박물관 소장 주본 화엄경 권36과 같은 판본이다.

권수[卷首] 부분에 남아 있는 변상도는 국보 204호 변상도와 함께 얼마 남아 있지 않은 고려시대 판화로서 아주 귀중한 것이다. 따라서 이 경전은 변상도의 변천 과정과 고려시대 불교 미술사 연구에서도 중요한 자료이다. 또한, 자료 전체에는 각필로 기입한 고려시대 부호 구결[符號口訣]의 흔적이 잘 남아 있는데 이는 고대 국어사 연구와 구결 연구에 중요한 자료로서 가치를 지니고 있다.

대웅전의 공포 배열

보물 제1849호 남해 용문사 대웅전 [南海 龍門寺 大雄殿]

경남 남해군 이동면 용소리 868 용문사

용문사 대웅전은 정면 3칸, 측면 3칸 규모이며, 지붕은 팔작지붕 공포는 다포 양식이다. 다포계 팔작 건물로서는 기둥머리 공포의 크기가 비교적 커서 처마의 돌출이 심하고 지붕이 웅장하다. 처마 끝에 세운 활주도 자연스럽게 어울린다.

용문사 대웅전의 조성 시기는 중창 기록을 통해서 볼 때 조선 현종 7년(1666) 일향화상에 의해 건립되고 영조 47년(1773) 중수를 거쳐 오늘에 이르고 있다.

보물 제1850호 대구 파계사 원통전 [大邱 把溪寺 圓通殿]

대구 동구 중대동 7 파계사

원통전 내부 공포 배열

원통전은 정면 3칸, 측면 3칸 규모로 지붕은 맞배지붕, 공포는 다포 양식이다. 기단의 가구와 'ㄱ'자형 귀틀석의 모습 및 기법은 영주 부석사 무량수전과 유사한 것으로 보인다. 파계사 원통전은 상량문 묵서에 의해 1606년 중창되었음이 밝혀진 건물이다. 고식의 기단을 비롯한 17~18세기의 건물에서 나타나는 다포 양식의 맞배지붕 건물의 전형적인 공포 형식의 특징을 비교적 잘 간직하고 있다. 왕실의 원당임을 입증할 수 있는 각종 유물이 온전히 보전되어 있다.

논산 쌍계사 소조석가여래삼불좌상

1 약사여래상
2 석가여래상
3 아미타여래상

보물 제1851호 논산 쌍계사 소조석가여래삼불좌상 [論山 雙溪寺 塑造釋迦如來三佛坐像]

충남 논산시 양촌면 중산리 21 쌍계사

논산 쌍계사 소조석가여래삼불좌상은 조선 후기 17세기 초에 활약했던 조각승 원오가 1605년에 보조 조각승 신현, 청허, 신일, 희춘 네 명과 함께 제작한 상이다.

당시는 임진왜란 중에 피해가 컸던 여러 사찰의 중창이 곳곳에서 일어나던 시기였으므로 이때 쌍계사도 불전을 세우고 그 안에 석가, 아미타, 약사로 구성된 삼불상을 봉안했던 것으로 보인다.

남원 선원사 목조지장보살삼존상 및 소조시왕상 일괄 [南原 禪院寺 木造地藏菩薩三尊像 및 塑造十王像 一括]

전북 남원시 도통동 392-1 선원사

소조 시왕상

선원사 명부전 존상은 제작 시기가 1610년과 1646년의 두 시기로 나누어진다. 먼저 지
장보살상은 원오가 만력 39년(1610)에 수조각승을 맡아 청허 등 8명의 보조 조각승과 함
께 제작한 것이다. 같은 시기 제작된 무독귀왕과 시왕상 2구의 발원문에는 원오 앞에 인
관이라는 조각승의 이름이 있어 시왕상과 권속의 상 제작을 지휘했던 것으로 추측된다.
순치 3년(1646)에는 수조각승 도색이 6명의 보조조각승과 함께 태산대왕을 비롯한 귀왕,
사자, 동자상을 제작한 조성원문이 발견되었다. 이를 근거로 선원사 명부전 존상들의 제
작 시기는 1610년부터 1646년까지로 볼 수 있다.

완주 정수사 목조아미타여래삼존좌상 [完州 淨水寺 木造阿彌陀如來三尊坐像]

전북 완주군 상관면 마치리 137 정수사

완주 정수사 목조아미타여래삼존좌상
은 1910년경 전주 위봉사에서 이안했다
는 전언이 있으나 발원문에는 "전라도 전
주부○○[全羅道 全州府○○]"로만 기
록되어 정확하게 원 봉안처는 알 수 없고
전주 일대의 사찰에서 조성된 것으로만
추측될 뿐이다.

이 삼존불상은 순치 9년(1652)에 조각
승 무염이 수조각승을 맡아 여섯 명의 보
조 조각승을 이끌고 완성한 작품이다. 이
작품은 지금까지 알려진 무염 제작의 불
상들 가운데 매우 우수한 불상이다.

보물 제1859호 김천 직지사 대웅전 수미단 [金泉 直指寺 大雄殿 須彌壇]

경북 김천시 대항면 북암길 89 직지사

수미단의 중앙 부분

김천 직지사 대웅전 수미단은 '순치 팔년 신묘 사월[順治 八年 辛卯 四月 大雄殿 黃岳山 直指寺]'이라는 묵서기가 확인되었다. 순치 8년은 효종 2년(1651)에 해당하며, 대웅전의 중건과 함께 제작된 17세기 중반을 대표하는 목조 불단이다.

조선 후기 수미단에서 볼 수 없는 다양한 소재와 문양들을 디오라마식으로 장식한 점이라던가 내부에 조각된 고부조의 투각과 화려한 채색법을 통해 조선 후기 목공예의 진수를 보여주는 귀중한 자료로 평가된다.

보물 제1861호 보성 대원사 극락전 관음보살 · 달마대사 벽화 [寶城 大原寺 極樂殿 觀音菩薩 · 達摩大師 壁畵]

전남 보성군 죽산길 506-8 대원사

보성 대원사 극락전의 내부 동 · 서 측 벽에 큼직하게 그려진 관음보살 및 달마대사 벽화는 조선 후기 주불전 내부에 조성된 벽화 중 동 · 서 측면에 관음보살도와 달마도가 각각 독립된 존상으로 대칭을 이루며 배치되었다.

서벽에 그려진 관음보살 벽화는 기암괴석과 대나무를 배경으로 파도 위 연화대좌 위에 앉아있는 백의의 관음보살과 선재동자를 그렸는데, 선재동자가 관음보살의 뒤편에 서서 청조[靑鳥]를 안고 있는 특징 있는 도상을 보여준다.

동쪽 벽에 그려진 달마대사 벽화는 선종에서 즐겨 도상화 되었던 달마대사와 혜가단비의 고사를 그렸는데, 큼직하게 그려진 달마대사와 달리 혜가를 작게 그려 달마의 모습을 더욱 부각시켜 묘사하였다.

대원사 관음보살 · 달마대사 벽화는 운문사 관음보살 · 달마대사 벽화의 계보를 잇는 작품이자 18세기 중 · 후반 전라남도를 중심으로 활약했던 의겸의 계보를 잇는 의겸파의 특징을 잘 보여주는 작품이다.

보물 제1862호 여수 흥국사 대웅전 관음보살 벽화 [麗水 興國寺 大雄殿 觀音菩薩 壁畵]

전남 여수시 중흥동 17 흥국사

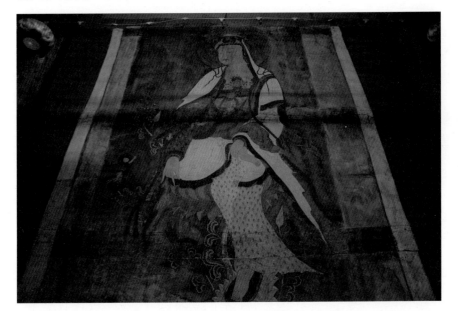

여수 흥국사 대웅전 관음보살 벽화
아래의 선재동자

여수 흥국사 대웅전 관음보살 벽화는 한지에 그려 벽에다 붙여 만든 첩부벽화이다. 첩부벽화는 미황사 천불도 벽화에서 보듯이 보통 천장의 장엄화나 대량의 별화에 사용되었으나, 후불벽 전면에 예불화로서 그려진 예로는 이 벽화가 유일하다.

이 벽화는 수화승 천신이 조성한 흥국사 대웅전 영산회상도(1693)와 유사하며, 특히 어깨의 보발 표현 및 선재동자의 착의 방식, 정병의 형태 등에서는 17세기 불화의 특징을 충실히 따르고 있다.

보물 제1863호 해남 대흥사 석가여래삼불좌상 [海南 大興寺 釋迦如來三佛坐像]

전남 해남군 삼산면 대흥사길 400 대흥사

석가여래삼불좌상은 임진왜란 당시 승군의 최고 지도자로 활약했던 서산대사의 의발[衣鉢]이 1606년에 봉안되고 6년 뒤에 이루어진 불사였다.

좌우협시 불상에서 발견된 소성복장기에는 1612년이라는 조성 시기와 불상 제작에 참여한 10명의 조각승, 그리고 불상 제작에 필요한 시주 물목이나 참여했던 380여 명의 사부대중을 모두 기록하고 있어 불상의 가치를 높여주고 있다. 특히 이 불상을 제작한 수조각승 태전은 그동안 금산사지[金山寺誌]의 기록으로만 확인되던 조각승인데, 이 삼불상도 태전의 작품으로 확인되었다.

경주 남산 창림사지 삼층석탑 [慶州 南山 昌林寺址 三層石塔]

경북 경주시 배동 산6-2

경주 남산 창림사지 삼층석탑
1 상층 기단의 팔부중상(서쪽면)
2 상층 기단의 팔부중상(북쪽면)

탑의 조성 시기는 이곳을 찾았던 추사 김정희가 사리공 속에서 발견된 '무구정탑원기'와 '무구정광대다라니'를 모사하였다. 그 중 무구정탑의 조성에 관한 사실이 기록되어 있어 신라 문성왕(844) 때로 추정하고 있으나 현재 이 기록에 대하여서는 다소 이견들이 있다.

석탑은 2층 기단 위로 3층의 탑신부를 조성한 전형적인 신라 3층 석탑의 모습으로 상부 기단 면석에는 팔부중상을 양각했으나 현재는 남면 1구, 서면 2구, 북면 1구만 남아있고 그 외 면석은 새로 교체하였다. 전체적으로 탑의 규모, 팔부중의 조각 수법 등 통일신라 석탑의 흐름을 살필 수 있는 자료이다.

포항 보경사 적광전 [浦項 寶鏡寺 寂光殿]

경북 포항시 북구 보경로 523 보경사

어칸 입구의 사자상

적광전은 정면 3칸, 측면 2칸 규모로 맞배지붕, 공포는 다포 양식이다. 전면 중심칸에는 사자를 조각한 신방목이 결구되어 있는데 보통 둥글게 만들어 태극문양 등을 새기는 데 비해 사자상의 조각이 정교하고 그 사례가 적다. 공포의 세부 형식에서 17세기기 말 다포계 공포의 특징을 잘 보여주며, 다포계인데도 우물반자를 설치하지 않고 연등천장으로 처리한 것도 특징적이다.

보물 제1869호 청자 상감운학문 매병 [靑磁 象嵌雲鶴文 梅瓶]
서울 용산구 서빙고로 137 국립중앙박물관

이 청자는 고려 중기에 제작된 매병으로, 기형, 유색, 문양, 번조상태, 보존상태 등 여러 방면에서 고루 우수한 면모를 갖춘 최상급의 청자로 평가된다. 이 매병의 가장 빼어난 점은 상감문양으로, 간결한 흑색 상감문으로 매병의 상단과 하단에 뇌문대를 돌린 다음, 나머지 여백에는 운학문을 상감하였다. 푸른 청자 바탕을 마치 창공인양 여기고, 몇 마리의 학과 몇 송이의 구름을 충분한 여백을 두고 드문드문 배치하여 극도로 시원하고 시정적인 문양 구성을 보여 주고 있다.

보물 제1870호 경주 황룡사 구층목탑 금동찰주본기 [慶州 皇龍寺 九層木塔 金銅刹柱本記]
경북 경주시 일정로 186 국립경주박물관

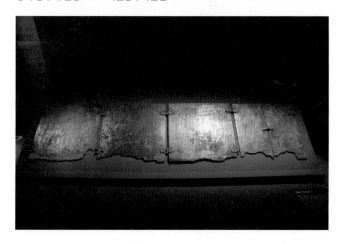

황룡사 찰주본기는 통일신라 경문왕 11년에 왕의 명에 의해 황룡사의 구층목탑을 중수하면서 기록한 실물자료로서, 구층목탑의 건립 과정과 중수 과정을 전하고 있다.

이 본기는 박거물이 찬하고 요극일이 썼으며 이를 승려인 총혜와 조박사 연전이 전각한 것이다. 특히 황룡사 목탑 건립과 관련하여 삼국사기나 삼국유사 등 후대의 사서 기록과 상호 비교 검토가 가능하다는 점에서 이 찰주본기는 매우 중요한 자료로 평가받고 있다.

보물 제1871호 동제염거화상탑지 [銅製廉巨和尚塔誌]
강원 춘천시 우석로 70 국립춘천박물관

이 동제염거화상탑지는 얇은 동판에 통일신라 선종의 승려인 염거화상이 844년에 입적한 내용을 기록한 해서체를 쌍구체 기법으로 전각한 것이다. 염거화상(?~844)은 진전사 원적선사 도의의 제자이다. 동판에 새겨진 탑지의 내용은 비록 소략하지만 단정한 글씨체는 당시의 서체 연구에 좋은 자료가 된다. 무엇보다 이 몇 줄의 명문을 통해 당대 최고의 고승인 염거의 행적이 밝혀졌을 뿐 아니라 우리나라 승탑의 효시가 되는 (전)원주 흥법사지 염거화상탑(국보 제104호)의 축조 시기를 규명하는 결정적인 자료라는 점에서 가치가 크다.

보물 제1872호 **전 회양 장연리 금동관음보살좌상 [傳 淮陽 長淵里 金銅觀音菩薩坐像]**
강원 춘천시 우석로 70 국립춘천박물관

이 금동관음보살좌상은 금강산(강원도 회양군 장연리)에서 출토한 것으로 전해지고 있으며 군데군데 도금이 벗겨지고 여기저기 푸른 녹이 슬은 부분이 있으나 전체적으로 보존 상태가 양호하다. 관음보살좌상에서 보이는 섬세하고 정교한 표현 기법은 중국 원대에 황실을 중심으로 성행했던 티베트 불교 미술의 요소가 많은 곳에서 드러나고 있다. 이와 같은 불교 조각의 영향이 고려말 조선초 조각에 영향을 주었을 것으로 생각된다.

보물 제1873호 **원주 학성동 철조약사여래좌상 [原州 鶴城洞 鐵造藥師如來坐像]**
강원 춘천시 우석로 70 국립춘천박물관

이 철조약사여래좌상은 일제강점기까지 강원도 원주시 학성동(읍옥평) 들판에 방치되어 있던 다섯 구의 철불 가운데 하나로 현재 국립춘천박물관에 전시 중이다. 불상은 전체높이 110cm로 등신대에 가깝고, 어깨는 둥글게 처진 모습이며, 신체 비례가 살아있는 사람과 흡사하다.

조형적으로 우수하고 보존 상태가 양호한 신라말 고려 초기의 불상으로 철불의 제작 기법뿐 아니라 당시 유행했던 약사여래의 도상을 알려주고 있다.

보물 제1874호 **순천 매곡동 석탑 청동불감 및 금동아미타여래삼존좌상 [順天 梅谷洞 石塔 靑銅佛龕 및 金銅阿彌陀如來三尊坐像]**
광주 북구 하서로 110 국립광주박물관

불감

불감 내부에 안치한 불상

발원문

이 삼존불은 아미타불, 관음보살, 지장보살로 이루어진 점과 지장보살상의 두건 표현 등 조선 전기 15세기적 특징을 보인다. 이는 발원문에 기록된 1468년이라는 제작 시기와도 부합된다. 불감은 탑에서 유출되면서 임의로 수리되어 완전한 상태는 아니나, 불감 안에 불상을 안치했을 경우 그 규격이 잘 맞고 전각형 불감이라는 형식적인 특징을 지니고 있다. 이 불감과 불상은 발원문을 통해 정확한 제작연대가 밝혀진 귀중한 작품이다.

서울 용산구 서빙고로 137 국립중앙박물관

정선 필 풍악도첩은 현재까지 알려진 정선의 작품 중 가장 이른 작품이다. 따라서 겸재의 진경산수화를 이해하는 데 있어 훌륭한 기준역할을 할 수 있다는 점에서 주목된다. 초기작이므로 일면 미숙한 부분도 엿보이긴 하지만, 풍악도첩에 수록된 그림들은 한결같이 화가 초창기의 활력과 열의로 가득 차 있다. 금강산을 처음 대하는 화가의 정서적 반응, 그리고 우리나라 산천을 앞에 두고 이에 가장 걸맞은 표현 방식을 모색해내려는 겸재의 진경산수화의 형성 과정이 잘 드러나 있는 작품이다.

금강내산총도

발문

피금정도

단발령망금강산도

장안사도

보덕굴도

불정대도

백천교도

해산정도

사선정도

문암관일출도

옹천도

총석정도

시중대도

보물 제1876호 완산부지도 [完山府地圖]

전북 전주시 완산구 쑥고개로 249 국립전주박물관

완산부지도는 조선 태조의 관향인 풍패지향이며 전라도 감영의 소재지였던 전주부를 10폭 병풍으로 제작한 지도이다. 제1폭에는 전주부의 건치연혁을 비롯하여 산천, 풍속 등 전주부의 지리를 지리지 형식으로 담고 있다. 제2~8폭에는 전주부 일대를 회화식으로 그렸다. 제2폭을 남쪽, 제8폭을 북쪽으로 배치하였다. 이와 같은 방위 배치는 전주부 지리의 구성을 병풍식 회화로 재현하기 위한 것으로 보인다.

그린 기량이 뛰어나 중앙에서 파견된 화사의 숙달된 솜씨로 추정된다. 제작 연대는 비록 19세기 후반으로 내려오지만 '전주'를 제대로 보여줄 수 있는 대표적인 회화식 지도이다.

보물 제1877호 봉화 태자사 낭공대사탑비 [奉化 太子寺 朗空大師塔碑]

서울 용산구 서빙고로 137 국립중앙박물관

앞면   뒷면

이 비는 신라말 고려초의 고승인 낭공대사 행적[行寂](832~916)의 탑비이다. 비문의 찬자는 당대 문장으로 평가받았던 최인연과 문하승인 석순백이다. 또한, 문하승인 승려 단목이 명필 김생의 행서 글씨를 집자하여 승려 숭태, 수규, 청직, 혜초 등이 새겨 광종 5년(954)에 세운 비이다.

이 비는 신라말 고려초의 고승인 낭공대사의 행적과 당시의 사회와 문화상을 고찰할 수 있는 구체적인 사실을 상세하게 기록하고 있어 역사적 가치가 뛰어난 자료이다.

서울 용산구 서빙고로 137 국립중앙박물관

경주 호우총 출토 청동 '광개토대왕'명 호우는 1946년에 발굴한 호우총(140호 고분)에서 출토된 유물이다.

명문은 그릇의 밑면에 4행 4자씩 총 16자 "을묘년국강상광개토지호태왕호우십[乙卯年國罡(岡)上廣開土地好太王壺杅十]"이 양각으로 돌출되었다. 명문 상단의 '#'의 표시는 다른 고구려 유물에서 간혹 등장하는 기호로서 어떤 상징적 의미를 지닌다고 알려졌지만 아직 명확히 규명되지 않았다. 이 명문을 통해 고구려의 그릇이 신라의 왕릉에까지 묻힌 사실을 파악할 수 있어 당시 신라와 고구려의 대외 교류나 정치적 관계를 살펴볼 수 있는 중요한 유물로 평가받고 있다.

보물 제1880호 청주 명암동 출토 '단산오옥'명 고려 먹 [淸州 明岩洞 出土 '丹山烏玉'銘 高麗 墨]

충북 청주시 상당구 명암로 143 국립청주박물관

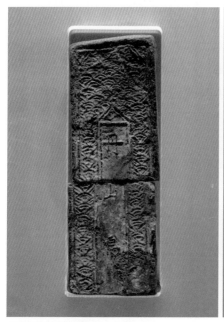

앞면의 '丹山烏' 명문 부분

뒷면의 용 문양

청주 상당구 명암동에서 출토된 이 먹은 명암동 1지구에서 발굴된 고려시대 목관묘에서 출토된 현존하는 가장 오래된 고려 먹이다. 출토 당시 이 먹은 피장자 머리맡 부근 철제가위 위에 두 토막이 난 채 놓여 있었는데, "단산오[丹山烏]"라는 글자가 쓰여 있고 '오[烏]'자 밑에 '일[一]'자 획이 보이는데, 이는 '옥[玉]'의 첫 획으로 먹을 갈아 사용하면서 닳고 남게 된 획으로 추정된다. 단산[丹山]은 단양의 옛 명칭이며, '오옥[烏玉]'은 먹의 별칭인 '오옥결[烏玉玦]'의 약칭이다. 즉 '단산오옥[丹山烏玉]'은 '단양 먹이라는 뜻이다.

보물 제1881호 **서울 창의문 [서울 彰義門]**

서울 종로구 부암동 260

창의문은 한양도성 사소문의 하나로 서북쪽에 있는 문이다. 조선 태조 5년(1396) 도성 축조 때 건립되어 숙정문과 함께 양주, 고양 방면으로 향하는 교통로였다. 태종 16년(1416) 풍수지리설에 의해 폐쇄하여 통행을 금지시키다가 중종 1년(1506)에 다시 문을 열어 통행하게 하였다. 임진왜란 때 문루가 불타 없어졌으나 영조 17년부터 영조 18년(1742)에 중건되었다. 한양도성의 4소문 가운데 유일하게 문루가 임란 이후 18세기에 중건되어 큰 변형 없이 남아 있다.

문루는 정면 3칸, 측면 2칸의 우진각 지붕이고, 여장은 총안이 없는 전돌로 축조되어 있다.

보물 제1882-2호 **고려 십육나한도(제15 아대다존자) [高麗 十六羅漢圖(第十五 阿代多尊者)]**

서울 용산구 서빙고로 137 국립중앙박물관

고려시대 나한신앙은 특정시기에 국한되지 않고 전 시기에 걸쳐 유행하였으나, 현재 불화로 남아 있는 고려 시대 16나한도는 제7 가리가존자도와 이 작품이 유일할 정도로 그 유례가 드물다.

화제란에는 묵서로 "제15 아대자존자[第十伍 阿代多尊者]"라고 적어 놓았으나, 무학대사의 의례집을 토대로 1809년에 영파성규[影波聖奎]가 다시 지은 오백성중청문[伍百聖衆請文]에는 "제15 아벌다존자[第十伍 阿伐多尊者]"라고 기록되어 있다. 이는 원래의 화제를 후대에 옮겨 쓰는 과정에서 생긴 오류라고 생각된다.

이 작품은 아대다존자와 그를 시봉하는 시자 2인을 그렸는데, 노존자는 죽절형 주장자에 몸을 의지하여 의자에 앉아 있는 모습이다. 득히 존자의 의자 밑에 자그맣게 묵서로 "혜간[惠間](또는 혜한[惠間])"이라고 작자명을 적어 놓았는데, 고려 16나한도와 오백나한도를 통틀어 작자명이 기록된 유일한 예이다. 현재 고려시대 13세기에 조성된 불화는 세계적으로 그 수가 많지 않고, 더구나 국내에 남아 있는 사례가 많지 않아 그 존재만으로도 중요한 의미와 가치를 지닌다고 할 수 있다.

보물 제1883호 **고려 오백나한도 [高麗 五百羅漢圖]**

서울 용산구 서빙고로 137 국립중앙박물관

제92 수대장존자

제125 전보장존자

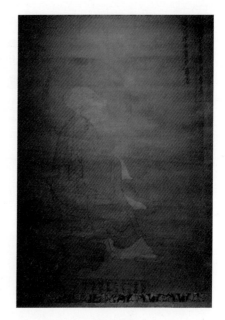

제145 희견존자

제170 혜군고존자

제357 의통존자

제427 원원만존자

　고려시대 나한신앙은 특정시기에 국한되지 않고 전 시기에 걸쳐 유행하였으나, 그 신앙의 내용을 불교회화라는 조형언어로 시각화한 것은 몇 폭밖에 전하지 않는다. 현재 국립중앙박물관에는 고려 오백나한도 중 제92 수대장존자, 제125 진보장존자, 제145 희견존자, 제170 혜군고존자, 제357 의통존자, 제427 원원만존자 등 6폭을 소장하고 있다.

　오백나한도는 남아 있는 화기 분석을 통해 1235년~1236년에 제작된 것으로 판단되며, 제작의 주관자는 김의인으로 확인된다. 크기는 대체로 세로 55~60cm 내외, 가로 35~40cm 내외로 비단 위에 그렸다.

고려 태조 담무갈보살 예배도

이 작품은 1307년 작가 노영이 흑칠한 나무바탕 위에 금니로 그린 금선묘[金線描] 불화이다. 정면에는 아미타여래를 중심으로 팔대보살을 표현하였고, 뒷면에는 고려 태조가 금강산 배재에서 담무갈보살에게 예경하였다는 이야기를 그렸다. 특히 고려 태조의 배재 이야기는 금강산 신앙과 깊은 관련이 있어, 당시 크게 유행했던 금강산 신앙의 한 단면을 엿볼 수 있다.

바닥 면에는 두 개의 촉을 달아 받침대에 꽂아 앞뒤의 불화를 예배할 수 있도록 만들었다.

중앙에 절하는 인물이 태조[우측에 太祖라 기록]

천은사 삼장보살도는 1776년에 천은사 극락전에 봉안하기 위해 제작된 삼장보살도이다. 불화의 제작에는 수화승 신암화련을 비롯하여 14명의 화승이 참여하였다. 화면의 중앙에는 천장보살과 권속을, 왼쪽에는 지지보살과 권속을, 오른쪽에는 지장보살과 권속을 나란히 배치하였다. 화면에 비하여 많은 권속을 표현하였지만 비교적 여유 있는 화면 구성을 보여주고 있다.

화기의 명칭에 의해볼 때 권속들의 명칭은 수륙재 의궤집인 '천지명왕수륙재의범음산보집'(1739년) 등에 근거하였음을 알 수 있다.

보물 제1891호 서울 흥천사 금동천수관음보살좌상 [서울 興天寺 金銅千手觀音菩薩坐像]

서울 성북구 흥천사길 29 흥천사

흥천사 금동천수관음보살좌상은 현재 국내에 현전하는 매우 희귀한 42수 천수관음상으로, 1894년에 작성된 '삼각산흥천사 사십이수관세음보살불량시주' 현판 기록을 통해 적어도 19세기 부터는 흥천사에 봉안되었던 것으로 보인다. 제작 연대는 정확하게 알 수는 없지만 얼굴 모습, 비례, 영락, 잘록한 허리 등의 형식 및 양식적인 특징에서 고려에서 조선 초에 걸쳐 제작된 것으로 추정된다. 천수관음 신앙은 통일신라 초에 관련 경전이 수용된 이후 천수관음보살좌상의 조성도 이루어진 것으로 보인다.

보물 제1895호 퇴계선생문집목판 [退溪先生文集木板]

경북 안동시 퇴계로 1997 한국국학진흥원

퇴계선생문집목판은 퇴계선생문집 초간본을 경자년(1600)에 인출한 목판이다. 퇴계선생문집은 원래 본집 목록 2권 2책, 본집 49권 25책, 별집 1권 1책, 외집 1권 1책, 연보 4권 2책 등 모두 57권 31책으로 구성되어 있으나, 이 목판의 본래 수량은 경자년 초간본 전질이 전래되지 않아 정확히 알 수 없는 실정이다.

이 경자년 초각의 퇴계선생문집목판은 경자년 초간본 퇴계선생문집[보물 제1894호]에 못지않게 판본학적으로 매우 귀중한 문화재이다.

원형 돌기둥(전면)　　　　원형 돌기둥(후면)

보물 제1896호 운수사 대웅전 [雲水寺 大雄殿]

부산 사상구 모라동 5 운수사

운수사 대웅전은 정면 3칸, 측면 3칸 규모로, 지붕은 맞배지붕, 공포는 주심포 양식이다. 건물 우주(가장자리 기둥)의 하부 1/2은 원형 돌기둥을 세워 목재 기둥을 받치고 있다. 이러한 예는 범어사 대웅전 등에서도 보이는데, 이는 부산 지역이 비와 태풍이 잦은 지역임을 특징적으로 보여주고 있다.

2013년 전면 해체 수리 때 종도리에서 발견된 2개의 묵서명에 1647년 공사를 시작하여 1655년 완공되었음이 기록되어, 부산 지역에서 현재 남아 있는 목조 건축물 가운데 가장 오래된 건축물임이 판명되었다.

보물 제1899호 은제도금화형탁잔 [銀製鍍金花形托盞]

서울 용산구 서빙고로 137 국립중앙박물관

은제도금화형탁잔은 은에 금을 입혀 만든 것으로 잔과 잔을 받치는 잔탁으로 구성되어 있다. 잔과 잔탁의 형태는 모두 6개의 꽃잎형으로 이루어져 있고, 몸체 안팎으로는 모란절지문, 꽃무늬, 연판문 등을 세밀하게 새겨 넣어 섬세함과 아름다움을 극대화하였다. 또한, 잔 받침대는 타출(打出)기법을 사용하여 정교함과 아름다움을 더 하였다.

이 탁잔은 고려 문벌귀족 문화가 화려하게 꽃피웠던 12~13세기의 금속공예 작품으로 고려 시대 뛰어난 작품의 하나로 평가된다.

보물 제1901호 조선왕조 의궤 [朝鮮王朝 儀軌]

서울 관악구 관악로 1 규장각한국학연구원 등

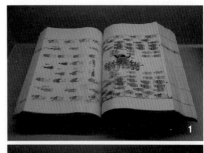

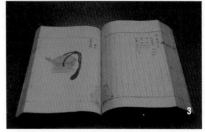

조선왕조 의궤

1 순종순명효황후가례도감의궤 [태백산사고본]
2 순종순정효황후가례도감의궤 [오대산사고본]
3 신정후효정후철인후고종명성후상존호도감의궤 [정족산사고본]
4 영조묘도감의궤 [좌측이 분상용의궤, 우측이 어람용의궤]

조선왕조 의궤는 조선 왕조에서 길례[吉禮] · 흉례[凶禮] · 군례[軍禮] · 빈례[賓禮] · 가례[嘉禮]를 비롯한 여러 대사를 치를 때 후세의 참고를 위하여 그와 관련된 내용을 글과 그림으로 자세하게 정리한 책이다. 의궤는 태조 때 최초로 편찬하기 시작하여 일제강점기까지 계속되었으나, 조선 전기 의궤는 임진왜란 때 대부분 소실되었고 현재 남아 있는 것은 모두 임진왜란 이후에 제작한 것이다.

조선왕조 의궤는 제작 방식에 따라 손으로 쓴 필사본과 활자로 찍어낸 활자본으로 구분되며, 열람자에 따라 임금이 보는 어람용과 춘추관 · 지방 사고 등에 보관하기 위한 분상용으로 나누어진다. 이번에 지정된 조선왕조 의궤는 1,757건 2,751책으로 일제강점기 이전에 제작된 것으로 중국 등 다른 나라에서는 발견되지 않는 조선만의 독특한 전통으로, 2007년에는 유네스코 세계기록유산으로 등재되었다.

보물 제1902호 제주향교 대성전 [濟州鄕校 大成殿]

제주 제주시 용담동 298

제주향교 대성전 내부

제주향교는 태조 3년(1394) 제주 관덕정에서 동쪽으로 약 400m 떨어진 곳에서 창건된 것으로 추정되며, 이후 5차례 자리를 옮겨 순조 27년(1827) 현 위치에 자리 잡았다.

제주향교는 애초 경사 지형에 맞추어 강학공간(명륜당)이 앞쪽에 있고 제향공간(대성전)이 뒤쪽에 자리한 '전학후묘'의 배치였으나, 1946년 제주중학교가 들어서면서 영역이 축소되고 명륜당이 대성전 남쪽에 신축되어 현재는 '좌묘우학'의 배치로 변경되었다. 규모는 정면 5칸, 측면 4칸, 공포는 익공양식이며, 지붕은 팔작지붕이다. 대성전은 1827년 이건 이후 현 위치를 유지하고 있으며, 제주 지역의 독특한 건축 요소들을 갖추고 있다.

보물 제1903호 고려 수월관음보살도 [高麗 水月觀音菩薩圖]

서울 관악구 남부순환로152길 53 호림박물관

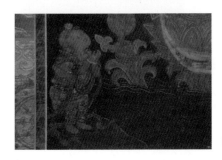

좌측 하단의 선재동자

고려 수월관음도화엄경의 입법계품[入法戒品]에 따라 이를 도상화 한 것이다. 선재동자가 깨달음을 얻기 위해 53명의 선지식을 찾아가는 남방순례 중 28번째 관음보살을 방문하여 법문을 청해 듣는 정경을 담았다. 이 그림은 일반적으로 고려 불화에 나타나는 특징을 두루 갖추고 있으며, 다른 수월관음도의 일반적인 형식과 양식을 따르고 있으나, 대개 수월관음이 염주를 오른손으로 들고 늘어뜨리는 것과는 달리 양손으로 쥐고 있는 점이 다르다. 그림은 관음보살과 선재동자라는 이야기의 두 주인공이 주된 내용을 이루고 있다.

보물 제1904호 김천 갈항사지 동 · 서 삼층석탑 출토 사리장엄구 [金泉 葛項寺址 東 · 西 三層石塔 出土 舍利莊嚴具]

대구 수성구 청호로 321 국립대구박물관

동탑의 사리장엄구   서탑의 사리장엄구

이 사리장엄구는 1916년에 갈항사 터의 동 · 서 삼층석탑을 경복궁으로 이건하던 중 발견되었다. 동탑의 상층기단 면석에 경덕왕 17년 (758) 언적법사와 그의 두 누이가 함께 발원하여 이 탑을 건립하였다는 사실이 적혀 있는데, 사리장엄구도 탑의 건립과 함께 봉안된 것으로 추정된다. 사리장엄구는 동탑과 서탑 모두 동제항아리 안에 금동병이 넣어진 상태로 기단 아래에 마련된 사리공에 안치되어 있었다. 그중 서탑에서 발견된 동제사리호는 뚜껑의 꼭지와 몸통의 두 귀를 청동 끈으로 연결하여 묶은 사리호로 9세기 이후 뼈항아리로 많이 사용된 연결고리 유개호와 관련된다는 점에서 중요하다. 두 탑의 사리병은 8세기대 동아시아에서 유행했던 병의 형태를 따르고 있다. 최근의 보존처리를 하면서 작은 크기의 금속제 병에서 준제진언[准提眞言] 다라니 1매가 발견되어 당시의 불교사 연구에도 중요한 자료를 제공하고 있다.

예천 야옹정
건물 내부 단청의 흔적

보물 제1917호 예천 야옹정 [醴泉 野翁亭]

경북 예천군 맛질길 55

야옹정은 임진왜란 전인 명종 2년 (1566) 권심언이 부친 야옹 권의(1475~ 1558)의 학덕을 추모하기 위해 건립한 정자이다. 야옹정은 처음 지을 때 모습이 거의 남아 있는데 특히 막새기와와 단청의 흔적이 고스란히 남아 있다.

전체적으로 정면 4칸 측면 4칸 규모의 丁자형의 평면으로, 좌측 3칸을 대청으로 꾸미고 우측에는 온돌방을 두었다. 지붕은 팔작지붕, 공포는 익공 양식이다. 임진왜란 이전에 지어진 몇 안 되는 귀중한 건축물이다.

보물 제1918호 고창 문수사 목조석가여래삼불좌상 [高敞 文殊寺 木造釋迦如來三佛坐像]
전북 고수면 칠성길 135 문수사

고창 문수사 목조석가여래삼불좌상은 중앙에 석가여래를 중앙에 두고 좌우에 약사여래와 아미타여래를 배치한 삼불형식이다. 삼불형식은 임진왜란·정유재란 이후 황폐해진 불교를 재건하는 과정에서 신앙적으로 크게 유행하였다. 이 삼불좌상은 1654년에 벽암각성의 문도들이 주축이 되어 수조각승 해심을 비롯한 15인의 조각승이 참여하여 만들었다. 불상은 양감이 강조된 인간적인 얼굴과 옷주름의 표현 등 조선 후기 불교 조각의 특징을 잘 나타내고 있다.

보물 제1919호 봉화 청량사 건칠약사여래좌상 [奉化 淸凉寺 乾漆藥師如來坐像]
경북 봉화군 청량산길 199-152 청량사

봉화 청량사 건칠약사여래좌상은 흙으로 형태를 만든 뒤 그 위에 삼베를 입히고 칠을 바르고 말리는 과정을 반복해서 일정한 두께를 얻은 후 조각하여 만든 건칠불상이다. 이 불상에서 보이는 엄숙한 상호, 균형 잡힌 형태, 절제된 선은 석굴암 본존불 등 통일신라 전성기 불상의 양식 계통을 따르고 있다. 불상에 대한 방사선 탄소연대 측정 결과는 기원후 770~945년경으로 도출되었다. 따라서 이 불상은 이르면 8세기 후반, 늦어도 10세기 전반에는 제작되었을 것으로 추정된다.

보물 제1920호 고창 문수사 목조지장보살좌상 및 시왕상 일괄[高敞 文殊寺 木造地藏菩薩坐像 및 十王像 一括]
전북 고수면 칠성길 135 문수사

지장보살좌상과 명부 시왕상으로 구성되어 있다. 제8 평등대왕상에서 발견된 '조성발원문'에는 1654년 당시 불교계를 대표했던 벽암각성의

문도들이 불사를 주도했음을 밝히고 있다. 조각승은 대웅전 석가여래삼불좌상을 만들었던 해심 등 15인의 조각승이 모두 참여하였다.

본존인 지장보살상은 통통한 얼굴과 아담한 형태미가 두드러지며, 시왕상은 지옥중생을 심판하는 사실적인 연출과 함께 고색 찬연한 채색이 돋보이는 17세기 중엽경의 대표적인 명부조각이다.

보물 제1922호 부산 복천동 출토 금동관 [釜山 福泉洞 出土 金銅冠]

경남 김해시 가야의길 190 국립김해박물관

복천동에서 출토된 이 금동관은 현재 신라권에서 출토된 관 가운데에서는 매우 이례적인 형태이다. 이 금동관은 5~6세기 신라 경주를 중심으로 한 출자형[出字形] 금관과는 달리 대륜[臺輪: 관의 둥근 밑동 부분]에 나뭇가지 모양의 입식[立飾 : 대륜 위에 세운 장식]이 연결되어 있다. 이는 부산 동래 지역의 고유한 형태를 반영한 것으로 보인다. 그밖에 입식 끝이 하향하고 있는 점, 대륜에 물결무늬를 그려 넣은 부분, 혁대를 조여 관을 쓰는 장치가 있는 점 등은 5~6세기 신라관의 계보와 가야의 관을 이해하는 데 중요한 자료이다.

보물 제1923호 정조 어찰첩 [正祖 御札牒]

케이옥션

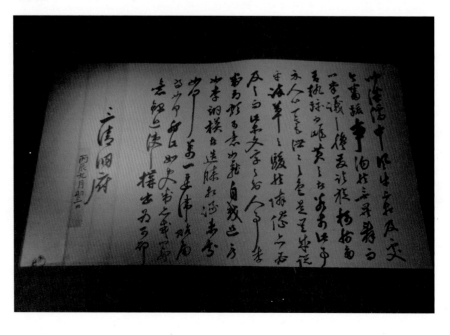

정조 어찰첩은 정조가 1796~1800년까지 4년간 좌의정 등을 역임한 심환지에게 보낸 어찰로 300통에 달하는 다양한 내용의 어찰이 날짜순으로 6첩 장첩되어 있다. 이 어찰의 내용은 대부분 정사와 관련된 것으로 긴급한 사안에 대해서는 지질이나 격식을 따지지 않았으며, 문체나 표현도 한글과 이두식 표현, 속담과 구어 등 실용적 문체를 구사하였다. 이 어찰은 당시의 정치적 상황을 이해할 수 있는 귀중한 사료이며, 나아가 조선 시대 서간문의 형식을 연구하는 데도 도움이 되는 자료이다.

국보 · 보물
목록

2016년 12월 20일 현재

우리나라 국보 문화재 목록

지정번호	문화재 명칭	답사	문화재 소재지
국보 제1호	서울 숭례문	☆	서울 중구 세종대로 40
국보 제2호	서울 원각사지 십층석탑	☆	서울 종로구 종로 99 탑골공원
국보 제3호	서울 북한산 신라 진흥왕 순수비	☆	서울 용산구 서빙고로 137 국립중앙박물관
국보 제4호	여주 고달사지 승탑	☆	경기 여주군 북내면 상교리 411-1
국보 제5호	보은 법주사 쌍사자 석등	☆	충북 보은군 속리산면 법주사로 379 법주사
국보 제6호	충주 탑평리 칠층석탑	☆	충북 충주시 가금면 탑평리 11
국보 제7호	천안 봉선홍경사 갈기비	☆	충남 천안시 서북구 성환읍 대홍3길 77-48
국보 제8호	보령 성주사지 낭혜화상탑비	☆	충남 보령시 성주면 성주리 80-4
국보 제9호	부여 정림사지 오층석탑	☆	충남 부여군 부여읍 동남리 254
국보 제10호	남원 실상사 백장암 삼층석탑	☆	전북 남원시 산내면 대정리 975 백장암
국보 제11호	익산 미륵사지 석탑	☆	전북 익산시 금마면 기양리 97
국보 제12호	구례 화엄사 각황전 앞 석등	☆	전남 구례군 마산면 화엄사로 539 화엄사
국보 제13호	강진 무위사 극락보전	☆	전남 강진군 성전면 무위사로 308 무위사
국보 제14호	영천 은해사 거조암 영산전	☆	경북 영천시 청통면 거조길 400 거조암
국보 제15호	안동 봉정사 극락전	☆	경북 안동시 서후면 봉정사길 222 봉정사
국보 제16호	안동 법흥사지 칠층전탑	☆	경북 안동시 법흥동 8-1
국보 제17호	영주 부석사 무량수전 앞 석등	☆	경북 영주시 부석면 부석사로 345 부석사
국보 제18호	영주 부석사 무량수전	☆	경북 영주시 부석면 부석사로 345 부석사
국보 제19호	영주 부석사 조사당	☆	경북 영주시 부석면 부석사로 345 부석사
국보 제20호	경주 불국사 다보탑	☆	경북 경주시 불국로 385 불국사
국보 제21호	경주 불국사 삼층석탑	☆	경북 경주시 불국로 385 불국사
국보 제22호	경주 불국사 연화교 및 칠보교	☆	경북 경주시 불국로 385 불국사
국보 제23호	경주 불국사 청운교 및 백운교	☆	경북 경주시 불국로 385 불국사
국보 제24호	경주 석굴암 석굴	☆	경북 경주시 불국로 873-243 석굴암
국보 제25호	경주 태종무열왕릉비	☆	경북 경주시 서악동 844-1
국보 제26호	경주 불국사 금동비로자나불좌상	☆	경북 경주시 진현동 15 불국사
국보 제27호	경주 불국사 금동아미타여래좌상	☆	경북 경주시 진현동 15 불국사
국보 제28호	경주 백률사 금동약사여래입상	☆	경북 경주시 일정로 186 국립경주박물관
국보 제29호	성덕대왕신종	☆	경북 경주시 일정로 186 국립경주박물관
국보 제30호	경주 분황사 모전석탑	☆	경북 경주시 분황로 94-11 분황사
국보 제31호	경주 첨성대	☆	경북 경주시 인왕동 839-1
국보 제32호	합천 해인사 대장경판	☆	경남 합천군 가야면 해인사길 122 해인사
국보 제33호	창녕 신라 진흥왕 척경비	☆	경남 창녕군 창녕읍 교상리 28-1
국보 제34호	창녕 술정리 동 삼층석탑	☆	경남 창녕군 창녕읍 시장2길 37
국보 제35호	구례 화엄사 사사자 삼층석탑	☆	전남 구례군 마산면 화엄사로 539 화엄사

지정번호	문화재 명칭	답사	문화재 소재지
국보 제36호	상원사 동종	☆	강원 평창군 진부면 오대산로 1211-50 상원사
국보 제37호	경주 황복사지 삼층석탑	☆	경북 경주시 구황동 103
국보 제38호	경주 고선사지 삼층석탑	☆	경북 경주시 일정로 186 국립경주박물관
국보 제39호	경주 나원리 오층석탑	☆	경북 경주시 현곡면 라원리 676
국보 제40호	경주 정혜사지 십삼층석탑	☆	경북 경주시 안강읍 옥산리 1654
국보 제41호	청주 용두사지 철당간	☆	충북 청주시 상당구 남문로2가 48-19
국보 제42호	순천 송광사 목조삼존불감		전남 순천시 송광면 송광사안길 100 송광사
국보 제43호	혜심고신제서	☆	전남 순천시 송광면 송광사안길 100 송광사
국보 제44호	장흥 보림사 남·북 삼층석탑 및 석등	☆	전남 장흥군 유치면 봉덕리 45 보림사
국보 제45호	영주 부석사 소조여래좌상	☆	경북 영주시 부석면 부석사로 345 부석사
국보 제46호	부석사 조사당 벽화		경북 영주시 부석면 부석사로 345 부석사
국보 제47호	하동 쌍계사 진감선사탑비	☆	경남 하동군 화개면 쌍계사길 59 쌍계사
국보 제48호	평창 월정사 팔각 구층석탑	☆	강원 평창군 진부면 오대산로 374-8 월정사
국보 제49호	예산 수덕사 대웅전	☆	충남 예산군 덕산면 사천2길 79 수덕사
국보 제50호	영암 도갑사 해탈문	☆	전남 영암군 군서면 도갑사로 306 도갑사
국보 제51호	강릉 임영관 삼문	☆	강원 강릉시 임영로131번길 6
국보 제52호	합천 해인사 장경판전	☆	경남 합천군 가야면 해인사길 122 해인사
국보 제53호	구례 연곡사 동 승탑	☆	전남 구례군 토지면 피아골로 806-16 연곡사
국보 제54호	구례 연곡사 북 승탑	☆	전남 구례군 토지면 피아골로 806-16 연곡사
국보 제55호	보은 법주사 팔상전	☆	충북 보은군 속리산면 법주사로 379 법주사
국보 제56호	순천 송광사 국사전	☆	전남 순천시 송광면 송광사안길 100 송광사
국보 제57호	화순 쌍봉사 철감선사탑	☆	전남 화순군 이양면 증리 195-1 쌍봉사
국보 제58호	청양 장곡사 철조약사여래좌상 및 석조대좌	☆	충남 청양군 대치면 장곡리 14 장곡사
국보 제59호	원주 법천사지 지광국사탑비	☆	강원 원주시 부론면 법천리 산70
국보 제60호	청자 사자형개 향로	☆	서울 용산구 서빙고로 137 국립중앙박물관
국보 제61호	청자 어룡형 주자	☆	서울 용산구 서빙고로 137 국립중앙박물관
국보 제62호	김제 금산사 미륵전	☆	전북 김제시 금산면 모악15길 1 금산사
국보 제63호	철원 도피안사 철조비로자나불좌상	☆	강원 철원군 동송읍 도피동길 23
국보 제64호	보은 법주사 석련지	☆	충북 보은군 속리산면 법주사로 405-9 법주사
국보 제65호	청자 기린형개 향로		서울 성북구 성북로 102-11 간송미술관
국보 제66호	청자 상감연지원앙문 정병	☆	서울 성북구 성북로 102-11 간송미술관
국보 제67호	구례 화엄사 각황전	☆	전남 구례군 마산면 화엄사로 539 화엄사
국보 제68호	청자 상감운학문 매병	☆	서울 성북구 성북로 102-11 간송미술관
국보 제69호	심지백 개국원종공신녹권		부산 서구 구덕로 255 동아대학교
국보 제70호	훈민정음	☆	서울 성북구 성북로 102-11 간송미술관
국보 제71호	동국정운 권1, 6		서울 성북구 성북로 102-11 간송미술관
국보 제72호	금동계미명삼존불입상	☆	서울 성북구 성북로 102-11 간송미술관
국보 제73호	금동삼존불감		서울 성북구 성북로 102-11 간송미술관
국보 제74호	청자 압형 연적		서울 성북구 성북로 102-11 간송미술관

지정번호	문화재 명칭	답사	문화재 소재지
국보 제75호	표충사 청동은입사향완	☆	경남 밀양시 단장면 구천리 산31-2 표충사
국보 제76호	이순신 난중일기 및 서간첩 임진장초	☆	충남 아산시 염치읍 현충사길 48 현충사
국보 제77호	의성 탑리리 오층석탑	☆	경북 의성군 금성면 오층석탑길 5-3
국보 제78호	금동미륵보살반가사유상	☆	서울 용산구 서빙고로 137 국립중앙박물관
국보 제79호	경주 구황동 금제여래좌상	☆	서울 용산구 서빙고로 137 국립중앙박물관
국보 제80호	경주 구황동 금제여래입상	☆	서울 용산구 서빙고로 137 국립중앙박물관
국보 제81호	경주 감산사 석조미륵보살입상	☆	서울 용산구 서빙고로 137 국립중앙박물관
국보 제82호	경주 감산사 석조아미타여래입상	☆	서울 용산구 서빙고로 137 국립중앙박물관
국보 제83호	금동미륵보살반가사유상	☆	서울 용산구 서빙고로 137 국립중앙박물관
국보 제84호	서산 용현리 마애여래삼존상	☆	충남 서산시 운산면 용현리 2-10
국보 제85호	금동신묘명삼존불입상	☆	서울 용산구 이태원로55길 60 삼성미술관 리움
국보 제86호	개성 경천사지 십층석탑	☆	서울 용산구 서빙고로 137 국립중앙박물관
국보 제87호	금관총 금관 및 금제관식	☆	경북 경주시 일정로 186 국립경주박물관
국보 제88호	금관총 금제과대	☆	경북 경주시 일정로 186 국립경주박물관
국보 제89호	평양 석암리 금제교구	☆	서울 용산구 서빙고로 137 국립중앙박물관
국보 제90호	경주 부부총 금제이식	☆	서울 용산구 서빙고로 137 국립중앙박물관
국보 제91호	도기 기마인물형 명기	☆	서울 용산구 서빙고로 137 국립중앙박물관
국보 제92호	청동 은입사 포류수금문 정병	☆	서울 용산구 서빙고로 137 국립중앙박물관
국보 제93호	백자 철화포도원문 호	☆	서울 용산구 서빙고로 137 국립중앙박물관
국보 제94호	청자 과형 병	☆	서울 용산구 서빙고로 137 국립중앙박물관
국보 제95호	청자 투각 칠보문개 향로	☆	서울 용산구 서빙고로 137 국립중앙박물관
국보 제96호	청자 구룡형 주자	☆	서울 용산구 서빙고로 137 국립중앙박물관
국보 제97호	청자 음각 연화당초문 매병	☆	서울 용산구 서빙고로 137 국립중앙박물관
국보 제98호	청자 상감 모란문 호	☆	서울 용산구 서빙고로 137 국립중앙박물관
국보 제99호	김천 갈항사지 동·서 삼층석탑	☆	서울 용산구 서빙고로 137 국립중앙박물관
국보 제100호	개성 남계원지 칠층석탑	☆	서울 용산구 서빙고로 137 국립중앙박물관
국보 제101호	원주 법천사지 지광국사탑	☆	서울 종로구 세종로 1 경복궁
국보 제102호	충주 정토사지 홍법국사탑	☆	서울 용산구 서빙고로 137 국립중앙박물관
국보 제103호	광양 중흥산성 쌍사자 석등	☆	광주 북구하 서로 110 국립광주박물관
국보 제104호	(전) 원주 흥법사지 염거화상탑	☆	서울 용산구 서빙고로 137 국립중앙박물관
국보 제105호	산청 범학리 삼층석탑	☆	서울 용산구 서빙고로 137 국립중앙박물관
국보 세106호	세유넝 선씨 아미타불 비상	☆	충북 청주시 상당구 명암로 국립청주박물관
국보 제107호	백자 철화 포도문 호	☆	서울 서대문구 이화여자대학교 박물관
국보 제108호	계유명 삼존천불 비상	☆	충남 공주시 관광단지길 34 국립공주박물관
국보 제109호	군위 아미타여래삼존 석굴	☆	경북 군위군 부계면 남산리 1477
국보 제110호	이제현 초상	☆	서울 용산구 서빙고로 137 국립중앙박물관
국보 제111호	안향 초상	☆	경북 영주시 순흥면 소백로 2740 소수박물관
국보 제112호	경주 감은사지 동·서 삼층석탑	☆	경북 경주시 양북면 용당리 55-3, 55-9
국보 제113호	청자 철화 양류문 통형 병	☆	서울 용산구 서빙고로 137 국립중앙박물관

지정번호	문화재 명칭	답사	문화재 소재지
국보 제114호	청자 상감 모란국화문 과형 병	☆	서울 용산구 서빙고로 137 국립중앙박물관
국보 제115호	청자 상감 당초문 완	☆	서울 용산구 서빙고로 137 국립중앙박물관
국보 제116호	청자 상감 모란문 표형 주자	☆	서울 용산구 서빙고로 137 국립중앙박물관
국보 제117호	장흥 보림사 철조비로자나불좌상	☆	전남 장흥군 유치면 봉덕리 45 보림사
국보 제118호	금동미륵보살반가사유상	☆	서울 용산구 이태원로55길 60 삼성미술관 리움
국보 제119호	금동연가7년명여래입상	☆	서울 용산구 서빙고로 137 국립중앙박물관
국보 제120호	용주사 동종	☆	경기 화성시 용주로 136 용주사
국보 제121호	안동 하회탈 및 병산탈		서울 용산구 서빙고로 137 국립중앙박물관
국보 제122호	양양 진전사지 삼층석탑	☆	강원 양양군 강현면 둔전리 100-2
국보 제123호	익산 왕궁리 오층석탑 사리장엄구	☆	전북 전주시 완산구 쑥고개로 국립전주박물관
국보 제124호	강릉 한송사지 석조보살좌상	☆	강원 춘천시 우석로 70 국립춘천박물관
국보 제125호	녹유골호 부 석제 외함	☆	서울 용산구 서빙고로 137 국립중앙박물관
국보 제126호	불국사 삼층석탑 사리장엄구	☆	서울 종로구 우정국로 55 불교중앙박물관
국보 제127호	서울 삼양동 금동관음보살입상	☆	서울 용산구 서빙고로 137 국립중앙박물관
국보 제128호	금동관음보살입상		경기 용인시 처인구 포곡읍 호암미술관
국보 제129호	금동보살입상	☆	서울 용산구 이태원로55길 60 삼성미술관 리움
국보 제130호	구미 죽장리 오층석탑	☆	경북 구미시 선산읍 죽장2길 90
국보 제131호	고려말 화령부 호적관련 고문서	☆	서울 용산구 서빙고로 137 국립중앙박물관
국보 제132호	징비록	☆	경북 안동시 도산면 퇴계로 한국국학진흥원
국보 제133호	청자 동화연화문 표형 주자		서울 용산구 이태원로55길 60 삼성미술관 리움
국보 제134호	금동보살삼존입상		서울 용산구 이태원로55길 60 삼성미술관 리움
국보 제135호	신윤복필 풍속도 화첩	☆	서울 성북구 성북로 102-11 간송미술관
국보 제136호	금동 용두보당		서울 용산구 이태원로55길 60 삼성미술관 리움
국보 제137호	대구 비산동 청동기 일괄		서울 용산구 이태원로55길 60 삼성미술관 리움
국보 제138호	전 고령 금관 및 장신구 일괄	☆	서울 용산구 이태원로55길 60 삼성미술관 리움
국보 제139호	김홍도필 군선도 병풍		서울 용산구 이태원로55길 60 삼성미술관 리움
국보 제140호	나전 화문 동경		서울 용산구 이태원로55길 60 삼성미술관 리움
국보 제141호	정문경	☆	서울 동작구 상도로 369 숭실대 한국기독교박물관
국보 제142호	동국정운		서울 광진구 아차산로 263 건국대학교박물관
국보 제143호	화순 대곡리 청동기 일괄	☆	광주 북구 하서로 110 국립광주박물관
국보 제144호	영암 월출산 마애여래좌상	☆	전남 영암군 영암읍 회문리 산26-8
국보 제145호	귀면 청동로	☆	서울 용산구 서빙고로 137 국립중앙박물관
국보 제146호	전 논산 청동령 일괄		서울 용산구 이태원로55길 60 삼성미술관 리움
국보 제147호	울주 천전리 각석	☆	울산 울주군 두동면 천전리 산210
국보 제148호	십칠사찬고금통요		서울 관악구 관악로 규장각한국학연구원
국보 제149호	동래선생교정북사상절		서울 성북구 성북로 102-11 간송미술관
국보 제150호	송조표전총류 권7		서울 관악구 관악로 규장각한국학연구원
국보 제151호	조선왕조실록	☆	서울 관악구 관악로 1 규장각한국학연구원
국보 제152호	비변사등록		서울 관악구 관악로 1 규장각한국학연구원

지정번호	문화재 명칭	답사	문화재 소재지
국보 제153호	일성록	☆	서울 관악구 관악로 1 규장각한국학연구원
국보 제154호	무령왕 금제관식	☆	충남 공주시 관광단지길 34 국립공주박물관
국보 제155호	무령왕비 금제관식	☆	서울 용산구 서빙고로 137 국립중앙박물관
국보 제156호	무령왕 금제이식	☆	충남 공주시 관광단지길 34 국립공주박물관
국보 제157호	무령왕비 금제이식	☆	충남 공주시 관광단지길 34 국립공주박물관
국보 제158호	무령왕비 금제경식	☆	충남 공주시 관광단지길 34 국립공주박물관
국보 제159호	무령왕 금제채	☆	충남 공주시 관광단지길 34 국립공주박물관
국보 제160호	무령왕비 은제천	☆	충남 공주시 관광단지길 34 국립공주박물관
국보 제161호	무령왕릉 동경 일괄	☆	충남 공주시 관광단지길 34 국립공주박물관
국보 제162호	무령왕릉 석수	☆	충남 공주시 관광단지길 34 국립공주박물관
국보 제163호	무녕왕릉 지석	☆	충남 공주시 관광단지길 34 국립공주박물관
국보 제164호	무령왕비 두침	☆	충남 공주시 관광단지길 34 국립공주박물관
국보 제165호	무령왕 족좌	☆	충남 공주시 관광단지길 34 국립공주박물관
국보 제166호	백자 철화 매죽문 호	☆	서울 용산구 서빙고로 137 국립중앙박물관
국보 제167호	청자 인물형 주자	☆	서울 용산구 서빙고로 137 국립중앙박물관
국보 제168호	백자 동화 매국문 병		서울 용산구 서빙고로 137 국립중앙박물관
국보 제169호	청자 양각 죽절문 병		서울 용산구 이태원로55길 60 삼성미술관 리움
국보 제170호	백자 청화 매조죽문 유개호	☆	서울 용산구 서빙고로 137 국립중앙박물관
국보 제171호	청동 은입사 봉황문 합		서울 용산구 이태원로55길 60 삼성미술관 리움
국보 제172호	진양군 영인정씨 묘 출토유물		서울 용산구 이태원로55길 60 삼성미술관 리움
국보 제173호	청자 퇴화점문 나한좌상	☆	서울 강남구 [개인 소장]
국보 제174호	금동 수정 장식 촉대		서울 용산구 이태원로55길 60 삼성미술관 리움
국보 제175호	백자 상감 연화당초문 대접	☆	서울 용산구 서빙고로 137 국립중앙박물관
국보 제176호	백자 청화 '홍치이년'명 송죽문 입호	☆	서울 중구 필동로1길 30 동국대학교박물관
국보 제177호	분청사기 인화 국화문 태호	☆	서울 성북구 안암로 145 고려대학교박물관
국보 제178호	분청사기 음각 어문 편병	☆	서울 용산구 서빙고로 137 국립중앙박물관
국보 제179호	분청사기 박지 연화어문 편병	☆	서울 관악구 남부순환로152길 53 호림박물관
국보 제180호	김정희필 세한도	☆	서울 용산구 서빙고로 137 국립중앙박물관
국보 제181호	장량수 홍패	☆	경북 울진군 울진읍 고성3길 31-68
국보 제182호	구미 선산읍 금동여래입상	☆	대구 수성구 청호로 321 국립대구박물관
국보 제183호	구미 선산읍 금동보살입상	☆	대구 수성구 청호로 321 국립대구박물관
국보 제184호	구미 선산읍 금동보살입상	☆	대구 수성구 청호로 321 국립대구박물관
국보 제185호	상지 은니 묘법연화경	☆	서울 용산구 서빙고로 137 국립중앙박물관
국보 제186호	양평 신화리 금동여래입상	☆	서울 용산구 서빙고로 137 국립중앙박물관
국보 제187호	영양 산해리 오층모전석탑	☆	경북 영양군 입암면 산해리 391-6
국보 제188호	천마총 금관	☆	경북 경주시 일정로 186 국립경주박물관
국보 제189호	천마총 금제관모	☆	경북 경주시 일정로 186 국립경주박물관
국보 제190호	천마총 금제과대	☆	경북 경주시 일정로 186 국립경주박물관
국보 제191호	황남대총 북분 금관	☆	서울 용산구 서빙고로 137 국립중앙박물관

지정번호	문화재 명칭	답사	문화재 소재지
국보 제192호	황남대총 북분 금제 과대	☆	서울 용산구 서빙고로 137 국립중앙박물관
국보 제193호	경주 98호 남분 유리병 및 잔	☆	서울 용산구 서빙고로 137 국립중앙박물관
국보 제194호	황남대총 남분 금제경식	☆	서울 용산구 서빙고로 137 국립중앙박물관
국보 제195호	토우장식 장경호	☆	경북 경주시 일정로 186 국립경주박물관
국보 제196호	신라 백지 묵서 대방광불화엄경 주본 권1 10	☆	서울 용산구 이태원로55길 60 삼성미술관 리움
국보 제197호	충주 청룡사지 보각국사탑	☆	충북 충주시 소태면 오량리 산32-2
국보 제198호	단양 신라 적성비	☆	충북 단양군 단성면 하방리 산3-1
국보 제199호	경주 단석산 신선사 마애불상군	☆	경북 경주시 건천읍 단석산길 175-143
국보 제200호	금동보살입상	☆	부산 남구 유엔평화로 63 부산시립박물관
국보 제201호	봉화 북지리 마애여래좌상	☆	경북 봉화군 물야면 북지리 산108-2
국보 제202호	대방광불화엄경 진본 권37		서울 서대문구 충정로9길 10-10 (재)아단문고
국보 제203호	대방광불화엄경 주본 권6		서울 중구 [개인 소장]
국보 제204호	대방광불화엄경 주본 권36		서울 중구 [개인 소장]
국보 제205호	충주 고구려비	☆	충북 충주시 가금면 용전리 입석부락 280-11
국보 제206호	합천 해인사 고려목판	☆	경남 합천군 가야면 해인사길 122 해인사
국보 제207호	경주 천마총 장니 천마도	☆	경북 경주시 일정로 186 국립경주박물관
국보 제208호	도리사 세존사리탑 금동사리기	☆	경북 김천시 대항면 북암길 89 직지사
국보 제209호	보협인석탑	☆	서울 중구 필동로1길 30 동국대학교박물관
국보 제210호	감지 은니 부공견삭신변진언경 권13	☆	서울 용산구 이태원로55길 60 삼성미술관 리움
국보 제211호	백지 묵서 묘법연화경	☆	서울 관악구 남부순환로152길 53 호림박물관
국보 제212호	대불정여래밀인수증료의제보살만행수릉엄경(언해)	☆	서울 중구 필동로1길 30 동국대학교도서관
국보 제213호	금동탑		서울 용산구 이태원로55길 60 삼성미술관 리움
국보 제214호	흥왕사명 청동 은입사 향완	☆	서울 용산구 이태원로55길 60 삼성미술관 리움
국보 제215호	감지 은니 대방광불화엄경 정원본 권31		서울 용산구 이태원로55길 60 삼성미술관 리움
국보 제216호	정선필 인왕제색도		서울 용산구 이태원로55길 60 삼성미술관 리움
국보 제217호	정선필 금강전도		서울 용산구 이태원로55길 60 삼성미술관 리움
국보 제218호	아미타삼존도		서울 용산구 이태원로55길 60 삼성미술관 리움
국보 제219호	백자 청화 매죽문 입호		서울 용산구 이태원로55길 60 삼성미술관 리움
국보 제220호	청자 상감 용봉모란문 합 및 탁		서울 용산구 이태원로55길 60 삼성미술관 리움
국보 제221호	평창 상원사 목조문수동자좌상	☆	강원 평창군 진부면 오대산로 1211-50 상원사
국보 제222호	백자 청화 매죽문 유개입호	☆	서울 관악구 남부순환로152길 53 호림박물관
국보 제223호	경복궁 근정전	☆	서울 종로구 사직로 161 경복궁
국보 제224호	경복궁 경회루	☆	서울 종로구 사직로 161 경복궁
국보 제225호	창덕궁 인정전	☆	서울 종로구 율곡로 99 창덕궁
국보 제226호	창경궁 명정전	☆	서울 종로구 창경궁로 185 창경궁
국보 제227호	종묘 정전	☆	서울 종로구 종로 157 종묘
국보 제228호	천상열차분야지도 각석	☆	서울 종로구 효자로 12 국립고궁박물관
국보 제229호	창경궁 자격루	☆	서울 중구 세종대로 99 덕수궁
국보 제230호	혼천의 및 혼천시계	☆	서울 성북구 안암로 145 고려대학교박물관

지정번호	문화재 명칭	답사	문화재 소재지
국보 제231호	전 영암 용범 일괄	☆	서울 동작구 상도로 369 숭실대학교박물관
국보 제232호	이화 개국공신녹권	☆	전북 정읍시 [개인 소장]
국보 제233-1호	전 산청 석남암사지 석조비로자나불좌상	☆	경남 산청군 삼장면 대하내원로 256 내원사
국보 제233-2호	산청 석남암사지 석조비로자나불좌상 납석사리호	☆	부산 남구 유엔평화로 63 부산시립박물관
국보 제234호	감지 은니 묘법연화경	☆	서울 용산구 이태원로55길 60 삼성미술관 리움
국보 제235호	감지 금니 대방광불화엄경보현행원품		서울 용산구 이태원로55길 60 삼성미술관 리움
국보 제236호	경주 장항리 서 오층석탑	☆	경북 경주시 양북면 장항리 1083
국보 제237호	고산구곡시화도 병풍		서울 종로구 인사동10길 17 동방화랑
국보 제238호	소원화개첩		서울 종로구 인사동10길 17 동방화랑
국보 제239호	송시열 초상	☆	서울 용산구 서빙고로 137 국립중앙박물관
국보 제240호	윤두서 자화상	☆	전남 해남군 녹우당길 130
국보 제241호	초조본 대반야바라밀다경 권249		경기 용인시 처인구 포곡읍 호암미술관
국보 제242호	울진 봉평리 신라비	☆	경북 울진군 죽변면 봉평리 521
국보 제243호	초조본 현양성교론 권11	☆	서울 용산구 이태원로55길 60삼성미술관 리움
국보 제244호	초조본 유가사지론 권17	☆	경기 용인시 처인구 명지대학교박물관
국보 제245호	초조본 신찬일체경원품차록 권20	☆	서울 용산구 서빙고로 137 국립중앙박물관
국보 제246호	초조본 대보적경 권59	☆	서울 용산구 서빙고로 137 국립중앙박물관
국보 제247호	공주의당금동보살입상	☆	충남 공주시 관광단지길 34 국립공주박물관
국보 제248호	조선방역지도	☆	경기 과천시 교육원로 86 국사편찬위원회
국보 제249호	동궐도	☆	서울 성북구 안암로 145 고려대학교박물관
국보 제250호	이원길 개국원종공신녹권		서울 서대문구 충정로9길 10-10 (재)아단문고
국보 제251호	초조본 대승아비달마잡집론 권14		서울 서대문구 충정로9길 10-10 (재)아단문고
국보 제252호	청자 음각 '효문'명 연화문 매병		서울 용산구 이태원로55길 60 삼성미술관 리움
국보 제253호	청자 양각 연화당초상감모란문 은구발	☆	서울 용산구 서빙고로 137 국립중앙박물관
국보 제254호	청자 음각연화문 유개매병		서울 서초구 [개인 소장]
국보 제255호	전 덕산 청동령 일괄		서울 용산구 이태원로55길 60 삼성미술관 리움
국보 제256호	초조본 대방광불화엄경 주본 권1	☆	경기 용인시 기흥구 상갈로 6 경기도박물관
국보 제257호	초조본 대방광불화엄경 주본 권29	☆	서울 서초구 바우뫼로7길 111 관문사
국보 제258호	백자 청화죽문 각병		서울 용산구 이태원로55길 60 삼성미술관 리움
국보 제259호	분청사기 상감 운용문 입호	☆	서울 용산구 서빙고로 137 국립중앙박물관
국보 제260호	분청사기 박지 철채 모란문 편병	☆	서울 용산구 서빙고로 137 국립중앙박물관
국보 제261호	백자 유개호		서울 용산구 이태원로55길 60 삼성미술관 리움
국보 제262호	백자 호		경기 용인시 처인구 용인대학교박물관
국보 제263호	백자 청화산수화조문 입호		경기 용인시 처인구 용인대학교박물관
국보 제264호	포항 냉수리 신라비	☆	경북 포항시 북구 신광면 토성리 신광면사무소
국보 제265호	초조본 대방광불화엄경 주본 권13	☆	서울 종로구 [개인 소장]
국보 제266호	초조본 대방광불화엄경 주본 권2, 75	☆	서울 관악구 남부순환로152길 53 호림박물관
국보 제267호	초조본 아비달마식신족론 권12	☆	서울 관악구 남부순환로152길 53 호림박물관
국보 제268호	초조본 아비담비바사론 권11, 17	☆	서울 관악구 남부순환로152길 53 호림박물관

지정번호	문화재 명칭	답사	문화재 소재지
국보 제269호	초조본 불설최상근본대락금강부공삼매대교왕경 권6	☆	서울 관악구 남부순환로152길 53 호림박물관
국보 제270호	청자 모자원형 연적	☆	서울 성북구 성북로 102-11 간송미술관
국보 제271호	초조본 현양성교론 권12	☆	서울 용산구 서빙고로 137 국립중앙박물관
국보 제272호	초조본 유가사지론 권32	☆	서울 용산구 서빙고로 137 국립중앙박물관
국보 제273호	초조본 유가사지론 권15	☆	서울 용산구 서빙고로 137 국립중앙박물관
국보 제274호	결번		[귀함별황자총통] 모조품으로 밝혀져 지정해제
국보 제275호	도기 기마인물형 각배	☆	경북 경주시 일정로 186 국립경주박물관
국보 제276호	초조본 유가사지론 권53	☆	인천 연수구 청량로102번길 40-9 가천박물관
국보 제277호	초조본 대방광불화엄경 주본 권36	☆	강원 원주시 한솔종이박물관
국보 제278호	결번		[이형좌명원종공신녹권] 보물 제1657호로 강등
국보 제279호	초조본 대방광불화엄경 주본 권74	☆	서울 서초구 바우뫼로7길 111 관문사
국보 제280호	성거산 천흥사명 동종	☆	서울 용산구 서빙고로 137 국립중앙박물관
국보 제281호	백자 병형 주자	☆	서울 관악구 남부순환로152길 53 호림박물관
국보 제282호	영주 흑석사 목조아미타여래 좌상 및 복장유물	☆	경북 영주시 이산면 이산로 390-40 흑석사
국보 제283호	통감속편		경기 성남시 분당구 한국학중앙연구원
국보 제284호	초조본 대반야바라밀다경 권162, 170, 463		서울 강남구 코리아나화장박물관
국보 제285호	울주 대곡리 반구대 암각	☆	울산 울주군 언양읍 반구대안길 285
국보 제286호	백자 '천''지''현''황'명 발		서울 용산구 이태원로55길 60 삼성미술관 리움
국보 제287호	백제 금동대향로	☆	충남 부여군 부여읍 금성로 5 국립부여박물관
국보 제288호	부여 능산리사지 석조사리감	☆	충남 부여군 부여읍 금성로 5 국립부여박물관
국보 제289호	익산 왕궁리 오층석탑	☆	전북 익산시 왕궁면 왕궁리 산80-1
국보 제290호	양산 통도사 대웅전 및 금강계단	☆	경남 양산시 하북면 통도사로 108 통도사
국보 제291호	용감수경 권3~4		서울 성북구 안암로 145 고려대학교
국보 제292호	평창 상원사 중창권선문	☆	강원 평창군 진부면 오대산로 374-8 월정사
국보 제293호	부여 규암리 금동관음보살입상	답사	충남 부여군 부여읍 금성로 5 국립부여박물관
국보 제294호	백자 청화 철채 동채 초충문 병		서울 성북구 성북로 102-11 간송미술관
국보 제295호	나주 신촌리 금동관	☆	서울 용산구 서빙고로 137 국립중앙박물관
국보 제296호	칠장사 오불회괘불탱	☆	경기 안성시 죽산면 칠장로 399-18 칠장사
국보 제297호	안심사 영산회괘불탱	☆	충북 청원군 남이면 사동길 169-28 안심사
국보 제298호	갑사 삼신불괘불탱	☆	충남 공주시 계룡면 갑사로 567-3 갑사
국보 제299호	신원사 노사나불괘불탱	☆	충남 공주시 계룡면 신원사동길 1 신원사
국보 제300호	장곡사 미륵불괘불탱		충남 청양군 대치면 장곡길 241 장곡사
국보 제301호	화엄사 영산회괘불탱	☆	전남 구례군 마산면 화엄사로 539 화엄사
국보 제302호	청곡사 영산회괘불탱	☆	경남 진주시 금산면 월아산로1440번길 138 청곡사
국보 제303호	승정원일기	☆	서울 관악구 관악로 1 규장각한국학연구원
국보 제304호	여수 진남관	☆	전남 여수시 동문로 11
국보 제305호	통영 세병관	☆	경남 통영시 세병로 27
국보 제306호	삼국유사 권3~5		서울 종로구 [개인 소장] 및 규장각한국학연구원
국보 제307호	태안 동문리 마애삼존불입상	☆	충남 태안군 태안읍 원이로 78-132

지정번호	문화재 명칭	답사	문화재 소재지
국보 제308호	해남 대흥사 북미륵암 마애여래좌상	☆	전남 해남군 삼산면 대흥사길 375 북미륵암
국보 제309호	백자 호		서울 용산구 이태원로55길 60 삼성미술관 리움
국보 제310호	백자 호	☆	서울 종로구 효자로 12 국립고궁박물관
국보 제311호	안동 봉정사 대웅전	☆	경북 안동시 서후면 봉정사길 222 봉정사
국보 제312호	경주 남산 칠불암 마애불상군	☆	경북 경주시 남산동 산36-4 칠불암
국보 제313호	강진 무위사 극락전 아미타여래삼존벽화	☆	전남 강진군 성전면 무위사로 308 무위사
국보 제314호	순천 송광사 화엄경변상도		전남 순천시 송광면 송광사안길 100 송광사
국보 제315호	문경 봉암사 지증대사탑비	☆	경북 문경시 가은읍 원북길 313 봉암사
국보 제316호	완주 화암사 극락전	☆	전북 완주군 경천면 화암사길 271 화암사
국보 제317호	조선태조어진	☆	전북 전주시 완산구 태조로 44 어진박물관
국보 제318호	포항 중성리 신라비	☆	경북 경주시 불국로 132 국립경주문화재연구소
국보 제319호	동의보감	☆	서울 서초구 반포동 산60-1 국립중앙도서관 등

우리나라 보물 문화재 목록

지정번호	문화재 명칭	답사	문화재 소재지
보물 제1호	서울 흥인지문	☆	서울 종로구 종로 288
보물 제2호	구 보신각 동종	☆	서울 용산구 서빙고로 137 국립중앙박물관
보물 제3호	서울 원각사지 대원각사비	☆	서울 종로구 종로2가 38-3 탑골공원
보물 제4호	안양 중초사지 당간지주	☆	경기 안양시 만안구 예술공원로 103번길 4
보물 제5호	안양 중초사지 삼층석탑	☆	경기도 유형문화재 제164호로 강등
보물 제6호	여주 고달사지 원종대사탑비	☆	경기 여주시 북내면 상교리 419-3
보물 제7호	여주 고달사지 원종대사탑	☆	경기 여주시 북내면 상교리 산46-1
보물 제8호	여주 고달사지 석조대좌	☆	경기 여주시 북내면 상교리 420-5
보물 제9호	용인 서봉사지 현오국사탑비	☆	경기 용인시 수지구 신봉동 산110
보물 제10호	강화 장정리 오층석탑	☆	인천 강화군 하점면 장정리 산193
보물 제11-1호	사인비구제작 동종-포항 보경사 서운암 동종		경북 포항시 북구 송라면 보경로 523 보경사
보물 제11-2호	사인비구제작 동종-문경 김룡사 동종	☆	경북 김천시 대항면 북암길 89 직지사
보물 제11-3호	사인비구제작 동종-홍천 수타사 동종	☆	강원 홍천군 동면 수타사로 473 수타사
보물 제11-4호	사인비구제작 동종-안성 청룡사 동종	☆	경기 안성시 서운면 청룡길 140 청룡사
보물 제11-5호	사인비구제작 동종-서울 화계사 동종	☆	서울 강북구 인수봉로47길 117 화계사
보물 제11-6호	사인비구제작 동종-통도사 동종	☆	경남 양산시 하북면 통도사로 108 통도사
보물 제11-7호	사인비구제작 동종-의왕 청계사 동종	☆	경기 의왕시 청계동 산11 청계사
보물 제11-8호	사인비구제작 동종-강화 동종	☆	인천 강화군 하점면 부근리 350-4 강화역사박물관
보물 제12호	하남 동사지 오층석탑	☆	경기 하남시 춘궁동 466
보물 제13호	하남 동사지 삼층석탑	☆	경기 하남시 춘궁동 465
보물 제14호	수원 창성사지 진각국사탑비	☆	경기 수원시 팔달구 매향동 13-1
보물 제15호	보은 법주사 사천왕 석등	☆	충북 보은군 속리산면 법주사로 379 법주사
보물 제16호	충주 억정사지 대지국사탑비	☆	충북 충주시 엄정면 비석2길 35-21
보물 제17호	충주 정토사지 법경대사탑비	☆	충북 충주시 동량면 하천리 177-6
보물 제18호	청양 서정리 구층석탑	☆	충남 청양군 정산면 서정리 16-2
보물 제19호	보령 성주사지 오층석탑	☆	충남 보령시 성주면 성주리 73
보물 제20호	보령 성주사지 중앙 삼층석탑	☆	충남 보령시 성주면 성주리 73
보물 제21호	부여 당 유인원 기공비	☆	충남 부여군 부여읍 금성로 5 국립부여박물관
보물 제22호	김제 금산사 노주	☆	전북 김제시 금산면 모악15길 1 금산사
보물 제23호	김제 금산사 석연대	☆	전북 김제시 금산면 모악15길 1 금산사
보물 제24호	김제 금산사 혜덕왕사탑비	☆	전북 김제시 금산면 모악15길 1 금산사
보물 제25호	김제 금산사 오층석탑	☆	전북 김제시 금산면 모악15길 1 금산사
보물 제26호	김제 금산사 금강계단	☆	전북 김제시 금산면 모악15길 1 금산사
보물 제27호	김제 금산사 육각 다층석탑	☆	전북 김제시 금산면 모악15길 1 금산사
보물 제28호	김제 금산사 당간지주	☆	전북 김제시 금산면 모악15길 1 금산사

지정번호	문화재 명칭	답사	문화재 소재지
보물 제29호	김제 금산사 심원암 삼층석탑	☆	전북 김제시 금산면 모악15길 413 심원암
보물 제30호	남원 만복사지 오층석탑	☆	전북 남원시 용당읍 남문로 325-5
보물 제31호	남원 만복사지 석조대좌	☆	전북 남원시 용담읍 남문로 325-5
보물 제32호	남원 만복사지 당간지주	☆	전북 남원시 용담읍 남문로 325-5
보물 제33호	남원 실상사 수철화상탑	☆	전북 남원시 산내면 입석길 94-129 실상사
보물 제34호	남원 실상사 수철화상탑비	☆	전북 남원시 산내면 입석길 94-129 실상사
보물 제35호	남원 실상사 석등	☆	전북 남원시 산내면 입석길 94-129 실상사
보물 제36호	남원 실상사 승탑	☆	전북 남원시 산내면 입석길 94-60 실상사
보물 제37호	남원 실상사 동·서 삼층석탑	☆	전북 남원시 산내면 입석길 94-129 실상사
보물 제38호	남원 실상사 증각대사탑	☆	전북 남원시 산내면 입석길 94-129 실상사
보물 제39호	남원 실상사 증각대사탑비	☆	전북 남원시 산내면 입석길 94-129 실상사
보물 제40호	남원 실상사 백장암 석등	☆	전북 남원시 산내면 대정리 975 백장암
보물 제41호	남원 실상사 철조여래좌상	☆	전북 남원시 산내면 입석길 94-129 실상사
보물 제42호	남원 용담사지 석조여래입상	☆	전북 남원시 주천면 원천로 165-12 용담사
보물 제43호	남원 만복사지 석조여래입상	☆	전북 남원시 남문로 325-5
보물 제44호	익산 왕궁리 오층석탑	☆	국보 제289호로 승격
보물 제45호	익산 연동리 석조여래좌상	☆	전북 익산시 삼기면 진북로 273
보물 제46호	익산 고도리 석조여래입상	☆	전북 익산시 금마면 동고도리 400-2, 동고도리 1086
보물 제47호	보령 성주사지 서 삼층석탑	☆	충남 보령시 성주면 성주리 73
보물 제48호	해남 대흥사 북미륵암 마애여래좌상	☆	국보 제308호로 승격
보물 제49호	나주 동점문 밖 석당간	☆	전남 나주시 성북동 229-9
보물 제50호	나주 북망문 밖 삼층석탑	☆	전남 나주시 건재로 41-1 심향사
보물 제51호	문경 내화리 삼층석탑	☆	경북 문경시 산북면 내화리 47-1
보물 제52호	봉화 서동리 동·서 삼층석탑	☆	경북 봉화군 춘양면 서원촌길 8-14
보물 제53호	예천 개심사지 오층석탑	☆	경북 예천군 예천읍 남본리 200-3
보물 제54호	고령 지산리 당간지주	☆	경북 고령군 고령읍 지산리 3-5
보물 제55호	안동 봉정사 대웅전	☆	국보 제311호로 승격
보물 제56호	안동 운흥동 오층전탑	☆	경북 안동시 운흥동 231
보물 제57호	안동 조탑리 오층전탑	☆	경북 안동시 일직면 조탑리 139-2
보물 제58호	안동 안기동 석조여래좌상	☆	경북 안동시 한화4길 11-13
보물 제59호	영주 숙수사지 당간지주	☆	경북 영주시 순흥면 내죽리 158
보물 제60호	영주 영주동 석조여래입상	☆	경북 영주시 중앙로 15
보물 제61호	경주 불국사 사리탑	☆	경북 경주시 불국로 385 불국사
보물 제62호	경주 서악동 마애여래삼존입상	☆	경북 경주시 서악4길 80-100
보물 제63호	경주 배동 석조여래삼존입상	☆	경북 경주시 내남면 용장리 65-1
보물 제64호	경주 보문사지 석조	☆	경북 경주시 보문동 848-16
보물 제65호	경주 서악동 삼층석탑	☆	경북 경주시 서악동 705-1
보물 제66호	경주 석빙고	☆	경북 경주시 인왕동 449-1
보물 제67호	경주 효현동 삼층석탑	☆	경북 경주시 효현동 419-1

지정번호	문화재 명칭	답사	문화재 소재지
보물 제68호	경주 황남동 효자 손시양 정려비	☆	경북 경주시 황남동 240-3
보물 제69호	경주 망덕사지 당간지주	☆	경북 경주시 배반동 964-2
보물 제70호	경주 서악동 귀부	☆	경북 경주시 서악동 1006-1
보물 제71호	함안 대산리 석조삼존상	☆	경남 함안군 함안면 대산리 1139
보물 제72호	산청 단속사지 동 삼층석탑	☆	경남 산청군 단성면 운리 303-2
보물 제73호	산청 단속사지 서 삼층석탑	☆	경남 산청군 단성면 운리 303-2
보물 제74호	양산 통도사 국장생 석표	☆	경남 양산시 하북면 백록리 718-44
보물 제75호	창녕 송현동 마애여래좌상	☆	경남 창녕군 창녕읍 송현리 105-4
보물 제76호	춘천 근화동 당간지주	☆	강원 춘천시 근화동 793-1
보물 제77호	춘천 칠층석탑	☆	강원 춘천시 소양로2가 162-2
보물 제78호	원주 거돈사지 원공국사탑비	☆	강원 원주시 부론면 정산리 144
보물 제79호	홍천 희망리 삼층석탑	☆	강원 홍천군 홍천읍 희망리 151-7 읍사무소
보물 제80호	홍천 희망리 당간지주	☆	강원 홍천군 홍천읍 희망리 376-26
보물 제81호	강릉 한송사지 석조보살좌상	☆	강원 강릉시 율곡로3139번길 24 강릉시립박물관
보물 제82호	강릉 대창리 당간지주	☆	강원 강릉시 옥천동 334
보물 제83호	강릉 수문리 당간지주	☆	강원 강릉시 옥천동 43-9
보물 제84호	강릉 신복사지 석조보살좌상	☆	강원 강릉시 내곡동 403-2
보물 제85호	강릉 굴산사지 승탑	☆	강원 강릉시 구정면 학산리 731
보물 제86호	강릉 굴산사지 당간지주	☆	강원 강릉시 구정면 학산리 1181
보물 제87호	강릉 신복사지 삼층석탑	☆	강원 강릉시 내곡동 403-2
보물 제88호	탑산사명 동종	☆	전남 해남군 삼산면 대흥사길 400 대흥사
보물 제89호	영암 도갑사 석조여래좌상	☆	전남 영암군 군서면 도갑사로 306 도갑사
보물 제90호	대반열반경소 권9~10		전남 순천시 송광면 송광사안길 100 송광사
보물 제91호	여주 창리 삼층석탑	☆	경기 여주시 상동132
보물 제92호	여주 하리 삼층석탑	☆	경기 여주시 상동132
보물 제93호	파주 용미리 마애이불입상	☆	경기 파주시 광탄면 용미리 산8
보물 제94호	제천 사자빈신사지 사사자 구층석탑	☆	충북 제천시 한수면 송계리 1002-1
보물 제95호	충주 미륵리 오층석탑	☆	충북 충주시 수안보면 미륵리 56
보물 제96호	충주 미륵리 석조여래입상	☆	충북 충주시 수안보면 미륵리 58
보물 제97호	괴산 원풍리 마애이불병좌상	☆	충북 괴산군 연풍면 원풍리 산124-2
보물 제98호	충주 철조여래좌상	☆	충북 충주시 사직산12길 55 대원사
보물 제99호	천안 천흥사지 당간지주	☆	충남 천안시 성거읍 천흥4길 115-5
보물 제100호	당진 안국사지 석조여래삼존입상	☆	충남 당진시 원당골1길 188
보물 제101호	당진 안국사지 석탑	☆	충남 당진시 원당골1길 188
보물 제102호	서산 보원사지 석조	☆	충남 서산시 운산면 용현리 150
보물 제103호	서산 보원사지 당간지주	☆	충남 서산시 운산면 용현리 105
보물 제104호	서산 보원사지 오층석탑	☆	충남 서산시 운산면 용현리 119-1
보물 제105호	서산 보원사지 법인국사탑	☆	충남 서산시 운산면 용현리 119-2
보물 제106호	서산 보원사지 법인국사탑비	☆	충남 서산시 운산면 용현리 119-2

지정번호	문화재 명칭	답사	문화재 소재지
보물 제107호	부여 보광사지 대보광선사비	☆	충남 부여군 부여읍 금성로 5 국립부여박물관
보물 제108호	부여 정림사지 석조여래좌상	☆	충남 부여군 부여읍 동남리 254
보물 제109호	(전)광주 성거사지 오층석탑	☆	광주 남구 천변좌로338번길 7
보물 제110호	광주 지산동 오층석탑	☆	광주 동구 지산동 448-4
보물 제111호	담양 개선사지 석등	☆	전남 담양군 남면 학선리 593-2
보물 제112호	광양 중흥산성 삼층석탑	☆	전남 광양시 옥룡면 중흥로 263-100
보물 제113호	청도 봉기리 삼층석탑	☆	경북 청도군 풍각면 봉기리 719-5
보물 제114호	안동 평화동 삼층석탑	☆	경북 안동시 평화동 71-108
보물 제115호	안동 이천동 마애여래입상	☆	경북 안동시 이천동 산2
보물 제116호	영주 석교리 석조여래입상	☆	경북 영주시 순흥면 석교리 160-2
보물 제117호	상주 화달리 삼층석탑	☆	경북 상주시 사벌면 화달리 857-6
보물 제118호	상주 증촌리 석조여래입상	☆	경북 상주시 함창읍 증촌2길 10-13
보물 제119호	상주 복용동 석조여래좌상	☆	경북 상주시 서성동 163-48
보물 제120호	상주 증촌리 석조여래좌상	☆	경북 상주시 함창읍 증촌2길 10-13
보물 제121호	경주 굴불사지 석조사면불상	☆	경북 경주시 동천동 산4
보물 제122호	경주 율동 마애여래삼존입상	☆	경북 경주시 두대안길 69
보물 제123호	경주 보문사지 당간지주	☆	경북 경주시 보문동 856-3
보물 제124호	경주 남산동 동·서 삼층석탑	☆	경북 경주시 남산동 227-3
보물 제125호	경주 무장사지 아미타불 조상 사적비	☆	경북 경주시 암곡동 산1-9
보물 제126호	경주 무장사지 삼층석탑	☆	경북 경주시 암곡동 산1-7
보물 제127호	경주 삼랑사지 당간지주	☆	경북 경주시 성건동 129-1
보물 제128호	합천 반야사지 원경왕사비	☆	경남 합천군 가야면 해인사길 73-4 해인사
보물 제129호	합천 월광사지 동·서 삼층석탑	☆	경남 합천군 야로면 월광리 369-1
보물 제130호	용감수경 권3~4		국보 제291호로 승격
보물 제131호	광주 증심사 철조비로자나불좌상	☆	광주 동구 증심사길 177 증심사
보물 제132호	구례 화엄사 동 오층석탑	☆	전남 구례군 마산면 화엄사로 539 화엄사
보물 제133호	구례 화엄사 서 오층석탑	☆	전남 구례군 마산면 화엄사로 539 화엄사
보물 제134호	순천 송광사 경질		전남 순천시 송광면 송광사안길 100 송광사
보물 제135호	대구 산격동 연화 운용장식 승탑	☆	대구 북구 대학로 80 경북대학교박물관
보물 제136호	경주 남산 미륵곡 석조여래좌상	☆	경북 경주시 배반동 산66-2
보물 제137호	문경 봉암사 지증대사탑	☆	경북 문경시 가은읍 원북길 313 봉암사
보물 제138호	문경 봉암사 지증대사탑비	☆	국보 제315호로 승격
보물 제139호	평창 월정사 석조보살좌상 [국보 지정 예고]	☆	강원 평창군 진부면 오대산로 374-8 월정사
보물 제140호	평창 상원사 중창권선문	☆	국보 제292호로 승격
보물 제141호	서울 문묘 및 성균관	☆	서울 종로구 성균관로 25-2
보물 제142호	서울 동관왕묘	☆	서울 종로구 난계로27길 84
보물 제143호	서산 개심사 대웅전	☆	충남 서산시 운산면 개심사로 321-86 개심사
보물 제144호	양산 통도사 대웅전 및 금강계단	☆	국보 제290호로 승격
보물 제145호	예천 용문사 대장전	☆	경북 예천군 용문면 용문사길 285-30 용문사

지정번호	문화재 명칭	답사	문화재 소재지
보물 제146호	창녕 관룡사 약사전	☆	경남 창녕군 창녕읍 화왕산관룡사길 171 관룡사
보물 제147호	밀양 영남루	☆	경남 밀양시 중앙로 324
보물 제148호	공주 중동 석조	☆	충남 공주시 관광단지길 34 국립공주박물관
보물 제149호	공주 반죽동 석조	☆	충남 공주시 관광단지길 34 국립공주박물관
보물 제150호	공주 반죽동 당간지주	☆	충남 공주시 반죽동 302-2
보물 제151호	구례 연곡사 삼층석탑	☆	전남 구례군 토지면 피아골로 806-16 연곡사
보물 제152호	구례 연곡사 현각선사탑비	☆	전남 구례군 토지면 피아골로 806-16 연곡사
보물 제153호	구례 연곡사 동 승탑비	☆	전남 구례군 토지면 피아골로 806-16 연곡사
보물 제154호	구례 연곡사 소요대사탑	☆	전남 구례군 토지면 피아골로 806-16 연곡사
보물 제155호	장흥 보림사 동 승탑	☆	전남 장흥군 유치면 봉덕신덕길 62 보림사
보물 제156호	장흥 보림사 서 승탑	☆	전남 장흥군 유치면 봉덕신덕길 62 보림사
보물 제157호	장흥 보림사 보조선사탑	☆	전남 장흥군 유치면 봉덕신덕길 62 보림사
보물 제158호	장흥 보림사 보조선사탑비	☆	전남 장흥군 유치면 봉덕신덕길 62 보림사
보물 제159호	함안 방어산 마애약사여래삼존입상	☆	경남 함안군 군북면 하림리 산131
보물 제160호	류성룡 종가 문적	☆	경북 안동시 도산면 퇴계로 1997 한국국학진흥원
보물 제161호	강화 정수사 법당	☆	인천 강화군 화도면 사기리 산90 정수사
보물 제162호	청양 장곡사 상 대웅전	☆	충남 청양군 대치면 장곡길 241 장곡사
보물 제163호	쌍봉사 대웅전		1974년 4월 3일 화재로 소실 지정 해제
보물 제164호	춘천 청평사 회전문	☆	강원 춘천시 북산면 청평리 674 청평사
보물 제165호	강릉 오죽헌	☆	강원 강릉시 율곡로3139번길 24
보물 제166호	서울 홍제동 오층석탑	☆	서울 용산구 서빙고로 137 국립중앙박물관
보물 제167호	정읍 은선리 삼층석탑	☆	전북 정읍시 영원면 은선리 43
보물 제168호	경주 천군동 동·서 삼층석탑	☆	경북 경주시 천군동 550-2
보물 제169호	문경 봉암사 삼층석탑	☆	경북 문경시 가은읍 원북길 313 봉암사
보물 제170호	화순 쌍봉사 철감선사탑비	☆	전남 화순군 이양면 증리 산195-1 쌍봉사
보물 제171호	문경 봉암사 정진대사탑	☆	경북 문경시 가은읍 원북길 313 봉암사
보물 제172호	문경 봉암사 정진대사탑비	☆	경북 문경시 가은읍 원북길 313 봉암사
보물 제173호	울주 망해사지 승탑	☆	울산 울주군 청량면 망해2길 102
보물 제174호	청양 장곡사 철조비로자나불좌상 및 석조대좌	☆	충남 청양군 대치면 장곡길 241 장곡사
보물 제175호	순천 송광사 경패		전남 순천시 송광면 송광사안길 100 송광사
보물 제176호	순천 송광사 금동요령		전남 순천시 송광면 송광사안길 100 송광사
보물 제177호	사직단 대문	☆	서울 종로구 사직동 1-38
보물 제178호	강화 전등사 대웅전	☆	인천 강화군 길상면 전등사로 37 전등사
보물 제179호	강화 전등사 약사전	☆	인천 강화군 길상면 전등사로 37 전등사
보물 제180호	여주 신륵사 조사당	☆	경기 여주시 신륵사길 73 신륵사
보물 제181호	청양 장곡사 하 대웅전	☆	충남 청양군 대치면 장곡길 241 장곡사
보물 제182호	안동 임청각	☆	경북 안동시 임청각길 53
보물 제183호	강릉 해운정	☆	강원 강릉시 운정동 256
보물 제184호	부여 장하리 삼층석탑	☆	충남 부여군 장암면 장하리 536

지정번호	문화재 명칭	답사	문화재 소재지
보물 제185호	부여 무량사 오층석탑	☆	충남 부여군 외산면 무량로 203 무량사
보물 제186호	경주 남산 용장사곡 삼층석탑	☆	경북 경주시 내남면 용장리 산1-1
보물 제187호	경주 남산 용장사곡 석조여래좌상	☆	경북 경주시 내남면 용장리 산1-1
보물 제188호	의성 관덕리 삼층석탑	☆	경북 의성군 단촌면 관덕리 889
보물 제189호	칠곡 송림사 오층전탑	☆	경북 칠곡군 동명면 송림길 73 송림사
보물 제190호	원주 거돈사지 원공국사탑	☆	서울 용산구 서빙고로 137 국립중앙박물관
보물 제191호	강릉 보현사 낭원대사탑	☆	강원 강릉시 성산면 보현길 396 보현사
보물 제192호	강릉 보현사 낭원대사탑비	☆	강원 강릉시 성산면 보현길 396 보현사
보물 제193호	청도 운문사 금당 앞 석등	☆	경북 청도군 운문면 운문사길 264 운문사
보물 제194호	부여 석조	☆	충남 부여군 부여읍 금성로 5 국립부여박물관
보물 제195호	부여 규암리 금동관음보살입상	☆	국보 제293호로 승격
보물 제196호	금동 정지원명 석가여래삼존입상	☆	충남 부여군 부여읍 금성로 5 국립부여박물관
보물 제197호	청양 읍내리 석조여래삼존입상	☆	충남 청양군 청양읍 칠갑산로9길 58
보물 제198호	경주 남산 불곡 마애여래좌상	☆	경북 경주시 인왕동 산56
보물 제199호	경주 남산 신선암 마애보살반가상	☆	경북 경주시 남산동 산36-4
보물 제200호	경주 남산 칠불암 마애불상군	☆	국보 제312호로 승격
보물 제201호	경주 남산 탑곡 마애불상군	☆	경북 경주시 배반동 산72
보물 제202호	의성 관덕동 석사자	☆	대구 수성구 청호로 321 국립대구박물관
보물 제203호	청도 박곡리 석조여래좌상	☆	경북 청도군 금천면 박곡길 295
보물 제204호	묘법연화경관세음보살보문품삼현원찬과문		전남 순천시 송광면 송광사안길 100 송광사
보물 제205호	대승아비달마잡집론소 권13~14		전남 순천시 송광면 송광사안길 100 송광사
보물 제206호	묘법연화경찬술 권1~2	☆	전남 순천시 송광면 송광사안길 100 송광사
보물 제207호	금강반야경소개현초 권4~5		전남 순천시 송광면 송광사안길 100 송광사
보물 제208호	청도 운문사 동호		경북 청도군 운문면 운문사길 264 운문사
보물 제209호	대전 회덕 동춘당	☆	대전 대덕구 동춘당로 80
보물 제210호	안동 도산서원 전교당	☆	경북 안동시 도산면 도산서원길 154
보물 제211호	안동 도산서원 상덕사 부 정문 및 사주토병	☆	경북 안동시 도산면 도산서원길 154
보물 제212호	창녕 관룡사 대웅전	☆	경남 창녕군 창녕읍 화왕산관룡사길 171 관룡사
보물 제213호	삼척 죽서루	☆	강원 삼척시 죽서루길 44
보물 제214호	강릉향교 대성전	☆	강원 강릉시 명륜로 29
보물 제215호	서울 북한산 구기동 마애여래좌상	☆	서울 종로구 구기동 산2-1
보물 제216호	보은 법주사 마애여래의좌상	☆	충북 보은군 속리산면 법주사로 379 법주사
보물 제217호	부여 대조사 석조미륵보살입상	☆	충남 부여군 임천면 성흥로197번길 112 대조사
보물 제218호	논산 관촉사 석조미륵보살입상	☆	충남 논산시 관촉로1번길 25 관촉사
보물 제219호	논산 개태사지 석조여래삼존입상	☆	충남 논산시 연산면 계백로 2614-11
보물 제220호	영주 북지리 석조여래좌상[2기]	☆	경북 영주시 부석면 부석사로 345 부석사
보물 제221호	영주 가흥동 마애여래삼존상 및 여래좌상	☆	경북 영주시 가흥동 264-2
보물 제222호	합천 치인리 마애여래입상	☆	경남 합천군 가야면 해인사길 85 해인사
보물 제223호	철원 도피안사 삼층석탑	☆	강원 철원군 동송읍 관우리 423 도피안사

지정번호	문화재 명칭	답사	문화재 소재지
보물 제224호	서천 성북리 오층석탑	☆	충남 서천군 비인면 성북리 182-1
보물 제225호	여주 신륵사 다층석탑	☆	경기 여주시 신륵사길 73 신륵사
보물 제226호	여주 신륵사 다층전탑	☆	경기 여주시 신륵사길 73 신륵사
보물 제227호	창녕 인양사 조성비	☆	경남 창녕군 창녕읍 교리 294
보물 제228호	여주 신륵사 보제존자석종	☆	경기 여주시 신륵사길 73 신륵사
보물 제229호	여주 신륵사 보제존자석종비	☆	경기 여주시 신륵사길 73 신륵사
보물 제230호	여주 신륵사 대장각기비	☆	경기 여주시 신륵사길 73 신륵사
보물 제231호	여주 신륵사 보제존자석종 앞 석등	☆	경기 여주시 신륵사길 73 신륵사
보물 제232호	논산 관촉사 석등	☆	충남 논산시 관촉로1번길 25 관촉사
보물 제233호	부여 무량사 석등	☆	충남 부여군 외산면 무량로 203 무량사
보물 제234호	군산 발산리 석등	☆	전북 군산시 개정면 바르메길 43
보물 제235호	서울 장의사지 당간지주	☆	서울 종로구 세검정로9길 1
보물 제236호	익산 미륵사지 당간지주	☆	전북 익산시 금마면 기양리 93-1
보물 제237호	청자 순화 4년명 호	☆	서울 서대문구 이화여대길 52 이화여자대학교박물관
보물 제238호	백자 박산 향로		서울 성북구 성북로 102-11 간송미술관
보물 제239호	분청사기 상감 모란문 매병	☆	경북 경산시 대학로 280 영남대학교박물관
보물 제240호	백자 투조 모란문 호	☆	서울 용산구 서빙고로 137 국립중앙박물관
보물 제241호	백자 청화 철채 동채 초충문 병		국보 제294호로 승격
보물 제242호	안동 개목사 원통전	☆	경북 안동시 서후면 개목사길 362 개목사
보물 제243호	대구 동화사 마애여래좌상	☆	대구 동구 팔공산로201길 41 동화사
보물 제244호	대구 동화사 비로암 석조비로자나불좌상	☆	대구 동구 팔공산로201길 41 동화사
보물 제245호	김천 갈항사지 석조여래좌상	☆	경북 김천시 남면 오봉리 65-1
보물 제246호	의성 고운사 석조여래좌상	☆	경북 의성군 단촌면 고운사길 415 고운사
보물 제247호	대구 동화사 비로암 삼층석탑	☆	대구 동구 팔공산로201길 41 동화사
보물 제248호	대구 동화사 금당암 동・서 삼층석탑	☆	대구 동구 팔공산로201길 41 동화사
보물 제249호	영주 부석사 삼층석탑	☆	경북 영주시 부석면 부석사로 345 부석사
보물 제250호	부산 범어사 삼층석탑	☆	부산 금정구 범어사로 250 범어사
보물 제251호	칠곡 선봉사 대각국사비	☆	경북 칠곡군 북삼읍 숭산로 275-209 선봉사
보물 제252호	포항 보경사 원진국사비	☆	경북 포항시 북구 송라면 보경로 523 보경사
보물 제253호	합천 청량사 석등	☆	경남 합천군 가야면 청량동길 144 청량사
보물 제254호	대구 동화사 당간지주	☆	대구 동구 팔공산로201길 41 동화사
보물 제255호	영주 부석사 당간지주	☆	경북 영주시 부석면 부석사로 345 부석사
보물 제256호	공주 갑사 철당간	☆	충남 공주시 계룡면 갑사로 568 갑사
보물 제257호	공주 갑사 승탑	☆	충남 공주시 계룡면 갑사로 568 갑사
보물 제258호	대구 산격동 사자 주악장식 승탑	☆	대구 북구 대학로 80 경북대학교박물관
보물 제259호	남양주 수종사 부도 사리장엄구	☆	서울 종로구 우정국로 55 불교중앙박물관
보물 제260호	유희춘 미암일기 및 미암집목판		전남 담양군 [개인 소장]
보물 제261호	권벌 충재일기	☆	경북 봉화군 봉화읍 충재길 44 충재박물관
보물 제262호	근사록	☆	경북 봉화군 봉화읍 충재길 44 충재박물관

지정번호	문화재 명칭	답사	문화재 소재지
보물 제263호	순천 송광사 하사당	☆	전남 순천시 송광면 송광사안길 100 송광사
보물 제264호	합천 해인사 석조여래입상	☆	경남 합천군 가야면 해인사길 85 해인사
보물 제265호	합천 청량사 석조여래좌상	☆	경남 합천군 가야면 청량동길 144 청량사
보물 제266호	합천 청량사 삼층석탑	☆	경남 합천군 가야면 청량동길 144 청량사
보물 제267호	임실 진구사지 석등	☆	전북 임실군 신평면 용암리 734
보물 제268호	분청사기 상감 연화문 편병	☆	대구 북구 대학로 80 경북대학교박물관
보물 제269호	감지 은니 묘법연화경 권1	☆	서울 용산구 서빙고로 137 국립중앙박물관 등
보물 제270호	감지 금니 묘법연화경 권6	☆	서울 용산구 서빙고로 137 국립중앙박물관
보물 제271호	백지 은니 대불정여래밀인수증요의제보살만행수능엄경		대구 북구 대학로 80 경북대학교도서관 고서실
보물 제272호	장수향교 대성전	☆	전북 장수군 장수읍 향교길 31-14
보물 제273호	곡성 태안사 적인선사탑	☆	전남 곡성군 죽곡면 태안로 622 태안사
보물 제274호	곡성 태안사 광자대사탑	☆	전남 곡성군 죽곡면 태안로 622 태안사
보물 제275호	곡성 태안사 광자대사탑비	☆	전남 곡성군 죽곡면 태안로 622 태안사
보물 제276호	군산 발산리 오층석탑	☆	전북 군산시 개정면 바르메길 43
보물 제277호	부안 내소사 동종	☆	전북 부안군 진서면 내소사로 243 내소사
보물 제278호	백지 묵서 묘법연화경	☆	서울 종로구 우정국로 55 불교중앙박물관
보물 제279호	고창 선운사 금동지장보살좌상	☆	전북 고창군 아산면 선운사로 250 선운사
보물 제280호	고창 선운사 도솔암 금동지장보살좌상	☆	전북 고창군 아산면 선운사로 250 선운사
보물 제281호	남원 광한루	☆	전북 남원시 천거동 75
보물 제282호	여주 고달사지 쌍사자 석등	☆	서울 용산구 서빙고로 137 국립중앙박물관
보물 제283호	금보		서울 성북구 성북로 102-11 간송미술관
보물 제284호	금동여래입상		서울 성북구 성북로 102-11 간송미술관
보물 제285호	금동보살입상		서울 성북구 성북로 102-11 간송미술관
보물 제286호	청자 상감 포도동자문 매병		서울 성북구 성북로 102-11 간송미술관
보물 제287호	분청사기 박지 철채 화문 병		서울 성북구 성북로 102-11 간송미술관
보물 제288호	청동 은입사 향완		경기 의왕시 [개인 소장]
보물 제289호	정읍 피향정	☆	전북 정읍시 태인면 태창리 102-2
보물 제290호	고창 선운사 대웅전	☆	전북 고창군 아산면 선운사로 250 선운사
보물 제291호	부안 내소사 대웅보전	☆	전북 부안군 진서면 내소사로 243 내소사
보물 제292호	부안 개암사 대웅전	☆	전북 부안군 상서면 개암로 248 개암사
보물 제293호	통영 세병관	☆	국보 제305호로 승격
보물 제294호	함양 승안사지 삼층석탑	☆	경남 함양군 수동면 우명리 263
보물 제295호	창녕 관룡사 용선대 석조여래좌상	☆	경남 창녕군 창녕읍 옥천리 산328 관룡사
보물 제296호	김천 청암사 수도암 석조보살좌상	☆	경북 김천시 증산면 수도길 1438 청암사 수도암
보물 제297호	김천 청암사 수도암 동·서 삼층석탑	☆	경북 김천시 증산면 수도길 1438 청암사 수도암
보물 제298호	강진 월남사지 삼층석탑	☆	전남 강진군 성전면 월남리 854
보물 제299호	구례 화엄사 대웅전	☆	전남 구례군 마산면 화엄사로 539 화엄사
보물 제300호	구례 화엄사 원통전 앞 사자탑	☆	전남 구례군 마산면 화엄사로 539 화엄사
보물 제301호	해남 대흥사 북미륵암 삼층석탑	☆	전남 해남군 삼산면 대흥사길 375 북미륵암

지정번호	문화재 명칭	답사	문화재 소재지
보물 제302호	순천 송광사 약사전	☆	전남 순천시 송광면 송광사안길 100 송광사
보물 제303호	순천 송광사 영산전	☆	전남 순천시 송광면 송광사안길 100 송광사
보물 제304호	보성 벌교 홍교	☆	전남 보성군 벌교읍 벌교리 154-1
보물 제305호	안동 석빙고	☆	경북 안동시 성곡동 산225-1
보물 제306호	안동 하회 양진당	☆	경북 안동시 풍천면 하회리 724
보물 제307호	김천 청암사 수도암 석조비로자나불좌상	☆	경북 김천시 증산면 수도길 1438 청암사 수도암
보물 제308호	전주 풍남문	☆	전북 전주시 완산구 풍남문3길 1
보물 제309호	정읍 천곡사지 칠층석탑	☆	전북 정읍시 망제동 산9-2
보물 제310호	창녕 석빙고	☆	경남 창녕군 창녕읍 송현리 288
보물 제311호	노인 금계일기	☆	경남 진주시 남강로 626-35 국립진주박물관
보물 제312호	밀양 소태리 오층석탑	☆	경남 밀양시 청도면 소태리 1138-2
보물 제313호	강진 월남사지 신사국사비	☆	전남 강진군 성전면 월남1길 106-1
보물 제314호	감지 금니 묘법연화경 권3~4		경북 경주시 일정로 186 국립경주박물관
보물 제315호	백지 묵서 묘법연화경 권1, 3		경북 경주시 일정로 186 국립경주박물관
보물 제316호	청도 운문사 원응국사비	☆	경북 청도군 운문면 운문사길 264 운문사
보물 제317호	청도 운문사 석조여래좌상	☆	경북 청도군 운문면 운문사길 264 운문사
보물 제318호	청도 운문사 석조사천왕상	☆	경북 청도군 운문면 운문사길 264 운문사
보물 제319호	김천 직지사 석조약사여래좌상	☆	경북 김천시 대항면 북암길 89 직지사
보물 제320호	해남 대흥사 삼층석탑	☆	전남 해남군 삼산면 대흥사길 400 대흥사
보물 제321호	봉은사 청동은입사 향완	☆	서울 종로구 우정국로 55 불교중앙미술관
보물 제322호	제주 관덕정	☆	제주 제주시 관덕로 19
보물 제323호	청도 석빙고	☆	경북 청도군 화양면 동교길 7
보물 제324호	여수 진남관	☆	국보 제304호로 승격
보물 제325호	칠곡 송림사 오층전탑 사리장엄구	☆	대구 수성구 청호로 321 국립대구박물관
보물 제326호	이순신 유물 일괄	☆	충남 아산시 염치읍 아산시 현충사길 48 현충사
보물 제327호	의성 빙산사지 오층석탑	☆	경북 의성군 춘산면 빙계계곡길 127-10
보물 제328호	금동약사여래입상	☆	서울 용산구 서빙고로 137 국립중앙박물관
보물 제329호	부여 군수리 석조여래좌상	☆	서울 용산구 서빙고로 137 국립중앙박물관
보물 제330호	부여 군수리 금동보살입상	☆	충남 부여군 부여읍 금성로 5 국립부여박물관
보물 제331호	금동미륵보살반가사유상	☆	서울 용산구 서빙고로 137 국립중앙박물관
보물 제332호	하남 하사창동 철조석가여래좌상	☆	서울 용산구 서빙고로 137 국립중앙박물관
보물 제333호	금동보살입상	☆	서울 용산구 서빙고로 137 국립중앙박물관
보물 제334호	통도사 청동은입사향완		경남 양산시 하북면 통도사로 108 통도사
보물 제335호	석조비로자나불좌상	☆	대구 북구 대학로 80 경북대학교박물관
보물 제336호	정지장군 갑옷	☆	광주 북구 비엔날레로 111 광주시립민속박물관
보물 제337호	청양 장곡사 금동약사여래좌상	☆	충남 청양군 대치면 장곡길 241 장곡사
보물 제338호	금령총 금관	☆	서울 용산구 서빙고로 137 국립중앙박물관
보물 제339호	서봉총 금관	☆	경북 경주시 일정로 186 국립경주박물관
보물 제340호	청자 철채 퇴화삼엽문 매병	☆	서울 용산구 서빙고로 137 국립중앙박물관

지정번호	문화재 명칭	답사	문화재 소재지
보물 제341호	청자 상감 모란문 표형 병	☆	국보 제116호와 중복 지정으로 해제
보물 제342호	청자 음각 모란 상감 복사문 유개 매병	☆	서울 용산구 서빙고로 137 국립중앙박물관
보물 제343호	부여 외리 문양전 일괄	☆	서울 용산구 서빙고로 137 국립중앙박물관
보물 제344호	청자 양각 위로문 정병	☆	서울 용산구 서빙고로 137 국립중앙박물관
보물 제345호	백자 상감 모란문 매병	☆	서울 용산구 서빙고로 137 국립중앙박물관
보물 제346호	청자 상감 동채 모란문 매병	☆	서울 용산구 서빙고로 137 국립중앙박물관
보물 제347호	분청사기 상감 어문 매병	☆	서울 용산구 서빙고로 137 국립중앙박물관
보물 제348호	분청사기 상감 모란문 반합		서울 성북구 성북로 102-11 간송미술관
보물 제349호	청자 상감 국화모란당초문 모자 합		서울 성북구 성북로 102-11 간송미술관
보물 제350호	달성 도동서원 중정당·사당·담장	☆	대구 달성군 구지면 도동리 35
보물 제351호	(전) 양평 보리사지 대경대사탑		서울 서대문구 이화여대길 52 이화여자대학교박물관
보물 제352호	감지 은니 묘법연화경 권7	☆	서울 서대문구 이화여대길 52 이화여자대학교박물관
보물 제353호	합천 영암사지 쌍사자 석등	☆	경남 합천군 가회면 황매산로 637-97
보물 제354호	천안 천흥사지 오층석탑	☆	충남 천안시 성거읍 천흥리 190-2
보물 제355호	홍성 신경리 마애여래입상	☆	충남 홍성군 홍북면 신경리 산80-1
보물 제356호	부여 무량사 극락전	☆	충남 부여군 외산면 무량로 203 무량사
보물 제357호	칠곡 정도사지 오층석탑	☆	대구 수성구 청호로 321 국립대구박물관
보물 제358호	원주 영전사지 보제존자탑	☆	서울 용산구 서빙고로 137 국립중앙박물관
보물 제359호	충주 정토사지 홍법국사탑비	☆	서울 용산구 서빙고로 137 국립중앙박물관
보물 제360호	제천 월광사지 원랑선사탑비	☆	서울 용산구 서빙고로 137 국립중앙박물관
보물 제361호	양평 보리사지 대경대사탑비	☆	서울 용산구 서빙고로 137 국립중앙박물관
보물 제362호	창원 봉림사지 진경대사탑	☆	서울 용산구 서빙고로 137 국립중앙박물관
보물 제363호	창원 봉림사지 진경대사탑비	☆	서울 용산구 서빙고로 137 국립중앙박물관
보물 제364호	나주 서성문 안 석등	☆	서울 용산구 서빙고로 137 국립중앙박물관
보물 제365호	원주 흥법사지 진공대사탑 및 석관	☆	서울 용산구 서빙고로 137 국립중앙박물관
보물 제366호	감은사지 서삼층석탑 사리장엄구	☆	경북 경주시 일정로 186 국립경주박물관
보물 제367호	기축명 아미타불 비상	☆	충북 청주시 상당구 명암로 143 국립청주박물관
보물 제368호	미륵보살반가사유 비상	☆	충북 청주시 상당구 명암로 143 국립청주박물관
보물 제369호	울주 석남사 승탑	☆	울산 울주군 상북면 덕현리 산232-2 석남사
보물 제370호	울주 간월사지 석조여래좌상	☆	울산 울주군 상북면 등억온천4길 15
보물 제371호	산청 사월리 석조여래좌상	☆	경남 진주시 천수로137번길 38
보물 제372호	신주 용암사지 승탑	☆	경남 진주시 이반성면 용암리 산31
보물 제373호	의령 보천사지 삼층석탑	☆	경남 의령군 의령읍 하리 797-1
보물 제374호	산청 율곡사 대웅전	☆	경남 산청군 신등면 율곡사길 182
보물 제375호	함양 덕전리 마애여래입상	☆	경남 함양군 마천면 덕전리 768-6
보물 제376호	함양 교산리 석조여래좌상	☆	경남 함양군 함양읍 함양배움길 11
보물 제377호	거창 양평리 석조여래입상	☆	경남 거창군 거창읍 노혜3길 6-33
보물 제378호	거창 상림리 석조보살입상	☆	경남 거창군 거창읍 미륵길 19-61
보물 제379호	진주 묘엄사지 삼층석탑	☆	경남 진주시 수곡면 효자리 447-1

지정번호	문화재 명칭	답사	문화재 소재지
보물 제380호	하동 쌍계사 승탑	☆	경남 하동군 화개면 목압길 103 쌍계사
보물 제381호	합천 백암리 석등	☆	경남 합천군 대양면 백암리 90-3
보물 제382호	울주 청송사지 삼층석탑	☆	울산 울주군 청량면 율리 1420
보물 제383호	창덕궁 돈화문	☆	서울 종로구 율곡로 99 창덕궁
보물 제384호	창경궁 홍화문	☆	서울 종로구 창경궁로 185 창경궁
보물 제385호	창경궁 명정문 및 행각	☆	서울 종로구 창경궁로 185 창경궁
보물 제386호	창경궁 옥천교	☆	서울 종로구 창경궁로 185 창경궁
보물 제387호	양주 회암사지 선각왕사비	☆	경기 양주시 회암사길 281
보물 제388호	양주 회암사지 무학대사탑	☆	경기 양주시 회암사길 281
보물 제389호	양주 회암사지 무학대사탑 앞 쌍사자 석등	☆	경기 양주시 회암사길 281
보물 제390호	천안 광덕사 고려사경	☆	서울 종로구 우정국로 55 불교중앙박물관
보물 제391호	부산진 순절도	☆	서울 노원구 공릉동 산230-30 육군박물관
보물 제392호	동래부 순절도	☆	서울 노원구 공릉동 산230-30 육군박물관
보물 제393호	전등사 철종	☆	인천 강화군 길상면 전등사로 37 전등사
보물 제394호	나주향교 대성전	☆	전남 나주시 향교길 36-11
보물 제395호	순천 선암사 동·서 삼층석탑	☆	전남 순천시 승주읍 선암사길 450 선암사
보물 제396호	여수 흥국사 대웅전	☆	전남 여수시 흥국사길 160 흥국사
보물 제397호	남양주 봉선사 동종	☆	경기 남양주시 진접읍 봉선사길 32 봉선사
보물 제398호	월인천강지곡 권상 [국보 지정 예고]	☆	경기 성남시 분당구 하오개로 323 한국학중앙연구원
보물 제399호	홍성 고산사 대웅전	☆	충남 홍성군 결성면 만해로127번길 35-99 고산사
보물 제400호	순천 선암사 승선교	☆	전남 순천시 승주읍 선암사길 450 선암사
보물 제401호	금동여래입상		서울 용산구 이태원로 55길 60 삼성미술관 리움
보물 제402호	수원 팔달문	☆	경기 수원시 팔달구 팔달로 2가 138
보물 제403호	수원 화서문	☆	경기 수원시 장안구 장안동 334
보물 제404호	진천 연곡리 석비	☆	충북 진천군 진천읍 김유신길 639
보물 제405호	단양 향산리 삼층석탑	☆	충북 단양군 가곡면 향산1길 24
보물 제406호	제천 덕주사 마애여래입상	☆	충북 제천시 한수면 송계리1 덕주사
보물 제407호	천안 삼태리 마애여래입상	☆	충남 천안시 풍세면 휴양림길 70
보물 제408호	논산 쌍계사 대웅전	☆	충남 논산시 양촌면 중산길 192 쌍계사
보물 제409호	당진 영탑사 금동비로자나불삼존좌상		충남 당진군 면천면 성하리 560 영탑사
보물 제410호	정선 정암사 수마노탑	☆	강원 정선군 고한읍 함백산로 1062 정암사
보물 제411호	경주 양동 무첨당	☆	경북 경주시 강동면 양동마을안길 32-19
보물 제412호	경주 양동 향단	☆	경북 경주시 강동면 양동마을안길 121-75
보물 제413호	경주 독락당	☆	경북 경주시 안강읍 옥산서원길 300-3
보물 제414호	안동 하회 충효당	☆	경북 안동시 풍천면 종가길 69
보물 제415호	경주 기림사 건칠보살반가상	☆	경북 경주시 양북면 기림로 437-17 기림사
보물 제416호	청자 투각 연화문 돈		서울 서대문구 이화여대길 52 이화여자대학교박물관
보물 제417호	홍무정운역훈 권3~16		서울 성북구 안암로 145 고려대학교 중앙도서관
보물 제418호	제왕운기		서울 종로구 [개인 소장]

지정번호	문화재 명칭	답사	문화재 소재지
보물 제419호	삼국유사 권2	☆	서울 중구 [개인 소장] 등
보물 제420호	백장암 청동은입사향로		전북 남원시 산내면 대정리 975 백장암
보물 제421호	남원 실상사 약수암 목각아미타여래설법상		전북 남원시 산내면 입석리 금산사성보박물관
보물 제422호	남원 선원사 철조여래좌상	☆	전북 남원시 용성로 151 선원사
보물 제423호	남원 신계리 마애여래좌상	☆	전북 남원시 대산면 신계리 산18
보물 제424호	예천 청룡사 석조여래좌상	☆	경북 예천군 용문면 선리 520-2
보물 제425호	예천 청룡사 석조비로자나불좌상	☆	경북 예천군 용문면 선리 520-2
보물 제426호	예천 동본리 삼층석탑	☆	경북 예천군 예천읍 동본리 474-4
보물 제427호	예천 동본리 석조여래입상	☆	경북 예천군 예천읍 동본리 474-4
보물 제428호	군위 인각사 보각국사탑 및 비	☆	경북 군위군 고로면 삼국유사로 250 인각사
보물 제429호	경산 불굴사 삼층석탑	☆	경북 경산시 와촌면 강학리 산55-9 불굴사
보물 제430호	포항 보경사 승탑	☆	경북 포항시 북구 송라면 보경로 533 보경사
보물 제431호	경산 팔공산 관봉 석조여래좌상	☆	경북 경산시 와촌면 갓바위로81길 선본사
보물 제432호	태안 동문리 마애삼존불입상	☆	국보 제307호로 승격
보물 제433호	괴산 각연사 석조비로자나불좌상	☆	충북 괴산군 칠성면 각연길 451 각연사
보물 제434호	부산 범어사 대웅전	☆	부산 금정구 범어사로 250 범어사
보물 제435호	안성 봉업사지 오층석탑	☆	경기 안성시 죽산면 죽산리 148-5
보물 제436호	창원 불곡사 석조비로자나불좌상	☆	경남 창원시 성산구 대암로 55 불곡사
보물 제437호	김회련 개국원종공신녹권		전북 정읍시 [종중 소장]
보물 제438호	김회련 고신왕지		전북 정읍시 [종중 소장]
보물 제439호	양양 진전사지 도의선사탑	☆	강원 양양군 강현면 둔전리 산1
보물 제440호	통영 충렬사 팔사품 일괄	☆	경남 통영시 여황로 251 충렬사
보물 제441호	울산 태화사지 십이지상 사리탑	☆	울산 남구 두왕로 277 울산박물관
보물 제442호	경주 양동 관가정	☆	경북 경주시 강동면 양동마을길 121-47
보물 제443호	속초 향성사지 삼층석탑	☆	강원 속초시 설악동 산24-2
보물 제444호	양양 선림원지 삼층석탑	☆	강원 양양군 서면 황이리 424
보물 제445호	양양 선림원지 석등	☆	강원 양양군 서면 황이리 424
보물 제446호	양양 선림원지 홍각선사탑비	☆	강원 양양군 서면 황이리 424
보물 제447호	양양 선림원지 승탑	☆	강원 양양군 서면 황이리 424
보물 제448호	안동 봉정사 화엄강당	☆	경북 안동시 서후면 봉정사길 222 봉정사
보물 제449호	안동 봉정사 고금당	☆	경북 안동시 서후면 봉정사길 222 봉정사
보물 제450호	안동 의성김씨 종택	☆	경북 안동시 임하면 경동로 1949-9
보물 제451호	안동 태사묘 삼공신 유물		경북 안동시 [개인 소장]
보물 제452호	청자 구룡형 주자	☆	서울 용산구 서빙고로 137 국립중앙박물관
보물 제453호	도기 녹유 탁잔	☆	서울 용산구 서빙고로 137 국립중앙박물관
보물 제454호	경주 노서동 금제천	☆	서울 용산구 서빙고로 137 국립중앙박물관
보물 제455호	경주 황오동 금제이식	☆	서울 용산구 서빙고로 137 국립중앙박물관
보물 제456호	경주 노서동 금제경식	☆	서울 용산구 서빙고로 137 국립중앙박물관
보물 제457호	예천권씨 초간종택 별당	☆	경북 예천군 용문면 죽림길 37

지정번호	문화재 명칭	답사	문화재 소재지
보물 제458호	쌍계사 적묵당	☆	경남 문화재자료 제46호로 강등
보물 제459호	제천 장락동 칠층모전석탑	☆	충북 제천시 장락동 65-2
보물 제460호	류성룡 종가 유물	☆	경북 안동시 풍천면 종가길 69 영모각
보물 제461호	나주 철천리 마애칠불상	☆	전남 나주시 봉황면 철천리 산124-11
보물 제462호	나주 철천리 석조여래입상	☆	전남 나주시 봉황면 철천리 산124-11
보물 제463호	원주 흥법사지 진공대사탑비	☆	강원 원주시 지정면 안창리 517-2
보물 제464호	원주 흥법사지 삼층석탑	☆	강원 원주시 지정면 안창리 517-2
보물 제465호	영천 신월리 삼층석탑	☆	경북 영천시 금호읍 금호로 360 신흥사
보물 제466호	밀양 만어사 삼층석탑	☆	경남 밀양시 삼랑진읍 만어로 766 만어사
보물 제467호	밀양 표충사 삼층석탑	☆	경남 밀양시 단장면 표충로 1334 표충사
보물 제468호	밀양 숭진리 삼층석탑	☆	경남 밀양시 삼랑진읍 숭진리 412-1
보물 제469호	구미 낙산리 삼층석탑	☆	경북 구미시 해평면 낙산리 837-4
보물 제470호	구미 도리사 석탑	☆	경북 구미시 해평면 도리사로 526 도리사
보물 제471호	양산 통도사 봉발탑	☆	경남 양산시 하북면 통도사로 108 통도사
보물 제472호	의령 보천사지 승탑	☆	경남 의령군 의령읍 하리 산96-1
보물 제473호	산청 법계사 삼층석탑	☆	경남 산청군 시천면 중산리 873
보물 제474호	함양 벽송사 삼층석탑	☆	경남 함양군 마천면 추성리 산18-1 벽송사
보물 제475호	안동 소호헌	☆	경북 안동시 일직면 소호헌길 2
보물 제476호	금산사 대적광전	☆	화재로 소실되어 지정 해제
보물 제477호	이이 남매 화회문기	☆	서울 광진구 아차산로 263 건국대학교박물관
보물 제478호	갑사 동종	☆	충남 공주시 계룡면 갑사로 567 갑사
보물 제479호	낙산사 동종	☆	2005년 4월 5일 산불로 소실 지정 해제
보물 제480호	합천 영암사지 삼층석탑	☆	경남 합천군 가회면 황매산로 637-97
보물 제481호	해남윤씨 가전 고화첩 일괄	☆	전남 해남군 해남읍 녹우당길 130
보물 제482호	윤선도 종가 문적	☆	전남 해남군 해남읍 녹우당길 130
보물 제483호	윤단학 노비허여문기 및 입안	☆	전남 해남군 해남읍 녹우당길 130
보물 제484호	김용 호종일기		경북 안동시 임하면 천전리 279
보물 제485호	대성지성문선왕전좌도	☆	경북 영주시 순흥면 소백로 2740
보물 제486호	은해사 백흥암 극락전 수미단		경북 영천시 청통면 치일리 549 은해사 백흥암
보물 제487호	정탁 초상		경북 안동시 도산면 퇴계로 1997 한국국학진흥원
보물 제488호	안성 칠장사 혜소국사비	☆	경기 안성시 죽산면 칠장로 399 칠장사
보물 제489호	합천 영암사지 귀부	☆	경남 합천군 가회면 황매산로 637-97
보물 제490호	구미 금오산 마애여래입상	☆	경북 구미시 금오산로 466-3
보물 제491호	양산 용화사 석조여래좌상	☆	경남 양산시 물금읍 원동로 199 용화사
보물 제492호	구미 해평리 석조여래좌상	☆	경북 구미시 해평면 해평4길 86 보천사
보물 제493호	밀양 무봉사 석조여래좌상	☆	경남 밀양시 영남루1길 16 무봉사
보물 제494호	정탁 문적 - 약포유고 및 고문서	☆	경북 안동시 도산면 퇴계로 1997 한국국학진흥원
보물 제495호	고성 옥천사 청동금고	☆	경남 고성군 개천면 연화산1로 471 옥천사
보물 제496호	화천 계성리 석등	☆	강원 화천군 하남면 계성리 594

지정번호	문화재 명칭	답사	문화재 소재지
보물 제497호	양양 오색리 삼층석탑	☆	강원 양양군 서면 약수길 132
보물 제498호	울진 구산리 삼층석탑	☆	경북 울진군 근남면 구산리 1494-1
보물 제499호	양양 낙산사 칠층석탑	☆	강원 양양군 강현면 낙산사로 100 낙산사
보물 제500호	하동 쌍계사 대웅전	☆	경남 하동군 화개면 쌍계사길 59 쌍계사
보물 제501호	장계 홍패 및 장말손 백패·홍패		경북 영주시 장수면 화기리 18-2
보물 제502호	장말손 초상	☆	경북 영주시 장수면 화기리 18-2
보물 제503호	해남 명량대첩비	☆	전남 해남군 문내면 우수영안길 34
보물 제504호	영광 신천리 삼층석탑	☆	전남 영광군 묘량면 묘량로2길 40-89
보물 제505호	담양 객사리 석당간	☆	전남 담양군 담양읍 객사리 45
보물 제506호	담양 남산리 오층석탑	☆	전남 담양군 담양읍 남산리 342
보물 제507호	강진 무위사 선각대사탑비	☆	전남 강진군 성전면 무위사로 308 무위사
보물 제508호	예산 삽교읍 석조보살입상	☆	충남 예산군 삽교읍 신리 산16
보물 제509호	구례 논곡리 삼층석탑	☆	전남 구례군 구례읍 논곡리 산51-1
보물 제510호	칠곡 기성리 삼층석탑	☆	경북 칠곡군 동명면 기성리 1028
보물 제511호	청원 계산리 오층석탑	☆	충북 청원군 가덕면 계산리 산46-3
보물 제512호	충주 단호사 철조여래좌상	☆	충북 충주시 충원대로 201 단호사
보물 제513호	영천 선원동 철조여래좌상	☆	경북 영천시 임고면 환구길 144 선정사
보물 제514호	영천 은해사 운부암 금동보살좌상	☆	경북 영천시 청통면 청통로 951 은해사
보물 제515호	숙신옹주 가옥허여문기	☆	서울 용산구 서빙고로 137 국립중앙박물관
보물 제516호	대구 무술명 오작비	☆	대구 북구 대학로 80 경북대학교박물관
보물 제517호	영천 청제비	☆	경북 영천시 도남동 산7-1
보물 제518호	합천 해인사 원당암 다층석탑 및 석등	☆	경남 합천군 가야면 해인사길 141-22 원당암
보물 제519호	창녕 관룡사 석조여래좌상	☆	경남 창녕군 창녕읍 화왕산관룡사길 171 관룡사
보물 제520호	창녕 술정리 서 삼층석탑	☆	경남 창녕군 창녕읍 술정서탑길 4-7
보물 제521호	영천 숭렬당	☆	경북 영천시 숭렬당길 1
보물 제522호	강세황 필 도산서원도	☆	서울 용산구 서빙고로 137 국립중앙박물관
보물 제523호	석보상절		경기 용인시 [호암미술관] 등
보물 제524호	여주이씨 옥산문중 전적	☆	경북 경주시 안강읍 옥산서원길 216-27 옥산서원
보물 제525호	삼국사기	☆	경북 경주시 안강읍 옥산서원길 216-27 옥산서원
보물 제526호	여주이씨 옥산문중 유묵		경북 경주시 안강읍 옥산서원길 216-27 옥산서원
보물 제527호	김홍도 필 풍속도 화첩	☆	서울 용산구 서빙고로 137 국립중앙박물관
보물 제528호	제천 청풍 한벽루	☆	충북 제천시 청풍면 청풍호로 2048
보물 제529호	진도 금골산 오층석탑	☆	전남 진도군 군내면 금골길 58
보물 제530호	거창 가섭암지 마애여래삼존입상	☆	경남 거창군 위천면 상천리 산6-2
보물 제531호	양평 용문사 정지국사탑 및 비	☆	경기 양평군 용문면 신점리 산99-6 용문사
보물 제532호	영동 영국사 승탑	☆	충북 영동군 양산면 영국동길 225-35 영국사
보물 제533호	영동 영국사 삼층석탑	☆	충북 영동군 양산면 영국동길 225-35 영국사
보물 제534호	영동 영국사 원각국사비	☆	충북 영동군 양산면 영국동길 225-35 영국사
보물 제535호	영동 영국사 망탑봉 삼층석탑	☆	충북 영동군 양산면 영국동길 225-35 영국사

지정번호	문화재 명칭	답사	문화재 소재지
보물 제536호	아산 평촌리 석조약사여래입상	☆	충남 아산시 송악면 평촌리 1-1
보물 제537호	아산 읍내동 당간지주	☆	충남 아산시 읍내동 255
보물 제538호	홍성 오관리 당간지주	☆	충남 홍성군 홍성읍 오관리 297-15
보물 제539호	달성 용연사 금강계단	☆	대구 달성군 옥포면 반송리 915 용연사
보물 제540호	홍천 괘석리 사사자 삼층석탑	☆	강원 홍천군 홍천읍 희망리 151-7
보물 제541호	홍천 물걸리 석조여래좌상	☆	강원 홍천군 내촌면 동창로153번길 34
보물 제542호	홍천 물걸리 석조비로자나불좌상	☆	강원 홍천군 내촌면 동창로153번길 34
보물 제543호	홍천 물걸리 석조대좌	☆	강원 홍천군 내촌면 동창로153번길 34
보물 제544호	홍천 물걸리 석조대좌 및 광배	☆	강원 홍천군 내촌면 동창로153번길 34
보물 제545호	홍천 물걸리 삼층석탑	☆	강원 홍천군 내촌면 동창로153번길 34
보물 제546호	제천 물태리 석조여래입상	☆	충북 제천시 청풍면 청풍호로 2048
보물 제547호	김정희 종가 유물	☆	서울 용산구 서빙고로 137 국립중앙박물관
보물 제548호	이황필적 - 퇴도선생필법 및 퇴도선생유첩	☆	경북 안동시 도산면 퇴계로 1997 한국국학진흥원
보물 제549호	권주 종가 고문서	☆	경북 안동시 도산면 퇴계로 1997 한국국학진흥원
보물 제550호	주역천견록		서울 서대문구 충정로 9길 10-10 (재)아단문고
보물 제551호	시용향악보	☆	서울 서대문구 충정로 9길 10-10 (재)아단문고
보물 제552호	자치통감강목 권19의 하		서울 서대문구
보물 제553호	안동 예안이씨 충효당	☆	경북 안동시 풍산읍 우렁길 73
보물 제554호	달성 태고정	☆	대구 달성군 하빈면 묘리 638
보물 제555호	도기 배모양 명기		서울 용산구 이태원로 55길 60 삼성미술관 리움
보물 제556호	도기 신발모양 명기		서울 용산구 이태원로 55길 60 삼성미술관 리움
보물 제557호	금제이식		서울 용산구 이태원로 55길 60 삼성미술관 리움
보물 제558호	청자 상감 운학모란국화문 매병		서울 용산구 이태원로 55길 60 삼성미술관 리움
보물 제559호	채화칠기		서울 용산구 이태원로 55길 60 삼성미술관 리움
보물 제560호	청동 진솔선예백장동인		서울 용산구 이태원로 55길 60 삼성미술관 리움
보물 제561호	금영측우기	☆	서울 동작구 여의대방로16길 61 기상청
보물 제562호	경산 환성사 대웅전	☆	경북 경산시 하양읍 환성로 392 환성사
보물 제563호	여수 흥국사 홍교	☆	전남 여수시 흥국사길 134-11 흥국사
보물 제564호	창녕 영산 만년교	☆	경남 창녕군 영산면 원다리길 42
보물 제565호	평택 심복사 석조비로자나불좌상	☆	경기 평택시 현덕면 덕목5길 47 심복사
보물 제566호	유근 초상		충북 괴산군 소수면 몽촌리
보물 제567호	평택 만기사 철조여래좌상	☆	경기 평택시 진위면 진위로 181 만기사
보물 제568호	윤봉길의사 유품	☆	충남 예산군 덕산면 덕산온천로 183-5
보물 제569호	안중근의사 유묵	☆	서울 강남구 외
보물 제570호	전 고령 일괄유물		서울 용산구 이태원로 55길 60 삼성미술관 리움
보물 제571호	여수 통제이공 수군대첩비	☆	전남 여수시 고소3길 13
보물 제572호	순천 송광사 고려고문서		전남 순천시 송광사안길 100 송광사
보물 제573호	시천견록 및 서천견록		서울 서대문구 충정로 9길 10-10 (재)아단문고
보물 제574호	박만정 해서암행일기		부산 기장군 [개인 소장]

지정번호	문화재 명칭	답사	문화재 소재지
보물 제575호	문경 대승사 목각아미타여래설법상 및 관계문서	☆	경북 문경시 산북면 대승사길 283 대승사
보물 제576호	봉업사명 청동금고	☆	서울 서대문구 연세로 50 연세대학교박물관
보물 제577호	분청사기 상감 '정통5년'명 어문 반형 묘지		서울 용산구 이태원로 55길 60 삼성미술관 리움
보물 제578호	흥국사 대웅전 후불탱	☆	전남 여수시 흥국사길 160 흥국사
보물 제579호	괴산 외사리 승탑	☆	서울 성북구 성북로 102-11 간송미술관
보물 제580호	문경 오층석탑	☆	서울 성북구 성북로 102-11 간송미술관
보물 제581호	경주 골굴암 마애여래좌상	☆	경북 경주시 양북면 안동리 산304 골굴암
보물 제582호	월인석보 목판		충남 공주시 계룡면 중장리 52 갑사
보물 제583호	전주 풍패지관	☆	전북 전주시 완산구 중앙동 3가1
보물 제584호	구례 윤문효공 신도비	☆	전남 구례군 산동면 이평리 산91-1
보물 제585호	퇴우이선생 진적	☆	서울 용산구
보물 제586호	이언적 수고본 일괄		경북 경주시 안강읍 옥산리 7 옥산서원 외
보물 제587호	필암서원 문적 일괄	☆	광주 북구 하서로 110 국립광주박물관
보물 제588호	강민첨 초상	☆	서울 용산구 서빙고로 137 국립중앙박물관
보물 제589호	강현초상	☆	서울 용산구 서빙고로 137 국립중앙박물관
보물 제590호	강세황 초상	☆	서울 용산구 서빙고로 137 국립중앙박물관
보물 제591호	석씨원류응화사적 목판	☆	서울 종로구 우정국로 55 불교중앙박물관
보물 제592호	허목 수고본	☆	서울 용산구 서빙고로 137 국립중앙박물관 외
보물 제593호	이상좌 불화첩		서울 용산구 이태원로 55길 60 삼성미술관 리움
보물 제594호	최덕지 초상 및 유지초본		전남 영암군 [종중 소장]
보물 제595호	자수 초충도 병풍		부산 서구 구덕로 255 동아대학교박물관
보물 제596호	궁궐도[동궐도]		국보 제249호로 승격
보물 제597호	토기 융기문 발	☆	부산 서구 구덕로 255 동아대학교박물관
보물 제598호	도기 마두식 각배	☆	부산 서구 구덕로 255 동아대학교박물관
보물 제599호	쌍자총통	☆	부산 서구 구덕로 255 동아대학교박물관
보물 제600호	광주 약사암 석조여래좌상	☆	광주 동구 증심사길160번길 89 약사암
보물 제601호	대구 도학동 승탑	☆	대구 동구 팔공산로201길 41 동화사
보물 제602호	이이 수고본 격몽요결	☆	강원 강릉시 율곡로 3139번길 24 오죽헌시립박물관
보물 제603호	문무잡과방목	☆	강원 강릉시 율곡로 3139번길 24 오죽헌시립박물관
보물 제604호	장말손 적개공신교서		경북 영주시 [개인 소장]
보물 제605호	고령 장기리 암각화	☆	경북 고령군 고령읍 아래알터길 15-5
보물 제606호	문경 도천사지 동・서 삼층석탑	☆	경북 김천시 대항면 북암길 89 직지사
보물 제607호	문경 도천사지 삼층석탑	☆	경북 김천시 대항면 북암길 89 직지사
보물 제608호	완주 위봉사 보광명전	☆	전북 완주군 소양면 위봉길 53 위봉사
보물 제609호	영양 화천리 삼층석탑	☆	경북 영양군 영양읍 화천리 835
보물 제610호	영양 현리 삼층석탑	☆	경북 영양군 영양읍 현리 401
보물 제611호	고양 태고사 원증국사탑비	☆	경기 고양시 덕양구 대서문길 406 태고사
보물 제612호	영월 흥녕사지 징효대사탑비	☆	강원 영월군 수주면 무릉법흥로 1352 법흥사
보물 제613호	신숙주 초상	☆	충북 청원군 [고령신씨 문중]

지정번호	문화재 명칭	답사	문화재 소재지
보물 제614호	사천 흥사리 매향비	☆	경남 사천시 곤양면 흥사리 산48-2
보물 제615호	강화 장정리 석조여래입상	☆	인천 강화군 하점면 장정리 584
보물 제616호	영천향교 대성전	☆	경북 영천시 지당길 5
보물 제617호	천마총 금제관식	☆	경북 경주시 일정로 186 국립경주박물관
보물 제618호	천마총 금제관식	☆	경북 경주시 일정로 186 국립경주박물관
보물 제619호	천마총 경흉식	☆	경북 경주시 일정로 186 국립경주박물관
보물 제620호	천마총 유리잔	☆	경북 경주시 일정로 186 국립경주박물관
보물 제621호	천마총 환두대도	☆	경북 경주시 일정로 186 국립경주박물관
보물 제622호	천마총 초두		경북 경주시 일정로 186 국립경주박물관
보물 제623호	황남대총 북분 금제천 및 금제지환	☆	경북 경주시 일정로 186 국립경주박물관
보물 제624호	황남대총 북분 유리잔	☆	서울 용산구 서빙고로 137 국립중앙박물관
보물 제625호	황남대총 북분 은제관식	☆	경북 경주시 일정로 186 국립경주박물관
보물 제626호	황남대총 북분 금제고배	☆	경북 경주시 일정로 186 국립경주박물관
보물 제627호	황남대총 북분 은잔	☆	서울 용산구 서빙고로 137 국립중앙박물관
보물 제628호	황남대총 북분 금은기 일괄	☆	경북 경주시 일정로 국립경주·국립중앙박물관
보물 제629호	황남대총 남분 금제과대	☆	서울 용산구 서빙고로 137 국립중앙박물관
보물 제630호	황남대총 남분 금제관식	☆	서울 용산구 서빙고로 137 국립중앙박물관
보물 제631호	황남대총 남분 은관	☆	경북 경주시 일정로 186 국립경주박물관
보물 제632호	황남대총 남분 은제팔갑	☆	경북 경주시 일정로 186 국립경주박물관
보물 제633호	경주 황남동 금제수식	☆	경북 경주시 일정로 186 국립경주박물관
보물 제634호	경주 황남동 상감유리옥	☆	경북 경주시 일정로 186 국립경주박물관
보물 제635호	경주 계림로 보검	☆	경북 경주시 일정로 186 국립경주박물관
보물 제636호	도기 서수형 명기	☆	경북 경주시 일정로 186 국립경주박물관
보물 제637호	도기 차륜식 각배	☆	경남 진주시 남강로 626-35 국립진주박물관
보물 제638호	기사계첩	☆	서울 서대문구 이화여대길 52 이화여자대학교박물관
보물 제639호	기사계첩		서울 송파구 [개인 소장]
보물 제640호	인천안목		서울 서대문구 충정로9길 10-10 (재)아단문고
보물 제641호	선종영가집		서울 서대문구 충정로9길 10-10 (재)아단문고
보물 제642호	고구려 평양성 석편	☆	서울 서대문구 이화여대길 52 이화여자대학교박물관
보물 제643호	금동미륵보살반가사유상	☆	경기 용인시 처인구 포곡읍 호암미술관
보물 제644호	백자 청화송죽인물문 입호	☆	서울 서대문구 이화여대길 52 이화여자대학교박물관
보물 제645호	백자 철화운용문 입호	☆	서울 서대문구 이화여대길 52 이화여자대학교박물관
보물 제646호	청자 상감'상약국'명 음각 운룡문 합	☆	충북 음성군 대소면 대풍산단로 78 한독의약박물관
보물 제647호	천자총통	☆	경남 진주시 남강로 626-35 국립진주박물관
보물 제648호	승자총통	☆	서울 용산구 서빙고로 137 국립중앙박물관
보물 제649호	세종시 연화사 무인명불비상 및 대좌	☆	세종 연서면 연화사길 28-1 연화사
보물 제650호	세종시 연화사 칠존불비상	☆	세종 연서면 연화사길 28-1 연화사
보물 제651호	연안이씨 종중문적		전북 익산시 미륵산1길 8 연안이씨종중문적박물관
보물 제652호	이형상 수고본-탐라순력도	☆	제주 제주시 일주동로 17 국립제주박물관

지정번호	문화재 명칭	답사	문화재 소재지
보물 제653호	자수 사계분경도	☆	서울 강남구 논현로132길 34 한국자수박물관
보물 제654호	자수 가사		서울 강남구 논현로132길 34 한국자수박물관
보물 제655호	칠곡 노석리 마애불상군	☆	경북 칠곡군 기산면 노석리 산43-2
보물 제656호	충주 청룡사지 보각국사탑 앞 사자 석등	☆	충북 충주시 소태면 오량리 산32-2
보물 제657호	서울 삼천사지 마애여래입상	☆	서울 은평구 진관동 산25-2
보물 제658호	충주 청룡사지 보각국사탑비	☆	충북 충주시 소태면 오량리 산32-2
보물 제659호	백자 청화 매조죽문 병	☆	서울 서초구 [개인 소장]
보물 제660호	최희량 임란관련 고문서 - 첩보서목	☆	경남 진주시 남강로 626-35 국립진주박물관
보물 제661호	상주 석조천인상	☆	경북 상주시 사벌면 경천로 684 상주박물관
보물 제662호	완주 화암사 우화루	☆	전북 완주군 경천면 화암사길 271 화암사
보물 제663호	완주 화암사 극락전	☆	국보 제316호로 승격
보물 제664호	청원 안심사 대웅전	☆	충북 청원군 남이면 사동리 271 안심사
보물 제665호	경주 낭산 마애보살삼존좌상	☆	경북 경주시 배반동 산18-3
보물 제666호	경주 남산 삼릉계 석조여래좌상	☆	경북 경주시 남산순환로 341-126
보물 제667호	예천 한천사 철조비로자나불좌상	☆	경북 예천군 감천면 한천사길 142 한천사
보물 제668호	권응수 장군 유물	☆	경남 진주시 남강로 626-35 국립진주박물관
보물 제669호	정기룡 유물	☆	경북 상주시 사벌면 삼덕리 산18-7 상주박물관
보물 제670호	직지사 대웅전 삼존불탱화	☆	경북 김천시 대항면 북암길 89 직지사
보물 제671호	곽재우 유물 일괄	☆	경남 의령군 의령읍 충익로 1 충익사
보물 제672호	김덕원 묘 출토 의복		서울 강서구 [개인 소장]
보물 제673호	달성 현풍 석빙고	☆	대구 달성군 현풍면 현풍동로 86
보물 제674호	영덕 유금사 삼층석탑	☆	경북 영덕군 병곡면 유금길 213-26
보물 제675호	영천 화남리 삼층석탑	☆	경북 영천시 신녕면 화남리 498 한광사
보물 제676호	영천 화남리 석조여래좌상	☆	경북 영천시 신녕면 화남리 498 한광사
보물 제677호	청도 장연사지 동・시 삼층석탑		경북 청도군 매전면 장연리 108-1
보물 제678호	청도 운문사 동・서 삼층석탑	☆	경북 청도군 운문면 운문사길 264 운문사
보물 제679호	김천 광덕리 석조보살입상	☆	경북 김천시 감문면 광덕리 산71
보물 제680호	영주 신암리 마애여래삼존상	☆	경북 영주시 이산면 신암리 1439-30
보물 제681호	영주 흑석사 석조여래좌상	☆	경북 영주시 이산면 이산로 390 흑석사
보물 제682호	군위 지보사 삼층석탑	☆	경북 군위군 군위읍 상곡길 233 지보사
보물 제683호	상주 상오리 칠층석탑	☆	경북 상주시 화북면 상오리 699
보물 제684호	예천 용문사 윤장대	☆	경북 예천군 용문면 용문사길 285-30 용문사
보물 제685호	대방광불화엄경 진본 권4		서울 중구 [개인 소장]
보물 제686호	대방광불화엄경 진본 권28		서울 중구 [개인 소장]
보물 제687호	대방광불화엄경 주본 권66		서울 중구 [개인 소장]
보물 제688호	대방광불화엄경 주본 권17, 52		서울 중구 [개인 소장]
보물 제689호	대방광불화엄경 정원본 권7		서울 중구 [개인 소장]
보물 제690호	대방광불화엄경 주본 권6		서울 중구 [개인 소장]
보물 제691호	불정심관세음보살대다라니경	☆	서울 용산구 서빙고로 137 국립중앙박물관

지정번호	문화재 명칭	답사	문화재 소재지
보물 제692호	묘법연화경 권7		서울 용산구 삼성미술관 리움 및 인천 남구
보물 제693호	묘법연화경		서울 용산구 이태원로 55길 60 삼성미술관 리움
보물 제694호	불조삼경		서울 용산구 이태원로 55길 60 삼성미술관 리움
보물 제695호	불조삼경		서울 용산구 이태원로 55길 60 삼성미술관 리움
보물 제696호	금상반야바라밀경		서울 중구 [개인 소장]
보물 제697호	나옹화상어록 및 나옹화상가송		경기 용인시 처인구 포곡읍 호암미술관
보물 제698호	대불정여래밀인수증료의제보살만행수능엄경 권6~10		서울 용산구 이태원로 55길 60 삼성미술관 리움
보물 제699호	대불정여래밀인수증료의제보살만행수능엄경 권6~10		서울 중구 [개인 소장]
보물 제700호	선림보훈		서울 용산구 이태원로 55길 60 삼성미술관 리움
보물 제701호	불설장수멸죄호제동자경		서울 용산구 이태원로 55길 60 삼성미술관 리움
보물 제702호	호법론		서울 중구 [개인 소장]
보물 제703호	장승법수		서울 용산구 이태원로 55길 60 삼성미술관 리움
보물 제704호	장승법수		서울 중구 [개인 소장]
보물 제705호	불설대보부모은중경		서울 용산구 이태원로 55길 60 삼성미술관 리움
보물 제706호	중용주자혹문		서울 성북구 안암로 145 고려대학교 중앙도서관
보물 제707호	중용주자혹문		서울 중구 [개인 소장]
보물 제708호	급암선생시집		서울 중구 [개인 소장]
보물 제709호	설곡시고		서울 중구 [개인 소장]
보물 제710호	동인지문사육 권1~3, 4~6, 10~12, 13~15		서울 성북구 안암로 145 고려대학교 중앙도서관
보물 제711호	동인지문사육 [권1~6]		보물 제710호로 통합 지정[보물 제710-2호]
보물 제712호	동인지문사육 [권10~12]		보물 제710호로 통합 지정[보물 제710-3호]
보물 제713호	동인지문사육 [권13~15]		보물 제710호로 통합 지정[보물 제710-4호]
보물 제714호	동인지문사육 [권7~9]		보물 제710호로 통합 지정[보물 제710-5호]
보물 제715호	김중만 초상		경기 안성시 대덕면 토현리 서울역사박물관 보관
보물 제716호	김길통 좌리공신교서		충북 청주시 흥덕구 개신동 산48 충북대학교박물관
보물 제717호	주세붕 초상	☆	경북 영주시 순흥면 내죽리 151-2
보물 제718호	전주이씨 고림군파 종중문서 일괄	☆	전북 전주시 완산구 쑥고개로 249 국립전주박물관
보물 제719호	원각류해 권3		서울 중구 장충단로 127 동국대학교도서관
보물 제720호	금강반야경소론찬요조현록	☆	서울 중구 장충단로 127 동국대학교도서관
보물 제721호	금강반야바라밀경		서울 중구 장충단로 127 동국대학교도서관
보물 제722호	삼국사기 권44~50		서울 중구 [개인 소장]
보물 제723호	삼국사기		서울 중구 [개인 소장]
보물 제724호	성주도씨 종중문서 일괄		충남 논산시 연산면 관동길 66-21
보물 제725호	남원양씨 종중문서 일괄	☆	전북 전주시 완산구 쑥고개로 249 국립전주박물관
보물 제726호	장관 개국원종공신녹권		전북 정읍시 [개인 소장]
보물 제727호	남양전씨 종중문서 일괄		충남 논산시 [개인 소장]
보물 제728호	설씨부인 권선문	☆	전북 전주시 완산구 쑥고개로 249 국립전주박물관
보물 제729호	예천 용문사 감역교지	☆	경북 예천군 용문면 용문사길 285-30 용문사
보물 제730호	울진 불영사 응진전	☆	경북 울진군 서면 불영사길 48 불영사

지정번호	문화재 명칭	답사	문화재 소재지
보물 제731호	의령 보리사지 금동여래입상		부산 서구 구덕로 255 동아대학교박물관
보물 제732호	조대비 사순 칭경진하도 병풍		부산 서구 구덕로 255 동아대학교박물관
보물 제733호	헌종 가례진하도 병풍		부산 서구 구덕로 255 동아대학교박물관 등
보물 제734호	합천 해인사 고려목판	☆	경남 합천군 가야면 해인사길 122 해인사
보물 제735호	영주 부석사 고려목판	☆	경북 영주시 부석면 부석사로 345 부석사
보물 제736호	정명경집해관중소 권3~4		서울 서대문구 성산로 262 연세대학교 중앙도서관
보물 제737호	불조역대통재		전남 담양군 담양읍 남산리 106
보물 제738호	문수사리보살최상승무생계경		경남 양산시 하북면 통도사로 108 통도사
보물 제739호	고희 초상 및 문중 유물		전북 부안군
보물 제740호	감지 은니 보살선계경 권8	☆	서울 중구 장충단로 127 동국대학교도서관
보물 제741호	전 대구 동화사 비로암 삼층석탑 납석사리호	☆	서울 중구 장충단로 127 동국대학교박물관
보물 제742호	삼존불비상	☆	서울 중구 장충단로 127 동국대학교박물관
보물 제743호	정조대왕 필 파초도	☆	서울 중구 장충단로 127 동국대학교박물관
보물 제744호	정조대왕 필 국화도	☆	서울 중구 장충단로 127 동국대학교박물관
보물 제745호	월인석보	☆	서울 용산구 서빙고로 139 국립한글박물관 등
보물 제746호	성석린 고신왕지	☆	전북 진안군 [개인 소장]
보물 제747호	최문병 의병장 안장		경북 경산시 박물관로 46 경산시립박물관
보물 제748호	서울 경국사 목각아미타여래설법상	☆	서울 성북구 솔샘로15가길 52 경국사
보물 제749호	고양 태고사 원증국사탑	☆	경기 고양시 덕양구 대서문길 197-20 태고사
보물 제750호	원주 거돈사지 삼층석탑	☆	강원 원주시 부론면 정산리 188
보물 제751호	감지 은니 대방광불화엄경 정원본 권34	☆	서울 관악구 남부순환로 152길 53 호림박물관
보물 제752호	감지 금니 대방광불화엄경입부사의해탈경계보현행원품	☆	서울 관악구 남부순환로 152길 53 호림박물관
보물 제753호	상지 금니 대방광원각수다라요의경		서울 관악구 남부순환로 152길 53 호림박물관
보물 제754호	감지 은니 대방광불화엄경 주본 권37	☆	서울 관악구 남부순환로 152길 53 호림박물관
보물 제755호	감지 은니 대방광불화엄경 주본 권5~6	☆	서울 관악구 남부순환로 152길 53 호림박물관
보물 제756호	감지 금니 대불정여래밀인수증료의제보살만행수능엄경	☆	서울 관악구 남부순환로 152길 53 호림박물관
보물 제757호	감지 금니 대방광불화엄경 주본 권46	☆	경남 양산시 하북면 통도사로 108 통도사
보물 제758호	남명천화상송증도가	☆	서울 종로구 평창4길 삼성출판박물관 등
보물 제759호	대불정여래밀인수증요의제보살만행수능엄경		서울 용산구 서빙고로 137 국립중앙박물관
보물 제760호	대불정여래밀인수증요의제보살만행수능엄경(언해)		서울 중구 [개인 소장]
보물 제761호	대불정여래밀인수증요의제보살만행수능엄경(언해)		서울 관악구 관악로 1 서울대학교 규장각
보물 제762호	대불정여래밀인수증요의제보살만행수능엄경(언해)		서울 중구 장충단로 127 동국대학교도서관
보물 제763호	대불정여래밀인수증요의제보살만행수능엄경(언해)		서울 동대문구 회기로 56 세종대왕기념관
보물 제764호	대불정여래밀인수증요의제보살만행수능엄경(언해)		서울 서대문구 충정로 9길 10-10 (재)아단문고
보물 제765호	대불정여래밀인수증요의제보살만행수능엄경(언해)		서울 관악구 관악로 1 서울대학교 규장각
보물 제766호	묘법연화경 권4~7		서울 서대문구 충정로 9길 10-10 (재)아단문고
보물 제767호	몽산화상법어약록(언해)		서울 중구 장충단로 127 동국대학교도서관
보물 제768호	몽산화상법어약록(언해)		서울 서초구 [개인 소장]
보물 제769호	몽산화상법어약록(언해)		서울 동대문구 회기로 56 세종대왕기념관

지정번호	문화재 명칭	답사	문화재 소재지
보물 제770호	목우자수심결(언해)		서울 관악구 관악로 1 서울대학교 규장각
보물 제771호	반야바라밀다심경약소(언해)		서울 관악구 관악로 1 서울대학교 규장각
보물 제772호	금강경삼가해 권1, 5		서울 동대문구 회기로 56 세종대왕기념관 등
보물 제773호	금강반야바라밀경 [권2~5]		보물 제772-2호로 통합 지정
보물 제774호	선종영가집(언해)		서울 중구 장충단로 127 동국대학교도서관
보물 제775호	금강반야바라밀경		서울 중구 [개인 소장]
보물 제776호	환두대도		서울 용산구 이태원로 55길 60 삼성미술관 리움
보물 제777호	금동 쇄금 일괄		서울 용산구 이태원로 55길 60 삼성미술관 리움
보물 제778호	청동 은입사 포류수금문 향완		서울 용산구 이태원로 55길 60 삼성미술관 리움
보물 제779호	금동여래입상		서울 용산구 이태원로 55길 60 삼성미술관 리움
보물 제780호	금동보살입상		서울 용산구 이태원로 55길 60 삼성미술관 리움
보물 제781호	금동용두토수		서울 용산구 이태원로 55길 60 삼성미술관 리움
보물 제782호	김홍도 필 병진년 화첩		서울 용산구 이태원로 55길 60 삼성미술관 리움
보물 제783호	김시 필 동자견려도		서울 용산구 이태원로 55길 60 삼성미술관 리움
보물 제784호	지장도		서울 용산구 이태원로 55길 60 삼성미술관 리움
보물 제785호	백자 청화 운룡문 병	☆	서울 용산구 이태원로 55길 60 삼성미술관 리움
보물 제786호	백자 청화 운룡문 병		서울 용산구 이태원로 55길 60 삼성미술관 리움
보물 제787호	분청사기 철화 어문 입호		서울 용산구 이태원로 55길 60 삼성미술관 리움
보물 제788호	백자 청화 잉어문 입호	☆	서울 용산구 이태원로 55길 60 삼성미술관 리움
보물 제789호	청자 쌍사자형 두침		서울 용산구 이태원로 55길 60 삼성미술관 리움
보물 제790호	영천 은해사 백흥암 극락전	☆	경북 영천시 청통면 청통로 951-792 백흥암
보물 제791호	백자 상감 모란엽문 편병		서울 중구 [개인 소장]
보물 제792호	이상길 초상	☆	전북 전주시 완산구 쑥고개로 249 국립전주박물관
보물 제793호	평창 상원사 목조문수동자좌상 복장유물		강원 평창군 진부면 동산리 68-1 월정사유물전시관
보물 제794호	예산 화전리 석조사면불상	☆	충남 예산군 봉산면 화전리 산62-3
보물 제795호	장흥 천관사 삼층석탑	☆	전남 장흥군 관산읍 농안리 739 천관사
보물 제796호	화순 운주사 구층석탑	☆	전남 화순군 도암면 천태로 91 운주사
보물 제797호	화순 운주사 석조불감	☆	전남 화순군 도암면 천태로 91 운주사
보물 제798호	화순 운주사 원형 다층석탑	☆	전남 화순군 도암면 천태로 91 운주사
보물 제799호	공주 마곡사 오층석탑	☆	충남 공주시 사곡면 마곡사로 966 마곡사
보물 제800호	공주 마곡사 영산전	☆	충남 공주시 사곡면 마곡사로 966 마곡사
보물 제801호	공주 마곡사 대웅보전	☆	충남 공주시 사곡면 마곡사로 966 마곡사
보물 제802호	공주 마곡사 대광보전	☆	충남 공주시 사곡면 마곡사로 966 마곡사
보물 제803호	고창 선운사 참당암 대웅전	☆	전북 고창군 아산면 도솔길 194 선운사
보물 제804호	순천 정혜사 대웅전	☆	전남 순천시 서면 정혜사길 32 정혜사
보물 제805호	대구 북지장사 지장전	☆	대구 동구 도장길 243 북지장사
보물 제806호	백자 반합	☆	서울 관악구 남부순환로 152길 53 호림박물관
보물 제807호	백자 상감 모란문 병	☆	서울 관악구 남부순환로 152길 53 호림박물관
보물 제808호	금동탄생불입상	☆	서울 관악구 남부순환로 152길 53 호림박물관

지정번호	문화재 명칭	답사	문화재 소재지
보물 제809호	경복궁 자경전	☆	서울 종로구 사직로 161 경복궁
보물 제810호	경복궁 자경전 십장생굴뚝	☆	서울 종로구 사직로 161 경복궁
보물 제811호	경복궁 아미산의 굴뚝	☆	서울 종로구 사직로 161 경복궁
보물 제812호	경복궁 근정문 및 행각	☆	서울 종로구 사직로 161 경복궁
보물 제813호	창덕궁 인정문	☆	서울 종로구 율곡로 99 창덕궁
보물 제814호	창덕궁 선정전	☆	서울 종로구 율곡로 99 창덕궁
보물 제815호	창덕궁 희정당	☆	서울 종로구 율곡로 99 창덕궁
보물 제816호	창덕궁 대조전	☆	서울 종로구 율곡로 99 창덕궁
보물 제817호	창덕궁 선원전	☆	서울 종로구 율곡로 99 창덕궁
보물 제818호	창경궁 통명전	☆	서울 종로구 창경궁로 185 창경궁
보물 제819호	덕수궁의 중화전 및 중화문	☆	서울 중구 세종대로 99 덕수궁
보물 제820호	덕수궁 함녕전	☆	서울 중구 세종대로 99 덕수궁
보물 제821호	종묘 영녕전	☆	서울 종로구 종로 157 종묘
보물 제822호	이천 영월암 마애여래입상	☆	경기 이천시 관고동 산64-1
보물 제823호	안성 석남사 영산전	☆	경기 안성시 금광면 배티로 193-218 석남사
보물 제824호	안성 청룡사 대웅전	☆	경기 안성시 서운면 청룡길 140 청룡사
보물 제825호	익산 숭림사 보광전	☆	전북 익산시 웅포면 백제로 495 숭림사
보물 제826호	김제 귀신사 대적광전	☆	전북 김제시 금산면 청도6길 40 귀신사
보물 제827호	김제 금산사 대장전	☆	전북 김제시 금산면 모악15길 1 금산사
보물 제828호	김제 금산사 석등	☆	전북 김제시 금산면 모악15길 1 금산사
보물 제829호	강진 금곡사 삼층석탑	☆	전남 강진군 군동면 까치내로 261 금곡사
보물 제830호	영광 불갑사 대웅전	☆	전남 영광군 불갑면 불갑사로 450 불갑사
보물 제831호	순천 동화사 삼층석탑	☆	전남 순천시 별량면 동화사길 208 동화사
보물 제832호	영주 성혈사 나한전	☆	경북 영주시 순흥면 죽계로 459 성혈사
보물 제833호	경주 기림사 대적광전	☆	경북 경주시 양북면 기림로 437-17 기림사
보물 제834호	청도 대비사 대웅전	☆	경북 청도군 금천면 박곡길 590 대비사
보물 제835호	청도 운문사 대웅보전	☆	경북 청도군 운문면 운문사길 264 운문사
보물 제836호	청도 대적사 극락전	☆	경북 청도군 화양읍 송금리 223 대적사
보물 제837호	복각 천상열차분야지도 각석	☆	서울 종로구 효자로12 국립고궁박물관
보물 제838호	서울 청계천 수표	☆	서울 동대문구 회기로 56 세종대왕기념관
보물 제839호	신법 지평일구	☆	서울 종로구 효자로12 국립고궁박물관
보물 제840호	신법 지평일구	☆	서울 종로구 효자로12 국립고궁박물관
보물 제841호	간평일구·혼개일구	☆	서울 종로구 효자로12 국립고궁박물관
보물 제842호	대구 선화당 측우대		서울 동작구 여의대방로 16길 61 기상청
보물 제843호	관상감 측우대	☆	서울 동작구 여의대방로 16길 61 기상청
보물 제844호	창덕궁 측우대	☆	서울 종로구 효자로12 국립고궁박물관
보물 제845호	앙부일구	☆	서울 종로구 효자로12 국립고궁박물관
보물 제846호	창경궁 풍기대	☆	서울 종로구 창경궁로 185 창경궁
보물 제847호	경복궁 풍기대	☆	서울 종로구 사직로 161 경복궁

지정번호	문화재 명칭	답사	문화재 소재지
보물 제848호	보은 법주사 신법천문도 병풍	☆	충북 보은군 속리산면 법주사로 379 법주사
보물 제849호	곤여만국전도		서울 관악구 관악로 1 서울대학교 규장각
보물 제850호	대동여지도	☆	서울 종로구 새문안로 55 서울역사박물관 등
보물 제851호	창경궁 관천대	☆	서울 종로구 창경궁로 185 창경궁
보물 제852호	휴대용 앙부일구	☆	서울 용산구 서빙고로 137 국립중앙박물관
보물 제853호	수선전도 목판	☆	서울 성북구 안암로 145 고려대학교박물관
보물 제854호	세총통		서울 노원구 공릉동 103 육군박물관
보물 제855호	차승자총통		서울 관악구 관악로 1 서울대학교박물관
보물 제856호	소총통	☆	서울 종로구 효자로12 국립고궁박물관
보물 제857호	대완구	☆	서울 용산구 서빙고로 135 국립중앙박물관
보물 제858호	중완구	☆	경남 진주시 남강로 626-35 국립진주박물관
보물 제859호	중완구		경남 창원시 앵곡동 해군사관학교박물관
보물 제860호	비격진천뢰	☆	서울 종로구 효자로 12 국립고궁박물관
보물 제861호	불랑기자포		서울 노원구 공릉동사서함 77-1호 육군박물관
보물 제862호	지자총통	☆	경남 진주시 남강로 626-35 국립진주박물관
보물 제863호	지자총통	☆	부산 서구 구덕로 255 동아대학교박물관
보물 제864호	금고		재조사 결과 가치가 없다고 판단 지정 해제
보물 제865호	민간활자 및 인쇄용구		서울 서초구 반포동 산60-1 국립중앙도서관
보물 제866호	이기룡 필 남지기로회도	☆	서울 관악구 관악로 1 서울대학교 규장각
보물 제867호	독서당 계회도	☆	서울 관악구 관악로 1 서울대학교 규장각
보물 제868호	성세창 제시 미원계회도	☆	서울 용산구 서빙고로 137 국립중앙박물관
보물 제869호	성세창 제시 하관계회도	☆	서울 용산구 서빙고로 137 국립중앙박물관
보물 제870호	호조낭관 계회도	☆	서울 용산구 서빙고로 137 국립중앙박물관
보물 제871호	연정 계회도	☆	서울 용산구 서빙고로 137 국립중앙박물관
보물 제872호	이현보 초상	☆	경북 안동시 [한국국학진흥원]
보물 제873호	정선 필 육상묘도		대전 서구 [개인 소장]
보물 제874호	이충원 호성공신교서		경기 성남시 분당구 하오개로 323 한국학중앙연구원
보물 제875호	상교정본자비도장참법 권7~10		전남 보성군 조정면
보물 제876호	재령이씨 영해파 종가 고문서	☆	경북 안동시 퇴계로 1997 한국국학진흥원
보물 제877호	금강반야바라밀경		서울 종로구 평창4길 삼성출판박물관
보물 제878호	대동운부군옥목판 및 고본		경북 예천군 [개인 소장]
보물 제879호	권문해 초간일기		경북 예천군 [개인 소장]
보물 제880호	이탁영 정만록		경북 안동시 도산면 퇴계로 1997 한국국학진흥원
보물 제881호	장말손 유품		경북 영주시 [개인 소장]
보물 제882호	곤여전도 목판		서울 관악구 관악로 1 서울대학교 규장각
보물 제883호	지구의	☆	서울 동작구 상도로 369 한국기독교박물관
보물 제884호	삼안총		경북 경주시 일정로 186 국립경주박물관
보물 제885호	현자총통	☆	경남 진주시 남강로 626-35 국립진주박물관
보물 제886호	황자총통	☆	서울 용산구 서빙고로 137 국립중앙박물관

지정번호	문화재 명칭	답사	문화재 소재지
보물 제887호	감지 금니 대반야바라밀다경 권175		서울 용산구 이태원로 55길 60 삼성미술관 리움
보물 제888호	종문원상집		서울 서대문구 충정로 9길 10-10 (재)아단문고
보물 제889호	영가진각대사증도가		서울 서대문구 충정로 9길 10-10 (재)아단문고
보물 제890호	주인왕호국반야경 권1~4		서울 서대문구 충정로 9길 10-10 (재)아단문고
보물 제891호	대방광불화엄경소 권42		서울 서대문구 충정로 9길 10-10 (재)아단문고
보물 제892호	대방광불화엄경소 권28~30, 권100 102		서울 서대문구 충정로 9길 10-10 (재)아단문고
보물 제893호	대방광원각략소주경 권상		서울 서대문구 충정로 9길 10-10 (재)아단문고
보물 제894호	주범망경	☆	서울 서대문구 충정로 9길 10-10 (재)아단문고 등
보물 제895호	제왕운기		서울 중구 장충단로 127 동국대학교도서관
보물 제896호	권벌 종가 전적	☆	경북 봉화군 봉화읍 충재길 44 충재박물관
보물 제897호	조흡 고신왕지		서울 용산구 서빙고로 137 국립중앙박물관
보물 제898호	조흡 고신왕지		서울 중구 장충단로 127 동국대학교도서관
보물 제899호	조흡 사패왕지		서울 중구 장충단로 127 동국대학교도서관
보물 제900호	부안김씨 종중 고문서 일괄		전북 부안군 [개인 소장]
보물 제901호	권벌 종가 고문서	☆	경북 봉화군 봉화읍 충재길 44 충재박물관
보물 제902호	권벌 종가 유묵	☆	경북 봉화군 봉화읍 충재길 44 충재박물관
보물 제903호	청자 상감 매조죽문 매병	☆	서울 서초구 서빙고로 137 국립중앙박물관
보물 제904호	고대 그리스 청동투구	☆	서울 용산구 서빙고로 137 국립중앙박물관
보물 제905호	김성일 종가 전적		경북 안동시 [개인 소장]
보물 제906호	김성일 종가 고문서	☆	경북 안동시 [개인 소장]
보물 제907호	경주 남사리 삼층석탑	☆	경북 경주시 현곡면 남사리 234-2
보물 제908호	경주 용명리 삼층석탑	☆	경북 경주시 건천읍 용명리 856-7
보물 제909호	경주 남간사지 당간지주	☆	경북 경주시 탑동 858-6
보물 제910호	경주 보문사지 연화문 당간지주	☆	경북 경주시 보문동 752-2
보물 제911호	경주 석굴암 삼층석탑	☆	경북 경주시 불국로 873 석굴암
보물 제912호	경주 마동 삼층석탑	☆	경북 경주시 마동 101-2
보물 제913호	경주 남산 용장사지 마애여래좌상	☆	경북 경주시 내남면 용장리 산1-1
보물 제914호	정읍 보화리 석조이불입상	☆	전북 정읍시 소성면 보화리 116
보물 제915호	보은 법주사 대웅보전	☆	충북 보은군 속리산면 법주사로 379 법주사
보물 제916호	보은 법주사 원통보전	☆	충북 보은군 속리산면 법주사로 379 법주사
보물 제917호	배자예부운략 목판	☆	경북 안동시 도산면 퇴계로 1997 한국국학진흥원
보물 제918호	묘법연화경 권7		서울 서대문구 충정로 9길 10-10 (재)아단문고
보물 제919호	범망경 및 금강반야바라밀경		서울 서대문구 충정로 9길 10-10 (재)아단문고
보물 제920호	불설대보부모은중경		서울 서대문구 충정로 9길 10-10 (재)아단문고
보물 제921호	진실주집		서울 서대문구 충정로 9길 10-10 (재)아단문고
보물 제922호	상주 남장사 보광전 목각아미타여래설법상	☆	경북 상주시 남장1길 259-22 남장사
보물 제923호	상주 남장사 관음선원 목각아미타여래설법상	☆	경북 상주시 남장1길 259-22 남장사 관음선원
보물 제924호	천은사 극락전 아미타후불탱화	☆	전남 구례군 광의면 노고단로 209 천은사
보물 제925호	쌍계사 팔상전 영산회상도		경남 하동군 화계면 쌍계사길 59 쌍계사

지정번호	문화재 명칭	답사	문화재 소재지
보물 제926호	수월관음보살도		서울 용산구 이태원로 55길 60 삼성미술관 리움
보물 제927호	금동관음보살입상	☆	서울 용산구 이태원로 55길 60 삼성미술관 리움
보물 제928호	남양주 봉인사 부도암지 사리탑 및 사리장엄구	☆	서울 용산구 서빙고로 137 국립중앙박물관
보물 제929호	기사계첩	☆	서울 용산구 서빙고로 137 국립중앙박물관
보물 제930호	이경석 궤장 및 사궤장 연회도 화첩	☆	경기 용인시 기흥구 상갈로 6 경기도박물관
보물 제931호	조선태조어진	☆	국보 제317호로 승격
보물 제932호	영조어진	☆	서울 종로구 효자로12 국립고궁박물관
보물 제933호	지장보살본원경		경기 용인시 처인구 포곡읍 호암미술관
보물 제934호	목우자수심결 및 사법어(언해)		경기 용인시 처인구 포곡읍 호암미술관
보물 제935호	월인석보 권11, 12	☆	서울 용산구 이태원로 55길 60 삼성미술관 리움
보물 제936호	묘법연화경 권6~7		서울 용산구 이태원로 55길 60 삼성미술관 리움
보물 제937호	상교정본자비도장참법 권10		서울 용산구 이태원로 55길 60 삼성미술관 리움
보물 제938호	대방광원각략소주경 권상의 2		서울 용산구 이태원로 55길 60 삼성미술관 리움
보물 제939호	대불정여래밀인수증료의제보살만행수능엄경		서울 용산구 이태원로 55길 60 삼성미술관 리움
보물 제940호	백지 묵서 지장보살본원경		서울 용산구 이태원로 55길 60 삼성미술관 리움
보물 제941호	선조어서사 송언신 밀찰첩 및 송언신초상	☆	경기 용인시 기흥읍 상갈로 6 경기도박물관
보물 제942호	황진가 고문서		전북 남원시 [종중 소장]
보물 제943호	보성 우천리 삼층석탑	☆	전남 보성군 조성면 우천리 326-17
보물 제944호	보성 유신리 마애여래좌상	☆	전남 보성군 율어면 유신길 195
보물 제945호	순천 금둔사지 삼층석탑	☆	전남 순천시 낙안면 상송리 산2-1 금둔사
보물 제946호	순천 금둔사지 석조불비상	☆	전남 순천시 낙안면 상송리 산2-1 금둔사
보물 제947호	해남 미황사 대웅전	☆	전남 해남군 송지면 미황사길 164 미황사
보물 제948호	대불정여래밀인수증료의제보살만행수능엄경(언해)		서울 중구 장충단로 127 동국대학교박물관
보물 제949호	예념미타도장참법	☆	서울 용산구 서빙고로 137 국립중앙박물관
보물 제950호	묘법연화경 권5~7	☆	서울 용산구 서빙고로 137 국립중앙박물관
보물 제951호	선조 국문 유서	☆	부산 남구 유엔평화로 63 부산시립박물관
보물 제952호	이광악 선무공신교서		충남 천안시 목천면 남화리 230 독립기념관
보물 제953호	조숭 고신왕지		서울 용산구 서빙고로 137 국립중앙박물관
보물 제954호	조서경 무과홍패		서울 용산구 서빙고로 137 국립중앙박물관
보물 제955호	선암사 삼층석탑 내 발견유물		전남 순천시 승주읍 선암사길 450 선암사
보물 제956호	태안사 대바라		전남 곡성군 죽곡면 원달리 20
보물 제957호	김일손 금	☆	대구 수성구 청호로 321 국립대구박물관
보물 제958호	경주 기림사 소조비로자나삼불좌상	☆	경북 경주시 양북면 기림로 437-17 기림사
보물 제959호	경주 기림사 소조비로자나불 복장전적	☆	경북 경주시 양북면 기림로 437-17 기림사
보물 제960호	묘법연화경		서울 서초구 바우뫼로7길 111 관문사
보물 제961호	묘법연화경 권4~7		경남 김해시 대동면 초정리 208 원명사
보물 제962호	묘법연화경 권6~7		서울 서초구 바우뫼로7길 111 관문사
보물 제963호	대방광원각략소주경 권하		충북 단양군 영춘면 구인사길 73 구인사
보물 제964호	대방광불화엄경소 권41	☆	서울 서초구 바우뫼로7길 111 관문사

지정번호	문화재 명칭	답사	문화재 소재지
보물 제965호	육경합부	☆	경남 양산시 목화5길 12 통도사 양산전법회관 등
보물 제966호	지장보살본원경		서울 서초구 바우뫼로7길 111 관문사
보물 제967호	상설고문진보대전전집 권7~8	☆	서울 용산구 서빙고로 137 국립중앙박물관
보물 제968호	묘법연화경 권3		서울 용산구 이태원로 55길 60 삼성미술관 리움
보물 제969호	재조본 유가사지론 권64		서울 용산구 서빙고로 137 국립중앙박물관
보물 제970호	대방광원각수다라료의경(언해)	☆	서울 용산구 서빙고로 137 국립중앙박물관
보물 제971호	묘법연화경 권5~7	☆	서울 용산구 서빙고로 137 국립중앙박물관
보물 제972호	재조본 유가사지론 권55		서울 용산구 서빙고로 137 국립중앙박물관
보물 제973호	대불정여래밀인수증료의제보살만행수능엄경(언해)		서울 종로구 새문안로 55 서울역사박물관
보물 제974호	금강반야바라밀경		서울 종로구 새문안로 55 서울역사박물관
보물 제975호	삼십분공덕소경		서울 종로구 새문안로 55 서울역사박물관
보물 제976호	상지 은니 묘법연화경 권5~6		서울 용산구 서빙고로 137 국립중앙박물관
보물 제977호	묘법연화경 권7		충북 단양군 대강면 방곡3길 31 방곡사
보물 제978호	백지 금니 대방광불화엄경 주본 권29	☆	경기 용인시 처인구 용인대학로 134 용인대학교
보물 제979호	공주 서혈사지 석조여래좌상	☆	충남 공주시 관광단지길 34 국립공주박물관
보물 제980호	화성 봉림사 목조아미타여래좌상	☆	경기 화성시 주석로80번길 139 봉림사
보물 제981호	하남 교산동 마애약사여래좌상	☆	경기 하남시 교산동 산10-3
보물 제982호	이천 장암리 마애보살반가상	☆	경기 이천시 마장면 서이천로 577-5
보물 제983호	안성 봉업사지 석조여래입상	☆	경기 안성시 죽산면 칠장로 399 칠장사
보물 제984호	영동 신항리 석조여래삼존입상	☆	충북 영동군 용산면 서신항길 135-8
보물 제985호	청주 용화사 석조불상군	☆	충북 청주시 흥덕구 무심서로 565 용화사
보물 제986호	청양 운장암 금동보살좌상	☆	충남 청양군 남양면 온암리 111 운장암
보물 제987호	당진 신암사 금동여래좌상	☆	충남 당진군 송악읍 가교리 144-9 신암사
보물 제988호	군위 대율리 석조여래입상	☆	경북 군위군 부계면 한밤8길 21 대율사
보물 제989호	예천 용문사 목조아미타여래삼존좌상	☆	경북 예천군 용문면 용문사길 285-30 용문사
보물 제990호	상주 남장사 철조비로자나불좌상	☆	경북 상주시 남장1길 259 남장사
보물 제991호	문경 대승사 금동관음보살좌상		경북 문경시 산북면 대승사길 283 대승사
보물 제992호	대구 파계사 건칠관음보살좌상 및 복장유물	☆	대구 동구 파계로 741 파계사
보물 제993호	영덕 장육사 건칠관음보살좌상	☆	경북 영덕군 창수면 장육사1길 172 장육사
보물 제994호	강화 백련사 철조아미타여래좌상 [도난 문화재]		인천 강화군 하점면 부근리 231 백련사
보물 제995호	봉화 축서사 석조비로자나불좌상 및 목조광배	☆	경북 봉화군 물야면 월계길 739 축서사
보물 제996호	영주 비로사 석조아미타여래좌상	☆	경북 영주시 풍기읍 삼가리 산17 비로사
보물 제997호	봉화 북지리 석조반가상	☆	대구 북구 대학로 80 경북대학교박물관
보물 제998호	양산 미타암 석조아미타여래입상		경남 양산시 웅상읍 소주리 산171-2
보물 제999호	합천 해인사 건칠희랑대사좌상		경남 합천군 가야면 해인사길 122 해인사
보물 제1000호	서울 승가사 석조승가대사좌상	☆	서울 종로구 구기동 산2-1 승가사
보물 제1001호	양산이씨 종가 고문서	☆	경남 양산시 북정로 78 양산시립박물관
보물 제1002호	권주 종가 문적		경북 안동시 도산면 퇴계로 1997 한국국학진흥원
보물 제1003호	조정 임진란기록 일괄	☆	경북 상주시 사벌면 경천로 684 상주박물관

지정번호	문화재 명칭	답사	문화재 소재지
보물 제1004호	조정 종가 문적	☆	경북 상주시 사벌면 경천로 684 상주박물관
보물 제1005호	장말손 종가 고문서		경북 영주시 [개인 소장]
보물 제1006호	이종주 고신왕지 및 이임 무과홍패	☆	울산 남구 두왕로 277 울산박물관
보물 제1007호	조헌 관련 유품	☆	충남 금산군 금성면 의총길 50 칠백의총관리사무소
보물 제1008호	함양박씨 정랑공파 문중 전적		경기 성남시 분당구 하오개로 323 한국학중앙연구원
보물 제1009호	능성 쌍봉사 감역교지		서울 중구 장충단로 127 동국대학교도서관
보물 제1010호	묘법연화경(언해) 권1, 3, 4, 5, 6		서울 서대문구 충정로 9길 10-10 (재)아단문고
보물 제1011호	지장보살본원경		서울 서대문구 충정로 9길 10-10 (재)아단문고
보물 제1012호	몽산화상법어약록(언해)	☆	서울 종로구 효자로12 국립고궁박물관
보물 제1013호	대방광불화엄경소 권68		서울 서초구 바우뫼로7길 111 관문사
보물 제1014호	진실주집		서울 서초구 바우뫼로7길 111 관문사
보물 제1015호	인천안목		충북 단양군 영춘면 구인사길 73 구인사
보물 제1016호	대방광원각략소주경 권상의 2		충북 단양군 영춘면 구인사길 73 구인사
보물 제1017호	대방광불화엄경 진본 권15, 주본 권38, 정원본 권2, 38		충북 단양군 영춘면 구인사길 73 구인사
보물 제1018호	광산김씨 예안파 종가 고문서	☆	경북 안동시 와룡면 오천리 385
보물 제1019호	광산김씨 예안파 종가 전적		경북 안동시 와룡면 오천리 385
보물 제1020호	김광려 삼남매 화회문기		경남 산청군 (국립진주박물관 보관)
보물 제1021호	산청 석남암사지 석조비로자나불좌상	☆	국보 제233-1호로 승격
보물 제1022호	청자 상감 동채 연당초용문 병	☆	서울 관악구 남부순환로 152길 53 호림박물관
보물 제1023호	청자 음각'상약국'명 운룡문 합	☆	서울 용산구 서빙고로 137 국립중앙박물관
보물 제1024호	청자 음각 연화당초 상감운학문 완		경기 용인시 처인구 포곡읍 호암미술관
보물 제1025호	청자 도형 연적		서울 용산구 이태원로 55길 60 삼성미술관 리움
보물 제1026호	청자 양인각 도철문 방형향로		경기 용인시 처인구 포곡읍 호암미술관
보물 제1027호	청자 구룡형 삼족 향로		서울 용산구 이태원로 55길 60 삼성미술관 리움
보물 제1028호	청자 음각 연화당초문 호		서울 용산구 이태원로 55길 60 삼성미술관 리움
보물 제1029호	청자 상감 모란문 주자		서울 용산구 이태원로 55길 60 삼성미술관 리움
보물 제1030호	청자 상감 학문 화분	☆	경기 용인시 처인구 포곡읍 호암미술관
보물 제1031호	청자 양각 연지어문 화형 접시		서울 용산구 이태원로 55길 60 삼성미술관 리움
보물 제1032호	청자 음각 연화당초 상감 국화문 완		경기 용인시 처인구 포곡읍 호암미술관
보물 제1033호	청자 상감 운학국문 표형 주자 및 승반		서울 서초구 [개인 소장]
보물 제1034호	청자 상감 연판문 매병		서울 서초구 [개인 소장]
보물 제1035호	청자 음각 운문 병		서울 용산구 이태원로 55길 60 삼성미술관 리움
보물 제1036호	청자 상감 앵무문 표형 주자		서울 용산구 이태원로 55길 60 삼성미술관 리움
보물 제1037호	청자 음각 국화당초문 완		서울 용산구 이태원로 55길 60 삼성미술관 리움
보물 제1038호	청자 철채 양각 연판문 소병		서울 용산구 이태원로 55길 60 삼성미술관 리움
보물 제1039호	청자 상감 모란문 발우 및 접시		서울 용산구 이태원로 55길 60 삼성미술관 리움
보물 제1040호	구례 화엄사 화엄석경	☆	전남 구례군 마산면 화엄사로 539 화엄사
보물 제1041호	통도사 영산전 팔상도	☆	경남 양산시 하북면 통도사로 108 통도사
보물 제1042호	통도사 대광명전 삼신불도		경남 양산시 하북면 통도사로 108 통도사

지정번호	문화재 명칭	답사	문화재 소재지
보물 제1043호	순천 송광사 십육조사 진영	☆	전남 순천시 송광면 송광사안길 100 송광사
보물 제1044호	순천 선암사 대각국사 의천 진영	☆	전남 순천시 승주읍 선암사길 450 선암사
보물 제1045호	신해생갑회지도		서울 용산구 서빙고로 137 국립중앙박물관
보물 제1046호	화개현구장도	☆	서울 용산구 서빙고로 137 국립중앙박물관
보물 제1047호	금동대세지보살좌상	☆	서울 관악구 남부순환로 152길 53 호림박물관
보물 제1048호	지장시왕도	☆	서울 관악구 남부순환로 152길 53 호림박물관
보물 제1049호	대불정여래밀인수증료의제보살만행수릉엄경(언해)		충북 단양군 영춘면 구인사길 73 구인사
보물 제1050호	불설아미타경(언해)		충북 단양군 영춘면 구인사길 73 구인사
보물 제1051호	분류두공부시(언해) 권13	☆	경기 용인시 기흥구 상갈로 6 경기도박물관 등
보물 제1052호	천태사교의	☆	경기 용인시 기흥구 상갈로 6 경기도박물관
보물 제1053호	진언권공(언해)	☆	경기 용인시 기흥구 상갈로 6 경기도박물관
보물 제1054호	백자 병	☆	서울 용산구 서빙고로 137 국립중앙박물관
보물 제1055호	백자 태호	☆	서울 관악구 남부순환로 152길 53 호림박물관
보물 제1056호	청화백자 철화 삼산뇌문 산뢰		서울 용산구 이태원로 55길 60 삼성미술관 리움
보물 제1057호	백자 청화 '망우대'명 초충문 접시		서울 용산구 이태원로 55길 60 삼성미술관 리움
보물 제1058호	백자 청화 칠보난초문 병	☆	서울 용산구 서빙고로 137 국립중앙박물관
보물 제1059호	백자 청화 초화문 필통		서울 용산구 이태원로 55길 60 삼성미술관 리움
보물 제1060호	백자 철화 수뉴문 병	☆	서울 용산구 서빙고로 137 국립중앙박물관
보물 제1061호	백자 철채 각배	☆	서울 용산구 서빙고로 137 국립중앙박물관
보물 제1062호	분청사기 철화 당초문 장군	☆	서울 관악구 남부순환로 152길 53 호림박물관
보물 제1063호	백자 청화 매월십장생문 팔각 접시	☆	서울 서초구 [개인 소장]
보물 제1064호	백자 청화 운룡문 입호		서울 용산구 이태원로 55길 60 삼성미술관 리움
보물 제1065호	백자 태호 및 태지석		경기 용인시 처인구 용인대학로 134 용인대학교
보물 제1066호	백자 청화 화조문 팔각통형 병		서울 용산구 이태원로 55길 60 삼성미술관 리움
보물 제1067호	분청사기 상감 연당초문 병	☆	서울 용산구 서빙고로 137 국립중앙박물관
보물 제1068호	분청사기 상감 모란당초문 유개호	☆	서울 관악구 남부순환로 152길 53 호림박물관
보물 제1069호	분청사기 음각 수조문 편병		서울 용산구 이태원로 55길 60 삼성미술관 리움
보물 제1070호	분청사기 박지 모란문 장군		서울 용산구 이태원로 55길 60 삼성미술관 리움
보물 제1071호	청자 유개호	☆	서울 관악구 남부순환로 152길 53 호림박물관
보물 제1072호	초조본 불설우바새오계상경	☆	서울 관악구 남부순환로 152길 53 호림박물관
보물 제1073호	초조본 아비담팔건도론 권24		서울 관악구 남부순환로 152길 53 호림박물관
보물 제1074호	초조본 아비달마식신족론 권13		서울 관악구 남부순환로 152길 53 호림박물관
보물 제1075호	초조본 아비담비바사론 권16	☆	서울 관악구 남부순환로 152길 53 호림박물관
보물 제1076호	김천리 개국원종공신녹권		서울 종로구 명륜동2가 53 성균관대학교박물관
보물 제1077호	근사록 권1~3, 9~14		서울 서울전역 용산구 청파동2가 53 숙명여대박물관
보물 제1078호	한호 필적 – 한석봉증유여장서첩	☆	서울 용산구 서빙고로 137 국립중앙박물관
보물 제1079호	홍무예제	☆	서울 용산구 서빙고로 137 국립중앙박물관
보물 제1080호	대방광원각략소주경 권상		서울 용산구 서빙고로 137 국립중앙박물관
보물 제1081호	묘법연화경		서울 용산구 서빙고로 137 국립중앙박물관

지정번호	문화재 명칭	답사	문화재 소재지
보물 제1082호	금강반야바라밀경	☆	서울 용산구 서빙고로 137 국립중앙박물관
보물 제1083호	대방광불화엄경 정원본 권20	☆	서울 용산구 서빙고로 137 국립중앙박물관
보물 제1084호	안중근의사 유묵		보물 제569-21호로 통합 지정
보물 제1085호	동의보감		국보 제319-1호로 승격
보물 제1086호	벽역신방		서울 관악구 관악로 1 서울대학교 규장각
보물 제1087호	신찬벽온방		서울 관악구 관악로 1 서울대학교 규장각 등
보물 제1088호	언해 태산집요	☆	충북 음성군 대소면 대풍산단로 78 한독의약박물관
보물 제1089호	동인지문오칠 권7~9		서울 종로구 평창4길 삼성출판박물관
보물 제1090호	권근 응제시주		서울 종로구 평창4길 삼성출판박물관
보물 제1091호	제왕운기	☆	서울 종로구 평창4길 삼성출판박물관 등
보물 제1092호	불설장수멸죄호제동자다라니경		서울 종로구 평창4길 삼성출판박물관
보물 제1093호	불과환오선사벽암록		서울 종로구 평창4길 삼성출판박물관
보물 제1094호	인천안목		서울 종로구 평창4길 삼성출판박물관
보물 제1095호	화성 봉림사 목조아미타불좌상 복장전적 일괄		경기 화성시 용주로 136 용주사
보물 제1096호	오희문 쇄미록	☆	경남 진주시 남강로 626-35 국립진주박물관
보물 제1097호	염제신 초상	☆	서울 용산구 서빙고로 137 국립중앙박물관
보물 제1098호	감지 은니 미륵삼부경	☆	서울 관악구 남부순환로 152길 53 호림박물관
보물 제1099호	감지 금니 미륵하생경	☆	서울 관악구 남부순환로 152길 53 호림박물관
보물 제1100호	상지 은니 불설보우경 권2		서울 관악구 남부순환로 152길 53 호림박물관
보물 제1101호	상지 은니 대반야바라밀다경 권305	☆	서울 관악구 남부순환로 152길 53 호림박물관
보물 제1102호	상지 은니 대지도론 권28	☆	서울 관악구 남부순환로 152길 53 호림박물관
보물 제1103호	감지 은니 대방광불화엄경 진본 권13		서울 관악구 남부순환로 152길 53 호림박물관
보물 제1104호	지장보살본원경	☆	서울 관악구 남부순환로 152길 53 호림박물관
보물 제1105호	수륙무차평등재의촬요	☆	서울 관악구 남부순환로 152길 53 호림박물관
보물 제1106호	대방광불화엄경소 권84, 100, 117	☆	서울 관악구 남부순환로 152길 53 호림박물관
보물 제1107호	묘법연화경 권5~7	☆	서울 관악구 남부순환로 152길 53 호림박물관
보물 제1108호	불정심다라니경	☆	서울 관악구 남부순환로 152길 53 호림박물관
보물 제1109호	임고서원 전적	☆	경북 영천시 문외동 25 영천시립도서관
보물 제1110호	정몽주 초상	☆	경기 용인시 기흥구 상갈로 6 경기도박물관
보물 제1111호	찬도방론맥결집성 권1, 3	☆	충북 음성군 대소면 대풍산단로 78 한독의약박물관
보물 제1112호	산청 대원사 다층석탑	☆	경남 산청군 삼장면 유포리 1 대원사
보물 제1113호	산청 내원사 삼층석탑	☆	경남 산청군 삼장면 대하내원로 256 내원사
보물 제1114호	산청 대포리 삼층석탑	☆	경남 산청군 삼장면 대포리 573
보물 제1115호	보성 봉천리 오층석탑	☆	전남 보성군 복내면 봉천리 767-1
보물 제1116호	화순 유마사 해련탑	☆	전남 화순군 남면 유마리 400
보물 제1117호	순천 선암사 대각암 승탑	☆	전남 순천시 승주읍 선암사길 450 선암사
보물 제1118호	영암 성풍사지 오층석탑	☆	전남 영암군 영암읍 용흥리 533-1
보물 제1119호	창경궁 팔각칠층석탑	☆	서울 종로구 창경궁로 185 창경궁
보물 제1120호	양산 신흥사 대광전	☆	경남 양산시 원동면 원동로 2282 신흥사

지정번호	문화재 명칭	답사	문화재 소재지
보물 제1121호	성주 금봉리 석조비로자나불좌상	☆	경북 성주군 가천면 금봉1길 67
보물 제1122호	구미 황상동 마애여래입상	☆	경북 구미시 옥계2공단로 91-26
보물 제1123호	남원 개령암지 마애불상군	☆	전북 남원시 산내면 덕동리 산215
보물 제1124호	대방광불화엄경소 권30	☆	서울 용산구 서빙고로 137 국립중앙박물관
보물 제1125호	불설대보부모은중경	☆	서울 용산구 서빙고로 137 국립중앙박물관
보물 제1126호	대방광불화엄경보현행원품별행소	☆	서울 용산구 서빙고로 137 국립중앙박물관
보물 제1127호	천로해 금강반야바라밀경	☆	서울 용산구 서빙고로 137 국립중앙박물관
보물 제1128호	대방광불화엄경소 권21, 24		경기 성남시 분당구 하오개로 323 한국학중앙연구원
보물 제1129호	대불정다라니		경기 성남시 분당구 하오개로 323 한국학중앙연구원
보물 제1130호	약사유리광여래본원공덕경		경기 성남시 분당구 하오개로 323 한국학중앙연구원
보물 제1131호	범강경노사나불설보살심지계품 제10의 하		경기 성남시 분당구 하오개로 323 한국학중앙연구원
보물 제1132호	백운화상초록불조직지심체요절		경기 성남시 분당구 하오개로 323 한국학중앙연구원
보물 제1133호	원균 선무공신교서	☆	경기 용인시 기흥구 상갈로 6 경기도박물관
보물 제1134호	영암 도갑사 목조문수·보현동자상	☆	전남 영암군 군서면 도갑사로 306 도갑사
보물 제1135호	조온 사패왕지		경기 성남시 분당구 하오개로 323 한국학중앙연구원
보물 제1136호	입학도설	☆	경기 성남시 분당구 하오개로 323 한국학중앙연구원
보물 제1137호	상지 은니 대방광불화엄경 정원본 권4	☆	서울 용산구 서빙고로 137 국립중앙박물관
보물 제1138호	감지 금니 묘법연화경 권7	☆	서울 용산구 서빙고로 137 국립중앙박물관
보물 제1139호	백지 묵서 묘법연화경 권7	☆	서울 용산구 서빙고로 137 국립중앙박물관
보물 제1140호	묘법연화경(언해) 권3		서울 용산구 서빙고로 137 국립중앙박물관
보물 제1141호	예천 한천사 금동쇄금 및 금고	☆	경북 김천시 대항면 북암길 89 직지사
보물 제1142호	선문삼가념송집 권1		서울 서대문구 충정로 9길 10-10 (재)아단문고
보물 제1143호	상교정본 자비도장참법 권4 6		서울 서대문구 충정로 9길 10-10 (재)아단문고
보물 제1144호	예념미타도장참법 권6 10		경기 여주시 강문로 270-8 목아불교박물관
보물 제1145호	묘법연화경 권1		경기 여주시 강문로 270-8 목아불교박물관
보물 제1146호	대방광불화엄경 정원본 권24	☆	경기 여주시 강문로 270-8 목아불교박물관
보물 제1147호	묘법연화경 권3~4, 5~7		서울 서대문구 충정로 9길 10-10 (재)아단문고 등
보물 제1148호	법집별행록절요병입사기		경기 용인시 처인구 명지로 116 명지대학교박물관
보물 제1149호	신간표제공자가어구해		경기 용인시 처인구 명지로 116 명지대학교박물관
보물 제1150호	안중근의사 유묵		보물 제569-22호로 통합 지정
보물 제1151호	청동 흑칠 호등	☆	경북 경주시 일정로 186 국립경주박물관
보물 제1152호	경주 죽동리 청동기 일괄	☆	경북 경주시 일정로 186 국립경주박물관
보물 제1153호	묘법연화경 권1~3		강원 원주시 지정면 오크밸리길260 한솔종이박물관
보물 제1154호	대방광불화엄경 정원본 권31	☆	인천 연수구 청량로 102길 40-9 가천박물관
보물 제1155호	재조본 경률이상 권1	☆	인천 연수구 청량로 102길 40-9 가천박물관
보물 제1156호	재조본 경률이상 권8	☆	서울 용산구 서빙고로 137 국립중앙박물관
보물 제1157호	성리대전서절요	☆	서울 용산구 서빙고로 137 국립중앙박물관
보물 제1158호	고금운회거요 권27~30	☆	서울 용산구 서빙고로 137 국립중앙박물관
보물 제1159호	음주전문춘추괄례시말좌전구독직해 권62~70	☆	서울 용산구 서빙고로 137 국립중앙박물관

지정번호	문화재 명칭	답사	문화재 소재지
보물 제1160호	진충귀 개국원종공신녹권	☆	서울 용산구 서빙고로 137 국립중앙박물관
보물 제1161호	진충귀 고신왕지	☆	서울 용산구 서빙고로 137 국립중앙박물관
보물 제1162호	묘법연화경삼매참법 권하		충북 단양군 영춘면 구인사길 73 구인사
보물 제1163호	선종영가집(언해) 권하		서울 종로구 효자로12 국립고궁박물관
보물 제1164호	묘법연화경 권3~4		서울 서초구 바우뫼로7길 111 관문사
보물 제1165호	예념미타도장참법 권3~4, 7~8		대전 대덕구 대청로 [개인 소장]
보물 제1166호	여주 출토 동종	☆	서울 용산구 서빙고로 137 국립중앙박물관
보물 제1167호	청주 운천동 출토 동종	☆	충북 청주시 상당구 명암로 143 국립청주박물관
보물 제1168호	청자 상감 매죽학문 매병	☆	서울 용산구 서빙고로 137 국립중앙박물관
보물 제1169호	백자 태항 및 태지석	☆	서울 관악구 남부순환로 152길 53 호림박물관
보물 제1170호	상교정본 자비도장참법 권1~3	☆	서울 관악구 남부순환로 152길 53 호림박물관
보물 제1171호	대방광원각략소주경 권하의 2	☆	서울 관악구 남부순환로 152길 53 호림박물관
보물 제1172호	몽산화상법어약록(언해)	☆	서울 관악구 남부순환로 152길 53 호림박물관
보물 제1173호	남은 유서 분재기 부 남재 왕지		2010년 8월 25일자로 지정 해제
보물 제1174호	이중로 정사공신교서 및 초상	☆	경기 용인시 기흥구 상갈로 6 경기도박물관
보물 제1175호	심대 호성공신교서	☆	경기 용인시 기흥구 상갈로 6 경기도박물관
보물 제1176호	유수 초상	☆	경기 용인시 기흥구 상갈로 6 경기도박물관
보물 제1177호	오명항 초상 및 양무공신교서	☆	경기 용인시 기흥구 상갈로 6 경기도박물관
보물 제1178호	향약제생집성방 권6	☆	인천 연수구 청량로 102길 40-9 가천박물관
보물 제1179호	태산요록	☆	인천 연수구 청량로 102길 40-9 가천박물관
보물 제1180호	신응경	☆	인천 연수구 청량로 102길 40-9 가천박물관
보물 제1181호	태인 고현동 향약	☆	전북 정읍시
보물 제1182호	인제 백담사 목조아미타여래좌상 및 복장유물	☆	강원 인제군 북면 백담로 746 백담사
보물 제1183호	해남 미황사 응진당	☆	전남 해남군 송지면 미황사길 164 미황사
보물 제1184호	순천 선암사 북 승탑	☆	전남 순천시 승주읍 선암사길 450 선암사
보물 제1185호	순천 선암사 동 승탑	☆	전남 순천시 승주읍 선암사길 450 선암사
보물 제1186호	전 구미 강락사지 삼층석탑	☆	경북 김천시 대항면 북암길 89 직지사
보물 제1187호	제주 불탑사 오층석탑	☆	제주 제주시 원당로16길 불탑사
보물 제1188호	경주 남산 천룡사지 삼층석탑	☆	경북 경주시 내남면 용장리 875-2
보물 제1189호	박문수 초상	☆	충남 천안시 동남구 천안대로 429 천안박물관
보물 제1190호	오자치 초상		서울 종로구 효자로12 국립고궁박물관
보물 제1191호	초조본 대방광불화엄경 주본 권30		강원 원주시 지정면 오크밸리길260 한솔종이박물관
보물 제1192호	대방광불화엄경 진본 권38		강원 원주시 지정면 오크밸리길260 한솔종이박물관
보물 제1193호	상교정본자비도장참법 권1~5		강원 원주시 지정면 오크밸리길260 한솔종이박물관
보물 제1194호	묘법연화경 권2		경남 양산시 하북면 통도사로 108 통도사
보물 제1195호	대불정여래밀인수증요의제보살만행수릉엄경 권9~10		경남 양산시 하북면 통도사로 108 통도사
보물 제1196호	묘법연화경		경남 양산시 하북면 통도사로 108 통도사 등
보물 제1197호	기묘제현수필	☆	경기 성남시 분당구 하오개로 323 한국학중앙연구원
보물 제1198호	기묘제현수첩	☆	경기 성남시 분당구 하오개로 323 한국학중앙연구원

지정번호	문화재 명칭	답사	문화재 소재지
보물 제1199호	유숙 필 매화도	☆	서울 용산구 이태원로 55길 60 삼성미술관 리움
보물 제1200호	고창 선운사 동불암지 마애여래좌상	☆	전북 고창군 아산면 도솔길 294 선운사
보물 제1201호	울진 불영사 대웅보전	☆	경북 울진군 서면 불영사길 48 불영사
보물 제1202호	이현보 종가 문적	☆	경북 안동시 태사길 69-7
보물 제1203호	오운 종가 문적	☆	경북 고령군 [종중 소장]
보물 제1204호	의겸 등 필 수월관음도	☆	서울 용산구 서빙고로 137 국립중앙박물관
보물 제1205호	초조본 대방광불화엄경 주본 권67, 77	☆	인천 연수구 청량로 102길 40-9 가천박물관
보물 제1206호	초조본 십주비바사론 권17	☆	인천 연수구 청량로 102길 40-9 가천박물관
보물 제1207호	산거사요	☆	인천 연수구 청량로 102길 40-9 가천박물관
보물 제1208호	춘추경좌씨전구해 권60~70	☆	인천 연수구 청량로 102길 40-9 가천박물관
보물 제1209호	우주두율	☆	인천 연수구 청량로 102길 40-9 가천박물관
보물 제1210호	청량산 괘불탱		서울 종로구
보물 제1211호	반야바라밀다심경약소		경기 동두천시 상봉암동 1 자재암
보물 제1212호	이운룡 선무공신교서 및 관련 고문서		경남 진주시 남강로 626-35 국립진주박물관
보물 제1213호	밀양 천황사 석조비로자나불좌상	☆	경남 밀양시 산내면 남명리 1-7 천황사
보물 제1214호	파계사 영산회상도	☆	대구 동구 파계로 741 파계사
보물 제1215호	이색 초상	☆	서울 종로구 종로5길 76
보물 제1216호	손소 초상		경기 성남시 분당구 하오개로 323 한국학중앙연구원
보물 제1217호	신편산학계몽 권중		서울 서대문구 충정로 9길 10-10 (재)아단문고
보물 제1218호	둔촌잡영		서울 서대문구 충정로 9길 10-10 (재)아단문고
보물 제1219호	대방광원각수다라요의경		서울 서대문구 충정로 9길 10-10 (재)아단문고
보물 제1220호	명안공주 관련 유물	☆	강원 강릉시 율곡로 3139번길 24 오죽헌시립박물관
보물 제1221호	김진 초상		경북 안동시 도산면 퇴계로 1997 한국국학진흥원
보물 제1222호	법집별행록절요병입사기		강원 원주시 지정면 오크밸리길260 한솔종이박물관
보물 제1223호	집주금강반야바라밀경 권하		강원 원주시 지정면 오크밸리길260 한솔종이박물관
보물 제1224호	불조삼경	☆	부산 금정구 범어사로 250 범어사 [보물1224-2호]
보물 제1225호	묘법연화경 권7(언해)		경기 김포시 풍무동 159-1 중앙승가대학
보물 제1226호	조흡 고신왕지		서울 노원구 공릉동 103 육군박물관
보물 제1227호	식물본초	☆	인천 연수구 청량로 102길 40-9 가천박물관
보물 제1228호	청자 음각 반룡문 주자		서울 용산구 이태원로 55길 60 삼성미술관 리움
보물 제1229호	분청사기 조화절지문 편병		서울 용산구 이태원로 55길 60 삼성미술관 리움
보물 제1230호	백자 상감 연당초문 병		경기 용인시 처인구 포곡읍 38 호암미술관
보물 제1231호	백자 철화 운죽문 호		서울 용산구 이태원로 55길 60 삼성미술관 리움
보물 제1232호	진주 청곡사 목조 제석천·대범천의상	☆	경남 진주시 금산면 월아산로1440번길 138 청곡사
보물 제1233호	현자총통	☆	광주 북구 하서로 110 국립광주박물관
보물 제1234호	의방유취 권201	☆	충북 음성군 대소면 대풍산단로 78 한독의약박물관
보물 제1235호	향약제생집성방 권4~5	☆	충북 음성군 대소면 대풍산단로 78 한독의약박물관
보물 제1236호	구급간이방 권6	☆	충북 음성군 대소면 대풍산단로 78 한독의약박물관
보물 제1237호	밀성박씨 삼우정파 종중 고문서		대구 수성구 청호로 321 국립대구박물관

지정번호	문화재 명칭	답사	문화재 소재지
보물 제1238호	아미타여래도	☆	경기 용인시 처인구 용인대학로 134 용인대학교
보물 제1239호	감로탱화		경기 용인시 처인구 용인대학로 134 용인대학교
보물 제1240호	묘법연화경 권3~4		경남 양산시 하북면 통도사로 108 통도사
보물 제1241호	예념미타도장참법 권6~10		경북 김천시 대항면 북암길 89 직지사
보물 제1242호	합천 해인사 길상탑	☆	경남 합천군 가야면 해인사길 85 해인사
보물 제1243호	완주 송광사 대웅전	☆	전북 완주군 소양면 송광수만로 255-16 송광사
보물 제1244호	완주 송광사 종루	☆	전북 완주군 소양면 송광수만로 255-16 송광사
보물 제1245호	백범일지		서울 서대문구 충정로9길 10-10 백범기념관
보물 제1246호	천안 광덕사 감역교지	☆	충남 천안시 광덕면 광덕사길 30 광덕사
보물 제1247호	천안 광덕사 조선사경	☆	충남 천안시 광덕면 광덕사길 30 광덕사
보물 제1248호	대불정여래밀인수증요의제보살만행수능엄경 권1~4	☆	서울 관악구 남부순환로 152길 53 호림박물관
보물 제1249호	간이벽온방(언해)	☆	인천 연수구 청량로 102길 40-9 가천박물관
보물 제1250호	세의득효방 권10~11	☆	인천 연수구 청량로 102길 40-9 가천박물관
보물 제1251호	금강반야바라밀경 권1		보물 제442-3호로 통합 지정
보물 제1252호	상교정본자비도장참법 권9 10		전남 장흥군 유치면 봉덕리 45 보림사
보물 제1253호	해인사 동종	☆	경남 합천군 가야면 해인사길 122 해인사
보물 제1254호	장흥 보림사 목조사천왕상	☆	전남 장흥군 유치면 봉덕리 45 보림사
보물 제1255호	완주 송광사 소조사천왕상	☆	전북 완주군 소양면 송광수만로 255-16 송광사
보물 제1256호	칠장사 삼불회괘불탱		경기 안성시 죽산면 칠장로 399 칠장사
보물 제1257호	청룡사 영산회괘불탱	☆	경기 안성시 서운면 청룡길 140 청룡사
보물 제1258호	보살사 영산회괘불탱		충북 청주시 상당구 낙가산로 168 보살사
보물 제1259호	법주사 괘불탱		충북 보은군 속리산면 법주사로 379 법주사
보물 제1260호	마곡사 석가모니불괘불탱		충남 공주시 사곡면 마곡사로 966 마곡사
보물 제1261호	광덕사 노사나불괘불탱	☆	충남 천안시 동남구 광덕면 광덕사길 30 광덕사
보물 제1262호	용봉사 영산회괘불탱		충남 홍성군 홍북면 신경리 산80 용봉사
보물 제1263호	수덕사 노사나불괘불탱		충남 예산군 덕산면 수덕사안길 79 수덕사
보물 제1264호	개심사 영산회괘불탱		충남 서산시 운산면 개심사로 321-86 개심사
보물 제1265호	무량사 미륵불괘불탱		충남 부여군 외산면 만수리 116 무량사
보물 제1266호	금당사 괘불탱	☆	전북 진안군 마령면 동촌리 41 금당사
보물 제1267호	안국사 영산회괘불탱		전북 무주군 적상면 괴목리 산184-1 안국사
보물 제1268호	내소사 영산회괘불탱	☆	전북 부안군 진서면 내소사로 243 내소사
보물 제1269호	개암사 영산회괘불탱 및 초본	☆	전북 부안군 상서면 개암로 248 개암사
보물 제1270호	은해사 괘불탱		경북 영천시 청통면 청통로 951 은해사
보물 제1271호	수도사 노사나불괘불탱		경북 영천시 신녕면 치산리 311 수도사
보물 제1272호	불영사 영산회상도	☆	경북 울진군 서면 불영사길 48 불영사
보물 제1273호	해인사 영산회상도		경남 합천군 가야면 해인사길 122 해인사
보물 제1274호	완주 송광사 소조석가여래삼불좌상 및 복장유물	☆	전북 완주군 소양면 송광수만로 255-16 송광사
보물 제1275호	인제 한계사지 남 삼층석탑	☆	강원 인제군 북면 한계리 90-4
보물 제1276호	인제 한계사지 북 삼층석탑	☆	강원 인제군 북면 한계리 산1-67

지정번호	문화재 명칭	답사	문화재 소재지
보물 제1277호	동해 삼화사 삼층석탑	☆	강원 동해시 무릉로 584 삼화사
보물 제1278호	북장사 영산회괘불탱	☆	경북 상주시 내서면 북장리 38 북장사
보물 제1279호	죽림사 세존괘불탱		전남 나주시 남평읍 풍림리 산1 죽림사
보물 제1280호	포항 오어사 동종	☆	경북 포항시 남구 오천읍 오어로 1 오어사
보물 제1281호	자치통감 권236~238	☆	서울 용산구 서빙고로 137 국립중앙박물관
보물 제1282호	최유련 개국원종공신녹권		서울 성동구 [종중 소장]
보물 제1283호	영암 월출산 용암사지 삼층석탑	☆	전남 영암군 영암읍 회문리 산26-8
보물 제1284호	공주 청량사지 오층석탑	☆	충남 공주시 반포면 동학사1로 346
보물 제1285호	공주 청량사지 칠층석탑	☆	충남 공주시 반포면 동학사1로 346
보물 제1286호	수월관음도	☆	경기 용인시 처인구 용인대학로 134 용인대학교
보물 제1287호	지장보살삼존도		서울 종로구 [개인 소장]
보물 제1288호	여수 타루비	☆	전남 여수시 고소3길 13
보물 제1289호	이윤손 유서		서울 중랑구 [개인 소장]
보물 제1290호	진산세고		서울 강서구 [개인 소장]
보물 제1291호	대악후보	☆	서울 서초구 남부순환로 2364 국립국악원
보물 제1292호	동해 삼화사 철조노사나불좌상	☆	강원 동해시 무릉로 584 삼화사
보물 제1293호	공주 계룡산 중악단	☆	충남 공주시 계룡면 양화리 산8 신원사
보물 제1294호	이제 개국공신교서		경남 산청군 단성면 남사리 339-1
보물 제1295호	괴산 각연사 통일대사탑비	☆	충북 괴산군 칠성면 각연길 451 각연사
보물 제1296호	제천 신륵사 삼층석탑	☆	충북 제천시 덕산면 월악산로4길 180 신륵사
보물 제1297호	선종영가집		서울 종로구 신문로 2가 2-1 서울특별시립박물관
보물 제1298호	조영복 초상	☆	경기 용인시 기흥구 상갈로 6 경기도박물관
보물 제1299호	괴산 보안사 삼층석탑	☆	충북 괴산군 청안면 효근1길 23
보물 제1300호	합천 해인사 홍제암	☆	경남 합천군 가야면 해인사길 154 홍제암
보물 제1301호	합천 해인사 홍제암 사명대사탑 및 석장비	☆	경남 합천군 가야면 해인사길 154 홍제암
보물 제1302호	청룡사 감로탱		경기 안성시 서운면 청룡길 140 청룡사
보물 제1303호	백지 금니 금강 및 보문발원	☆	경북 김천시 대항면 북암길 89 직지사
보물 제1304호	유몽인 위성공신교서		전남 고흥군 [개인 소장]
보물 제1305호	김완 초상		전남 영암군 서호면 화송리 159
보물 제1306호	묘법연화경		경북 김천시 대항면 북암길 89 직지사
보물 제1307호	고흥 능가사 대웅전	☆	전남 고흥군 점암면 팔봉길 21 능가사
보물 제1308호	홍진 호성공신교서		강원 홍천군 [종중 소장]
보물 제1309호	영암 엄길리 암각 매향명	☆	전남 영암군 서호면 엄길리 산85
보물 제1310호	나주 불회사 대웅전	☆	전남 나주시 다도면 다도로 1224-142 불회사
보물 제1311호	순천 선암사 대웅전	☆	전남 순천시 승주읍 선암사길 450 선암사
보물 제1312호	강진 무위사 아미타여래삼존좌상	☆	전남 강진군 성전면 무위사로 308 무위사
보물 제1313호	강진 무위사 극락전 아미타여래삼존벽화	☆	국보 제313호로 승격
보물 제1314호	무위사 극락전 백의관음도	☆	전남 강진군 성전면 무위사로 308 무위사
보물 제1315호	무위사 극락전 내벽사면벽화	☆	전남 강진군 성전면 무위사로 308 무위사

지정번호	문화재 명칭	답사	문화재 소재지
보물 제1316호	율곡사 괘불탱		경남 산청군 신등면 율현리 1034
보물 제1317호	운흥사 괘불탱 및 궤	☆	경남 고성군 하이면 와룡리 442
보물 제1318호	신 · 구법천문도	☆	서울 종로구 삼청로 37 국립민속박물관
보물 제1319호	경진년 대통력	☆	서울 종로구 삼청로 37 국립민속박물관
보물 제1320호	예념미타도장참법 권7		대구 달서구 달구벌대로 1095 계명대학교
보물 제1321호	무예제보번역속집		대구 달서구 달구벌대로 1095 계명대학교
보물 제1322호	곡성 가곡리 오층석탑	☆	전남 곡성군 오산면 가곡리 2
보물 제1323호	파주 공효공 박중손묘 장명등	☆	경기 파주시 탄현면 방촌로879번길 172-34
보물 제1324호	시흥 소래산 마애보살입상	☆	경기 시흥시 대야동 산140-3
보물 제1325호	전 낙수정 동종	☆	전북 전주시 완산구 쑥고개로 249 국립전주박물관
보물 제1326호	함창 상원사 사불회탱	☆	서울 용산구 서빙고로 137 국립중앙박물관
보물 제1327호	석조지장보살좌상	☆	서울 용산구 서빙고로 137 국립중앙박물관
보물 제1328호	기영회도	☆	서울 용산구 서빙고로 137 국립중앙박물관
보물 제1329호	백자 청화 소상팔경문 팔각연적	☆	서울 용산구 서빙고로 137 국립중앙박물관
보물 제1330호	예천 용문사 팔상탱	☆	경북 예천군 용문면 용문사길 285-30 용문사
보물 제1331호	흥국사 노사나불괘불탱	☆	전남 여수시 흥국사길 160 흥국사
보물 제1332호	흥국사 수월관음도		전남 여수시 흥국사길 160 흥국사
보물 제1333호	흥국사 십육나한도	☆	전남 여수시 흥국사길 160 흥국사
보물 제1334호	화원 우배선 의병진 관련자료	☆	대구 달서구 월배로 219
보물 제1335호	대장일람집		대구 달서구 달구벌대로 1095 계명대학교
보물 제1336호	고성 건봉사 능파교	☆	강원 고성군 거진읍 건봉사로 723 건봉사
보물 제1337호	고성 육송정 홍교	☆	강원 고성군 간성읍 해상리 1041
보물 제1338호	옥천 용암사 동 · 서 삼층석탑	☆	충북 옥천군 옥천읍 삼청리 산51-1 용암사
보물 제1339호	오덕사 괘불탱		충남 부여군 충화면 오덕리 오덕사
보물 제1340호	천은사 괘불탱	☆	전남 구례군 광의면 노고단로 209 천은사
보물 제1341호	도림사 괘불탱		전남 곡성군 곡성읍 월봉리 337 도림사
보물 제1342호	미황사 괘불탱		전남 해남군 송지면 미황사길 164 미황사
보물 제1343호	다보사 괘불탱		전남 나주시 금성산길 83 다보사
보물 제1344호	금탑사 괘불탱		전남 고흥군 포두면 금탑로 842 금탑사
보물 제1345호	만연사 괘불탱		전남 화순군 화순읍 진각로 367 만연사
보물 제1346호	장성 백양사 소요대사탑	☆	전남 장성군 북하면 약수리 20 백양사
보물 제1347호	해남 대흥사 서산대사탑	☆	전남 해남군 삼산면 대흥사길 400 대흥사
보물 제1348호	화엄사 서오층석탑 사리장엄구		전남 구례군 마산면 화엄사로 539 화엄사
보물 제1349호	곡성 태안사 동종	☆	전남 곡성군 죽곡면 원달리 20 태안사
보물 제1350호	통도사 석가여래괘불탱	☆	경남 양산시 하북면 통도사로 108 통도사
보물 제1351호	통도사 괘불탱		경남 양산시 하북면 통도사로 108 통도사
보물 제1352호	통도사 화엄탱		경남 양산시 하북면 통도사로 108 통도사
보물 제1353호	통도사 영산회상탱		경남 양산시 하북면 통도사로 108 통도사
보물 제1354호	통도사 청동은입사향완		경남 양산시 하북면 통도사로 108 통도사

지정번호	문화재 명칭	답사	문화재 소재지
보물 제1355호	초조본 아비달마계신족론 권하	☆	서울 종로구 신문로 2가 2-1 서울역사박물관
보물 제1356호	초조본 현양성교론 권3	☆	서울 종로구 신문로 2가 2-1 서울역사박물관
보물 제1357호	해남 대흥사 서산대사유물	☆	전남 해남군 삼산면 대흥사길 400 대흥사
보물 제1358호	동여도	☆	서울 종로구 새문안로 55 서울역사박물관
보물 제1359호	감은사지 동삼층석탑 사리장엄구	☆	서울 용산구 서빙고로 137 국립중앙박물관
보물 제1360호	보은 법주사 소조비로자나삼불좌상	☆	충북 보은군 속리산면 법주사로 379 법주사
보물 제1361호	보은 법주사 목조관음보살좌상	☆	충북 보은군 속리산면 법주사로 379 법주사
보물 제1362호	양양 낙산사 건칠관음보살좌상	☆	강원 양양군 강현면 낙산사로 100 낙산사
보물 제1363호	화엄사 대웅전 삼신불탱	☆	전남 구례군 마산면 화엄사로 539 화엄사
보물 제1364호	쌍계사 대웅전 삼세불탱	☆	경남 하동군 화계면 쌍계사길 59 쌍계사
보물 제1365호	쌍계사 팔상전 팔상탱	☆	경남 하동군 화계면 쌍계사길 59 쌍계사
보물 제1366호	순천 송광사 화엄경변상도		국보 제314호로 승격
보물 제1367호	송광사 응진당 석가모니후불탱. 십육나한탱		전남 순천시 송광면 송광사안길 100 송광사
보물 제1368호	송광사 영산전후불탱. 팔상탱	☆	전남 순천시 송광면 송광사안길 100 송광사
보물 제1369호	번역명의집		대구 달서구 달구벌대로 1095 계명대학교
보물 제1370호	괴산 각연사 통일대사탑		충북 괴산군 칠성면 각연길 451 각연사
보물 제1371호	영동 반야사 삼층석탑	☆	충북 영동군 황간면 백화산로 652 반야사
보물 제1372호	함평 고막천 석교	☆	전남 함평군 학교면 고막리 629
보물 제1373호	통도사 금동천문도	☆	경남 양산시 하북면 통도사로 108 통도사
보물 제1374호	용흥사 삼불회괘불탱		경북 상주시 지천1길 376-14 용흥사
보물 제1375호	월정사 팔각구층석탑 사리장엄구	☆	강원 평창군 진부면 오대산로 374 월정사
보물 제1376호	순천 송광사 티베트문 법지	☆	전남 순천시 송광면 송광사안길 100 송광사
보물 제1377호	영광 불갑사 목조석가여래삼불좌상	☆	전남 영광군 불갑면 불갑사로 450 불갑사
보물 제1378호	하동 쌍계사 목조석가여래삼불좌상 및 사보살입상	☆	경남 하동군 화계면 쌍계사길 59 쌍계사
보물 제1379호	축서사 괘불탱		경북 봉화군 물야면 월계길 739 축서사
보물 제1380호	신경행 청난공신교서 및 관련문적		충북 청주시 상당구 명암로 143 국립청주박물관
보물 제1381호	예산 수덕사 목조석가여래삼불좌상 및 복장유물	☆	충남 예산군 덕산면 수덕사안길 79 수덕사
보물 제1382호	청자 상감 국모란문 '신축'명 연	☆	서울 용산구 이태원로 55길 60 삼성미술관 리움
보물 제1383호	청자 철화 초충조문 매병		서울 용산구 이태원로 55길 60 삼성미술관 리움
보물 제1384호	청자 상감 유로매죽문 편병		서울 용산구 이태원로 55길 60 삼성미술관 리움
보물 제1385호	청자 양각 운룡문 매병		서울 용산구 이태원로 55길 60 삼성미술관 리움
보물 제1386호	청자 상감 어룡문 매병		서울 용산구 이태원로 55길 60 삼성미술관 리움
보물 제1387호	분청사기 철화 모란문 장군		서울 용산구 이태원로 55길 60 삼성미술관 리움
보물 제1388호	분청사기 박지 연화문 편병		서울 용산구 이태원로 55길 60 삼성미술관 리움
보물 제1389호	청자 상감 '장진주'시명 매북양류문 매병		서울 용산구 이태원로 55길 60 삼성미술관 리움
보물 제1390호	백자 청화 동정추월문 호		서울 용산구 이태원로 55길 60 삼성미술관 리움
보물 제1391호	백자 상감 투각 모란문 병		서울 용산구 이태원로 55길 60 삼성미술관 리움
보물 제1392호	이암 필 화조구자도	☆	서울 용산구 이태원로 55길 60 삼성미술관 리움
보물 제1393호	김홍도 필 추성부도		서울 용산구 이태원로 55길 60 삼성미술관 리움

지정번호	문화재 명칭	답사	문화재 소재지
보물 제1394호	경기감영도병	☆	서울 용산구 이태원로 55길 60 삼성미술관 리움
보물 제1395호	영암 도갑사 도선국사·수미선사비	☆	전남 영암군 군서면 도갑사로 306 도갑사
보물 제1396호	강진 백련사 사적비	☆	전남 강진군 도암면 백련사길 145 백련사
보물 제1397호	영국사 영산회후불탱	☆	서울 종로구 우정국로 55 불교중앙박물관
보물 제1398호	청자 상감 압형 주자		경기 성남시 [개인 소장]
보물 제1399호	청자 퇴화 선문 표형 주자		서울 종로구 [개인 소장]
보물 제1400호	분청사기 상감 모란당초문 장군		경기 성남시 [개인 소장]
보물 제1401호	충주 봉황리 마애불상군	☆	충북 충주시 가금면 봉황리 산27
보물 제1402호	영주 소수서원 문성공묘	☆	경북 영주시 순흥면 소백로 2740 소수서원
보물 제1403호	영주 소수서원 강학당	☆	경북 영주시 순흥면 소백로 2740 소수서원
보물 제1404호	봉사조선창화시권	☆	서울 용산구 서빙고로 137 국립중앙박물관
보물 제1405호	비해당 소상팔경시첩	☆	서울 용산구 서빙고로 137 국립중앙박물관
보물 제1406호	이십삼 상대회도 및 김종한교지	☆	경기 용인시 기흥구 상갈로 6 경기도박물관
보물 제1407호	범망경보살계본 및 수보살계법		충북 청주시 흥덕구 운천동 866 청주고인쇄박물관
보물 제1408호	금강반야바라밀경	☆	충북 청주시 흥덕구 운천동 866 청주고인쇄박물관
보물 제1409호	대방광불화엄경소 권48, 64, 83	☆	충북 청주시 흥덕구 운천동 866 청주고인쇄박물관
보물 제1410호	금동 당간 용두	☆	대구 수성구 청호로 321 국립대구박물관
보물 제1411호	임신서기석	☆	경북 경주시 일정로 186 국립경주박물관
보물 제1412호	감지 금니 대방광불화엄경 권15	☆	서울 강남구 언주로 827 코리아나화장박물관
보물 제1413호	보은 법주사 철확	☆	충북 보은군 속리산면 법주사로 379 법주사
보물 제1414호	봉업사명 청동 향로		경기 용인시 처인구 포곡읍 에버랜드로 562번길
보물 제1415호	삼현수간	☆	서울 용산구 이태원로 55길 60 삼성미술관 리움
보물 제1416호	보은 법주사 복천암 수암화상탑	☆	충북 보은군 속리산면 법주사로 658-138 복천암
보물 제1417호	보은 법주사 석조희견보살입상	☆	충북 보은군 속리산면 법주사로 379 법주사
보물 제1418호	보은 법주사 복천암 학조화상탑	☆	충북 보은군 속리산면 법주사로 658-138 복천암
보물 제1419호	선암사 석가모니불 괘불탱 및 부속 유물 일괄		전남 순천시 승주읍 선암사길 450 선암사
보물 제1420호	청자 상감 화류문 주자 및 승반		서울 용산구 이태원로 55길 60 삼성미술관 리움
보물 제1421호	청자 퇴화 화문 주자 및 승반		서울 용산구 이태원로 55길 60 삼성미술관 리움
보물 제1422호	분청사기 상감 모란문 호		서울 용산구 이태원로 55길 60 삼성미술관 리움
보물 제1423호	분청사기 인화문 장군		서울 용산구 이태원로 55길 60 삼성미술관 리움
보물 제1424호	백자대호		국보 제309호로 승격
보물 제1425호	백자 철화 매죽문 호		서울 용산구 이태원로 55길 60 삼성미술관 리움
보물 제1426호	수월관음도	☆	경기 용인시 기흥구 용구대로 아모레퍼시픽 미술관
보물 제1427호	경주 원성왕릉 석상 및 석주일괄	☆	경북 경주시 외동읍 괘릉리 산17,611-4
보물 제1428호	분청사기 상감'정통 13년'명 묘지 및 분청사기 일괄		서울 용산구 이태원로 55길 60 삼성미술관 리움
보물 제1429호	경주 원원사지 동·서 삼층석탑	☆	경북 경주시 외동읍 모화리 산12-3
보물 제1430호	봉수당 진찬도 [보물 제1430-2호]	☆	서울 중구 장충단로 127 동국대학교박물관
보물 제1431호	정사신 참석 계회도 일괄		서울 용산구 이태원로 55길 60 삼성미술관 리움
보물 제1432호	적천사 괘불탱 및 지주	☆	경북 청도군 청도읍 원동길 304 적천사

지정번호	문화재 명칭	답사	문화재 소재지
보물 제1433호	영암 도갑사 오층석탑	☆	전남 영암군 군서면 도갑사로 306 도갑사
보물 제1434호	완주 안심사 금강계단	☆	전북 완주군 운주면 안심길 372 안심사
보물 제1435호	이원익 초상	☆	경기 광명시 오리로347번길 5-6 충현박물관
보물 제1436호	거창 농산리 석조여래입상	☆	경남 거창군 북상면 농산리 산53
보물 제1437호	백자 호	☆	서울 용산구 서빙고로 137 국립중앙박물관
보물 제1438호	백자 호		서울 종로구 [개인 소장]
보물 제1439호	백자 호		서울 종로구 [개인 소장]
보물 제1440호	백자 호	☆	국보 제310호로 승격
보물 제1441호	백자 호	☆	경기 용인시 기흥구 용구대로 아모레퍼시픽 미술관
보물 제1442호	일월반도도 병풍	☆	서울 종로구 효자로12 국립고궁박물관
보물 제1443호	왕세자탄강진하도 병풍	☆	서울 종로구 효자로12 국립고궁박물관
보물 제1444호	은입사 귀면문 철추	☆	서울 종로구 효자로12 국립고궁박물관
보물 제1445호	예천 용문사 영산회괘불탱	☆	경북 예천군 용문면 용문사길 285-30 용문사
보물 제1446호	남해 용문사 괘불탱		경남 남해군 이동면 용소리 868 용문사
보물 제1447호	청자 상감 화조문 도판		서울 용산구 이태원로 55길 60 삼성미술관 리움
보물 제1448호	백자 청화 보상당초문 호		서울 용산구 이태원로 55길 60 삼성미술관 리움
보물 제1449호	청자 기린 연적		서울 종로구
보물 제1450호	분청사기 상감 사각묘지 및 분청사기인화문 사각편병		경기 용인시 기흥구 용구대로 아모레퍼시픽 미술관
보물 제1451호	청자 상감 운학국화문 병형 주자	☆	서울 관악구 남부순환로 152길 53 호림박물관
보물 제1452호	청자 상감 연화유문 '덕천명' 매병	☆	서울 관악구 남부순환로 152길 53 호림박물관
보물 제1453호	청자 주자	☆	서울 관악구 남부순환로 152길 53 호림박물관
보물 제1454호	청자 음각 연화문 팔각 장경병	☆	서울 관악구 남부순환로 152길 53 호림박물관
보물 제1455호	분청사기 상감 파도어문 병	☆	서울 관악구 남부순환로 152길 53 호림박물관
보물 제1456호	분청사기 박지 태극문 편병	☆	서울 관악구 남부순환로 152길 53 호림박물관
보물 제1457호	백자 사각 제기		서울 관악구 남부순환로 152길 53 호림박물관
보물 제1458호	백자 청화 철화 '시'명 접문 팔각 연적	☆	서울 관악구 남부순환로 152길 53 호림박물관
보물 제1459호	해동조계복암화상잡저	☆	서울 종로구 효자로12 국립고궁박물관
보물 제1460호	흥천사명 동종	☆	서울 중구 세종대로 99 덕수궁
보물 제1461호	부산 범어사 조계문	☆	부산 금정구 범어사로 250 범어사
보물 제1462호	서울 인조별서 유기비	☆	서울 은평구 역촌동 8-12
보물 제1463호	용비어천가	☆	대구 달서구 달구벌대로 1095 계명대학교 등
보물 제1464호	사마방목		대구 달서구 달구벌대로 1095 계명대학교
보물 제1465호	도은선생집		대구 달서구 달구벌대로 1095 계명대학교
보물 제1466호	진일유고		대구 달서구 달구벌대로 1095 계명대학교
보물 제1467호	순천 송광사 소조 사천왕상	☆	전남 순천시 송광면 송광사안길 100 송광사
보물 제1468호	순천 송광사 소조 사천왕상 복장유물		전남 순천시 송광면 송광사안길 100 송광사
보물 제1469호	마천목 좌명공신녹권	☆	서울 종로구 효자로 12 국립고궁박물관
보물 제1470호	영광 불갑사 불 복장 전적		전남 영광군 불갑면 불갑사로 450 불갑사
보물 제1471호	양산 통도사 삼층석탑	☆	경남 양산시 하북면 통도사로 108 통도사

지정번호	문화재 명칭	답사	문화재 소재지
보물 제1472호	통도사 아미타여래설법도		경남 양산시 하북면 통도사로 108 통도사
보물 제1473호	여주이씨 옥산문중 고문서	☆	경북 경주시 안강읍 옥산서원길 300-3 독락당
보물 제1474호	경주이씨 양월문중 고문서 및 항안		경북 경주시 일정로 186 국립경주박물관
보물 제1475호	안압지 출토 금동판 불상 일괄	☆	경북 경주시 일정로 186 국립경주박물관
보물 제1476호	김시민 선무공신 교서	☆	경남 진주시 남강로 626-35 국립진주박물관
보물 제1477호	채제공 초상 일괄	☆	경기 수원시 팔달구 창룡대로 21 수원화성박물관
보물 제1478호	조씨 삼형제 초상	☆	서울 종로구 삼청로 37 국립민속박물관
보물 제1479호	유숙 초상 및 관련 교지		서울 종로구 효자로12 국립고궁박물관
보물 제1480호	심환지 초상	☆	경기 용인시 기흥구 상갈로 6 경기도박물관
보물 제1481호	김유 초상	☆	경기 용인시 기흥구 상갈로 6 경기도박물관
보물 제1482호	이시방 초상	☆	대전 유성구 노은동길 100 대전선사박물관
보물 제1483호	이채 초상	☆	서울 용산구 서빙고로 137 국립중앙박물관
보물 제1484호	남구만 초상	☆	서울 용산구 서빙고로 137 국립중앙박물관
보물 제1485호	강이오 초상	☆	서울 용산구 서빙고로 137 국립중앙박물관
보물 제1486호	이광사 초상		서울 용산구 서빙고로 137 국립중앙박물관
보물 제1487호	서직수 초상	☆	서울 용산구 서빙고로 137 국립중앙박물관
보물 제1488호	심득경 초상	☆	광주 북구 하서로 110 국립광주박물관
보물 제1489호	박유명 초상	☆	경기 수원시 영통구 창룡대로 265 수원역사박물관
보물 제1490호	이성윤 초상	☆	서울 종로구 효자로12 국립고궁박물관
보물 제1491호	연잉군 초상	☆	서울 종로구 효자로12 국립고궁박물관
보물 제1492호	철종어진	☆	서울 종로구 효자로12 국립고궁박물관
보물 제1493호	오재순 초상	☆	서울 용산구 이태원로 55길 60 삼성미술관 리움
보물 제1494호	황현 초상 및 사진	☆	전남 순천시 [개인 소장]
보물 제1495호	윤증 초상 일괄	☆	충남 공주시 연수원길 103 충남역사문화원
보물 제1496호	윤급 초상		서울 용산구 서빙고로 137 국립중앙박물관
보물 제1497호	김시습 초상	☆	서울 종로구 우정국로 55 불교중앙박물관
보물 제1498호	조선후기 문인 초상		부산 남구 [개인 소장]
보물 제1499호	이하응 초상 일괄	☆	서울 종로구 새문안로 55 서울역사박물관
보물 제1500호	김이안 초상	☆	서울 서대문구 연세로 50 연세대학교박물관
보물 제1501호	이덕성 초상 및 관련자료 일괄	☆	부산 남구 유엔평화로 63 부산광역시립박물관
보물 제1502호	전 윤효전 초상		대구 중구 [개인 소장]
보물 제1503호	임장 초상		서울 서대문구 연세로 50 연세대학교박물관
보물 제1504호	유언호 초상	☆	서울 관악구 관악로 1 서울대학교 규장각
보물 제1505호	대구 동화사 사명당 유정 진영	☆	대구 동구 팔공산로201길 41 동화사
보물 제1506호	순천 선암사 선각국사 도선 진영	☆	전남 순천시 승주읍 선암사길 450 선암사
보물 제1507호	광주 자운사 목조아미타여래좌상 및 복장유물		광주 동구 지호로106번길 8-8 자운사
보물 제1508호	이성윤 위성공신교서 및 관련유물	☆	서울 종로구 효자로 12 국립고궁박물관
보물 제1509호	허목 초상	☆	강원 춘천시 우석로 70 국립춘천박물관
보물 제1510호	최익현 초상	☆	제주 제주시 일주동로 17 국립제주박물관

지정번호	문화재 명칭	답사	문화재 소재지
보물 제1511호	국조정토록	☆	경기 성남시 경기 성남시 분당구 한국학중앙연구원
보물 제1512호	이십공신회맹축 - 영국공신녹훈후	☆	경기 성남시 경기 성남시 분당구 한국학중앙연구원
보물 제1513호	이십공신회맹축 - 보사공신녹훈후		경기 성남시 경기 성남시 분당구 한국학중앙연구원
보물 제1514호	대방광원각수다라요의경 권상 1의 1		경기 성남시 경기 성남시 분당구 한국학중앙연구원
보물 제1515호	대불정여래밀인수증요의제보살만행수능엄경 권2, 10		경기 성남시 경기 성남시 분당구 한국학중앙연구원
보물 제1516호	김제 귀신사 소조비로자나삼불좌상	☆	전북 김제시 금산면 청도6길 40 귀신사
보물 제1517호	남원 선국사 건칠아미타여래좌상 및 복장유물	☆	전북 남원시 산곡동 419 선국사
보물 제1518호	대방광원각수다라요의경 권1	☆	서울 종로구 북촌로 39 북촌박물관
보물 제1519호	묘법연화경삼매참법 권상	☆	대전 유성구 [사찰 소장]
보물 제1520호	대불정여래밀인수증료의제보살만항수능엄경 권1	☆	전남 순천시 정혜사길 32 정혜사
보물 제1521호	경국대전 권3		서울 종로구 효자로 12 국립고궁박물관
보물 제1522호	영산회상도		부산 서구 구덕로 255 동아대학교박물관
보물 제1523호	경주 불국사 석조	☆	경북 경주시 불국로 385 불국사
보물 제1524호	서울 이윤탁 한글영비	☆	서울 노원구 하계동 12
보물 제1525호	금장요집경 권1~2	☆	부산 금정구 범어사로 250 범어사
보물 제1526호	부산 범어사 목조석가여래삼존좌상	☆	부산 금정구 범어사로 250 범어사
보물 제1527호	충주 백운암 철조여래좌상	☆	충북 충주시 엄정면 내창로 617-80 백운암
보물 제1528호	초조본 사두간진일태자이십팔수경		서울 서대문구 신촌동 134 연세대학교 중앙도서관
보물 제1529호	초조본 잡아비담심론 권9	☆	서울 서대문구 신촌동 134 연세대학교 중앙도서관
보물 제1530호	초조본 수용삼수요행법		서울 서대문구 신촌동 134 연세대학교 중앙도서관
보물 제1531호	영조을유기로연·경현당수작연도병	☆	서울 종로구 신문로2가 2-1 서울역사박물관
보물 제1532호	여주 효종 영릉재실	☆	경기 여주시 능서면 왕대리 산83-1
보물 제1533호	해동팔도 봉화 산악 지도		서울 성북구 안암로 145 고려대학교중앙도서관
보물 제1534호	서궐도안		서울 성북구 안암로 145 고려대학교박물관
보물 제1535호	숙빈최씨 소령원도	☆	경기 성남시 분당구 하오개로 323 한국학중앙연구원
보물 제1536호	월중도		경기 성남시 분당구 하오개로 323 한국학중앙연구원
보물 제1537호	서북피아양계만리일람지도		서울 서초구 반포대로 201 국립중앙도서관
보물 제1538호	동국대지도	☆	서울 용산구 서빙고로 137 국립중앙박물관
보물 제1539호	봉래유묵		서울 서대문구 연세로 50 연세대학교중앙도서관
보물 제1540호	청자 표형 주자	☆	서울 관악구 남부순환로 152길 53 호림박물관
보물 제1541호	분청사기 상감 모단류문 병	☆	서울 관악구 남부순환로 152길 53 호림박물관
보물 제1542호	요계관방지도		서울 관악구 관악로 1 서울대학교 규장각
보물 제1543호	상교정본자비도장참법 권9~10		충남 예산군 덕산면 수덕사안길 79 수덕사
보물 제1544호	나주 심향사 건칠 아미타여래좌상	☆	전남 나주시 건재로 41 심향사
보물 제1545호	나주 불회사 건칠 비로자나불좌상	☆	전남 나주시 다도면 다도로 1224-142 불회사
보물 제1546호	구례 천은사 금동불감		전남 구례군 광의면 노고단로 209 천은사
보물 제1547호	해남 대흥사 금동관음보살좌상		전남 해남군 삼산면 대흥사길 400 대흥사
보물 제1548호	구례 화엄사 목조비로자나삼신불좌상	☆	전남 구례군 마산면 화엄사로 539 화엄사
보물 제1549호	순천 송광사 목조석가여래삼존상 및 소조십육나한상		전남 순천시 송광면 송광사안길 100 송광사

지정번호	문화재 명칭	답사	문화재 소재지
보물 제1550호	여수 흥국사 목조석가여래삼존상	☆	전남 여수시 흥국사길 160 흥국사
보물 제1551호	진천 영수사 영산회괘불탱		충북 진천군 초평면 영구리 산542
보물 제1552호	해남 대흥사 영산회괘불탱		전남 해남군 삼산면 대흥사길 400 대흥사
보물 제1553호	순천 선암사 서부도암 감로왕도		전남 순천시 승주읍 선암사길 450 선암사
보물 제1554호	순천 선암사 33조사도		전남 순천시 승주읍 선암사길 450 선암사
보물 제1555호	담양 용흥사 동종	☆	전남 담양군 월산면 용흥사길 442 용흥사
보물 제1556호	여수 흥국사 동종	☆	전남 여수시 흥국사길 160 흥국사
보물 제1557호	고흥 능가사 동종	☆	전남 고흥군 점암면 성기리 37 능가사
보물 제1558호	순천 선암사 동종		전남 순천시 승주읍 선암사길 450 선암사
보물 제1559호	감지 은니 대방광불화엄경		경기 용인시 기흥구 용구대로 아모레퍼시픽 미술관
보물 제1560호	도성도	☆	서울 관악구 관악로 1 서울대학교 규장각
보물 제1561호	순천 선암사 동종		전남 순천시 승주읍 선암사길 450 선암사
보물 제1562호	영주 부석사 오불회 괘불탱		경북 영주시 부석면 부석사로 345 부석사
보물 제1563호	대구 동화사 대웅전	☆	대구 동구 팔공산로201길 41 동화사
보물 제1564호	이순신 관련 고문서	☆	충남 아산시 염치읍 현충사길 130 현충사
보물 제1565호	부여 무량사 소조아미타여래삼존좌상	☆	충남 부여군 외산면 만수리 116 무량사
보물 제1566호	려수 흥국사 목조지장보살삼존상·시왕상 일괄	☆	전남 여수시 흥국사길 160 흥국사
보물 제1567호	지장보살본원경		서울 종로구 효자로 12 국립고궁박물관
보물 제1568호	상주 양진당	☆	경북 상주시 낙동면 양진당길 27-4
보물 제1569호	논산 둔암서원 응도당	☆	충남 논산시 연산면 임리 72
보물 제1570호	청송 대전사 보광전	☆	경북 청송군 부동면 공원길 226 대전사
보물 제1571호	안동 보광사 목조관음보살좌상 및 복장유물	☆	경북 안동시 도산면 서부2리 산50-7 보광사
보물 제1572호	서산 문수사 금동여래좌상 복장유물	☆	충남 예산군 덕산면 수덕사안길 79 수덕사
보물 제1573호	청자 양각 연판문 접시		경기 이천시 신둔면 경충대로3150번길 44
보물 제1574호	문경 봉암사 극락전	☆	경북 문경시 가은읍 원북길 313 봉암사
보물 제1575호	성주향교 대성전 및 명륜당	☆	경북 성주군 성주읍 예산2길 36-12
보물 제1576호	김천 직지사 대웅전	☆	경북 김천시 대항면 북암길 89 직지사
보물 제1577호	증급유방	☆	경기 용인시 기흥구 상갈로 6 경기도박물관
보물 제1578호	전주 경기전 정전	☆	전북 전주시 완산구 풍남동 3가 102
보물 제1579호	초조본 성지세다라니경	☆	경기 용인시 기흥구 상갈로 6 경기도박물관
보물 제1580호	서울 수국사 목조아미타여래좌상 및 복장유물	☆	서울 은평구 서오릉로23길 8 수국사
보물 제1581호	대동여지도 목판	☆	서울 용산구 서빙고로 137 국립중앙박물관
보물 제1582호	청구관해방총도		서울 용산구 서빙고로 137 국립중앙박물관
보물 제1583호	함경도전도		서울 관악구 관악로 1 서울대학교 규장각
보물 제1584호	해서지도		서울 관악구 관악로 1 서울대학교 규장각
보물 제1585호	영남지도		서울 관악구 관악로 1 서울대학교 규장각
보물 제1586호	전주지도	☆	서울 관악구 관악로 1 서울대학교 규장각
보물 제1587호	조선지도		서울 관악구 관악로 1 서울대학교 규장각
보물 제1588호	호남지도		서울 관악구 관악로 1 서울대학교 규장각

지정번호	문화재 명칭	답사	문화재 소재지
보물 제1589호	호서지도		서울 관악구 관악로 1 서울대학교 규장각
보물 제1590호	화동고지도	☆	서울 관악구 관악로 1 서울대학교 규장각
보물 제1591호	해동지도		서울 관악구 관악로 1 서울대학교 규장각
보물 제1592호	여지도	☆	서울 관악구 관악로 1 서울대학교 규장각
보물 제1593호	해동여지도		서울 서초구 반포로 66-4 국립중앙도서관
보물 제1594호	청구도	☆	경북 경산시 대학로 280 영남대학교도서관 외
보물 제1595호	목장지도	☆	서울 서초구 반포대로 201 국립중앙도서관 외
보물 제1596호	동여비고		경남 양산시 [개인 소장]
보물 제1597호	아국여지도		경기 성남시 분당구 하오개로 323 한국학중앙연구원
보물 제1598호	함경도 · 경기도 · 강원도지도		경기 용인시 기흥구 덕암대로 1732 경희대학교
보물 제1599호	경상총여도		부산 남구 [개인 소장]
보물 제1600호	진주성도		대구 달서구 달구벌대로 1095 계명대학교
보물 제1601호	천하여지도		서울 종로구 새문안길 50 서울역사박물관
보물 제1602호	조선팔도고금총람도	☆	서울 종로구 새문안길 50 서울역사박물관
보물 제1603호	대불정여래밀인수증료의제보살만행수능엄경		서울 종로구 새문안길 50 서울역사박물관
보물 제1604호	영천 은해사 청동금고 및 금고거	☆	경북 영천시 청통면 청통로 951 은해사
보물 제1605호	칠곡 송림사 목조석가여래삼존좌상	☆	경북 칠곡군 동명면 송림길 73 송림사
보물 제1606호	칠곡 송림사 석조아미타여래삼존좌상	☆	경북 칠곡군 동명면 송림길 73 송림사
보물 제1607호	대구 동화사 목조약사여래좌상 복장전적		대구 동구 팔공산로201길 41 동화사
보물 제1608호	성주 선석사 영산회 괘불탱		경북 성주군 월항면 인촌리 217번지 선석사
보물 제1609호	포항 보경사 괘불탱		경북 포항시 북구 송라면 622번지 보경사
보물 제1610호	대구 동화사 아미타회상도		대구 동구 팔공산로201길 41 동화사
보물 제1611호	경주 기림사 비로자나삼불회도	☆	경북 경주시 양북면 기림로 437-17 기림사
보물 제1612호	영천 봉림사 영산회상도 및 복장유물	☆	경북 영천시 화북면 천문로 2149 봉림사
보물 제1613호	청도 운문사 비로자나삼신불회도	☆	경북 청도군 운문면 운문사길 264 운문사
보물 제1614호	안동 봉정사 영산회상벽화		경북 안동시 서후면 봉정사길 222 봉정사
보물 제1615호	경주 왕룡사원 목조아미타여래좌상	☆	경북 경주시 강동면 국당길 283 왕룡사원
보물 제1616호	예안 김씨 가전계회도 일괄		부산 남구 [개인 소장]
보물 제1617호	이헌국 호성공신교서		대구 수성구 청호로 321 국립대구박물관
보물 제1618호	대한제국 고종「황제어새」	☆	서울 종로구 효자로12 국립고궁박물관
보물 제1619호	서산 개심사 목조아미타여래좌상	☆	충남 서산시 운산면 개심사로 321-86 개심사
보물 제1620호	안동 봉정사 목조관음보살좌상		경북 안동시 서후면 봉정사길 222 봉정사
보물 제1621호	서울 지장암 목조비로자나불좌상	☆	서울 종로구 창신2동 626-3 지장암
보물 제1622호	서거정 필적	☆	경기 용인시 기흥구 상갈로 6 경기도박물관
보물 제1623호	성수침 필적	☆	대전 유성구 노은동로 126 대전선사박물관
보물 제1624호	양사언 초서		서울 마포구 신수동 1 서강대학교 박물관
보물 제1625호	황기로 초서	☆	강원 강릉시 율곡로 3139번길 24 오죽헌시립박물관
보물 제1626호	김현성 필적		서울 종로구 효자로12 국립고궁박물관
보물 제1627호	인목왕후어필 칠언시		경기 안성시 죽산면 칠장로 399 칠장사

지정번호	문화재 명칭	답사	문화재 소재지
보물 제1628호	효종어필 칠언시		서울 용산구 서빙고로 137 국립중앙박물관
보물 제1629호	신한첩	☆	충북 청주시 상당구 명암로 143 국립청주박물관 외
보물 제1630호	숙종어필 칠언시	☆	경기 용인시 기흥구 상갈로 6 경기도박물관
보물 제1631호	영조어필		경기 기타 성남시, 수원시
보물 제1632호	정조어필	☆	서울 용산구 서빙고로 137 국립중앙박물관 외
보물 제1633호	구미 대둔사 건칠아미타여래좌상	☆	경북 구미시 옥성면 산촌옥관로 691 대둔사
보물 제1634호	문경 대승사 금동아미타여래좌상 및 복장유물	☆	경북 문경시 산북면 대승사길 283 대승사
보물 제1635호	상주 남장사 목조아미타여래삼존좌상	☆	경북 상주시 남장1길 259 남장사
보물 제1636호	영주 부석사 석조석가여래좌상	☆	경북 영주시 부석면 부석사로 345 부석사
보물 제1637호	예천 용문사 목조아미타여래좌상	☆	경북 예천군 용문면 용문사길 285-30 용문사
보물 제1638호	구미 수다사 영산회상도		경북 구미시 무을면 상송리 산 12 수다사
보물 제1639호	대구 동화사 보조국사 지눌 진영		대구 동구 팔공산로201길 41 동화사
보물 제1640호	문경 김룡사 영산회괘불도		경북 문경시 산북면 김룡리 410 김룡사
보물 제1641호	상주 남장사 감로왕도		경북 상주시 남장1길 259-22 남장사
보물 제1642호	안동 봉정사 영산회괘불도		경북 안동시 서후면 봉정사길 222 봉정사
보물 제1643호	안동 봉정사 아미타설법도	☆	경북 안동시 서후면 봉정사길 222 봉정사
보물 제1644호	예천 용문사 천불도	☆	경북 예천군 용문면 용문사길 285-30 용문사
보물 제1645호	안동 광흥사 동종	☆	서울 종로구 우정국로 55 불교중앙박물관
보물 제1646호	초조본 불설가섭부불반열반경	☆	서울 종로구 우정국로 55 불교중앙박물관
보물 제1647호	길흉축월횡간 고려목판		경북 성주군 수륜면 백운리 65-1 심원사
보물 제1648호	예천 명봉사 경청선원자적선사능운탑비	☆	경북 예천군 상북면 명봉사길 62 명봉사
보물 제1649호	서울 개운사 목조아미타여래좌상 및 발원문	☆	서울 성북구 안암동 5가 개운사
보물 제1650호	서울 개운사 목조아미타여래좌상 복장전적	☆	서울 종로구 우정국로 55 불교중앙박물관
보물 제1651호	공주 갑사 석가여래삼세불도 및 복장유물	☆	충남 공주시 계룡면 갑사로 567-3 갑사
보물 제1652호	통영측우대		대전 유성구 대덕대로 481 국립중앙과학관
보물 제1653호	자비도장참법집해	☆	충북 청주시 흥덕구 직지로 713 청주고인쇄박물관
보물 제1654호	신편산학계몽		충북 청주시 흥덕구 직지로 713 청주고인쇄박물관
보물 제1655호	노자권재구의		충북 청주시 흥덕구 직지로 713 청주고인쇄박물관
보물 제1656호	성주 법수사지 삼층석탑	☆	경북 성주군 수륜면 백운리 1215-1
보물 제1657호	이형 좌명원종공신녹권 및 함	☆	서울 종로구 효자로12 국립고궁박물관
보물 제1658호	재조본 유가사지론 권42		경기 고양시 일산서구 탄현동 1447번지 원각사
보물 제1659호	천자문		경기 성남시 개인소장
보물 제1660호	순천 송광사 목조관음보살좌상 및 복장유물	☆	전남 순천시 송광면 송광사안길 100 송광사
보물 제1661호	순천 송광사 목조관음보살좌상 복장전적	☆	전남 순천시 송광면 송광사안길 100 송광사
보물 제1662호	대혜보각선사서		서울 종로구 효자로12 국립고궁박물관
보물 제1663호	대승기신론의기 권상, 하		서울 종로구 효자로12 국립고궁박물관
보물 제1664호	풍아익		전남 장흥군 [개인 소장]
보물 제1665호	상지 은니 대방광불화엄경주본 권4		서울 강남구 신사동 코리아나아트센터
보물 제1666호	봉화 청량사 목조지장보살삼존상	☆	경북 봉화군 명호면 북곡리 247 청량사

지정번호	문화재 명칭	답사	문화재 소재지
보물 제1667호	서산대사 행초 정선사가록		전남 해남군 삼산면 대흥사길 400 대흥사
보물 제1668호	이지정 초서 취영구절		서울 강남구 [개인 소장]
보물 제1669호	조문수 필적 위심수재서		서울 강남구 [개인 소장]
보물 제1670호	조속 초서 창강필적		서울 종로구 [개인 소장]
보물 제1671호	윤순거 초서 무이구곡가	☆	서울 용산구 서빙고로 137 국립중앙박물관
보물 제1672호	송준길 행초 동춘당필적		경기 성남시 분당구 하오개로 323 한국학중앙연구원
보물 제1673호	이하진 필적 천금물전	☆	경기 안산시 상록구 성호로 131 성호이익기념관
보물 제1674호	박세당 필적 서계유묵	☆	경기 성남시 분당구 하오개로 323 한국학중앙연구원
보물 제1675호	박태유 필적 백석유묵첩		경기 수원시 영통구 창룡대로 265 수원박물관
보물 제1676호	윤순 필적 고시서축		서울 용산구 서빙고로 137 국립중앙박물관
보물 제1677호	이광사 행서 화기		서울 용산구 서빙고로 137 국립중앙박물관
보물 제1678호	송문흠 예서 경재잠		서울 종로구 [개인 소장]
보물 제1679호	이인상 전서 원령필	☆	서울 용산구 서빙고로 137 국립중앙박물관
보물 제1680호	강세황 행초 표암유채		경기 용인시 기흥구 상갈로 6 경기도박물관
보물 제1681호	이한진 전예경산전팔쌍절첩		서울 종로구 효자로12 국립고궁박물관
보물 제1682호	유한지 예서 기원첩		경남 창원시 마산합포구 월영북16길 11 경남대학교
보물 제1683호	정약용 행초 다산사경첩 / 정약용 필적 하피첩	☆	서울 광진구 [개인 소장] 및 국립민속박물관
보물 제1684호	신위 해서 천자문		서울 관악구 관악로 1 서울대학교박물관
보물 제1685호	김정희 해서 묵소거사자찬	☆	서울 용산구 서빙고로 137 국립중앙박물관
보물 제1686호	진주 월명암 목조아미타여래좌상		경남 진주시 미천면 진산로1623번길 21 월명암
보물 제1687호	진주 응석사 목조석가여래삼불좌상	☆	경남 진주시 집현면 정평리 741 응석사
보물 제1688호	진주 청곡사 목조석가여래삼존좌상	☆	경남 진주시 금산면 월아산로1440번길 138 청곡사
보물 제1689호	진주 청곡사 목조지장보살삼존상 및 시왕상 일괄	☆	경남 진주시 금산면 월아산로1440번길 138 청곡사
보물 제1690호	거창 심우사 목조아미타여래좌상	☆	경남 거창군 거창읍 하동4길 77 심우사
보물 제1691호	함양 법인사 목조아미타여래좌상	☆	경남 함양군 안의면 금성길 14 법인사
보물 제1692호	통영 안정사 영산회괘불도		경남 통영시 광도면 안정1길 363 안정사
보물 제1693호	고성 옥천사 지장보살도 및 시왕도	☆	경남 고성군 개천면 연화산1로 471-9 옥천사
보물 제1694호	고성 운흥사 관음보살도		경남 고성군 하이면 와룡2길 248-28 운흥사
보물 제1695호	하동 쌍계사 괘불도		경남 하동군 화계면 쌍계사길 59 쌍계사
보물 제1696호	하동 쌍계사 감로왕도		경남 하동군 화계면 쌍계사길 59 쌍계사
보물 제1697호	합천 해인사 감로왕도		경남 합천군 가야면 해인사길 122 해인사
보물 제1698ㅎ	진주 삼선암 동종		경남 진주시 의병로111번길 17 삼선암
보물 제1699호	통영 안정사 동종	☆	경남 통영시 광도면 안정1길 363 안정사
보물 제1700호	거창 고견사 동종	☆	경남 거창군 가조면 의상봉길 1049 고견사
보물 제1701호	하동 쌍계사 동종		경남 하동군 화계면 쌍계사길 59 쌍계사
보물 제1702호	삼봉선생집 권1		대구 달서구 달구벌대로 1095 계명대학교
보물 제1703호	수계선생비점맹호연집		대구 달서구 달구벌대로 1095 계명대학교
보물 제1704호	신간상명산법		대구 달서구 달구벌대로 1095 계명대학교
보물 제1705호	초조본아비달마대비바사론 권38		대구 달서구 달구벌대로 1095 계명대학교

지정번호	문화재 명칭	답사	문화재 소재지
보물 제1706호	초조본 집대승상론 권하	☆	대구 달서구 달구벌대로 1095 계명대학교
보물 제1707호	대방광불화엄경소		대구 달서구 달구벌대로 1095 계명대학교
보물 제1708호	반야심경소현정기(언해)		서울 종로구 효자로12 국립고궁박물관
보물 제1709호	수원 방화수류정	☆	경기 수원시 팔달구 매향동 151번지
보물 제1710호	수원 서북공심돈	☆	경기 수원시 팔달구 장안동 332번시
보물 제1711호	양산 통도사 영산전 벽화	☆	경남 양산시 하북면 통도사로 108 통도사
보물 제1712호	동인시화		경북 구미시 [개인 소장]
보물 제1713호	대승기신론소		대구 남구 [개인 소장]
보물 제1714호	백지 금니 범망보살계경		서울 서초구 바우뫼로7길 111 관문사
보물 제1715호	해남 서동사 목조석가여래삼불좌상	☆	전남 해남군 화원면 금평리 571 서동사
보물 제1716호	중수정화경사증류비용본초 권17	☆	인천 연수구 청량로 102길 40-9 가천박물관
보물 제1717호	삼강행실효자도		경북 김천시 [개인 소장]
보물 제1718호	군산 동국사 소조석가여래삼존상 및 복장유물	☆	전북 군산시 동국사길 16 동국사
보물 제1719호	공주 동학사 목조석가여래삼불좌상 및 복장유물	☆	충남 공주시 반포면 학봉리 789 동학사
보물 제1720호	공주 동학사 목조석가여래삼불좌상 복장전적		충남 공주시 반포면 학봉리 789 동학사
보물 제1721호	속초 신흥사 목조아미타여래삼존좌상	☆	강원 속초시 설악동 170 신흥사
보물 제1722호	총마계회도		전남 화순군 [종중 소장]
보물 제1723호	양양 낙산사 해수관음공중사리탑·비 및 사리장엄구 일괄	☆	강원 양양군 강현면 낙산사로 100 낙산사
보물 제1724호	박사익 초상		경기 성남시 분당구 하오개로 323 한국학중앙연구원
보물 제1725호	김종직 종가 고문서		경북 고령군 대가야로 1203 대가야박물관
보물 제1726호	화순 쌍봉사 목조지장보살삼존상 및 시왕상 일괄	☆	전남 화순군 이양면 증리 741 쌍봉사
보물 제1727호	경주향교 대성전	☆	경북 경주시 교동 17-1
보물 제1728호	허전 초상		경기 용인시 기흥구 상갈로 6 경기도박물관
보물 제1729호	창원 성주사 목조석가여래삼불좌상	☆	경남 창원시 성산구 곰절길 191 성주사
보물 제1730호	창녕 관룡사 목조석가여래삼불좌상 및 대좌	☆	경남 창녕군 화왕산관룡사길 171 관룡사
보물 제1731호	함양 법인사 감로왕도		경남 함양군 금성길 14 법인사
보물 제1732호	창원 성주사 감로왕도		경남 창원시 성산구 곰절길 191 성주사
보물 제1733호	부산 국청사 청동금고		부산 금정구 범어사로 250 범어사
보물 제1734호	양산 내원사 청동금고		경남 양산시 하북면 통도사로 108 통도사
보물 제1735호	양산 통도사 청동은입사향완		경남 양산시 하북면 통도사로 108 통도사
보물 제1736호	대방광불화엄경 진본 권53		서울 종로구 우정국로 55 불교중앙박물관
보물 제1737호	몽산화상육도보설		경남 창원시 성산구 곰절길 191 성주사
보물 제1738호	서울 전관교[서울 살곶이다리]	☆	서울 성동구 행당동 58
보물 제1739호	창녕 영산 석빙고	☆	경남 창원군 영산면 교리 산10-2
보물 제1740호	서울 관상감 관천대	☆	서울 종로구 원서동 206
보물 제1741호	구리 동구릉 건원릉 정자각	☆	경기 구리시 동구릉로 197 동구릉
보물 제1742호	구리 동구릉 숭릉 정자각	☆	경기 구리시 동구릉로 197 동구릉
보물 제1743호	구리 동구릉 목릉 정자각	☆	경기 구리시 동구릉로 197 동구릉
보물 제1744호	경주 불국사 대웅전	☆	경북 경주시 불국로 385 불국사

지정번호	문화재 명칭	답사	문화재 소재지
보물 제1745호	경주 불국사 가구식 석축	☆	경북 경주시 불국로 385 불국사
보물 제1746호	논산 노강서원 강당	☆	충남 논산시 광석면 오강리 227
보물 제1747호	양산 통도사 은제도금아미타여래삼존상 및 복장유물		경남 양산시 하북면 통도사로 108 통도사
보물 제1748호	문경 봉암사 목조아미타여래좌상 및 복장유물		경북 문경시 가은읍 원북길 313봉암사
보물 제1749호	속초 신흥사 목조지장보살삼존상	☆	강원 속초시 설악동 170 신흥사
보물 제1750호	경산 경흥사 목조석가여래삼존좌상	☆	경북 경산시 모골길 196-55 경흥사
보물 제1751호	서천 봉서사 목조아미타여래삼존좌상	☆	충남 서천군 한산면 호암리 159 봉서사
보물 제1752호	고창 선운사 소조비로자나삼불좌상	☆	전북 고창군 아산면 선운사로 250 선운사
보물 제1753호	익산 미륵사지 금동향로	☆	전북 익산시 미륵사지로 362 미륵사지유물전시관
보물 제1754호	불설대보부모은중경판	☆	경기 화성시 용주로 136용주사
보물 제1755호	양휘산법		서울 서초구 [개인 소장]
보물 제1756호	김응남 호성공신교서 및 관련 고문서		서울 송파구 [개인 소장]
보물 제1757호	양산 신흥사 대광전 벽화	☆	경남 양산시 원동로 2282-111 신흥사
보물 제1758호	포항 중성리 신라비	☆	국보 318호로 승격
보물 제1759호	경복궁 사정전	☆	서울 종로구 사직로 161 경복궁
보물 제1760호	경복궁 수정전	☆	서울 종로구 사직로 161 경복궁
보물 제1761호	경복궁 향원정	☆	서울 종로구 사직로 161 경복궁
보물 제1762호	창덕궁 금천교	☆	서울 종로구 율곡로 99 창덕궁
보물 제1763호	창덕궁 부용정	☆	서울 종로구 율곡로 99 창덕궁
보물 제1764호	창덕궁 낙선재	☆	서울 종로구 율곡로 99 창덕궁
보물 제1765호	서산 개심사 오방오제위도 및 사직사자도		충남 서산시 개심사로 321-86 개심사
보물 제1766호	서산 개심사 제석·범천도 및 팔금강·사위보살도		충남 서산시 개심사로 321-86 개심사
보물 제1767호	부여 왕흥사지 사리기 일괄	☆	충남 부여군 충절로2316번길 국립부여문화재연구소
보물 제1768호	백자 청화 홍녕부대부인 묘지 및 석함	☆	서울 성북구 안암로 145 고려대박물관
보물 제1769호	창덕궁 주합루	☆	서울 종로구 율곡로 99 창덕궁
보물 제1770호	창덕궁 연경당	☆	서울 종로구 율곡로 99 창덕궁
보물 제1771호	기장 장안사 대웅전	☆	부산 기장군 장안로 482 장안사
보물 제1772호	대구 동화사 삼장보살도	☆	대구 동구 팔공산로201길 41 동화사
보물 제1773호	대구 동화사 지장시왕도	☆	대구 동구 팔공산로201길 41 동화사
보물 제1774호	자치통감강목 권12, 27, 37, 42		서울 종로구 새문안로 55 서울역사박물관
보물 제1775호	진실주집		서울 종로구 새문안로 55 서울역사박물관
보물 제1776호	영가진가대사증도가		서울 종로구 새문안로 55 서울역사박물관
보물 제1777호	陝川 해인사 법보전 목조비로자나불좌상 및 복장유물	☆	경남 합천군 해인사길 132-13 해인사
보물 제1778호	陝川 해인사 법보전 목조비로자나불좌상 복장전적		경남 합천군 해인사길 132-13 해인사
보물 제1779호	陝川 해인사 대적광전 목조비로자나불좌상 및 복장유물	☆	경남 합천군 해인사길 132-13 해인사
보물 제1780호	陝川 해인사 대적광전 목조비로자나불좌상 복장전적		경남 합천군 해인사길 132-13 해인사
보물 제1781호	대혜원명 동종	☆	경기 용인시 처인구 용인대학로 134 용인대학교
보물 제1782호	청자 퇴화문섬형 연	☆	전남 목포시 남농로 136 국립해양문화재연구소
보물 제1783호	청자 상감 국화모란유로죽문 매병 및 죽찰	☆	전남 목포시 남농로 136 국립해양문화재연구소

지정번호	문화재 명칭	답사	문화재 소재지
보물 제1784호	청자 음각 연화절지문 매병 및 죽찰	☆	전남 목포시 남농로 136 국립해양문화재연구소
보물 제1785호	강화 전등사 목조석가여래삼불좌상	☆	인천 강화군 길상면 전등사로 37 전등사
보물 제1786호	강화 전등사 목조지장보살삼존상 및 시왕상 일괄	☆	인천 강화군 길상면 전등사로 37 전등사
보물 제1787호	강화 청련사 목조아미타여래좌상	☆	인천 강화군 강화읍 고비고개로 188번길 112
보물 제1788호	남양주 수종사 팔각오층석탑 출토유물 일괄	☆	서울 종로구 우정국로 55 불교중앙박물관
보물 제1789호	안성 청룡사 소조석가여래삼존상	☆	경기 안성시 서운면 청룡길 140 청룡사
보물 제1790호	양평 용문사 금동관음보살좌상	☆	경기 양평군 용문면 용문산로 782 용문사
보물 제1791호	여주 신륵사 목조아미타여래삼존상	☆	경기 여주시 신륵사길 73 신륵사
보물 제1792호	남양주 봉선사 비로자나삼신괘불도	☆	경기 남양주시 진전읍 봉선사길 32
보물 제1793호	가평 현등사 동종	☆	경기 가평군 하면 운악청계로 589번길 73
보물 제1794호	대불정여내밀인수증료의제보살만항수능엄경(언해) 권9	☆	경기 고양시 일산동구 동국로 137-48 원각사
보물 제1795호	안성 청원사 건칠아미타여래불좌상 복장전적		서울 중구 필동로 1길 30 동국대학교박물관
보물 제1796호	정선 필 해악팔경 및 송유팔현도 화첩		경기 용인시 처인구 용인대학로 용인대박물관
보물 제1797호	경주 불국사 영산회상도 및 사천왕벽화		경북 경주시 불국로 385 불국사
보물 제1798호	남양주 흥국사 소조석가여래삼존좌상 및 십육나한상일괄	☆	경기 남양주시 별내동 2331 흥국사
보물 제1799호	합천 해인사 지장시왕도	☆	경남 합천군 가야면 해인사길 132-13 해인사
보물 제1800호	보성 대원사 지장보살도 및 시왕도 일괄	☆	전남 보성군 문덕면 죽산길 506-8 대원사
보물 제1801호	대구 보성선원 목조석가여래삼존좌상 및 복장유물	☆	대구 달서구 송현로8안길 35 보성선원
보물 제1802호	대구 보성선원 목조석가여래삼존좌상 복장전적	☆	대구 달서구 송현로8안길 35 보성선원
보물 제1803호	구리 태조 건원릉 신도비	☆	경기 구리시 동구릉로 197 동구릉
보물 제1804호	서울 태종 헌릉 신도비	☆	서울 서초구 헌인릉길 34 헌인릉
보물 제1805호	서울 세종 영릉 신도비	☆	서울 동대문구 회기로 56 세종대왕기념관
보물 제1806호	합천 해인사 내전수함음소 권490 목판		경남 합천군 가야면 해인사길 122 해인사
보물 제1807호	해남 대흥사 천불전	☆	전남 해남군 삼산면 대흥사길 400 대흥사
보물 제1808호	남양주 수종사 팔각오층석탑	☆	경기 남양주시 조안면 북한강로 433수종사
보물 제1809호	칠태부인경수연도		부산 남구 유엔평화로 63 부산시립박물관
보물 제1810호	황리현명 청동금고		부산 서구 구덕로 225 동아대학교박물관
보물 제1811호	평창 상원사 목조문수보살좌상 및 복장유물	☆	강원 평창군 진부면 오대산로 1211-92
보물 제1812호	평창 상원사 목조문수보살좌상 복장전적		강원 평창군 진부면 오산대로 1211-92
보물 제1813호	대구 용연사 목조아미타여래삼존좌상 및 복장유물	☆	대구 달성군 옥포면 용연사길 260 용연사
보물 제1814호	대구 운흥사 목조아미타여래삼존좌상	☆	대구 달성군 가창면 헐티로 1068 운흥사
보물 제1815호	홍가신 청난공신 교서 및 관련 고문서		충남 아산시 염치읍 만전당길 120번길 3-20
보물 제1816호	창녕 관룡사 대웅전 관음보살벽화	☆	경남 창녕군 창녕읍 화왕산관룡사길 171 관룡사
보물 제1817호	청도 운문사 대웅보전 관음보살·달마대사 벽화	☆	경북 청도군 운문면 운문사길 264 운문사
보물 제1818호	서울 보타사 금동보살좌상		서울 성북구 개운사길 60-46 보타사
보물 제1819호	서울 봉은사 목조석가여래삼불좌상	☆	서울 강남구 봉은사로 531 봉은사
보물 제1820호	서울 옥천암 마애보살좌상	☆	서울 서대문구 홍지문길 1-38 옥천암
보물 제1821호	서울 청룡사 석조지장보살삼존상 및 시왕상 일괄	☆	서울 종로구 동망산길 65 청룡사
보물 제1822호	서울 화계사 목조지장보살삼존상 및 시왕상 일괄	☆	서울 강북구 화계사길 117 화계사

지정번호	문화재 명칭	답사	문화재 소재지
보물 제1823호	농경문 청동기	☆	서울 용산구 서빙고로 137 국립중앙박물관
보물 제1824호	기장 장안사 석조석가여래삼불좌상	☆	부산 기장군 장안읍 장안로 482 장안사
보물 제1825호	의성 만취당	☆	경북 의성군 점곡면 사촌리 207
보물 제1826호	양산 통도사 영산전	☆	경남 양산시 하북면 통도사로 108 통도사
보물 제1827호	양산 통도사 대광명전	☆	경남 양산시 하북면 통도사로 108 통도사
보물 제1828호	서울 보타사 마애보살좌상	☆	서울 성북구 개운사길 60-46 보타사
보물 제1829호	대전 비래사 목조비로자나불좌상	☆	대전 대덕구 비래골길 47-74 비래사
보물 제1830호	분청사기 상감'정통4년명' 김명리 묘지	☆	경기 용인시 기흥구 상갈로 6 경기도박물관
보물 제1831호	의성 대곡사 대웅전	☆	경북 의성군 다인면 봉정리 894 대곡사
보물 제1832호	인제 봉정암 오층석탑	☆	강원 인제군 북면 용대리 산77 봉정암
보물 제1833호	김제 청룡사 목조관음보살좌상		전북 김제시 모악15길 80-122 청룡사
보물 제1834호	나주 다보사 목조석가여래삼존상 및 소조십육나한좌상		전남 나주시 경현동 629 다보사
보물 제1835호	정종 적개공신 교서 및 관련 고문서		경북 고령군 대가야읍 대가야로 1203 대가야박물관
보물 제1836호	초조본 불정최승다라니경	☆	서울 관악구 남부순환로길152길 53 호림박물관
보물 제1837호	초조본 불설문수사리일백팔명범찬	☆	서울 관악구 남부순환로길152길 53 호림박물관
보물 제1838호	초조본 법원주림 권82	☆	서울 관악구 남부순환로길152길 53 호림박물관
보물 제1839호	초조본 불설일절여래금강삼업최상비밀대교왕경 권4	☆	서울 관악구 남부순환로길152길 53 호림박물관
보물 제1840호	청송 보광사 극락전	☆	경북 청송군 청송읍 덕리 429 보광사
보물 제1841호	강진 고성사 청동보살좌상		전남 강진군 강진읍 남성리 산4 고성사
보물 제1842호	익산 관음사 목조보살입상	☆	전북 익산시 갈산동 31-9 관음사
보물 제1843호	강진 정수사 석가여래삼불좌상	☆	전남 강진군 대구면 용운리 산26 정수사
보물 제1844호	경주 월지 금동촛협	☆	경북 경주시 일정로 186 국립경주박물관
보물 제1845호	부여 사택지적비	☆	충남 부여군 부여읍 동남리 국립부여박물관
보물 제1846호	대방광불화엄경 정원본 권8	☆	서울 관악구 남부순환로길152길 53 호림박물관
보물 제1847호	대방광불화엄경 주본 권34	☆	서울 관악구 남부순환로길152길 53 호림박물관
보물 제1848호	목우자수심결(언해)		서울 성북구 [개인 소장]
보물 제1849호	남해 용문사 대웅전	☆	경남 남해군 이동면 용소리 868 용문사
보물 제1850호	대구 파계사 원통전	☆	대구 동구 파계로 741 파계사
보물 제1851호	논산 쌍계사 소조석가여래삼불좌상	☆	충남 논산시 양촌면 중산리 21 쌍계사
보물 제1852호	남원 선원사 목조지장보살삼존상 및 소조십왕상 일괄	☆	전북 남원시 도통동 392-1 선원사
보물 제1853호	완주 정수사 목조아미타여래삼존좌상	☆	전북 완주군 상관면 마치리 137 정수사
보물 제1854호	김천 고방사 아미타여래설법도		경북 김천시 농소면 봉곡리 485 고방사
보물 제1855호	원주 구룡사 삼장보살도		강원 평창군 진부면 오대산로 374-8 월정사
보물 제1856호	대구 서봉사 지장십왕도		대구 남구 명덕로 54길 34 서봉사
보물 제1857호	영천 은해사 염불왕생첩경도		경북 영천시 청통면 청통로 951 은해사
보물 제1858호	보은 법주사 동종		충북 보은군 속리산면 법주사로 379 법주사
보물 제1859호	김천 직지사 대웅전 수미단	☆	경북 김천시 대항면 북암길 89 직지사
보물 제1860호	부여 무량사 삼전패		충남 부여군 외산면 만수리 116 무량사
보물 제1861호	보성 대원사 극락전 관음보살 · 달마대사 벽화	☆	전남 보성군 문덕면 죽산리 831 대원사

지정번호	문화재 명칭	답사	문화재 소재지
보물 제1862호	여수 흥국사 대웅전 관음보살 벽화	☆	전남 여수시 흥국사길 160 흥국사
보물 제1863호	해남 대흥사 석가여래삼불좌상	☆	전남 해남군 삼산면 대흥사길 400 대흥사
보물 제1864호	소상팔경도		경남 진주시 남강로 626-35 국립진주박물관
보물 제1865호	대방광불화엄경 주본 권72		경남 합천군 가야면 해인사길 122 해인사
보물 제1866호	삼국유사 권1~2		서울 서대문구 연세로 50 연세대학교
보물 제1867호	경주 남산 창림사지 삼층석탑	☆	경북 경주시 배동 산6-2
보물 제1868호	포항 보경사 적광전	☆	경북 포항시 북구 보경로 523 보경사
보물 제1869호	청자 상감운학문 매병	☆	서울 용산구 서빙고로 137 국립중앙박물관
보물 제1870호	경주 황룡사 구층목탑 금동찰주본기	☆	경북 경주시 일정로 186 국립경주박물관
보물 제1871호	동제 염거화상 탑지	☆	강원 춘천시 우석로 70 국립춘천박물관
보물 제1872호	전 회양 장연리 금동관음보살좌상	☆	강원 춘천시 우석로 70 국립춘천박물관
보물 제1873호	원주 학성동 철조약사여래좌상	☆	강원 춘천시 우석로 70 국립춘천박물관
보물 제1874호	순천 매곡동 석탑 청동불감 및 금동아미타여래삼존좌상	☆	광주 북구 하서로 110 국립광주박물관
보물 제1875호	정선 필 풍악도첩	☆	서울 용산구 서빙고로 137 국립중앙박물관
보물 제1876호	완산부 지도	☆	전북 전주시 완산구 쑥고개로 249 국립전주박물관
보물 제1877호	봉화 태자사 낭공대사탑비	☆	서울 용산구 서빙고로 137 국립중앙박물관
보물 제1878호	경주 호우총 출토 청동 '광개토대왕'명 호우	☆	서울 용산구 서빙고로 137 국립중앙박물관
보물 제1879호	회경루방회도		서울 중구 장충단로 127 동국대학교박물관
보물 제1880호	청주 명암동 출토 '단산오옥'명 고려 묵	☆	충북 청주시 상당구 명암로 143 국립청주박물관
보물 제1881호	서울 창의문	☆	서울 종로구 부암동 260
보물 제1882호	고려 십육나한도(제15 아대다존자)	☆	서울 용산구 서빙고로 137 국립중앙박물관
보물 제1883호	고려 오백나한도	☆	서울 용산구 서빙고로 137 국립중앙박물관
보물 제1884호	신묘삼월 문무과전시방목		서울 서초구 [개인 소장]
보물 제1885호	대불정여래밀인수증요의제보살만행수능엄경		서울 서초구 [개인 소장]
보물 제1886호	재조본 유가사지론 권20		서울 서초구 [개인 소장]
보물 제1887호	노영 필 아미타여래구존도 및 고려 태조 담무갈보살 예배도	☆	서울 용산구 서빙고로 137 국립중앙박물관
보물 제1888호	구례 천은사 삼장보살도	☆	전남 구례군 광의면 노고단로 209 천은사
보물 제1889호	구례 천은사 목조관세음보살좌상 및 대세지보살좌상		전남 구례군 광의면 노고단로 209 천은사
보물 제1890호	익산 심곡사 칠층석탑 출토 금동불감 및 금동아미타여래칠존좌상		전북 익산시 장암길 113 심곡사
보물 제1891호	서울 흥천사 금동천수관음보살좌상	☆	서울 성북구 흥천사길 29 흥천사
보물 제1892호	익재난고 권6~7		대구 달서구 달구벌대로 1095 계명대학교
보물 제1893호	역옹패설		대구 달서구 달구벌대로 1095 계명대학교
보물 제1894호	퇴계선생 문집		대구 달서구 달구벌대로 1095 계명대학교
보물 제1895호	퇴계선생 문집 목판	☆	경북 안동시 퇴계로 1997 한국국학진흥원
보물 제1896호	부산 운수사 대웅전	☆	부산 사상구 모라로219번길 173 운수사
보물 제1897호	서경우 초상 및 함		경기 포천시 [개인 소장]
보물 제1898호	서문중 초상 및 함		경기 포천시 [개인 소장]
보물 제1899호	은제 도금 화형 탁잔	☆	서울 용산구 서빙고로 137 국립중앙박물관

지정번호	문화재 명칭	답사	문화재 소재지
보물 제1900호	주역참동계		서울 용산구 서빙고로 137 국립중앙박물관
보물 제1901호	조선왕조의궤	☆	서울 관악구 관악로 1 규장각한국학연구원 등
보물 제1902호	제주향교 대성전	☆	제주 제주시 서문로 43
보물 제1903호	고려 수월관음보살도	☆	서울 관악구 남부순환로152길 53 호림박물관
보물 제1904호	김천 갈항사지 동·서 삼층석탑 출토 사리장엄구	☆	대구 수성구 청호로 321 국립대구박물관
보물 제1905호	서울 청진동 출토 백자호		서울 종로구 새문안로 55 서울역사박물관
보물 제1906호	대명율		경북 영천시 [개인 소장]
보물 제1907호	함통육년명 청동금고		서울 용산구 서빙고로 137 국립중앙박물관
보물 제1908호	묘법연화경 목판		인천 강화군 전등사로 37-41 전등사
보물 제1909호	대방광불화엄경소 목판		전남 순천시 송광사안길 100 송광사
보물 제1910호	계초심학인문(언해) 목판		전남 순천시 송광사안길 100 송광사
보물 제1911호	인천안목 목판		전남 순천시 송광사안길 100 송광사
보물 제1912호	종경촬요 목판		전남 순천시 송광사안길 100 송광사
보물 제1913호	청량답순종심요법문 목판		전남 순천시 송광사안길 100 송광사
보물 제1914호	천지명양수륙잡문 목판		전남 순천시 송광사안길 100 송광사
보물 제1915호	달마대사관심논 목판		충남 서산시 개심사로 321-86 개심사
보물 제1916호	달마대사혈맥론 목판		충남 서산시 개심사로 321-86 개심사
보물 제1917호	예천 야옹정	☆	경북 예천군 맛질길 55
보물 제1918호	고창 문수사 목조석가여래삼불좌상	☆	전북 고창군 고수면 칠성길 135 문수사
보물 제1919호	봉화 청량사 건칠약사여래좌상 및 복장유물	☆	경북 봉화군 청량산길 199-152 청량사
보물 제1920호	고창 문수사 목조지장보살좌상 및 시왕상 일괄	☆	전북 고창군 고수면 칠성길 135 문수사
보물 제1921호	양산 금조총 출토 유물 일괄		부산 서구 구덕로 255 동아대학교박물관
보물 제1922호	부산 복천동 출토 금동관	☆	경남 김해시 가야의길 190 국립김해박물관
보물 제1923호	정조 어찰첩	☆	서울 강남구 언주로 172길 K옥션
보물 제1924호	조선경국전		경기 수원시 팔달구 창룡대로 21 수원화성박물관

참고문헌

강건기(공저), 2000, 송광사, 대원사

강경숙, 2002, 분청사기, 대원사

고유섭, 1968, 한국 탑파의 연구, 동화출판공사

김동욱, 1999, 종묘와 사직, 대원사

김보현(공저), 1999, 부석사, 대원사

김정기, 1980, 한국 목조 건축, 일지사

김호일, 2000, 한국의 향교, 대원사

김희경, 1990, 사리구, 대원사

김희경, 1982, 탑, 『한국의 미술 2』, 열화당

나춘호, 1998, 우리 문화재 도감, 예림당

대신그룹(편), 1994, 국보, 신암사

서울특별시(편), 1987, 서울문화재대관, 서울특별시

윤경렬, 2001, 경주 남산(하나), 대원사

윤경렬, 2000, 경주 남산(둘), 대원사

윤열수, 1995, 괘불, 대원사

이강근, 2000, 경복궁, 대원사

이강근, 2001, 한국의 궁궐, 대원사

이호관, 1997, 범종, 대원사

장순용, 1999, 창덕궁, 대원사

정명호, 1996, 석등, 대원사

정영호, 1981, 석조 『한국미술전집 7』, 동화출판공사

정인국, 1974, 한국 건축 양식론, 일지사

중앙일보(편), 1981, 백자, 『한국의 미 2』, 중앙일보사

중앙일보(편), 1984, 분청사기, 『한국의 미 3』, 중앙일보사

중앙일보(편), 1980, 석탑, 『한국의 미 9』, 중앙일보사

중앙일보(편), 1981, 청자, 『한국의 미 4』, 중앙일보사

중앙일보(편), 1979, 한국불교미술, 『한국의 미 10』, 중앙일보사

진홍섭, 1980, 한국 금속 공예, 일지사

천혜봉, 1996, 고인쇄, 대원사

최완수, 1994, 명찰순례1, 대원사

한국문화유산답사회(편), 2001, 경주 『답사여행의 길잡이2』, 돌베개

한국문화유산답사회(편), 2000, 전북 『답사여행의 길잡이1』, 돌베개

황수영, 반가사유상, 1998, 대원사

김영철, 1989, "부도비의 사료적 가치에 대한 고찰", 「도서관학 제5집」, 강남대학교 도서관학과

김영철, 1999, "탑 명문의 사료적 가치에 대한 고찰", 「도서관학 제7집」, 강남대학교 문헌정보학과

조상의 숨결을 찾아서

내가 답사한 문화유산
국보 · 보물 편

초판 발행 2017년 1월 1일

지은이 김영철
발행인 최규학
책임 편집 및 북디자인 김남우

임프린트 체온365
발행처 도서출판 ITC 등록번호 제8-399호
주소 경기도 파주시 문발로 115, 세종출판벤처타운 307호
전화 031-955-4353~4 팩스 031-955-4355 이메일 chaeon365@itcpub.co.kr

인쇄 해외정판사 용지 화인페이퍼

ISBN 978-89-6351-056-9 03910

www.itcpub.co.kr